INSTITUIÇÕES POLÍTICAS
E CONSTITUCIONAIS

I

PAULO OTERO
PROFESSOR CATEDRÁTICO DA FACULDADE DE DIREITO
DA UNIVERSIDADE DE LISBOA

INSTITUIÇÕES POLÍTICAS E CONSTITUCIONAIS

I

(Reimpressão)

ALMEDINA

INSTITUIÇÕES POLÍTICAS E CONSTITUCIONAIS I

AUTOR
PAULO OTERO

EDITOR
EDIÇÕES ALMEDINA, SA
R. Fernandes Tomás, 76-80
3000-167 Coimbra
Tel.: 239 851 904
Fax: 239 851 901
www.almedina.net
editora@almedina.net

PRÉ-IMPRESSÃO
EDIÇÕES ALMEDINA S.A.

IMPRESSÃO | ACABAMENTO
DPS - DIGITAL PRINTING SERVICES, LDA

Outubro, 2022

DEPÓSITO LEGAL
264729/07

Os dados e as opiniões inseridos na presente publicação
são da exclusiva responsabilidade do(s) seu(s) autor(es).

Toda a reprodução desta obra, por fotocópia ou outro qualquer
processo, sem prévia autorização escrita do Editor, é ilícita
e passível de procedimento judicial contra o infractor.

Biblioteca Nacional de Portugal – Catalogação na Publicação

OTERO, Paulo, 1963-

Instituições políticas e constitucionais.
(Manuais universitários)

1º v. : ISBN 978-972-40-3264-1

CDU   342
      340
      378

Aos Senhores Professores Doutores
  José de Oliveira Ascensão,
  Martim de Albuquerque,
  Diogo Freitas do Amaral
  e Jorge Miranda:
meus Mestres e responsáveis pela minha
vocação académica;

À Memória do "nosso Comandante" Andrade:
Exemplo de disponibilidade
e serviço a favor do próximo.

NOTA PRÉVIA

01. *O presente volume, inserindo-se no contexto de uma obra mais vasta de natureza didáctica e destinada aos alunos de Direito Constitucional, é fruto de uma longa investigação em torno da articulação entre a história da filosofia político-constitucional e a evolução da tutela jurídico-constitucional da pessoa humana.*

Procurando deslocar o estudo do fenómeno constitucional de uma óptica centrada no Estado para uma perspectiva localizada na pessoa humana (v. infra, *n° 1.2.3.), pode dizer-se que o presente volume encerra três principais teses:*

- *1ª) A história da preocupação com os direitos da pessoa humana não começa com a Revolução Francesa, antes lhe é muito anterior: toda a história da humanidade se resume a uma permanente luta pela progressiva consciência e afirmação dos direitos do ser humano como pessoa – "sê uma pessoa e respeita os outros como pessoas" (Hegel,* **Princípios de Filosofia do Direito**, *§36°) é o imperativo que sintetiza a essência teleológica do fenómeno constitucional;*
- *2ª) Toda a evolução da história da humanidade se encontra marcada pelo permanente desfasamento entre os resultados da reflexão filosófico-constitucional e a protecção jurídica dos direitos da pessoa humana ou a efectividade das respectivas normas constitucionais de garantia: a grande lição histórica a extrair é a impermeabilidade ou a resistência da ordem jurídica aos avanços da filosofia político-constitu-*

cional em matéria de tutela dos direitos da pessoa humana – só na segunda metade do século XX, isto independentemente da respectiva efectividade, se reconheceu a formação de normas jurídicas dotadas de imperatividade universal sobre direitos da pessoa humana;

3ª) Só um modelo político de Estado de direitos humanos, alicerçando a edificação de uma democracia humana, permite no presente uma garantia jurídico-constitucional eficaz dos direitos fundamentais inerentes ao ser humano: a construção de um Estado de direitos humanos nunca é, todavia, um processo encerrado ou definitivamente alcançado – a modernidade contém novos desafios e imprevisíveis ameaças aos direitos "fundamentalíssimos" da pessoa humana, sabendo-se que o fenómeno constitucional não pode deixar de estar aberto ao serviço de uma permanente actualização à interrogação kantiana "o que é o Homem?" (in **Logik**, p. 25).

0.2. A circunstância desta obra se destinar a alunos de uma Faculdade de Direito explica, por outro lado, a visão geral e, necessariamente, incompleta e até superficial como foram referenciados os autores escolhidos para ilustrar a evolução da filosofia político--constitucional em torno da tutela da pessoa humana. Além disso, tal como Bertrand Russel afirmava no prefácio à sua História da Filosofia, uma vez que não somos imortais, não temos tempo de vida suficiente para nos dedicarmos ao estudo aprofundado e especializado de cada um dos autores mencionados em obras de carácter geral.

Procurou-se, todavia, dar sempre preferência à leitura das fontes, entendidas aqui como as obras dos autores mencionados no âmbito da filosofia política, isto em vez de recorrer apenas a resumos ou a interpretações de terceiros sobre o pensamento de tais autores. Evitou-se, assim, usando as palavras de Schopenhauer (in **Parerga y Paralipómena**, I, p. 67), que outros mastigassem a nossa própria comida.

Tentar-se-á, em eventuais edições futuras deste volume, ampliar o número de autores a estudar, as obras a referenciar e os temas a incluir, contando com as observações críticas que lhe forem formula-

das: não há ciência sem diálogo ou sem crítica, argumentação e contra-argumentação racionais.

Esse é um legado que recebemos de todos os nossos professores e temos o indeclinável dever de manter e transmitir às novas gerações de universitários, conscientes, cada vez mais, de que o professor não investiga simplesmente para si, antes é, na sugestiva expressão de Fichte (in **Ética**, *p. 346), "um servidor da comunidade no âmbito da sua especialidade".*

Essa última ideia unifica e justifica a quem é, modestamente, dedicada a obra.

Lisboa, 25 de Julho de 2007.

PAULO OTERO

PLANO DA OBRA

Introdução – Metodologia do Direito Constitucional

Capítulo 1º – A PESSOA HUMANA
  Secção I – Evolução filosófica e constitucional da tutela da pessoa humana
  Secção II – O Estado de direitos humanos

Capítulo 2º – O PODER POLÍTICO
  Secção I – Introdução
  Secção II – O Estado como realidade histórico-jurídica
  Secção III – A estrutura do Estado
  Secção IV – O exercício do poder do Estado
  Secção V – As instituições e os sistemas políticos do Estado

Capítulo 3º – A CONSTITUIÇÃO
  Secção I – A Constituição como acto jurídico
  Secção II – As normas constitucionais

INTRODUÇÃO

METODOLOGIA
DO DIREITO CONSTITUCIONAL

§1º
ESSÊNCIA DO FENÓMENO CONSTITUCIONAL

1.1. Principais concepções metodológicas

1.1.1. *A interrogação metodológica nuclear:* qual a essência do Direito Constitucional?

Numa óptica tradicional, o Direito Constitucional, ao invés dos restantes sectores do ordenamento jurídico, não pode ser visto como simples ramo de Direito, antes deverá ser entendido como tronco do qual emanam todos os restantes ramos da árvore que consubstancia a ordem jurídica vigente num determinado Estado[1].

Uma tal visão, expressando ainda uma vivência jurídica do fenómeno constitucional na dependência exclusiva do Estado, independentemente de se mostrar hoje debilitada pela internacionalização de certos sectores típicos da normatividade constitucional e, numa escala mais regional, pela europeização do próprio fenómeno constitucional, tudo isto conferindo-lhe também uma projecção supra-estadual, se, por um lado, revela a crise do paradigma clássico do Estado e da sua centralidade na produção das normas constitucionais[2], mostra, por outro, a importância do método de estudo do Direito Constitucional.

---

[1] Neste sentido, cfr. SANTI ROMANO, *Corso di Diritto Costituzionale*, 4ª ed., Padova, 1933, p. 12; JORGE MIRANDA, *Manual de Direito Constitucional*, I, 7ª ed., Coimbra, 2003, p. 14.

[2] Cfr. GOMES CANOTILHO, *"Brancosos" e Interconstitucionalidade – Itinerários dos discursos sobre a historicidade constitucional*, Coimbra, 2006.

A perspectiva metodológica de estudo do Direito Constitucional nunca é axiologicamente neutra, antes tem sempre subjacente e revela na sua elaboração científica uma determinada pressuposição de valores: o Direito Constitucional é o sector da ciência jurídica mais ideologicamente comprometido.

Mostra-se ilusória, por conseguinte, qualquer tentativa de fazer um estudo "puro" do fenómeno constitucional, envolvendo uma espécie de "esterilização" de quaisquer pré-compreensões políticas: uma vez que pelo Direito Constitucional passa a materialização jurídica das opções políticas primárias da sociedade, o respectivo estudo científico nunca poderá ser dotado de neutralidade axiológica.

É por tudo isto que se torna importante ter consciência, desde o primeiro momento, da resposta à seguinte interrogação: qual é a realidade dominante ou o elemento nuclear do Direito Constitucional?

Num certo sentido, a questão colocada projecta-se sobre a própria essência da Constituição e do fenómeno constitucional em geral: qual a sua razão de existência? Que bens jurídicos primários visa tutelar ou garantir?

Tudo se resume, em síntese, à pergunta: *qual a essência do Direito Constitucional?*

A resposta envolve, importa ter perfeita consciência, um antecipar do destapar do "véu de ignorância"[3] do leitor sobre os pressupostos axiológicos e as pré-compreensões subjacentes ao presente estudo. Assume-se, porém, que a liberdade de divergir de quem aprende nunca pode tolher a liberdade de quem ensina, tal como a liberdade de ensinar nunca pode deixar de respeitar a liberdade de aprender – aqui reside a essência do ensino universitário.

1.1.2. *Principais respostas à interrogação metodológica*

As interrogações em torno da essência do Direito Constitucional – e, por arrastamento, da própria Constituição – têm encontrado, uma vez mais à luz do modelo tradicional, três principais respostas:

---

[3] Expressão de JOHN RAWLS, **Uma Teoria da Justiça**, Brasília, 1981, pp. 119 ss.

(a) Há quem reconduza o Direito Constitucional exclusivamente a um simples fenómeno estadual: as concepções estaduais entendem a Constituição como expressão organizativa e funcional do Estado, incluindo as suas relações com as pessoas;
(b) Numa óptica diferente, existe quem encontre a essência da Constituição num simples fenómeno normativo: as concepções positivistas ou normativistas do Direito Constitucional – incluindo aqui também as estruturalistas –, divinizando os preceitos da lei constitucional em sentido formal, enquanto expressão da vontade soberana do Estado, tudo reduzem ao estudo do impacto da "força normativa da Constituição"[4] junto do ordenamento jurídico;
(c) Outros, por último, procuram centrar a essência do fenómeno constitucional nos seus aspectos ideológicos: as concepções ideológicas perspectivam a Constituição como sendo a expressão prevalecente de uma determinada ideia política ou modelo político de sociedade, entendendo os mecanismos de defesa da Constituição como instrumentos de garantia dessa mesma ideologia.

Que pensar destas visões da Constituição e do Direito Constitucional?

Analisemos, separadamente, cada uma destas concepções.

1.1.3. *Idem: (a) Concepções estaduais*

As concepções estaduais, se historicamente expressam a ligação umbilical que, desde a sua origem formal no século XVIII e até aos finais do século XX, existiu entre o Estado e a Constituição, fazendo desta um produto da vontade daquele – seja essa vontade o resultado autocrático de uma única pessoa, a expressão aristocrática de alguns ou a vontade democrática de toda a colectividade –, o certo é que os últi-

---

[4] Expressão de KONRAD HESSE, *Die normative Kraft der Verfassung*, Tübingen, 1959.

mos tempos têm revelado uma crescente consciencialização da autonomia do fenómeno constitucional face ao Estado.

São quatro os principais factores ilustrativos dessa consciencialização de que a Constituição e, por consequência, o Direito Constitucional não são hoje simples realidades estaduais:

(i) Em primeiro lugar, o Estado não goza de um poder ilimitado na definição da normatividade constitucional, antes se encontra vinculado a todo um conjunto de princípios fundamentais suprapositivos que, radicando numa "consciência jurídica geral"[5] ao serviço da ordenação justa da sociedade e do homem, lhe são indisponíveis, verificando-se que a sua violação pelo Estado gera a própria invalidade das ditas normas formalmente constitucionais – trata-se do problema das designadas "normas constitucionais inconstitucionais"[6] – ou, numa diferente perspectiva, provoca a ilegitimidade do exercício do poder constituinte do Estado[7];

(ii) Em segundo lugar, a própria normatividade constitucional não se esgota em fontes formais geradas pelo aparelho institucional do Estado: ao lado de um poder constituinte formal, a história regista sempre a existência de um poder consti-

---

[5] Sobre a "consciência jurídica geral", enquanto síntese de princípios e valores que dão sentido ao Direito e determinam a validade do seu próprio conteúdo, cfr. A. CASTANHEIRA NEVES, *Fontes do Direito – Contributo para a revisão do seu problema*, in *Digesta – Escritos acerca do Direito, do Pensamento Jurídico, da sua Metodologia e Outros*, II, Coimbra, 1995, pp. 65 ss.; IDEM, *Curso de Introdução ao Estudo do Direito*, Policop., Coimbra, 1971-72, pp. 423-h ss.; IDEM, *A Unidade do Sistema Jurídico: o seu problema e o seu sentido*, in *Estudos em Homenagem ao Prof. Doutor J.J. Teixeira Ribeiro*, II, Coimbra, 1979, pp. 176 ss.; IDEM, *Metodologia Jurídica – Problemas Fundamentais*, Coimbra, 1993, pp. 48-49 e 280 ss.; FERNANDO JOSÉ BRONZE, *Lições de Introdução ao Direito*, 2ª ed., Coimbra, 2006, em especial, pp. 474 ss.; PAULO OTERO, *Legalidade e Administração Pública: o sentido da vinculação administrativa à juridicidade*, Coimbra, 2003, pp. 22 ss. e 411 ss.

[6] Cfr. OTTO BACHOF, *Normas Constitucionais Inconstitucionais?*, Coimbra, 1977.

[7] Cfr. MARCELO REBELO DE SOUSA, *O Valor Jurídico do Acto Inconstitucional*, I, Lisboa, 1988, p. 131.

tuinte informal que, sendo "anónimo, silencioso, mas sumamente eficaz"[8], vai moldando a vivência aplicativa das próprias normas constitucionais produzidas pelo Estado[9], tudo isto sem esquecer que a esmagadora maioria dos fenómenos constitucionais teve a sua origem em movimentos revolucionários que são, por natureza, exemplos de fontes geradoras de uma normatividade constitucional que escapa a quaisquer quadros jurídico-formais;

(iii) Em terceiro lugar, a crise das concepções estaduais do fenómeno constitucional radica também na progressiva internacionalização de certos sectores de matérias que, integrando até a algumas décadas o domínio reservado dos Estados, hoje são objecto de uma intervenção normativa imperativa por parte da Comunidade Internacional[10]: a existência de uma globalização de certas matérias integrantes do Direito Constitucional, permitindo falar num "Direito Constitucional Internacional"[11], fazendo emergir um *ius cogens* internacional sobre domínios antes de exclusiva regulação constitucional pelo Estado, se, por um lado, gera uma pluralidade de leis fundamentais num contexto de constitucionalismo transnacional e de um *ius commune* constitucional, veio, por outro, mostrar que a Constituição não é mais uma realidade exclusivamente estadual;

(iv) Em quarto lugar, por último, a integração económica e política em espaços supranacionais, tal como sucede com a União Europeia, arrastou consigo um efeito de regionalização ou federalização de amplos sectores das Constituições dos Estados-membros, permitindo até falar num específico fenómeno de interconstitucionalidade[12], envolvendo um outro tipo de

---

[8] Cfr. PAULO BONAVIDES, *Curso de Direito Constitucional*, 11ª ed., São Paulo, 2001, p. 163.
[9] Cfr. PAULO OTERO, *Legalidade e Administração Pública*, pp. 566 e 567.
[10] Cfr. PAULO OTERO, *Legalidade e Administração Pública*, pp. 573 ss.
[11] Cfr. GOMES CANOTILHO, *"Brancosos" e Interconstitucionalidade*, pp. 284 ss.
[12] Para mais desenvolvimentos, cfr. GOMES CANOTILHO, *"Brancosos" e Interconstitucionalidade*, pp. 266 ss.

relacionamento entre normas constitucionais concorrentes num mesmo espaço, incluindo a subordinação política e jurídica dos processos de revisão constitucional e até mesmo a interpretação das normas constitucionais internas em conformidade ao Direito da União Europeia[13]: a eventual existência de uma Constituição Europeia em sentido formal – ainda que deixe de ser assim baptizada ou designada – poderá limitar-se a traduzir a visualização jurídico-positiva de uma realidade material de natureza federalizante decorrente das teses mais radicais sobre o primado do Direito Comunitário sobre todo o Direito interno dos Estados-membros e, por esta via, contribuir para afastar as tradicionais concepções estaduais do fenómeno constitucional[14].

Nada disto pode obnubilar, porém, que a Constituição, apesar de não ser um fenómeno exclusivamente estadual, continua ainda a encontrar no Estado o seu referencial típico de elaboração jurídica e de teorização científica.

1.1.4. *Idem: (b) Concepções normativistas*

O entendimento da Constituição como simples expressão jurídico-formal da vontade de um decisor habilitado para o efeito, traduzindo ainda o mito da divinização da legalidade positiva e da norma escrita, se permite alicerçar a tese da superioridade hierárquico-formal da Constituição no contexto da ordem jurídico-positiva estadual,

---

[13] Neste sentido e para mais desenvolvimentos, cfr. PAULO OTERO, *Legalidade e Administração Pública*, pp. 579 ss.

[14] Para uma perspectiva defensora de uma "Constituição transnacional" ao nível da União Europeia, enquanto expressão uma realidade constitucional que "está para além dos Estados e que os une e integra numa comunidade política mais vasta", cfr. ANA MARIA GUERRA MARTINS, *A Natureza Jurídica da Revisão do Tratado da União Europeia*, Lisboa, 2000, em especial, pp. 316 ss.; IDEM, *Curso de Direito Constitucional da União Europeia*, Coimbra, 2004, pp. 123 ss.

habilita que se reconheça a susceptibilidade de as suas normas poderem assumir qualquer conteúdo[15].

Uma tal visão formal da normatividade constitucional acaba por conduzir a uma divinização da "força normativa da Constituição": as normas constitucionais gozam de uma prevalência ordenadora e conformadora da realidade política e social[16], traduzindo uma "ordem normativa inquebrantável" contra o arbítrio desmedido e disforme[17].

Sucede, no entanto, que a Constituição e, por arrastamento, o Direito Constitucional não podem ser vistos e entendidos numa tal perspectiva reducionista: a norma jurídica em geral e a norma constitucional em particular não se circunscrevem às normas escritas integrantes da legalidade jurídico-positiva, nem o respectivo conteúdo é completamente indiferente para aferir a sua validade.

Com efeito, sem prejuízo de a Constituição ser sempre norma, as concepções normativistas do fenómeno constitucional parecem esquecer, todavia, o seguinte:

(i) Ao lado das normas escritas produzidas através de mecanismos formais e integrantes da designada Constituição formal, nunca se pode negar a susceptibilidade de informalmente uma factualidade reiterada ou sem oposição determinar o surgimento de normas jurídicas e algumas delas de natureza constitucional, verificando-se que estas gozam de uma força jurídica que pode desenvolver ou até subverter o conteúdo e os efeitos de qualquer norma escrita[18]: o costume constitucional, por um lado, e o desenvolvimento histórico do constitucionalismo britânico, por outro, ilustram a insuficiência das concepções positivistas-normativistas na explicação integral da realidade constitucional;

---

[15] Neste sentido, cfr. HANS KELSEN, *Teoria Pura do Direito*, 6ª ed., Coimbra, 1984, pp. 310 e 311.

[16] Cfr. KONRAD HESSE, *A Força Normativa da Constituição*, Porto Alegre, 1991, p. 24.

[17] Cfr. KONRAD HESSE, *A Força...*, p. 19.

[18] Para mais desenvolvimentos, cfr. PAULO OTERO, *Legalidade e Administração Pública*, pp. 424 ss.

(ii) Simultaneamente, a história regista que a grande maioria das experiências constitucionais da Europa Continental surgiu por via revolucionária, mostrando que a força normativa de uma Constituição nunca é suficiente para impedir que puros factos se projectem em termos normativo-constitucionais: não é a força das normas escritas das Constituições que impede ou condiciona o eclodir das revoluções ou convulsões sociais, antes são estas que, em caso de vitória dos respectivos movimentos, acabam por transformar as normas constitucionais em mero "pedaço de papel" que o vento leva[19];

(iii) De igual modo, a simples existência de um texto constitucional escrito nunca é garantia suficiente para que o mesmo seja cumprido pelos detentores do poder ou para impedir os mais clamorosos atentados à dignidade humana: tal como a Constituição de Weimar se mostrou impotente para suster o nazismo, também a Constituição Soviética e a Constituição Jugoslava se revelaram inúteis perante os genocídios e demais barbaridades que foram cometidos pelo poder, respectivamente de Estaline e de Milosevitch, por razões políticas e étnicas;

(iv) Num outro sentido, a validade das normas constitucionais escritas nunca pode deixar de envolver a conformidade do seu conteúdo com os postulados de justiça próprios de uma sociedade cuja ordenação se encontra fundada na dignidade humana e ao serviço de cada pessoa viva e concreta, segundo resultam da "consciência jurídica geral", isto sob pena da inconstitucionalidade de tais normas integrantes da Constituição escrita[20]: absoluta não é a Constituição ou a força jurídica das normas escritas que integram o seu texto; absoluta é a materialização normativa de uma ordem justa ao serviço da pessoa humana e da sua inalienável dignidade.

---

[19] Cfr. FERDINAND LASSALLE, *A Essência da Constituição*, 5ª ed., Rio de Janeiro, 2000, pp. 27 e 33 ss.
[20] Cfr. PAULO OTERO, *Legalidade e Administração Pública*, pp. 24 e 412 ss.

Em resumo, as concepções normativistas, sem embargo de sublinharem a centralidade da Constituição como instituição das modernas sociedades políticas e da pertinência da intencionalidade subjacente à ideia da "força normativa da Constituição" num modelo político organizado e estabilizado, nunca podem fazer esquecer, no entanto, a sua incompletude na explicação do fenómeno constitucional: a Constituição não é um simples conjunto de normas escritas, dotadas de uma força jurídica prevalecente e cuja validade é independente do respectivo conteúdo.

1.1.5. *Idem: (c) Concepções ideológicas*

Num sentido diferente das anteriores concepções, o fenómeno constitucional tem igualmente sido perspectivado na óptica das ideologias: cada Constituição será, segundo este entendimento, a expressão de uma determinada ideologia, traduzindo sempre a imposição pela classe ou grupo detentor do poder dessa mesma ideologia a toda a comunidade.

Tais concepções constitucionais de base ideológica encontraram especial acolhimento nas correntes marxistas sobre o fenómeno constitucional[21], interpretando as Constituições ocidentais como a expressão ideológica dos interesses da classe burguesa que, por via jurídico-constitucional, procura criar "para si um mundo à sua própria imagem"[22].

Que dizer das concepções ideológicas do fenómeno constitucional?

Cumpre reconhecer, em primeiro lugar, que toda e qualquer Constituição traduz sempre, por acção ou omissão das suas normas, uma determinada postura ideológica, seja ela de matriz pluralista – isto é, reconhecendo um espaço de liberdade política e de neutralidade no

---

[21] Para uma síntese de tais correntes, cfr. JORGE MIRANDA, *Manual de Direito Constitucional*, II, 5ª ed., Coimbra, 2003, p. 64.

[22] Expressão de KARL MARX e FRIEDRICH ENGELS, *Manifesto do Partido Comunista*, 3ª ed., Edições Avante, Lisboa, 1999, p. 40.

acesso das forças políticas ao poder – ou, pelo contrário, consagrando uma matriz não pluralista – ou seja, impondo uma única via ideológica e limitando o acesso ao poder de uma determinada ideologia. Neste sentido, se é verdade que tanto as Constituições de origem liberal quanto as Constituições soviéticas expressam sempre uma ideologia, a grande diferença está, precisamente, na natureza pluralista das primeiras e na ausência dessa natureza nas segundas.

Não há texto constitucional que, atendendo à natureza das matérias que regula, não contenha em si uma expressão ideológica: as simples leis constitucionais de carácter orgânico, ainda que não contenham quaisquer preceitos programáticos, pela simples ausência de tais preceitos expressam já uma postura ideológica. Por isso, as Constituições liberais dos séculos XVIII e XIX, apesar do seu tradicional abstencionismo económico do Estado, envolviam um claro posicionamento ideológico sobre o papel do Estado na economia[23].

Não se pense, todavia, que só a Constituição expressa uma ideologia: todas as normas jurídicas que não tenham um conteúdo meramente técnico, regulamentar ou remissivo têm sempre consigo uma determinada carga ideológica, exprimindo determinadas valorações ou posturas de princípio sobre a respectiva realidade material. Poderá mesmo afirmar-se, neste contexto, que quanto maior for a proximidade ou o comprometimento entre uma norma e os valores da justiça, da segurança e da liberdade maior será, correlativamente, a sua componente ideológica.

Reconduzir o fenómeno constitucional a uma simples expressão ideológica é retirar-lhe autonomia dentro do contexto do sistema jurídico, uma vez que, por via de regra, nada permite separar em termos estruturais o comprometimento ideológico do texto constitucional face a idêntico fenómeno proveniente de outros textos jurídicos, designadamente as leis penais ou económicas: tudo se resume a uma questão de grau ou nível de envolvimento ideológico.

Uma única excepção, todavia, permitirá traçar aqui uma linha de fronteira: aquela que separa os textos constitucionais de matriz ideoló-

---

[23] Neste sentido e para mais desenvolvimentos, cfr. VITAL MOREIRA, *Economia e Constituição*, 2ª ed., Coimbra, 1979, pp. 96 ss.

gica pluralista e aqueles que, pelo contrário, negando o pluralismo ideológico, impondo uma única via política, acabam por lançar dúvidas sobre a sua própria legitimidade.

O certo, porém, é que mesmo os textos constitucionais de matriz ideológica pluralista encontram dificuldades na resolução do clássico problema em torno do tratamento constitucional (de tolerância ou intolerância) a dar àqueles grupos políticos que, servindo-se das próprias instituições constitucionais, visam subverter o pluralismo constitucional, instaurando uma ordem constitucional ideologicamente unitária[24].

Por esta via se comprova, afinal, a insuficiência das concepções ideológicas na explicação da essência do fenómeno constitucional: toda a Constituição expressa sempre uma ideologia e coloca problemas de relacionamento entre ideologias dentro e fora do quadro constitucional, apesar de o fenómeno ideológico não captar algo de intrinsecamente exclusivo dos textos constitucionais.

Fazer da ideologia o elemento nuclear de compreensão da Constituição é, em suma, redutor da diversidade, da complexidade e da especificidade do fenómeno constitucional.

1.2. Posição adoptada: concepção personalista

1.2.1. *Síntese das principais concepções*

Qual deverá ser, atendendo ao exposto, a perspectiva metodológica adoptada para o Direito Constitucional?

O estudo até agora realizado permite extrair três ilações:

(i) O Direito Constitucional, apesar de não se esgotar no Estado, continua ainda a encontrar no Estado a sua matriz de referência política e de projecção aplicativa das suas normas;

---

[24] Para mais desenvolvimentos, cfr. PAULO OTERO, *A Democracia Totalitária. Do Estado totalitário à sociedade totalitária. A influência do totalitarismo na democracia do século XXI*, Cascais, 2000, pp. 268 ss.

(ii) O Direito Constitucional, sem embargo de não se circunscrever exclusivamente a normas escritas, é hoje, salvo no que respeita à experiência britânica, substancialmente dominado por normas escritas;

(iii) O Direito Constitucional, expressando sempre uma ideologia, não pode ser reduzido na sua essência, porém, a um simples fenómeno ideológico.

Atendendo ao exposto, a interrogação inicial de carácter metodológico permanece: como se configura a essência do fenómeno constitucional?

1.2.2. *Fins do Direito e essência do fenómeno constitucional*

Uma vez que a Constituição não vive fora do sistema jurídico, antes dele é parte integrante, assumindo aí um especial papel conformador, obviamente que a sua essência tem de ter subjacente os próprios fins do Direito[25]: a justiça, a segurança e a liberdade são elementos da essência constitucional.

Naturalmente que a relação entre o fenómeno constitucional e os fins do próprio sistema jurídico envolve um processo de mútuas e múltiplas confluências e influências: a Constituição comunga dos fins do Direito e, simultaneamente, fundamenta uma ordem axiológica alicerçada em tais postulados, procurando ainda redefinir novas regras de equilíbrio ou de precedência entre os valores subjacentes aos fins do Direito.

O certo, porém, é que a essência da Constituição nunca pode deixar de ser alheia à justiça, à segurança e à liberdade: qualquer Constituição existe para garantir a justiça, a segurança e a liberdade, isto independentemente das soluções normativas concretas que adopte ou permita dela serem extraídas.

---

[25] Para um maior desenvolvimento da temática os fins do Direito, cfr. PAULO OTERO, *Lições de Introdução ao Estudo do Direito*, I, 1º tomo, Lisboa, 1998, pp. 146 ss.

No limite, uma Constituição que não vise a implementação da justiça, da segurança e da liberdade ou, em alternativa, que proceda a uma ponderação desequilibrada destes valores, fazendo que a prevalência de um deles marginalize ou anule completamente os outros, será um texto constitucional cuja legitimidade ou mesmo a sua validade pode ser questionada.

Tal como Santo Agostinho se interrogava, "afastada a justiça, que são, na verdade, os reinos senão grandes quadrilhas de ladrões?"[26], pode bem perguntar-se o que é ou para que serve uma Constituição que afasta a justiça, que recusa garantir a segurança ou que nega a liberdade? A Constituição será, num tal cenário, a lei de uma quadrilha de ladrões que ocupa o Poder Político: a Constituição poderá ser norma, não será, porém, Direito.

Num outro sentido, a inserção da Constituição no contexto do sistema jurídico, fazendo-a comungar dos fins do Direito e, por esta via, subordinando-a a uma ordem de valores indisponível, se, por um lado, enquadra os termos precisos de exercício da liberdade decisória pelo constituinte, revela, por outro, que o texto formal da Constituição não é um dado absoluto, antes relativiza as suas disposições e os seus princípios, permitindo a discussão em torno da validade das suas próprias soluções normativas à luz de valores que a heterovinculam.

1.2.3. *Centralidade constitucional da pessoa humana ou do Estado? – o confronto entre Kant e Hegel*

Não basta afirmar que a essência do fenómeno constitucional se reconduz à garantia da justiça, da segurança e da liberdade: esse é, pode dizer-se, um primeiro passo na aproximação à verdadeira dimensão estrutural ou funcional da Constituição.

Importa ter presente, todavia, que a justiça, a segurança e a liberdade nunca podem deixar de estar ao serviço do homem vivo e concreto e da sua inalienável dignidade: aqui reside, em última análise, a razão de ser do fenómeno constitucional.

---

26 Cfr. SANTO AGOSTINHO, *A Cidade de Deus*, Liv. IV, Cap. IV (I vol., edição da Fundação Calouste Gulbenkian, Lisboa, 1991, p. 383).

Com efeito, uma vez que "é para a pessoa humana que o próprio mundo existe"[27], igualmente toda a ordem jurídica assenta na noção de pessoa humana[28]: "tudo quanto existe no direito se destina ao homem vivo e concreto e tudo quanto negar essa verdade não será direito"[29].

Verifica-se, neste contexto, que também o Direito Constitucional existe em função da pessoa humana e não do Estado, de um puro formalismo normativo ou de uma mera ideologia: se tudo o que existe no Direito é em função do Homem – incluindo o próprio Estado –, então o fenómeno constitucional nunca poderá deixar de comungar dessa mesma centralidade do humano.

A afirmação do *Digesto* de que "todo o Direito se constitui por causa dos homens"[30], transformando a humanidade numa característica do Direito[31], é também válida e aplicável a nível constitucional[32]: todo o Direito Constitucional existe por causa do Homem. Nas sugestivas palavras da Constituição Pastoral *«Gaudium et Spes»*, a "pessoa humana (...) é e deve ser o princípio, o sujeito e o fim de todas as instituições sociais"[33].

E se a História demonstra a existência de experiências de Direito Constitucional contrárias, isto não prova o desacerto da concepção defendida, antes ilustra, por oposição, a expressão de um "não-Direito" ou de um "torto" constitucional[34]: a edificação de uma ordem que

---

[27] Cfr. A. CASTANHEIRA NEVES, *A revolução e o Direito*, in A. CASTANHEIRA NEVES, *Digesta – Escritos acerca do Direito, do Pensamento Jurídico, da sua Metodologia e Outros*, I, Coimbra, 1995, p. 144.

[28] Cfr. MANUEL GOMES DA SILVA, *Esboço de uma Concepção Personalista do Direito*, Lisboa, 1965, p. 133.

[29] Cfr. MANUEL GOMES DA SILVA, *Esboço...*, p. 137.

[30] Cfr. D.1.5.2.

[31] Cfr. DANILO CASTELLANO, *Racionalismo y Derechos Humanos – Sobre la anti-filosofía político-jurídica de la "modernidad"*, Madrid, 2004, p. 19.

[32] Reconhecendo que se trata de um aforismo clássico "que, todavia, está ainda longe de esgotar os seus reflexos, no Direito Civil", cfr. ANTÓNIO MENEZES CORDEIRO, *Tratado de Direito Civil Português*, I, Tomo 3º, 2ª ed., Coimbra, 2007, p. 29.

[33] Cfr. *Constituição Pastoral «Gaudium et Spes»*, de 7 de Dezembro de 1965, nº 25.

[34] Adapta-se aqui a conhecida expressão de MANUEL GOMES DA SILVA, *Esboço...*, p. 136.

negue a justiça, recuse a garantia da segurança individual ou amordace a liberdade, enquanto possíveis soluções "constitucionais" contrárias à dignidade da pessoa humana, será sempre a ilustração de um "Direito" Constitucional que, sendo próprio de um "Estado-contra-o-Direito"[35], se renega a si próprio, alicerçando a legítima discussão em torno da sua obrigatoriedade e do inerente dever de obediência.

Tal como Kant, retomando idêntica questão formulada por S. Tomás de Aquino a propósito da natureza do nome de pessoa[36], faz da interrogação *Was ist der Mensch?* ("o que é o Homem?") a síntese interrogativa da sua filosofia[37], transformando a antropologia filosófica na base do seu pensamento[38], segundo um modelo que reconduz a dignidade humana a essência do imperativo categórico, também o Direito Constitucional não pode deixar de assumir uma postura antropocêntrica: o paradigma da Constituição não pode ser o Estado ou o Poder, antes radica no ser humano e na sua dignidade inviolável.

Como Castanheira Neves sintetiza, "o homem-pessoa é o pressuposto decisivo, o valor fundamental e o fim último que preenche a inteligibilidade do nosso tempo"[39]. Ou, usando as palavras de Manuel Gomes da Silva, "a pessoa humana viva e concreta tem o primado em toda a construção do direito"[40]. E no Direito Constitucional, sublinhe-se, por maioria de razão.

Fazer do Estado o centro da Constituição e da sua análise é ainda, no limite, tributar homenagem a uma linha de pensamento transpersonalista de base hegeliana[41]: o ensino autónomo do

---

[35] Expressão de GUSTAV RADBRUCH, *Filosofia do Direito*, 6ª ed., Coimbra, 1979, p. 416.

[36] Cfr. S. TOMÁS DE AQUINO, *Suma de Teologia*, I-I, q.29, a.4. (I vol., 4ª ed., reimp., editada pela Biblioteca de Autores Cristianos, Madrid, 2001, p. 329).

[37] Cfr. EMMANUEL KANT, *Logik*, Königsberg, 1800, p. 25.

[38] Cfr. MARTIN BUBER, *Das Problem des Menschen*, 6ª ed., München, 2000, pp. 9 ss.

[39] Cfr. A. CASTANHEIRA NEVES, *A revolução e o Direito*, p. 139.

[40] Cfr. MANUEL GOMES DA SILVA, *Esboço...*, p. 131.

[41] Especificamente sobre a influência de Hegel na moderna teoria da Constituição, cfr. GOMES CANOTILHO, *A teoria da Constituição e as insinuações do hegelianismo democrático*, in *O Homem e o Tempo, Liber Amicorum para Miguel*

Staatsrecht[42], da *Allgemeine Staatslehre*[43] ou ainda de um Direito Constitucional exclusiva e naturalmente centrado no Estado como seu pressuposto[44] mostram-se exemplos académicos ilustrativos de uma metodologia de fidelidade a Hegel.

Bem pelo contrário, encontrar na resposta à interrogação *"Was ist der Mensch?"* o objecto da Constituição e do ensino do Direito Constitucional significa a adopção de uma postura filosófica que, ao invés de Hegel, nega ver no Estado o referencial da existência e da essência do Homem: não é verdade que "só no Estado é que o homem tem existência racional"[45], tal como se mostra inaceitável uma concepção constitucional que, defendendo encontrar o indivíduo a essência da sua liberdade no Estado[46], faça da integração do homem como membro do Estado o seu "mais elevado dever"[47], assim como se mostra ainda de rejeitar a ideia de que "o homem deve ao Estado tudo o que ele é; só nele tem a sua essência"[48].

Colocar o Homem no centro do fenómeno constitucional determina que a essência de cada Constituição se encontre numa busca incessante de um modelo de organização do poder político que vise a edificação de uma sociedade mais justa, mais segura e mais livre ao serviço do respeito e da garantia da dignidade de cada ser humano: "o Estado e a Sociedade são por causa do Homem e não o Homem por causa deles"[49].

Baptista Pereira, Porto, 1999, pp. 413 ss.; IDEM, *"Brancosos" e Interconstitucionalidade*, pp. 165 ss.

[42] Cfr. PETER BADURA, *Staatsrecht*, 3ª ed., München, 2003, pp. 2 ss.

[43] Cfr. REINHOLD ZIPPELIUS, *Allgemeine Staatslehre*, 12ª ed., München, 1994.

[44] Cfr. JOSEF ISENSEE, *Grundlagen von Staat und Verfassung*, in JOSEF ISENSEE / PAUL KIRCHHOF (org.), *Handbuch des Staatsrechts der Bundesrepublik Deutschland*, I, Heidelberg, 1987, pp. 592 ss.

[45] Cfr. HEGEL, *A Razão na História – Introdução à Filosofia da História Universal*, edições 70, Lisboa, 1995, p. 97.

[46] Cfr. HEGEL, *Princípios de Filosofia do Direito*, Guimarães Editores, Lisboa, 1959, §257, p. 247.

[47] Cfr. HEGEL, *Princípios...*, §258 (p. 247).

[48] Cfr. HEGEL, *A Razão na História*, p. 97.

[49] Cfr. A. BARBOSA DE MELO, *Democracia e Utopia (Reflexões)*, Porto, 1980, p. 29.

O Estado e todas as restantes instituições políticas apenas se compreendem ao serviço da pessoa humana, sabendo-se que não é o homem que existe para elas, antes são elas que encontram na pessoa humana o fundamento da sua existência e o critério teleológico de acção[50].

Note-se, porém, que o Homem que está em causa na Constituição não é uma simples realidade abstracta, identificada com a ideia universal de humanidade formulada por Kant no seu imperativo prático: "age de tal maneira que uses a humanidade, tanto na tua pessoa como na pessoa de qualquer outro, sempre e simultaneamente como fim e nunca simplesmente como meio"[51]. Para além de uma dimensão abstracta da dignidade humana, envolvendo o reconhecimento da pluralidade e complexidade da totalidade do ser humano[52], importa tomar consciência que no centro da Constituição e de todo o Direito está cada Homem vivo e concreto[53]: essa concepção valorizadora da subjectividade e da individualidade irredutível de cada Homem existente, em oposição a uma concepção objectivista resultante da universalidade do espírito de Hegel ou da abstracção da ideia kantiana de humanidade, remete para a recepção constitucional do contributo existencialista dos séculos XIX e XX (v. *infra*, n° 8.1.).

Fazer de cada Homem vivo e concreto o eixo central do fenómeno constitucional não significa, todavia, que o Direito Constitucional já tenha alcançado um modelo perfeito de organização política ou mesmo que alguma vez o venha a conseguir, antes se procura sublinhar que deparamos aqui com um processo em constante evolução[54], sempre insatisfatório nos seus resultados face à grandeza dos fins que norteiam o seu propósito: o ser humano é muito grande nos fins que envolve e

---

[50] Neste sentido, cfr., uma vez mais, a **Constituição Pastoral «Gaudium et Spes»**, n° 25.

[51] Cfr. KANT, **Fundamentação da Metafísica dos Costumes**, ed. Porto Editora, Porto, 1995, p. 66.

[52] Cfr. MARTIN BUBER, **Das Problem des Menschen**, p. 17.

[53] Cfr. MANUEL GOMES DA SILVA, **Esboço...**, p. 138.

[54] Qualquer ideia de eternidade dos textos constitucionais revela-se sempre ilusória: mesmo a interpretação evolutiva e o desenvolvimento constitucional, enquanto fenómenos visíveis em textos constitucionais dotados de alguma estabilidade, são apenas designações reveladoras da multiplicidade de soluções aplicativas de um mesmo texto constitucional.

demasiado pequeno para os concretizar de forma perfeita no tempo e no espaço.

O Direito Constitucional reflecte isso mesmo: ele é, simultaneamente, um Direito da garantia e da desconfiança, da satisfação de reivindicações e reivindicativo de insatisfações, inquietantemente problematizante de novas soluções e pacificamente tranquilo quanto aos fins ou propósitos que devem guiar as suas soluções[55].

Aqui reside, em síntese, a essência de uma postura metodológica de matriz personalista, subordinando o poder, a sociedade, a economia e a cultura aos valores da pessoa humana[56], aplicada ao Direito Constitucional[57].

1.2.4. *Idem: personalismo e republicanismo*

A subordinação da realidade política, económica e cultural aos valores da pessoa humana, sem desvalorizar a componente social do homem, nem reduzir-se a um dissimulado individualismo egoísta[58],

---

[55] Em última análise, esses fins, se condicionam a construção jurídica dos respectivos meios normativo-constitucionais de concretização, segundo postulados lógicos e de adequação funcional, a verdade é que eles podem também servir, num segundo momento, de elementos determinativos da própria invalidade desses mesmos meios constitucionais: numa Constituição ao serviço do ser humano e da sua dignidade, teleologicamente vinculada à justiça, à segurança e à liberdade, nunca poderá ser indiferente o conteúdo das respectivas normas e a sua harmonia face a tais postulados axiológicos e teleológicos de heterovinculação.

[56] Adoptando uma noção mais restrita da concepção personalista, entendendo-a relacionada com o "democratismo", cfr. L. CABRAL DE MONCADA, *Do Valor e Sentido da Democracia (Ensaio de filosofia política)*, Coimbra, 1930, p. 71.

[57] Sobre o personalismo em Direito Constitucional, defendendo a existência de uma pluralidade de formulações que justificam que se fale antes em "personalismos", cfr. MIGUEL AYUSO, *El Ágora y la Pirámide – Una visión problemática de la Constitución Española*, Madrid, 2000, pp. 95 ss. Desenvolvendo uma postura personalista ao nível da fundamentação dos direitos humanos, cfr. MÁRIO BIGOTTE CHORÃO, *Nótula sobre a Fundamentação dos Direitos Humanos*, in IDEM, *Pessoa Humana, Direito e Política*, Lisboa, 2006, em especial, pp. 143 ss.

[58] Salientando esses riscos de algumas formulações da concepção personalista, cfr. MANUEL GOMES DA SILVA, *Esboço...*, pp. 71 ss.; MIGUEL AYUSO, *El Ágora...*, p. 105.

aponta um personalismo constitucional que faz da dignidade de cada pessoa humana viva e concreta o fundamento de validade de toda a ordem jurídica e a razão de ser do Estado[59]: é a dignidade da pessoa humana viva e concreta e os direitos fundamentais dela decorrentes que justificam o Estado e a Constituição e não o Estado ou a Constituição que outorgam ou justificam a dignidade da pessoa humana e os direitos humanos.

Neste sentido, qualquer concepção que, centrando a essencialidade do fenómeno constitucional numa ideia ética de "bem comum" da colectividade ou comunidade, identificada com a prevalência do interesse público ou a virtude cívica subjacente à tradição aristotélica e estóica[60] – recuperada pela escolástica tomista e por Maquiavel[61] – e hoje objecto de acolhimento pelo discurso neo-republicano[62], faça deslocar para uma componente axiológica diferente do valor da pessoa humana e da sua dignidade a edificação da essência constitucional, mostra-se metodologicamente desadequada:

(i) As teses republicanas ou neo-republicanas, sublinhando o compromisso ético emergente da identidade colectiva existente na comunidade, adoptam uma postura metodológica que parte da *polis* para a pessoa e não de cada pessoa para a *polis*[63], e, por isso, tornam-se uma forma subtil de transfiguração da dimensão ética da concepção hegeliana do Estado, agora transferida para a comunidade e os seus cidadãos: parafraseando Hegel, o neo-republicanismo diz-nos

---

[59] Cfr. PAULO OTERO, *A Democracia Totalitária*, p. 174.

[60] Cfr. JOSÉ ADELINO MALTEZ, *Princípios de Ciência Política*, I, Lisboa, 1996, p. 181.

[61] Cfr. QUENTIN SKINNER, *Machiavelli*, Oxford, 1981, em especial, pp. 61 ss.; EDOARDO GREBLO, *Democrazia*, Bologna, 2000, pp. 51 ss.

[62] Cfr. PHILIP PETTIT, *The Common Mind*, Oxford, 1993, pp. 318 ss. Para uma introdução ao tema, cfr. EDOARDO GREBLO, *Democrazia*, pp. 49 ss.; RICARDO LEITE PINTO, *Neo-republicanismo, Democracia e Constituição*, Lisboa, 2006, pp. 19 ss.

[63] Traçando, nestes exactos termos a origem platónico-aristotélica e estóica destes dois entendimentos de relacionamento entre a comunidade e a pessoa, apesar de não o enquadrar na moderna concepção republicana, cfr. PEDRO PAIS DE VASCONCELOS, *Direito de Personalidade*, Coimbra, 2006, p. 49.

que o cidadão só se realiza como cidadão na busca do bem comum da comunidade, encontrando aí o seu mais elevado dever;

(ii) Retirar centralidade à pessoa humana, enquanto pessoa e não como simples cidadão, na discussão do fenómeno constitucional poderá determinar que se coloque no seu lugar uma abstracção indeterminada de cariz mais ou menos transpersonalista (v.g., "bem comum", "interesse público", "virtude cívica"[64]) ou reduzir a questão constitucional a um problema formal de natureza procedimental (v.g., "democracia deliberativa"[65], processos e métodos de discussão e deliberação[66], participação eleitoral): o republicanismo, conferindo prevalência aos deveres em função do bem comum sobre os direitos individuais[67], corre o risco de permitir um "totalitarismo de face humana"[68];

(iii) As teses neo-republicanas, recuperando a tradição greco--romana de configurar o problema político e constitucional como instrumento ou meio de realização do bem comum da colectividade, representam um retrocesso histórico e revelam desinteresse pela raiz última do fenómeno constitucional: a universalização dos conceitos de pessoa humana e de dignidade humana traduz o resultado de uma longa evolução jurídica que começou pela noção grega de cidadão a que se pretende agora regressar como ponto de partida de um constitucionalismo de exclusão, ressuscitando a valorização da

---

[64] Cfr. RICHARD DAGGER, *Civic Virtues, Rigthts, Citizenship and Republican Liberalism*, Oxford, 1997, em especial, pp. 196 ss.

[65] Cfr. JÜRGEN HABERMAS, *Droit et Démocratie – entre faits e normes*, s.l., 1998, p. 327.

[66] Cfr. CARLOS SANTIAGO NINO, *The Constitution of the Deliberative Democracy*, New Haven, 1996, p. 107.

[67] Cfr. QUENTIN SKINNER, *The idea of negative liberty: Philosophical and historical perspectives*, in RICHARD RORTY / J.B. SCHNEEWIND / QUENTIN SKINNER (org.), *Philosophy in History*, Cambridge, 1984, em especial, p. 309.

[68] Neste último sentido, cfr. STEPEN GEY, *The unfortunate revival of civic republicanism*, in *The University of Pennsylvania Law Review*, vol. 141, 1993, p. 897.

"liberdade dos antigos"[69] e fazendo depender a liberdade da participação política dos cidadãos[70], isto em detrimento de uma valorização dos direitos individuais (e universais) da pessoa humana;

(iv) No limite, as teses neo-republicanas, produzindo uma valorização dos direitos de participação política, enquanto direitos cívicos de alguns, esquecem que o ser humano antes de ser cidadão é pessoa e, nessa qualidade, tem direitos universais cuja essencialidade é superior e anterior à participação e comunicação política: os desafios contemporâneos à dignidade do ser humano atingem os seus direitos como pessoa, antes de lesarem os seus direitos como cidadão.

Em termos políticos e constitucionais, o republicanismo mostra-se ainda adepto da "soberania do povo" vista na óptica do Estado, segundo as suas diferentes variações e consequências, enquanto que o personalismo constitucional prefere a "soberania do género humano"[71], consciente que isto possa traduzir uma limitação da vontade da soberania popular: a vontade popular não é a essência do fenómeno constitucional, nem este se esgota na prossecução pela comunidade de um abstracto bem comum através de uma autoridade radicada exclusivamente na liberdade de participação política dos cidadãos, antes a essência da Constituição – tal como a própria relevância da vontade popular – radica no valor do ser humano.

Bem mais importante que a ideia transpersonalista de serviço dos cidadãos ao bem comum da comunidade ou de independência e liberdade da autoridade – todos eles elementos, sublinhe-se, que se ligam com a *polis* ou o Estado –, justificando o possível sacrifício dos interesses individuais dos cidadãos, é sempre a pessoa humana: o personalismo é ainda, ao invés dos postulados republicanos, um humanismo.

---

[69] Cfr. BENJAMIN CONSTANT, *Cours de Politique Constitutionnelle*, II, Paris, 1861, pp. 542 ss..
[70] Cfr. QUENTIN SKINNER, *Liberty Before Liberalism*, Cambridge, 1998, p. 79.
[71] Expressão de ALEXIS DE TOCQUEVILLE, in *Da Democracia na América*, I, ed. Principia, Cascais, 2002, II parte, cap. 7º (pp. 299 e 300).

O republicanismo traduz, em suma, uma metodologia de leitura e compreensão da Constituição que amputa a realidade humana que serve de raiz ao fenómeno constitucional: a realização do bem comum da colectividade pelo cidadão é um problema cronológico e metodologicamente posterior ao estatuto do ser humano como pessoa. Antes de ser cidadão – ou independentemente de ser cidadão – e de ter deveres para com a comunidade, o homem é homem: o personalismo antecede e ultrapassa a dimensão republicana do fenómeno constitucional.

E é na circunstância de o homem ser homem (e não apenas cidadão) que radica a sua própria dignidade. Como sublinhava Pufendorf, já no século XVII, a palavra homem envolve já, por si, a ideia de dignidade[72]: não é pelo facto de ser cidadão – isto é, em última análise, membro da *polis* ou de um Estado – que o homem goza de dignidade. Na ambiguidade da linguagem hegeliana, "o homem vale porque é homem"[73].

Neste sentido, a interrogação kantiana "o que é o Homem?"[74] encontra, segundo a óptica personalista, três imediatas e simples respostas que a tradição republicana desvaloriza:

1ª) O homem é pessoa antes de ser cidadão;
2ª) É no facto de ser pessoa que o homem encontra a sua essência;
3ª) E é por ser homem que tem dignidade.

Só uma metodologia de estudo assente no personalismo permite, ao invés do que sucederia com uma leitura constitucional republicana, compreender todo o processo histórico de busca das raízes e evolução do fenómeno constitucional.

---

[72] Cfr. SAMUEL PUFENDORF, *Of The Law of Nature and Nations*, Oxford, 1703 (disponível em http://oll.libertyfund.org/Intros/Pufendorf.php), Liv. III, Cap. II, nº 1 (p. 174); IDEM, *De los Deveres del Hombre y del Ciudadano Según da Ley Natural, em Dos Libros*, ed. Centro de Estudios Políticos y Constitucionales, Madrid, 2002, Liv. I, Cap. VII, nº 1 (p. 59).
[73] Cfr. HEGEL, *Princípios...*, §209, nota (p. 213).
[74] Cfr. EMMANUEL KANT, *Logik*, p. 25.

§2º
ENSINO DO DIREITO CONSTITUCIONAL

2.1. Orientações metodológicas

2.1.1. *Principais orientações de ensino do Direito Constitucional*

O estudo em torno da essência do fenómeno constitucional, revelando uma pluralidade de concepções, não pode fazer esconder uma paralela diversidade de orientações metodológicas de ensino do Direito Constitucional.

A resposta à interrogação *como ensinar Direito Constitucional ou o que ensinar em Direito Constitucional?* pode encontrar, tendo presentes as diferentes experiências estrangeiras[75], diversas soluções:

(i) O ensino do Direito Constitucional poderá centrar-se no estudo da história constitucional, metodologia esta que se encontra especialmente vocacionada para experiências baseadas em constituições de matriz histórica, tal como sucede com o Reino Unido;

(ii) Em sentido contrário, a existência de um texto constitucional escrito poderá gerar uma postura metodológica de ensino do Direito Constitucional que, acolhendo uma visão

---

[75] Sobre o tema, cfr. GOMES CANOTILHO, *Direito Constitucional e Teoria da Constituição*, 6ª ed., Coimbra, 2002, pp. 21 ss.; JORGE BACELAR GOUVEIA, *Ensinar Direito Constitucional*, Lisboa, 2003, pp. 261 ss.

jurídica positivista própria do século XIX e dos inícios do século XX, se traduza na mera exegese dos preceitos da Constituição;

(iii) Visando ultrapassar o empobrecimento científico decorrente do simples método exegético, o ensino do Direito Constitucional procurou, sob forte influência francesa, chamar a si aspectos integrantes de política constitucional ou de ciência política, aliando o estudo das normas do designado "Direito Político" ao estudo dos factos políticos, conduzindo, deste modo, ao surgimento da cadeira de Ciência Política e Direito Constitucional;

(iv) A importância do desenvolvimento judicial da Constituição, seja pela longevidade do seu texto acompanhada do protagonismo do *Supreme Court* dos EUA ou pela mais recente relevância dos órgãos concentrados de fiscalização da constitucionalidade na Europa (Tribunal Constitucional, na Alemanha e em Itália; Conselho Constitucional, em França), fazendo da Constituição aquilo que os juízes dela dizem em termos interpretativos e aplicativos, conduz a um ensino marcadamente judicialista ou jurisprudencial do Direito Constitucional;

(v) Num sentido diferente, existem metodologias de ensino do Direito Constitucional que transformam a cadeira numa espécie de teoria geral do direito público, seja através do modelo alemão centrado no Estado ou, em alternativa, do modelo italiano, aproveitando para nela se ministrar, além dos órgãos e funções do Estado, o ensino do sistema de fontes de Direito, princípios de organização e de actividade das entidades públicas;

(vi) É também possível, por outro lado, que o ensino do Direito Constitucional, partindo do texto constitucional vigente, sem dele fazer um desenvolvimento exegético, procure traçar os princípios fundamentais do modelo constitucional consagrado e as coordenadas dos principais problemas dogmáticos da ciência do Direito Constitucional.

2.1.2. *Idem: vantagens e inconvenientes*

As diversas soluções expostas, sem prejuízo de comportarem graus diversificados, reúnem vantagens e inconvenientes, não se podendo dizer que qualquer uma de tais orientações metodológicas de ensino do Direito Constitucional seja, em si ou por si, preferível.

Com efeito, se a história constitucional se mostra indispensável ao conhecimento do próprio presente constitucional, a verdade é que um ensino do Direito Constitucional exclusiva ou predominantemente voltado para o seu estudo diluirá o essencial no acessório e dificilmente dará aos destinatários desse mesmo ensino um quadro jurídico operativo das soluções e dos problemas hoje colocados pela Constituição vigente. Num tal cenário, o Direito Constitucional correria o risco de se transformar em verdadeira arqueologia constitucional.

Em sentido oposto, um ensino do Direito Constitucional baseado na exegese das normas da Constituição vigente, sendo certo que transmitirá um conhecimento mais perfeito do presente, tem o inultrapassável defeito de não preparar a formação dos quadros mentais de um verdadeiro jurista: saber Direito Constitucional não é tanto identificar a norma que dá a solução para o caso concreto, antes será reflectir sobre as coordenadas dogmáticas do problema jurídico colocado pelo caso concreto.

Também por isso, um estudo do Direito Constitucional voltado quase exclusivamente para a jurisprudência constitucional revelar-se-ia empobrecedor da riqueza da dinâmica problemática das normas constitucionais e da pluralidade de aplicadores dessas normas, sem prejuízo de se reconhecer a valia complementar do sentido interpretativo e aplicativo da Constituição resultante da acção dos juízes. Sucede, porém, que nem todas as normas constitucionais podem ser ou são objecto de aplicação judicial, razão pela qual um ensino essencialmente judicialista do Direito Constitucional seria sempre incompleto.

Num outro sentido, sendo certo que o Direito Constitucional é um repositório de grandes princípios de Direito Público, a verdade, porém, é que não se mostra admissível circunscrever o conteúdo do seu ensino a uma espécie de teoria geral do Direito Público ou de teoria geral do Estado: o Direito Constitucional é muito mais do que isso e, simultaneamente, algo menos, pois partilha com o Direito Administrativo, o Direito Internacional Público e o Direito Institucional da União Europeia um condomínio em tal área. A própria ideia de fazer do Estado o centro expositivo das matérias constitucionais, além de traduzir hoje uma metodologia algo retardada pela actual perda da centralidade absoluta do Estado ante fenómenos de internacionalização e integração europeia de domínios tradicionalmente confiados ao Estado, sublinha uma ideia perniciosa e uma postura não personalista do fenómeno constitucional: faz do Estado e não da pessoa humana o centro de referência do Direito Constitucional (v. *supra*, n° 1.2.3.).

A transformação da Constituição vigente em centro expositivo dos princípios e da dogmática constitucional, tendo a inegável vantagem de partir da normatividade presente e concreta para a abstracção, mostra-se pouco propícia a uma exposição sistematicamente coerente da dimensão histórica do fenómeno constitucional, além de, sendo directamente tributária de uma concepção defensora da força normativa da Constituição (v. *supra*, n° 1.1.4.), conduzir a uma mistificação ou divinização do texto escrito da Constituição e do poder constituinte formal.

Já uma postura metodológica de diálogo entre as normas e os factos políticos, tendo presente a sua mútua influência neste delicado sector – desde a factualidade que se pode tornar informalmente normativa e, por outro lado, as normas escritas "oficiais" que sem aplicação factual perdem efectividade, surgindo em seu lugar uma normatividade "não oficial"[76] –, mostrando-se enriquecedora da complexidade do fenómeno constitucional através da sua articulação com a Ciência Política, permite compreender aquilo que a mera análise das normas escritas nunca revela. Sucede, no entanto, que uma tal postura metodológica, revelando a sua incompletude, nunca poderá deixar de ter presentes três aspectos nucleares:

(i) Primeiro: a análise do presente nunca pode ser feita esquecendo o passado, nem a dimensão dogmática de enquadramento dos problemas estruturais do Direito Constitucional;

---

[76] Para mais desenvolvimentos, cfr. PAULO OTERO, *As instituições políticas e a emergência de uma "Constituição não oficial"*, in **Anuário Português de Direito Constitucional**, Vol. II, 2002, pp. 83 ss.

(ii) Segundo: o estudo do Direito Constitucional não se deverá circunscrever aos meros aspectos normativos ou factuais subjacentes a um concreto texto constitucional (presente ou passado), antes exige que nos debrucemos sobre as três instituições fundantes de todo o fenómeno constitucional:

- A pessoa humana;
- O poder político;
- A Constituição.

(iii) Terceiro: a existência de textos constitucionais extensos, dotados de normas sobre quase todos os sectores do ordenamento jurídico, faz com que o Direito Constitucional, além de envolver o ensino de uma parte geral, permita hoje recortar a existência autónoma de diversos núcleos específicos de ensino, justificando a emergência de uma pluralidade de cadeiras de Direito Constitucional especial (v.g., Direitos Fundamentais, Justiça Constitucional, Direito Parlamentar, Direito Eleitoral).

Nestes termos, procurando captar o que há de aproveitável em cada uma das soluções metodológicas traçadas de exposição da parte geral do Direito Constitucional – deixando de fora, propositadamente, o Direito Constitucional especial –, se deverá considerar definido o método orientador de ensino deste sector do ordenamento jurídico.

2.2. **Plano sistemático de ensino**

2.2.1. *As* **Instituições Políticas e Constitucionais** *no ensino do Direito Constitucional*

Os postulados metodológicos anteriormente definidos, envolvendo a adopção de uma postura personalista em torno do fenómeno constitucional (v. *supra*, n° 1.2.), e a apreciação crítica das diversas orientações metodológicas de ensino do Direito Constitucional

(v. *supra*, n° 2.1.2.), permitem compreender que a abordagem sistemática do ensino deste ramo do Direito se faça obedecendo ao seguinte plano:

- Parte I – Instituições Políticas e Constitucionais;
- Parte II – História Constitucional Portuguesa;
- Parte III – Constituição de 1976.

Limitaremos a presente exposição didáctica, todavia, à Parte I do programa exposto, remetendo para um posterior *Direito Constitucional Português* as Partes II e III.

No que especificamente diz respeito às *Instituições Políticas e Constitucionais*, o seu propósito de revelar os alicerces do fenómeno constitucional, servindo de enquadramento axiológico e teleológico de toda a restante matéria, compreende o estudo de três realidades:

(a) A pessoa humana;
(b) O poder político;
(c) A Constituição.

Vejamos, sucintamente, os propósitos subjacentes a cada um destes três capítulos.

2.2.2. *Idem: (a) a pessoa humana*

O primeiro capítulo das presentes *Instituições Políticas e Constitucionais* será dedicado ao estudo da pessoa humana como centro de referência do fenómeno constitucional: trata-se de averiguar as próprias raízes do constitucionalismo.

Em coerência com os postulados metodológicos anteriormente definidos (v. *supra*, n° 1.2.3.), uma vez deslocada do Estado para a pessoa humana a essência do problema jurídico da Constituição, mostra-se lógico que comecemos por procurar encontrar os alicerces do constitucionalismo no estudo do ser humano como questão fundamental da filosofia política e do ordenamento jurídico: procuraremos encontrar uma resposta constitucional para a interrogação kantiana *Was ist der Mensch?* ("o que é o Homem?").

A resposta a uma tal interrogação será feita em dois momentos:

(i) Num primeiro momento, correspondendo à Secção I deste Capítulo, estudaremos a evolução filosófica e jurídica da tutela da pessoa humana, procurando encontrar os fundamentos últimos de uma visão constitucional antropocêntrica e humanista, estudando-se o modo como se tem processado o desenvolvimento da preocupação de protecção do ser humano ao longo dos tempos, entrelaçando-se a história do pensamento político ou da filosofia constitucional – isto é, aquele sector da filosofia que tem sido tradicionalmente reprimido ou ocultado no âmbito do Direito Constitucional[77] – com um discurso histórico-jurídico em torno dos direitos humanos;

(ii) Num segundo momento, identificado com a Secção II do presente Capítulo, analisar-se-á o designado "Estado de direitos humanos", enquanto realidade dogmático-constitucional inerente a um modelo de Constituição que tem como referência central cada pessoa humana viva e concreta e a sua inalienável dignidade: a ideia de "Estado de direitos humanos" visa reproduzir o modelo final de um processo evolutivo político-constitucional de tutela da pessoa humana em busca de uma sociedade ao serviço da garantia e protecção da sua dignidade. É no "Estado de direitos humanos" que se encontra hoje a efectiva resposta constitucional à pergunta de Kant "o que é o Homem?".

2.2.3. *Idem: (b) o poder político*

Depois de estudada a pessoa humana e os seus inerentes direitos como raiz última do constitucionalismo, o segundo capítulo das *Insti-*

---

[77] Neste sentido, propondo um regresso do Direito Constitucional à filosofia, cfr., por todos, GOMES CANOTILHO, *"Brancosos" e Interconstitucionalidade*, pp. 163 ss.

tuições Políticas e Constitucionais tem como objecto de investigação o poder político.

Confirma-se, também em termos sistemáticos, o recentramento do objecto do Direito Constitucional, conferindo-se ao estudo jurídico do Poder e, dentro deste, ao Estado um lugar subalternizado ou secundário face à pessoa humana, deixando clara a ideia de que é em função desta que surge o Estado e se institucionaliza o poder.

Na realidade, partindo-se do princípio de que é o Estado que existe em função da pessoa e não a pessoa em função do Estado (v. *supra*, nº 1.2.3.), uma vez analisada já a evolução filosófica e jurídica da tutela dos direitos da pessoa humana, encontramo-nos em condições de proceder ao estudo do Poder Político que, após uma breve introdução de carácter conceptual e delimitativo, se irá concentrar numa espécie de teoria geral do Estado, tendo bem presente a complexidade do quadro de referências jurídicas e políticas deste início do século XXI. Delimitamos, neste último domínio, quatro problemas nucleares a tratar:

(i) O Estado como realidade histórico-jurídica;
(ii) A estrutura do Estado;
(iii) O exercício do poder do Estado;
(iv) As instituições e os sistemas políticos do Estado.

2.2.4. *Idem: (c) a Constituição*

O terceiro, e último, capítulo das *Instituições Políticas e Constitucionais* é dedicado ao estudo da Constituição.

Em termos análogos ao Estado, também a Constituição encontra a sua legitimidade política e a respectiva validade jurídica ao serviço da promoção dos valores do ser humano e da sua dignidade única e irrepetível: a Constituição para ser constitucional nunca poderá deixar de se assumir como a lei fundamental da justiça, da segurança e da liberdade de uma sociedade ao serviço da pessoa humana viva e concreta.

Uma tal ligação umbilical da Constituição à pessoa humana, deixando de ser perspectivada como o estatuto jurídico do Estado ou do político "estadual" para se afirmar como o estatuto jurídico e político fundamental do ser humano e da sua vivência em sociedade, faz do seu texto o repositório último de todas as possíveis respostas à pergunta kantiana "o que é o Homem?". Não significa isto, porém, que em todos os textos constitucionais se encontre a resposta correcta ou completa à interrogação colocada: só a Constituição de um verdadeiro "Estado de direitos humanos" se aproxima de uma resposta ideal que, também ela, se insere num processo histórico e evolutivo de densificação do que seja o ser humano e a sua dignidade.

Definido o quadro metodológico e filosófico que estará subjacente ao estudo da teoria da Constituição, cumpre adiantar que nos debruçaremos sobre duas temáticas centrais:

(i) A Constituição como acto jurídico;
(ii) As normas constitucionais.

Teremos então concluído o estudo da matéria referente às *Instituições Políticas e Constitucionais*. Ficarão reunidos, nesse momento, os pressupostos que nos permitem iniciar a investigação em torno do *Direito Constitucional Português*.

2.3. Principal bibliografia

2.3.1. *Critérios de selecção*

A bibliografia sobre matérias de Direito Constitucional, envolvendo manuais, monografias e artigos, sejam nacionais ou estrangeiros, é hoje muito vasta e, nesse sentido, insusceptível de ser conhecida na sua totalidade.

Visando o presente livro, em primeiro lugar, os alunos, exige-se que as indicações bibliográficas sejam intencionalmente seleccionadas, utilizando-se critérios de actualidade, relevância e acessibilidade das obras, limitando tais indicações, todavia, aos manuais de ensino da disciplina[78].

---

[78] Para uma indicação mais desenvolvida de literatura geral sobre Direito Constitucional, cfr. GOMES CANOTILHO, *Direito Constitucional e Teoria...*, 6ª ed., pp. 30 ss.; JORGE BACELAR GOUVEIA, *Ensinar...*, pp. 477 ss.

Indicaremos, sucessivamente, a bibliografia portuguesa (primeiro a anterior à Constituição vigente e, num segundo momento, a respeitante à Constituição de 1976) e, por último, a bibliografia estrangeira.

2.3.2. Bibliografia nacional: (a) anterior à Constituição de 1976

CAETANO, Marcello,
— *Manual de Ciência Política e Direito Constitucional*, 6ª ed., Coimbra Editora, Coimbra, 1983.

FERREIRA, José Eugénio
— *Commentario ao Direito Constitucional Português*, Coimbra, 1907.

GUEDES, Marques
— *Direito Constitucional*, Policop., Lisboa, 1962-1963.

LARANJO, José Frederico
— *Principios de Direito Politico e Direito Constitucional Portuguez*, Coimbra, 1905.

MELO, Martinho Nobre de
— *Lições de Direito Político* (lições coligidas por Abel de Andrade, filho, e José Acácio Pinto Rodrigues), Coimbra, 1924.

MIRANDA, Jorge
— *Ciência Política e Direito Constitucional*, 2 vols., policop., Lisboa, 1973.

MOREIRA, José Carlos Martins
— *Direito Constitucional*, (lições coligidas por Teixeira Forte, Fonseca Roseira e Almeida e Sousa), Coimbra, 1937.
— *Direito Constitucional*, (lições coligidas por J. Machado e Graciano Alves), 2 vols., Policop., Coimbra, 1948.

PRAÇA. J.J. Lopes
— *Direito Constitucional Portuguez – Estudos sobre a Carta Constitucional de 1826 e Acto Adicional de 1852*, 3 vols., Coimbra, 1879 e 1880.

REIS, José Alberto dos
— *Direito Constitucional*, Coimbra, 1909.

— *Sciencia Politica e Direito Constitucional*, Coimbra, 1905.

SARAIVA, Alberto Rocha

— *Direito Constitucional* (lições coligidas por Inocêncio Galvão Telles e José Júlio Martins), Silves, 1935.
— *Direito Político* (lições coligidas por Rómulo da Rosa Mendes), Lisboa, 1925.
— *Lições de Direito Político* (lições coligidas por A. Oliveira e D. Silva), Coimbra, 1914.

SILVEIRA, Lingnau da

— *Direito das Instituições Públicas*, Lisboa, 1965/66.

SOUZA, Marnoco e

— *Direito Político*, Coimbra, 1910.
— *Lições de Direito Político*, Coimbra, 1900.

TELES, Miguel Galvão

— *Direito Constitucional*, Policop., Lisboa, 1970.
— *Direito Constitucional*, Policop., Lisboa, 1971.

VITAL, Fezas

— *Direito Constitucional*, (lições coligidas por João Rui P. Mendes de Almeida e José Agostinho de Oliveira), Lisboa, 1936-37.
— *Direito Constitucional*, (lições coligidas por Maurício Canelas e Martinho Simões), Lisboa, 1946.
— *Lições de Direito Político* (lições coligidas por M. Marques Mano e A. Girão), Coimbra, 1915.
— *Lições de Direito Político* (lições coligidas por Luciano Correia), 2ª ed., Coimbra, 1928.

2.3.3. *Idem: (b) posterior à Constituição de 1976*

AMARAL, Maria Lúcia

— *A Forma da República – Uma introdução ao estudo do Direito Constitucional*, Coimbra, 2005.

CANOTILHO, Gomes

— *Direito Constitucional*, 6ª ed., Coimbra, 1993.
— *Direito Constitucional e Teoria da Constituição*, 6ª ed., Coimbra, 2002.

CANOTILHO, Gomes; MOREIRA, Vital
— *Fundamentos da Constituição*, 2ª ed., Coimbra, 1993.
GOUVEIA, Jorge Bacelar
— *Manual de Direito Constitucional*, 2 vols., Coimbra, 2005.
MIRANDA, Jorge
— *Manual de Direito Constitucional*, I, 7ª ed., Coimbra, 2003; II, 5ª ed., Coimbra, 2003; III, 5ª ed., Coimbra, 2004; IV, 3ª ed., Coimbra, 2000; V, 3ª ed., Coimbra, 2004; VI, 2ª ed., Coimbra, 2005; VII, Coimbra, 2007.
— *Teoria do Estado e da Constituição*, Coimbra, 2002.
NOVAIS, Jorge Reis
— *Os Princípios Constitucionais Estruturantes da República Portuguesa*, Coimbra, 2004.
SOUSA, Marcelo Rebelo de
— *Direito Constitucional*, I, Braga, 1979.

2.3.4. *Bibliografia estrangeira*

ALDER, John
— *Constitutional and Administrative Law*, London, 1989.
AMATO, Giuliano; BARBERA, Augusto (org.)
— *Manuale di Diritto Pubblico*, 4ª ed., Bologna, 1994.
ANTONIO, Ángel L. Alonso de; ANTONIO, José A. Alonso de
— *Derecho Constitucional Español*, Madrid, 1996.
ARDANT, Philippe
— *Institutions Politiques & Droit Constitutionnel*, 8ª ed., Paris, 1996.
AUBERT, J.
— *Traité de Droit Constitutionnel Suisse*, 2 vols., Neuchâtel, 1967.
BADURA, Peter,
— *Staatsrecht*, 3 ª ed., München, 2003.
BARBERA, Augusto; FUSARO, Carlo
— *Corso di Diritto Pubblico*, 4ª ed., Bologna, 2006.
BARENDT, E.
— *An Introduction to Constitutional Law*, Oxford, 1998.

BARRON, Jerome; DIENES, C. Thomas
— *Constitutional Law*, 3ª ed., St. Paul, 1995.
BENDA, Ernst; MAIHOFER, Werner; VOGEL, Hans-Jochen (org.)
— *Handbuch des Verfassungsrechts der Bundesrepublik Deutschland*, 2 vols., 2ª ed., Berlin, 1995.
BIN, Roberto; PITRUZZELLA, Giovanni
— *Diritto Costituzionale*, Torino, 2006.
BLECKMANN, Albert
— *Staatsrecht I – Staatsorganisationsrecht*, Köln, 1993; *II – Die Grundrechte*, 4ª ed., Köln, 1997.
BONAVIDES, Paulo
— *Curso de Direito Constitucional*, 11ª ed., São Paulo, 2001.
— *Teoria do Estado*, 5ª ed., São Paulo, 2004.
BURDEAU, Georges; HAMON, Francis; TROPER, Michel
— *Droit Constitutionnel*, 24ª ed., Paris, 1995.
CARETTI, Paolo; SIERVO, Ugo De
— *Istituzioni di Diritto Pubblico*, Torino, 1992.
CHANTEBOUT, Bernard
— *Droit Constitutionnel et Science Politique*, 13ª ed., Paris, 1996.
D'ATENA, Antonio
— *Lezioni di Diritto Costituzionale*, 2ª ed., Torino, 2006.
DALLARI, Dalmo de Abreu
— *Elementos de Teoria do Geral do Estado*, 25ª ed., São Paulo, 2005.
DUHAMEL, Olivier
— *Droit Constitutionnel*, II, 3ª ed. Paris, 2000.
ESTEBAN, Jorge de; GONZÁLEZ-TREVIJANO, P.
— *Curso de Derecho Constitucional Español*, 3 vols., Madrid, 1992, 1993 e 1994.
FILHO, Manoel Gonçalves Ferreira
— *Curso de Direito Constitucional*, 25ª ed., São Paulo, 1999.
GICQUEL, Jean
— *Droit Constitutionnel et Institutions Politiques*, 14ª ed., Paris, 1995.
GUERRA, L. Lopez (org.)
— *Derecho Constitucional*, 2 vols., 2ª ed., Valencia, 1994.

HESSE, Konrad
— *Grundzüge des Verfassungsrechts der Bundesrepublik Deutschland*, 20ª ed., Heidelberg, 1995.
ISENSEE, Josef ; KIRCHHOF, Paul (org.)
— *Handbuch des Staatsrechts der Bundesrepublik Deutschland*, 9 vols., Heidelberg, 1987-1998.
KORTMANN, Constantijn; BOVEND'EERT, Paul
— *The Kingdom of the Netherlands – An Introduction to Dutch Constitutional Law*, Deventer/Boston, 1993.
LABRIOLA, Silvano
— *Lezioni di Dirittto Costituzionale – L'ordinamento repubblicano*, Rimini, 1997.
LAVAGNA, Carlo
— *Istituzioni di Diritto Pubblico*, 6ª ed., reimp., Torino, 1986.
LAVROFF, Dmitri Georges
— *Le Droit Constitutionnel de la V République*, Paris, 1995.
MARSHALL, Geoffrey
— *Teoria Constitucional*, Madrid, 1982.
MARTINES, Temistocle
— *Diritto Costituzionale*, 8ª ed., Milano, 1994.
MAURER, Hartmut
— *Staatsrecht*, I, 3ª ed., München, 2003.
MENEZES, Aderson de
— *Teoria do Geral do Estado*, 6ª ed., Rio de Janeiro, 1994.
MORAL, Antonio Torres del
— *Principios de Derecho Constitucional Español*, 3ª ed., 2vols., Madrid., 1992.
MORTATI, Costantino
— *Istituzioni di Diritto Pubblico*, I, 10ª ed., Padova, 1991; II, 9ª ed., Padova, 1976.
MUSSO, Enrico Spagna
— *Dirittto Costituzionale*, 4ª ed., Padova, 1993.
PACTET, Pierre
— *Institutions Politiques. Droit Constitutionnel*, 15ª ed., Paris, 1996.
PALADIN, Livio
— *Diritto Costituzionale*, Reimp., Padova, 1994.

PEGORARO, Lúcio; REPOSO, António; RINELLA, Angelo; SCARCIGLIA, Roberto; VOLPI, Mauro
— *Diritto Costituzionale e Pubblico*, 2ª ed., Torino, 2005.

PERNTHALER, Peter
— *Allgemeine Staatslehre und Verfassungslehre*, 2ª ed., Wien, 1996.

PIZZORUSSO, Alessandro
— *Manuale di Istituzioni di Diritto Pubblico*, Napoli, 1997.

RESCIGNO, Giuseppe Ugo
— *Corso di Diritto Pubblico*, 4ª ed., Bologna, 1994.

ROYO, Javier Perez
— *Curso de Derecho Constitucional*, 3 ed., Madrid, 1996.

RUFFIA, Paolo Biscaretti di
— *Diritto Costituzionale*, 15ª ed., Torino, 1989.

SEGADO, Francisco Fernandez
— *El Sistema Constitucional Español*, Madrid, 1992.

SILVA, José Afonso da
— *Curso de Direito Constitucional Positivo*, 16ª ed., São Paulo, 1999.

SOARES, Mário Lúcio Quintão
— *Teoria do Estado*, 2ª ed., Belo Horizonte, 2004.

STARCK, Christian; SCHMIDT, Thorsten Ingo
— *Staatsrecht*, München, 2003.

STEIN, E.
— *Lehrbuch des Staatsrechts*, 17ª ed., Tübingen, 2000.

STONE, G.
— *Constitutional Law*, 2ª ed., New York, 1996.

TAVARES, André Ramos
— *Curso de Direito Constitucional*, 3ª ed., São Paulo, 2006.

THOMPSON, Brian
— *Constitutional and Administrative Law*, 3ª ed., London, 1997.

TRIBE, Laurence H.
— *American Constitutional Law*, 3ª ed., New York, 1998.

TURPIN, Dominique
— *Droit Constitutionnel*, 3ª ed., Paris, 1997.

VERGOTTINI, Giuseppe de
— *Diritto Costituzionale*, Padova, 1997.

VITALE, António
— *Diritto Pubblico*, 2ª ed., Milano, 2005.
WADE, E. / PHILLIPS, O. Hood
— *Constitutional Law*, 11ª ed., London, 1993.
WALTER, Mayer
— *Grundriss des österreichischen Bundesverfassungsrechts*, 8ª ed., Wien, 1996.
ZAGREBELSKY, Gustavo
— *Manuale di Diritto Costituzionale*, I, reimp., Torino, 1991.
ZIPPELIUS, Reinhold
— *Teoria Geral do Estado*, 3ª ed., Lisboa, 1997.
ZOLLER, Elisabeth
— *Droit Constitutionnel*, Paris, 1998.

CAPÍTULO 1º
A PESSOA HUMANA

SECÇÃO I

EVOLUÇÃO FILOSÓFICA E CONSTITUCIONAL DA TUTELA DA PESSOA HUMANA

§3º
A PESSOA HUMANA
NO PENSAMENTO POLÍTICO PRÉ-LIBERAL

3.1. Os grandes marcos da evolução: o mito da Revolução Francesa

3.1.1. *Sentido evolutivo da História*

Desde o século XVIII que a Europa Continental tem sido fortemente influenciada pela ideia francesa de que uma sociedade só tem uma Constituição se garantir os direitos e consagrar a separação de poderes[79]. Trata-se de uma visão jurídica meramente formal do conceito de Constituição, amputada da dimensão material que não esgota a normatividade constitucional num texto escrito, esquecendo a experiência britânica, cronologicamente anterior, desde o início do século XIII centrada na relação entre os direitos e a limitação do poder.

A História permite observar que a centralidade da pessoa humana no discurso filosófico e político não é produto resultante da Revolução Francesa: desde muito cedo, o ser humano tornou-se ponto nuclear de reflexão, argumento decisivo de discussão e critério justificativo da actuação do poder.

A Revolução Francesa representa aqui, sem embargo dos seus múltiplos atropelos políticos aos princípios da tolerância e do respeito

---

[79] Cfr. artigo 16º da Declaração dos Direitos do Homem e do Cidadão, de 26 de Agosto de 1789.

pela vida humana, um mero ponto de chegada desse processo histórico de consciencialização filosófica e jurídica da centralidade da pessoa humana:

(i) Em termos políticos, a "trilogia democrática" emergente da Revolução Francesa, expressa nas ideias de liberdade, igualdade e fraternidade, tendo já sido apontada como dimensão do valor da dignidade humana[80], permite recortar que o ideal democrático envolve, por si, e sem prejuízo da sua origem ser muito anterior a 1789, postulados relacionados com a tutela da pessoa humana: "no coração do ideal democrático está o homem livre, igual e fraterno"[81];

(ii) Em termos jurídicos, a proclamação solene de direitos naturais, inalienáveis e sagrados do Homem – tal como resultam da Declaração dos Direitos do Homem e do Cidadão, de 26 de Agosto de 1789, e dos textos constitucionais escritos que se lhe seguiram por toda a Europa Continental – traduz um momento de formalização jurídico-positiva de uma evolução que começou muitos séculos antes.

Não obstante se registar que o Direito nem sempre tem centrado a sua intervenção numa tutela preferencial do ser humano, antes tem adoptado ao longo dos tempos uma motivação reguladora de cariz patrimonial, valorizando na sua intervenção mais as coisas do que as pessoas[82], é possível observar, no entanto, que o sentido evolutivo da História aponta para uma progressiva consciencialização pelas diversas ordens jurídicas de que cada ser humano é titular de direitos que se impõem ao poder e às demais pessoas.

A Revolução Norte-Americana, por um lado, e as revoluções liberais, por outro, e, por via destas últimas, o constitucionalismo sete-

---

[80] Neste sentido, cfr. A. BARBOSA DE MELO, *Democracia e Utopia*, pp. 17 ss., em especial, p. 20.

[81] Cfr. A. BARBOSA DE MELO, *Democracia e Utopia*, p. 20.

[82] Neste sentido, e para mais desenvolvimentos, cfr. PAULO OTERO, *Direito da Vida – Relatório sobre o programa, conteúdos e métodos de ensino*, Coimbra, 2004, pp. 39 ss.

centista e oitocentista na Europa Continental representam, tal como a Magna Carta britânica já havia representado no início do século XIII, um ponto de chegada desse processo histórico de consciencialização da centralidade da pessoa humana na limitação do poder do Estado.

3.1.2. Idem: o contributo britânico

Em termos de evolução histórico-constitucional, o contributo britânico em matéria de direitos da pessoa humana na limitação do poder político é cronologicamente anterior e qualitativamente superior aos frutos da Revolução Francesa: a partir do século XIII e até ao século XIX, há uma profunda dissociação entre o sentido evolutivo do processo constitucional britânico, progressivamente limitativo do poder do rei e de afirmação gradual de direitos dos súbditos perante a coroa, face ao movimento que, em sentido centralizador do poder real e de afirmação asfixiante do Estado perante as pessoas, se vai desenvolvendo na Europa Continental e que encontra o seu apogeu no absolutismo.

Tomando apenas como exemplo a Magna Carta[83], datada de 1215, verifica-se que, desde o início do século XIII, a Grã-Bretanha garante a liberdade pessoal, proibindo que qualquer homem livre seja detido, preso ou privado dos seus bens sem julgamento regular[84], reconhecendo ainda a liberdade geral de circulação[85], a exigência de consentimento dos proprietários de bens passíveis de serem usados por autoridades públicas[86], o direito de acesso à justiça[87], a proporcionalidade entre a pena e a gravidade do delito[88] e o princípio geral de que o lançamento de tributos depende do consentimento do conselho geral do reino[89].

---

[83] Para uma leitura em língua portuguesa de alguns excertos da Magna Carta, cfr. JORGE MIRANDA, *Textos Históricos do Direito Constitucional*, 2ª ed., Lisboa, 1990, pp. 13 ss.
[84] Cfr. Magna Carta, nº 39.
[85] Cfr. Magna Carta, nos 41 e 42.
[86] Cfr. Magna Carta, nos 28, 30 e 31.
[87] Cfr. Magna Carta, nº 40.
[88] Cfr. Magna Carta, nos 20 e 21.
[89] Cfr. Magna Carta, nº 12.

Mais: também desde o início do século XIII, o próprio monarca britânico aceitava que, em caso de não satisfação dentro de quarenta dias das petições destinadas a fazer valer as liberdades violadas, poderiam os nobres e a comunidade de todo o reino, encontrando-se o monarca fora do reino, "embargar-nos e incomodar-nos, apoderando-se dos nossos castelos, terras e propriedades e utilizando quaisquer outros meios ao seu alcance, até ser atendida a sua pretensão"[90].

Na Europa Continental, em sentido contrário, Dante Alighieri (1265-1321), inaugurando a doutrina do direito divino dos reis[91], uma vez que a autoridade real passava a depender directa e imediatamente de Deus[92], sintetiza a supremacia e omnipotência do monarca que, séculos depois, irá conduzir ao absolutismo real europeu: "nada existe todavia que possa eximir-se a ser objecto da vontade do Monarca"[93].

Compreende-se, neste sentido, que, historicamente, uma diferença profunda separa a raiz das liberdades fundamentais na experiência constitucional britânica face a todas as restantes experiências europeias: enquanto que na Grã-Bretanha a liberdade pessoal e os demais direitos são a base do Direito Constitucional, expressando um produto do direito ordinário sancionado pelos tribunais; nas restantes experiências constitucionais europeias, ao invés, os direitos individuais aparecem como resultado de um texto constitucional, traduzindo a ideia de privilégios especiais garantidos por um poder superior[94] [95].

---

[90] Cfr. Magna Carta, nº 61.

[91] Cfr. MARCEL PRÉLOT / GEORGES LESCUYER, *Histoire des Idées Politiques*, 12ª ed., Paris, 1994, p. 150.

[92] Cfr. DANTE ALIGHIERI, *Monarquia*, 5ª ed., edição da Guimarães Editores, Lisboa, 1999, em especial, Liv. III, Cap. XVI (pp. 123 ss.).

[93] Cfr. DANTE ALIGHIERI, *Monarquia*, Liv. I, Cap. XI (p. 28).

[94] Neste sentido, cfr. ALBERT V. DICEY, *Introduzione allo Studio del Diritto Costituzionale – le basi del costituzionalismo inglese*, Bologna, 2003, p. 172.

[95] Observa-se aqui, curiosamente, um fenómeno idêntico ao nível do respeito e garantia dos direitos fundamentais no âmbito da União Europeia: os direitos fundamentais não traduzem aqui um privilégio outorgado pela União aos cidadãos europeus, antes esses direitos fundamentais se alicerçam nas "tradições constitucionais comuns aos Estados-membros" (artigo 6º, nº 2, do Tratado da União Europeia), sendo o seu respeito um princípio comum aos Estados-membros que, servindo de alicerce à União Europeia (artigo 6º, nº 1, ibidem), traduz uma das bases estruturantes

Em qualquer dos casos, porém, a afirmação dos direitos da pessoa humana perante o Poder político representa sempre o resultado de uma lenta e longa evolução da história do pensamento ocidental: os próprios direitos e liberdades do constitucionalismo britânico começaram por ser apenas de algumas pessoas pertencentes a certos grupos sociais e não de todas as pessoas.

3.1.3. *Os momentos da evolução: razão de ordem*

Tomando como referência de análise o período histórico anterior ao surgimento do movimento constitucional de finais do século XVIII e inícios do século XIX, podemos recortar três principais momentos de evolução do pensamento político pré-liberal europeu no tratamento da pessoa humana:

(a) A *civilização greco-romana* – definindo as grandes coordenadas do debate ideológico ainda hoje, por vezes, dramaticamente presentes;
(b) A *revolução judaico-cristã* – geradora da ordem de valores caracterizadora da vivência europeia e, por efeito da sua projecção externa, estruturante da civilização ocidental;
(c) A *contradição da Idade Moderna* – traçando a dicotomia entre a liberdade das pessoas e a autoridade de um poder tendencialmente ilimitado e sem dimensão ética, registando-se ainda os vestígios desta contradição no presente.

Observemos, resumidamente, os principais aspectos de cada um destes momentos históricos pré-liberais.

---

do Direito Constitucional Europeu, sucessivas vezes sancionada pelo Tribunal de Justiça e acolhida pela Carta dos Direitos Fundamentais da União Europeia (2000).

3.2. Civilização greco-romana: as coordenadas do debate ideológico

3.2.1. Cosmologia e humanismo

A História regista o curioso fenómeno de, em diversas latitudes, desde a Índia, a China, a Pérsia, a Grécia e Israel, por volta do século VI antes de Cristo, ter ocorrido uma quase simultânea tomada de consciência do problema da identidade individual e pessoal do homem[96]: sem que uns soubessem dos outros, o centro da reflexão filosófica deixou de assumir uma preocupação cósmica para adoptar uma consciência reflexiva em torno do próprio ser humano. Ocorreu aqui uma verdadeira revolução filosófica que conduziu a um despertar da autoconsciência do homem em termos de objecto da própria reflexão.

Essa passagem de uma reflexão centrada na cosmologia para uma preocupação antropológica foi particularmente visível na Grécia[97], registando-se que, apesar de o pensamento pré-socrático ser ainda dominado por uma postura cosmológica de explicação do mundo[98], fazendo do homem simples partícula de um todo mais vasto e só subsidiariamente objecto de reflexão, nele se encontra a primeira tentativa de explicação racional da origem do homem e do próprio mundo[99], tal como da relação entre o homem e a divindade[100].

---

[96] Neste sentido, cfr. ANSELMO BORGES, *Nota de Apresentação*, in KARL JASPERS, *Os Mestres da Humanidade*, Coimbra, 2003, p. 8 e 9.

[97] Cfr. ANSELMO BORGES, *Nota de Apresentação*, p. 11; JOSÉ ADELINO MALTEZ, *Princípios...*, I, pp.172 ss.

[98] Neste contexto se integra a explicação do universo e da natureza do homem através do ar (Anaxímenes de Mileto, Diógenes de Apolónia), do fogo (Heraclito de Éfeso), do espírito (Anaxágoras de Clazómenas), da água e da terra (Xenófanes de Cólofon), cfr. G.S. KIRK / J.E. RAVEN / M. SCHOFIELD, *Os Filósofos Pré-Socráticos*, 4ª ed., Lisboa, 1994, pp. 146 ss. Para uma análise da projecção actual das questões cosmológicas no âmbito da ciência, cfr., por todos, KARL POPPER, *Conjecturas e Refutações*, Coimbra, 2006, pp. 189 ss.

[99] Especificamente sobre o contributo do pensamento jónio de Anaximandro de Mileto (610-545 a.C.), entendendo que o homem, ao contrário dos restantes animais, uma vez que não se pode sustentar a si próprio logo após o nascimento, nunca poderia ter sobrevivido sem uma protecção ou uma assistência prolongada alheia, razão pela qual a sua origem se tem de encontrar em seres de uma espécie diferente (cfr. G.S. KIRK / J.E. RAVEN / M. SCHOFIELD, *Os Filósofos...*, pp. 142 e 143;

É no contexto da sofística[101], aparecendo o homem como titular de atributos conferidos por Deus, que se deve a Protágoras (492-422 a.C.) uma posição dotada de um potencial "radical humanismo" decorrente do poder da razão atribuído ao homem, enquanto "ser de razão"[102]: a Grécia cria, neste sentido, a razão humana[103] e "o homem é a medida de todas as coisas, das que existem e das que estão na natureza, das que não existem e da explicação da sua inexistência"[104].

ALESSANDRO LAMI (org.), *I Presocratici – Testimonianze e frammenti*, 6ª ed., ed. Rizzoli Libri, Milano, 2005, pp. 129 ss.).

[100] Se, por um lado, Heraclito de Éfeso (540?-480? a.C.) sublinha que a inteligência do homem resulta da inalação da razão divina através da respiração (cfr. G.S. KIRK / J.E. RAVEN / M. SCHOFIELD, *Os Filósofos...*, p. 213; ALESSANDRO LAMI (org.), *I Presocratici*, pp. 199 ss.), sendo o fundador histórico da corrente defensora do relativismo de valores em que "o bem e o mal são idênticos um ao outro" (cfr. ALESSANDRO LAMI (org.), *I Presocratici*, p. 217; KARL POPPER, *A Sociedade Aberta e os seus Inimigos*, I, Editorial Fragmentos, Lisboa, 1993, p. 32); Pitágoras de Samos (580/570-480 a. C.), reflectindo sobre a alma e a sua imortalidade, e influenciando Platão, formula a primeira teoria da reencarnação da alma, sujeitando-a, após a morte, a um julgamento divino (cfr. G.S. KIRK / J.E. RAVEN / M. SCHOFIELD, *Os Filósofos...*, pp. 229; ALESSANDRO LAMI (org.), *I Presocratici*, pp. 149 ss.); enquanto que Empédocles de Agrigento (495-435 a.C.), associando a reencarnação ao pecado, considera que a vida ou a existência humana não se prolonga para além da morte, nem se estende para antes do nascimento (cfr. G.S. KIRK / J.E. RAVEN / M. SCHOFIELD, *Os Filósofos...*, pp. 306 ss.; ALESSANDRO LAMI (org.), *I Presocratici*, pp. 327 ss.).

Será com a sofística, designadamente através do mito de Prometeu, que se procede ao desenvolvimento da ideia de que o homem goza de um quinhão divino, isto num duplo sentido (cfr. PINHARANDA GOMES, *Filosofia Grega Pré-Socrática*, 4ª ed., Lisboa, 1994, pp. 214 ss.): num primeiro momento, enquanto expressão de ter sido o beneficiário do produto da arte do fogo que Prometeu roubou a Hefestos e a Ateneia e, num segundo momento, de Hermes, na sequência de incumbência de Zeus, a todos os homens haver distribuído o pudor e a justiça.

[101] Cfr. BERTRAND RUSSELL, *Historia de la Filosofia Ocidental*, I, 10ª ed., edição Espasa Calpe, Madrid, 2004, pp. 112 ss.

[102] Cfr. PINHARANDA GOMES, *Filosofia Grega...*, p. 75. Ainda sobre Protágoras e a democracia, cfr. CHRISTOPH HORN, *Einführung...*, pp. 64 e 65.

[103] Cfr. ISABEL BANOND, *A ideia de liberdade no mundo antigo: notas para uma reflexão*, in *Revista da Faculdade de Direito da Universidade de Lisboa*, vol. XL, nºs 1 e 2, 1999, p. 371.

[104] Cfr. PINHARANDA GOMES, *Filosofia Grega...*, p. 216. Para uma contestação do entendimento de Pitágoras de que o homem é a medida de todas as coisas, falando

Também já em Demócrito (420-360 a.C.) é visível um claro pendor humanitário e universalista[105], considerando que cada homem é um pequeno mundo, preferindo a liberdade à escravidão, a pobreza em democracia à prosperidade em aristocracia ou em monarquia[106], salientando ainda a virtude que consiste em se respeitar o semelhante e em ajudar os que são vítimas de injustiça[107].

Igualmente em Eurípedes (480-406 a.C.), especificamente através da fala de Alcidamas, surge a ideia de o homem ser por natureza livre: "os deuses criaram todos os homens livres; ninguém é escravo por natureza"[108].

Em Sócrates (470-399 a.C.), sem prejuízo da pluralidade de escolas a que deu origem[109], observa-se uma reorientação do objecto da reflexão filosófica, abandonando o propósito de aprofundamento das coisas físicas, centrando-se no estudo da conduta humana, dedicando-se à reforma e disciplina dos costumes[110]: Sócrates, encontrando na razão o elemento que nos identifica como humanos[111], liberta o pensamento e torna-o pressuposto de toda a filosofia ocidental[112], sem prejuízo de sublinhar as nossas próprias limitações intelectuais na sua célebre frase "conhece-te a ti mesmo"[113]. É no conhecimento dos seus próprios limites que reside a sabedoria do homem[114], incluindo a raiz das limitações dos próprios governantes[115].

---

antes que Deus é a medida de todas as coisas, cfr. PLATÃO, **Las Leyes**, ed. Alianza Editorial, Madrid, 2002, 716c (p. 229).

[105] Neste sentido, cfr. KARL POPPER, *A Sociedade Aberta...*, I, p. 196.

[106] Neste sentido, cfr. BERTRAND RUSSELL, **Historia...**, I, p. 111, nota nº 46.

[107] Neste sentido, cfr. KARL POPPER, *A Sociedade Aberta...*, I, p. 196.

[108] Neste sentido, cfr. WALTER THEIMER, *História das Ideias Políticas*, Lisboa, 1970, p. 15.

[109] Cfr. KARL JASPERS, *Os Mestres da Humanidade*, Coimbra, 2003, p. 36.

[110] Neste sentido, cfr. SANTO AGOSTINHO, *A Cidade de Deus*, Livro VIII, Cap. III (I vol., da edição da Fundação Calouste Gulbenkian, Lisboa, 1991, p. 707).

[111] Neste sentido, cfr. KARL POPPER, *A Sociedade Aberta...*, I, p. 200.

[112] Cfr. KARL JASPERS, *Os Mestres...*, pp. 40 e 41.

[113] Neste sentido, cfr. KARL POPPER, *A Sociedade Aberta...*, I, pp. 200-201.

[114] Cfr. KARL POPPER, *Sociedade Aberta, Universo Aberto*, 3ª ed., Lisboa, 1995, p. 16.

[115] Neste sentido, cfr. KARL POPPER, *A Sociedade Aberta...*, I, p. 308.

A dimensão ética da reflexão socrática, envolvendo um individualismo moral e intelectual sintetizado na expressão "cuida da tua alma"[116], procurou orientar-se no sentido do aprofundamento daquilo que seria uma vida honesta, recortando quatro virtudes da alma: a prudência, a justiça, a fortaleza e a temperança[117]. Sócrates, sendo leal à democracia ateniense, considera que o escravo comunga da inteligência global de todos os seres humanos, mostrando-se, neste sentido, um defensor do igualitarismo[118].

3.2.2. *Liberdade e autoridade*

Mesmo abstraindo da afirmação de Protágoras que coloca o homem na métrica de todas as coisas, gerando um relativismo gnoseológico[119], concepção que terá repercussão na posição pré-positivista dos sofistas[120], o valor da liberdade do homem na civilização grega afere-se pelo significado que comporta a perda da liberdade, enquanto sanção penal aplicada pela autoridade, ou pelo estatuto do escravo, enquanto simples coisa, destituída de personalidade jurídica e, naturalmente, de liberdade[121].

Num sentido mais radical, a contraposição entre *physis* e *nomos*, entre natureza e convenção, conduziu os sofistas a uma crítica às instituições positivas existentes e a "efeitos revolucionários"[122]: negando a discriminação entre o homem e a mulher, entre os gregos e os bárbaros, os sofistas colocam em causa a escravidão e o dever de obediência às leis.

---

[116] Cfr. KARL POPPER, *A Sociedade Aberta...*, I, p. 302.
[117] Neste sentido, cfr. SANTO ISIDORO DE SEVILHA, *Etimologías*, II, 24, 5 (edição da BAC, Madrid, 2004, p. 385).
[118] Neste sentido, cfr. KARL POPPER, *A Sociedade Aberta...*, I, p. 309.
[119] Neste sentido, cfr. ANTÓNIO TRUYOL Y SERRA, *Compêndio de História da Filosofia do Direito*, Lisboa, 1954, p. 20.
[120] Cfr. L. CABRAL DE MONCADA, *Filosofia do Direito e do Estado*, I, 2ª ed., Coimbra, s.d., p. 14.
[121] Sobre a liberdade na Grécia antiga, cfr. ISABEL BANOND, *A ideia de liberdade...*, pp. 368 ss.
[122] Neste sentido, cfr. ANTÓNIO TRUYOL Y SERRA, *Compêndio...*, pp. 18-19.

Por via da relação entre o homem e a autoridade do Poder desenvolve-se aqui uma linha de reflexão centrada no reconhecimento de um espaço de liberdade e de autonomia próprio de cada homem: o pensamento subjacente à civilização grega passa a incorporar uma preocupação de liberdade.

É possível que tenha sido Heródoto o primeiro a utilizar o termo liberdade[123], tal como nele se encontra a primeira referência ao conceito de democracia[124].

Uma tal liberdade não compreendia, no entanto, qualquer ideia de liberdade de vida privada, liberdade de educação ou liberdade religiosa: o homem estava submetido ao Estado[125].

Regista-se, todavia, que a morte de Sócrates, transformando-o na época medieval num precursor dos mártires cristãos[126], se torna um exemplo histórico de que um homem pode morrer pela liberdade de expressão[127], pela afirmação da liberdade de pensamento e pela sua própria dignidade[128]. A morte ganha no exemplo de Sócrates um significado único de afirmação de liberdade, tanto mais importante quanto, podendo ter sido evitada pela fuga do filósofo da prisão, representa a obediência à lei: é na obediência à lei, ainda que envolvendo a perda da sua própria vida, que Sócrates nos lega o exemplo máximo da entrega total na luta pela liberdade e pela dignidade.

3.2.3. *Idem: obediência ou desobediência à lei injusta?*

Na Grécia antiga, porém, a liberdade é entendida como mera participação da pessoa na vida da cidade e não como uma posição de

---

[123] Neste sentido, apesar de revelar dúvidas, cfr. ISABEL BANOND, *A ideia de liberdade...*, p. 382.

[124] Cfr. CHRISTOPH HORN, *Einführung in die Politische Philosophie*, Stuttgart, 2003, p. 63.

[125] Para mais desenvolvimentos, cfr. ISABEL BANOND, *A ideia de liberdade...*, p. 374.

[126] Neste sentido, cfr. KARL JASPERS, *Os Mestres...*, p. 37; BERTRAND RUSSELL, *Historia...*, I, p. 127.

[127] Cfr. KARL POPPER, *A Sociedade Aberta...*, I, p. 308.

[128] Neste sentido, cfr. KARL POPPER, *A Sociedade Aberta...*, I, p. 204.

autonomia do indivíduo perante o Poder: não há aqui, neste sentido, qualquer dimensão limitativa da intervenção deste último.

A liberdade na Grécia antiga é a liberdade dos cidadãos, não é a liberdade dos homens: trata-se de uma liberdade que se esgota na participação nos negócios públicos da cidade, envolvendo como contrapartida a subsequente subordinação às leis da cidade.

Não obstante na tragédia *Antígona* Sófocles (496-406 a.C.) ilustrar a ideia de que existe uma ordem natural, formada por leis não escritas dirigidas a todos os homens, as quais não são de hoje ou de ontem, antes sempre existiram, e em relação às quais nenhuma lei humana pode transgredir, antes se mostra legítimo existir um direito de desobediência aos decretos ímpios[129], traduzindo, deste modo, uma limitação ao poder da autoridade e do direito positivo, o certo é que o exemplo da morte de Sócrates ilustra, segundo resulta do diálogo com Críton[130], a dualidade entre o cidadão e o homem[131]: a subordinação do cidadão Sócrates à lei injusta revela a tradicional condição do cidadão escravo das leis[132], isto até como condição de sobrevivência do Estado[133], inexistindo ainda a dimensão do homem dotado de direitos autónomos perante a autoridade do Poder[134].

Existem aqui dois exemplos antagónicos de exercício da liberdade da pessoa perante as leis injustas: *Antígona* escolhe a morte, enquanto preço por desobedecer à lei[135], enquanto que Sócrates escolhe não

---

[129] Cfr. SOFOCLE, *Antigone*, ed. Oscar Mondadori, Milano, 2005, p. 289 (vv. 450 ss.).

[130] Cfr. PLATÃO, *Apología de Sócrates. Critón. Carta VII*, ed. Espasa Calpe, s.l., 1993, pp. 138 ss.

[131] Cfr. CHRISTOPH HORN, *Einführung...*, p. 56.

[132] Cfr. JACQUES ROBERT, *Droits de L'Homme...*, p. 32.

[133] Cfr. L. CABRAL DE MONCADA, *Filosofia...*, I, p. 15.

[134] No limite, a obediência de Sócrates à sentença injusta que o condena à morte, apesar de lhe ter sido possibilitada a fuga da prisão, faz ecoar a afirmação que Tucídides coloca na boca de Péricles: "para o homem com dignidade é mais doloroso o dano sofrido por cobardia que a morte sem sofrimento", cfr. TUCÍDIDES, *História da Guerra do Peloponeso*, Livro II, 43 (consultou-se a edição em castelhano, editada pelo Centro de Estudios Políticos y Constitucionales, Madrid, 2002, correspondente à p. 94).

[135] Cfr. SOFOCLE, *Antigone*, p. 295 (v. 555).

fugir, optando por sofrer também a morte, agora para que se respeitem as leis[136].

Sendo de algum modo contraditório, pode dizer-se que Sócrates, apesar de ter centrado a reflexão filosófica nos problemas do homem[137], a verdade é que se alheia da sorte do homem na sociedade, configurando a exigência de justiça das leis numa simples ideia sem quaisquer efeitos: escravo das leis, o homem aparece absorvido pela vontade do Poder, fazendo a segurança da obediência prevalecer sobre a justiça da desobediência ao Direito injusto.

Antígona representa, pelo contrário, uma proposta historicamente revolucionária de não submissão do ser humano ao poder: há limites que, por natureza, mesmo sem estarem escritos, tendo uma existência imemorial[138], se impõem ao poder político e aos seus titulares, traduzindo-se a violação por estes de tais limites na produção de leis sem força obrigatória, relativamente às quais existirá um poder de desobedecer[139].

Aparecem em *Antígona* claramente formuladas, pela primeira vez, quatro ideias nucleares do pensamento político e jurídico Ocidental:

1ª) – O poder está sujeito a heterolimites;
2ª) – O Direito não se resume à lei escrita;
3ª) – A violação pelo poder dos seus heterolimites gera a invalidade dos respectivos actos;
4ª) – A pessoa humana tem sempre a liberdade de escolher não obedecer a actos do poder violadores dos seus heterolimites.

---

[136] Cfr. PLATÃO, *Apologia...*, p. 138.
[137] Cfr. ANTÓNIO TRUYOL Y SERRA, *Compêndio...*, p. 21.
[138] Cfr. SOFOCLE, *Antigone*, p. 289 (vv. 450 ss.).
[139] Uma tal concepção seria depois desenvolvida no pensamento romano através de Cícero, sublinhando a existência de uma lei conforme à natureza, a qual se mostra comum a todos os homens, imutável e eterna, sendo insusceptível de alteração, derrogação ou dispensa de obediência, traduzindo-se o seu desrespeito numa negação da natureza do próprio homem, cfr. MARCO TULIO CICERÓN, *Sobre la República*, ed. Tecnos, Madrid, 1986, liv. III, 22.

Reside aqui, deste modo, a origem genética das raízes do moderno Estado de Direito material, das concepções jurídicas antipositivistas e do reconhecimento dos direitos à objecção de consciência e de resistência perante actos do poder político.

3.2.4. *Heródoto e a "constituição democrática": igualdade de direitos, maioria e responsabilidade dos governantes*

Encontra-se na *História* de Heródoto (484-420 a.C), a propósito de um relato argumentativo sobre a melhor forma de governo para os persas, estando em causa o confronto entre a monarquia, a oligarquia e o governo popular, uma primeira defesa das ideias de igualdade de direitos, da força decisória do princípio maioritário e da responsabilidade dos governantes.

Depois de Otano ter condenado a tirania a que pode conduzir a monarquia[140], regista-se a defesa de uma forma de governo em que é o povo quem tem o poder, posteriormente qualificada de "Constituição democrática"[141], apresentando as seguintes quatro características[142]:

(i) Igualdade de direitos;
(ii) Obtenção dos cargos públicos por meio de sorteio;
(iii) Controlo da acção governativa, verificando-se que o governo está sujeito a prestação de contas;
(iv) Todas as decisões são tomadas em comum, encontrando-se na maioria a fonte de todo o Direito.

Em sentido contrário a um tal modelo de governo popular, pois o povo pode comportar-se como um rio impetuoso, insolente e sem ter capacidade de conhecimento[143], Magabizo defende uma forma oligár-

---

[140] Cfr. HERÓDOTO, *Storie*, Livro III, 80 (consultou-se o vol. I da edição Mondadori, Milano, 2007, p. 557).
[141] Cfr. HERÓDOTO, *Storie*, Livro VI, 43 (consultou-se o vol. II, da edição Mondadori, Milano, 2007, p. 1017).
[142] Cfr. HERÓDOTO, *Storie*, Livro III, 80 (I, p. 559).
[143] Cfr. HERÓDOTO, *Storie*, Livro III, 81 (I, p. 559).

quica, confiando o poder ao grupo dos melhores homens, segundo o postulado de que "as deliberações dos melhores homens são, sem dúvida, as melhores"[144].

Dário, por sua vez, concordando com a argumentação contrária ao governo popular, contestava o governo oligárquico, uma vez que favorece as inimizades privadas, defendendo antes a monarquia[145]: o comando de um só, desde que seja óptimo, é a melhor forma de governo.

Independentemente da questão em torno da auto-exclusão de Otano do direito de participar na tomada das decisões políticas, tendo como contra-partida a não sujeição a essas mesmas decisões[146], tornando-se assim o único a ser livre[147], em Heródoto encontramos os primeiros referenciais à democracia[148], salientando-se a génese das ideias de igualdade de direitos, a força decisória do princípio maioritário e a responsabilidade dos governantes.

Pode mesmo afirmar-se, tendo por base o relato de Heródoto, que, apesar de todas as críticas dirigidas contra o designado governo popular, nenhuma de tais observações contra-argumentativas teve como alvo a igualdade de direitos e a exigência de prestação de contas dos governantes: as críticas à "Constituição democrática" foram dirigidas contra a força decisória da maioria.

3.2.5. Tucídides: a democracia, a legalidade e a moderação

Independentemente da discussão em torno da presença de elementos reveladores de individualismo e de humanismo na obra de Tucídides (460-400 a.C.)[149], o seu livro *História da Guerra do Peloponeso* inclui o relato de diversas intervenções políticas que per-

---

[144] Cfr. HERÓDOTO, *Storie*, Livro III, 81 (I, p. 561).
[145] Cfr. HERÓDOTO, *Storie*, Livro III, 82 (I, p. 561).
[146] Cfr. HERÓDOTO, *Storie*, Livro III, 83 (I, p. 563).
[147] Cfr. HERÓDOTO, *Storie*, Livro III, 83 (I, p. 563).
[148] Cfr. CHRISTOPH HORN, *Einführung...*, p. 63.
[149] Cfr. KARL POPPER, *A Sociedade Aberta...*, I, pp. 296, nota n° 12, e 299, nota n° 27.

mitem extrair a essência do pensamento político grego[150]. É nesse contexto que se insere a designada Oração fúnebre de Péricles (495--429 a.C.)[151], defendendo a democracia[152], enquanto modelo político original de Atenas[153], e formulando também a raiz do princípio da legalidade. E, simultaneamente, a intervenção de Diódoto aconselhando a moderação no castigo dos habilitantes de Mitilene[154].

Começando pela Oração de Péricles, sendo dedicada aos guerreiros mortos no primeiro ano da guerra do Peloponeso[155], é possível extrair que a democracia ateniense, enquanto sistema em que o governo não depende de poucos mas da maioria[156], se baseia nas ideias de igualdade e de liberdade[157]:

(i) A igualdade é expressa no tratamento idêntico conferido pelas leis a todos no âmbito dos seus conflitos privados[158] e na circunstância de, segundo os respectivos méritos pessoais "e não tanto pela classe social a que pertence"[159], se encontrar aberta a todos a participação nos negócios públicos[160]. Neste último sentido, foi já sublinhado que a alternância entre

---

[150] Especificamente sobre a questão em torno da inclusão de juízos do próprio Tucídides em tais relatos de intervenções políticas alheias, cfr. DAVID BOLOTIN, *Tucídides*, in LEO STRAUSS / JOSEPH CROPSEY, *Historia de la Filosofía Política*, México, reimp., 1996, pp. 20 e 21.

[151] Cfr. TUCÍDIDES, *História da Guerra do Peloponeso*, Livro II, 34-46 (pp. 88 ss.).

[152] Cfr. CHRISTOPH HORN, *Einführung...*, pp. 63 e 64.

[153] Nas suas sugestivas palavras, a democracia ateniense não copiava as leis das outras cidades, antes se verificava que "somos mais um exemplo para os outros que imitadores dos demais", cfr. TUCÍDIDES, *História...*, Livro II, 37 (p. 90).

[154] Cfr. TUCÍDIDES, *História...*, Livro III, 42-48 (pp. 148 ss.).

[155] Cfr. TUCÍDIDES, *História...*, Livro II, 34 (pp. 88-89).

[156] Cfr. TUCÍDIDES, *História...*, Livro II, 37 (p. 90).

[157] Cfr. MARCEL PRÉLOT / GEORGES LESCUYER, *Histoire...*, pp. 35 ss.; J. SILVA CUNHA, *História Breve das Ideias Políticas (Das origens à Revolução Francesa)*, Porto, 1981, pp. 24 ss.; DIOGO FREITAS DO AMARAL, *História das Ideias Políticas*, I, Coimbra, 1998, pp. 62 ss.; ISABEL BANOND, *A ideia de liberdade...*, pp. 390 ss.

[158] Cfr. TUCÍDIDES, *História...*, Livro II, 37 (p. 90).

[159] Cfr. TUCÍDIDES, *História...*, Livro II, 37 (p. 90).

[160] Cfr. TUCÍDIDES, *História...*, Livro II, 37 (p. 90).

governantes e governados, tal como se encontra pressuposta em Péricles[161], é "um dos traços fundamentais da democracia"[162];

(ii) A liberdade, por seu lado, envolve o direito de cada cidadão se expressar na assembleia, dizendo livremente a sua opinião sobre os negócios públicos[163], extraindo-se daqui que a ausência de pontos de vista obrigatórios ou de uma doutrina oficial do Estado é um elemento nuclear da democracia[164].

Ainda no contexto da descrição do modelo democrático ateniense, Péricles, depois de reafirmar a não intervenção nas relações privadas[165], traçando aqui uma clara linha limitativa da acção do Poder em relação à esfera das pessoas, diz que "não infringimos a lei nos assuntos públicos"[166], formulando aquilo que se pode considerar como a primeira manifestação histórica do princípio da legalidade administrativa. Esclarece ainda que a obediência à lei é feita por "um temor de respeito"[167], especialmente se estão em causa leis que foram elaboradas para benefício dos que sofrem injustiça ou se se trata de leis não escritas[168] cujo incumprimento é fonte de "vergonha manifesta" para o infractor[169].

---

[161] Esse entendimento limitativo da autoridade pública encontra-se mesmo expressamente formulado por Péricles, sublinhando a ideia de que "governas, sendo governado", pois tratava-se de governar pessoas livres, sendo-lhe atribuído por PLUTARCO, *Consejos Políticos*, Ed. Centros de Estudios Políticos y Constitucionales, Madrid, 1991, (nº 813-D e E), p. 89.

[162] Neste sentido, cfr. MARCEL PRÉLOT / GEORGES LESCUYER, *Histoire...*, p. 35.

[163] Cfr. TUCÍDIDES, *História...*, Livro II, 40 (p. 92).

[164] Neste último sentido, cfr. MARCEL PRÉLOT / GEORGES LESCUYER, *Histoire...*, p. 36; ISABEL BANOND, *A ideia de liberdade...*, p. 391.

[165] Cfr. TUCÍDIDES, *História...*, Livro II, 37 (p. 90).

[166] Cfr. TUCÍDIDES, *História...*, Livro II, 37 (p. 90).

[167] Cfr. TUCÍDIDES, *História...*, Livro II, 37 (pp. 90-91).

[168] Essas leis não escritas, esclareça-se, têm sido interpretadas no sentido de se tratarem de leis naturais, enquanto expressão de um Direito Natural, cfr. TUCÍDIDES, *História...*, edição consultada, p.91, nota nº 34.

[169] Cfr. TUCÍDIDES, *História...*, Livro II, 37 (p. 91).

Paralelamente a um modelo de cidade aberta a todos[170], a democracia ateniense postula também a fraternidade entre os cidadãos, fazendo da tolerância o primeiro elemento da humanidade e do acolhimento e assistência a favor dos oprimidos e mais necessitados manifestações da uma concepção de democracia que não seria apenas política[171], assumindo igualmente uma vertente social[172].

As ideias de tolerância e moderação viriam, no entanto, a receber mais desenvolvimento com o discurso de Diódoto, nos seguintes termos: perante a rebelião de Mitilene, os atenienses tinham, num primeiro momento, resolvido mandar matar todos os homens da cidade rebelde, aniquilando-a[173]; no entanto, após reflexão, Diódoto falou à assembleia, considerando que a medida era excessiva, pois apenas deveria envolver os responsáveis pela rebelião[174], revelando-se essa moderação também um princípio de proporcionalidade entre o castigo e a ofensa e, por essa via, uma concepção de justiça[175]. Negando que se devessem castigar os povos livres quando se sublevam[176], Diódoto termina sublinhando a limitação da força: "o que é mais prudente nas suas decisões é mais poderoso diante do inimigo do que aquele que procede insensatamente apoiado na força"[177].

Já tem sido defendido que Diódoto é o único orador a quem Tucídides atribui uma concepção defensora da supremacia ao bem do indivíduo sobre os interesses da cidade[178].

Sem negar que Diódoto se refere ao indivíduo, mostrando mesmo a dualidade entre os indivíduos e os Estados[179] e dissertando sobre a

---

[170] Cfr. TUCÍDIDES, *História...*, Livro II, 39 (p. 91).

[171] Para um debate sobre se o regime ateniense de Péricles era ou não uma verdadeira democracia, cfr. DIOGO FREITAS DO AMARAL, *História...*, I, pp. 66 ss.

[172] Neste último sentido, cfr. MARCEL PRÉLOT / GEORGES LESCUYER, *Histoire...*, p. 36.

[173] Essa foi a solução defendida por Cleón, cfr. TUCÍDIDES, *História...*, Livro III, 37-40 (pp. 145 ss.).

[174] Cfr. TUCÍDIDES, *História...*, Livro III, 48 (p. 152).

[175] Cfr. DAVID BOLOTIN, *Tucídides*, pp. 32 ss e 38.

[176] Cfr. TUCÍDIDES, *História...*, Livro III, 46 (p. 152).

[177] Cfr. TUCÍDIDES, *História...*, Livro III, 48 (p. 152).

[178] Neste sentido, cfr. DAVID BOLOTIN, *Tucídides*, p. 41.

[179] Cfr. TUCÍDIDES, *História...*, Livro III, 45 (p. 150).

motivação psicológica individual de respeitar a lei perante o medo da pena de morte[180], não se mostra possível extrair, todavia, o esboço de uma concepção individualista, fazendo prevalecer os interesses da pessoa humana como indivíduo sobre os interesses da colectividade em que todas as pessoas se encontram integradas. Uma única excepção se pode recortar: a relevância do arrependimento e da reparação da culpa dos sublevados de Mitilene[181], traduzindo a dimensão da individualidade de cada pessoa no contexto do colectivo.

3.2.6. *A crítica à democracia e a Constituição de Esparta: o modelo de sociedade de Xenofonte*

Se em Tucídides se observa a formulação do conceito de democracia de Péricles, em Xenofonte (430-350 a.C.), pelo contrário, observa-se a defesa de um modelo antidemocrático[182].

Começando por considerar que "em qualquer lugar da terra o melhor sempre se opõe à democracia"[183], o modelo político ateniense, confiando aos pobres e ao povo o poder da cidade[184], uma vez que entre "as classes baixas abunda a ignorância, a falta de disciplina e a maldade"[185], traduz o governo dos piores[186]: em Atenas, diz-nos Xenofonte[187], não lhes preocupa um mau governo[188], sendo

---

[180] Cfr. TUCÍDIDES, *História...*, Livro III, 45-46 (pp. 150-151).
[181] Cfr. TUCÍDIDES, *História...*, Livro III, 46 (p. 151).
[182] Para um desenvolvimento desta temática, cfr. WALTER THEIMER, *História...*, pp. 13 e 14; MARCEL PRÉLOT / GEORGES LESCUYER, *Histoire...*, pp. 40 ss.; DIOGO FREITAS DO AMARAL, *História...*, I, pp. 73 ss. Ainda sobre Xenofonte e a influência que nele teve Sócrates, cfr. CHRISTOPHER BRUELL, *Jenofonte*, in LEO STRAUSS / JOSEPH CROPSEY, *Historia de la Filosofía Política*, México, reimp., 1996, pp. 96 ss.
[183] Cfr. XENOFONTE, *Constitución de Atenas*, in *Constituciones Políticas Griegas*, Alianza Editorial, Madrid, 2007, p. 144.
[184] Cfr. XENOFONTE, *Constitución de Atenas*, p. 143.
[185] Cfr. XENOFONTE, *Constitución de Atenas*, pp. 144-145.
[186] Cfr. XENOFONTE, *Constitución de Atenas*, p. 144.
[187] A atribuição do presente texto sobre a Constituição de Atenas a Xenofonte é hoje muito contestada, cfr., por todos, ANTONIO GUZMÁN GUERRA, *Introducción*, in *Constituciones Políticas Griegas*, Alianza Editorial, Madrid, 2007, p. 14 ss.
[188] Cfr. XENOFONTE, *Constitución de Atenas*, p. 145.

desse mau governo que "o povo extrai a sua força e a sua liberdade"[189].

Em sentido complementar, antecipando a ideia de que a sociedade tem sempre subjacente uma luta de classes, pois, tal como afirma, "em nenhuma cidade as classes superiores estão a bem com as massas"[190], Xenofonte configura a democracia ateniense como um modelo político em que os pobres exploram os ricos[191], privando-os dos direitos cívicos, expropriando as suas fortunas, expulsando-os e condenando-os à morte[192].

Em contraste com o modelo de Atenas que rejeita, Xenofonte mostra-se claro partidário do sistema político de Esparta.

O modelo constitucional espartano traçado, sem prejuízo de afirmar a igualdade entre homens e mulheres ao nível da prática desportiva[193], mostra-se, todavia, revelador de um intervencionismo extremo do Estado na vida das pessoas[194]. Esparta é uma sociedade

---

[189] Cfr. XENOFONTE, *Constitución de Atenas*, p. 145.
[190] Cfr. XENOFONTE, *Constitución de Atenas*, p. 158.
[191] Cfr. WALTER THEIMER, *História...*, p. 13.
[192] Cfr. XENOFONTE, *Constitución de Atenas*, p. 147.
[193] Cfr. XENOFONTE, *Constitución de Esparta*, in *Constituciones Políticas Griegas*, Alianza Editorial, Madrid, 2007, p. 164.
[194] Essa intervenção extrema do Estado na vida do indivíduo conhece como manifestações principais, segundo o relato feito por Xenofonte, as seguintes:
  (i) Há intervenção normativa sobre a própria intimidade da vida conjugal (cfr. XENOFONTE, *Constitución de Esparta*, p. 164 e 165);
  (ii) Existe um sistema educativo público, verificando-se que os filhos não são educados pelos pais, antes são confiados a uma pessoa para o efeito nomeada, nunca podendo os jovens estar sem um chefe (cfr. *ibidem*, p. 169), existindo ainda regras severas que determinem andarem descalços e em silêncio pelas ruas, tendo um único vestido, sendo moderadamente alimentados e sujeitos a exigente treino militar (cfr. *ibidem*, pp. 166 ss.);
  (iii) As refeições são comuns, públicas e ao ar livre, evitando-se, deste modo, as infracções às leis e a indolência (cfr. *ibidem*, p. 173), sendo a quantidade de comida distribuída fixada (cfr. *ibidem*, pp. 173-174) e os temas das conversas permitidas também determinados (cfr. *ibidem*, p. 174);
  (iv) Em caso de necessidade, qualquer pessoa pode usar em seu proveito escravo, cão ou cavalo pertencente a terceiro (cfr. *ibidem*, p. 176), tal como qualquer pessoa pode exercer a sua autoridade sobre os seus próprios filhos como sobre os filhos dos outros (cfr. *ibidem*, p. 175);

fechada[195], expulsa os estrangeiros e proíbe que se viaje para o estrangeiro[196], registando-se uma completa diluição do indivíduo na colectividade: salvo no que respeita à cidadania – e apenas para alguns –, não há qualquer ideia de direitos da pessoa[197], apenas existem deveres em função da colectividade.

Observa-se ainda em Esparta, paralelamente, uma rigorosa observância das leis[198], pois "a obediência é o maior dos bens"[199], valorizando-se o reforço dos poderes das autoridades[200] e fazendo da prática das virtudes políticas uma "obrigação iniludível de qualquer cidadão"[201].

É na obediência à lei, aliás, que se estrutura uma primeira e débil ideia de igualdade: aos que cumprem todas as leis é-lhes concedido, por igual, o direito de cidadania, "sem reparar em absoluto nas suas limitações físicas ou na sua pobreza"[202]. Em termos semelhantes, os que se recusam a cumprir a lei ficam, automaticamente, considerados indignos de serem tratados como iguais[203].

Confirma-se aqui, deste modo, que mesmo a igualdade e o direito de cidadania resultam em Esparta, segundo Xenofonte, do cumprimento de um dever essencial: a obediência à autoridade da lei.

(v) Proíbem-se os cidadãos livres de exercerem actividades comerciais e, em geral, era também proibido que os cidadãos enriquecessem (cfr. *ibidem*, p. 177), gozando mesmo o Estado da faculdade de fazer buscas e, se encontrasse ouro ou prata, aplicar sanções ao respectivo dono (cfr. *ibidem*, p. 177).

[195] Cfr. DIOGO FREITAS DO AMARAL, *História...*, I, p. 76.
[196] Cfr. XENOFONTE, *Constitución de Esparta*, p. 190.
[197] Em sentido contrário, considerando existir na Constituição de Esparta a garantia de direitos pessoais, cfr. ANTONIO GUZMÁN GUERRA, *Introducción*, p. 20.
[198] Cfr. XENOFONTE, *Constitución de Esparta*, pp. 178-179.
[199] Cfr. XENOFONTE, *Constitución de Esparta*, p. 178.
[200] Cfr. XENOFONTE, *Constitución de Esparta*, p. 178.
[201] Cfr. XENOFONTE, *Constitución de Esparta*, p. 182.
[202] Cfr. XENOFONTE, *Constitución de Esparta*, p. 182.
[203] Cfr. XENOFONTE, *Constitución de Esparta*, p. 182.

3.2.7. *Platão e o governo dos homens: a anticonstituição*

A concepção de Sócrates, tal como já foi referenciada (v. *supra*, nº 3.2.3.), sobre o estatuto de obediência do homem perante a vontade do Poder tem o seu desenvolvimento doutrinal em Platão (427-347 a.C.).

Sem prejuízo do contributo de Xenofonte, também discípulo de Sócrates, no elogio do modelo político de Esparta e na crítica à democracia (v. *supra*, nº 3.2.6.), Platão foi um dos primeiros autores a conceber um modelo totalitário de sociedade política[204].

Não obstante entender que a lei deve ser norteada pelo propósito de realizar a felicidade de todos, encontrando-se o legislador vinculado a agir sempre no sentido de alcançar a melhor e a mais justa solução[205], Platão defende que a lei não deve existir para garantir a liberdade dos cidadãos fazerem o que lhes agrada, "mas para os levar a participar na fortificação do laço do Estado"[206]. O certo, porém, é que acaba por encontrar na supressão excessiva da liberdade do povo e no abuso da autoridade do rei a causa da decadência do regime persa[207].

Partindo da discriminação entre indivíduos superiores e indivíduos inferiores[208], negando aos filhos destes últimos educação[209], Platão, tal como Xenofonte, confere ao Estado a faculdade de seleccionar os cidadãos, verificando-se que o indivíduo só existe dentro do Estado e para o Estado, num modelo de ausência de qualquer noção de direitos da pessoa humana[210]: ao Estado compete, segundo o modelo traçado na sua obra *A República*, o controlo do número de casamentos e a própria selecção dos nubentes[211]; a procriação encontra-se sujeita a

---

[204] Cfr. KARL POPPER, *A Sociedade Aberta...*, I, pp. 104 ss.; DIOGO FREITAS DO AMARAL, *História...*, I, pp. 89 ss.; PAULO OTERO, *A Democracia Totalitária*, Cascais, 2000, pp. 60 ss.

[205] Cfr. PLATÃO, *Las Leyes*, 628c (p. 97).

[206] Cfr. PLATÃO, *A República*, ed. Livros de Bolso Europa-América, Mem Martins, 1975, Livro VII, p. 235.

[207] Cfr. PLATÃO, *Las Leyes*, 698c (p. 201).

[208] Cfr. PLATÃO, *A República*, em especial, Livro V, pp. 165 e 166.

[209] Cfr. PLATÃO, *A República*, Livro V, p. 164.

[210] Neste sentido, cfr. L. CABRAL DE MONCADA, *Filosofia...*, I, p. 20.

[211] Cfr. PLATÃO, *A República*, Livro V, p. 165.

um regime de autorização[212], isto de tal modo que as mulheres têm os filhos para a cidade ou para o Estado[213], justificando-se, em consequência, que as crianças sejam separadas dos pais e que se usem "todos os meios possíveis para que nenhuma delas reconheça a sua progenitura"[214], atribuindo-se ainda ao Estado a sua educação e instrução[215].

Partidário do governo de uma elite sobre uma massa desprezível[216], Platão confia ao filósofo o governo do Estado[217], enquanto detentor da sabedoria e da virtude[218]. O filósofo, vinculado a governar com justiça[219], é configurado como um chefe infalível, situado acima das leis[220] e, por isso mesmo, nunca por elas limitado[221]: o governo de um homem é preferível ao governo de leis.

Importa ter presentes, no entanto, duas observações: por um lado, e independentemente de o filósofo ser identificado com o sábio, Platão acredita que o homem nunca escolhe voluntariamente o mal, e se o faz, age por ignorância, incontinência ou por ambas as razões[222]; por outro lado, o seu propósito foi sempre descobrir um modelo de governo da cidade funcionalmente dirigido à busca da felicidade do indivíduo, permitindo que nela possa alcançar a melhor vivência da sua vida privada[223].

---

[212] Cfr. PLATÃO, *A República*, Livro V, p. 165.
[213] Cfr. PLATÃO, *A República*, Livro V, p. 166.
[214] Cfr. PLATÃO, *A República*, Livro V, p. 166.
[215] Cfr. PLATÃO, *A República*, Livro IV, p. 121.
[216] Neste sentido, cfr. WALTER THEIMER, *História...*, p. 23.
[217] Sobre a figura do filósofo-rei em Platão, cfr. KARL POPPER, *A Sociedade Aberta...*, I, pp. 149 ss. e 155 ss.
[218] Cfr. PLATÃO, *A República*, em especial, Livro VII, p. 236.
Nas sugestivas palavras de José Adelino Maltez, Platão era "um homem imperfeito que imaginava um govero de homens perfeitos" (cfr. JOSÉ ADELINO MALTEZ, *Princípios...*, I, p.167).
[219] Cfr. WALTER THEIMER, *História...*, p. 21.
[220] Cfr. MARCEL PRÉLOT / GEORGES LESCUYER, *Histoire...*, p. 55.
[221] Neste sentido, cfr. WALTER THEIMER, *História...*, p. 21; J. SILVA CUNHA, *História...*, p. 48.
[222] Cfr. PLATÃO, *Las Leyes*, 734b (p. 255).
[223] Cfr. PLATÃO, *Las Leyes*, 702b (p. 208).

Encontramos aqui, sob a forma de um "absolutismo paternalista"[224], uma crença ilimitada na motivação do homem, no filósofo-sábio como governante e, simultaneamente, uma desconfiança na lei: o governo dos homens, enquanto expressão de um modelo político em que os governantes não se encontram subordinados ao Direito, sendo a pura antítese do fenómeno constitucional, uma vez que postula uma ideia de ausência de limites normativos ao poder, revela-se fundante de modelos políticos ditatoriais e totalitários (v. *infra*, n° 6.2.6.).

A verdade, porém, é que mais tarde, na sua obra *As Leis*, Platão, abandonando o radicalismo da solução preconizada no livro *A República*, acaba por reconhecer a necessidade de existência de leis e de os homens lhes obedecerem, sob pena de não se diferenciarem de os animais mais ferozes[225]. Igualmente aqui proclama que a inteligência, sendo verdadeiramente livre por natureza, não pode ser súbdita ou escrava de ninguém[226].

Não obstante esta última inflexão política, o governo dos homens de Platão tornou-se, no entanto, o estandarte histórico de todos os regimes políticos que, desprezando a limitação do poder político pelo Direito, negam os direitos da pessoa humana: Platão personifica a anticonstituição.

Apesar de tudo, não se mostra incoerente num tal modelo, genericamente alheio a quaisquer considerações subjectivas do indivíduo perante o poder, a profunda desvalorização com que a filosofia de Platão, desprezando o mundo físico, via o corpo humano perante a alma[227]: a alma é identificada com o divino, o imortal, o inteligível e indissolúvel, enquanto o corpo, traduzindo a semelhança do humano, é mortal, não inteligível e dissolúvel[228]. Depois de Deus, a alma é o que há de mais divino e digno de honra[229], configurando-se o corpo como

---

[224] Cfr. WALTER THEIMER, *História...*, p. 20.
[225] Cfr. PLATÃO, *Las Leyes*, 875a (p. 471).
[226] Cfr. PLATÃO, *Las Leyes*, 875c (p. 472).
[227] Neste sentido, cfr. ROGER TRIGG, *Concepciones de la Naturaleza Humana – Una introducción histórica*, Madrid, 2001, pp. 25 e 26.
[228] Cfr. PLATÃO, *Fédon*, ed. Atlântida, Coimbra, 1975, p. 46.
[229] Cfr. PLATÃO, *Las Leyes*, 726a (p. 242).

"mau companheiro" da alma[230], verdadeiro empecilho para se atingir a verdade[231]: o corpo é a prisão da alma[232].

Uma tal desvalorização do corpo humano, indo mesmo ao ponto de considerar que só depois da morte, enquanto momento de "libertação" da alma face ao corpo[233], encontrando-se então o corpo separado da alma[234], se poderá obter o conhecimento e chegar à verdade[235], conduz a um desprezo pela própria vida humana: é depois da morte que o homem adquire a felicidade suprema[236]. Ora, não é por acaso que isso nos é relatado pelas palavras de Sócrates, pouco antes da execução da sua sentença de morte. Existe aqui, no entanto, um importante significado político:

(i) O sentido último de liberdade em Platão (e em Sócrates) está na libertação da alma do corpo, o que só acontece com a morte: o verdadeiro filósofo, desprezando o corpo em todos os aspectos, alegra-se perante a morte, pois só então poderá adquirir a sabedoria pura[237]; nas sugestivas palavras de Sócrates, "a única tarefa de quem trata da filosofia propriamente dita é (...) morrer e estar morto"[238];

(ii) A vida, expressando um momento de união do corpo e da alma, não tem relevo positivo, tanto mais que, segundo a teoria dos contrários, ela resulta da própria morte[239], razão pela qual há uma total indiferença pelo destino terreno do homem: a pena de morte é mesmo vista "como a menor desgraça" do condenado[240];

---

[230] Cfr. PLATÃO, *Fédon*, p. 18.
[231] Cfr. PLATÃO, *Fédon*, pp. 16 e 18.
[232] Cfr. ROGER TRIGG, *Concepciones...*, p. 28.
[233] Cfr. PLATÃO, *Fédon*, p. 20.
[234] Cfr. PLATÃO, *Fédon*, p. 15.
[235] Cfr. PLATÃO, *Fédon*, pp. 18-19.
[236] Cfr. PLATÃO, *Fédon*, p. 14.
[237] Cfr. PLATÃO, *Fédon*, p. 20.
[238] Cfr. PLATÃO, *Fédon*, p. 14.
[239] Cfr. PLATÃO, *Fédon*, pp. 29 e 30.
[240] Cfr. PLATÃO, *Las Leyes*, 855a (p. 440).

(iii) Não existe em Platão qualquer ideia de pessoa humana, não tendo mesmo ultrapassado a noção de indivíduo[241]: fazendo a apologia da morte, enquanto momento de encontro da felicidade e do conhecimento, o diálogo de Sócrates sobre a imortalidade da alma, identificando a morte com a felicidade[242], é um hino contrário à vida assente num corpo mortal[243], mostrando-se uma filosofia totalmente alheia a qualquer ideia de posições jurídicas subjectivas do indivíduo perante o Poder.

Num ponto, porém, Platão parece conferir importância à vida e ao corpo humano: proíbe que se maltratem com violência os criados[244] e, sem prejuízo de admitir que existindo justificativo se castiguem os escravos, censura que se seja impiedoso e injusto para com os escravos[245], o mesmo defendendo face a qualquer tipo de relações que envolvam pessoas mais débeis. Assiste-se, deste modo, à formulação de um princípio geral de justiça, segundo o qual a melhor demonstração de bondade está em, podendo alguém abusar do seu poder, abster-se de o fazer relativamente a pessoas que lhe são mais débeis[246].

3.2.8. *Aristóteles e o governo das leis: a ideia material de constituição*

Aristóteles (384-322 a.C.), equacionando a questão do exercício do poder com uma clareza notável, "o problema está em saber se será mais vantajoso para o Estado ser governado por um homem muito

---

[241] Neste sentido, cfr. JOAQUIM DE CARVALHO, *Nota Prévia*, in PLATÃO, *Fédon*, ed. Atlântida, Coimbra, 1975, p. CIII.
[242] Cfr. PLATÃO, *Fédon*, p. 14.
[243] A própria morte é reconduzida a uma convalescença da doença da vida, cfr. PLATÃO, *Fédon*, p. 112, nota nº 128.
[244] Cfr. PLATÃO, *Las Leyes*, 777d (p. 324).
[245] Cfr. PLATÃO, *Las Leyes*, 777e (p. 324).
[246] Cfr. PLATÃO, *Las Leyes*, 777e (p. 324).

eminente em virtude ou por óptimas leis"[247], encontra uma resposta em sentido contrário a Platão[248]: valorizando o papel da lei, enquanto "espírito liberto de toda a paixão"[249], Aristóteles, seguindo o caminho traçado por Tucídides nas palavras de Péricles (v. *supra*, n° 3.2.5.), defende que o governo justo é o governo das leis, enquanto garantia da isenção de paixões[250], sendo o precursor da ideia de um Estado de Direito[251] e, neste sentido, do próprio fenómeno constitucional.

É que, tal como esclarece, "a paixão transforma todos os homens em animais. A animosidade cega, sobretudo, as pessoas altamente colocadas, mesmo as mais íntegras"[252], razão pela qual só a lei, sendo "isenta de paixões"[253], garantirá o melhor governo: a lei, podendo ser escrita ou não escrita[254], é a mediadora da justiça[255].

Num outro sentido, afirmando que "não pode ser um humano a governar, mas antes o princípio geral da lei escrita"[256], sob pena de se cair na tirania, Aristóteles confirma que apenas a lei garante a justiça política na regulação das relações entre os homens[257]: o governante, aplicando sempre a lei, é o guardião da justiça "e, se é guardião do direito, também é da igualdade"[258].

---

[247] Cfr. ARISTÓTELES, *Tratado da Política*, ed. Publicações Europa-América, s.l., 1977, Liv. III, Cap. XII (p. 117).

[248] Para uma síntese das críticas dirigidas por Aristóteles a Platão, cfr. WALTER THEIMER, *História*..., pp. 31 ss.; MARCEL PRÉLOT / GEORGES LESCUYER, *Histoire*..., pp. 65 ss.; DIOGO FREITAS DO AMARAL, *História*..., I, pp. 116 ss.

[249] Cfr. ARISTÓTELES, *Tratado da Política*, Liv. III, Cap. XII (p. 116).

[250] Cfr. ARISTÓTELES, *Tratado da Política*, Liv. III, Cap. XII (pp. 115, 116 e 118).

[251] Cfr. ARMANDO MARQUES GUEDES, *Ciência Política – Teoria Geral do Estado*, policop., Lisboa, 1982, p. 166. Evidenciando o contributo de Aristóteles para a defesa do primado da lei e da separação de poderes, cfr. DIOGO FREITAS DO AMARAL, *História*..., I, pp. 123 ss.

[252] Cfr. ARISTÓTELES, *Tratado da Política*, Liv. III, Cap. XII (p. 116).

[253] Cfr. ARISTÓTELES, *Tratado da Política*, Liv. III, Cap. XII (p. 118).

[254] Cfr. ARISTÓTELES, *Ética a Nicómaco*, Quetzal Editores, Lisboa, 2004, 1162b20 e 1180b1 (pp. 201 e 251).

[255] Cfr. ARISTÓTELES, *Tratado da Política*, Liv. III, Cap. XII (p. 116).

[256] Cfr. ARISTÓTELES, *Ética a Nicómaco*, 1134a35 (p. 120).

[257] Cfr. ARISTÓTELES, *Ética a Nicómaco*, 1134a30 (p. 120).

[258] Cfr. ARISTÓTELES, *Ética a Nicómaco*, 1134b1 (p. 120).

A limitação dos governantes pelo Direito torna-se aqui uma ideia nuclear no pensamento aristotélico: o governo das leis representa a limitação do poder e dos seus titulares através de normas jurídicas, traduzindo a essência do fenómeno constitucional. Aristóteles é, por isso, o pai da ideia material de Constituição, enquanto limitação jurídica do poder político.

Simultaneamente, a ligação estabelecida entre a lei e a justiça, permitindo afirmar que "toda a legalidade é de algum modo justa"[259], pois exclui sempre a arbitrariedade das paixões do decisor, lança as bases dos conceitos aristotélicos de justiça e de equidade.

A justiça em Aristóteles, estabelecendo uma íntima relação com as ideias de proporcionalidade e de igualdade, habilita que a injustiça seja vista como a situação em que "alguém quer ter mais do que é devido"[260] ou é desproporcional com o seu mérito[261], recortando-se uma justiça distributiva (: sendo própria das relações do Estado com os súbditos, traduz uma "proporção da igualdade geométrica"[262], baseada na fórmula "a cada um segundo o seu mérito"[263])[264] e uma justiça correctiva (: incidindo sobre as relações entre os indivíduos, mostra-se "sempre proporcional aos contributos individuais de cada um"[265], envolvendo uma "igualdade aritmética"[266])[267].

A equidade, servindo de "critério correctivo da justiça"[268], assume, nas palavras de Aristóteles, "uma função rectificadora da justiça legal"[269], sendo o mesmo que a justiça[270], razão pela qual "o injusto é iníquo e a injustiça iniquidade"[271]. A equidade permite que a

---

[259] Cfr. ARISTÓTELES, *Ética a Nicómaco*, 1129b10 (p. 108).
[260] Cfr. ARISTÓTELES, *Ética a Nicómaco*, 1130a20 (p. 110).
[261] Cfr. ARISTÓTELES, *Ética a Nicómaco*, 1131b10 (p. 113).
[262] Cfr. ARISTÓTELES, *Ética a Nicómaco*, p. 265.
[263] Cfr. L. CABRAL DE MONCADA, *Filosofia...*, I, p. 29.
[264] Cfr. ARISTÓTELES, *Ética a Nicómaco*, pp. 112 ss.
[265] Cfr. ARISTÓTELES, *Ética a Nicómaco*, 1131b30 (p. 114).
[266] Cfr. ARISTÓTELES, *Ética a Nicómaco*, p. 265.
[267] Cfr. ARISTÓTELES, *Ética a Nicómaco*, pp. 112 e 114 ss.
[268] Cfr. L. CABRAL DE MONCADA, *Filosofia...*, I, p. 29.
[269] Cfr. ARISTÓTELES, *Ética a Nicómaco*, 1137b10 (p. 129).
[270] Cfr. ARISTÓTELES, *Ética a Nicómaco*, 1137b10 (p. 129).
[271] Cfr. ARISTÓTELES, *Ética a Nicómaco*, 1131a10 (p. 112).

universalidade da lei possa ceder perante casos concretos que, não previstos pelo legislador no seu enunciar do princípio universal, têm de ser rectificados em nome da justiça: "a natureza da equidade é, então, ser rectificadora do defeito da lei, defeito que resulta da sua característica universal"[272].

Mostra-se ainda Aristóteles adepto do pluralismo social e político, uma vez mais em oposição ao modelo platónico de unicidade[273], sublinhando que a sociedade civil, em geral, e o Estado, em particular, têm como fim que os homens vivam bem[274], segundo critérios de igualdade e de justiça[275]. Deste modo, um governo justo é sempre aquele em que os governantes apenas procuraram a felicidade geral[276]: "o bem é o fim de toda a ciência e arte; o maior bem, o fim da política"[277], encontrando-se na felicidade, enquanto "fim último de todas as acções possíveis"[278], o bem supremo[279].

Existe aqui, importa sublinhar, a revelação de duas ideias políticas centrais que chegaram até hoje[280]: a distinção entre Estado e sociedade civil e, por outro lado, a defesa de um modelo de governo misto.

Mostra-se Aristóteles céptico, todavia, quanto à natureza humana e à subordinação à lei, afirmando que a maioria obedece "mais à força do que à palavra e mais aos castigos do que aos bons exemplos"[281], circunstância que reforça a ideia de que um sistema impessoal de leis cria menos ressentimento do que a imposição da vontade de uma só pessoa[282].

---

[272] Cfr. ARISTÓTELES, *Ética a Nicómaco*, 1137b25 (p. 130).
[273] Neste último sentido, cfr. DIOGO FREITAS DO AMARAL, **História...**, I, pp. 116-117.
[274] Cfr. ARISTÓTELES, **Tratado da Política**, Liv. II, Cap. V (pp. 41 ss.). Neste sentido, o bem-estar do indivíduo torna-se inseparável do próprio bem-estar da *polis*, cfr. ROGER TRIGG, **Concepciones...**, p. 44.
[275] Cfr. ARISTÓTELES, **Tratado da Política**, Liv. III, Cap. XIII (pp. 122 ss.).
[276] Cfr. ARISTÓTELES, **Tratado da Política**, Liv. III, Cap. IX (p. 79).
[277] Cfr. ARISTÓTELES, **Tratado da Política**, Liv. III, Cap. XIII (p. 122).
[278] Cfr. ARISTÓTELES, *Ética a Nicómaco*, 1097b20 (p. 28).
[279] Cfr. ARISTÓTELES, *Ética a Nicómaco*, 1099a25 (p. 32).
[280] Cfr. WALTER THEIMER, **História...**, pp. 37 e 38.
[281] Cfr. ARISTÓTELES, *Ética a Nicómaco*, 1180a5 (p. 250).
[282] Neste último sentido, cfr. ROGER TRIGG, **Concepciones...**, p. 43.

O Estado reconduz-se, nos termos da concepção aristotélica, à "universalidade dos cidadãos", entendidos estes como aqueles que são titulares do "direito de sufrágio nas assembleias e de participação no exercício do poder público na sua pátria"[283], excluindo deste universo os escravos[284], os estrangeiros e aqueles que pela sua idade ainda não podem ou já não podem participar de forma activa na vida política[285].

Sem prejuízo das diferenças com o modelo de Platão, o certo é que em Aristóteles o indivíduo continua a ser visto como algo pertencendo ao Estado e só no Estado se podendo realizar, sendo o principal dever dos cidadãos contribuir para o bem do Estado[286], inexistindo direitos da pessoa humana ou qualquer ideia de liberdade individual como realidade autónoma limitativa da acção do Estado[287]. A própria formulação aristotélica do princípio da legalidade revela-se estruturalmente contrária a qualquer ideia de liberdade ou autonomia de acção do indivíduo perante o poder: "aquilo que a lei não ordena, proíbe-o"[288].

A escravatura é entendida, por outro lado, como uma instituição natural[289], pois, "de acordo com as leis da natureza, há homens feitos para a liberdade e outros para a escravidão"[290], revelando-se como necessária e vantajosa a relação de obediência entre os homens, desde logo porque "todos os seres, desde o primeiro instante do seu nascimento, estão, por assim dizer, marcados pela natureza, uns para mandar, outros para obedecer"[291].

Não obstante a escravatura traçar uma dramática dicotomia dentro do género humano, encontra Aristóteles na razão, identificada como a

---

[283] Cfr. ARISTÓTELES, *Tratado da Política*, Liv. II, Cap. IV (p. 32 e 33).
[284] Sobre a justificação da escravatura, cfr. ARISTÓTELES, *Tratado da Política*, Liv. I, Cap. I (pp. 12 ss).
[285] Cfr. ARISTÓTELES, *Tratado da Política*, Liv. II, Cap. IV (pp. 32 ss.).
[286] Cfr. ARISTÓTELES, *Tratado da Política*, Liv. II, Cap. IV (pp. 37-38).
[287] Neste sentido, cfr. L. CABRAL DE MONCADA, *Filosofia...*, I, p. 32-33.
[288] Cfr. ARISTÓTELES, *Ética a Nicómaco*, 1138a5 (p. 131).
[289] Para um desenvolvimento do tema da escravatura entre os gregos, cfr. ISABEL BANOND, *A ideia de liberdade...*, pp. 383 ss. E ainda, especificamente sobre o tema em Aristóteles, cfr. WALTER THEIMER, *História...*, p. 34.
[290] Cfr. ARISTÓTELES, *Tratado da Política*, Liv. I, Cap. I (p. 14).
[291] Cfr. ARISTÓTELES, *Tratado da Política*, Liv. I, Cap. I (p. 12).

"dimensão da alma que no Humano é capacitante"[292], o elemento nuclear da diferenciação entre o homem e os animais[293].

A liberdade dos homens, nos termos definidos, é, porém, o critério fundamental de definição da democracia: apesar de qualificada como degeneração da república, traduzindo o "governo dos pobres e das pessoas pouco afortunadas"[294], a democracia é o sistema em que governam as pessoas livres[295], existindo igualdade na alternância entre quem manda (governantes) e quem obedece (governados)[296]. Ou, numa diferente formulação, há democracia "quando os homens livres e pobres constituem a maioria, são donos do Estado"[297]. Neste contexto, a igualdade entre ricos e pobres, permitindo a todos participar na governação, é equacionada como elemento da democracia[298], identificada esta com o protagonismo das classes populares no controlo da vida pública[299], sem prejuízo de o povo, sendo na sua maioria composto pelos pobres, tornarem a sua vontade lei[300]. Existe aqui o risco, todavia, de o Estado cair nas mãos de uma multidão indigente e subtraída ao domínio das leis: o povo então, desprezando as leis, torna-se déspota e o seu governo em nada difere da tirania[301].

Uma vez mais, note-se, Aristóteles sublinha a importância das leis para a limitação do poder, sendo certo que mesmo o povo não se encontra isento de governar de forma tirânica: só o respeito pelo Direito, limitando sempre a actuação dos governantes, se mostra passível de evitar o despotismo e a tirania.

A existência de uma lei limitativa dos titulares do poder político, sendo por eles respeitada, é a única garantia contra o despotismo e a

---

[292] Cfr. ARISTÓTELES, *Ética a Nicómaco*, 1098a1 (p. 29).
[293] Neste sentido, cfr. ROGER TRIGG, *Concepciones...*, pp. 45 e 46.
[294] Cfr. ARISTÓTELES, *Tratado da Política*, Liv. III, Cap. IX (p. 80).
[295] Cfr. ARISTÓTELES, *Tratado da Política*, Liv. III, Cap. IX (p. 91).
[296] Cfr. ARISTÓTELES, *Tratado da Política*, Liv. III, Cap. XIII (pp. 133 e 134).
[297] Cfr. ARISTÓTELES, *Tratado da Política*, Liv. III, Cap. IX (p. 91).
[298] Como Aristóteles afirmava, "Os Estados democráticos assumem, acima de tudo, a igualdade" (in *Tratado da Política*, Liv. III, Cap. XIII (p. 128).
[299] Cfr. ARISTÓTELES, *Constitución de Atenas*, (27-2), in *Constituciones Políticas Griegas*, Alianza Editorial, Madrid, 2007, p. 74.
[300] Cfr. ARISTÓTELES, *Tratado da Política*, Liv. III, Cap. IX (p. 94).
[301] Cfr. ARISTÓTELES, *Tratado da Política*, Liv. III, Cap. IX (p. 95).

tirania: Aristóteles é o fundador da ideia material do fenómeno constitucional.

3.2.9. *Estoicismo: liberdade interna e igualdade natural*

Será através da filosofia estóica que se desenvolvem as ideias de humanidade, de igualdade entre todos os homens e o entendimento de que cada homem é um homem[302].

É ainda no âmbito estóico que se firma a ideia de que existe em todos os homens, incluindo nos escravos, uma liberdade interior de natureza inalienável, expressa na liberdade de pensamento[303]. Neste sentido, o estoicismo marca uma ruptura com o pensamento grego clássico: "a liberdade do homem livre, que até então se confundia com o exercício de direitos cívicos, transmuta-se, à falta de melhor, em liberdade interior"[304].

Seguindo a tradição oriunda de Sócrates e Platão (v. *supra*, n° 3.2.7.), o corpo é visto como "cadeia e prisão da alma"[305] [306], enquanto que esta última, sendo livre e comungando do divino[307], nunca pode sofrer o exílio ou ser dominada pela violência[308]. Aqui reside o alicerce da liberdade interior de cada homem.

Compreende-se, por isso, que Séneca (4-65), partindo do entendimento de que "toda a vida é servidão"[309], afirme que "de todas as

---

[302] Sobre o tema, cfr. WALTER THEIMER, *História...*, p. 50.

[303] Cfr. JEAN-JACQUES ISRAEL, *Droit des Libertés Fondamentales*, Paris, 1998, p. 59.

[304] Cfr. PIERRE AUBENQUE, *As Filosofias Helenísticas: Estoicismo, Epicurismo, Cepticismo*, in P. AUBENQUE / J. BERNHARDT / F. CHÂTELET, *A Filosofia Pagã do séc. VI a.C. ao séc. III d.C.*, 2ª ed., Lisboa, 1978, p. 157.

[305] Cfr. SÉNECA, *Da Brevidade da Vida*, Coisas de Ler Edições, Carcavelos, 2005, p. 57.

[306] Nas sugestivas palavras do também estóico Marco Aurélio (121-180), imperador romano, recordando Epicteto, "és uma alma que sustem um cadáver", cfr. MARCO AURELIO, *Meditaciones*, Alianza Editorial, 5ª reimp., Madrid, 2005, Liv. IV-41, p. 59.

[307] Cfr. SÉNECA, *Da Brevidade...*, p. 57.

[308] Cfr. SÉNECA, *Da Brevidade...*, p. 57.

[309] Cfr. SÉNECA, *Da Brevidade...*, p. 95.

pessoas, só as que vivem no ócio, que arranjam tempo para a filosofia, só essas estão de facto vivas"[310] e só essas estão livres das leis que limitam a raça humana[311]. No extremo, se a vida pública for difícil de suportar, "só terás de dedicar mais tempo ao ócio e às tarefas literárias"[312], sem esquecer que as maiores adversidades, sendo ocasião de virtude[313], são sempre favoráveis aos que as sofrem[314].

A liberdade envolve, afinal, o dever de agir em conformidade com a natureza que existe em cada homem[315]: "vida feliz é, pois, aquela que segue a sua natureza"[316], sabendo que obedecer a Deus é liberdade[317] e "nada de mal há que seja conforme à natureza"[318].

Afirma-se, simultaneamente, o desprezo pelos bens materiais, uma vez que são considerados "a maior fonte de miséria humana"[319], devendo o homem não se deixar corromper pelas coisas externas[320], pois sofre-se "menos por não ter do que por ter dinheiro"[321]: o sábio, diz-nos Séneca, "apoiado na razão, passará pelas situações humanas com ânimo divino"[322].

A existência de uma igualdade natural entre todos os homens[323], enquanto decorrência da participação de todos eles na razão divina, se, por um lado, confere centralidade à ideia de indivíduo em detrimento do estatuto de cidadão[324], conduz a escola do estoicismo antigo, por

---

[310] Cfr. SÉNECA, *Da Brevidade...*, p. 28.
[311] Cfr. SÉNECA, *Da Brevidade...*, p. 31.
[312] Cfr. SÉNECA, *Da Brevidade...*, p. 87.
[313] Cfr. SÉNECA, *De la Providencia*, in *Tratados Morales*, Colección Austral, Madrid, 2005, p. 41.
[314] Cfr. SÉNECA, *De la Providencia*, p. 41.
[315] Cfr. ISABEL BANOND, *A ideia de liberdade...*, pp. 402.
[316] Cfr. SÉNECA, *De la Felicidad*, in *Tratados Morales*, Colección Austral, Madrid, 2005, p. 78.
[317] Cfr. SÉNECA, *De la Felicidad*, p. 91.
[318] Cfr. MARCO AURELIO, *Meditaciones*, Liv. II-17, p. 37
[319] Cfr. SÉNECA, *Da Brevidade...*, p. 90.
[320] Cfr. SÉNECA, *De la Felicidad*, p. 83.
[321] Cfr. SÉNECA, *Da Brevidade...*, p. 90
[322] Cfr. SÉNECA, *De la Firmeza del Sabio*, in *Tratados Morales*, Colección Austral, Madrid, 2005, p. 60.
[323] Cfr. ISABEL BANOND, *A ideia de liberdade...*, pp. 403-404.
[324] Cfr. MARCEL PRÉLOT / GEORGES LESCUYER, *Histoire...*, p. 102.

outro lado, ao repúdio de qualquer ideia aristotélica de escravatura por natureza (v. *supra*, n° 3.2.8.)[325], antes a mesma se revela como uma instituição artificial[326], preferindo-se o universalismo como ideal político[327]. Nas sábias palavras de Séneca, os escravos "também são homens"[328]: eles têm uma natureza igual à nossa[329] e devem ser tratados com moderação, sendo-lhes reconhecidos direitos[330].

Partindo do entendimento de que "não há animal mais difícil, nem que deve tratar-se com mais cuidado do que o homem"[331], desenvolve Séneca as virtudes do rei, salientando a importância da clemência[332], enquanto "moderação do espírito em poder castigar"[333], servindo-se da equidade e da bondade[334]: a crueldade, traduzindo a "dureza de coração na imposição das penas"[335], é uma forma de mal que faz o homem renunciar a ser homem[336]. Ora, não é o castigo cruel que faz a glória de um rei[337]: a clemência é o que maior honra proporciona ao rei[338] e nada lhe confere mais dignidade do que salvar vidas de cidadãos[339].

Por outro lado, o acolhimento do princípio da igualdade dos homens pelos estóicos, considerando que a natureza do homem é uma

---

Nas palavras de Séneca, se há alguém que "perdeu os direitos de um cidadão; que ele pratique os de um homem", in *Da Brevidade...*, p. 85.

[325] Cfr. ANTÓNIO TRUYOL Y SERRA, *Compêndio...*, pp. 37-38; J. SILVA CUNHA, *História...*, p. 75.
[326] Cfr. MARCEL PRÉLOT / GEORGES LESCUYER, *Histoire...*, p. 102.
[327] Cfr. ANTÓNIO TRUYOL Y SERRA, *Compêndio...*, p. 38.
[328] Cfr. Carta de Séneca a Lucílio, cit. ISABEL BANOND, *A ideia de liberdade...*, pp. 404 e 427.
[329] Cfr. SÉNECA, *De la Clemencia*, in *Tratados Morales*, Colección Austral, Madrid, 2005, p. 208.
[330] Cfr. SÉNECA, *De la Clemencia*, p. 208.
[331] Cfr. SÉNECA, *De la Clemencia*, p. 207.
[332] Cfr. SÉNECA, *De la Clemencia*, pp. 190 e 209.
[333] Cfr. SÉNECA, *De la Clemencia*, p. 219.
[334] Cfr. SÉNECA, *De la Clemencia*, p. 223.
[335] Cfr. SÉNECA, *De la Clemencia*, p. 219.
[336] Cfr. SÉNECA, *De la Clemencia*, p. 214.
[337] Cfr. SÉNECA, *De la Clemencia*, p. 208.
[338] Cfr. SÉNECA, *De la Clemencia*, p. 209.
[339] Cfr. SÉNECA, *De la Clemencia*, p. 217.

e a mesma em toda a parte[340], irá alicerçar o desenvolvimento de uma teoria do direito natural[341]: há um "direito comum de todo o ser vivente" que resulta da natureza do homem[342]; é na essência do homem que reside o fundamento do direito natural[343].

Vejamos, seguidamente, como Cícero desenvolveu em Roma os ideais do estoicismo.

3.2.10. *Cícero: racionalidade divina do homem e lei natural*

É no período romano, sem embargo de uma clara influência grega[344], que Cícero (106-43 a.C.) centrará a reflexão no tema do direito natural e das suas relações com o homem[345].

Defendendo no seu livro *De Republica* que existe uma lei conforme à natureza que, sendo comum a todos, é imutável, eterna e universal[346], não podendo ser substituída ou derrogada, antes todos lhe devem obediência, sob pena de atentarem contra a própria natureza do homem[347], Cícero virá a desenvolver, agora já no livro *De Legibus*, que deverá deduzir-se a explicação da natureza do Direito da própria natureza do homem[348] e não da vontade dos povos ou das autoridades que fazem a lei[349].

---

[340] Cfr. SÉNECA, *De la Clemencia*, p. 208.
[341] Neste sentido, cfr. ANTÓNIO TRUYOL Y SERRA, *Compêndio...*, p. 38.
[342] Cfr. SÉNECA, *De la Clemencia*, p. 208.
[343] Cfr. MARCEL PRÉLOT / GEORGES LESCUYER, *Histoire...*, p. 102.
[344] Cfr. ANTÓNIO TRUYOL Y SERRA, *Compêndio...*, p. 40.
[345] Cfr. WALTER THEIMER, *História...*, pp. 54 ss.; ANTÓNIO TRUYOL Y SERRA, *Compêndio...*, p. 40; JAMES E. HOLTON, *Marco Tulio Cicerón*, in LEO STRAUSS / JOSEPH CROPSEY, *Historia de la Filosofía Política*, México, reimp., 1996, em especial, pp. 171 ss.; MARCEL PRÉLOT / GEORGES LESCUYER, *Histoire...*, pp. 99 ss.; DIOGO FREITAS DO AMARAL, *História...*, I, pp. 145 ss.; JOSÉ ADELINO MALTEZ, *Princípios...*, I, p. 182; ISABEL BANOND, *A ideia de liberdade...*, em especial, pp. 421 ss.
[346] Cfr. CÍCERO, *De Republica*, Liv. III, 22.
[347] Cfr. CÍCERO, *De Republica*, Liv. III, 22.
[348] Cfr. CÍCERO, *De Legibus*, Liv. I, 5.
[349] Cfr. CÍCERO, *De Legibus*, Liv. I, 16.

É na natureza do homem, identificada esta com a "propensão natural que temos para amar os homens"[350] [351], levando ao agir para a "defesa da salvação comum"[352], que se fundamenta o Direito[353]: se o Direito se fundamentasse na vontade da maioria ou da autoridade investida de poder, tudo poderia ser Direito[354].

Neste sentido, a lei natural, sendo "razão soberana"[355] e tendo como autor Deus[356], encontra-se gravada na natureza do homem[357], "impressa nas almas"[358], sendo lei suprema e comum a todos os tempos[359], "precede toda a lei escrita e à constituição de qualquer Estado"[360]. É que o homem, "nascido para a justiça"[361], tendo sido criado por Deus[362] e tendo pela alma uma ligação celestial[363], participa através da razão do divino[364], existindo nessa parcela em cada homem um "santuário da divindade"[365], motivo pelo qual "os homens estão unidos com os deuses também pela lei"[366].

---

[350] Cfr. CÍCERO, *De Legibus*, Liv. I, 15.
[351] Em igual sentido, defendendo também a natureza bondosa do homem, considerando ser "próprio de um homem a bondade para com os seus semelhantes", cfr. MARCO AURELIO, *Meditaciones*, Liv.VIII-26, p. 112.
[352] Cfr. CÍCERO, *De Republica*, Liv. I, 1.
[353] Cfr. CÍCERO, *De Legibus*, Liv. I, 15.
[354] Cfr. CÍCERO, *De Legibus*, Liv. I, 16.
[355] Cfr. CÍCERO, *De Legibus*, Liv. I, 6.
[356] Cfr. CÍCERO, *De Republica*, Liv. III, 22.
[357] Cfr. CÍCERO, *De Legibus*, Liv. I, 6.
[358] Cfr. CÍCERO, *De Legibus*, Liv. I, 10.
[359] Cfr. CÍCERO, *De Legibus*, Liv. I, 6.
[360] Cfr. CÍCERO, *De Legibus*, Liv. I, 6.
Sublinhando a importância deste aspecto do pensamento de Cícero para a edificação do moderno Estado de Direito, a autoridade dos governantes e o dever de obediência dos cidadãos, cfr. WALTER THEIMER, *História...*, pp. 55-56.
[361] Cfr. CÍCERO, *De Legibus*, Liv. I, 10.
[362] Cfr. CÍCERO, *De Legibus*, Liv. I, 7.
[363] Cfr. CÍCERO, *De Legibus*, Liv. I, 8.
[364] Cfr. CÍCERO, *De Legibus*, Liv. I, 22.
[365] Cfr. CÍCERO, *De Legibus*, Liv. I, 7.
[366] Cfr. CÍCERO, *De Legibus*, Liv. I, 7.

A razão, localizada na natureza[367], fazendo do homem um ser superior a todos os restantes animais[368] e relacionado directamente com o divino, surge configurada como algo de comum a todos os homens[369], falando mesmo em "inteligência comum"[370], motivo pelo qual não há diferenciação no género humano[371]. Cícero estabelece aqui, por directa influência estóica, um postulado de igualdade entre todos os seres humanos[372]: "não há homem que, em qualquer lugar, tendo a natureza por guia, não possa chegar à virtude"[373]. Reconhece-se, simultaneamente, universalidade ao homem, identificado como "cidadão de todo o mundo"[374], e ao Direito Natural, reconduzido a "algo eterno que rege todo o mundo, com recto critério de ordenar e de proibir"[375].

Compreende-se, por isso mesmo, que a lei natural seja única[376], enquanto expressão da "recta razão"[377], registando-se que, sob pena de injustiça, por ninguém pode ser ignorada, encontre-se ou não sob forma escrita[378]. Mais: qualquer acto que contrarie a lei natural não poderá ser considerado como lei, nem mesmo receber esse nome[379].

Paralelamente à temática da lei natural, a obra de Cícero, acolhendo de Aristóteles a natureza social do homem[380], pois "os homens não nasceram para si unicamente, (...) os homens são gerados para serem úteis uns aos outros"[381], e, por outro lado, o entendimento de que

---

[367] Cfr. CÍCERO, *De Legibus*, Liv. I, 16.
[368] Cfr. CÍCERO, *De Legibus*, Liv. I, 10.
[369] Cfr. CÍCERO, *De Legibus*, Liv. I, 10.
[370] Cfr. CÍCERO, *De Legibus*, Liv. I, 16.
[371] Cfr. CÍCERO, *De Legibus*, Liv. I, 10.
[372] Cfr. WALTER THEIMER, *História...*, p. 56.
[373] Cfr. CÍCERO, *De Legibus*, Liv. I, 10.
[374] Cfr. CÍCERO, *De Legibus*, Liv. I, 23.
[375] Cfr. CÍCERO, *De Legibus*, Liv. II, 4.
[376] Cfr. CÍCERO, *De Legibus*, Liv. I, 15.
[377] Cfr. CÍCERO, *De Legibus*, Liv. I, 15.
[378] Cfr. CÍCERO, *De Legibus*, Liv. I, 15.
[379] Cfr. CÍCERO, *De Legibus*, Liv. II, 6.
[380] Cfr. CÍCERO, *De Republica*, Liv. I, 25.
[381] Cfr. CÍCERO, *Os Três Livros de Cicero sobre as Obrigações Civis traduzidos em língua portugueza*, 2ª ed., Typographia Rollandiana, Lisboa, 1825, Liv. I, Cap. 6 (p. 13).

§3º A Pessoa Humana no Pensamento Político Pré-Liberal 93

as leis se encontram acima dos magistrados[382], mostra-se percursora de importantes ideias políticas:

(i) Defendendo um sistema de combinação governativa entre o elemento monárquico, o aristocrático e o popular, "unidos com moderação"[383], traduz o alicerce de um governo misto[384];
(ii) Encontrando a estabilidade das instituições constitucionais num equilíbrio de poderes na sociedade[385], registando-se "uma equitativa repartição de direitos, de deveres e de prerrogativas, de modo que os magistrados tenham um poder suficiente, uma suficiente autoridade o senado e uma suficiente liberdade o povo"[386], Cícero deixa claro que pela temática dos direitos e das liberdades passa o sucesso ou o fracasso de qualquer ordem político-constitucional;
(iii) A liberdade é configurada como característica das repúblicas em que o poder supremo reside no povo[387], sublinhando que se a liberdade não for igual para todos não é liberdade[388];
(iv) A salvaguarda dos bens, identificada com a propriedade, é vista como a razão de ser do próprio Estado[389], exigindo que "quem tem as rédeas do governo deve cuidar que cada um conserve a posse do que é seu, e não se lhe tire parte dos

---

[382] Cfr. CÍCERO, *De Legibus*, Liv. III, 1.
[383] Cfr. CÍCERO, *De Republica*, Liv. II, 23. Sublinhando o sentido da expressão "moderação" ou "moderador"em Cícero, cfr. MARCEL PRÉLOT / GEORGES LESCUYER, *Histoire...*, p. 97.
[384] Aqui residirá, aliás, o fundamento teórico último do modelo constitucional britânico, historicamente assente na coexistência de diferentes legitimidades políticas das suas instituições políticas.
[385] Vendo aqui uma antecipação do pensamento de Montesquieu, cfr. DIOGO FREITAS DO AMARAL, *História...*, I, p. 142.
[386] Cfr. CÍCERO, *De Republica*, Liv. II, 33.
[387] Cfr. CÍCERO, *De Republica*, Liv. I, 31.
[388] Cfr. CÍCERO, *De Republica*, Liv. I, 31.
Para mais desenvolvimentos sobre a "libertas" dos romanos, cfr. ISABEL BANOND, *A ideia de liberdade...*, pp. 435 ss.
[389] Cfr. CÍCERO, *De Officiis*, Liv. II, 73.

bens por mandado público", salvo em situações de necessidade[390].

(v) Igualmente a noção de justiça anda associada a uma vertente patrimonial, uma vez que a considera "sepultada quando os homens não têm direito de poder conservar o que é seu"[391], formulando o entendimento de que a injustiça tanto se pode traduzir na prática de uma acção injusta, fazendo agravo a alguém ou usando como próprias as coisas alheias[392], quanto na omissão da justiça, traduzindo a situação daqueles que, "podendo combater a injustiça praticada contra os que sofrem, não a combatem"[393].

Aqui se encontram expostos, em síntese, os alicerces ideológicos estruturantes do pensamento político que vão dominar a história da evolução da tutela jurídica da pessoa humana até ao presente momento.

3.3. Revolução judaico-cristã: a ordem axiológica ocidental

3.3.1. *Fundamento bíblico: o Antigo Testamento*

No pensamento judaico reside a "descoberta" da noção basilar de pessoa, enquanto criatura humana criada à imagem e semelhança de Deus[394]: o homem é agora, ao invés do entendimento grego da escola eleática[395], e mesmo para além da tese de Cícero de comunhão entre o homem e Deus através da razão (v. *supra*, n° 3.2.10.), um reflexo da própria divindade.

---

[390] Cfr. CÍCERO, *Os Três Livros...*, Liv. II, Cap. XVI (p. 131).
[391] Cfr. CÍCERO, *Os Três Livros...*, Liv. II, cap. XVIII (p. 134).
[392] Cfr. CÍCERO, *Os Três Livros...*, Liv. I, Cap. VI (p. 12).
[393] Cfr. CÍCERO, *De Officiis*, Liv. I, 7.
[394] Cfr. Gen. I, 26 e 27.
[395] Neste sentido, Xenófanes de Cólofon entendia que o homem não se parecia com Deus, nem pela forma, nem pelo pensamento, cfr. PINHARANDA GOMES, *Filosofia...*, p. 171.

Toda a Bíblia reflecte a história da caminhada do povo eleito para a salvação, conduzido pelo seu Deus. Um Deus que, estando sempre atento ao seu povo, sendo seu verdadeiro pai, infinitamente misericordioso e compassivo, ama, em primeiro lugar, a liberdade: libertando o seu povo da escravidão do Egipto, conduzindo-o para a terra prometida, trata-se de um Deus que, respeitando a liberdade de cada um, nunca obriga directamente o seu povo a um comportamento determinado, apesar de punir quem viola as suas prescrições[396].

A relevância do valor da vida e da liberdade[397] mostra-se especialmente presente no Livro do Êxodo: a vida não é algo que se encontre à mercê do despotismo de um faraó, antes "é objecto de um terno e intenso amor da parte de Deus"[398]; a libertação da escravidão comporta o reconhecimento da dignidade de um povo e de cada homem em particular, traduzindo o "início de uma história nova"[399].

Num outro sentido, toda a história da caminhada do povo judeu do Egipto para Israel, revelando a dúvida, a hesitação e o desrespeito da vontade de Deus, é também a história da liberdade de um povo perante o seu Deus.

Não obstante a sua condenação, o certo é que já o pecado de Adão e Eva constitui o fruto da liberdade de escolha: a liberdade que, sendo fonte de responsabilidade, expressa um estado natureza de cada homem[400]. O desrespeito da proibição que Deus havia estabelecido, traduzindo um acto de liberdade, apesar de comportar em si a desobediência, revela que a liberdade, enquanto autodeterminação da conduta por efeito da vontade do respectivo sujeito, constitui elemento comum

---

[396] Cfr. MARCEL PRÉLOT / GEORGES LESCUYER, *Histoire...*, p. 107.

[397] Especificamente sobre o ideal de liberdade para os judeus, cfr. ISABEL BANOND, *A ideia de liberdade...*, pp. 363 ss.

[398] Cfr. JOÃO PAULO II, *Carta Encíclica «Evangelium Vitae»*, de 25 de Março de 1995, nº 31.

[399] Cfr. JOÃO PAULO II, *Carta Encíclica «Evangelium Vitae»*, nº 31.

[400] O tema da liberdade e da responsabilidade viria a merecer uma profunda reflexão na doutrina medieval, salientando-se aqui o nome de Santo Agostinho, cfr., por todos, JOSÉ MARIA CAMPOS DA SILVA ANDRÉ, *Reflexões em torno dos livros "De vera religione" e "De libero arbítrio" de Santo Agostinho*, Roma, 1996, pp. 45 ss. e 75 ss.

à natureza humana e à natureza divina, expressão de a primeira ser uma imagem da segunda.

Neste sentido, se é correcto afirmar que o pecado entrou no mundo por um acto de liberdade que se traduziu numa atitude de desobediência, não é menos certo que, sendo esse o primeiro "preço" do exercício dessa mesma liberdade, aqui reside a prova do carácter inerente à natureza humana da liberdade de cada pessoa: a relevância do valor da liberdade vai ao ponto de o próprio Deus respeitar sempre a liberdade humana, isto mesmo que isso signifique o desrespeito da própria vontade divina[401].

A liberdade humana adquire aqui, deste modo, um estatuto duplamente privilegiado: existe em cada pessoa, enquanto reflexo de ser criada à imagem de Deus, sendo respeitada pelo próprio Deus.

3.3.2. *Idem: o Novo Testamento*

Em Jesus Cristo, herdeiro e protagonista da concepção judaica sobre o valor da pessoa humana, reside um outro vértice da revolução ocidental em matéria de entendimento do estatuto jurídico do ser humano.

Desenvolvendo a concepção judaica de criação do homem à imagem e semelhança de Deus, Cristo transporta consigo a humanização da divindade e a divinização da humanidade: cada homem mereceu (e continua hoje a merecer) que o próprio filho de Deus encarnasse, isto é, se fizesse homem e desse a sua vida pela salvação de todos os restantes homens, sabendo-se, por outro lado, que cada homem, participando com a sua razão no divino, aparece na sua caminhada histórica como um permanente colaborador de Deus no processo global e constante da criação.

O cristianismo comporta, neste sentido, uma ruptura com todo o mundo antigo fundado no pensamento grego:

---

[401] A questão em torno de saber se a liberdade do homem contra Deus é ou não compatível com a omnipotência de Deus mereceu, aliás, profunda reflexão em Santo Agostinho, cfr. JOSÉ MARIA CAMPOS DA SILVA ANDRÉ, ***Reflexões…***, pp. 51 ss.

a) Em primeiro lugar, enquanto decorrência de o homem ser criado à imagem e semelhança de Deus[402], assiste-se ao reconhecimento de que cada pessoa humana (pelo simples facto de o ser) tem um valor sagrado, dotada que é de uma entidade exclusiva, distinta de todos os demais seres, e de uma dignidade inerente à sua vocação eterna[403] e à circunstância de por cada uma delas Cristo ter derramado o seu sangue[404]. Além da afirmação da dignidade da pessoa humana, resultam daqui dois principais efeitos[405]: compreende-se, por um lado, que a todos os homens seja reconhecido um espaço de liberdade irrenunciável e um conjunto de direitos inatos e inderrogáveis; justifica-se, por outro lado, a existência de limitações à liberdade – senão mesmo a imposição de uma total exclusão – de intervenção (pública ou privada) sobre a esfera de direitos e liberdades irrenunciáveis ou inderrogáveis da pessoa humana;
b) Em segundo lugar, precisamente porque todos os homens são filhos de Deus e Cristo veio para todos salvar, a universalidade dos fundamentos e da mensagem cristã tem como consequência a afirmação de uma regra de igualdade entre todos os homens: tal como São Paulo afirma na sua Epístola aos Gálatas, "não há judeu, nem grego; não há servo, nem livre; não há homem, nem mulher"[406].

Neste sentido, a igualdade de todos os homens perante Deus, servindo de "marco inicial de todos os demais direitos do homem"[407], expressa uma ideia pela qual o cristianismo

---

[402] Cfr. Gen. I, 26 e 27.

[403] Para um desenvolvimento da dignidade da pessoa humana no pensamento cristão, cfr. JESÚS GONZÁLEZ PÉREZ, *La Dignidad de la Persona*, Madrid, 1986, pp. 26 ss.

[404] Nas sugestivas palavras de JOÃO PAULO II, "verdadeiramente grande é o valor da vida humana, se o Filho de Deus a assumiu e fez dela o lugar onde se realiza a salvação para a humanidade inteira!", in *Carta Encíclica «Evangelium Vitae»*, nº 33.

[405] Cfr. JORGE MIRANDA, *Manual de Direito Constitucional*, IV, 3ª ed., Coimbra, 2000, p. 17.

[406] Cfr. Gál. 3, 28.

[407] Cfr. JÚLIO MARINO DE CARVALHO, *Os Direitos Humanos no Tempo e no Espaço*, Brasília, 1998, p. 39.

supera as divisões de todo o mundo antigo[408]: (i) renega, desde logo, a divisão introduzida pelos judeus entre o povo eleito (eles próprios) e todos os restantes, sublinhando a ideia de que todos (judeus e não judeus) são chamados à salvação e, deste modo, à eternidade, tanto mais que em diversas parábolas, tal como sucede com a dos maus vinhateiros[409], na referência à rejeição da pedra angular pelo povo eleito[410] ou na dos convidados descorteses[411], se sublinha que o Reino de Deus será retirado aos judeus e entregue "a um povo que produza os frutos dele"[412], pois "são muitos os chamados e poucos os escolhidos"[413]; (ii) ultrapassa a tradicional dicotomia existente entre os romanos, tal como já antes entre os gregos, por um lado, e o resto do mundo, por outro, formado este pelos bárbaros: todos têm perante Deus igual dignidade, isto sem distinção, tal como todos são chamados à vida eterna; (iii) por último, até a divisão entre livres e escravos surge superada, desenvolvendo-se a ideia de humanidade, traduzindo a existência de uma natureza comum entre todas as pessoas na sequência da Redenção, dotada de uma identidade própria, constituída por todas as gerações e todas as raças de todos os tempos, sabendo-se que todos os homens são chamados a um mesmo destino sobrenatural, submetidos todos eles a uma mesma lei divina e unidos a um mesmo Deus que a todos sujeitará a um igual julgamento final[414].

c) Em terceiro lugar, a própria concepção do poder político até então existente sofre uma profunda alteração com a doutrina de Cristo, podendo dizer-se que a revolução cristã comporta aqui dois principais efeitos de ruptura: revela a existência de

---

[408] Cfr. MARCEL PRÉLOT / GEORGES LESCUYER, *Histoire...*, p. 111.
[409] Cfr. Mt. 21, 33-41.
[410] Cfr. Mt. 21, 42-44.
[411] Cfr. Mt. 22, 2-14.
[412] Cfr. Mt. 21, 43.
[413] Cfr. Mt. 22, 14.
[414] Cfr. MARCEL PRÉLOT / GEORGES LESCUYER, *Histoire...*, p. 111-112.

§3º A Pessoa Humana no Pensamento Político Pré-Liberal

limitações intransponíveis ao Poder político e comporta todo um novo fundamento para o Poder político.

Na realidade, as palavras "dai pois a César o que é de César, e a Deus o que é de Deus"[415] traduzem a existência de uma dualidade de domínios passíveis de intervenção, já caracterizada como representando a base de todo o Direito Público moderno[416], reconhecendo que ao lado de áreas de intervenção do Poder político – isto é, aquelas que pertencem a César – existem, simultaneamente, áreas que pertencem a Deus, ou seja, que se encontram excluídas da intervenção do Poder político, aqui residindo, por isso mesmo, a defesa de uma postura limitativa do Poder: existem domínios relativamente aos quais o Poder não pode intervir, formando-se a partir daqui um dualismo entre o domínio temporal, típico do poder político, e o domínio espiritual, próprio do poder religioso.

Num outro sentido, as palavras de São Paulo afirmando que "não há poder que não venha de Deus"[417] simbolizam a ideia de que reside em Deus o fundamento de todo o Poder político, concepção esta que, sem prejuízo das suas diversas formulações, estará na base da construção de limitações teleológicas ao exercício do Poder[418], desenvolvendo-se a teoria da justiça como critério limitativo do Poder[419].

Em Jesus Cristo reside, deste modo, o centro de toda uma revolução sobre os pressupostos de reconhecimento e valorização dos direitos da pessoa humana[420], enquanto entidade criada à imagem e

---

[415] Cfr. Mt. 22, 2; Mc. 12, 17; Lc. 20, 25.

[416] Neste sentido, cfr. MARCEL PRÉLOT / GEORGES LESCUYER, *Histoire...*, pp. 112 ss.

[417] Cfr. Rom. 13,1.

[418] Neste sentido, desenvolvendo essas limitações, cfr. PAULO OTERO, *O Poder de Substituição em Direito Administrativo: enquadramento dogmático-constitucional*, I, Lex, Lisboa, 1995, p. 181 seg.

[419] Sobre a ideia de justiça em São Paulo, cfr. L. CABRAL DE MONCADA, *Filosofia...*, I, p. 53-54.

[420] Cfr. DIOGO LEITE DE CAMPOS, *Nós – Estudos sobre o Direito das Pessoas*, Coimbra, 2004, pp. 28 ss.

semelhança de Deus, dotada de um espaço de liberdade interior ou espiritual, verdadeira realidade autónoma limitativa do Poder do Estado, podendo dizer-se que na doutrina de São Paulo se encontra a primeira sistematização do pensamento da Igreja sobre a matéria[421].

3.3.3. *Desenvolvimento doutrinal: o valor da liberdade e da justiça em Santo Agostinho*

Nascido em Tagasta (actual Argélia), Santo Agostinho (354-430), aproveitando para a teologia cristã os ensinamentos de Platão e do estoicismo de Cícero e Séneca[422], foi o primeiro doutrinador e pensador político da Igreja[423], tendo sido já considerado o escritor mais prolífico do mundo antigo[424].

Definindo o homem como animal racional criado por Deus[425], à sua imagem[426], apesar de mortal[427], Santo Agostinho afirma a unidade da espécie humana[428], podendo daqui extrair-se uma primeira funda-

---

[421] Neste último sentido, cfr. J. SILVA CUNHA, *História...*, p. 120.
Sobre o papel de São Paulo como "segundo fundador do Cristianismo", cfr. L. CABRAL DE MONCADA, *Filosofia...*, I, em especial, p. 46 e 55, nota nº 1.

[422] Sublinhando em Santo Agostinho o encontro do cristianismo com a filosofia greco-romana, cfr. ERNEST L. FORTIN, *San Agustín*, in LEO STRAUSS / JOSEPH CROPSEY, *Historia de la Filosofía Política*, México, reimp., 1996, p. 177. No sentido de qualificar Santo Agostinho como um discípulo de Cícero, cfr. MARCEL PRÉLOT / GEORGES LESCUYER, *Histoire...*, p. 122.

[423] L. CABRAL DE MONCADA, *Filosofia...*, I, p. 57.

[424] Neste sentido, cfr. ERNEST L. FORTIN, *San Agustín*, p. 179.

[425] Cfr. SANTO AGOSTINHO, *A Cidade de Deus*, Livro XXII, Cap. XXIV (III vol., edição da Fundação Calouste Gulbenkian, Lisboa, 1995, p. 2337).

[426] Cfr. SANTO AGOSTINHO, *A Cidade de Deus*, Livro XIX, Cap. XV (III vol., p. 1923). Sublinhando que pela alma dotada de razão e inteligência Deus conferiu ao homem o poder de se elevar acima de todos os animais da terra, cfr. SANTO AGOSTINHO, *A Cidade de Deus*, Livro XII, Cap. XXIV (II vol. edição da Fundação Calouste Gulbenkian, Lisboa, 1993, p. 1143).

[427] Cfr. SANTO AGOSTINHO, *A Cidade de Deus*, Livro XVI, Cap. VIII (III vol, p. 1474).

[428] Cfr. SANTO AGOSTINHO, *A Cidade de Deus*, Livro XVI, Cap. VIII (III vol., pp. 1473 ss.).

mentação justificativa da dignidade do homem: tendo Deus feito o homem à sua imagem, conferiu-lhe razão e inteligência que permite ao ser humano "elevar-se acima de todos os animais da terra, das águas e do ar, desprovidos de um espírito deste género"[429]. É na razão e na inteligência humanas que reside o ponto de contacto entre Deus e os homens e, neste sentido, o alicerce da dignidade do homem.

Sublinha Santo Agostinho, simultaneamente, o arbítrio da vontade humana, por oposição a uma concepção fatalista[430]: se é certo que Deus conhece todos os acontecimentos antes deles se verificarem, não deixa de ser verdade que "fazemos voluntariamente tudo o que sabemos e temos consciência de que o fazemos apenas porque o queremos"[431]. Uma tal valorização da vontade humana, identificando o livre arbítrio com a liberdade, determina que nunca sejamos obrigados a suprimir o livre arbítrio[432]: a vontade livre é um bem que Deus nos deu[433].

O fundamento último da liberdade humana em Santo Agostinho encontra-se no respeito de Deus pelo Homem[434], podendo dizer-se que "Deus todo-poderoso suspende a força do seu poder diante da vontade de uma criatura"[435]. A própria revolta do homem contra a vontade de Deus, expressando o exercício da sua liberdade, ainda encontra em Deus o fundamento[436].

A propósito do tema da escravatura, colocando-se uma contradição entre o pensamento aristotélico e o pensamento estóico, Santo

---

[429] Cfr. SANTO AGOSTINHO, *A Cidade de Deus*, Livro XII, Cap. XXIV (II vol., 1993, p. 1143).

[430] Cfr. SANTO AGOSTINHO, *A Cidade de Deus*, Livro V, Cap. IX (I vol., pp. 485 ss.).

[431] Cfr. SANTO AGOSTINHO, *A Cidade de Deus*, Livro V, Cap. IX (I vol., p. 488).

[432] Cfr. SANTO AGOSTINHO, *A Cidade de Deus*, Livro V, Cap. X (I vol., p. 494).

[433] Neste sentido, cfr. JOSÉ MARIA CAMPOS DA SILVA ANDRÉ, *Reflexões...*, p. 53.

[434] Neste sentido e para mais desenvolvimentos, cfr., por todos, JOSÉ MARIA CAMPOS DA SILVA ANDRÉ, *Reflexões...*, pp. 60 ss.

[435] Cfr. JOSÉ MARIA CAMPOS DA SILVA ANDRÉ, *Reflexões...*, p. 61.

[436] Cfr. JOSÉ MARIA CAMPOS DA SILVA ANDRÉ, *Reflexões...*, pp. 51 ss.

Agostinho chama a atenção que Deus ao criar o homem lhe conferiu o poder de dominar os seres irracionais e não que o homem dominasse o homem[437]: no momento em que Deus criou o homem, ninguém era servo de outro homem[438], razão pela qual a escravatura não é uma instituição natural, antes tem a sua origem no pecado.

Em Santo Agostinho, identificada a justiça como "a virtude que dá a cada um o que lhe pertence"[439], segundo resulta da lei eterna emanada de Deus[440], encontra-se a primeira teorização cristã do valor da justiça como fundamento e fim da acção do Estado. Considerando que sem justiça os reinos são grandes quadrilhas de ladrões[441], afirma não existir verdadeiro Estado sem justiça no seu governo[442]: "onde não há justiça, não há Estado"[443]. Aqui reside uma das primeiras fontes edificadoras da tradição cristã sobre o papel e os deveres da autoridade em matéria de justiça[444].

---

[437] Cfr. SANTO AGOSTINHO, *A Cidade de Deus*, Livro XIX, Cap. XV (III vol., p. 1923).

[438] Cfr. SANTO AGOSTINHO, *A Cidade de Deus*, Livro XIX, Cap. XV (III vol., p. 1924).

[439] Cfr. SANTO AGOSTINHO, *A Cidade de Deus*, Livro XIX, Cap. XXI (III vol., p. 1942).

[440] Neste sentido e para mais desenvolvimentos sobre o conceito de justiça em Santo Agostinho, cfr. ERNEST L. FORTIN, *San Agustín*, pp. 183 ss.; JOSÉ ADELINO MALTEZ, *Princípios...*, I, pp. 174 ss.

[441] Cfr. SANTO AGOSTINHO, *A Cidade de Deus*, Livro V, Cap. IV (I vol., p. 383).

[442] Cfr. SANTO AGOSTINHO, *A Cidade de Deus*, Livro II, Cap. XXI (I vol., p. 251).

[443] Cfr. SANTO AGOSTINHO, *A Cidade de Deus*, Livro XIX, Cap. XXI (III vol., p. 1942).

[444] Cfr. MARCEL PRÉLOT / GEORGES LESCUYER, *Histoire...*, p. 126.

Em Portugal, a presente concepção de Santo Agostinho viria a ser recebida por Álvaro Pais (1275/80-1352), Bispo de Silves, no seu *Speculum Regum*, escrito entre 1341 e 1344 (cfr. JOÃO MORAIS BARBOSA, *A Teoria Política de Álvaro Pais no «Specvlvm Regvm» – Esboço duma Fundamentação Filosófico-Jurídica*, Lisboa, 1972, pp. 15 ss. e 45 ss.). Nos termos da doutrina exposta no *Espelho dos Reis*, o rei deverá sempre agir no sentido do bem comum do povo, enquanto homem ao serviço de outros homens, conduzindo-os à bem-aventurança eterna e à prática das virtudes, tudo isto segundo critérios de justiça, pois, tal como já se interrogava Santo Agostinho, também Álvaro Pais pergunta, referindo-se aos tiranos: "de facto, o que

Regista-se, por outro lado, o estabelecimento de uma relação de dependência da validade do Direito face à justiça, negando que se possa chamar Direito ou considerar como tal as instituições humanas iníquas: "o que se faz injustamente não se pode fazer conforme o Direito"[445]; o Direito não se reconduz ao que é útil àquele que mais pode[446]. Em Santo Agostinho descobre-se, deste modo, uma das primeiras formulações que faz da justiça o fundamento de validade do Direito.

3.3.4. Idem: as Etimologias de Santo Isidoro de Sevilha

No ano de 476, o Império Romano cai às mãos dos bárbaros. A Igreja Católica torna-se a única organização europeia que se pode reclamar herdeira da unidade romana[447]: a formação progressiva de uma *Respublica Christiana* permitiu a afirmação de um espaço ideológico homogéneo e de intervenção política do Papa.

Em Santo Isidoro de Sevilha (562-636) e na sua obra *Etimologias* encontra-se a transmissão à Idade Média europeia do saber da cultura clássica grega e romana[448].

Reconduzindo aos átomos a constituição dos corpos existentes no mundo[449] e fazendo de Deus a origem de tudo o que existe na natureza[450], Santo Isidoro, considerando que a diferença entre o homem e a mulher radica na força e na debilidade do corpo[451], procede a uma

---

são os reinos sem justiça, senão enormes latrocínios?" (cfr. JOÃO MORAIS BARBOSA, *A Teoria...*, pp. 149 ss, em especial, p. 153).

[445] Cfr. SANTO AGOSTINHO, *A Cidade de Deus*, Livro XIX, Cap. XXI (III vol., p. 1941).

[446] Cfr. SANTO AGOSTINHO, *A Cidade de Deus*, Livro XIX, Cap. XXI (III vol., p. 1941).

[447] Neste sentido, cfr. L. CABRAL DE MONCADA, *Filosofia...*, I, p. 68.

[448] Seguiu-se a edição bilingue da obra *Etimologias*, traduzida para castelhano por José Oroz Reta e Manuel-A. Marcos Casquero, editada pela Biblioteca de Autores Cristianos, Madrid, 2004.

[449] Cfr. SANTO ISIDORO DE SEVILHA, *Etimologías*, XIII, 2, 1-2 (p. 959).

[450] Cfr. SANTO ISIDORO DE SEVILHA, *Etimologías*, XI, 3, 1 (p. 879).

[451] Cfr. SANTO ISIDORO DE SEVILHA, *Etimologías*, XI, 2, 19 (p. 875).

descrição científica pormenorizada do ser humano[452], encontrando-lhe uma dupla configuração: "há um homem interior, que é a alma; e um homem exterior, que é o corpo"[453]. Neste âmbito, sendo a inteligência do homem imagem de Deus[454] e fazendo da cabeça a parte fundamental do corpo, uma vez que dela "procede todo o princípio de vida"[455], entende ser a concepção da alma muito anterior ao nascimento do homem[456], reconhecendo que já dentro do ventre materno há vida[457] e localizando nos quarenta dias de concepção a formação do corpo inteiro do feto[458].

Numa dimensão exclusivamente jurídica, partindo dos ensinamentos romanos na diferenciação entre o Direito Natural, o Direito Civil e o Direito das Gentes[459] e encontrando na justiça e na piedade as principais virtudes régias[460], Santo Isidoro fundamenta na razão o valor da lei escrita[461]: "será lei todo o que esteja garantido pela razão"[462]. No entanto, a lei, tendo de estar de acordo com a religião[463], ser "honesta, justa, possível, de acordo com a natureza, em consonância com aos costumes da pátria, apropriada ao lugar e às circunstâncias temporais, necessária, útil e clara"[464], não poderá ser ditada para benefício particular, antes tem sempre de ser feita "em proveito do bem comum dos cidadãos"[465].

---

[452] Cfr. SANTO ISIDORO DE SEVILHA, *Etimologías*, XI, 1, 1-147 (pp. 845 ss.).

[453] Cfr. SANTO ISIDORO DE SEVILHA, *Etimologías*, XI, 1, 6 (p. 845).

[454] Cfr. SANTO ISIDORO DE SEVILHA, *Etimologías*, XI, 1, 12 (p. 847).

[455] Cfr. SANTO ISIDORO DE SEVILHA, *Etimologías*, XI, 1, 25 (p. 849).

[456] O nascimento é identificado com o momento em que "o ser humano possa respirar ar pela sua boca", cfr. SANTO ISIDORO DE SEVILHA, *Etimologías*, XI, 1, 7 (p. 845).

[457] Cfr. SANTO ISIDORO DE SEVILHA, *Etimologías*, XI, 1, 7 (p. 845).

[458] Cfr. SANTO ISIDORO DE SEVILHA, *Etimologías*, XI, 1, 143 (p. 871).

[459] Cfr. SANTO ISIDORO DE SEVILHA, *Etimologías*, V, 4, 1 (p. 501).

[460] Cfr. SANTO ISIDORO DE SEVILHA, *Etimologías*, IX, 3, 5 (p. 755).

[461] Cfr. SANTO ISIDORO DE SEVILHA, *Etimologías*, II, 10,2 (p. 365), *Idem,* V, 4, 1 (p. 501).

[462] Cfr. SANTO ISIDORO DE SEVILHA, *Etimologías*, II, 10, 3 (p. 365).

[463] Cfr. SANTO ISIDORO DE SEVILHA, *Etimologías*, II, 10, 3 (p. 365).

[464] Cfr. SANTO ISIDORO DE SEVILHA, *Etimologías*, V, 21 (p. 507).

[465] Cfr. SANTO ISIDORO DE SEVILHA, *Etimologías*, II, 10, 6 (p. 365); *Idem,* V, 21 (p. 507).

A vida humana encontra-se, todavia, subordinada à lei, pois está "moderada pelo prémio ou o castigo que a lei estabelece"[466]. Neste último sentido, a perda da liberdade para o homem livre, reduzindo-se à categoria de escravo, é vista como a mais cruel das sanções, "pois quando se perde a liberdade, ao mesmo tempo se perde tudo"[467].

O tema da liberdade em Santo Isidoro tem, aliás, particular curiosidade, pois a ideia de uma "mesma liberdade para todos" – recebida do pensamento de Cícero (v. *supra*, nº 3.2.10.) – é agora apresentada como exemplo ilustrativo de uma regra de Direito natural que "é comum a todos os povos e existe em todas as partes pelo simples instinto da natureza"[468]. O mesmo se diga da propriedade privada, reconduzindo ao "direito a adquirir quanto o céu, a terra e o mar têm", igualmente incluída no exemplo de regras de direito natural[469].

Referência especial merece, por último, o designado Direito das Gentes que, tendo vigência em quase todos os povos[470] e permitindo que a força seja repelida pela força[471], disciplina matérias que respeitam à guerra, à paz, aos prisioneiros ou à inviolabilidade dos embaixadores[472]. Esta noção de *ius gentium* será, posteriormente, durante o século XVI, objecto de desenvolvimento doutrinal pela Escola Espanhola de Direito Internacional.

3.3.5. *Idem: S. Tomás de Aquino*

É em São Tomás de Aquino (1225-1274), todavia, que o pensamento cristão medieval encontra um profundo desenvolvimento em torno do estatuto da pessoa humana: a obra *Suma Teológica* é uma síntese de todo o conhecimento teológico, filosófico, científico, humanístico e jurídico desde a Antiguidade até à Idade Média.

---

[466] Cfr. SANTO ISIDORO DE SEVILHA, *Etimologías*, II, 10, 5 (p. 365).
[467] Cfr. SANTO ISIDORO DE SEVILHA, *Etimologías*, V, 27, 32 (p. 525).
[468] Cfr. SANTO ISIDORO DE SEVILHA, *Etimologías*, V, 4, 1 (p. 501).
[469] Cfr. SANTO ISIDORO DE SEVILHA, *Etimologías*, V, 4, 1 (p. 501).
[470] Cfr. SANTO ISIDORO DE SEVILHA, *Etimologías*, V, 6 (p. 503).
[471] Cfr. SANTO ISIDORO DE SEVILHA, *Etimologías*, XVIII, 2, 1 (p. 1219).
[472] Cfr. SANTO ISIDORO DE SEVILHA, *Etimologías*, V, 6 (p. 503).

Não obstante a referência que o nome pessoa traduz "algo absoluto"[473], S. Tomás diz-nos que pessoa significa relação[474], partilhando o entendimento aristotélico sobre a natureza social do Homem[475].

O conceito de pessoa humana assume, neste contexto, uma especificidade própria[476]: cada pessoa, sendo dotada de uma substancialidade, individualidade e racionalidade[477], goza de uma entidade cuja existência é independente e distinta de todos os demais seres. Pessoa é o nome de algo que é singular na natureza racional[478]. A pessoa humana é o ser mais perfeito de entre tudo quanto foi criado por Deus: *"persona significat quod est perfectissimum in tota natura"*[479].

O Homem é composto a partir da alma e do corpo[480], diferenciando-se entre um conceito de "homem interior", fundado na parte intelectual, e, por outro lado, um "homem exterior", referindo-se agora à parte sensitiva do corpo[481]. Numa diferente perspectiva, o Homem é, por natureza, "algo intermédio entre o corruptível e o incorruptível"[482].

O ser humano aparece dotado de uma natureza inconfundível e incomunicável[483]: é a circunstância de cada homem possuir racionalidade e uma vontade livre[484] que, traduzindo-se no livre arbítrio[485],

---

[473] Cfr. TOMÁS DE AQUINO, *Suma de Teologia*, I-I, q.29, a.4. (I vol., p. 328).
[474] Cfr. TOMÁS DE AQUINO, *Suma de Teologia*, I-I, q.29, a.4. (I vol., p. 329).
[475] Cfr. TOMÁS DE AQUINO, *Suma de Teologia*, I-I, q.96, a.4. (I vol., p. 854); IDEM, *La Monarquía*, ed. Tecnos, Madrid, 1989, Liv. 1, Cap.1; Liv. 2, Cap. 1.
[476] Cfr., por todos, EUSTAQUÍO GALÁN Y GUTIÉRREZ, *La Filosofía Política de Sto. Tomás de Aquino*, Madrid, 1945, pp. 37 ss.
[477] Cfr. SEBASTIÁN FUSTER PERELLO, in TOMÁS DE AQUINO, *Suma de Teologia*, I, 4ª ed., reimp., editada pela Biblioteca de Autores Cristianos, Madrid, 2001, p. 321, nota.
[478] Cfr. TOMÁS DE AQUINO, *Suma de Teologia*, I-I, q.29, a.1. (I vol., p. 322).
[479] Cfr. TOMÁS DE AQUINO, *Suma de Teologia*, I-I, q.29, a.3 (I vol., p. 326).
[480] Cfr. TOMÁS DE AQUINO, *Suma de Teologia*, I-I, q.75, a.4. (I vol., p. 676).
[481] Cfr. TOMÁS DE AQUINO, *Suma de Teologia*, I-I, q.75, a.4. (I vol., p. 677).
[482] Cfr. TOMÁS DE AQUINO, *Suma de Teologia*, I-I, q.98, a.1. (I vol., p. 859).
[483] Cfr. EUSTAQUÍO GALÁN Y GUTIÉRREZ, *La Filosofía...*, pp. 46 ss.
[484] Cfr. TOMÁS DE AQUINO, *Suma de Teologia*, I-II, q.1, a.1. (II vol., editada pela Biblioteca de Autores Cristianos, Madrid, 2001, p. 38).
[485] Cfr. TOMÁS DE AQUINO, *Suma de Teologia*, I-I, q.83, a.1. (I vol., p. 754).

configura o cerne da sua qualificação como pessoa[486], conferindo-lhe o papel de sujeito activo no âmbito da ordem do universo, sem embargo de ser predestinado por Deus[487].

O Homem, sendo simultaneamente titular de qualidades naturais e adquiridas[488], é dono dos seus próprios actos, desde que possa escolher entre várias soluções[489], aceitando-as ou rejeitando-as[490], aqui residindo a essência do livre arbítrio[491]. Não possui livre arbítrio, todavia, que o habilite a suicidar-se: "a vida é um dom divino dado ao homem e sujeito ao seu divino poder"[492].

O Homem, ao contrário de todos os demais seres vivos, participa como protagonista e autor da própria ordem do universo[493]: Deus, sendo a causa primeira[494], tendo predestinado o Homem por um acto de amor[495], faz dele um colaborador na construção do universo, dotando-o de um estatuto de superioridade face a tudo o mais que foi criado por Deus[496].

É na circunstância de ter sido feito à imagem de Deus e de todas as restantes coisas terem sido criadas para ele que se fundamenta a superioridade do Homem[497]. Essa superioridade face às restantes criaturas, tendo estas apenas um "vestígio da imagem de Deus"[498] e uma participação mitigada na razão eterna[499], não envolve, todavia, igualdade com Deus: "o exemplar é infinitamente superior ao imitado"[500].

---

[486] Cfr. TOMÁS DE AQUINO, *Suma de Teologia*, I-I, q.83, a.1. (I vol., p. 754).
[487] Cfr. TOMÁS DE AQUINO, *Suma de Teologia*, I-I, q.23, a.1. (I vol., p. 275).
[488] Cfr. TOMÁS DE AQUINO, *Suma de Teologia*, I-I, q.83, a.1. (I vol., p. 755).
[489] Cfr. TOMÁS DE AQUINO, *Suma de Teologia*, I-I, q.82, a.1. (I vol., p. 747).
[490] Cfr. TOMÁS DE AQUINO, *Suma de Teologia*, I-I, q.83, a.3. (I vol., p. 757).
[491] Cfr. TOMÁS DE AQUINO, *Suma de Teologia*, I-I, q.83, a.3. (I vol., p. 757).
[492] Cfr. TOMÁS DE AQUINO, *Suma de Teologia*, II-II, q.64, a.5. (III vol., 6ª impr., editada pela Biblioteca de Autores Cristianos, Madrid, 2005, p. 534).
[493] Cfr. EUSTAQUÍO GALÁN Y GUTIÉRREZ, *La Filosofía...*, pp. 49 ss.
[494] Cfr. TOMÁS DE AQUINO, *Suma de Teologia*, I-I, q.83, a.1. (I vol., p. 755).
[495] Cfr. TOMÁS DE AQUINO, *Suma de Teologia*, I-I, q.23, a.4. (I vol., p. 278).
[496] Cfr. TOMÁS DE AQUINO, *Suma de Teologia*, I-I, q.93, a.6. (I vol., p. 833).
[497] Cfr. TOMÁS DE AQUINO, *Suma de Teologia*, I-I, q.91, a.4. (I vol., p. 821).
[498] Cfr. TOMÁS DE AQUINO, *Suma de Teologia*, I-I, q.93, a.6. (I vol., p. 833).
[499] Cfr. TOMÁS DE AQUINO, *Suma de Teologia*, I-II, q.91, a.2. (II vol., p. 711).
[500] Cfr. TOMÁS DE AQUINO, *Suma de Teologia*, I-I, q.93, a.1. (I vol., p. 828).

O Homem, tendo impressa na sua mente a imagem de Deus[501], é uma imagem imperfeita de Deus[502]: trata-se de uma imagem por semelhança[503].

Na unidade ou coincidência entre a criatura e Deus[504], resultante de aquela ser imagem por semelhança Deste, reside a dignidade do homem: o homem é a única criatura que apenas se encontra subordinada a Deus – tanto mais que apenas em Deus encontra a verdadeira felicidade[505] –, dominando todos os demais seres[506] e todas as restantes coisas que foram criadas por Deus e por Ele postas ao serviço do próprio homem[507].

Admite S. Tomás de Aquino, no entanto, que, por força da influência de Aristóteles, o homem possa dominar o homem através da instituição da escravatura[508]: a escravatura consiste em usar alguém para utilidade própria, enquanto o homem livre é "dono de si"[509]. Na sequência do pensamento estóico, S. Tomás deixa claro que a servidão de um homem perante outro, apesar de afectar o corpo, não atinge a alma, "a qual permanece livre"[510].

Sem prejuízo de entender que no estado de inocência existia "alguma disparidade" em função do sexo[511], no relato bíblico da cria-

---

[501] Cfr. TOMÁS DE AQUINO, *Suma de Teologia*, I-I, q.93, a.6. (I vol., p. 834).

[502] Cfr. TOMÁS DE AQUINO, *Suma de Teologia*, I-I, q.93, a.1. (I vol., p. 828).

[503] Cfr. TOMÁS DE AQUINO, *Suma de Teologia*, I-I, q.93, a.1. (I vol., p. 828).

[504] Cfr. TOMÁS DE AQUINO, *Suma de Teologia*, I-I, q.93, a.1. (I vol., p. 828).

[505] Cfr. TOMÁS DE AQUINO, *La Monarquía*, Liv. 1, Cap.8.

S. Tomás retoma aqui uma linha argumentativa anteriormente explorada por Santo Agostinho e expressa nas suas *Confissões*, podendo mesmo considerar-se a síntese de todo o livro: "(...) porque nos criaste para Vós e o nosso coração vive inquieto, enquanto não repousa em Vós" (Liv. I, I).

[506] Cfr. TOMÁS DE AQUINO, *Suma de Teologia*, I-I, q.96, a.1. (I vol., p. 851).

[507] Cfr. TOMÁS DE AQUINO, *Suma de Teologia*, II-II, q.64, a.1. (III vol., p. 530).

[508] Cfr. TOMÁS DE AQUINO, *Suma de Teologia*, I-I, q.96, a.4. (I vol., p. 853).

[509] Cfr. TOMÁS DE AQUINO, *Suma de Teologia*, I-I, q.96, a.4. (I vol., pp. 853 e 854)

[510] Cfr. TOMÁS DE AQUINO, *Suma de Teologia*, II-II, q.104, a.6. (IV vol., 4ª impr., editada pela Biblioteca de Autores Cristianos, Madrid, 2005, p. 218).

[511] Cfr. TOMÁS DE AQUINO, *Suma de Teologia*, I-I, q.96, a.3. (I vol., pp. 852--853).

ção da mulher pode vislumbrar-se em S. Tomás de Aquino a formulação embrionária de um princípio de igual dignidade ou, pelo menos, de uma regra de mútuo respeito entre homem e mulher: ao ser formada a mulher de uma costela de Adão significa que entre ambos deve existir uma união social, não podendo a mulher dominar o homem, pois não foi formada da sua cabeça, nem o homem a deve desvalorizar como se ela lhe estivesse submetida servilmente, pois não foi formada dos seus pés[512].

Em sentido semelhante, reforçando a igualdade entre homem e mulher, apesar de o homem ser visto como "princípio e fim da mulher, tal como Deus é o princípio e o fim de toda a criatura"[513], Deus surge como criador de ambos[514], reflectindo-se também a sua imagem na natureza do homem e da mulher[515], vivendo ambos no estado de inocência[516].

A filosofia tomista adopta, num outro sentido, uma postura de "conciliação superadora" da dicotomia entre o individualismo ou personalismo e o universalismo ou transpersonalismo[517]: "o bem do indivíduo não é um fim último, antes está subordinado ao bem comum"[518]. Se é certo que, por natureza, e na sequência de Aristóteles, o homem é um ser social, podendo dizer-se que ele é parte da sociedade, a verdade é que o homem é também pessoa, dotado de uma individualidade e racionalidade próprias, isto em termos tais que transcende a própria sociedade, detentor de uma peculiar dignidade decorrente de participar na ordem do universo numa posição de subordinação a Deus e subordinante de tudo o restante.

Defensor de um modelo de Estado vocacionado para a garantia do bem comum da sociedade[519], devendo o rei ser tal como um pai de

---

[512] Cfr. TOMÁS DE AQUINO, *Suma de Teologia*, I-I, q.92, a.3. (I vol., pp. 825).
[513] Cfr. TOMÁS DE AQUINO, *Suma de Teologia*, I-I, q.93, a.4. (I vol., pp. 831).
[514] Cfr. TOMÁS DE AQUINO, *Suma de Teologia*, I-I, q.92, a.4. (I vol., pp. 826).
[515] Cfr. TOMÁS DE AQUINO, *Suma de Teologia*, I-I, q.93, a.4. (I vol., pp. 831).
[516] Cfr. TOMÁS DE AQUINO, *Suma de Teologia*, I-I, q.99, a.2. (I vol., pp. 863).
[517] Neste sentido, cfr., por todos, EUSTAQUÍO GALÁN Y GUTIÉRREZ, *La Filosofía...*, pp. 79 ss.
[518] Cfr. TOMÁS DE AQUINO, *Suma de Teologia*, I-II, q.90, a.3. (II vol., pp. 707).
[519] Cfr. TOMÁS DE AQUINO, *La Monarquía*, Liv. 1, Cap.1, Cap. 8 e Cap. 9.

família para com o seu povo[520], vinculando o Poder a uma missão ética de valorização da dignidade do homem, isto em termos de que o Estado existe para o homem, S. Tomás de Aquino defende que o Estado deve respeitar a liberdade do homem[521].

O rei, entendido como exercendo uma função no respectivo reino semelhante à que Deus faz no mundo[522], deve governar no sentido de conduzir o que é governado ao seu devido fim, identificado este com uma vivência virtuosa[523], de tal modo que um regime recto e justo é aquele em que se governa para o bem comum da sociedade[524]. E o bem comum, devendo ter em conta o bem particular de cada um dos membros da sociedade – sem se identificar, todavia, com o bem privado de cada cidadão individual[525] –, comporta uma dimensão material e uma outra espiritual, traduzindo um verdadeiro instrumento tendente a assegurar o pleno desenvolvimento do homem[526].

Visto de diferente perspectiva, um regime torna-se injusto quando, desprezando o bem comum da sociedade, tende ao bem privado do seu dirigente, situação esta reconduzível à tirania[527].

Negando, mesmo em situações de excessos intoleráveis de tirania, a admissibilidade de por iniciativa privada se matar o tirano[528], S. Tomás admite, todavia, os direitos de resistência e de desobediência

---

[520] Cfr. TOMÁS DE AQUINO, *La Monarquía*, Liv. 1, Cap.1.
[521] Neste sentido, cfr. LAUREANO ROBLES / ÁNGEL CHUECA, **Estudio Preliminar**. *El tratado De regno de Santo Tomás*, in TOMÁS DE AQUINO, *La Monarquía*, ed. Tecnos, Madrid, 1989, pp. 43 e 44.
[522] Cfr. TOMÁS DE AQUINO, *La Monarquía*, Liv. 1, Cap. 9; Liv. 2, Cap. 1 e ss.
[523] Cfr. TOMÁS DE AQUINO, *La Monarquía*, Liv. 2, Cap. 3.
[524] Cfr. TOMÁS DE AQUINO, *La Monarquía*, Liv. 1, Cap. 1.
Sobre o fim do Estado em São Tomás de Aquino, cfr. L. CABRAL DE MONCADA, *Filosofia...*, I, pp. 83 ss; ANTÓNIO TRUYOL Y SERRA, *Compêndio...*, p. 59; J. SILVA CUNHA, *História...*, pp 144 ss.; DIOGO FREITAS DO AMARAL, *História...*, I, pp. 175--176; ERNEST L. FORTIN, *Santo Tomás de Aquino*, in LEO STRAUSS / JOSEPH CROPSEY, *Historia de la Filosofía Política*, México, reimp., 1996, pp. 250 ss.
[525] Cfr. ERNEST L. FORTIN, *Santo Tomás...*, p. 250.
[526] Neste sentido, cfr. MARCEL PRÉLOT / GEORGES LESCUYER, *Histoire...*, p. 142; J. SILVA CUNHA, *História...*, p. 145.
[527] Cfr. TOMÁS DE AQUINO, *La Monarquía*, Liv. 1, Cap. 3.
[528] Cfr. TOMÁS DE AQUINO, *La Monarquía*, Liv. 1, Cap. 6.

conducentes à destituição do tirano[529], parecendo aqui admitir a possibilidade de uma decisão de autoridade pública condenar o tirano à morte[530]. A ilegitimidade do governante, sendo usurpador ou ordenando coisas injustas, não gera dever de obediência aos súbditos, excepto em casos excepcionais para evitar escândalo ou perigo[531].

Sem prejuízo de diferentes interpretações sobre o alcance da configuração do direito de resistência (activa e passiva) no pensamento de S. Tomás de Aquino[532], resulta da *Suma Teológica* o reconhecimento de um genérico direito de desobediência perante todas as leis injustas que vão contra o bem e a lei divina, admitindo-se, paralelamente, que também as leis que vão contra o bem comum, enquanto expressão de uma outra modalidade de direito injusto[533], sejam passíveis de desobediência, salvo se da desordem resultante do seu incumprimento

---

[529] Cfr. TOMÁS DE AQUINO, *La Monarquía*, Liv. 1, Cap. 6.
Especificamente sobre o direito de resistência em São Tomás de Aquino, cfr. EUSTAQUÍO GALÁN Y GUTIÉRREZ, *La Filosofía...*, pp. 202 ss.; L. CABRAL DE MONCADA, *Filosofia...*, I, pp. 85-86; WALTER THEIMER, *História...*, p. 79; ANTÓNIO TRUYOL Y SERRA, *Compêndio...*, p. 59; DIOGO FREITAS DO AMARAL, *História...*, I, pp. 182 ss.

[530] Cfr. EUSTAQUÍO GALÁN Y GUTIÉRREZ, *La Filosofía...*, p. 204.
Em Portugal, Álvaro Pais defende uma concepção que, apesar de inspirada em S. Tomás de Aquino, se mostra menos generosa com a temática da limitação do poder e o reconhecimento de um direito de resistência dos povos às tiranias: conferindo também uma dimensão ética ao exercício do poder e assumindo uma clara postura "antimaquiavelista «avant la lettre»" (cfr. JOÃO MORAIS BARBOSA, *A Teoria...*, p. 149), Álvaro Pais, condenando o tirano, acaba por admitir que por autoridade pública a multidão possa destituir o rei infiel ao povo, enquanto situação justificativa da quebra do pacto mútuo antes estabelecido. Sucede, porém, que o rei não tem ninguém que, sob o seu domínio, possua uma autoridade capaz de lhe fazer frente. Por isso, salvo intervenção do Papa através da deposição do tirano incorrigível, deve sempre obedecer-se ao rei que, deste modo, aparece dotado de uma autoridade incontestável, servindo uma tal obediência de contributo para a salvação eterna (cfr. JOÃO MORAIS BARBOSA, *A Teoria...*, pp. 155 ss.).

[531] Cfr. TOMÁS DE AQUINO, *Suma de Teologia*, II-II, q.104, a.6. (IV vol., pp. 218-219).

[532] Sobre a matéria, cfr., por todos, EUSTAQUÍO GALÁN Y GUTIÉRREZ, *La Filosofía...*, pp. 199 ss.

[533] Cfr. TOMÁS DE AQUINO, *Suma de Teologia*, I-II, q.96, a.4. (II vol., p. 751).

resultar dano superior ao que decorre da obediência[534]. No entanto, se a injustiça da lei resulta de contrariar a lei divina, "a essas leis nunca é lícito obedecer"[535].

A lei surge como um ditame da razão prática existente no príncipe[536], salientando-se que a ausência dessa razão transforma a vontade do príncipe em iniquidade[537]: "a lei humana tem carácter de lei quando se conforma com a recta razão, derivando, neste sentido, da lei eterna"[538]. Em iguais termos, se a lei se afasta da razão[539], torna-se iníqua[540], negando-se a si mesma como lei[541], tal como não merece o qualificativo de lei aquela que é injusta[542].

Retoma-se, por outro lado, o contributo de Santo Isidoro de Sevilha (v. *supra*, n° 3.3.4.), considerando que a lei traduz uma ordenação que tem por objecto principal a utilidade comum ou o bem comum[543].

É possível recortar, deste modo, três razões que fazem uma lei justa[544]:

(i) A lei tem de visar a prossecução do bem comum;
(ii) A lei não pode excluir os poderes do autor que a instituiu;
(iii) A lei deve distribuir os encargos pelos súbditos com igualdade proporcional e em função do bem comum.

---

[534] Cfr. TOMÁS DE AQUINO, *Suma de Teologia*, I-II, q.96, a.4. (II vol., p. 751). Ainda sobre o tema, cfr. EUSTAQUÍO GALÁN Y GUTIÉRREZ, *La Filosofía...*, pp. 215--216.

[535] Cfr. TOMÁS DE AQUINO, *Suma de Teologia*, I-II, q.96, a.4. (II vol., p. 751).

[536] Cfr. TOMÁS DE AQUINO, *Suma de Teologia*, I-II, q.90, a.1. e q.91, a.1. (II vol., respectivamente, pp. 704-705 e 709).

[537] Cfr. TOMÁS DE AQUINO, *Suma de Teologia*, I-II, q.90, a.1. (II vol., p. 705).

[538] Cfr. TOMÁS DE AQUINO, *Suma de Teologia*, I-II, q.93, a.3. (II vol., p. 725).

[539] Note-se, porém, que "a razão humana não pode participar plenamente do ditame da razão divina, apenas de modo imperfeito", cfr. TOMÁS DE AQUINO, *Suma de Teologia*, I-II, q.91, a.3. (II vol., p. 712).

[540] Cfr. TOMÁS DE AQUINO, *Suma de Teologia*, I-II, q.93, a.3. (II vol., p. 725).

[541] Cfr. TOMÁS DE AQUINO, *Suma de Teologia*, I-II, q.95, a.2. (II vol., p. 743).

[542] Cfr. TOMÁS DE AQUINO, *Suma de Teologia*, I-II, q.95, a.2. (II vol., p. 742).

[543] Cfr. TOMÁS DE AQUINO, *Suma de Teologia*, I-II, q.90, a.2. e a.3. (II vol., pp. 705 e 706).

[544] Cfr. TOMÁS DE AQUINO, *Suma de Teologia*, I-II, q.96, a.4. (II vol., p. 750).

Além deste último aspecto verdadeiramente percursor da modernidade, em S. Tomás de Aquino encontramos, em síntese, o reconhecimento de um direito geral dos governados contra as actuações "injustas" dos governantes, traduzindo também uma limitação e uma vinculação teleológica de exercício do poder à prossecução do bem comum de toda a colectividade. Em termos paralelos, o homem não é reconduzido a uma simples peça da engrenagem do Estado, nem se deixa por ele diluir[545], antes goza de autonomia perante o Poder: o ser humano "não pode ser esmagado nem absorvido pelo Estado"[546], daqui resultando a origem do reconhecimento e da garantia dos direitos do Homem perante o Estado[547].

3.3.6. *Marsílio de Pádua e a antecipação da modernidade constitucional*

Natural da cidade italiana de Pádua, Marsílio Mainardini (1275?--1342), conhecido como Marsílio de Pádua, foi um cristão aristotélico cuja principal obra – *Defensor Pacis* – foi condenada pelo Papa João XXII, em 1327, atendendo às ideias subversivas que a mesma encerrava[548]. Trata-se, porém, de uma obra que antecipa a Idade Moderna, fazendo do seu autor um homem fora do seu tempo: o *Defensor Pacis* é um livro que, restaurando a distinção cristã entre o poder de César (temporal) e de Deus (espiritual), contraria a concepção teocrática dos teólogos da cúria papal a favor da visão de uma comunidade laica[549], e, por essa via, vem comportar uma ruptura no modelo de supremacia do poder espiritual e eclesiástico da *Respublica*

---

[545] Cfr. J. SILVA CUNHA, *História...*, p. 145.
[546] Cfr. DIOGO FREITAS DO AMARAL, *História...*, I, p. 177.
[547] Neste sentido, cfr. DIOGO FREITAS DO AMARAL, *História...*, I, p. 177.
[548] Cfr. FRANCISCO BERTELLONI / GREGÓRIO PIAIA, *Introdução*, in MARSÍLIO DE PÁDUA, *O Defensor da Paz*, ed. Vozes, Petrópolis, 1997, pp. 13 ss.; LEO STRAUSS, *Marsilio de Padua*, in LEO STRAUSS / JOSEPH CROPSEY, *Historia de la Filosofía Política*, México, reimp., 1996, pp. 268 ss.
[549] Cfr. EDOARDO GREBLO, *Democrazia*, p. 44.

Christiana, tornando-se percursora da liberdade e da democracia moderna[550] [551].

Considerando a paz o bem supremo do homem[552] e a maior riqueza da cidade[553], exortando aqueles que a não possuem a procurá-la "e, uma vez obtida, precisamos nos empenhar ao máximo para conservá-la"[554], Marsílio encontra na discórdia uma situação nociva ao ser humano e uma causa de destruição da sociedade civil[555].

A paz anda associada, por outro lado, à própria liberdade[556], afirmando que "cada cidadão deve ser livre"[557], não se sujeitando ao despotismo, isto é, à dominação servil de outrem[558].

Se é verdade que não há na obra de Marsílio de Pádua uma defesa autónoma dos direitos fundamentais da pessoa[559], excluindo expressa-

---

[550] Cfr. MARCEL PRÉLOT / GEORGES LESCUYER, *Histoire...*, p. 152.

[551] Igualmente significativa no contexto de negação da supremacia do papa face ao poder temporal e, neste sentido, no desmantelar da *Republica Christiana*, mostra-se a obra do italiano Dante Alighieri, *Monarquia*, escrita por volta do ano de 1300, aí se defendendo que a autoridade do imperador não depende do papa ou da Igreja, antes se fundamenta directa e imediatamente em Deus, cfr. DANTE ALIGHIERI, *Monarquia*, Liv. III, Caps. XIII a XVI (pp. 116 ss.). Inaugura-se com Dante, por outras palavras, a doutrina do direito divino dos reis.

[552] Cfr. MARSÍLIO DE PÁDUA, *O Defensor da Paz*, ed. Vozes, Petrópolis, 1997, Parte I, Cap. I, §1 (p. 67).

[553] Cfr. MARSÍLIO DE PÁDUA, *O Defensor da Paz*, Parte I, Cap. II, §3 (p. 76).

A ideia de que viver em paz é a "prenda mais preciosa", tendo como consequência a justiça, e servindo ainda de meio para a felicidade, encontra-se já antes formulada, cfr. DANTE ALIGHIERI, *Monarquia*, Liv. I, Cap. IV e XI (pp. 17 e 29).

[554] Cfr. MARSÍLIO DE PÁDUA, *O Defensor da Paz*, Parte I, Cap. I, §4 (p. 70).

[555] Cfr. MARSÍLIO DE PÁDUA, *O Defensor da Paz*, Parte I, Cap. I, §3 (p. 69).

[556] Cfr. MARSÍLIO DE PÁDUA, *O Defensor da Paz*, Parte I, Cap. I, §2 (p. 69) e Parte III, Cap. III (p. 700).

[557] Cfr. MARSÍLIO DE PÁDUA, *O Defensor da Paz*, Parte I, Cap. XII, §6 (p. 133).

Sublinhando também que a liberdade é um elemento integrante da perfeição do género humano, sendo "o dom maior que Deus concedeu à natureza humana", e identificando-a primacialmente com o livre arbítrio, cfr. DANTE ALIGHIERI, *Monarquia*, Liv. I, Cap. XII (pp. 30 e 31).

[558] Cfr. MARSÍLIO DE PÁDUA, *O Defensor da Paz*, Parte I, Cap. XII, §6 (p. 133).

[559] Neste sentido, cfr. MARCEL PRÉLOT / GEORGES LESCUYER, *Histoire...*, p. 152.

mente do conceito de cidadão os escravos, os estrangeiros e as mulheres[560], o certo é que as suas reflexões sobre a sociedade, o governo e as relações entre o poder eclesiástico e o poder civil permitem extrair inegáveis reflexos de modernidade no seu pensamento que se projectam sobre ao estatuto da pessoa humana:

(i) Em primeiro lugar – e contrariando a ideia de ausência de uma óptica individualista[561] –, a par da preocupação com a utilidade e o bem comum que a sociedade deve ter em atenção, enquanto "necessidades indispensáveis a todos"[562] e vinculativas do governante[563], sublinha-se a exigência de acções que "promovam o bem comum e o de cada indivíduo"[564]: a cidade (ou reino) é uma comunidade cuja existência e organização tem em vista o bem viver das pessoas[565], podendo dizer-se que a sua finalidade consiste em "viver bem"[566] e com dignidade[567];

(ii) Em segundo lugar, sem prejuízo de entender que o ser humano se encontra, na maioria das vezes, mais inclinado a

---

[560] Cfr. MARSÍLIO DE PÁDUA, *O Defensor da Paz*, Parte I, Cap. XII, §4 (p. 131).

[561] Recusando a existência de uma perspectiva individualista no pensamento de Marsílio de Pádua, cfr. MARCEL PRÉLOT / GEORGES LESCUYER, *Histoire...*, p. 152.

[562] Cfr. MARSÍLIO DE PÁDUA, *O Defensor da Paz*, Parte I, Cap. I, §4 (p. 71).

[563] Cfr. MARSÍLIO DE PÁDUA, *O Defensor da Paz*, Parte I, Cap. XIV, §7 (p. 149). A ideia de que a utilidade dos cidadãos deve ser o fim a prosseguir pelas leis, sob pena de as mesmas serem leis injustas, tinha já antes sido defendida, cfr. DANTE ALIGHIERI, *Monarquia*, Liv. II, Cap. V (p. 58).

[564] Cfr. MARSÍLIO DE PÁDUA, *O Defensor da Paz*, Parte I, Cap. XIV, §7 (p. 149).

[565] Cfr. MARSÍLIO DE PÁDUA, *O Defensor da Paz*, Parte I, Cap. V, §2 e 8 (pp. 87 e 90).

[566] Cfr. MARSÍLIO DE PÁDUA, *O Defensor da Paz*, Parte I, Cap. IV, §2 (p. 82). Note-se, no entanto, que esta mesma ideia de que o fim da cidade consiste em "viver bem" tinha já sido formulada por Aristóteles (v. *supra*, nº 3.2.8.) e, por influência directa deste último, por Dante [cfr. DANTE ALIGHIERI, *Monarquia*, Liv. I, Cap. V (p. 20)].

[567] Cfr. MARSÍLIO DE PÁDUA, *O Defensor da Paz*, Parte I, Cap. IV, §3 (p. 83).

fazer o mal[568], verifica-se que, sob a influência de Cícero (v. *supra*, nº 3.2.10.), as pessoas se encontram irmanadas por vínculos de sangue e sociais, existindo entre elas uma obrigação de prestarem auxílio recíproco[569], podendo aqui encontrar-se a formulação de um princípio de solidariedade: trata-se de "um direito quase natural a alicerçar os deveres de amizade e solidariedade humanas"[570], envolvendo também a obrigação de todo o ser humano em não praticar actos injustos contra terceiros e ainda a obrigação de impedir outras pessoas de praticarem tais actos injustos[571];

(iii) Em terceiro lugar, negando que Cristo tenha confiado aos homens da Igreja o poder coercivo de imporem a observância da lei divina[572] ou punirem como juízes a sua transgressão na terra[573], pois "só o governante, através da autoridade do legislativo, possui a jurisdição coerciva"[574], Marsílio de Pádua revela a contestação do poder eclesiástico, negando à

---

[568] Cfr. MARSÍLIO DE PÁDUA, *O Defensor da Paz*, Parte I, Cap. XVI, §5 (p. 165).

[569] Cfr. MARSÍLIO DE PÁDUA, *O Defensor da Paz*, Parte I, Cap. I, §4 (p. 70).

[570] Cfr. MARSÍLIO DE PÁDUA, *O Defensor da Paz*, Parte I, Cap. XIX, §13 (p. 204).

[571] Cfr. MARSÍLIO DE PÁDUA, *O Defensor da Paz*, Parte I, Cap. XIX, §13 (p. 204).

Essa última ideia, acolhida do pensamento de Cícero (v. *supra*, nº 3.2.10.), viria também a ser desenvolvida por João Paulo II, nos seguintes termos: recusar a participação "no acto de cometer uma injustiça é, não só um dever moral, mas também um direito humano fundamental" (cfr. JOÃO PAULO II, *Carta Encíclica «Evangelium Vitae»*, nº 74). Para mais desenvolvimentos, cfr. PAULO OTERO, *O direito fundamental a não participar num acto injusto*, in P. BARBAS HOMEM / E. VERA--CRUZ PINTO / G. PORTOCARRERO DE ALMADA / P. TEIXEIRA PINTO (org.), ***João Paulo II e o Direito – Estudos por ocasião do 25º aniversário do seu pontificado***, Principia, Cascais, 2003, em especial, pp. 130 ss.

[572] Cfr. MARSÍLIO DE PÁDUA, *O Defensor da Paz*, Parte II, Cap. IX, §2 e 7 (pp. 306 e 310-311).

[573] Cfr. MARSÍLIO DE PÁDUA, *O Defensor da Paz*, Parte II, Cap. IX, §1, 3, 7 (pp. 305, 307-308, 311) e Cap. X, §2 (p. 320).

[574] Cfr. MARSÍLIO DE PÁDUA, *O Defensor da Paz*, Parte III, Cap. II, §15 (p. 693).

Igreja qualquer faculdade jurídica de tipo coactivo[575], e o seu anticlericalismo[576], considerando que os bispos e presbíteros se atribuem uma autoridade superior a Cristo, aos seus Apóstolos[577] e aos príncipes[578], formulando claramente um princípio geral de liberdade religiosa[579]: "neste mundo, ninguém, cristão ou infiel, pode ser coagido sob castigo ou suplício a observar os preceitos da Lei Evangélica"[580], uma vez que esta "não ordena que ninguém, pressionado por um castigo ou suplício temporal, observe os preceitos da Lei Divina"[581];

(iv) Em quarto lugar, desenvolvendo o entendimento de Aristóteles que encontrava nas leis (e não no arbítrio dos homens) o melhor governo[582], Marsílio, apesar de reconhecer a existência de limitações ao legislador[583], pois nem tudo se pode regular pelas leis[584], limita o exercício do poder pela lei, consagrando aquilo que se pode considerar uma noção medieval do princípio da legalidade (ou da constitucionalidade): "todos os governantes devem exercer o seu cargo de acordo com a lei e não além do que ela determina"[585];

---

[575] Cfr. EDOARDO GREBLO, *Democrazia*, p. 44.
[576] Cfr. LEO STRAUSS, *Marsilio de Padua*, p. 274.
[577] Cfr. MARSÍLIO DE PÁDUA, *O Defensor da Paz*, Parte II, Cap. IX, §8 (p. 311).
[578] Cfr. MARSÍLIO DE PÁDUA, *O Defensor da Paz*, Parte II, Cap. IX, §8 (p. 312).
[579] Manifestando algumas dúvidas sobre o alcance da liberdade religiosa em Marsílio de Pádua, cfr. LEO STRAUSS, *Marsilio de Padua*, pp. 280 ss.
[580] Cfr. MARSÍLIO DE PÁDUA, *O Defensor da Paz*, Parte II, Cap. IX, §7 (p. 310) e, também no mesmo sentido, §3 (pp. 306-307).
[581] Cfr. MARSÍLIO DE PÁDUA, *O Defensor da Paz*, Parte III, Cap. II, §3 (p. 692)
[582] Cfr. MARSÍLIO DE PÁDUA, *O Defensor da Paz*, Parte I, Cap. XI, §1, 2, 3, 5 e 6 (pp. 120, 124 e 126). Para mais desenvolvimentos desta ligação específica entre Aristóteles e Marsílio de Pádua, cfr. EDOARDO GREBLO, *Democrazia*, p. 45.
[583] Cfr. MARSÍLIO DE PÁDUA, *O Defensor da Paz*, Parte I, Cap. V, §11 (p. 92).
[584] Cfr. MARSÍLIO DE PÁDUA, *O Defensor da Paz*, Parte I, Cap. XIV, §3 e 6 (pp. 146 e 148).
[585] Cfr. MARSÍLIO DE PÁDUA, *O Defensor da Paz*, Parte I, Cap. XI, §5 (p. 125).

(v) Em quinto lugar, definindo como atributos do governante a prudência[586], a bondade moral, a virtude e especialmente a justiça[587], sublinha-se que o governante "deverá ordenar o que é justo e honesto", proibindo os seus contrários[588], reconhecendo a quem tiver sido infligida uma injustiça o direito a obter uma reparação, "de modo que tudo retorne ao equilíbrio ou à igualdade proporcional"[589].

É ao nível do modelo de organização política que, num outro sentido, se revela também a originalidade do pensamento de Marsílio de Pádua e, reflexamente, se podem extrair ilações sobre o estatuto jurídico da pessoa humana.

Não obstante, por efeito directo da concepção de Aristóteles[590], incluir a democracia no âmbito dos governos corrompidos[591], considerando que no governo temperado o príncipe governa para o bem comum, isto "de acordo com a vontade dos súbditos"[592], Marsílio de Pádua, encontrando em Deus e na liberdade da razão humana a efectivação da instituição dos governos[593], sublinha a importância da von-

---

[586] Cfr. MARSÍLIO DE PÁDUA, *O Defensor da Paz*, Parte I, Cap. XIV, §3 a 5 (pp. 146 e 147).

[587] Cfr. MARSÍLIO DE PÁDUA, *O Defensor da Paz*, Parte I, Cap. XIV, §6 (p. 148).

[588] Cfr. MARSÍLIO DE PÁDUA, *O Defensor da Paz*, Parte I, Cap. XV, §11 (p. 156).

[589] Cfr. MARSÍLIO DE PÁDUA, *O Defensor da Paz*, Parte I, Cap. XV, §11 (p. 160).

[590] Especificamente sobre a fortíssima influência de Aristóteles no pensamento de Marsílio de Pádua, cfr. LEO STRAUSS, *Marsilio de Padua*, pp. 268 ss.

[591] A democracia é identificada com o governo em que "a multidão dos pobres determina o regime e governa sozinha, não respeitando a vontade, ou não tendo o consenso dos outros cidadãos, e desconsiderando o bem comum", cfr. MARSÍLIO DE PÁDUA, *O Defensor da Paz*, Parte I, Cap. VIII, §3 (p. 105).

Igualmente por efeito da influência de Aristóteles, também Dante já antes havia integrado a democracia no âmbito dos regimes que reduzem os homens à servidão, cfr. DANTE ALIGHIERI, *Monarquia*, Liv. I, Cap. XII (p. 32).

[592] Cfr. MARSÍLIO DE PÁDUA, *O Defensor da Paz*, Parte I, Cap. VIII, §2 (p. 104).

[593] Cfr. MARSÍLIO DE PÁDUA, *O Defensor da Paz*, Parte I, Cap. IX, §2 (p. 108).

tade consensual dos súbditos e do seu respeito pelo soberano na edificação da verdadeira monarquia real[594], afirmando, simultaneamente, que "o género de governo electivo é superior àquele que o não é"[595]. Há na obra *Defensor Pacis* uma expressa e inequívoca valorização do método electivo de escolha do governante: "a eleição é o procedimento mais adequado para se estabelecer qualquer espécie de governo"[596] ou "a eleição é a mais perfeita e a melhor dentre as maneiras de estabelecer um governo"[597], razão pela qual prefere a monarquia electiva, sendo cada monarca eleito e não escolhido com o direito à sucessão hereditária nos seus descendentes[598].

Entendendo a lei como expressão ao serviço do "bem comum e para o que é justo na cidade"[599], encontra no povo, visto como "o conjunto dos cidadãos ou sua parte preponderante que o representa"[600], o protagonista do poder legislativo: "a autoridade para legislar ou estabelecer leis compete somente ao conjunto dos cidadãos ou à sua parte preponderante"[601] ou, numa diferente formulação, "o legislador humano é apenas a totalidade dos cidadãos ou sua parte preponderante"[602]. É que, como explica, se se confiasse a uma só pessoa o poder de fazer leis, isso poderia conduzir à tirania[603], além de que "a multidão englobando todos pode julgar mais claramente a respeito do que é justo

---

[594] Cfr. MARSÍLIO DE PÁDUA, *O Defensor da Paz*, Parte I, Cap. IX, §5 (p. 111).
[595] Cfr. MARSÍLIO DE PÁDUA, *O Defensor da Paz*, Parte I, Cap. IX, §7 (p. 112).
[596] Cfr. MARSÍLIO DE PÁDUA, *O Defensor da Paz*, Parte I, Cap. IX, §9 (p. 113
[597] Cfr. MARSÍLIO DE PÁDUA, *O Defensor da Paz*, Parte I, Cap. X, §1 (p. 115).
[598] Cfr. MARSÍLIO DE PÁDUA, *O Defensor da Paz*, Parte I, Cap. XVI (pp. 162 ss.). Para mais desenvolvimentos, cfr. LEO STRAUSS, *Marsilio de Padua*, pp. 276 ss.
[599] Cfr. MARSÍLIO DE PÁDUA, *O Defensor da Paz*, Parte I, Cap. XI, §1 (p. 119).
[600] Cfr. MARSÍLIO DE PÁDUA, *O Defensor da Paz*, Parte I, Cap. XII, §3, 4 e 5 (pp. 130 ss.).
[601] Cfr. MARSÍLIO DE PÁDUA, *O Defensor da Paz*, Parte I, Cap. XII, §5 (p. 132).
[602] Cfr. MARSÍLIO DE PÁDUA, *O Defensor da Paz*, Parte III, Cap. II, §6 (p. 692)
[603] Cfr. MARSÍLIO DE PÁDUA, *O Defensor da Paz*, Parte I, Cap. XIII, §5 (p. 142).

Em sentido contrário, afirmando que "é o género humano melhor governado por um só do que por vários" (cfr. DANTE ALIGHIERI, *Monarquia*, Liv. I, Cap. XIV, p. 37) ou, numa diferente formulação, "o que pode ser executado por um só é melhor executado por ele do que por muitos" (cfr. *ibidem*, p. 35).

e útil para a globalidade das pessoas"[604]: só a vontade de todos garante um agir do governante em benefício da colectividade[605].

Paralelamente, sendo a lei o resultado da vontade do povo, a obediência à lei torna-se mais pacífica, pois cada cidadão "tem a impressão de que a estabeleceu para si mesmo e daí não poderá reclamar, suportando-a com um espírito mais condescendente"[606]: "as leis elaboradas mediante consulta à globalidade dos cidadãos e aprovadas consensualmente pelos mesmos serão muito melhor cumpridas e ninguém terá motivo para protestar contra elas"[607].

Marsílio de Pádua, defendendo a soberania popular nos termos expostos, segundo uma perspectiva que desconhece qualquer diferenciação interna dentro do povo[608], fazendo da "globalidade dos cidadãos" o único soberano legítimo[609], torna-se, verdadeiramente, um precursor de Rousseau: a leitura do *Defensor Pacis* revela que Rousseau não terá sido tão original quanto se tem feito acreditar.

A modernidade de Marsílio de Pádua faz-se ainda sentir na distinção entre o poder de legislar e o poder de fazer cumprir as leis[610], o primeiro pertencente "ao conjunto dos cidadãos ou à sua parte preponderante"[611] e o segundo ao príncipe[612], subordinando este

---

[604] Cfr. MARSÍLIO DE PÁDUA, *O Defensor da Paz*, Parte I, Cap. XIII, §6 (p. 142).

Também aqui Marsílio de Pádua se afasta do pensamento de Dante, uma vez que este último considerava os reis e a aristocracia "os melhores e os zeladores das liberdades do povo", cfr. DANTE ALIGHIERI, *Monarquia*, Liv. I, Cap. XII (p. 32).

[605] Cfr. EDOARDO GREBLO, *Democrazia*, p. 45.

[606] Cfr. MARSÍLIO DE PÁDUA, *O Defensor da Paz*, Parte I, Cap. XII, §6 (p. 134).

[607] Cfr. MARSÍLIO DE PÁDUA, *O Defensor da Paz*, Parte I, Cap. XIII, §8 (p. 144).

[608] Cfr. EDOARDO GREBLO, *Democrazia*, p. 45.

[609] Cfr. LEO STRAUSS, *Marsilio de Padua*, p. 272.

[610] Cfr. MARSÍLIO DE PÁDUA, *O Defensor da Paz*, Parte I, Cap. XII, §6 (p. 134) e Cap. XIII, §8 (p. 144).

[611] Cfr. MARSÍLIO DE PÁDUA, *O Defensor da Paz*, Parte I, Cap. XII, §6 (p. 134).

[612] Cfr. MARSÍLIO DE PÁDUA, *O Defensor da Paz*, Parte I, Cap. XV, §4 (p. 154).

àquele[613], enquanto expressão do governo das leis[614], habilitando o poder legislativo a controlar ou mesmo a depor o governante[615], "se tal medida for útil ao bem comum"[616], fazendo ainda do legislador "a causa eficiente primária" e o príncipe que, tendo recebido do legislador a autoridade, "a secundária (...), executora ou instrumental"[617].

Observa-se aqui, por outras palavras, a clara formulação de uma tese de supremacia do poder legislativo[618], segundo expressão da própria prevalência do povo (: a "globalidade dos cidadãos") como titular da soberania, tornando-se Marsílio de Pádua também, neste domínio, um precursor de Locke.

Pode mesmo afirmar-se, a título de conclusão, que muito dificilmente se encontra um outro autor como Marsílio de Pádua cuja obra, apesar de escrita nas primeiras décadas do século XIV, tenha sido tão precursora da Idade Moderna: não será exagero afirmar que Marsílio de Pádua é o pai da modernidade constitucional[619].

3.3.7. *A questão dos índios das Américas: razão de ordem*

No âmbito do período histórico anterior à Revolução Francesa e ao movimento constitucional liberal, observa-se que o pensamento

---

[613] Cfr. MARSÍLIO DE PÁDUA, *O Defensor da Paz*, Parte I, Cap. XIV, §8 (p. 149).

[614] Note-se, porém, que nem tudo se encontra previsto nas leis (cfr. MARSÍLIO DE PÁDUA, *O Defensor da Paz*, Parte I, Cap. XIV, §3 e 4, p.146), razão pela qual aos governantes é conferida competência para decidir acções humanas não reguladas pelas leis (*idem*, §5, p. 147), segundo uma especial regra de prudência (*ibidem*).

[615] Cfr. MARSÍLIO DE PÁDUA, *O Defensor da Paz*, Parte I, Cap. XVIII, §1 (p. 190).

[616] Cfr. MARSÍLIO DE PÁDUA, *O Defensor da Paz*, Parte I, Cap. XV, §2 (p. 152).

[617] Cfr. MARSÍLIO DE PÁDUA, *O Defensor da Paz*, Parte I, Cap. XV, §4 (p. 154).

[618] Cfr. LEO STRAUSS, *Marsilio de Padua*, p. 274.

[619] Manifestando dúvidas sobre o papel de Marsílio de Pádua como pioneiro do constitucionalismo moderno, cfr. MARCEL PRÉLOT / GEORGES LESCUYER, *Histoire...*, p. 152.

cristão em torno do estatuto da pessoa humana vem ainda a ter decisiva importância com a colonização do novo mundo e a designada questão dos índios das Américas.

Os descobrimentos e a inerente expansão da civilização europeia junto de todo um novo mundo que se revelava fora dos limites territoriais e culturais do continente europeu, gerando um fenómeno de colonização dos povos locais, envolveram o surgir de delicadas questões:

(i) Como deveriam os europeus relacionar-se com os índios?
(ii) Será que os povos locais, dotados de um diferente grau de civilização face aos descobridores e conquistadores europeus, gozavam de direitos oponíveis a estes últimos?
(iii) Poderiam os índios ser baptizados à força, reduzidos à escravidão e despojados de todos os seus bens?

O novo mundo veio suscitar um conjunto de interrogações que, desde muito cedo, motivou a intervenção de diversos teólogos católicos no sentido de denunciarem e defenderem a posição dos índios, isto perante o domínio temporal e espiritual violento que os descobridores e conquistadores exerciam sobre os indígenas, reduzindo-os à escravidão, procedendo ao seu baptismo à força e apoderando-se das suas terras e demais bens.

Não obstante as *Leis de Burgos*, emanadas em 27 de Novembro de 1512, estabelecerem o princípio de que "os índios são livres e devem ser tratados como tais", reafirmadas, em 1542, pelas designadas *Leis Novas*, a falta de efectividade desta legislação espanhola, segundo o postulado "acata-se, mas não se cumpre"[620], fez com que a questão dos índios das Américas permanecesse como momento central do processo histórico de afirmação da tutela da pessoa humana durante os séculos XVI e XVII.

---

[620] Para mais desenvolvimentos sobre as leis espanholas de protecção dos índios, cfr. SÉRGIO LUIZ FERNANDES PIRES, *O aspecto jurídico da conquista da América pelos espanhóis e a inconformidade de Bartolomé de Las Casas*, in ANTONIO CARLOS WOLKMER (org.), *Direito e Justiça na América Indígena – Da conquista à Colonização*, Porto Alegre, 1998, pp. 66 ss.

Neste âmbito de defesa da posição dos índios das Américas, à luz de um contexto em que "a única fé expressa dos conquistadores é a ganância e o seu único deus é o ouro"[621], quatro nomes merecem especial destaque:

(a) Bartolomeu de Las Casas;
(b) Francisco de Vitória;
(c) Francisco Suárez;
(d) Padre António Vieira.

Observemos o contributo proveniente de cada um.

3.3.8. *Idem: (a) Bartolomeu de Las Casas*

Esboçando na obra **De Regia Potestate** uma teria geral do poder político[622], Bartolomeu de Las Casas (1474-1566) começa por afirmar que todos os seres humanos nascem por natureza livres, tendo Deus a todos concedido idêntica liberdade[623]. A liberdade do homem fá-lo dono de si próprio, podendo dispor da sua pessoa e das suas coisas, segundo a respectiva vontade[624]. A servidão não tem, deste modo, uma causa natural[625], antes o homem se deve entender livre, salvo prova em contrário[626], valendo aqui uma presunção que, sendo oriunda do Direito Romano e do Direito Canónico, determina que em caso de dúvida se deverá sempre decidir a favor da liberdade[627].

---

[621] Cfr. SÉRGIO LUIZ FERNANDES PIRES, *O aspecto jurídico...*, p. 58.

[622] Consultou-se a edição bilingue **De Regia Potestate – O derecho de autodeterminacion**, dirigida por Luciano Pereña, J.M. Perez-Prendes, Vidal Abril e Joaquin Azcarraga, integrada no Corpus Hispanorum de Pace, Consejo Superior de Investigaciones Científicas, Madrid, 1984.

[623] Cfr. BARTOLOMEU DE LAS CASAS, *De Regia Potestate*, I, 1, 1.

[624] Cfr. BARTOLOMEU DE LAS CASAS, *De Regia Potestate*, I, 2, 4.

[625] Cfr. BARTOLOMEU DE LAS CASAS, *De Regia Potestate*, I, 1, 2.

[626] Cfr. BARTOLOMEU DE LAS CASAS, *De Regia Potestate*, I, 1, 3.

[627] Cfr. BARTOLOMEU DE LAS CASAS, *De Regia Potestate*, I, 1, 3.

Segundo Las Casas, em expressivos escritos condenando o sistema espanhol das "encomiendas" – ou seja, doações régias de parcelas de terras e dos índios que aí habitavam a favor de um conquistador[628] –, todos os povos índios são por natureza pessoas livres e não perdem essa liberdade por passarem a ter o rei de Espanha como seu "universal senhor"[629]: reside na vontade de todos os índios ou, pelo menos, na maior parte deles em serem vassalos do rei de Espanha o fundamento do título deste sobre as pessoas e as terras dos índios[630].

Las Casas condena, paralelamente, todas as "muitas violências, insultos, tiranias, injustiças, crueldades e más obras dos espanhóis" contra os índios[631], sendo inimaginável que pudessem ser feitos por homens tais actos contra gente inocente[632], tudo pela ambição da riqueza[633], e sublinha que para se aceitar e receber a fé se exige que todos gozem de uma vontade ou de um querer livre[634].

Considerando ser uma "dura servidão e tirânica opressão" a sujeição dos índios aos espanhóis[635], qualificados de "insignes carniceiros e derramadores de sangue humano"[636], reduzidos que estavam aqueles ao estado de verdadeiros animais[637], Las Casas defende a liberdade

---

[628] Cfr. HÉLÉNE VÉDRINE, *As Filosofias do Renascimento*, Lisboa, 1974, p. 99.

[629] Cfr. BARTOLOMEU DE LAS CASAS, *Condenación de las Encomiendas*, in apêndice II ao *De Regia Potestate*, cit., pp. 125-126.

[630] Cfr. BARTOLOMEU DE LAS CASAS, *Sobre el Título del Domínio del Rey de España sobre las Personas y Tierras de los Indios*, in apêndice VI ao *De Regia Potestate*, cit., p. 171.

[631] Cfr. BARTOLOMEU DE LAS CASAS, *Condenación de las Encomiendas*, cit., p. 127. Para uma síntese aterradora de tais violências dos espanhóis contra os índios, cfr. BARTOLOMEU DE LAS CASAS, *Brevísima Relación de la Destruición de las Indias*, Alianza Editorial, Madrid, 2005.

[632] Cfr. BARTOLOMEU DE LAS CASAS, *Brevísima...*, pp. 68 ss.

[633] Cfr. BARTOLOMEU DE LAS CASAS, *Brevísima...*, p. 75.

[634] Cfr. BARTOLOMEU DE LAS CASAS, *Condenación de las Encomiendas*, cit., p. 128.

[635] Cfr. BARTOLOMEU DE LAS CASAS, *Condenación de las Encomiendas*, cit., p. 131 e 132.

[636] Cfr. BARTOLOMEU DE LAS CASAS, *Brevísima...*, p. 160.

[637] Cfr. BARTOLOMEU DE LAS CASAS, *Condenación de las Encomiendas*, cit., p. 131; IDEM, *La Invención del Repartimiento y Encomiendas de aquellas Gentes*, in apêndice IV ao *De Regia Potestate*, cit., p. 156.

natural dos índios contra o jugo iníquo dos espanhóis[638], entendendo-o perpetrado contra todo o Direito natural, divino e humano[639], existindo o dever de restituir tudo quanto foi usurpado e roubado aos índios[640].

Deve-se mesmo a Bartolomeu de Las Casas a formulação do entendimento de que razões de civilização ou de cultura nunca permitem que um povo, invocando a sua superioridade ou a maior utilidade da sua civilização, possa conquistar ou submeter outro povo, envolvendo isto a perda de liberdade deste último[641]. Numa tal situação, se o Estado agressor violar os direitos naturais do povo mais atrasado, este goza do direito de se defender e castigar aquele[642].

Algumas das ideias de Las Casas viriam a encontrar acolhimento na legislação espanhola de 1542, através das designadas *Leis Novas*, já apelidadas de "uma espécie de constituição política do Novo Mundo" (La Torre Rangel)[643], repetindo-se o princípio da liberdade dos índios e suprimindo-se o sistema de "encomiendas", sem prejuízo da reiterada falta de efectividade de tais normas, suspendendo-se a sua aplicação, e, por essa via, a ausência de melhoria real da situação dos índios.

---

[638] Cfr. BARTOLOMEU DE LAS CASAS, *Condenación de las Encomiendas*, cit., p. 133-134; IDEM, *La Invencion del Repartimiento y Encomiendas de aquellas Gentes*, cit., p. 156.

[639] Cfr. BARTOLOMEU DE LAS CASAS, *Respuesta al Obispo de las Charcas sobre un Dictamen de este acerca de los Bienes Ganados por Conquistadores y Encomenderos*, in apêndice V ao *De Regia Potestate*, cit., p. 162.

[640] Cfr. BARTOLOMEU DE LAS CASAS, *Respuesta al Obispo de las Charcas sobre un Dictamen de este acerca de los Bienes Ganados por Conquistadores y Encomenderos*, cit., p. 163; IDEM, *Si Esta Obligado Cada uno destos Soldados Encomenderos a Restituir Todo Cuanto Llevo a los Indios*, in apêndice XIII ao *De Regia Potestate*, cit., p. 267 seg.

[641] Cfr. BARTOLOMEU DE LAS CASAS, *Carta de Derechos Civiles y Políticos*, (preparada e redigida por Luciano Pereña), in apêndice XIX ao *De Regia Potestate*, cit., p. 335.

[642] Cfr. BARTOLOMEU DE LAS CASAS, *Carta de Derechos Civiles y Políticos*, cit., p. 335.

[643] Cfr. SÉRGIO LUIZ FERNANDES PIRES, *O aspecto jurídico...*, p. 69.

3.3.9. Idem: (b) Francisco de Vitória

Sem grandes diferenças relativamente ao seu congénere dominicano Las Casas, Francisco de Vitória (1483-1546) formula uma crítica severa à colonização espanhola nas Américas, defendendo os direitos dos índios, especialmente na sua obra **Relectio de Indis**[644].

Interrogando-se sobre a licitude de os infiéis serem baptizados contra a sua vontade ou a vontade de seus pais[645], Vitória começa por reconhecer que os índios eram, antes da chegada dos espanhóis, os verdadeiros donos dos seus bens e povos[646], razão pela qual na indagação sobre os títulos de ocupação que os espanhóis têm relativamente aos índios conclui que o Imperador não é o senhor do Mundo[647] – tal como o Papa também o não é[648] –, daí que não possa dispor dos povos, ainda que estes sejam infiéis e ímpios[649]: os espanhóis não têm o direito de impor a civilização cristã se os índios a recusarem[650], assim como se mostra ilegítimo obrigá-los a obedecer a Deus[651], a declarar-lhes guerra pelo facto de eles não querem receber a fé católica[652] ou a espoliá-los dos seus bens[653].

Adoptando uma postura que ultrapassa a concepção medieval da *Respublica Christiana*, afirmando, expressamente, que "os que não são cristãos não estão obrigados a aceitar as determinações do Papa"[654],

---

[644] A presente obra encontra-se publicada em versão bilingue, sob o título **Doctrina sobre los Indios**, 2ª ed., ed. San Esteban, Salamanca, 1992.

[645] Cfr. Francisco de Vitória, *Doctrina sobre los Indios*, pp. 103 ss.

[646] Cfr. Francisco de Vitória, *Doctrina sobre los Indios*, pp. 107 ss., em especial a conclusão da p. 116.

[647] Cfr. Francisco de Vitória, *Doctrina sobre los Indios*, pp. 117 ss.

[648] Cfr. Francisco de Vitória, *Doctrina sobre los Indios*, pp. 121 ss.

Para um confronto ente as teses de Francisco de Vitória e as defendidas por Salamonius, jurista e diplomata papal, cfr. Ernst Reibstein, **Volkssouveränität und Freiheitsrechte**, I, München, 1972, pp. 107 ss.

[649] Cfr. Francisco de Vitória, *Doctrina sobre los Indios*, p. 125.

[650] Cfr. Francisco de Vitória, *Doctrina sobre los Indios*, pp. 126 ss.

[651] Cfr. Francisco de Vitória, *Doctrina sobre los Indios*, p. 130.

[652] Cfr. Francisco de Vitória, *Doctrina sobre los Indios*, pp. 131 e 142-143.

[653] Cfr. Francisco de Vitória, *Doctrina sobre los Indios*, p. 132.

[654] Cfr. Francisco de Vitória, *Doctrina sobre los Indios*, p. 135.

Francisco de Vitória considera existir uma sociabilidade e uma comunicação natural que, independentes das diversas nações[655], é expressão da razão natural estabelecida entre todos os povos, identificando aqui a existência de um direito regulador de situações jurídicas no âmbito desta mesma comunidade universal de povos, reconduzível ao designado *ius gentium*[656]. Neste contexto, recuperando um conceito romano cristianizado por Santo Isidoro de Sevilha (v. *supra*, n° 3.3.4.), os índios – tal como qualquer outro povo pagão – são membros da mencionada comunidade internacional de povos, possuindo direitos naturais fundados no *ius gentium*[657]: os índios têm o direito de continuar a governar-se pelas suas próprias leis e instituições, permanecendo titulares das suas propriedades e não podem ser baptizados à força, sem prejuízo do reconhecimento da existência de títulos legítimos de ocupação das Américas pelos espanhóis[658].

3.3.10. *Idem: (c) Francisco Suárez*

Tal como Francisco de Vitória membro da designada "Escola Espanhola de Direito Internacional"[659], Francisco Suárez (1548-1617) não se debruçou especificamente, porém, sobre o problema da licitude do comportamento espanhol na conquista da América[660], centrando-se o seu principal contributo na pormenorização do conceito de "direito das gentes", recuperando a tradição cristã formulada por Santo Isidoro de Sevilha (v. *supra*, n° 3.3.4.), e na configuração do direito de resistência.

---

[655] Cfr. FRANCISCO DE VITÓRIA, *Doctrina sobre los Indios*, p. 137.
[656] Cfr. FRANCISCO DE VITÓRIA, *Doctrina sobre los Indios*, p. 137.
[657] Cfr. FRANCISCO DE VITÓRIA, *Doctrina sobre los Indios*, pp. 136 ss.
[658] Cfr. FRANCISCO DE VITÓRIA, *Doctrina sobre los Indios*, pp. 136 ss.
[659] Cfr. LUCIANO PEREÑA, *La Genesis Suareciana del Ius Gentium*, in FRANCISCO SUÁREZ, *De Legibus – De Iure Gentium*, vol. IV, edição bilingue integrada no Corpus Hispanorum de Pace, Consejo Superior de Investigaciones Científicas, Instituto Francisco de Vitoria, Madrid, 1973.
[660] Cfr. BARBOSA DE MAGALHÃES, *Algumas palavras sobre a vida e obras do Pe. Francisco Suárez (Doctor eximius) no 4° centenário do seus nascimento*, Lisboa, 1950, p. 70.

Entendido o direito das gentes como aquele que é comum a todos os povos[661], resultando da necessidade de as nações terem um conjunto de normas reguladoras das suas relações entre si[662], Suárez retoma a ideia de Vitória – e já antes de Santo Isidoro – de que existe uma ordem jurídica acima das particularidades do direito interno de cada Estado, expressão de que o género humano, apesar de dividido em povos e reinos, mantém sempre uma unidade decorrente de todos pertencerem à raça humana e existir um preceito de direito natural que postula a solidariedade e a ajuda entre todos[663].

O direito natural, integrando no seu âmbito princípios absolutamente imutáveis[664], revela que a liberdade dos homens é mais de direito natural do que a sua escravidão[665] e condena todas as guerras injustas, designadamente as que são de conquista[666].

A própria lei positiva civil tem para Suárez uma função que, além de dirigida ao governo político da comunidade e à manutenção da sociedade política em paz e justiça, visa a protecção dos direitos temporais das pessoas[667].

Em Francisco Suárez encontra-se, deste modo, um primeiro contributo ao nível da estrutura do que se pode considerar serem as fontes dos direitos fundamentais, verificando-se que o Direito das Gentes, o Direito Natural e o próprio Direito Positivo surgem investidos de uma função reveladora ou garantística de posições jurídicas subjectivas das pessoas em termos individuais ou colectivos.

---

[661] Cfr. FRANCISCO SUÁREZ, *De Legibus – De Iure Gentium*, II, 19, 5.

[662] Cfr. FRANCISCO SUÁREZ, *De Legibus – De Iure Gentium*, II, 19, 9.

[663] Cfr. FRANCISCO SUÁREZ, *De Legibus – De Iure Gentium*, II, 19, 9.

[664] Cfr. FRANCISCO SUÁREZ, *De Legibus – De Lege Naturali*, vol. III, edição bilingue integrada no Corpus Hispanorum de Pace, Consejo Superior de Investigaciones Científicas, Instituto Francisco de Vitoria, Madrid, 1974, p. 112 (II, 7, 3).

[665] Cfr. FRANCISCO SUÁREZ, *De Legibus – De Iure Gentium*, II, 14, 16.

[666] Para um desenvolvimento desta última afirmação, cfr., por todos, BARBOSA DE MAGALHÃES, *Algumas palavras sobre a vida e obras do Pe. Francisco Suárez...*, pp. 70 ss.

[667] Cfr. FRANCISCO SUÁREZ, *De Legibus – De Natura Legis*, vol. I, edição bilingue integrada no Corpus Hispanorum de Pace, Consejo Superior de Investigaciones Científicas, Instituto Francisco de Vitoria, Madrid, 1971, p. 58 (I, 3, 20).

No contexto da temática do direito de resistência, Suárez reconhece, verificadas certas condições, a possibilidade de contra um governante ilegítimo, ocupando o poder pela força e injustamente – sendo, por isso mesmo, um "tirano de título" –, o povo possa de forma lícita matar o tirano, acrescentando que numa tal hipótese, procedendo no exercício de uma verdadeira "autoridade pública" que recolhe o consentimento tácito de todos, o povo se limita a livrar o Estado de um seu inimigo, sem que por isso se possa dizer que, verdadeiramente, mata um rei ou um príncipe[668].

3.3.11. *Idem: (d) Padre António Vieira*

Retomando a postura de defesa dos direitos dos índios, agora no que especificamente se refere à colonização portuguesa, assume também relevo o contributo do Padre António Vieira (1608-1697)[669].

Considerando que na maior parte do Brasil os portugueses praticaram grandes injustiças e violências relativamente aos índios, "cativando-os não só contra as leis reais, mas contra todo o direito natural e das gentes, servindo-se deles em trabalhos excessivos, que os matavam e consumiam, mais ainda que com as guerras"[670], o Padre António Vieira reconhece ainda que muitos deles eram tomados à força junto das suas aldeias e reduzidos à condição de escravos, adiantando que em cerca de trinta anos mais de dois milhões de índios haviam sido mortos[671].

---

[668] Sobre o tema do direito de resistência e a questão da legitimidade do regicídio em Suárez, cfr. MARCEL PRÉLOT / GEORGES LESCUYER, *Histoire...*, pp. 207--208; DIOGO FREITAS DO AMARAL, *História...*, I, pp. 310 ss.

[669] Neste sentido seguiram-se os escritos do Padre António Vieira recolhidos nas suas *Obras Escolhidas – vol. V, Obras Várias (III), em Defeza dos Índios*, editadas pela Livraria Sá da Costa, Lisboa, 1951.

[670] Cfr. PE. ANTÓNIO VIEIRA, *Informação sobre o modo com que foram tomados e sentenciados por cativos os índios no ano de 1655*, in *Obras Escolhidas – vol. V, Obras Várias (III), em Defeza dos Índios*, editadas pela Livraria Sá da Costa, Lisboa, 1951, p. 35.

[671] Cfr. PE. ANTÓNIO VIEIRA, *Resposta aos capítulos que deu contra os religiosos da Companhia, em 1662, o Procurador do Maranhão, Jorge de Sampaio*, in

A persistente denúncia do genocídio perpetrado e a constante posição de defesa dos índios permitem compreender, por outro lado, os intentos de expulsão da Companhia de Jesus de certas zonas do Brasil[672], investidos que estavam os padres de impedir e denunciar as injustiças que se faziam aos índios e gentios[673], designadamente a iniquidade do relacionamento comercial dos portugueses com os índios[674] e o tratamento cruel que lhes davam, tanto nas aldeias como nas plantações[675]. Vieira sublinha, neste preciso contexto, que a pregação da fé aos gentios e o doutrinar dos cristãos, além de ser obrigação do rei que os padres da Companhia desempenhavam, constituía o fundamento do título pelo qual os reis de Portugal possuíam as suas conquistas[676].

Em torno da defesa da Companhia de Jesus é traçado um quadro completo das violências e crueldades que os portugueses cometiam contra os índios e os gentios[677], concluindo que todas as queixas contra os missionários não se deviam ao que eles faziam mas sim aos abusos

---

Obras Escolhidas – vol. V, Obras Várias (III), em Defeza dos Índios, editadas pela Livraria Sá da Costa, Lisboa, 1951, p. 280; IDEM, *Informação que por ordem do Conselho Ultramarino deu sobre as cousas do Maranhão ao mesmo Conselho*, in *Obras Escolhidas – vol. V, Obras Várias (III), em Defeza dos Índios*, editadas pela Livraria Sá da Costa, Lisboa, 1951, pp. 325-326.

[672] Cfr. PE. ANTÓNIO VIEIRA, *Protesto perante o Senado da cidade de Belém do Pará*, in *Obras Escolhidas – vol. V, Obras Várias (III), em Defeza dos Índios*, editadas pela Livraria Sá da Costa, Lisboa, 1951, pp. 151 ss.

[673] Cfr. PE. ANTÓNIO VIEIRA, *Resposta aos capítulos que deu contra os religiosos da Companhia, em 1662, o Procurador do Maranhão, Jorge de Sampaio*, cit., p. 184.

[674] Cfr. PE. ANTÓNIO VIEIRA, *Resposta aos capítulos que deu contra os religiosos da Companhia, em 1662, o Procurador do Maranhão, Jorge de Sampaio*, cit., pp. 216-217.

[675] Cfr. PE. ANTÓNIO VIEIRA, *Resposta aos capítulos que deu contra os religiosos da Companhia, em 1662, o Procurador do Maranhão, Jorge de Sampaio*, cit., pp. 264-265.

[676] Cfr. PE. ANTÓNIO VIEIRA, *Protesto perante o Senado da cidade de Belém do Pará*, p. 157.

[677] Cfr. PE. ANTÓNIO VIEIRA, *Resposta aos capítulos que deu contra os religiosos da Companhia, em 1662, o Procurador do Maranhão, Jorge de Sampaio*, cit., pp. 276 e 277.

que impediam: "(...) não é pelo que cometem, senão pelo que defendem, nem é pelo que eles tomem ou tenham, senão pelo que os outros querem tomar e ter (contra as leis de Vossa Majestade) por suma iniquidade e injustiça"[678].

Socorrendo-se do exemplo espanhol, o Padre António Vieira associa o sistema das *encomiendas* aos abusos contra a liberdade dos índios, identificada esta – assim como Las Casas o havia feito (v. *supra*, nº 3.3.8.) – com o "direito e faculdade que cada um tem de fazer de si, isto é, de sua pessoa e de suas cousas o que quiser"[679]. Assim, defende, tal como o espanhol ou o genovês cativo dos árabes continua sendo vassalo do respectivo rei ou da sua república, também o índio, ainda que cativo, permanece vassalo da sua nação[680], não se podendo entender que estejam sujeitos ao domínio de Portugal ou privados da sua liberdade natural, antes a ela devem ser restituídos, ressarcidos dos danos recebidos e pagos pelo trabalho a que foram forçados[681].

3.3.12. *A revolução aprisionada: a permanente contradição*

Se o problema da colonização do novo mundo suscitou, a propósito dos índios das Américas, o confronto entre o pensamento dos teólogos católicos e o poder político, revelando que a temática da tutela da pessoa humana é sempre de natureza condicionante e nunca condicionada pelo poder, o certo é que se observa aqui o retomar de uma linha proveniente dos primeiros tempos da revolução judaico-cristã e

---

[678] Cfr. PE. ANTÓNIO VIEIRA, *Resposta aos capítulos que deu contra os religiosos da Companhia, em 1662, o Procurador do Maranhão, Jorge de Sampaio*, cit., p. 287.

[679] Cfr. PE. ANTÓNIO VIEIRA, *Voto sobre as dúvidas dos moradores de S. Paulo acerca da administração dos índios*, in **Obras Escolhidas – vol. V, Obras Várias (III), em Defeza dos Índios**, editadas pela Livraria Sá da Costa, Lisboa, 1951, p. 347.

[680] Cfr. PE. ANTÓNIO VIEIRA, *Voto sobre as dúvidas dos moradores de S. Paulo acerca da administração dos índios*, cit., pp. 341-342.

[681] Cfr. PE. ANTÓNIO VIEIRA, *Voto sobre as dúvidas dos moradores de S. Paulo acerca da administração dos índios*, cit., p. 342.

do inerente incómodo que as suas posturas ideológicas humanistas provocaram ao poder político instituído.

O pensamento judaico-cristão em matéria de tutela dos valores nucleares da pessoa humana revela-se, neste sentido, estruturalmente perturbador do Poder: foi perturbador durante o período pré-liberal, tal como, a partir do século XIX, será perturbador com a doutrina social da Igreja.

Não se pode dizer, todavia, que o Poder político pré-liberal, apesar de muitas vezes assumir uma postura confessional, se tenha motivado na sua prática política e jurídica pelos postulados axiológicos do pensamento cristão sobre o valor da pessoa humana: a admissibilidade da escravatura[682], a desigualdade das pessoas perante a lei ou a aplicação de penas cruéis e desumanas permanecem como exemplos ilustrativos da distância que sempre separou a filosofia cristã apregoada pelos titulares do Poder e a efectiva realidade jurídico-positiva emergente do exercício desse mesmo Poder.

Tratava-se de um poder que, nas palavras de Saint-Simon (1760--1825), estava longe de ser cristão como ele deveria ser[683], continuando a basear a sua autoridade na lei do mais forte[684].

A revolução ideológica que o cristianismo trouxe em matéria de valores e princípios de tutela da pessoa humana permaneceu sempre aprisionada de um Poder político não praticante dos postulados religiosos cujos titulares diziam professar: há aqui, sem esquecer o próprio exemplo da Igreja Católica em tempos de contra-reforma e obscurecimento do respeito devido à pessoa humana e aos valores da tolerância e da liberdade, uma permanente contradição em toda a História da evolução do relacionamento entre o Poder e os direitos da pessoa nos Estados europeus cristãos.

---

[682] A admissibilidade da escravatura, sendo defendida por Aristóteles como algo de direito natural, viria a ser considerada como "natural, útil e honesta" por Jean Bodin (in *Los Seis Libros de la República*, ed. Tecnos, Madrid, 1992, liv. 1º, cap. V, p. 30).

[683] Cfr. CLAUDE HENRI DE SAINT-SIMON, *Nouveau Christianisme*, ed. de l'aube, s.l., 2006, p. 85.

[684] Cfr. CLAUDE HENRI DE SAINT-SIMON, *Nouveau Christianisme*, p. 22.

Como lucidamente denunciava Erasmo de Roterdão (1466-1536), "a verdade não tem o amor dos reis"[685], verificando-se que "o príncipe, tal como ele costuma ser, ignora as leis, é hostil à comodidade pública, porque mais pensa na sua privada comodidade; é dado às volúpias, odeia a erudição, a verdade e a liberdade, não se preocupa com a salvação da República, porque só tem na mente o desejo e a utilidade"[686].

3.4. Contradição da Idade Moderna: liberdade ou absolutismo?

3.4.1. *Contradição ideológica continental: colocação do problema*

A contradição existente entre um Poder político confessional, nos termos da matriz cristã, e uma prática política que continuava a negar alguns dos valores mais sagrados de cada pessoa humana reconhecidos pelo cristianismo (v. *supra*, n° 3.3.12.) não pode deixar de encontrar um significativo contributo nas ideias de soberania e de Estado desenvolvidas durante a Idade Moderna e que conduziram na Europa Continental a um modelo absolutista do Poder real.

Desaparecida a unidade subordinante do poder dos Estados ao Papa no contexto da *Respublica Christiana*, firmado o princípio, nas palavras de Lutero (1483-1546), isto na sequência do contributo de Marsílio de Pádua (v. *supra*, n°. 3.3.6.), de que "o poder secular cristão deve desempenhar o seu ministério livremente, sem impedimentos, sem tomar em consideração se afecta o Papa, a um bispo ou a um sacerdote"[687], os Estados da Europa Continental – de matriz católica ou protestante – ampliam a liberdade de decisão e a força da autoridade do Poder político.

Se já em Dante Alighieri, no início do século XIV, se afirmava que tudo podia ser objecto da vontade do monarca[688], Jean Bodin

---

[685] Cfr. ERASMO DE ROTERDÃO, *Elogio da Loucura*, 12ª ed., Guimarães Editores, Lisboa, 1998, p. 56 (§XXXVI).
[686] Cfr. ERASMO DE ROTERDÃO, *Elogio da Loucura*, pp. 100-101 (§LV).
[687] Cfr. MARTIM LUTERO, *Escritos Políticos*, ed. Tecnos, Madrid, 1986, p. 12.
[688] Cfr. DANTE ALIGHIERI, *Monarquia*, Liv. I, Cap. XI (p. 28).

(1530-1596) vem proclamar, em pleno século XVI, que "depois de Deus, nada há de maior sobre a terra do que os príncipes soberanos"[689] e que "quem menospreza o seu príncipe soberano, menospreza a Deus, do qual é a sua imagem na terra"[690].

É possível observar, atendendo ao exposto, que a Idade Moderna trouxe consigo uma evolução de sentido contraditório no pensamento político em torno da tutela da pessoa humana: se, por um lado, o humanismo renascentista adopta uma posição antropocêntrica, fazendo do homem o ponto de referência de toda a realidade[691], a verdade é que, por outro lado, a centralização real na Europa Continental, edificando um poder "soberano, que é absoluto, infinito e que está acima das leis, dos magistrados e dos particulares"[692], gera um movimento em sentido contrário, fazendo submergir a pessoa às mãos do Poder.

Observemos esta contradição da Idade Moderna através do pensamento de dois protagonistas de cada uma das concepções em confronto:

– Pico della Mirandola;
– Nicolau Maquiavel.

3.4.2. *Idem: Pico della Mirandola*

Considerado um dos mais notáveis representantes do humanismo renascentista[693], verdadeira síntese das aspirações e ambições do sábio renascentista[694], Giovanni Pico della Mirandola (1463-1496) revela na

---

[689] Cfr. JEAN BODIN, *Los Seis Libros...*, Liv. 1°, Cap. X, p. 72.
[690] Cfr. JEAN BODIN, *Los Seis Libros...*, Liv. 1°, Cap. X, p. 72.
[691] Considerando, no entanto, que o Renascimento, deslocando a referência central da pessoa para o homem, comportou um retrocesso na concepção personalista, cfr. MIGUEL AYUSO, *El Ágora...*, p. 97.
[692] Cfr. JEAN BODIN, *Los Seis Libros...*, Liv. 3°, Cap. V, p. 142.
[693] Neste sentido, cfr. MARIA DE LURDES SIRGADO GANHO, *Acerca do Pensamento de Giovanni Pico della Mirandola*, in GIOVANNI PICO DELLA MIRANDOLA, *Discurso sobre a Dignidade do Homem*, edições 70, Lisboa, 1998, pp. 9 e 11.
[694] Neste sentido, cfr. HÉLÉNE VÉDRINE, *As Filosofias...*, p. 37.

sua obra *Oratio de Hominis Dignitate*, escrita em 1486, e traduzida como *Discurso sobre a Dignidade do Homem*, uma "valorização e promoção dos valores do homem"[695], consagrando uma clara postura antropocentrista: o homem é agora o vértice de toda a realidade, surgindo a questão da sua dignidade perspectivada nesse preciso contexto[696].

Revelando uma considerável diversidade de fontes, Pico della Mirandola, tratando da grandeza da natureza humana, considera que o homem surge como um grande milagre[697], desde logo pela sua capacidade em escolher o próprio destino[698]: o homem é a única criatura com a possibilidade de ser tudo, sendo dotado de uma total capacidade de se autodeterminar, por efeito de Deus o ter condenado à liberdade[699].

Resultando o homem do desejo de Deus que existisse alguém capaz de compreender a razão e a amplitude da sua obra de criação do mundo[700], a verdade é que esta última obra divina, traduzindo uma "quase síntese" do conhecimento da totalidade da natureza[701], superou tudo quanto até então Deus havia criado[702]: conferiu ao homem aquilo que tinha antes parcelarmente dado às restantes criaturas e dotou-o de uma capacidade soberana de se determinar segundo o seu próprio arbítrio.

Dotando-o de razão e de liberdade, Deus, tendo colocado o homem no meio do mundo[703], concedeu-lhe o poder de obter o que deseja e de ser aquilo que quiser[704]: o homem é, simultaneamente, árbitro e soberano artífice de si próprio. Tudo se resume num verda-

---

[695] Cfr. MARIA DE LURDES SIRGADO GANHO, *Acerca...*, p. 13.
[696] Cfr. MARIA DE LURDES SIRGADO GANHO, *Acerca...*, pp. 26 e 27.
[697] Cfr. GIOVANNI PICO DELLA MIRANDOLA, *Discurso Sobre a Dignidade do Homem*, edições 70, Lisboa, 1998, p. 51.
[698] Cfr. GIOVANNI PICO DELLA MIRANDOLA, *Discurso...*, p. 53.
[699] Neste sentido, cfr. MARIA DE LURDES SIRGADO GANHO, *Acerca...*, pp. 27--28.
[700] Cfr. GIOVANNI PICO DELLA MIRANDOLA, *Discurso...*, p. 51.
[701] Cfr. GIOVANNI PICO DELLA MIRANDOLA, *Discurso...*, p. 69.
[702] Cfr. GIOVANNI PICO DELLA MIRANDOLA, *Discurso...*, pp. 52 ss.
[703] Cfr. GIOVANNI PICO DELLA MIRANDOLA, *Discurso...*, p. 51.
[704] Cfr. GIOVANNI PICO DELLA MIRANDOLA, *Discurso...*, p. 53.

deiro hino que resulta das palavras de Pico della Mirandola: "ó suma liberalidade de Deus pai, ó suma e admirável felicidade do homem! ao qual é concedido obter o que deseja, ser aquilo que quer"[705].

Cada homem tem em si a capacidade de conformar o seu futuro aos seus próprios desígnios, conjugando a liberdade e a soberania da sua vontade.

Compreende-se, por conseguinte, que o homem apareça como um Deus: o homem goza da liberdade de, por decisão voluntária, a partir do momento do nascimento, escolher entre degenerar-se até aos animais ou de se elevar até às realidades superiores de natureza divina[706]. Nesta última hipótese, cheios de Deus, "já não seremos mais nós próprios, mas Aquele mesmo que nos fez"[707].

Firmada nos termos expostos a concepção de Pico della Mirandola, a pessoa humana surge dotada de um valor próprio que decorre da razão e da liberdade da sua vontade, gozando, em consequência, de uma dignidade que surge como qualidade de valor natural, inalienável e incondicionado[708].

3.4.3. *Idem: Maquiavel*

Numa posição radicalmente oposta, procedendo à análise do poder político em termos de total indiferença entre o bem e o mal[709], Maquiavel (1469-1527) defende que a crueldade pode ser boa, desde que se exerça uma única vez por necessidade de segurança e dela resulte benefício para os súbditos[710], preconizando que em casos de invasão e ocupação de um país, "o ocupante deve pensar em todas as

---

[705] Cfr. GIOVANNI PICO DELLA MIRANDOLA, *Discurso...*, p. 53.

[706] Cfr. GIOVANNI PICO DELLA MIRANDOLA, *Discurso...*, pp. 53 ss.

[707] Cfr. GIOVANNI PICO DELLA MIRANDOLA, *Discurso...*, p. 67.

[708] Neste sentido, cfr. INGO WOLFGANG SARLET, A *Eficácia dos Direitos Fundamentais*, Porto Alegre, 1998, p. 39.

[709] Neste sentido, para mais desenvolvimentos sobre a caracterização da obra de Maquiavel, cfr. MARCEL PRÉLOT / GEORGES LESCUYER, *Histoire...*, pp. 163 ss.; JOSÉ ADELINO MALTEZ, *Princípios...*, I, pp. 188 ss.

[710] Cfr. MAQUIAVEL, *O Príncipe*, ed. publicações Europa-América, Mem Martins, 1976, Cap., VIII, p. 52.

§*3º A Pessoa Humana no Pensamento Político Pré-Liberal* 137

crueldades que precisa de fazer e praticá-las imediatamente, de uma vez"[711].

Ainda neste último contexto, tratando-se de um príncipe novo num Estado conquistado, Maquiavel legitima a instituição de um modelo organizativo completamente novo, destruindo cidades, mudando os habitantes de lugar e fazendo os ricos pobres e os pobres ricos: "não deixando nenhuma coisa intacta naquela província, de modo que não haja cargo, nem ordem, nem estado, nem riqueza cujo possuidor não a reconheça como proveniente do príncipe"[712].

Em termos de fins de actuação dos titulares do poder político, adoptando uma concepção em que os fins justificam sempre os meios[713], preferindo um modelo organizativo de concentração singular de poderes[714], pois "nada há que infunda mais temor que uma multidão solta e sem cabeça"[715], Maquiavel abandona a ideia agostiniana que fazia da justiça o fundamento do Estado[716]. O príncipe "não deve ter outro objectivo nem outro pensamento, nem tomar a peito outra matéria, que não seja a arte da guerra e a organização e a disciplina militares"[717], sublinhando que para manter a sua posição tem de aprender a não ser bom e a servir-se disso, segundo as respectivas necessidades[718], sendo até a "crueldade desumana" do príncipe condição de unidade e eficácia do exército[719] e, consequentemente, do Estado. Adverte, porém, que "fazer-se odiar nunca foi bom para nenhum príncipe"[720].

Não obstante o reconhecimento da admissibilidade de uma postura de "crueldade desumana" por parte dos titulares do poder político, Maquiavel sublinha que o príncipe se deve sempre abster de tocar nos

---

[711] Cfr. MAQUIAVEL, *O Príncipe*, Cap. VIII, p. 52.
[712] Cfr. NICOLÁS MAQUIAVELO, *Discursos...*, p. 104.
[713] Cfr. WALTER THEIMER, *História...*, p. 93; DIOGO FREITAS DO AMARAL, *História...*, I, pp. 212-213.
[714] Cfr. NICOLÁS MAQUIAVELO, *Discursos...*, pp. 60 e 367-368.
[715] Cfr. NICOLÁS MAQUIAVELO, *Discursos...*, pp. 174-175.
[716] Cfr. LEO STRAUSS, *Nicolás Maquiavelo*, in LEO STRAUSS / JOSEPH CROPSEY, *Historia de la Filosofía Política*, México, reimp., 1996, p. 291.
[717] Cfr. MAQUIAVEL, *O Príncipe*, Cap. XIV, p. 78.
[718] Cfr. MAQUIAVEL, *O Príncipe*, Cap. XV, pp. 82-83.
[719] Cfr. MAQUIAVEL, *O Príncipe*, Cap. XVII, pp. 90-91.
[720] Cfr. NICOLÁS MAQUIAVELO, *Discursos...*, p. 377.

bens dos particulares, evitando assim ser odiado[721]: "os homens esquecem mais depressa a morte do seu pai do que a perda do seu património"[722], pois "nunca se poderá despojar ninguém tanto que não lhe reste uma faca para se vingar"[723].

Formula-se, deste modo, uma concepção que, valorizando os direitos de conteúdo patrimonial, traduz um completo desprezo por todos aqueles direitos que são dotados de uma natureza estritamente pessoal, relativamente aos quais a "crueldade humana" por parte do poder político se tem como admissível: as ameaças contra a vida são tidas como mais perigosas do que as próprias execuções, relativamente às quais não há qualquer perigo[724], uma vez que "o morto não pode pensar em vingança"[725].

Considerando que o príncipe necessita de ser, simultaneamente, animal e homem[726], Maquiavel diz-nos que, sem prejuízo de o autor da lei lhe dever obediência[727], nunca falta ao titular supremo do poder pretextos legítimos para não cumprir a palavra dada[728], sendo-lhe admissível, enquanto condição indispensável para conservar os seus Estados, "agir contra a sua palavra, contra a caridade, a humanidade e a religião"[729], devendo, em conclusão, "não se afastar do bem, se puder, mas enveredar pelo mal, se for necessário"[730].

Nestes termos definida a postura de Maquiavel, os direitos das pessoas são uma realidade inexistente diante das ideias de "razão do Estado"[731] e a glória ou louvor dos príncipes: a amoralidade da polí-

---

[721] Cfr. NICOLÁS MAQUIAVELO, *Discursos...*, p. 377.
[722] Cfr. MAQUIAVEL, *O Príncipe*, Cap. XVII, p. 90.
[723] Cfr. NICOLÁS MAQUIAVELO, *Discursos...*, p. 320.
[724] Cfr. NICOLÁS MAQUIAVELO, *Discursos...*, pp. 319-320.
[725] Cfr. NICOLÁS MAQUIAVELO, *Discursos...*, p. 320.
[726] Cfr. MAQUIAVEL, *O Príncipe*, Cap. XVIII, p. 93.
[727] Cfr. NICOLÁS MAQUIAVELO, *Discursos...*, p. 146.
[728] Cfr. MAQUIAVEL, *O Príncipe*, Cap. XVIII, p. 94.
[729] Cfr. MAQUIAVEL, *O Príncipe*, Cap. XVIII, p. 95.
[730] Cfr. MAQUIAVEL, *O Príncipe*, Cap.XVIII, p. 95.
[731] Sobre a "razão de Estado" e a amoralidade da política em Maquiavel, cfr. ERNST REIBSTEIN, *Volkssouveränität...*, I, p. 116; MARCEL PRÉLOT / GEORGES LESCUYER, *Histoire...*, pp. 163 e 164; DIOGO FREITAS DO AMARAL, *História...*, I, pp. 211 ss.

tica, tal como se encontra definida no livro *O Príncipe*, verdadeiro "cântico supremo do cinismo e da falta de escrúpulos na política"[732], nega a existência de quaisquer valores fundamentais limitativos da acção dos governantes, sendo válido tudo que o príncipe fizesse, desde que justificado por um fim político.

A doutrina de Maquiavel, sendo passível de traduzir o mero resultado da observação da conduta efectiva do Poder existente, aliada a um propósito legitimador da actuação do príncipe, representa uma anteposição do poder ao Direito[733], funcionando como "uma espada cravada no corpo político da humanidade"[734].

3.4.4. *A contra-doutrina de Maquiavel: Erasmo de Roterdão*

Em sentido radicalmente contrário ao entendimento de Maquiavel sobre a função e os meios de acção governativa do príncipe, Erasmo de Roterdão (1466-1536) traça os deveres do príncipe cristão[735].

Tendo perfeita consciência da diferença que separa a teoria e a prática política dos príncipes (v. *supra*, nº 3.3.12.), relatando mesmo a atitude daqueles que fazem cobrir "com a aparência da justiça a nudez da ofensiva da iniquidade"[736], Erasmo condena o império obtido através do perjúrio e do parricídio[737].

No que respeita aos vícios de um príncipe, afirma que têm repercussões muito superiores às que possuem esses mesmos vícios junto dos restantes homens: "o príncipe ocupa um lugar tal que a mínima falta de honestidade, serve de exemplo a muitos homens prestes à corrupção"[738]. Por isso, assim como os súbditos obedecem às leis do

---

[732] Cfr. WALTER THEIMER, *História...*, p. 92.
[733] Cfr. WALTER THEIMER, *História...*, p. 93.
[734] Afirmação é de Meinecke, citada por DIOGO FREITAS DO AMARAL, *História...*, I, p. 218.
[735] Cfr. MARCEL PRÉLOT / GEORGES LESCUYER, *Histoire...*, pp. 172 ss.; DIOGO FREITAS DO AMARAL, *História...*, I, pp. 223 ss.
[736] Cfr. ERASMO DE ROTERDÃO, *Elogio...*, p. 100 (§LV).
[737] Cfr. ERASMO DE ROTERDÃO, *Elogio...*, p. 99 (§LV).
[738] Cfr. ERASMO DE ROTERDÃO, *Elogio...*, p. 99 (§LV).

príncipe, também o príncipe deverá obedecer às leis de Cristo, seu Rei[739].

Procede Erasmo, em sentido inverso ao caminho traçado por Maquiavel, a uma limitação ética da acção dos governantes[740], registando-se um retorno da moral à política[741], recomendando ao príncipe: "segue a justiça, não faças violências a ninguém, não roubes, não vendas cargo público, não te deixes corromper"[742].

Sublinhando que o príncipe tanto pode ser um "astro benéfico capaz de assegurar a salvação dos homens e da coisa pública" como, em alternativa, um "cometa fatal que arrasta as coisas perniciosas"[743], Erasmo faz do bem-estar do povo o dever central do príncipe[744]: o príncipe "preocupa-se, permanentemente, com tudo para que os seus súbditos possam viver em paz e em ordem"[745]. Para o efeito, indica três regras a que deve obedecer um príncipe cristão[746]:

(i) Não pode ter negócios privados, uma vez que apenas deve pensar nos negócios públicos;
(ii) Sendo autor ou executor das leis, não pode delas se "afastar à distância de um dedo";
(iii) Tem ainda que "exigir a integridade de todos na administração e na magistratura".

É que, em última análise, tendo o príncipe que responder perante Deus, um falhar no seu ofício de governante determina, em vez de um sentimento de total impunidade, que "o verdadeiro Rei não tardará a pedir-lhe contas da mínima falta, e que será tanto mais severo quanto maior tiver sido o império"[747], acrescentando, numa outra obra, que

---

[739] Cfr. DESIDERIUS ERASMUS, *The Education of a Christian Prince*, Ed. Columbia University Press, New York, 1936, p. 153.
[740] Cfr. DIOGO FREITAS DO AMARAL, *História...*, I, p. 225.
[741] Cfr. MARCEL PRÉLOT / GEORGES LESCUYER, *Histoire...*, pp. 173-174.
[742] Cfr. DESIDERIUS ERASMUS, *The Education...*, p. 154.
[743] Cfr. ERASMO DE ROTERDÃO, *Elogio...*, p. 99 (§LV).
[744] Cfr. DESIDERIUS ERASMUS, *The Education...*, p. 149.
[745] Cfr. DESIDERIUS ERASMUS, *The Education...*, p. 163.
[746] Cfr. ERASMO DE ROTERDÃO, *Elogio...*, p. 99 (§LV).
[747] Cfr. ERASMO DE ROTERDÃO, *Elogio...*, p. 100 (§LV).

"ninguém é tratado com mais severidade do que os poderosos"[748]. Por isso, conclui Erasmo, "é muito melhor ser um homem justo do que ser um príncipe injusto"[749].

3.4.5. *A síntese protestante: o contributo de Lutero*

Desmantelada a *Respublica Christiana*, afirmada a supremacia (interna e externa) do poder real, o protestantismo de Lutero (1483--1546), sublinhando a essencialidade da liberdade religiosa, pois "o acto de fé é livre e ninguém pode ser obrigado a crer"[750], marca uma curiosa tentativa de síntese política entre a liberdade e a autoridade.

Se, por um lado, limitava a intervenção do Poder na esfera das pessoas, afirmando que "nos assuntos que afectam a salvação das almas não se deve ensinar, nem aceitar nada que não seja a palavra de Deus"[751], excluindo também aqui a intervenção mediadora do Papa e da Igreja Católica na interpretação da palavra de Deus, o certo é que Lutero – acolhendo a concepção de Dante Alighieri, formulada no início do século XIV[752] – vinculava o príncipe directamente a Deus[753].

Uma tal vinculação imediata do príncipe a Deus, expressando uma concepção de autoridade delegada, subordinada e dependente da soberania de Deus[754], sendo isenta de qualquer mecanismo de controlo, serviu de alicerce fundamentador da legitimidade do monarca absoluto: o rei apenas conhece os limites que decorrem da sua ligação imediata com Deus, não sendo responsável perante ninguém, só prestando contas da sua acção diante de Deus.

---

[748] Cfr. DESIDERIUS ERASMUS, *The Education...*, p. 155.
[749] Cfr. DESIDERIUS ERASMUS, *The Education...*, p. 155.
[750] Cfr. MARTIM LUTERO, *Escritos Políticos*, p. 46.
[751] Cfr. MARTIM LUTERO, *Escritos Políticos*, p. 45.
[752] Cfr. DANTE ALIGHIERI, *Monarquia*, Liv. III, Cap. XVI (pp. 123 ss.).
[753] Cfr. MARTIM LUTERO, *Escritos Políticos*, p. 56.
[754] Neste sentido, cfr. DUNCAN B. FORRESTER, *Martín Lutero y Juan Calvino*, in LEO STRAUSS / JOSEPH CROPSEY, *Historia de la Filosofía Política*, México, reimp., 1996, p. 321.

O príncipe de Lutero, vinculado pelas obrigações de proteger os súbditos e de procurar a paz, vivendo para os servir, segundo uma actuação recta e boa em obediência a Deus[755], encontrava-se teleologicamente autovinculado na sua relação imediata com Deus, possuindo uma dimensão ética mínima de actuação que, por esta via, se afastava do modelo de príncipe traçado por Maquiavel.

Sabe-se, todavia, que esses limites eram ténues, encontrando-se o príncipe dotado de uma efectiva liberdade de acção governativa: o temor de sanções após a morte, aquando da prestação de contas perante Deus, nunca se mostrou muito dissuasor de condutas terrenas em desarmonia com as regras éticas resultantes da vinculação directa a Deus.

O protestantismo tornou-se, por esta via, um alicerce do poder ilimitado dos príncipes que, pretendendo afirmar a sua autoridade, encontravam apenas na relação directa em Deus limites de acção, excluindo qualquer intervenção papal ou da Igreja no exercício da respectiva actuação governativa[756].

Lutero afirma, paralelamente, a natureza racional da lei[757], considerando que "a razão tem de permanecer como a suprema lei e a mestra de todo o Direito"[758], e defende ainda que sem lei não pode existir nenhum reino, nem governo[759].

Compreende-se, neste preciso contexto, que o tema da obediência à autoridade surja como questão nuclear do pensamento protestante e, reflexamente, expressão do estatuto da pessoa humana perante o poder. Ora, a interpretação tradicional dos escritos de Lutero vai no sentido de que os homens devem obedecer aos seus governantes, encontrando-se a eles submetidos com temor e reverência, uma vez que a autoridade se funda em Deus, razão pela qual obedecer aos seus ditames ainda será

---

[755] Cfr. MARTIM LUTERO, *Escritos Políticos*, p. 155.

[756] Neste preciso contexto, não há em Lutero, tal como não existe em Calvino, qualquer espaço para a ideia de contrato social ou de soberania popular: é em Deus (e não no povo) que se alicerça o fundamento da autoridade. Sobre o assunto, cfr. DUNCAN B. FORRESTER, *Martín Lutero y Juan Calvino*, pp. 321 ss.

[757] Cfr. MARTIM LUTERO, *Escritos Políticos*, p. 65.

[758] Cfr. MARTIM LUTERO, *Escritos Políticos*, p. 56.

[759] Cfr. MARTIM LUTERO, *Escritos Políticos*, p. 44.

obedecer a Deus[760]. Um tal entendimento tem explicado que Lutero seja considerado percursor de um modelo de Estado dominador ou de autoridade, falando-se mesmo em "Estado de obediência"[761].

A configuração da desobediência como pecado tão grave como o assassínio, levando Lutero a condenar severamente os camponeses insurrectos, se resultava da natureza divina dos príncipes, traduzia também um entendimento que via no povo comum a própria figura de Satanás[762], motivo que leva a afirmar "antes quero um príncipe que não é justo do que o povo justo"[763].

Sucede, no entanto, que não pode ser esquecida a afirmação expressa de Lutero que se o príncipe estiver em erro o povo não se encontra obrigado a obedecer-lhe, pois, tal como explica, "ninguém está autorizado a actuar contra o direito; há que obedecer a Deus (que quer a justiça), antes que aos homens"[764].

Apesar de se saber que a injustiça, a tirania e a opressão, tal como o sofrimento causado pela própria obediência, não são causas de desobediência à autoridade[765], o simples reconhecimento de um espaço de operatividade mínima à desobediência legítima dos súbditos faz do pensamento de Lutero uma tentativa de compromisso entre a autoridade do poder e a liberdade da pessoa humana.

3.5. A impermeabilidade ideológica da tradição jurídica romana

3.5.1. *Sentido geral do Direito anterior ao liberalismo*

Até ao século XIX, a existência de uma cultura filosófica de matriz cristã na Europa Continental, centrada nos valores da pessoa,

---

[760] Cfr. DUNCAN B. FORRESTER, *Martín Lutero y Juan Calvino*, p. 324.
[761] Neste último sentido, cfr. MARCEL PRÉLOT / GEORGES LESCUYER, *Histoire...*, p. 188.
[762] Cfr. WALTER THEIMER, *História...*, pp. 98 e 99.
[763] Neste sentido, cfr. WALTER THEIMER, *História...*, p. 99.
[764] Cfr. MARTIM LUTERO, *Escritos Políticos*, p.62.
[765] Cfr. DUNCAN B. FORRESTER, *Martín Lutero y Juan Calvino*, p. 326.

da liberdade e da justiça, não permite que se diga ter projectado efeitos decisivos sobre o tratamento jurídico conferido à pessoa humana.

É certo, sempre se poderá dizer, que, em Castela, a compilação legislativa "Sete Partidas", por exemplo, proclamava que o homem é criado à imagem e semelhança de Deus, sendo dotado de entendimento que o diferencia de todas as demais criaturas[766], sublinhando ainda que a liberdade, "sendo amiga da natureza"[767], é natural a todo o homem[768], enquanto a servidão "é coisa que aborrece os homens naturalmente"[769], devendo a liberdade servir de critério decisório do julgador em casos duvidosos[770].

A verdade, porém, é que a revolução protagonizada pela axiologia judaico-cristã estava aprisionada por uma tradição jurídica totalmente alheia aos valores bíblicos e o poder político debatia-se com uma contradição estrutural entre os valores da religião que dizia professar e a ordem jurídica positivada que aplicava (v. *supra*, nº 3.3.12.).

Como sublinhava Maquiavel, referindo-se ao direito vigente no século XVI, "as leis civis não são outra coisa do que sentenças dos antigos jurisconsultos"[771].

O Direito Romano desempenhou, por efeito do movimento renascentista, o papel de Direito privado comum em quase toda a Europa Continental de raiz jurídica romanista, funcionando como um verdadeiro Direito Universal, apenas pontualmente afastado por soluções avulsas da lei nacional. E mesmo neste último domínio, a esmagadora maioria das soluções legislativas internas reflectiam a orientação proveniente do Direito Romano.

---

[766] Cfr. Quarta Partida, Título I, proémio, in *Las Siete Partidas*, reimp. da edição glosada por Gregório Lopes, Salamanca, 1555.
[767] Cfr. Sétima Partida, Título XXXIV, Regra I, in ob. cit.
[768] Cfr. Quarta Partida, Título XXIII, Lei II, in ob. cit.
[769] Cfr. Sétima Partida, Título XXXIV, Regra II, in ob. cit.
[770] Cfr. Sétima Partida, Título XXXIV, Regra I, in ob. cit.
[771] Cfr. NICOLÁS MAQUIAVELO, *Discursos sobre la Primeira Década de Tito Lívio*, 2ª reimp., Alianza Editorial, Madrid, 2005, p. 28.

Em vez de direitos fundamentais titulados por todos[772], durante o período anterior ao liberalismo, segundo a influência romana que diferenciava categorias de pessoas em função da respectiva capacidade jurídica[773], e sem prejuízo dos direitos pessoais, entendidos como extensão da pessoa como tal ou como membro da família onde se integra[774], existiam privilégios e liberdades concedidos somente a algumas pessoas. Essa era a solução vigente no que diz respeito aos eclesiásticos e aos nobres no Direito português[775] e no Direito francês[776], sendo a matéria dos privilégios também conhecida no Direito castelhano[777] e no pandectismo alemão[778]. Os próprios direitos e liberdades reconhecidos pelo Direito britânico, desde o século XIII, não se baseavam num princípio de universalidade, antes se tratava de posições jurídicas subjectivas fundamentais exclusivas de certos grupos sociais.

Desde finais do século XVIII, todavia, enquanto decorrência dos deveres dos governantes[779], utilizava-se já Portugal a expressão

---

[772] Em sentido contrário, falando em "direitos fundamentais nas Ordenações Afonsinas", cfr. PAULO FERREIRA DA CUNHA, *Para uma História Constitucional do Direito Português*, Coimbra, 1995, p. 217.

[773] Cfr. FRIEDRICH CARL VON SAVIGNY, *System des heutigen Römischen Rechts*, II, Berlin, 1840, p. 23; M. ORTOLAN, *Explication Historique des Instituts de l'Empereur Justinien*, I, 8ª ed., Paris, 1870, pp. 556 ss.

[774] Cfr. BERNHARD WINDSCHEID, *Lehrbuch des Pandektenrechts*, I, 6ª ed., Frankfurt a. M., 1887, p. 103.

[775] Para uma diferenciação de categorias sociais e o elenco dos privilégios e regalias dos nobres e dos eclesiásticos, cfr. FRANCISCO COELHO DE SOUZA E S. PAIO, *Prelecções de Direito Pátrio Publico e Partícular*, Coimbra, 1793, pp. 79-80; MANUEL BORGES CARNEIRO, *Direito Civil de Portugal*, I, Lisboa, 1851, pp. 144 ss. e 170 ss.

[776] Em igual sentido, agora no que diz respeito ao Direito francês, cfr. R.J. POTHIER, *Traité des Personnes et des Choses*, in *Oeuvres de R.-J. Pothier*, V, Bruxelles, 1831, pp. 151 ss.

[777] Cfr., em termos meramente exemplificativos, Quarta Partida, Título XXIII, Lei II., in ob. cit.

[778] Cfr. BERNHARD WINDSCHEID, *Lehrbuch...*, I, pp. 444 ss.

[779] No entendimento de Bodin, tais deveres do príncipe traduzem-se na justiça, defesa e protecção do súbdito, cfr. JEAN BODIN, *Los Seis Libros de la República*, Liv. 4°, Cap. VI (p. 197 da edição consultada).

"direitos dos cidadãos"[780], identificados com o direito de protecção e defesa junto dos governantes[781] e ainda com o direito de serem escolhidos ou, pelo menos, de preferência na escolha perante os estrangeiros e peregrinos no acesso a cargos oficiais[782], sem prejuízo do direito de pedir ao Rei honras, privilégios e prémios[783]. Em igual sentido, fala-se em privilégios e prerrogativas das cidades e povoações, os quais se projectam sobre os respectivos naturais e moradores[784], sublinhando-se a existência de "direitos municipais"[785] e utilizando-se a expressão "inviolabilidade dos direitos municipais"[786].

A impregnação do Direito Público continental pelas concepções defensoras da origem divina do poder real[787], segundo a formulação de Dante Alighieri (v. *supra*, n° 3.1.2.), e da centralidade do valor da justiça, tida como fim e limite da actuação real[788], na sequência do pensamento de Santo Agostinho (v. *supra*, n° 3.3.3.), permitiu ainda o desenvolvimento, a partir do século XVI, de uma concepção de inspiração bartolista de alargamento do conceito de jurisdição no sentido de abranger tarefas materialmente administrativas do Estado[789].

A verdade, porém, é que o estatuto jurídico da pessoa humana, segundo resultava das normas de Direito Privado e de Direito Penal,

---

[780] Neste sentido, por todos, cfr. PASCOAL JOSÉ DE MELO FREIRE, *Instituições de Direito Civil Português tanto Público como Particular*, tradução do Dr. Pinto de Menezes, BMJ, n° 162, Janeiro de 1967, p. 137.

[781] No âmbito deste direito podem indicar-se ainda os direitos de recorrer a todo o tempo ao Rei e o de lhe pedir segurança, cfr. PASCOAL JOSÉ DE MELO FREIRE, *Instituições...*, in BMJ, n° 163, p. 28.

[782] Cfr. PASCOAL JOSÉ DE MELO FREIRE, *Instituições...*, in BMJ, n° 162, p. 137.

[783] Cfr. PASCOAL JOSÉ DE MELO FREIRE, *Instituições...*, in BMJ, n° 163, p. 27

[784] Cfr. PASCOAL JOSÉ DE MELO FREIRE, *Instituições...*, in BMJ, n° 163, p. 27.

[785] Cfr. PASCOAL JOSÉ DE MELO FREIRE, *Instituições...*, in BMJ, n° 163, pp. 30 ss.

[786] Esses direitos só poderiam ser limitados ou ab-rogados pelo rei em casos de "grande causa pública", cfr. PASCOAL JOSÉ DE MELO FREIRE, *Instituições...*, in BMJ, n° 163, pp. 33 ss.

[787] Para mais desenvolvimentos, incluindo indicações bibliográficas, cfr. PAULO OTERO, *O Poder de Substituição...*, I, pp. 174 ss.

[788] Para mais desenvolvimentos doutrinários, cfr. PAULO OTERO, *O Poder de Substituição...*, I, pp. 183 ss.

[789] Cfr. PAULO OTERO, *O Poder de Substituição...*, I, pp. 195 ss.

não mostrava qualquer influência significativa da ordem de valores cristã: a tradição jurídica romana vigente revelava uma impermeabilidade ideológica quase total, podendo dizer-se, parafraseando Otto Mayer na relação entre o Direito Constitucional e o Direito Administrativo[790], que as ideologias passavam, a matriz jurídica romana permanecia.

Uma tal contradição entre um Direito Público permeável aos ventos da História[791] e, em sentido inverso, um Direito Privado e um Direito Penal impenetráveis aos valores cristãos relativos ao estatuto de dignificação da pessoa humana comporta três principais ilustrações:

(i) A manutenção de uma ordem jurídica assente na escravatura e na desigualdade jurídica das pessoas;
(ii) A patrimonialização da tutela jurídico-civil da pessoa humana;
(iii) A existência de um ordenamento criminal cruel e desumano.

Observemos cada um destes traços caracterizadores do estatuto da pessoa humana no período pré-liberal, tendo presente que alguns de tais traços só durante a segunda metade do século XIX foram desaparecendo, não se podendo garantir que mesmo hoje, em pleno século XXI, todos se encontrem totalmente apagados do ordenamento jurídico-civil ou mesmo do ordenamento criminal[792]. Afinal, a tradição jurídica romana teima em afirmar-se também impermeável à ordem de valores constitucionais.

---

[790] Cfr. OTTO MAYER, *Deutsches Verwaltungsrecht*, I, 3ª ed., Berlin, 1924, p. VI.

[791] Para mais desenvolvimentos sobre a evolução e permeabilidade das instituições públicas às diferentes ideologias, cfr. ANTÓNIO PEDRO BARBAS HOMEM, *O Espírito das Instituições – Um estudo de história do Estado*, Coimbra, 2006.

[792] Neste sentido, sublinhando a patrimonialização do tratamento jurídico da pessoa humana, cfr. PAULO OTERO, *Direito da Vida*, pp. 25 e 39 ss.

3.5.2. *Escravatura e desigualdade jurídica*

Durante todo o período anterior ao constitucionalismo liberal, a forte influência do Direito Romano determina, em primeiro lugar, que nem todo o ser humano pelo simples facto de ser Homem era pessoa para o Direito[793], isto é, possuía personalidade jurídica[794]: tal como em Roma, o homem só era pessoa se, além de existência física completamente autónoma, fosse livre e cidadão romano[795].

No Direito medieval castelhano, a servidão (ou escravatura), apesar de ser considerada uma instituição "contra a razão da natureza"[796], pois os homens eram tidos como "naturalmente livres"[797], surge como consequência do cativeiro em tempos de guerra, por efeito de nascer de mulher escrava e ainda como resultado de um acto próprio e livre de venda[798].

Assim, acolhendo os ensinamentos do Direito Romano[799], o Direito castelhano dividia a condição dos homens em livres, servos e aforrados[800], registando-se que também o Direito português, ainda em pleno século XVIII, sublinha que a suprema divisão dos homens os separa em livres e escravos[801].

A visão da escravatura como sendo uma instituição natural, útil e honesta, encontrando a sua origem histórica imediatamente após o dilúvio, e sem prejuízo do entendimento contrário defendido pela

---

[793] Cfr. M. ORTOLAN, *Explication...*, I, p. 555.

[794] Para uma breve síntese história da origem e evolução da escravatura, cfr. ANTÓNIO MENEZES CORDEIRO, *Tratado...*, I, Tomo 3º, pp. 34 ss.

[795] Neste sentido, cfr. FRIEDRICH CARL VON SAVIGNY, *System...*, II, pp. 30 ss.; CHARLES MAYNZ, *Éléments de Droit Romain*, I, Bruxelles, 1845, p. 207; M. ORTOLAN, *Explication...*, I, p. 557; LUÍS CABRAL DE MONCADA, *Elementos de História do Direito Romano*, II, Coimbra, 1924, p. 67.

[796] Cfr. Quarta Partida, Título XXI, Lei I, in ob. cit.

[797] Cfr. Quarta Partida, Título XXI, Lei I, in ob. cit.

[798] Cfr. Quarta Partida, Título XXI, Lei I, in ob. cit.

[799] Cfr. D.1.5.3.; GAIO, *Instituta*, I, 9.

Especificamente sobre a escravatura em Roma, enquanto oposto da "libertas", cfr. ISABEL BANOND, *A ideia de liberdade...*, pp. 425 ss.

[800] Cfr. Quarta Partida, Título XXIII, proémio, in loc. cit.

[801] Neste sentido, cfr. PASCOAL JOSÉ DE MELO FREIRE, *Instituições...*, in BMJ, nº 163, p. 10.

escola estóica[802], é renovada no período renascentista, sob a influência de Aristóteles (v. *supra*, n° 3.2.8.): o renascimento é também o período em que se assiste ao renascer da escravatura e Jean Bodin torna-se um seu defensor[803].

Note-se que no Direito Francês anterior à Revolução de 1789, por seu lado, fala-se ainda na existência de servos, enquanto categoria intermédia entre os escravos e os homens livres, pois, apesar de serem cidadãos, estavam onerados com um conjunto de vinculações de raiz feudal face ao respectivo senhor[804].

Aos escravos, por via de regra considerados como meras coisas[805], era negada a titularidade de quaisquer direitos[806], gozando de uma incapacidade jurídica geral[807], sem prejuízo de o Direito Romano, proibindo tratamentos desumanos[808], entender que a escravidão, sendo

---

[802] Cfr. M. ORTOLAN, *Explication...*, I, p. 557.

[803] Cfr. JEAN BODIN, *Los Seis Libros de la República*, Liv. 1°, Cap. V (pp. 29 e 30 da edição consultada).

[804] Para mais desenvolvimentos, cfr. R.J. POTHIER, *Traité des Personnes...*, pp. 161 e 162.

[805] Cfr. R.J. POTHIER, *Traité des Personnes...*, p. 161; ANTÓNIO MENEZES CORDEIRO, *Tratado...*, I, Tomo 3°, p. 37.

Note-se, porém, que o Direito Romano utilizava, por vezes, a expressão "pessoa" para também se referir aos escravos, cfr. FRIEDRICH CARL VON SAVIGNY, *System...*, II, p. 33. Demonstrando, por outro lado, que os escravos, apesar de genericamente serem considerados coisas, eram, todavia, para efeitos de relações religiosas e funerárias tidos como pessoas (cfr. SANTOS JUSTO, *A escravatura em Roma*, in *Boletim da Faculdade de Direito da Universidade de Coimbra*, LXXIII, 1997, pp. 19 ss.), reconhecendo-lhes também alguns direitos (cfr. M. ORTOLAN, *Explication...*, I, p. 555, nota n° 2).

[806] Cfr. CHARLES MAYNZ, *Éléments...*, I, p. 205; ARTUR MONTENEGRO, *Lições de Direito Romano*, (lições coligidas por Antero d'Abreu e A. Campos Figueira), Lisboa, 1917, p. 154.

Em termos mais desenvolvidos sobre a escravidão em Roma, cfr. MARNOCO E SOUZA, *História das Instituições do Direito Romano Peninsular e Português*, 3ª ed., Coimbra, 1910, pp 43 ss.; ISABEL GRAES, *Estatuto jurídico dos escravos em Roma*, in *Estudos em Honra de Ruy de Albuquerque*, I, Coimbra, 2006, pp. 533 ss.

[807] Cfr. FRIEDRICH CARL VON SAVIGNY, *System...*, II, pp. 30 e 418 ss.

[808] Sublinhando, no entanto, que isto não conferia qualquer direito aos escravos, cfr. FRIEDRICH CARL VON SAVIGNY, *System...*, II, p. 33 ss. Em sentido contrário, cfr. M. ORTOLAN, *Explication...*, I, p. 555, nota n° 2.

uma instituição do Direito das Gentes[809], era contrária à natureza[810], enquanto que a liberdade traduzia "a natural faculdade de fazer o que se quer como excepção do que se proíbe pela força ou pela lei"[811]. Não se pode esquecer, todavia, que grande parte do estatuto do escravo era de natureza meramente factual, uma vez que o Direito Romano ignorava os seus poderes de intervenção intrafamiliar e mesmo de incidência económica[812].

No Direito castelhano medieval, reproduzindo o espírito oriundo do Direito Romano, apesar de se afirmar que o senhor podia fazer tudo o que quisesse dos seus servos, proibia-se, no entanto, que, salvo autorização do juiz, o dono matasse o escravo[813]; igualmente se vedava que o ferisse "de maneira contrária à razão da natureza"[814] ou que o deixasse morrer à fome[815], permitindo-se ao escravo a faculdade de se queixar ao juiz[816].

O Direito Português considerava que os escravos eram incapazes da prática de quaisquer actos de natureza pública ou privada, tal como de servir em ofício público[817], registando-se que só em 1773 seria abolida a escravatura em Portugal[818], ficando ainda reconhecida a sua admissibilidade nas colónias até meados do século XIX[819]. No Brasil, a abolição só ocorreria em 1888.

---

[809] Cfr. FRIEDRICH CARL VON SAVIGNY, *System*..., II, p. 30.
[810] Cfr. D.1.5.4.
[811] Cfr. D.1.5.4.
[812] Neste sentido, cfr. ARTUR MONTENEGRO, *A Conquista do Direito na Sociedade Romana*, 2ª ed., Lisboa, 1999, pp. 240 ss.
[813] Cfr. Quarta Partida, Título XXI, Lei VI, in ob. cit.
[814] Cfr. Quarta Partida, Título XXI, Lei VI, in ob. cit.
[815] Cfr. Quarta Partida, Título XXI, Lei VI, in ob. cit.
[816] Cfr. Quarta Partida, Título XXI, Lei VI, in ob. cit.
[817] Cfr. Decreto de 20 de Dezembro de 1693, cfr. MARNOCO E SOUZA, *História*..., p. 95.
[818] Cfr. Alvará de 16 de Janeiro de 1773, cfr. PASCOAL JOSÉ DE MELO FREIRE, *Instituições*..., in BMJ, nº 163, p. 11.
[819] Note-se, no entanto, que já desde o Alvará de 19 de Setembro de 1761 estava proibido o descarregamento de escravos em Portugal provenientes do Ultramar. Sobre a matéria, cfr., por todos, MARNOCO E SOUZA, *História*..., pp. 87 ss.; ANTÓNIO MENEZES CORDEIRO, *Tratado*..., I, Tomo 3º, pp. 39-40.

Independentemente da situação específica dos escravos, a tradição jurídica oriunda do Direito Romano e recebida pelo Direito nacional era pautada pela ausência de qualquer regra de igualdade das pessoas perante a lei, antes a aplicação desta variava em função da qualidade do sujeito: dependia, desde logo, da titularidade da cidadania[820], isto por oposição aos estrangeiros[821], e, dentro do primeiro grupo existiam "pessoas com capacidade jurídica privilegiada"[822] e uma pluralidade de "pessoas com capacidade jurídica limitada"[823].

A mulher, por razões decorrentes de uma alegada "fragilidade do sexo", era configurada como tendo uma dignidade inferior ao homem[824], razão pela qual possuía uma capacidade diminuída[825]. Mas também entre os homens livres existiam distinções de estatuto com reflexos na respectiva capacidade jurídica[826].

Igualmente ao nível do Direito Criminal inexistia qualquer noção de igualdade das pessoas perante a lei ou da lei perante as pessoas,

---

[820] Especificamente sobre a relevância da cidadania no Direito Romano ao nível da capacidade jurídica, cfr. FRIEDRICH CARL VON SAVIGNY, *System...*, II, pp. 38 ss.; CHARLES MAYNZ, *Éléments...*, I, p. 208; M. ORTOLAN, *Explication...*, I, pp. 560 ss.

[821] Traçando um quadro da relevância da qualidade de cidadão, isto em confronto com a qualidade de estrangeiro no Direito português do século XVIII, tomando sempre como referência de base o Direito Romano, cfr. FRANCISCO COELHO DE SOUZA E S. PAIO, *Prelecções...*, pp. 172 ss.; PASCOAL JOSÉ DE MELO FREIRE, *Instituições...*, in BMJ, nº 163, pp. 24 ss.; MANOEL D'ALMEIDA E SOUSA DE LOBÃO, *Notas de Uso Pratico, e Criticas addicões, ilustrações, e remissões, (à imitação das de Muler a Struvio) sobre todos os Títulos, e todos os §§. Do Livro 2º das Instituições do Direito Civil Lusitano do Doutor Pascoal José de Mello Freire*, II, Lisboa, 1818, pp. 18 ss.

Ainda para um historial do estatuto jurídico dos estrangeiros, cfr. MARNOCO E SOUZA, *História...*, pp. 276 ss.

[822] Expressão de MARNOCO E SOUZA, *História...*, p. 309.

[823] Expressão de MARNOCO E SOUZA, *História...*, p. 123. Para mais desenvolvimentos, cfr. CHARLES MAYNZ, *Éléments...*, I, pp. 210 ss.

[824] Cfr. GIOV. GOTTL. EINECCIO, *Elementi di Dritto Civile Romano Secondo l'Ordine della Pandette*, I, 2ª ed., Palermo, 1842, p. 51.

[825] Cfr. GIOV. GOTTL. EINECCIO, *Elementi...*, I, p. 52. Ainda sobre a capacidade da mulher e respectiva tutela, cfr. ARTUR MONTENEGRO, *A Conquista...*, pp. 189 ss.

[826] Cfr. GIOV. GOTTL. EINECCIO, *Elementi...*, I, pp. 52 ss.

variando a configuração do tipo, a gravidade do delito ou a moldura da própria pena em função da qualidade do agente ou da vítima: um mesmo crime podia ter um quadro legal sancionatório adaptável em função do estatuto social do delinquente (v.g., se fosse peão, fidalgo, escuteiro de linhagem, cavaleiro)[827], existindo certas categorias sociais de pessoas excluídas da aplicação de determinados tipos de penas[828].

A própria noção jurídica de pessoa, acolhendo os ensinamentos do Direito Romano, encontra-se indissociavelmente ligada a um determinado estado ou a uma certa qualidade do homem[829]: é desconhecida uma ideia universal de pessoa.

3.5.3. *Patrimonialização da tutela da pessoa humana*

Preocupava-se o Direito Romano em precisar a relevância do momento do nascimento para efeitos de aquisição da personalidade jurídica[830]: considerado o homem antes do nascimento como uma espécie de animal[831] ou, em alternativa, como fazendo parte da mãe[832] ou

---

[827] Exemplo ilustrativo deste modelo de desigual aplicação pessoal da lei criminal pode encontrar-se, sem embargo de múltiplas outras situações de variação da pena em função do estatuto social das pessoas evolvidas, no âmbito do quadro sancionatório a que se encontrava sujeito o homem que dormisse com mulher casada (cfr. OA, V, 7, 2; OM, V, 15, pr.; OF, V, 25) ou que resistisse, desobedecesse e injuriasse oficial de justiça (cfr. OM, V, 36, 6; OF, V, 49, 6) ou ainda no crime de blasfémia (cfr. OF, V, 2).

[828] Era o que sucedia, desde logo, com as pessoas cujo estatuto social as excluía da aplicação de pena vil, tal como resultava de expressa a indicação da lei, cfr. OM, V, 40; OF, V, 138.

[829] Neste sentido, referindo que pessoa é, na sua acepção jurídica, *"o homem considerado como em certo estado. O estado he certa qualidade do homem, conforme a qual qualidade gosa de Direitos diversos dos que gosão outros homens"*, cfr. MANOEL D'ALMEIDA E SOUSA DE LOBÃO, *Notas...*, II, p. 5.

[830] Cfr. FRIEDRICH CARL VON SAVIGNY, *System...*, II, pp. 381 ss.; BERNHARD WINDSCHEID, *Lehrbuch...*, I, pp. 140 e 141; LUÍS CABRAL DE MONCADA, *Elementos...*, II, pp. 69 e 70.

[831] Cfr. GIOV. GOTTL. EINECCIO, *Elementi...*, I, p. 50, nota.

[832] Cfr. CHARLES MAYNZ, *Éléments...*, I, p. 206.

do ventre[833], verdadeira "porção da mulher ou das suas vísceras"[834], uma vez que enquanto feto não pertencia à humanidade[835] – razão pela qual não configurava a provocação do aborto como crime[836], tal como também sucedeu em Portugal até meados do século XIX[837] –, a simples separação do ventre materno não conferia automaticamente personalidade, exigindo-se ainda que (i) o nascimento fosse com vida, pois os que "nascem mortos não se consideram nascidos nem procriados"[838], que (ii) o recém-nascido revestisse forma humana habitual[839] e que (iii) o parto não ocorresse antes do sexto ou sétimo mês de gestação[840].

A preocupação reguladora do Direito Romano – e, sublinhe-se, de todo o Direito Civil que segue essa mesma tradição – em torno do nas-

---

[833] Cfr. GIOV. GOTTL. EINECCIO, *Elementi...*, I, p. 50, nota.

[834] Cfr. D.25.4.1.1.

[835] Neste sentido, relatando o pensamento romano de Papiniano, cfr. SILVA FERRÃO, *Theoria do Direito Penal*, VII, Lisboa, 1857, p. 81.

[836] Neste último sentido, cfr. LUÍS CABRAL DE MONCADA, *Elementos...*, II, p. 71. Para mais desenvolvimentos sobre a tutela penal do nascituro ao longo da História, cfr. ANTÓNIO MENEZES CORDEIRO, *Tratado...*, I, Tomo 3°, pp. 299 ss.

[837] Em Portugal, com efeito, desde tempos imemoriais, as leis sempre foram omissas quanto ao crime de aborto, não sendo uma tal conduta punida pelas Ordenações. É apenas durante o período liberal, já em meados do século XIX, em 1852, que o legislador nacional, tendo em conta a "moral pública e religiosa de quase todos os países modernos", as exigências da sociedade e o risco de vida para a mãe que aborta, que se revolve incriminar o aborto voluntário. Neste sentido e para mais desenvolvimentos, cfr. SILVA FERRÃO, *Theoria...*, VII, pp. 82, nota n° 3, e ss..

[838] Cfr. D.50.16.129. Neste sentido, referindo que aquele que nascia sem viabilidade era tido como um nado-morto ou um aborto, cfr. FRIEDRICH CARL VON SAVIGNY, *System...*, II, p. 392; BERNHARD WINDSCHEID, *Lehrbuch...*, I, p. 141.

[839] Cfr. D.1.5.14. Desenvolvendo esta mesma ideia, cfr. GIOV. GOTTL. EINECCIO, *Elementi...*, I, p. 51; BERNHARD WINDSCHEID, *Lehrbuch...*, I, p. 141; CHARLES MAYNZ, *Éléments...*, I, pp. 205-206. Especificamente sobre a bibliografia respeitante à posição do Direito Romano sobre seres nascidos de uma mulher sem terem forma humana, cfr. C. AUBRY / C. RAU, *Cours de Droit Civil Français d'aprés la methode de Zachariae*, I, 6ª ed., Paris, 1936, p. 307, nota n° 5.

Note-se que o tema do nascimento de criança sem forma humana tem particular relevo no Direito castelhano medieval para efeitos de determinação de regras de sucessão dos bens, cfr. Quarta Partida, Título XXIII, Lei V, in loc. cit.

[840] Cfr. D.1.5.12. Ainda sobre o tema, cfr. CHARLES MAYNZ, *Éléments...*, I, p. 207.

cimento não se deve a qualquer propósito de tutela da vida humana, antes tem subjacente a garantia de interesses de natureza patrimonial, daí a intima associação entre a personalidade jurídica e a titularidade de direitos patrimoniais.

A tutela da vida surge como condição essencial da capacidade jurídica[841] e esta, por seu turno, releva principalmente para efeitos patrimoniais, encontrando-se dependente de quatro factores nucleares[842]: a família[843], a idade[844], o sexo[845], a saúde do corpo e do espírito[846] [847].

É essa mesma preocupação patrimonial que explica, aliás, a protecção concedida aos nascituros como se tivessem nascido[848], sendo "considerados em quase todo o Direito Civil como nascidos"[849], designadamente para efeitos sucessórios[850]. Em sentido semelhante se deve entender a designada inspecção ao ventre e custódia ao parto que o Direito Romano admitia na sequência de denúncia feita pela mulher repudiada ou viúva que se sentisse grávida[851].

---

[841] Cfr. LUÍS CABRAL DE MONCADA, *Elementos...*, II, p. 118.

[842] Indicando ainda outros factores, cfr. LUÍS CABRAL DE MONCADA, *Elementos...*, II, pp. 173 ss.

[843] Sobre a configuração do poder familiar como restrição da capacidade jurídica no Direito Romano, cfr. FRIEDRICH CARL VON SAVIGNY, *System...*, II, pp. 49 ss.; CHARLES MAYNZ, *Éléments...*, I, pp. 210 ss.; M. ORTOLAN, *Explication...*, I, pp. 564 ss.

[844] Cfr. BERNHARD WINDSCHEID, *Lehrbuch...*, I, p. 145; CHARLES MAYNZ, *Éléments...*, I, pp. 214 ss.; M. ORTOLAN, *Explication...*, I, pp. 588 ss.

[845] Cfr. BERNHARD WINDSCHEID, *Lehrbuch...*, I, p. 146; CHARLES MAYNZ, *Éléments...*, I, pp. 217 ss.; M. ORTOLAN, *Explication...*, I, pp. 587.

[846] Cfr. BERNHARD WINDSCHEID, *Lehrbuch...*, I, p. 146; CHARLES MAYNZ, *Éléments...*, I, pp. 230 e 231; M. ORTOLAN, *Explication...*, I, pp. 591.

[847] Para mais desenvolvimentos sobre a capacidade jurídica da pessoa, salientando as diversas limitações, cfr. PAULO OTERO, *Direito da Vida*, pp. 42 ss.

[848] Cfr. D.1.5.7. Para mais desenvolvimentos, cfr. ANTÓNIO MENEZES CORDEIRO, *Tratado...*, I, Tomo 3º, em especial, pp. 299 e 300.

[849] Cfr. D.1.5.26.

[850] Especificamente sobre a protecção jurídica dos nascituros no Direito Romano, cfr. CHARLES MAYNZ, *Éléments...*, I, p. 206; LUÍS CABRAL DE MONCADA, *Elementos...*, II, pp. 70 ss.

[851] Cfr. GIOV. GOTTL. EINECCIO, *Elementi...*, IV, 2ª ed., Palermo, 1845, pp. 204 ss.

Podemos encontrar duas excepções, no entanto, a toda esta visão patrimonial da tutela jurídica do nascituro:

(i) O determinar-se que a execução da pena de morte de uma mulher grávida só teria lugar após o parto[852], não sendo a pena transmitida à criança[853], salientando-se ainda que durante o período da gravidez não deveria a mulher ser submetida a tortura[854];
(ii) O considerar-se que não nascia escravo o filho de mulher livre à data da concepção que, entretanto, se tornasse escrava, ou, em sentido inverso, se durante a gravidez deixasse de ser escrava[855].

As mencionadas excepções não podem, porém, obnubilar o verdadeiro espírito do sistema[856]: a patrimonialização da intervenção jurídica na tutela civilística da pessoa humana.

Igualmente em termos penais se fazia reflectir esse sentido patrimonial da intervenção da lei: a criminalização do adultério da mulher é entendida, pelo filósofo francês Voltaire (1694-1778), em finais do século XVIII, como expressão de uma concepção em que as mulheres são vistas como um bem de que o marido é proprietário[857]. O próprio crime de violação também acaba reconduzido a "uma violação da propriedade que cada um deve ter da sua pessoa"[858].

---

[852] Cfr. D. 48.19.3.
[853] Cfr. Quarta Partida, Título XXIII, Lei III, in ob. cit.
[854] Cfr. D. 48.19.3. Neste último sentido, cfr. GIOV. GOTTL. EINECCIO, *Elementi...*, I, p. 51.
[855] Cfr. D.1.5.5.
[856] Em igual sentido, admitia-se que, no caso de uma mulher depois da morte do marido se declarar grávida, certificada essa gravidez, seria nomeado um "curador ao ventre", o qual recebia os bens em inventário e prestava alimentos à viúva até ao parto, pois "tais alimentos mais se prestam ao feto do que à mãe", cfr. MANOEL D'ALMEIDA E SOUSA DE LOBÃO, *Notas...*, II, p. 634.
[857] Cfr. VOLTAIRE, *Prémio da Justiça e da Humanidade*, editora Vega, Lisboa, 2004, p. 53.
[858] Cfr. VOLTAIRE, *Prémio...*, p. 103, nota nº 46.

Essa mesma vertente ideológica patrimonial encontrava-se presente na regulação jurídica da morte. Também aqui, fazendo coincidir com esse momento o termo da personalidade jurídica[859], sem prejuízo das designadas situações de "morte civil" decorrentes do ingresso numa ordem religiosa ou de condenação penal[860], a grande preocupação jurídica estava na disciplina da sucessão do respectivo património, criando-se a designada sucessão hereditária.

A natureza patrimonial das preocupações do Direito Romano reduz o momento da morte a um simples facto desencadeador de um fenómeno sucessório, avultando o dominante intuito de disciplinar uma modalidade de transmissão de direitos.

Não era diferente, também neste específico aspecto, a preocupação do Direito português durante o período histórico em análise, sem prejuízo de se assistir, a partir do século XVIII, a uma certa publicização da tutela jurídica da pessoa humana: o Estado de Polícia e o inerente "direito de polícia" titulado pelo monarca habilitava a intervenção real no âmbito cultural[861], familiar[862] e na "saúde dos povos"[863].

3.5.4. *Crueldade e desumanidade penais*

Além de existir um ordenamento jurídico criminal afastado de qualquer preocupação de igualdade, sem uma genérica afirmação de proporcionalidade entre a pena e o delito[864], verifica-se também a pró-

---

[859] Cfr. BERNHARD WINDSCHEID, **Lehrbuch...**, I, pp. 142 ss.; LUÍS CABRAL DE MONCADA, **Elementos...**, II, p. 183.

[860] Cfr. R.J. POTHIER, **Traité des Personnes...**, pp. 171 ss.

[861] Cfr. FRANCISCO COELHO DE SOUZA E S. PAIO, **Prelecções...**, pp. 140 ss.; PASCOAL JOSÉ DE MELO FREIRE, **Instituições...**, in BMJ, nº 162, pp. 122-123.

[862] Cfr. FRANCISCO COELHO DE SOUZA E S. PAIO, **Prelecções...**, pp. 142 ss.; PASCOAL JOSÉ DE MELO FREIRE, **Instituições...**, in BMJ, nº 162, pp. 108 ss.

[863] Cfr. FRANCISCO COELHO DE SOUZA E S. PAIO, **Prelecções...**, p. 146; PASCOAL JOSÉ DE MELO FREIRE, **Instituições...**, in BMJ, nº 162, pp. 107-108

[864] Sublinhando, em finais do século XVIII, tomando como referência o Direito francês, essa mesma falta de proporcionalidade entre a pena e o delito, cfr. VOLTAIRE, **Prémio...**, p. 89.

pria ausência de qualquer ideia de legalidade quanto à tipicidade criminal e às respectivas penas: em França, ao invés do que sucedia na Grã-Bretanha, os juízes podiam aplicar penas – incluindo a morte – a factos que não se encontravam tipificados como crimes, tal como sucedia com o incesto[865]. Igualmente em Portugal, antes do Código Penal de 1852 que afirmou o princípio da legalidade criminal (artigo 1º), existia um "arbítrio desregrado, erigido em princípio e prática de julgar, em matéria de crimes e penas"[866].

A influência da tradição jurídica romana permite registar a impermeabilidade da lei penal vigente até ao século XIX aos valores da civilização cristã. Como já foi escrito, "a história do Direito penal é uma história de crimes morais, de tiranias, de horrores, de tormentos e de sangue que fazem estremecer a humanidade"[867].

É especialmente no domínio das penas que, sujeitas à influência de uma justiça de Talião[868], segundo um princípio de "troca de mal por mal"[869] e dominadas por uma preocupação de segurança[870], se revela a dimensão de um ordenamento dotado de extrema crueldade: os açoites[871], a mutilação da língua ou dos olhos, a amputação de membros[872] ou ainda a marca de ferro quente, sem tomar em conta as formas de

---

Note-se, porém, que em matéria de legítima defesa existe, todavia, uma ideia de proporcionalidade na punição do excesso de legítima defesa, cfr. OM, V, 10, pr.; OF, V, 35, pr.

[865] Neste sentido, tendo em consideração a realidade francesa em finais do século XVIII, cfr. VOLTAIRE, *Prémio...*, p. 60.

[866] Cfr. SILVA FERRÃO, *Theoria do Direito Penal*, I, Lisboa, 1856, p. LIX.

[867] Cfr. SILVA FERRÃO, *Theoria...*, I, p. XXX.

[868] Para um elenco breve das penas no Direito Romano, cfr. GIOV. GOTTL. EINECCIO, *Elementi...*, VI, 2ª ed., Palermo, 1845, pp. 245 ss. Quanto ao Direito castelhano medieval, cfr. Sétima Partida, Título XXXI, Lei IV, in ob. cit.

[869] Neste sentido, cfr. SILVA FERRÃO, *Theoria...*, I, p. XXXIX.

[870] Cfr. PASCOAL JOSÉ DE MELO FREIRE, *Instituições...*, in BMJ, nº 161, p. 127

[871] A pena de açoitamento público era aplicada, por exemplo, a certo tipo de furtos, cfr. OM, V, 37, 1 e 2; OF, V, 60, 1 e 2.

[872] A mutilação através do decepar de ambas as mãos, seguida de execução capital, era a pena aplicável ao autor material do crime de homicídio por dinheiro, cfr. OA, V, 33, 1; OM, V, 10, 2; OF, V, 35, 3.

execução da pena capital[873] – desde a forca até ao fogo[874], passando pelo cutelo ou pelo apedrejamento, sem esquecer a especial crueldade que poderia envolver o propósito de matar lentamente através de tormentos[875] –, ilustram a desumanidade das soluções punitivas vigentes[876]. Vivia-se então, segundo as palavras de Voltaire, uma "densa sombra", uma "noite de grosseria" em que a "barbárie domina"[877].

O condenado à morte, além de ser civilmente infame[878], é tido como um proscrito da humanidade: existiam mesmo crimes em que a pena de morte não se mostrava suficiente, determinando-se ainda que, na sequência do Direito Romano[879], fosse "feito per fogo em pó, para que nunca de seu corpo e sepultura possa haver memória"[880].

Tratava-se, num outro sentido, de um ordenamento penal que não assentava necessariamente na culpa do agente ou na pessoalidade da pena, conhecendo diversos casos de responsabilidade criminal objectiva de terceiro: era o que sucedia quando as penas eram transmitidas aos herdeiros do condenado[881], registando-se que a própria lei podia

---

[873] Cfr. SILVA FERRÃO, *Theoria...*, I, p. XLVIII.

[874] Encontrando na superstição a razão de ser do "uso bárbaro do suplício do fogo", cfr. VOLTAIRE, *Prémio...*, p. 103, nota nº 51.

[875] Previa a lei que o escravo que matasse o seu senhor fosse enforcado, sem prejuízo de antes ter as mãos decepadas e ser "atenezado", significando isto que teria o corpo apertado por uma tenaz ardente, cfr. OM, V, 10, 6; OF, V, 91, pr.
Especificamente sobre os designados "suplícios rebuscados" em França, cfr. VOLTAIRE, *Prémio...*, pp. 91 e 92.

[876] Para um relato e comentário da desumanidade do sistema criminal francês em finais do século XVIII, cfr. VOLTAIRE, *Prémio...*, pp. 19 ss.

[877] Neste último sentido, cfr. VOLTAIRE, *Prémio...*, p. 34.

[878] Sobre a infâmia dos condenados à morte e seu efeitos, cfr. R.J. POTHIER, *Traité des Personnes...*, pp. 178 e 179. Ainda sobre a infâmia em geral, enquanto limitação da capacidade jurídica, cfr. FRIEDRICH CARL VON SAVIGNY, *System...*, II, pp. 170 ss., em especial, pp. 173 ss.

[879] O Direito Romano negava mesmo ao condenado à morte, por princípio, a sepultura do respectivo cadáver, cfr. GIOV. GOTTL. EINECCIO, *Elementi...*, VI, pp. 251-252.

[880] Neste sentido, por exemplo, especificamente quanto ao crime de sodomia, cfr. OA, V, 17; OM, V, 12, pr.; OF, V, 13, pr.

[881] Era o que sucedia, por exemplo, com a infâmia que incidia sobre os descendentes daquele que cometia o crime de lesa majestade (cfr. OM, V, 3, pr.;

até dizer que o sancionamento criminal era feito independentemente de qualquer culpa[882].

Igualmente ao nível dos meios de prova criminal, a legislação mostrava-se fiel à tradição romana e totalmente imune à evolução ideológica de valorização da pessoa humana: os tormentos[883], identificados como "a pergunta judicial feita ao réu de crimes graves compelido a dizer a verdade por meio de tratos do corpo"[884], fazendo da tortura um meio de prova[885], permaneceu na legislação até ao século XIX, sem prejuízo da consciência que deveria ser proscrita do foro cristão[886] e a afirmação, no Regimento aprovado pelo Alvará de 1 de Setembro de 1774, que a tortura era "inteiramente estranha aos pios e misericordiosos sentimentos da Igreja Mãe".

Independentemente da crescente consciência de desarmonia entre o direito escrito vigente e os valores que o Poder dizia professar, e mesmo tendo presente que, por impulso moral do século XVIII, "os costumes foram-se adoçando"[887], o certo é que a legislação criminal permanecia inalterável. Isso permite explicar que, até meados do século XIX, e sem se entrar na discussão sobre o respectivo grau de efectividade, a lei existente continuasse a conter todas as referidas soluções criminais dotadas de crueldade e desumanidade.

OF, V, 6, pr.) ou o crime de sodomia (cfr. OM, V, 12, pr.; OF, V, 13, pr.). Para uma crítica à transmissão de penas, cfr. VOLTAIRE, *Prémio...*, p. 25.

[882] Neste último sentido, a título ilustrativo quanto à punição dos descendentes do autor do crime de lesa-majestade, cfr. OM, V, 3, pr., *in fine*; OF, V, 6, pr., *in fine*.

[883] Para um desenvolvimento do regime jurídico da tortura no Direito Romano, cfr. GIOV. GOTTL. EINECCIO, *Elementi...*, VI, pp. 241 ss.

[884] Cfr. JOAQUIM JOSÉ CAETANO PEREIRA E SOUSA, *Primeiras Linhas Sobre Processo Criminal*, 3ª ed., Lisboa, 1806, p. 162.

[885] Sobre o regime dos tormentos, cfr. OA, V, 87; OM, V, 64; OF, V, 133. Quanto ao Direito castelhano, cfr. Sétima Partida, Título XXX, in ob. cit.

[886] Neste sentido se pronunciou Christiano Thomasio em Dissertação de que dá notícia JOAQUIM JOSÉ CAETANO PEREIRA E SOUSA, *Primeiras...*, p. 162, nota nº 392. Ainda sobre a tortura, fazendo uma síntese da respectiva admissibilidade na Europa dos finais do século XVIII, cfr. VOLTAIRE, *Prémio...*, pp. 85 ss.

[887] Neste sentido, cfr. SILVA FERRÃO, *Theoria...*, I, p. LI.

3.6. A alvorada da modernidade constitucional

3.6.1. *A* Utopia *de More e a génese da modernidade*

Depois do contributo de Marsílio de Pádua no século XIV (v. *supra*, nº 3.3.6.), *A Utopia* de Tomás More (1478-1535), escrita nos primeiros anos do século XVI, e procurando descrever um modelo ideal de sociedade existente numa ilha imaginária, é talvez a obra que mais antecipou a modernidade[888], podendo dizer-se ser precursora do pensamento de Rousseau, do socialismo dos séculos XIX e XX[889] ou até mesmo da doutrina social da Igreja[890].

Centrada num relato feito por um imaginado Rafael Hitlodeu, português de origem[891], *A Utopia* assenta num propositado equívoco entre aquilo que Tomás More acredita e aquilo que, pelo contrário, são as opiniões defendidas pelo narrador da sociedade utopiana[892]. No limite, tal como expressamente se diz, "à força de dizer tolices, acaba-se sempre por se dizer alguma coisa de bom"[893]. O livro termina, aliás, com um indefinido sublinhar pelo seu autor de um "grande número de coisas que se me tinham afigurado absurdas nas leis e nos costumes dos utopianos"[894], não podendo More com elas concordar[895], e, simulta-

---

[888] Cfr. CHRISTOPH HORN, *Einführung...*, pp. 68 ss.

[889] Entendendo tratar-se de uma utopia comunista, cfr. WALTER THEIMER, *História...*, p. 103. Considerando que não se trata de uma antecipação de Marx, falando antes na formulação por Tomás More de um modelo de "socialismo cristão", cfr. DIOGO FREITAS DO AMARAL, *História...*, I, p. 261.

[890] Neste último sentido, cfr. W.E. CAMPBELL, *More's Utopia and his social teaching*, London, 1930, referendiada por DIOGO FREITAS DO AMARAL, *História...*, I, p.260.

[891] Cfr. TOMÁS MORUS, *A Utopia*, 11ª ed., Guimarães Editores, Lisboa, 1998, p. 25 (livro I).

[892] Específicamente sobre a polémica em torno da diferenciação entre as verdadeiras ideias políticas de Tomás More e as ideias defendidas por Rafael Hitlodeu, cfr. MARCEL PRÉLOT / GEORGES LESCUYER, *Histoire...*, pp. 177 ss.; DIOGO FREITAS DO AMARAL, *História...*, I, pp. 260 ss., considerando mesmo este último Autor que Rafael Hitlodeu é um heterónimo de Tomás More (*ibidem*, p. 259).

[893] Cfr. TOMÁS MORUS, *A Utopia*, p. 47 (livro I).

[894] Cfr. TOMÁS MORUS, *A Utopia*, p. 159 (livro II).

[895] Cfr. TOMÁS MORUS, *A Utopia*, p. 160.

neamente, o afirmar que "há nos utopianos uma porção de instituições que desejo ver estabelecidas nos nossos países" [896].

Independentemente de o modelo de sociedade ideal existente na ilha da Utopia corresponder ou não ao pensamento de Tomás More, a circunstância de ter originado ideias que marcaram o percurso posterior do pensamento político ocidental sobre o estatuto da pessoa humana e do poder político, verificando-se ainda hoje a actualidade ideológica de algumas dessas reflexões, justifica que se proceda à sua análise.

Considerando que fora da ilha da Utopia, em todos os restantes locais, "os que falam de interesse geral só pensam no próprio"[897], observa-se uma severa crítica à iniquidade de todas essas sociedades, pois "os ricos diminuem todos os dias de uma ou de outra maneira o salário dos pobres"[898], utilizando habilidades e artimanhas para abusar das pessoas e lhes comprar pelo mais baixo preço possível o engenho e o trabalho[899], convertendo tais ricos "ainda em injustiça essa monstruosidade, sancionando-a por meio de lei"[900].

Deste modo, estabelecendo as primícias de uma concepção que faz do Direito um instrumento de domínio e repressão sociais, uma vez que transforma essas maquinações dos ricos em vontade do Estado[901], todo o escândalo da denúncia social se resume na seguinte pergunta: "será justo que um nobre, um ourives, um usurário, aqueles que nada produzem (...), que esses levem a vida delicada e esplêndida no seio da ociosidade ou de frívolas ocupações, enquanto o operário, o carroceiro, o artífice, o lavrador, vivem em terrível miséria, obtendo com dificuldade uma alimentação sempre escassa?"[902] Ou, numa formulação quase idêntica, se interrogue se "não será iníqua e ingrata a sociedade que cumula de tantos benefícios os que chama nobres, joalheiros, os ociosos ou esses artífices de luxo (...), quando, por outra parte, não mostra coração nem cuidado para com o lavrador, o carvoeiro, o

---

[896] Cfr. TOMÁS MORUS, *A Utopia*, p. 160.
[897] Cfr. TOMÁS MORUS, *A Utopia*, p. 154.
[898] Cfr. TOMÁS MORUS, *A Utopia*, p. 156.
[899] Cfr. TOMÁS MORUS, *A Utopia*, p. 157.
[900] Cfr. TOMÁS MORUS, *A Utopia*, p. 156.
[901] Cfr. TOMÁS MORUS, *A Utopia*, p. 157.
[902] Cfr. TOMÁS MORUS, *A Utopia*, p. 155.

operário, o carroceiro, sem os quais não subsistiria o agregado social?"[903].

Ora, é em alternativa a todo este quadro de injustiças sociais que se encontra edificada a sociedade da ilha da Utopia:

(i) Trata-se de uma sociedade em que não há propriedade privada, substituída que foi pela posse comum[904], pois, segundo a afirmação de Rafael Hitlodeu, onde a propriedade privada é um direito individual "nunca poderá organizar-se a justiça e a prosperidade social"[905], verificando-se que a equidade e a justiça na distribuição dos bens exigem a sua abolição[906]: assim, na ilha da Utopia, "onde ninguém possui nada de seu, toda a gente se ocupa a sério da coisa pública, porque o bem particular confunde-se realmente com o bem comum"[907], observando-se ainda que "embora ninguém tenha nada de seu, toda a gente é rica"[908];

(ii) É uma sociedade alicerçada no princípio da igualdade, enquanto "única maneira de organizar a felicidade pública"[909]; no princípio da solidariedade, sublinhando-se que "a mais nobre e humana virtude consiste em suavizar os sofrimentos do próximo"[910], devendo "todos os homens ajudarem-se mutuamente"[911]; e ainda no princípio da participação política das famílias nos negócios públicos[912], incluindo o uso do referendo para se "consultar a opinião de todos os habitantes da ilha"[913];

---

[903] Cfr. TOMÁS MORUS, *A Utopia*, p. 156.
[904] Cfr. TOMÁS MORUS, *A Utopia*, p. 74.
[905] Cfr. TOMÁS MORUS, *A Utopia*, p. 62.
[906] Cfr. TOMÁS MORUS, *A Utopia*, p. 63.
[907] Cfr. TOMÁS MORUS, *A Utopia*, p. 154.
[908] Cfr. TOMÁS MORUS, *A Utopia*, p. 155.
[909] Cfr. TOMÁS MORUS, *A Utopia*, p. 63.
[910] Cfr. TOMÁS MORUS, *A Utopia*, p. 102.
[911] Cfr. TOMÁS MORUS, *A Utopia*, p. 103.
[912] Cfr. TOMÁS MORUS, *A Utopia*, p. 76.
[913] Cfr. TOMÁS MORUS, *A Utopia*, p. 77.

(iii) Revela-se, por outro lado, um modelo de sociedade motivado por finalidades de bem-estar social[914], onde "não se vêem nem pobres, nem mendigos"[915], registando-se a existência de ensino público[916], de "enfermarias públicas" destinadas ao atendimento de doentes[917], de "mesas públicas" para servirem refeições comuns[918] e ainda de um sistema de garantia de bem-estar para os inválidos, doentes e idosos[919].

Estamos na presença, todavia, de uma sociedade de forte intervenção pública, encontrando-se tudo previsto e organizado"[920], limitando-se a liberdade de escolha da profissão[921], sendo a agricultura um dever a todos imposto[922], prevendo-se a "emigração em massa" compulsiva[923] e um sistema de licenças limitativo da liberdade de circulação das pessoas[924] e da faculdade de contrair casamento[925]. É mesmo possível recortar um dirigismo omnipresente do Estado que vai ao ponto de o vestuário ter a mesma forma[926] e cor[927] para todos os habilitantes da ilha. Há aqui, por tudo isto, uma forte reminiscência da *República* de Platão (v. *supra*, nº 3.2.7.).

Não obstante se admitir a liberdade religiosa[928] e as liberdades de consciência e de crença[929], pois "não está no poder de ninguém acreditar ou sentir o que não se sente"[930], afirmando-se também a ideia de

---

[914] Cfr. TOMÁS MORUS, *A Utopia*, p. 93.
[915] Cfr. TOMÁS MORUS, *A Utopia*, p. 155.
[916] Cfr. TOMÁS MORUS, *A Utopia*, p. 80.
[917] Cfr. TOMÁS MORUS, *A Utopia*, p. 88.
[918] Cfr. TOMÁS MORUS, *A Utopia*, p. 89.
[919] Cfr. TOMÁS MORUS, *A Utopia*, pp. 155 e 156.
[920] Cfr. TOMÁS MORUS, *A Utopia*, p. 83.
[921] Cfr. TOMÁS MORUS, *A Utopia*, p. 79.
[922] Cfr. TOMÁS MORUS, *A Utopia*, p. 78.
[923] Cfr. TOMÁS MORUS, *A Utopia*, p. 86.
[924] Cfr. TOMÁS MORUS, *A Utopia*, pp. 92 ss.
[925] Cfr. TOMÁS MORUS, *A Utopia*, p. 118.
[926] Cfr. TOMÁS MORUS, *A Utopia*, p. 78.
[927] Cfr. TOMÁS MORUS, *A Utopia*, p. 83.
[928] Cfr. TOMÁS MORUS, *A Utopia*, pp. 140 ss., em especial, p. 142.
[929] Cfr. TOMÁS MORUS, *A Utopia*, p. 143.
[930] Cfr. TOMÁS MORUS, *A Utopia*, p. 144.

proporcionalidade entre o castigo e a grandeza do crime praticado[931], a eutanásia é uma instituição vigente na ilha, "quando aos males incuráveis se acrescentam atrozes sofrimentos que nada é capaz de suspender ou remediar"[932].

Por tudo isto, conclua-se, *A Utopia* de Tomás More tem de ser assinalada como uma referência genética percursora da modernidade em pleno início do século XVI.

3.6.2. Hobbes: uma modernidade entre direitos inalienáveis do homem e um poder ao serviço da segurança?

O britânico Thomas Hobbes (1588-1679), radicando na razão as leis da natureza[933] e considerando que a força destas se encontra nos argumentos que as fundamentam[934], sendo imutáveis e eternas[935], sem embargo de recusar admitir que uma lei natural possa ser contrária à lei divina[936], faz da equidade, da justiça e da honra a síntese de todo o tipo de virtudes[937]. A lei natural, todavia, uma vez que apenas obriga *in foro interno*, deve entender-se que apenas vincula em consciência[938].

Proclamando a máxima "não faças aos outros o que não querias que te fizessem a ti"[939], Hobbes traça um considerável elenco de direi-

---

[931] Cfr. TOMÁS MORUS, *A Utopia*, p. 120.
[932] Cfr. TOMÁS MORUS, *A Utopia*, p. 117.
[933] Cfr. THOMAS HOBBES, *Elementos de Derecho Natural y Político*, Alianza Editorial, Madrid, 2005, (Parte I, Cap. 15º, 1 e Cap. 18º, 1), pp. 176-177 e 201.
[934] Cfr. THOMAS HOBBES, *Elementos...*, (Parte I, Cap. 16º, 1), p. 185. Sublinha Hobbes, todavia, que a existência de uma acção contrária à razão, apesar de ter a seu favor muitos precedentes, será sempre contrária à razão e, por isso, não pode considerar-se uma lei natural, cfr. THOMAS HOBBES, *Elementos...*, (Parte I, Cap. 17º, 11), p. 198.
[935] Cfr. THOMAS HOBBES, *Leviathan*, reimp., ed. Fundo de Cultura Económica, México, 1992, (Parte I, Cap. 15º), p. 130.
[936] Cfr. THOMAS HOBBES, *Elementos...*, (Parte I, Cap. 18º, 12), p. 205.
[937] Cfr. THOMAS HOBBES, *Elementos...*, (Parte I, Cap. 17º, 15), p. 200.
[938] Cfr. THOMAS HOBBES, *Leviathan*, (Parte I, Cap. 15º), p. 130.
[939] Cfr. THOMAS HOBBES, *Leviathan*, (Parte I, Cap. 15º), p. 129.

tos naturais que cada homem possui, registando-se que alguns deles são qualificáveis como direitos inalienáveis[940], apesar da visão global exigir uma ponderação sobre a sua exacta configuração no contexto da sociedade política, podendo deles apresentar-se a seguinte síntese:

(i) Todos os homens são iguais por natureza[941], impondo a lei natural que "cada homem reconheça o outro como seu igual"[942], tendo todos eles, também por natureza, iguais direitos[943] e justificando-se igualdade na imposição de tributos[944];

(ii) Todo o homem tem o direito de se preservar da morte e da dor[945], sendo nulos quaisquer pactos pelos quais renuncia ao direito à vida e à sua defesa[946]: é "um direito natural que cada homem possa conservar com todas as suas forças a sua própria vida e os seus membros"[947];

(iii) Não é possível renunciar ao direito de resistir contra aquele que ataca pela força com o propósito de tirar a vida[948], antes se tem como lícito que o indivíduo se possa servir de todos os meios e realize qualquer acção necessária para conservar o seu corpo[949];

---

[940] Cfr. THOMAS HOBBES, *Leviatan*, (Parte II, Cap. 14°), pp. 108-109.
Ainda sobre a temática dos direitos inalienáveis em Hobbes, cfr. LAURENCE BERNS, *Thomas Hobbes (1588-1679)*, in LEO STRAUSS / JOSEPH CROPSEY (org.), *Historia de la Filosofía Política*, 3ª ed., reimp., México, 1996, pp. 388 ss.; DIOGO FREITAS DO AMARAL, *História...*, I, pp. 381 ss.

[941] Cfr. THOMAS HOBBES, *Elementos...*, (Parte I, Cap. 14°, 1), p. 170; IDEM, *Leviatan*, (Parte II, Cap. 13°), p. 100. Como já foi sublinhado, para Hobbes a igualdade mais importante entre os homens seria a capacidade de todos os homens se matarem uns aos outros, cfr. LAURENCE BERNS, *Thomas Hobbes*, p. 380.

[942] Cfr. THOMAS HOBBES, *Elementos...*, (Parte I, Cap. 15°, 1), p. 193.

[943] Cfr. THOMAS HOBBES, *Elementos...*, (Parte II, Cap. 1°, 19), p. 227.

[944] Cfr. THOMAS HOBBES, *Leviatan*, (Parte II, Cap. 30°), p. 283.

[945] Cfr. THOMAS HOBBES, *Elementos...*, (Parte I, Cap. 14°, 6), p. 172.

[946] Cfr. THOMAS HOBBES, *Leviatan*, (Parte II, Cap. 21°), p. 177.

[947] Cfr. THOMAS HOBBES, *Elementos...*, (Parte I, Cap. 14°, 6), p. 172.

[948] Cfr. THOMAS HOBBES, *Leviatan*, (Parte II, Cap. 14°), p. 109.

[949] Cfr. THOMAS HOBBES, *Elementos...*, (Parte I, Cap. 14°, 7), p. 172.

(iv) Há liberdade para desobedecer ao soberano que ordena atentar contra a pessoa do súbdito ou lhe impõe não resistir a quem o agredir ou ainda a "abster-se do uso de alimentos, do ar, da medicina ou de qualquer outra coisa sem a qual não pode viver"[950];

(v) Todo o homem tem o direito de julgar sobre a necessidade dos meios a usar para se defender e ser também o juiz da gravidade do perigo que enfrenta[951];

(vi) Se alguém é interrogado por uma autoridade sobre um crime que cometeu não se encontra obrigado a confessá-lo, pois "ninguém pode ser obrigado a acusar-se a si mesmo por efeito de um pacto", salvo se obtiver garantia de perdão[952];

(vii) Uma vez que a natureza deu todas as coisas a todos os homens[953], todo o homem tem, no estado natureza, direito "a possuir, empregar e desfrutar todas as coisas que deseje e possa"[954], sem embargo de a própria natureza impor, em nome da paz, que cada homem renuncie ao direito que tem sobre todas as coisas[955]. A propriedade privada, porém, surge com o advento do Estado: "onde não existe Estado, não há propriedade"[956];

(viii) Há coisas, no entanto, sobre as quais todos os homens conservam direitos, independentemente da existência de Estado, tal como sucede com o respeito pelo próprio corpo, o servir-se do fogo, da água e do ar e ainda, naquilo que se pode considerar uma antecipação histórica da ideia de um "mínimo de existência", o direito "a um lugar onde viver e a todas as coisas necessárias à vida"[957];

---

[950] Cfr. THOMAS HOBBES, *Leviatan*, (Parte II, Cap. 21º), p. 177.
[951] Cfr. THOMAS HOBBES, *Elementos...*, (Parte I, Cap. 14º, 8), p. 172.
[952] Cfr. THOMAS HOBBES, *Leviatan*, (Parte II, Cap. 21º), p. 177. Um tal direito acabará por obter acolhimento no artigo V dos Aditamentos à Constituição dos EUA (v. *infra,* n.º 4.5.4.).
[953] Cfr. THOMAS HOBBES, *Elementos...*, (Parte I, Cap. 14º, 10), p. 173.
[954] Cfr. THOMAS HOBBES, *Elementos...*, (Parte I, Cap. 14º, 10), p. 172.
[955] Cfr. THOMAS HOBBES, *Elementos...*, (Parte I, Cap. 15º, 2), p. 177.
[956] Cfr. THOMAS HOBBES, *Leviatan*, (Parte II, Cap. 15º), p. 119.
[957] Cfr. THOMAS HOBBES, *Elementos...*, (Parte I, Cap. 17º, 2), p. 193.

(ix) Num cenário de agressividade natural do homem, a todos é reconhecido o direito de resistir contra os ataques de que são vítimas[958], isto é, o direito a defender-se é um direito natural[959], sem prejuízo de se entender que, numa hipótese de existência de um corpo político, este direito de resistência se considera transferido para quem exerce o poder coercitivo[960];

(x) Reconhecendo que cada homem só deve prestar juramento segundo a sua religião[961], pode extrair-se um princípio implícito de liberdade religiosa, afirmando-se, por outro lado, que "nenhuma lei humana pretende obrigar a consciência do homem"[962];

(xi) A liberdade, sendo uma característica natural do homem[963] e uma fonte de qualidade da vida[964], não pode ter qualquer proibição ao que é permitido pela lei natural que não seja necessária, apenas sendo admissível restringir a liberdade natural no que se justificar para o bem da república[965];

(xii) O respeito pela liberdade permite conferir uma amplitude máxima à autonomia da vontade, isto em termos tais que tudo aquilo que o homem faça de acordo com a sua vontade nunca pode ser considerado como uma injúria para o próprio[966].

Não obstante tais direitos naturais, a verdade é que os homens no estado de liberdade natural se encontram em permanente guerra[967],

---

[958] Cfr. THOMAS HOBBES, *Elementos...*, (Parte I, Cap. 14°, 11), p. 173; IDEM, *Leviatan*, (Parte II, Cap. 14°), p. 109.

[959] Cfr. THOMAS HOBBES, *Elementos...*, (Parte I, Cap. 17°, 2), p. 193.

[960] Cfr. THOMAS HOBBES, *Elementos...*, (Parte II, Cap. 1°, 7), p. 219.

[961] Cfr. THOMAS HOBBES, *Elementos...*, (Parte I, Cap. 15°, 16), p. 183.

[962] Cfr. THOMAS HOBBES, *Elementos...*, (Parte II, Cap. 6°, 3), p. 260.

[963] Cfr. THOMAS HOBBES, *Leviatan*, (Parte II, Cap. 14°), p. 106.

[964] A qualidade da vida radica, deste modo, em dois elementos: a liberdade e a riqueza, cfr. THOMAS HOBBES, *Elementos...*, (Parte II, Cap. 9°, 4), p. 300.

[965] Cfr. THOMAS HOBBES, *Elementos...*, (Parte II, Cap. 9°, 4), p. 300.

[966] Cfr. THOMAS HOBBES, *Leviatan*, (Parte II, Cap. 15°), p. 123.

[967] Cfr. THOMAS HOBBES, *Elementos...*, (Parte I, Cap. 14°, 11), p. 173; IDEM, *Leviatan*, (Parte II, Cap. 13°), p. 102.

uma "guerra de todos contra todos"[968], e, uma vez que nenhum homem tem força suficiente para estar sempre seguro, a razão dita que busque a paz[969], encontrando segurança[970]. Torna-se imperiosa, por efeito da vontade de cada homem[971], a constituição de um corpo político ou sociedade civil[972]: trata-se de "uma multiplicidade de homens unidos como uma só pessoa, por um poder comum, para a sua paz, defesa e benefício comum"[973].

É em nome da segurança que, exigindo protecção e defesa, se justifica a formação da sociedade[974] ou Estado[975]: "onde não há poder comum, a lei não existe; onde não há lei, não há justiça"[976]. E se não se garantir a segurança, então cada homem conserva a sua liberdade natural de se defender[977]: a transferência de poderes ou direitos de cada homem a favor da sociedade radica no propósito de não perturbar a paz da humanidade[978], garantindo-se a segurança[979].

A preocupação da segurança fundamenta a criação de um poder comum sobre todas as pessoas particulares que, apesar de teleologicamente vinculado à ideia de bem comum de todos[980], resulta de uma transferência de cada homem do seu próprio poder de se governar a si mesmo e da sua força a favor do soberano[981]: tudo se resume a uma abdicação do direito de cada um em resistir, isto é, a opor-se às decisões do soberano[982], deixando de ser legalmente admissível a desobe-

---

[968] Cfr. THOMAS HOBBES, *Leviatan*, (Parte II, Cap. 14º), p. 106.
[969] Cfr. THOMAS HOBBES, *Elementos...*, (Parte I, Cap. 14º, 14), p. 175.
[970] Cfr. THOMAS HOBBES, *Elementos...*, (Parte I, Cap. 19º, 1), p. 206.
[971] Cfr. THOMAS HOBBES, *Elementos...*, (Parte I, Cap. 19º, 7), p. 210.
[972] Cfr. THOMAS HOBBES, *Elementos...*, (Parte I, Cap. 19º, 8), p. 211.
[973] Cfr. THOMAS HOBBES, *Elementos...*, (Parte I, Cap. 19º, 8), p. 211.
[974] Cfr. THOMAS HOBBES, *Elementos...*, (Parte II, Cap. 1º, 5), p. 218.
[975] Cfr. THOMAS HOBBES, *Leviatan*, (Parte II, Cap. 10º), p. 69.
[976] Cfr. THOMAS HOBBES, *Leviatan*, (Parte II, Cap. 13º), p. 104.
[977] Cfr. THOMAS HOBBES, *Elementos...*, (Parte II, Cap. 1º, 5), p. 219.
[978] Cfr. THOMAS HOBBES, *Leviatan*, (Parte II, Cap. 15º), p. 118.
[979] Cfr. THOMAS HOBBES, *Leviatan*, (Parte II, Cap. 14º), p. 109.
[980] Cfr. THOMAS HOBBES, *Elementos...*, (Parte I, Cap. 19º, 9), p. 211.
[981] Cfr. THOMAS HOBBES, *Leviatan*, (Parte II, Cap. 17º), pp. 140 ss.
[982] Cfr. THOMAS HOBBES, *Elementos...*, (Parte I, Cap. 19º, 10), pp. 211-212.

§3º *A Pessoa Humana no Pensamento Político Pré-Liberal* 169

diência[983], pois a vontade da maioria torna injusto e contrário ao pacto qualquer protesto contra as decisões por ela tomadas[984]. A sociedade civil ou Estado baseia-se, neste sentido, num contrato social[985].

Ainda admite Hobbes aqui, por outro lado, que quem adquiriu o poder – isto é, o soberano[986], seja ele um homem ou uma assembleia de homens[987] – passa a ter a possibilidade de, em relação aos súbditos, "se impor pelo terror, isto através do emprego das forças e os meios de todos, para ordenar a vontade de todos eles à unidade e à concórdia mútuas"[988]: a vontade da maioria dos homens é governada pelo medo e onde não existe poder coercitivo não há temor e, por conseguinte, não existe qualquer garantia de segurança[989]. É o terror que o poder do Estado inspira que é capaz de convocar a vontade de todos os súbditos para a paz[990].

Hobbes, apesar de partir de uma base individualista e utilitarista na justificação ou fundamento do Estado[991], termina por construir um poder soberano absoluto[992], ilimitado[993], indivisível[994], desobrigado das suas próprias leis[995] e dotado de impunidade[996], não podendo o seu

---

[983] Cfr. THOMAS HOBBES, *Elementos...*, (Parte II, Cap. 6º, 1), p. 258.

[984] Cfr. THOMAS HOBBES, *Leviatan*, (Parte II, Cap. 18º), p. 144. Hobbes admite, no entanto, que se um súbdito tem um litígio com o soberano ele poderá defender o seu direito como se o opositor fosse um outro súbdito, cfr. THOMAS HOBBES, *Leviatan*, (Parte II, Cap. 21º), pp. 179-180.

[985] Cfr. LAURENCE BERNS, *Thomas Hobbes*, p. 383; CHRISTOPH HORN, *Einführung...*, pp. 27 ss.

[986] Cfr. THOMAS HOBBES, *Elementos...*, (Parte I, Cap. 19º, 10), p. 211.

[987] Cfr. THOMAS HOBBES, *Elementos...*, (Parte II, Cap. 6º, 1), p. 258; IDEM, *Leviatan*, (Parte II, Caps. 17º e 20º), pp. 140, 141 e 169.

[988] Cfr. THOMAS HOBBES, *Elementos...*, (Parte I, Cap. 19º, 7), p. 211.

[989] Cfr. THOMAS HOBBES, *Elementos...*, (Parte II, Cap. 1º, 6), p. 219.

[990] Cfr. THOMAS HOBBES, *Leviatan*, (Parte II, Cap. 17º), p. 141.

[991] Neste sentido, cfr. WALTER THEIMER, *História...*, p. 110; L. CABRAL DE MONCADA, *Filosofia...*, I, pp. 180 ss.

[992] Cfr. THOMAS HOBBES, *Elementos...*, (Parte II, Cap. 1º, 13), p. 221.

[993] Cfr. THOMAS HOBBES, *Leviatan*, (Parte II, Caps. 18º e 20º), pp. 150 e 169.

[994] Cfr. THOMAS HOBBES, *Elementos...*, (Parte II, Cap. 4º, 15, e cap. 8º, 7), pp. 249 e 291 ss.

[995] Cfr. THOMAS HOBBES, *Elementos...*, (Parte II, Cap. 8º, 6), pp. 290-291.

[996] Cfr. THOMAS HOBBES, *Elementos...*, (Parte II, Cap. 1º, 12), p. 221.

titular ser castigado, deposto ou condenado à morte[997]. Trata-se de um modelo político que, sem prejuízo de o soberano ser dominado por um "contínuo cuidado e preocupação pelos assuntos dos homens que são os seus súbditos"[998] – ou, também dito, "dever de bom governo do povo"[999] ou, mais especificamente, "procurar a segurança do povo"[1000-1001], assenta num verdadeiro paradoxo: é um poder criado para garantir a segurança numa situação de liberdade insegura que, por sua vez, acaba por gerar a insegurança de uma situação de segura ausência de liberdade.

Esse paradoxo, apesar de formulado no século XVII e identificado com o *Leviathan*[1002], acabou por conduzir na primeira metade do século XX a modelos políticos totalitários (v. *infra*, n° 6.2.5.), encontrando hoje uma surpreendente actualidade na contemporânea valorização da segurança (das pessoas e do Estado) e no inerente enfraquecimento dos direitos e liberdades nas sociedades pluralistas ocidentais (v. *infra*, n° 12.5.), transformadas, por via da ameaça terrorista, em "Estados-Segurança" (v. *infra*, n° 12.7.4.).

3.6.3. *A modernidade filosófica: a dimensão racional e livre do "eu" em Descartes*

Se no *Discurso do Método* e nos *Princípios da Filosofia* a centralidade do eu se torna já evidente na célebre afirmação "eu penso, logo existo"[1003], será nas *Meditações Metafísicas*, todavia, que o francês René Descartes (1596-1650) desenvolve os alicerces da modernidade

---

[997] Cfr. THOMAS HOBBES, *Elementos...*, (Parte II, Cap. 8°, 10), p. 294.
[998] Cfr. THOMAS HOBBES, *Elementos...*, (Parte II, Cap. 5°, 2), p. 251.
[999] Cfr. THOMAS HOBBES, *Elementos...*, (Parte II, Cap. 9°, 1), p. 298.
[1000] Cfr. THOMAS HOBBES, *Leviatan*, (Parte II, Cap. 30°), p. 275.
[1001] Trata-se de um poder soberano sujeito, no entanto, a diversos deveres, cfr. THOMAS HOBBES, *Elementos...*, (Parte I, Cap. 9°), pp. 298 ss.; IDEM, *Leviatan*, (Parte II, Cap. 18°), pp. 142 ss.
[1002] Cfr. JOSÉ ADELINO MALTEZ, *Princípios...*, I, pp. 210 ss.
[1003] Cfr. RENÉ DESCARTES, *Discurso do Método*, Publicações Europa América, Mem Martins, 1977, p. 52; IDEM, *Princípios da Filosofia*, 7ª ed., Guimarães Editores, Lisboa, 1998, p. 53.

filosófica[1004] numa reflexão que, abrindo o domínio da subjectividade[1005] e da racionalidade, pode considerar-se percursora do existencialismo e do racionalismo, tomando como referencial do pensamento o "eu" e as suas múltiplas projecções.

Descartes, começando por afirmar que, por muito que se engane, nunca poderá deixar de reconhecer que, por pensar, existe: "eu sou, eu existo"[1006] ou, numa diferente formulação, "conheço que existo e indago que sou eu, que sei que sou"[1007]. E, ainda que não saiba muito bem o que é, está certo que é alguma coisa[1008] e que o conhecimento do seu ser não depende das coisas[1009].

Reside no sujeito e nas suas faculdades racionais, por conseguinte, a base do conhecimento, segundo um princípio de faz do homem "o princípio e o fim da árvore do conhecimento"[1010], prometendo empregar toda a vida a cultivar a razão como meio de avançar no conhecimento da verdade[1011]: "estejamos acordados ou a dormir, nunca devemos deixar-nos persuadir senão pela evidência da nossa razão"[1012].

Descartes define-se como "uma coisa que pensa"[1013]: "é uma coisa que duvida, que entende, que concebe, que afirma, que nega, que

---

[1004] Sobre Descartes como o "fundador da filosofia moderna", cfr. ERNST REIBSTEIN, *Volkssouveränität...*, II, p. 9; RICHARD KENNIGTON, *René Descartes*, in LEO STRAUSS / JOSEPH CROPSEY, *Historia de la Filosofía Política*, México, reimp., 1996, pp. 400 e 417.

[1005] Cfr. JEAN-MARIE BEYSSADE, *Descartes*, in FRANÇOIS CHÂTELET (org.), *História da Filosofia, Ideias e Doutrinas – A filosofia do mundo novo*, Lisboa, 1974, p. 78.

[1006] Cfr. RENÉ DESCARTES, *Meditaciones Metafísicas*, Alianza Editorial, Madrid, 2005, p. 89.

[1007] Cfr. RENÉ DESCARTES, *Meditaciones...*, p. 92.

[1008] Cfr. RENÉ DESCARTES, *Meditaciones...*, p. 89.

[1009] Cfr. RENÉ DESCARTES, *Meditaciones...*, p. 92.

[1010] Cfr. RICHARD KENNIGTON, *René Descartes*, 401.

[1011] Cfr. RENÉ DESCARTES, *Discurso...*, p. 45.

[1012] Cfr. RENÉ DESCARTES, *Discurso...*, p. 58.

[1013] Cfr. RENÉ DESCARTES, *Meditaciones...*, pp. 92, 126 e 150.

Na expressão de Blaise Pascal (1623-1662), visando sublinhar a debilidade da natureza humana, o homem é definido como "um caniço pensante" (pensamento nº 347), in *Pensamentos*, 3ª ed., Publicações Europa América, Mem Martins, 1998, p. 144.

quer, que não quer, que imagine e que sente"[1014]. É no interior do seu ser que se encontra, por via da razão, a definição do homem: é no interior de cada homem que Descartes encontra o próprio homem e prova a sua existência.

Não estando o homem apenas alojado no corpo[1015], apesar de com ele estar estreitamente unido, compondo um todo[1016], o eu é composto de corpo e alma (ou espírito[1017])[1018], formando "uma coisa absolutamente una e inteira"[1019], estabelecendo Descartes a diferença nos seguintes termos: o corpo é sempre divisível, enquanto o espírito é totalmente indivisível[1020], além de que o conhecimento que temos do nosso pensamento precede o do corpo[1021].

Há aqui, nesta separação entre corpo e alma, a formulação de uma concepção dualista da natureza humana[1022].

Reconhecendo que carece de corpo para existir e sentir[1023], é no pensamento que, sem embargo das suas diversas faculdades particulares de expressão[1024], se encontra um atributo que é próprio do sujeito e nunca pode dele ser separado[1025]: "se deixasse totalmente de pensar, deixaria ao mesmo tempo de existir"[1026].

[1014] Cfr. RENÉ DESCARTES, *Meditaciones*..., p. 93.
[1015] Cfr. RENÉ DESCARTES, *Meditaciones*..., p. 149.
[1016] Cfr. RENÉ DESCARTES, *Meditaciones*..., p. 150.
[1017] Cfr. RENÉ DESCARTES, *Meditaciones*..., p. 156.
[1018] Cfr. RENÉ DESCARTES, *Princípios*..., p. 55; IDEM, *Meditaciones*..., pp. 150 e 158.
[1019] Cfr. RENÉ DESCARTES, *Meditaciones*..., p. 155.
[1020] Cfr. RENÉ DESCARTES, *Meditaciones*..., p. 155.
[1021] Cfr. RENÉ DESCARTES, *Princípios*..., p. 57.
[1022] Cfr. JUAN ARANA, *Los Filósofos y la Libertad – Necesidad natural y autonomía de la voluntad*, Madrid, 2005, pp. 26 ss.
[1023] Cfr. RENÉ DESCARTES, *Meditaciones*..., p. 91.
[1024] Cfr. RENÉ DESCARTES, *Meditaciones*..., p. 147.
[1025] Cfr. RENÉ DESCARTES, *Meditaciones*..., p. 91.
Para Blaise Pascal, por seu lado, o homem não se pode conceber sem pensamento (pensamento nº 339), fazendo radicar no pensamento a grandeza do homem (idem, nº 346) e a sua própria dignidade (idem, nº 347): "toda a dignidade do homem está no pensamento" (idem, nº 354), in *Pensamentos*, pp. 143, 144, 145 e 150.
[1026] Cfr. RENÉ DESCARTES, *Meditaciones*..., p. 91.

O homem – visto sempre na perspectiva do eu – é para Descartes, todavia, uma "coisa incompleta e dependente"[1027], dotada de uma natureza débil e limitada[1028], encontrando-se "infinitamente longe de todo o tipo de perfeição"[1029]: "eu sou como um meio termo entre Deus e o nada"[1030], encontrando-me situado entre o Ser Supremo, perfeito, e o não ser[1031], motivo pelo qual existem coisas que excedem a nossa limitada capacidade de entendimento[1032].

Há no homem, por outro lado, um livre arbítrio ou uma vontade que[1033], não nos fazendo agir obrigados por efeito de uma força exterior[1034], é muito ampla[1035] e perfeita, não se encontrando limitada[1036]: trata-se de uma vontade ou liberdade que, existindo em todos os homens, tem uma dimensão "tão grande que não concebo a ideia de que alguma outra coisa possa ser mais ampla e mais extensa"[1037]. É essa liberdade de arbítrio, acrescenta Descartes, que permite reconhecer que o homem foi concebido à imagem e semelhança de Deus[1038]: a liberdade da vontade aproxima-nos de Deus, "faz-nos, em certa medida, iguais a Deus"[1039].

A liberdade ou o livre arbítrio da vontade humana torna-se, deste modo, um traço identificativo da natureza humana e da sua filiação divina: é por ser imagem e semelhança de Deus que o homem possui

---

[1027] Cfr. RENÉ DESCARTES, *Meditaciones*..., p. 120.
[1028] Cfr. RENÉ DESCARTES, *Meditaciones*..., p. 123.
[1029] Cfr. RENÉ DESCARTES, *Meditaciones*..., p. 122.
[1030] Cfr. RENÉ DESCARTES, *Meditaciones*..., p. 122.
[1031] Cfr. RENÉ DESCARTES, *Meditaciones*..., p. 122.
[1032] Cfr. RENÉ DESCARTES, *Meditaciones*..., p. 123.
[1033] Esta identificação que Descartes faz entre a liberdade e a vontade, tendo a sua fonte mais remota em Santo Agostinho (v. *supra*, nº 3.3.3.), seria depois retomada e desenvolvida por Leibniz (1646-1716), afirmando, expressamente, "livre e voluntário significam o mesmo", sem prejuízo de acrescentar que livre quer dizer "espontâneo com razão", cfr. GOTTFRIED WILHELM LEIBNIZ, *Escritos Filosóficos*, ed. E. de Olasco, Buenos Aires, 1982, p. 426.
[1034] Cfr. RENÉ DESCARTES, *Meditaciones*..., p. 125.
[1035] Cfr. RENÉ DESCARTES, *Princípios*..., p. 77.
[1036] Cfr. RENÉ DESCARTES, *Meditaciones*..., p. 124.
[1037] Cfr. RENÉ DESCARTES, *Meditaciones*..., p. 125.
[1038] Cfr. RENÉ DESCARTES, *Meditaciones*..., p. 125.
[1039] Cfr. RICHARD KENNIGTON, *René Descartes*, 411.

uma liberdade ampla e perfeita. A liberdade do homem, implicando a presença efectiva do eu no mundo[1040], convertendo cada um de nós em sujeitos de imputação, responsabilidade e de direitos[1041], surge como elemento da própria dignidade humana[1042]: "estamos de tal modo seguros da liberdade (...) que nada há que conheçamos mais claramente"[1043].

Sem prejuízo de não ser clara a conjugação entre a liberdade do homem com o poder de Deus[1044], o certo é que a liberdade se mostra essencial para a dúvida metódica[1045], tornando-se em capacidade de dúvida universal[1046], sabendo-se que nesta reside a chave de todo o saber[1047]. De igual modo, o erro é expressão da imperfeição do modo como usamos a liberdade[1048].

A natureza, sendo expressão de Deus, traduz "a ordem e a disposição que Deus estabeleceu para as coisas criadas"[1049]. Nestes termos, em Descartes observa-se que a natureza criou o homem como realidade pensante e livre, dotada de um corpo, apesar de ser no espírito ou na alma que reside a sua essência. O homem cartesiano, resultando o conhecimento da sua existência de uma interiorização reflexiva em torno do eu – e que será filosoficamente desenvolvida pelo movimento existencialista, a partir da segunda metade do século XIX e durante todo o século XX –, sintetiza-se em dois elementos: razão (pensamento) e vontade (livre arbítrio).

Encontra-se na concepção cartesiana do ser humano, edificada sempre da perspectiva da existência do "eu", a abertura da modernidade da reflexão filosófica que vai estar presente e dominar o fenó-

---

[1040] Cfr. JUAN ARANA, *Los Filósofos...*, p. 26.
[1041] Cfr. JUAN ARANA, *Los Filósofos...*, p. 30.
[1042] Cfr. JUAN ARANA, *Los Filósofos...*, p. 22.
[1043] Cfr. RENÉ DESCARTES, *Princípios...*, p. 81.
[1044] Cfr. JUAN ARANA, *Los Filósofos...*, p. 25.
[1045] Cfr. RENÉ DESCARTES, *Princípios...*, p. 52. Também sobre o tema, cfr. JUAN ARANA, *Los Filósofos...*, p. 22.
[1046] Cfr. JUAN ARANA, *Los Filósofos...*, p. 23.
[1047] Cfr. JUAN ARANA, *Los Filósofos...*, p. 22.
[1048] Cfr. RENÉ DESCARTES, *Princípios...*, p. 78.
[1049] Cfr. RENÉ DESCARTES, *Meditaciones...*, p. 149.

meno constitucional dos séculos seguintes: um constitucionalismo centrado na razão e na garantia da liberdade ou valorização da vontade.

O constitucionalismo moderno é, pode bem afirmar-se, de raiz cartesiana e o entendimento de um conceito concreto de cada ser humano, enquanto *eu* que se relaciona também com o *outro*, podendo destes que me rodeiam receber "diversas comodidades ou incomodidades"[1050], além de ter sempre de procurar o bem-estar geral de todos os homens[1051], tem a sua filiação também em Descartes[1052].

3.6.4. *A contra-corrente do constitucionalismo britânico*

O pensamento político de Maquiavel e Hobbes e a evolução histórica traduzida na centralização e, posterior, absolutização real na Europa Continental, tanto em Estados católicos quanto em Estados convertidos ao protestantismo, conduzindo a um modelo de poder político tendencialmente ilimitado, permitem extrair a ilação de que a marcha da história da tutela da pessoa humana não conduz, necessária e inevitavelmente, a um sentido de progressivo reforço de direitos ou de dignificação do estatuto do ser humano perante o poder: o processo evolutivo traçado no âmbito do pensamento político pré-liberal revela avanços e recuos no tratamento da pessoa humana.

Confirma-se, por outro lado, a disparidade contraditória entre a evolução histórico-política existente na Europa Continental, a qual ruma ao absolutismo real, e o trajecto jurídico-político da Grã-Bretanha (v. *supra*, nº 3.1.2.), entendendo-se aqui, nas sugestivas palavras do filósofo David Hume, que a monarquia absoluta representava "a verdadeira eutanásia da constituição britânica"[1053].

A Revolução Inglesa iniciada em 1640[1054], antecipando a Revolução Francesa de 1789, determinando uma mudança da classe política

---

[1050] Cfr. RENÉ DESCARTES, **Meditaciones...**, p. 150.

[1051] Cfr. RICHARD KENNINGTON, **René Descartes**, p. 407.

[1052] Uma tal concepção virá, posteriormente, a ser desenvolvida no século XX, por Ortega y Gasset (v. *infra*, nº 8.1.3.).

[1053] Cfr. DAVID HUME, **Ensayos Políticos**, ed. Tecnos, Madrid, 1987, p. 41.

[1054] Sobre os respectivos antecedentes, cfr. ERNST REIBSTEIN, **Volkssouveränität...**, I, pp. 255 ss.

dominante nas instituições governativas[1055], acabou por gerar nos seus mais de vinte anos de duração um amplo debate político junto do povo, permitindo a formação de uma verdadeira opinião pública[1056], a qual funciona como pressuposto de qualquer moderna democracia.

Note-se, por outro lado, que, no âmbito da Revolução Inglesa, surgiu um primeiro momento radical, os *Levellers*, que, sem embargo de terem convivido ainda com um grupo mais radical de revolucionários socialistas (os *Diggers*)[1057], lançaram algumas das bases da modernidade constitucional[1058]:

(i) Defenderam a igualdade política de todos os homens, eliminando-se os privilégios de classe e atribuindo-se o direito universal de voto a todos os homens;
(ii) Afirmaram que a todos os homens deveria ser reconhecido o direito ao poder, à dignidade, à autoridade e à majestade;
(iii) Proclamaram que o governo deveria assentar numa base de comum acordo ou consentimento, agindo para proveito e segurança de todos;
(iv) Exigiam a separação entre a Igreja e o Estado.

Apesar de tais ideias revolucionárias do século XVII não terem sido de imediato implementadas no plano constitucional[1059], a verdade é que o percurso da História política ocidental dos últimos cerca de duzentos anos tem caminhado no sentido de uma progressiva juridificação constitucional de tais postulados revolucionários ingleses.

[1055] Sobre a Revolução Inglesa, cfr. CHRISTOPHER HILL, *A Revolução Inglesa de 1640*, Lisboa, 1977, pp. 11 ss.

[1056] Neste sentido, cfr. WALTER THEIMER, *História...*, p. 131.

[1057] Cfr. WALTER THEIMER, *História...*, p. 132.

[1058] Cfr. CHRISTOPHER HILL, *A Revolução...*, pp. 95 ss.; WALTER THEIMER, *História...*, pp. 131 ss.; EDOARDO GREBLO, *Democrazia*, pp. 58 ss.; HARRY T. DICKINSON, *The rigts od man in Britain: From the Levellers to the Utopian Socialists*, in GÜNTER BISTSCH (org.), *Grund- und Freiheitsrechte von der ständischen zur spätbürgerlichen Gesellschaft*, Göttingen, 1987, pp. 67 ss.

[1059] Nem conseguiram obter a aprovação de um seu projecto de Constituição democrática, designado de *Agreement of de People*, datado de 1647, cfr. CHRISTOPHER HILL, *A Revolução...*, pp. 95 ss.

Em termos jurídico-constitucionais, depois da Magna Carta, em 1215, toda a Idade Moderna traduz na Grã-Bretanha a positivação, em sucessivos actos legislativos, de uma Constituição centrada na tutela de direitos e, por esta via, na limitação do poder real: (i) a *Petition of Right*, em 1628, (ii) a lei de *Habeas Corpus*, em 1679, (iii) o *Bill of Rights*, em 1689, enquanto expressão jurídica e política da *Glorious Revolution*[1060], e (iv) o *Act of Settlement*, em 1701[1061], traçam um percurso constante de reforço do estatuto da pessoa – ou, pelo menos, de uma ampliação do universo de destinatários integrantes de novos grupos sociais –, entendendo-se que "as leis de Inglaterra constituem direitos naturais do seu povo e que todos os reis e rainhas, que subirem ao trono deste reino, deverão governá-lo, em obediência às ditas leis, e que todos os seus oficiais e ministros deverão servi-los também de acordo com as mesmas leis"[1062].

Neste domínio se destaca a reafirmação e ampliação de direitos e liberdades anteriormente garantidos pela Magna Carta (v. *supra*, n° 3.1.2.)[1063]; o reconhecimento do designado *due process of law*[1064]; a constitucionalização da providência do *habeas corpus*; a proibição de o rei, unilateralmente, suspender as leis ou dispensar a sua obediência[1065], enquanto verdadeiro embrião dos princípios da igualdade perante a lei e da legalidade administrativa[1066]; ou ainda a garantia do direito de petição[1067], a liberdade de eleição dos membros do parla-

---

[1060] Cfr. ERNST REIBSTEIN, *Volkssouveränität*..., II, pp. 51 ss.

[1061] Para uma leitura em língua portuguesa de alguns dos principais excertos destes textos constitucionais britânicos, cfr. JORGE MIRANDA, *Textos Históricos*..., pp. 13 ss.

[1062] Cfr. *Act of Settlement*, IV.

[1063] Cfr. *Petition of Right*, I, III, VII e VIII.

[1064] Cfr. *Petition of Right*, IV.

[1065] Cfr. *Bill of Rights*, I, n°s 1 e 2.

[1066] Neste ultimo sentido, desenvolvendo o papel do *Bill of Rights* na formulação dos alicerces do princípio da legalidade administrativa, cfr. EVA DESDENTADO DAROCA, *La Crisis de Identidad del Derecho Administrativo: privatización, huida de la regulación pública y Administraciones independientes*, Valencia, 1999, pp. 13 ss..; PAULO OTERO, *Legalidade e Administração Pública*, pp. 45 ss.

[1067] Cfr. *Bill of Rights*, I, n° 5.

mento[1068], a imunidade dos deputados[1069] e a proibição de serem "aplicadas multas excessivas, nem infligidas penas cruéis e fora do comum"[1070].

A sociedade britânica dos séculos XVII e XVIII revelava, por outro lado, características de tolerância cívica e prosperidade material que lhe conferiram dianteira na afirmação da liberdade iluminista[1071]: trata-se da edificação de um mundo novo, assente numa inabalável fé na ciência, na ética cívica e universal e ainda na difusão do progresso[1072], e de uma nova escala de valores, fazendo da liberdade um valor absoluto[1073]. A liberdade, permitindo sempre a crítica, acaba por se tornar a fonte da própria tolerância[1074].

Não será de estranhar, neste preciso contexto jurídico e social, que seja na Grã-Bretanha, em pleno século XVII, que surjam alguns dos principais precursores ideológicos do liberalismo, enquanto a Europa Continental teve de esperar pelas revoluções liberais e pelo constitucionalismo oitocentista, senão mesmo pelo século XX, para que alguns de tais direitos e liberdades encontrassem garantia constitucional[1075].

[1068] Cfr. *Bill of Rights*, I, n° 8.
[1069] Cfr. *Bill of Rights*, I, n° 9.
[1070] Cfr. *Bill of Rights*, I, n° 10.
[1071] Neste sentido e para mais desenvolvimentos, cfr. FERNANDO ARAÚJO, *Adam Smith – O Conceito Mecanicista de Liberdade*, Coimbra, 2001, pp. 377 ss.
[1072] Neste último sentido, cfr. FERNANDO ARAÚJO, *Adam Smith...*, p. 387.
[1073] Cfr. FERNANDO ARAÚJO, *Adam Smith...*, p. 390.
[1074] Cfr. FERNANDO ARAÚJO, *Adam Smith...*, p. 439.
[1075] Exemplo ilustrativo desta última afirmação pode encontrar-se na garantia do *habeas corpus* que apenas viria a ser consagrada em Portugal com a Constituição de 1911 (artigo 3°, n° 31).

§4º
A PESSOA HUMANA E O CONTRIBUTO LIBERAL

4.1. Os alicerces históricos do liberalismo: igualdade, liberdade, propriedade e limitação do poder

4.1.1. *Preliminares*

Os antecedentes ideológicos do liberalismo, remontando nas suas raízes mais imediatas aos pensadores do século XVII, desenvolvem-se em torno das ideias de igualdade, liberdade e propriedade.

Será em torno desses três valores que o liberalismo oitocentista, antecedido do iluminismo, se vai estruturar:

(i) Igualdade de todos perante a lei, em oposição ao modelo feudal e absolutista de diferenciação aplicativa do Direito em função da qualidade social das pessoas;
(ii) Liberdade de acção, de pensamento e de divulgação das ideias, combatendo-se a censura ideológica, religiosa e organizativa de um Estado absoluto, omnipresente e arbitrário;
(iii) Defesa da propriedade privada, impedindo-se abusos de intervenção de autoridade na esfera dos cidadãos, sujeitando-se sempre qualquer intervenção às exigências de legalidade, necessidade e compensação.

Originando a formulação de diferentes regras de prevalência e hierarquização entre a igualdade, a liberdade e a propriedade, a reflexão em torno de tais valores – sem prejuízo do tema da segurança que se virá a adicionar, especialmente por efeito da Revolução Francesa – expressou-se em duas perspectivas complementares: uma centrada na abordagem dos direitos do homem e outra vocacionada nas temáticas da limitação do poder.

Iremos analisar, seguidamente, alguns autores mais emblemáticos da gestação ideológica do liberalismo em matéria de tutela da pessoa humana.

4.1.2. *Spinoza: a vontade democrática da sociedade*

O holandês Baruch de Spinoza (1632-1677), considerado "o primeiro filósofo que escreveu uma defesa sistemática da democracia"[1076], apesar de não conferir à propriedade a centralidade que Locke viria a reconhecer[1077], estabeleceu uma íntima relação entre a propriedade e a justiça: "diz-se justo aquele que tem uma vontade constante de dar a cada um o seu, e injusto, pelo contrário, aquele que se esforça em fazer seu o que é de outro"[1078].

Se no estado de natureza o indivíduo goza de plena autonomia[1079], a vivência em sociedade, justificando-se porque os homens no estado de natureza são inimigos[1080], determina que "cada cidadão ou súbdito possui tanto menos direito quanto a própria sociedade é mais poderosa do que ele"[1081], razão pela qual a vontade da sociedade deve ser considerada como a vontade de todos[1082], assumindo-se a demo-

---

[1076] Cfr. STANLEY ROSEN, *Baruch de Spinoza*, in LEO STRAUSS / JOSEPH CROPSEY, *Historia de la Filosofía Política*, México, reimp., 1996, p. 433. Ainda sobre a democracia em Spinoza, cfr. ERNST REIBSTEIN, *Volkssouveränität...*, II, pp. 43 ss.

[1077] Neste sentido, cfr. ATILANO DOMINGUEZ, *Introducción – La política en la vida y en la obra de Spinoza*, in SPINOZA, *Tratado Político*, ed. Alianza Editorial, Madrid, 1986, p. 56.

[1078] Cfr. SPINOZA, *Tratado Político*, ed. Alianza Editorial, Madrid, 1986, Cap. II, §23, p. 97.

[1079] Cfr. SPINOZA, *Tratado...*, Cap. II, §15, p. 92.

[1080] Cfr. SPINOZA, *Tratado...*, Cap. III, §13, p. 108.

[1081] Cfr. SPINOZA, *Tratado...*, Cap. III, §2, pp. 100-101.

[1082] Cfr. SPINOZA, *Tratado...*, Cap. III, §5, p. 102.

cracia como sistema preferencial à monarquia, pois imita o estado de natureza[1083].

Será ao nível da vontade da sociedade que Spinoza, retomando a concepção de Marsílio de Pádua (v. *supra*, n° 3.3.6.) e antecipando a formulação de Rousseau (v. *infra*, n° 4.1.8.), fala na sua identificação com a vontade de todos, isto em termos tais que quando algo é considerado justo e bom pela sociedade traduz a vontade de cada um em particular nesse mesmo sentido, razão pela qual "ainda que um súbdito entenda que as decisões da sociedade são iníquas, está obrigado a obedecer-lhes"[1084].

Num outro sentido, sendo a existência de uma autoridade soberana na sociedade ditada pela necessidade de conservação do homem, a desobediência a essa autoridade é uma contradição em si mesma, representando uma acção contra o proveito do próprio homem[1085][1086]. Spinoza afirma, no entanto, e em sentido radicalmente oposto a Maquiavel (v. *supra*, n° 3.4.3.), não se dever fundar no medo a obediência dos homens ao Estado, devendo estes, bem pelo contrário, enquanto expressão da unidade entre o cidadão e o soberano[1087], "ser guiados de forma que lhes pareça que não são guiados, antes vivem segundo o seu próprio espírito e a sua livre decisão"[1088].

Encontrando na paz – tal como Marsílio de Pádua (v. *supra*, n° 3.3.6.) – e na segurança da vida o fim do Estado[1089], segundo um modelo que o fará tanto melhor quanto os homens vivam em concórdia e os direitos comuns se mantenham ilesos[1090], Spinoza postula uma regra de igualdade na vivência em sociedade[1091], uma vez que "todos

---

[1083] Neste sentido, cfr. STANLEY ROSEN, *Baruch de Spinoza*, p. 442.
[1084] Cfr. SPINOZA, *Tratado...*, Cap. III, §5, p. 102.
[1085] Neste sentido, cfr. STANLEY ROSEN, *Baruch de Spinoza*, p. 441.
[1086] Todavia, Spinoza admite, expressamente, que, por exigência do bem comum, os contratos e as leis possam ser violados, cfr. SPINOZA, *Tratado...*, Cap. IV, §6, p. 116.
[1087] Neste sentido, cfr. STANLEY ROSEN, *Baruch de Spinoza*, p. 442.
[1088] Cfr. SPINOZA, *Tratado...*, Cap. X, §8, p. 217.
[1089] Cfr. SPINOZA, *Tratado...*, Cap. V, §2, p. 119.
[1090] Cfr. SPINOZA, *Tratado...*, Cap. V, §2, p. 119.
[1091] A regra da igualdade de vivência em sociedade excluía, porém, a intervenção das mulheres, afirmando-se, expressamente, que "as mulheres não têm, por

temem as mesmas coisas e todos contam com uma e mesma garantia de segurança e uma mesma razão de viver"[1092]. Neste contexto, a razão humana surge como instrumento da liberdade do homem[1093], pois a liberdade "é tanto maior quanto mais capaz é o homem de guiar-se pela razão e moderar os seus desejos"[1094].

4.1.3. *Pufendorf: dignidade e igualdade dos homens*

O alemão Samuel Pufendorf (1632-1694)[1095], considerado autor maldito, perseguido e proibido pela Inquisição[1096], ao procurar traçar uma construção científica do Direito Natural[1097] e, em momento posterior, ao definir os deveres do homem e do cidadão à luz da lei natural[1098], vem

---

natureza, um direito igual ao de os homens", cfr. SPINOZA, *Tratado...*, Cap. XI, §4, p. 223.

[1092] Cfr. SPINOZA, *Tratado...*, Cap. III, §3, pp. 101-102.

[1093] Na sua expressão de síntese, "quanto mais se guia o homem pela razão, significa quanto mais livre é", cfr. SPINOZA, *Tratado...*, Cap. III, §6, p. 103.

[1094] Cfr. SPINOZA, *Tratado...*, Cap. II, §20, p. 96.

[1095] Para um estudo exaustivo da biografia de Pufendorf e o seu contributo filosófico, cfr. D. DÖRING, *Pufendorf-Studien. Beiträge zur Biographie Samuel von Pufendorf und zu seiner Entwicklung als Historiker und theologischer Schriftsteller*, Berin, 1992.

[1096] Neste sentido, cfr. M. DEFOURNEAUX, *Inquisición y Censura de Libros en la España del Siglo XVIII*, Madrid, 1973, pp. 44, 62, 155, 188 e 212; SALVADOR RUS RUFINO, *Estúdio Preliminar*, in SAMUEL PUFENDORF, *De los Deveres del Hombre y del Ciudadano Según da Ley Natural, em Dos Libros*, ed. Centro de Estudios Políticos y Constitucionales, Madrid, 2002, p. XXI.

[1097] Consultou-se a edição em língua inglesa do texto original escrito em latim, cfr. SAMUEL PUFENDORF, *Of The Law of Nature and Nations*, Oxford, 1703, disponível in http://oll.libertyfund.org/Intros/Pufendorf.php Ainda sobre o tema, cfr. T. BEHME, *Samuel von Pufendorf. Naturalrecht und Staat*, Göttingen, 1995.

Sublinhando as influências de Hugo Grotius e de Hobbes no pensamento de Pufendorf, cfr. ERNST REIBSTEIN, *Volkssouveränität...*, II, pp. 85 ss.; MARCEL PRÉLOT / GEORGES LESCUYER, *Histoire...*, pp. 252 e 253.

[1098] Consultou-se a edição em língua castelhana da obra original escrita em latim, cfr. SAMUEL PUFENDORF, *De los Deveres del Hombre y del Ciudadano Según da Ley Natural, em Dos Libros*, ed. Centro de Estudios Políticos y Constitucionales, Madrid, 2002.

§4° *A Pessoa Humana e o Contributo Liberal* 183

dizer-nos que, apesar de ser Deus o autor da lei natural[1099], é através da razão humana que se revela o Direito Natural[1100]: "a luz da razão é inata ao homem"[1101], enquanto ser inteligente[1102] e dotado de vontade[1103].

A lei natural postula que o homem tenha de viver em sociedade, uma vez que é incapaz de sobreviver sem a ajuda dos seus semelhantes[1104]: "depois de Deus no mundo, não há nada que seja melhor para o homem que o próprio homem"[1105]; a sociedade existe pelo indivíduo e para o indivíduo[1106].

É igualmente da lei natural que resultam deveres para o homem: o homem tem deveres para com Deus, deveres para consigo próprio e ainda deveres para com os demais homens[1107]. Esses deveres, traduzindo-se em obrigações, envolvem um "freio à nossa liberdade"[1108].

Se no contexto dos deveres do homem para consigo próprio, Pufendorf afirma claramente que "o homem não nasceu exclusivamente para si mesmo"[1109], motivo pelo qual não pode dispor livre-

---

[1099] Cfr. SAMUEL PUFENDORF, *De los Deveres del Hombre...*, Liv. I, Cap. III, n° 11 (p. 36).
[1100] Cfr. SAMUEL PUFENDORF, *De los Deveres del Hombre...*, Liv. I, Cap. II, n° 6 (p. 29).
[1101] Cfr. SAMUEL PUFENDORF, *De los Deveres del Hombre...*, Liv. II, Cap. I, n° 8 (p. 107).
[1102] Cfr. SAMUEL PUFENDORF, *De los Deveres del Hombre...*, Liv. I, Cap. I, n° 5 (p. 18).
[1103] Cfr. SAMUEL PUFENDORF, *De los Deveres del Hombre...*, Liv. I, Cap. I, n° 9 (p. 19).
[1104] Cfr. SAMUEL PUFENDORF, *De los Deveres del Hombre...*, Liv. I, Cap. III, n° 7 (p. 35).
[1105] Cfr. SAMUEL PUFENDORF, *De los Deveres del Hombre...*, Liv. I, Cap. III, n° 3 (p. 33).
[1106] Neste sentido, cfr. SALVADOR RUS RUFINO, *Estúdio Preliminar*, p. XXXIII.
[1107] Cfr. SAMUEL PUFENDORF, *De los Deveres del Hombre...*, Liv. I, Cap. III, n° 13 (p. 37).
[1108] Cfr. SAMUEL PUFENDORF, *De los Deveres del Hombre...*, Liv. I, Cap. II, n° 3 (p. 27).
[1109] Cfr. SAMUEL PUFENDORF, *De los Deveres del Hombre...*, Liv. I, Cap. V, n° 1 (p. 44).

mente da sua vida, destruindo-a[1110], tal como não pode arbitrariamente automutilar-se[1111], será, porém, ao nível dos deveres do homem para com os restantes homens que com ele vivem em sociedade que se desenvolvem as duas principais ideias que fazem deste filósofo um marco na história do pensamento da tutela da pessoa humana: a ideia de dignidade e a ideia de igualdade.

Uma vez que o homem tem de viver em sociedade, Pufendorf estabelece, em primeiro lugar, o dever de cada um em não prejudicar os outros[1112]. A raiz última desse dever, alicerçando-se de imediato na necessidade de vivência social, pois todos os homens se encontram vinculados, por igual, à obrigação de cultivar a vida social com os outros homens[1113], encontra-se no reconhecimento da igualdade natural dos homens[1114]:

(i) A própria palavra homem envolve já, por si, a ideia de dignidade[1115], utilizando até a expressão "dignidade do homem"[1116];
(ii) Todas as pessoas têm igual natureza humana[1117], sendo a dignidade também resultante da natureza[1118];

[1110] Cfr. SAMUEL PUFENDORF, *De los Deveres del Hombre...*, Liv. I, Cap. V, nº 4 (p. 45).

[1111] Cfr. SAMUEL PUFENDORF, *De los Deveres del Hombre...*, Liv. I, Cap. V, nº 19 (p. 52).

[1112] Cfr. SAMUEL PUFENDORF, *De los Deveres del Hombre...*, Liv. I, Cap. VI, nº 2 (p. 54).

[1113] Cfr. SAMUEL PUFENDORF, *De los Deveres del Hombre...*, Liv. I, Cap. VII, nº 2 (p. 59).

[1114] Cfr. SAMUEL PUFENDORF, *De los Deveres del Hombre...*, Liv. I, Cap. VII (pp. 52 ss).

[1115] Cfr. SAMUEL PUFENDORF, *Of The Law of Nature...*, Liv. III, Cap. II, nº 1 (p. 174); IDEM, *De los Deveres del Hombre...*, Liv. I, Cap. VII, nº 1 (p. 59).

[1116] Cfr. SAMUEL PUFENDORF, *Of The Law of Nature...*, Liv. I, Cap. I, nº 5 (p. 76).

[1117] Cfr. SAMUEL PUFENDORF, *Of The Law of Nature...*, Liv. III, Cap. II, nº 1 (p. 174).

[1118] Cfr. SAMUEL PUFENDORF, *De los Deveres del Hombre...*, Liv. I, Cap. VII, nº 4 (p. 60).

(iii) Os homens são iguais por natureza[1119], uma vez que participam de uma natureza comum[1120].

Resulta daqui, em síntese, que cada um tem o dever de tratar os outros como iguais a si ou como quem é igualmente homem, pois ninguém deseja associar-se a quem não o respeita como homem igual a si próprio[1121]. A igualdade e a dignidade de todos os homens devem ser objecto de um reconhecimento mútuo entre os membros da sociedade.

A dignidade humana fundamenta-se, deste modo, na própria natureza social do homem, traduzindo-se numa liberdade eticamente vinculada e na igualdade dos homens[1122].

Refira-se, por último, que em Pufendorf se observa a formulação de um princípio de igualdade relacionado com a ideia de justiça[1123] e de proporcionalidade das penas[1124] e ainda a defesa de um esboço de políticas de bem-estar, vinculando os governantes ao dever de cuidar da alimentação dos súbditos que "por causa de uma desgraça de que não foram culpados não possam sustentar-se a si mesmos"[1125].

[1119] Cfr. SAMUEL PUFENDORF, *Of The Law of Nature*..., Liv. III, Cap. II, n° 2 (pp. 174 ss.).

[1120] Cfr. SAMUEL PUFENDORF, *De los Deveres del Hombre*..., Liv. I, Cap. VII, n° 1 (p. 59).

[1121] Cfr. SAMUEL PUFENDORF, *De los Deveres del Hombre*..., Liv. I, Cap. VII, n° 1 (p. 59).

[1122] Cfr. CHRISTIAN STARCK, *Menschenwürde als Verfassungsgarantie im modernem Staat*, in *Juristen Zeitung*, 1981, p. 460.

[1123] Cfr. SAMUEL PUFENDORF, *De los Deveres del Hombre*..., Liv. II, Cap. XI, n° 6 (p. 139).

[1124] Cfr. SAMUEL PUFENDORF, *De los Deveres del Hombre*..., Liv. II, Cap. XI, n° 7 (p. 140).

[1125] Cfr. SAMUEL PUFENDORF, *De los Deveres del Hombre*..., Liv. II, Cap. XI, n° 11 (p. 141).

4.1.4. *Locke: contratualismo e defesa da propriedade; direitos sagrados, limitação do poder e liberdade religiosa*

No inglês John Locke (1632-1704), considerado "o filósofo político do *common sense*"[1126], encontra-se um dos principais expoentes do pensamento liberal sobre a pessoa humana e a inerente limitação do poder político.

Partindo do entendimento de que os homens se encontram no seu estado de natureza em perfeita liberdade e igualdade[1127], John Locke postula que a vivência em sociedade, sendo determinada pelo propósito de salvaguarda e defesa da propriedade[1128], pressupõe o consenso dos homens em subordinarem-se ao poder do Estado, envolvendo a existência de regras de conduta comuns a todos os membros dessa sociedade[1129]: a criação de uma sociedade política exige um acto de vontade de um conjunto de homens, autorizando o poder legislativo a criar leis em seu nome[1130], segundo uma regra de maioria que, por esse efeito, passa a ser um acto da totalidade da sociedade[1131].

Defendendo que o Estado é uma sociedade constituída, única e exclusivamente, com o fim de conservar e promover os bens civis dos homens, identificados estes com a vida, a liberdade, a integridade do corpo, a protecção contra a dor e a propriedade dos bens exteriores (v.g., as terras, o dinheiro, os móveis)[1132] [1133], Locke identifica a exis-

---

[1126] Cfr. WALTER THEIMER, *História...*, p. 142.

[1127] Cfr. JOHN LOCKE, *Segundo Ensayo sobre el Gobierno Civil*, in JOHN LOCKE, *Dos Ensayos sobre El Gobierno Civil, Dos Ensayos Sobre el Gobierno Civil*, ed. Espasa Calpe, Madrid, 1991, Cap. II, §4.

[1128] Cfr. JOHN LOCKE, *Segundo Ensayo...*, Cap. XI, §136 e 137.

Especificamente sobre a concepção lockeana da propriedade, cfr. MIGUEL NOGUEIRA DE BRITO, *A Justificação da Propriedade numa Democracia Constitucional*, dissertação de doutoramento na Faculdade de Direito da Universidade de Lisboa, Policop., Lisboa, 2006, pp. 235 ss.

[1129] Cfr. JOHN LOCKE, *Segundo Ensayo...*, Cap. IV, §22.

[1130] Cfr. JOHN LOCKE, *Segundo Ensayo...*, Cap. VII, §89.

[1131] Cfr. JOHN LOCKE, *Segundo Ensayo...*, Cap. VIII, §96.

[1132] Cfr. JOHN LOCKE, *Carta Sobre a Tolerância*, Edições 70, Lisboa, 1996, p. 92.

[1133] Note-se, porém, que, no seu *Segundo Ensayo...*, John Loke faz da preservação da propriedade "o fim supremo e principal de os homens viverem em

tência de direitos da pessoa que considera sagrados, neles incluindo os direitos de humanidade e de cidadania[1134], os quais não podem, segundo os postulados decorrentes dos deveres de tolerância, ser lesados ou destruídos pelos privados[1135], nem pelo Estado ou pela Igreja[1136].

Locke é, deste modo, o primeiro autor moderno a proclamar os direitos do homem[1137].

No que respeita ao poder legislativo, regista-se o retomar da essência da concepção de Marsílio de Pádua (v. *supra*, n° 3.3.6.), formulada na primeira metade do século XIV: o poder legislativo é o poder supremo do Estado[1138], expressando o consenso da sociedade[1139]. Trata-se de um poder, porém, que não pode ser arbitrário[1140], encontrando-se limitado a prosseguir o bem da sociedade, razão pela qual nunca se poderá arrogar a destruir, escravizar ou empobrecer deliberadamente as pessoas[1141]: a lei existe para determinar os direitos e defender a propriedade[1142].

No campo da religião, Locke, uma vez mais seguindo o exemplo anterior de Marsílio de Pádua (v. *supra*, n° 3.3.6.), adoptando uma posição de tolerância, abraça o princípio da liberdade religiosa, considerando que a matéria deve deixar-se entregue a cada homem e à sua

---

repúblicas e submeterem-se a um governo" (Cap. IX, §124), repetindo essa mesma ideia no sentido da defesa da propriedade ser a razão pela qual os homens vivem em sociedade (Cap. XI, §137), tornando-se, deste modo, herdeiro da concepção primeiramente formulada por Cícero que via na protecção dos bens a razão de ser do Estado (v. *supra*, n° 3.2.8.).

[1134] Cfr. JOHN LOCKE, *Carta Sobre a Tolerância*, p. 97.
[1135] Cfr. JOHN LOCKE, *Carta Sobre a Tolerância*, p. 97.
[1136] Cfr. JOHN LOCKE, *Carta Sobre a Tolerância*, p. 99.
[1137] Neste sentido, cfr. WALTER THEIMER, *História...*, p. 144.
[1138] Cfr. JOHN LOCKE, *Segundo Ensayo...*, Cap. XI, §134; Cap. XII, §150.
[1139] Cfr. JOHN LOCKE, *Segundo Ensayo...*, Cap. XI, §134.
[1140] Cfr. JOHN LOCKE, *Segundo Ensayo...*, Cap. XI, §135 e 136.
[1141] Cfr. JOHN LOCKE, *Segundo Ensayo...*, Cap. XI, §135.
[1142] Cfr. JOHN LOCKE, *Segundo Ensayo...*, Cap. XI, §136.

Compreende-se, neste contexto, que o poder de fixar e cobrar impostos tem de, sob pena de violar a lei fundamental da propriedade, expressar o consenso do povo, cfr. JOHN LOCKE, *Segundo Ensayo...*, Cap. XI, §140.

consciência, pois "é em vão que, sob o pretexto de salvar a alma dos seus súbditos, o magistrado os obriga a aderir à sua própria religião"[1143], sendo inadmissível que as pessoas sejam privadas dos seus bens terrestres por causa da religião[1144].

Separando também muito nitidamente a esfera de intervenção do Estado e da religião, deixando a esta última o cuidado da alma e das coisas celestes[1145], enquanto que àquele ficam reservados os assuntos referentes à "tutela da vida e das coisas que dizem respeito a esta vida"[1146], uma vez que foi o bem público terrestre que presidiu à fundação da própria sociedade política[1147], Locke entende ter sido a falta de tolerância, e não a diversidade de opiniões, que produziu a maior parte dos conflitos religiosos no mundo cristão[1148], afirmando expressamente o seguinte: "suprimi a injusta discriminação dos direitos, mudai as leis, suprimi a pena de tortura e tudo ficará protegido e em segurança"[1149].

Os caminhos abertos pelo pensamento de John Locke em matéria de direitos da pessoa, neles encontrando fundamento e limite ao poder político, marcaram definitivamente a densificação e a evolução ideológica do liberalismo.

Neles avulta, desde logo, o posicionamento da liberdade de cada homem e a discussão em torno da natureza e da tutela da propriedade privada[1150], lembrando esta última, ao invés da proposta de Tomás More da sua abolição como instrumento de justiça na Utopia (v. *supra*, n° 3.6.1.), a permanência e premência da afirmação de Maquiavel durante a génese e desenvolvimento ideológico do liberalismo (v. *supra*, n° 3.4.3.): "os homens esquecem mais depressa a morte do seu pai do que a perda do seu património"[1151].

[1143] Cfr. JOHN LOCKE, *Carta Sobre a Tolerância*, p. 105.
[1144] Cfr. JOHN LOCKE, *Carta Sobre a Tolerância*, p. 110.
[1145] Cfr. JOHN LOCKE, *Carta Sobre a Tolerância*, p. 115.
[1146] Cfr. JOHN LOCKE, *Carta Sobre a Tolerância*, p. 115.
[1147] Cfr. JOHN LOCKE, *Carta Sobre a Tolerância*, p. 115.
[1148] Cfr. JOHN LOCKE, *Carta Sobre a Tolerância*, p. 122.
[1149] Cfr. JOHN LOCKE, *Carta Sobre a Tolerância*, p. 120.
[1150] Especificamente sobre o legado de Locke em matéria de configuração da propriedade privada, cfr. MIGUEL NOGUEIRA DE BRITO, *A Justificação...*, pp. 358 ss.
[1151] Cfr. MAQUIAVEL, *O Príncipe*, cap. XVII.

4.1.5. *Montesquieu: garantia da liberdade e divisão de poderes*

O francês Montesquieu (1689-1755), tomando como modelo político o sistema governativo emergente da Constituição britânica[1152], relaciona directamente a garantia da liberdade com a divisão ou separação de poderes[1153].

Reconhecendo que a palavra liberdade possui uma pluralidade de significados[1154], falando em liberdade filosófica, identificada com o exercício da vontade[1155], e em liberdade política, expressando-se esta na segurança[1156], Montesquieu deixa claro que num Estado, isto é, numa sociedade dotada de leis, a liberdade política não consiste em cada um fazer o que quer[1157]: "a liberdade traduz o direito de fazer tudo o que as leis permitem"[1158] e encontra especial projecção ao nível das leis criminais, dependendo da sua bondade a liberdade dos cidadãos[1159].

Identificando o governo republicano com a democracia[1160], uma vez que nele a soberania pertence a todo o povo[1161], sendo a lei feita pelo povo[1162], entende Montesquieu ser da natureza da república que se circunscreva a um pequeno território[1163], condenando, todavia, a sua existência: "se uma república é pequena, ela é destruída por uma força estrangeira; se ela é grande, destruir-se-á por um vício interior"[1164].

[1152] Cfr. MONTESQUIEU, *Del Espíritu de las Leyes*, Alianza Editorial, Madrid, 2003, Liv. XI, Cap. VI, pp. 206 ss.
[1153] Cfr. ERNST REIBSTEIN, *Volkssouveränität...*, II, pp. 155 ss.
[1154] Cfr. MONTESQUIEU, *Del Espíritu...*, Liv. XI, Cap. II, pp. 203 e 204.
[1155] Cfr. MONTESQUIEU, *Del Espíritu...*, Liv. XII, Cap. II, p. 241.
[1156] Cfr. MONTESQUIEU, *Del Espíritu...*, Liv. XII, Cap. II, p. 241.
[1157] Cfr. MONTESQUIEU, *Del Espíritu...*, Liv. XI, Cap. III, p. 204.
[1158] Cfr. MONTESQUIEU, *Del Espíritu...*, Liv. XI, Cap. III, p. 205.
[1159] Cfr. MONTESQUIEU, *Del Espíritu...*, Liv. XII, Cap. II, p. 241.
[1160] Cfr. MONTESQUIEU, *Del Espíritu...*, Liv. II, Cap. II, pp. 48 e 49.
[1161] Cfr. MONTESQUIEU, *Del Espíritu...*, Liv. II, Cap. II, p. 48; Livro III, Cap. II, p. 60.
[1162] Cfr. MONTESQUIEU, *Del Espíritu...*, Liv. II, Cap. II, p. 53.
[1163] Cfr. MONTESQUIEU, *Del Espíritu...*, Liv. VIII, Cap. XVI, p. 173.
[1164] Cfr. MONTESQUIEU, *Del Espíritu...*, Liv. IX, Cap. I, p. 179.

Por isso mesmo, a liberdade, envolvendo a opulência[1165], apenas existe nos "governos moderados" [1166], determinando a cessação do arbítrio[1167]. Montesquieu é peremptório a afirmar, neste sentido, que a liberdade pressupõe a limitação do poder, sendo necessário que "o poder limite o próprio poder"[1168]: a separação entre os poderes legislativo, executivo e judicial torna-se uma condição de liberdade[1169].

Mais: a existência de um Estado livre envolve que todos os homens tenham o direito de se autogovernarem[1170], expressando o poder legislativo a vontade do povo através dos seus representantes[1171]. Neste último domínio, a concepção de o legislativo traduzir a vontade do conjunto dos cidadãos ou dos seus representantes faz de Montesquieu um herdeiro do pensamento de Marsílio de Pádua (v. *supra*, nº 3.3.6.).

Numa diferente perspectiva, condenando expressamente o extermínio dos índios americanos pelos espanhóis, qualificado de "projecto tão horroroso"[1172] e de verdadeira "desumanidade"[1173]; também a existência de escravatura, nunca sendo algo de bom por natureza[1174], revela-se, numa democracia, "contra o espírito da Constituição"[1175] e, sabendo-se que a liberdade de cada cidadão é parte da liberdade política, traduzindo num Estado popular uma parte da soberania[1176], nenhum homem se pode vender, tornando-se escravo de outro[1177]:

[1165] Cfr. MONTESQUIEU, *Cartas Persas*, Alianza Editorial, Madrid, 2000, Carta CXXII, p. 228.
[1166] Cfr. MONTESQUIEU, *Del Espíritu...*, Liv. XI, Cap. IV, p. 205. Sublinhando que a suavidade do governo contribui para a propagação da espécie, cfr. MONTESQUIEU, *Cartas Persas*, Carta CXXII, p. 228.
[1167] Cfr. MONTESQUIEU, *Del Espíritu...*, Liv. XII, Cap. IV, p. 243.
[1168] Cfr. MONTESQUIEU, *Del Espíritu...*, Liv. XI, Cap. IV, p. 205.
[1169] Cfr. MONTESQUIEU, *Del Espíritu...*, Liv. XI, Cap. VI, pp. 206 ss.
[1170] Cfr. MONTESQUIEU, *Del Espíritu...*, Liv. XI, Cap. VI, p. 209.
[1171] Cfr. MONTESQUIEU, *Del Espíritu...*, Liv. XI, Cap. VI, p. 209.
[1172] Cfr. MONTESQUIEU, *Cartas Persas*, Carta CXXI, p. 227.
[1173] Cfr. MONTESQUIEU, *Cartas Persas*, Carta CXXI, p. 227.
[1174] Cfr. MONTESQUIEU, *Del Espíritu...*, Liv. XV, Cap. I, p. 301.
[1175] Cfr. MONTESQUIEU, *Del Espíritu...*, Liv. XV, Cap. I, p. 301.
[1176] Cfr. MONTESQUIEU, *Del Espíritu...*, Liv. XV, Cap. II, p. 302.
[1177] Cfr. MONTESQUIEU, *Del Espíritu...*, Liv. XV, Cap. II, p. 303.

a escravatura mostra-se contrária ao direito civil e ao direito natural[1178].

Encontram-se aqui definidos, em síntese, os pressupostos constitucionais do mundo ocidental que, tendo sido objecto de concretização jurídico-positiva desde finais do século XVIII, até hoje ainda se encontram subjacentes na esmagadora maioria das Constituições vigentes, consubstanciando o cerne ideológico e organizativo da tradição constitucional europeia e norte-americana.

4.1.6. *Voltaire: liberdade, tolerância e humanismo*

O filósofo francês Voltaire (1694-1778), apontado como partidário de uma preferência pelo modelo político absolutista[1179], apesar de ter considerado a república como o primitivo "caminho natural da natureza humana"[1180], formula os alicerces de uma visão iluminista de raiz humanista que, defendendo a liberdade e a tolerância, serve de pressuposto do pensamento liberal em torno da pessoa humana.

Fazendo da razão a fonte que permite distinguir o bem e o mal[1181], localizando o senso comum no fundo do coração de todos os homens[1182] e remontando a Deus a dádiva da consciência do justo e do injusto[1183], Voltaire defende que se o homem pudesse mudar o destino teria mais poder que Deus[1184]. A liberdade, porém, sendo identificada com o poder de fazer o que a vontade exige que se faça[1185], surge como um dom conferido por Deus ao homem.

Neste contexto, a liberdade de pensamento, tendo sido pressuposto de formação e difusão do próprio cristianismo[1186], é uma conse-

---

1178 Cfr. MONTESQUIEU, *Del Espíritu*..., Liv. XV, Cap. II, p. 303.
1179 Neste sentido, cfr. MARCEL PRÉLOT / GEORGES LESCUYER, *Histoire*..., pp. 269 e 270.
1180 Cfr. VOLTAIRE, *Dizionario Filosofico*, ed. Einaudi, Torino, 1995, p. 344.
1181 Cfr. VOLTAIRE, *Dizionario*..., p. 280.
1182 Cfr. VOLTAIRE, *Dizionario*..., p. 400.
1183 Cfr. VOLTAIRE, *Dizionario*..., p. 281.
1184 Cfr. VOLTAIRE, *Dizionario*..., p. 172.
1185 Cfr. VOLTAIRE, *Dizionario*..., p. 285.
1186 Cfr. VOLTAIRE, *Dizionario*..., p. 289.

quência natural da tolerância[1187]: "liberdade de pensamento e tolerância são sinónimos"[1188].

No entanto, interpretando a História no sentido de que os povos antigos praticavam a tolerância e a liberdade de pensamento[1189], Voltaire entende que, apesar de a religião cristã ser aquela que deveria inspirar maior tolerância, os cristãos se manifestam como os mais intolerantes entre todos os homens[1190]: não obstante Jesus ter proclamado a benevolência, a paciência e a indulgência[1191], a verdade é que os cristãos, em vez de se tolerarem uns aos outros[1192], são "persecutórios, carnificinos e assassinos" dos seus próprios irmãos[1193].

Voltaire defende que cada um deve ser livre de pensar e de professar a religião que entender[1194], uma vez que "a religião forçada não é mais religião"[1195]. Encontrando na indulgência a raiz da felicidade da vida[1196], sendo todos os homens entre si irmãos[1197], formula-se como princípio universal, tendo a sua origem no Direito Natural, o imperativo "não fazer aos outros aquilo que não gostaríamos que nos fizessem"[1198].

A liberdade de opinião e a liberdade de consciência expressam um interesse geral da humanidade[1199]: a liberdade de opinião é um direito tão importante quanto a liberdade pessoal ou o direito de proprie-

---

[1187] Cfr. VOLTAIRE, *Trattato sulla Tolleranza*, 8ª ed., ed. Feltrinelli, Milano, 2006, p. 28.
[1188] Cfr. VOLTAIRE, *Trattato...*, p. 30.
[1189] Cfr. VOLTAIRE, *Trattato...*, pp. 63 ss.
[1190] Cfr. VOLTAIRE, *Dizionario...*, p. 416.
[1191] Cfr. VOLTAIRE, *Trattato...*, p. 117.
[1192] Cfr. VOLTAIRE, *Trattato...*, p. 143.
[1193] Cfr. VOLTAIRE, *Trattato...*, p. 84.
[1194] Cfr. VOLTAIRE, *Trattato...*, p. 31.
[1195] Cfr. VOLTAIRE, *Trattato...*, p. 121. Para mais desenvolvimentos sobre o problema da liberdade de religião no sistema filosófico de Voltaire, cfr. ERNST REIBSTEIN, *Volkssouveranität...*, II, pp. 146 ss.
[1196] Cfr. VOLTAIRE, *Trattato...*, p. 141.
[1197] Cfr. VOLTAIRE, *Trattato...*, p. 148.
[1198] Cfr. VOLTAIRE, *Trattato...*, p. 61.
[1199] Cfr. VOLTAIRE, *Trattato...*, p. 27.

dade[1200]. Neste sentido, todas as leis contrárias ao exercício da liberdade de opinião são injustas e intolerantes[1201].

A tolerância, sendo apanágio da humanidade[1202] e pressuposto da estabilidade do governo[1203], configura-se como um direito de justiça, verdadeiro dever da humanidade, da consciência e da religião[1204]: a tolerância é a primeira lei da natureza[1205] e encontra-se estritamente ligada à luta contra o fanatismo[1206], entendido este como uma "doença epidémica"[1207] e um inimigo da natureza[1208]. A intolerância é absurda e bárbara[1209] e as leis intolerantes são leis injustas[1210]. Voltaire pronuncia-se, neste contexto, contra a pena de morte[1211], a prisão perpétua[1212], a transmissão de penas[1213], a inquisição[1214], a tortura[1215] e os suplícios rebuscados[1216].

Voltaire, partindo do entendimento de que o homem nasce com uma inclinação violenta para o domínio[1217], a riqueza, o prazer e a preguiça[1218], deixa claro que necessita sempre de ser limitado[1219], defendendo que só a religião e a moral podem refrear a força da

---

[1200] Cfr. VOLTAIRE, *Trattato...*, p. 27.
[1201] Cfr. VOLTAIRE, *Trattato...*, p. 27.
[1202] Cfr. VOLTAIRE, *Dizionario...*, p. 414.
[1203] Cfr. VOLTAIRE, *Trattato...*, p. 28.
[1204] Cfr. VOLTAIRE, *Trattato...*, p. 25.
[1205] Cfr. VOLTAIRE, *Dizionario...*, p. 414.
[1206] Neste sentido, cfr. LORENZO BIANCHI, *Introduzione*, in VOLTAIRE, *Trattato sulla Tolleranza*, 8ª ed., Feltrinelli, Milano, 2006, p. 1.
[1207] Cfr. VOLTAIRE, *Dizionario...*, p. 205.
[1208] Cfr. VOLTAIRE, *Trattato...*, p. 153.
[1209] Cfr. VOLTAIRE, *Trattato...*, p. 62.
[1210] Cfr. VOLTAIRE, *Trattato...*, p. 27.
[1211] Cfr. VOLTAIRE, *Prémio...*, pp. 19 ss.
[1212] Cfr. VOLTAIRE, *Prémio...*, p. 90.
[1213] Cfr. VOLTAIRE, *Prémio...*, p. 25.
[1214] Cfr. VOLTAIRE, *Prémio...*, pp. 32 ss.
[1215] Cfr. VOLTAIRE, *Prémio...*, pp. 85 ss.
[1216] Cfr. VOLTAIRE, *Prémio...*, p. 91.
[1217] Voltaire parte também de uma interpretação da natureza humana que afirma a grandeza do próprio país com o desejo de ocorrer o mal nos países vizinhos (in *Dizionario...*, p. 345).
[1218] Cfr. VOLTAIRE, *Dizionario...*, p. 183.
[1219] Cfr. VOLTAIRE, *Trattato...*, p. 137.

natureza do carácter das pessoas, sem embargo de não a poderem destruir[1220].

Num outro sentido, o homem, ao invés dos restantes animais que não dependem dos seus semelhantes, ainda que tenha recebido de Deus a razão, "é escravo em quase toda a terra"[1221], vivendo em sociedade[1222], e encontrando como virtude principal "fazer o bem ao próximo"[1223], envolvendo também fazer o bem da sociedade[1224].

Neste contexto social de dependência de cada homem, regista-se que os homens, apesar de terem no seu coração o direito de se considerarem iguais a todos os outros homens[1225] e de a religião também os ligar igualmente[1226], o certo é que não são realmente iguais[1227]: a igualdade é "a coisa mais natural e a mais quimérica"[1228]; os homens só seriam iguais se não tivessem necessidades[1229].

Já se tem dito, a este propósito, que Voltaire se acomoda perfeitamente à desigualdade[1230]. O certo, porém, é que, reconhecendo existirem necessidades que geram dependência entre os homens, a sociedade se divide em duas classes: os opressores e os oprimidos[1231]. Voltaire torna-se, deste modo, um precursor do pensamento marxista (v. *infra*, n° 5.3.3.), introduzindo a dicotomia entre a classe dos opressores e a classe dos oprimidos e, simultaneamente, encontrando na luta de classes o sentido explicativo de certos momentos históricos[1232], pois, tal como explica, "os poderosos têm o dinheiro e o dinheiro é o padrão de tudo num Estado"[1233].

[1220] Cfr. VOLTAIRE, *Dizionario*..., p. 70.
[1221] Cfr. VOLTAIRE, *Dizionario*..., p. 182.
[1222] Cfr. VOLTAIRE, *Dizionario*..., p. 426.
[1223] Cfr. VOLTAIRE, *Dizionario*..., p. 426.
[1224] Cfr. VOLTAIRE, *Dizionario*..., p. 426.
[1225] Cfr. VOLTAIRE, *Dizionario*..., p. 184.
[1226] Cfr. VOLTAIRE, *Trattato*..., pp. 88-89.
[1227] Cfr. VOLTAIRE, *Dizionario*..., p. 182.
[1228] Cfr. VOLTAIRE, *Dizionario*..., p. 184.
[1229] Cfr. VOLTAIRE, *Dizionario*..., p. 182.
[1230] Cfr. MARCEL PRÉLOT / GEORGES LESCUYER, *Histoire*..., p. 269.
[1231] Cfr. VOLTAIRE, *Dizionario*..., p. 183.
[1232] Cfr. VOLTAIRE, *Dizionario*..., p. 183.
[1233] Cfr. VOLTAIRE, *Dizionario*..., p. 183.

Em termos estritamente políticos, Voltaire, configurado como partidário de um "absolutismo atenuado pela tolerância e a humanidade"[1234], define o tirano como sendo o soberano que faz do seu capricho a única lei, que se apropria da propriedade dos seus súbditos e que depois desencadeia guerra para se apropriar dos bens dos seus vizinhos[1235]. A própria expressão "razão de Estado" é tida como sendo uma invenção para servir de desculpa aos tiranos[1236]. Em vez deste modelo, Voltaire defende que não exista obediência a actos reconhecidos como injustos e bárbaros "no tribunal da consciência de todos os homens"[1237], pois, tal como afirma de forma lapidar, "um crime é sempre um crime" [1238].

4.1.7. *Hume: liberdade, legalidade e consentimento*

O escocês David Hume (1711-1776), sublinhando igualmente que a liberdade pressupõe que o poder se encontre repartido entre diversos órgãos[1239], tem perfeita consciência da "perpétua luta intestina, aberta ou secreta" que se trava entre a autoridade e a liberdade em todos os governos[1240].

Acaba por confessar o seu pessimismo, neste contexto, uma vez que, apesar de todos os diversos contrapesos e cautelas dos textos constitucionais, e mesmo sem tomar em conta os casos de emergência[1241], "não temos outra segurança para as nossas liberdades e propriedades que a boa vontade dos nossos governantes: isto é, nenhuma"[1242].

[1234] Cfr. MARCEL PRÉLOT / GEORGES LESCUYER, *Histoire...*, p. 270.
[1235] Cfr. VOLTAIRE, *Dizionario...*, p. 425.
[1236] Cfr. VOLTAIRE, *Prémio...*, p. 73.
[1237] Cfr. VOLTAIRE, *Prémio...*, p. 73.
[1238] Cfr. VOLTAIRE, *Prémio...*, p. 73.
[1239] Cfr. DAVID HUME, *Ensayos Políticos*, p. 29.
[1240] Cfr. DAVID HUME, *Ensayos Políticos*, p. 29.
[1241] Cfr. DAVID HUME, *Investigación sobre los Principios de la Moral*, Alianza Editorial, Madrid, 2006, p. 80.
[1242] Cfr. DAVID HUME, *Ensayos Políticos*, p. 30.

Conhecedor que os homens se guiam principalmente por interesses[1243], sem prejuízo de encontrar na generosa preocupação com os outros semelhantes a principal virtude moral do homem humanitário e bondoso[1244], Hume reconhece, todavia, uma centralidade decisória à utilidade[1245]: a utilidade pública é a única origem da justiça[1246], nela também residindo o fundamento das leis relativas à propriedade[1247], tal como a utilidade é a fonte do mérito inerente ao humanitarismo[1248], encontrando-se também a obrigação moral numa relação de proporção com a utilidade[1249].

E, retomando a querela entre Platão e Aristóteles (v. *supra*, nos 3.2.7. e 3.2.8.), reconhece que nas monarquias civilizadas existentes "governam as leis e não os homens"[1250]: a existência de regras é uma exigência da convivência social[1251]. Compreende-se, por isso, que, a propósito da liberdade, formule o princípio da legalidade penal: "só pode ser tido por delito aquilo que a lei especificou claramente como tal"[1252].

É ainda no domínio da liberdade, em particular da liberdade de imprensa, que Hume encontra um elemento característico do sistema constitucional britânico[1253], traduzindo uma expressão da sua forma mista de governo e servindo de instrumento pelo qual se põe "todo o saber, o engenho e o talento da nação ao serviço da liberdade"[1254].

[1243] Cfr. DAVID HUME, *Tratado de la Naturaleza Humana*, 4ªed., editorial Porrúa, México, 1998, p. 344.
[1244] Cfr. DAVID HUME, *Investigación...*, p. 44.
[1245] Cfr. DAVID HUME, *Investigación...*, em especial, pp. 88 ss. Ainda sobre o utilitarismo de Hume, cfr. WALTER THEIMER, *História...*, pp. 152 ss.
[1246] Cfr. DAVID HUME, *Investigación...*, pp. 51 ss.
[1247] Cfr. DAVID HUME, *Investigación...*, pp. 64 e 208.
[1248] Cfr. DAVID HUME, *Investigación...*, p. 78.
[1249] Cfr. DAVID HUME, *Investigación...*, p. 80.
[1250] Cfr. DAVID HUME, *Ensayos Políticos*, p. 71.
[1251] Cfr. DAVID HUME, *Investigación...*, p. 86.
[1252] Cfr. DAVID HUME, *Ensayos Políticos*, p. 5.
[1253] Cfr. DAVID HUME, *Ensayos Políticos*, pp. 3 ss.
Será depois Alexis de Tocqueville que, observando a realidade norte-americana na primeira metade do século XIX, fará a relação entre a liberdade de imprensa e a soberania do povo (v. *infra*, nº 4.7.2.).
[1254] Cfr. DAVID HUME, *Ensayos Políticos*, p. 5.

Paralelamente, fazendo da liberdade factor de perfeição da sociedade civil[1255] e fonte de vantagens políticas, culturais e económicas[1256], Hume, seguindo Locke (v. *supra*, n° 4.1.4.), elege a tutela do direito de propriedade como um dos fundamentos do governo[1257] e do próprio estabelecimento da sociedade humana[1258], fazendo da estabilidade da posse e da sua transmissão por consentimento regras fundamentais da justiça[1259], pois, como sintetiza, aqui em estreita semelhança com Spinoza (v. *supra*, n° 4.1.2.), "a origem da justiça explica a da propriedade"[1260]. Só em casos da "mais extrema necessidade" se poderá justificar o sacrifício da propriedade"[1261].

Defendendo que o contrato original de estabelecimento da sociedade envolveu o consentimento de todos os homens[1262], Hume, apesar de considerar que o estado natureza é uma ficção dos filósofos[1263], entendia que o desaparecimento do governo e, por esta via, a anarquia como o mais terrível dos males[1264]. Por isso mesmo, encontrava na subsistência da própria sociedade a razão da obediência ao governo[1265], sem prejuízo de admitir a resistência a essa obediência em ocasiões extraordinárias[1266], podendo ela mesmo servir de "último recurso para casos desesperados, quando o povo corre um grande risco

---

[1255] Cfr. DAVID HUME, *Ensayos Políticos*, p. 29.
[1256] Cfr. DAVID HUME, *Ensayos Políticos*, pp. 66 ss.
[1257] Cfr. DAVID HUME, *Ensayos Políticos*, p. 22.
[1258] Cfr. DAVID HUME, *Tratado...*, p. 316.
[1259] Cfr. DAVID HUME, *Tratado...*, pp. 364-365; IDEM, *Investigación...*, pp. 64 ss.
[1260] Cfr. DAVID HUME, *Tratado...*, p. 316.
[1261] Cfr. DAVID HUME, *Investigación...*, p. 81. Em termos mais flexíveis, permitindo também o acesso à propriedade privada de terceiros, cfr. *ibidem*, p. 56.
[1262] Cfr. DAVID HUME, *Ensayos Políticos*, p. 98.
[1263] Cfr. DAVID HUME, *Investigación...*, p. 59. Para mais desenvolvimentos, cfr. ROBERT S. HILL, *David Hume*, in LEO STRAUSS / JOSEPH CROPSEY, *Historia de la Filosofía Política*, México, reimp., 1996, pp. 519 ss.
[1264] Cfr. DAVID HUME, *Ensayos Políticos*, p. 102.
[1265] Cfr. DAVID HUME, *Ensayos Políticos*, p. 110; IDEM, *Investigación...*, p. 79. Ainda sobre a obediência, cfr. DAVID HUME, *Tratado...*, pp. 347 ss.; ROBERT S. HILL, *David Hume*, pp. 522 ss.
[1266] Cfr. DAVID HUME, *Ensayos Políticos*, pp. 116 e 117.

de violência e tirania"[1267]. Igualmente por esta via se compreende que, acolhendo expressamente as palavras de John Locke[1268], Hume partilhe o princípio de que "todo o governo legítimo resulta do consentimento do povo"[1269].

4.1.8. *Rousseau: o primado da liberdade e da igualdade sobre a propriedade privada*

O suíço Jean-Jacques Rousseau (1712-1778), partilhando com Locke o entendimento de que o homem nasceu livre[1270], sendo a desigualdade quase nula no estado natureza[1271], postula, todavia, uma diferente concepção sobre o sentido e a função da propriedade privada.

Fazendo da propriedade privada o elemento fundador da sociedade civil[1272], nela encontra Rousseau a razão da transformação da bondade natural do homem[1273] e a origem da desigualdade entre os homens[1274]: foi a tentativa de evitar o estado permanente de guerra em torno da propriedade que motivou a organização da sociedade e a criação de leis[1275], abdicando cada homem da sua liberdade natural[1276], nos termos do contrato social[1277], e resultando da lei a propriedade e a desigualdade[1278].

[1267] Cfr. DAVID HUME, *Ensayos Políticos*, p. 117.
[1268] Cfr. DAVID HUME, *Ensayos Políticos*, p. 115.
[1269] Cfr. DAVID HUME, *Ensayos Políticos*, pp. 108 e 114-115.
[1270] Cfr. JEAN-JACQUES ROUSSEAU, *O Contrato Social*, ed. Publicações Europa-América, Mem Martins, 1981, Liv. 1°, Cap. I, p. 11.
[1271] JEAN-JACQUES ROUSSEAU, *Discurso Sobre a Origem e Fundamento da Desigualdade entre os Homens*, 3ª ed., ed. publicações Europa-América, Mem Martins, 1995, pp. 82-83.
[1272] Cfr. JEAN-JACQUES ROUSSEAU, *Discurso Sobre a Origem...*, p. 53.
[1273] Cfr. JEAN-JACQUES ROUSSEAU, *Discurso Sobre a Origem...*, pp. 63 ss.
[1274] Cfr. JEAN-JACQUES ROUSSEAU, *Discurso Sobre a Origem...*, pp. 65 ss..
[1275] Cfr. JEAN-JACQUES ROUSSEAU, *Discurso Sobre a Origem...*, p. 67.
[1276] Cfr. JEAN-JACQUES ROUSSEAU, *Discurso Sobre a Origem...*, p. 67; IDEM, *O Contrato Social*, Liv. 1°, Cap. VIII, p. 26.
[1277] Cfr. JEAN-JACQUES ROUSSEAU, *O Contrato Social*, Liv. 1°, Cap. VI, pp. 21 ss.
[1278] Cfr. JEAN-JACQUES ROUSSEAU, *Discurso Sobre a Origem...*, p. 67.

Esta visão da propriedade privada, responsabilizada pela desigualdade social e pela desarmonia entre os homens, retoma a linha ideológica do discurso crítico de Tomás More (v. *supra*, n° 3.6.1.), considerando que a política do seu tempo tem um entendimento parcial do homem[1279], esquecendo a sua felicidade, partilhando também uma visão do Direito que serve de instrumento para colocar "novos entraves ao fraco" e dar "novas forças ao rico"[1280].

Defende Rousseau, em sentido contrário, um modelo de sociedade que, apesar de existir propriedade privada – afastando-se aqui da *Utopia* de More –, encontra no cultivo da terra a sua fonte[1281]: "é somente o trabalho que, ao dar direito ao trabalhador sobre o produto da terra que trabalhou, lhe dá também como consequência o direito sobre o campo, pelo menos até à colheita, e assim, duma forma sucessiva, todos os anos, o que origina uma posse contínua, que facilmente se transforma em propriedade"[1282].

Compreende-se, neste sentido, que Rousseau, fazendo do direito de propriedade uma mera instituição convencional humana, a não considere como essencial, antes identifica a vida e a liberdade de cada um como "dons essenciais da natureza"[1283], sendo "duvidoso que haja o direito de deles se despojar"[1284], razão pela qual sobre a vida ninguém tem qualquer direito[1285] e "o direito de escravizar é nulo"[1286].

No entanto, à semelhança de Locke, também Rousseau, configurando o poder legislativo como poder superior[1287] ou "coração do

---

[1279] Neste sentido, cfr. ALLAN BLOOM, *Jean-Jacques Rousseau*, in LEO STRAUSS / JOSEPH CROPSEY, *Historia de la Filosofía Política*, México, reimp., 1996, p. 529.

[1280] Cfr. JEAN-JACQUES ROUSSEAU, *Discurso Sobre a Origem...*, p. 67.

[1281] Cfr. ALLAN BLOOM, *Jean-Jacques Rousseau*, p. 535.

[1282] Cfr. JEAN-JACQUES ROUSSEAU, *Discurso Sobre a Origem...*, p. 63.

[1283] Cfr. JEAN-JACQUES ROUSSEAU, *Discurso Sobre a Origem...*, p. 73.

[1284] Cfr. JEAN-JACQUES ROUSSEAU, *Discurso Sobre a Origem...*, p. 73.

[1285] Cfr. JEAN-JACQUES ROUSSEAU, *O Contrato Social*, Liv. 1°, Cap. IV, p. 19. Especificamente sobre a pena de morte, considerando que a mesma "é para não sermos vítimas de um assassino que consentimos morrer se um dia viéssemos a sê-los", *ibidem*, Liv. 2°, Cap. V, p. 39.

[1286] Cfr. JEAN-JACQUES ROUSSEAU, *O Contrato Social*, Liv. 1°, Cap. IV, p. 19.

[1287] Cfr. JEAN-JACQUES ROUSSEAU, *O Contrato Social*, Liv. 2°, Cap. VII, p. 45.

Estado"[1288], entende que a lei "nunca pode confundir-se com a ordem de um homem"[1289], pois, na sequência de Marsílio de Pádua (v. *supra*, nº 3.3.6.) e de Spinoza (v. *supra*, nº 4.1.2.), "só a vontade geral obriga os particulares"[1290], traduzindo a obediência à lei que o próprio prescreveu a expressão da sua própria liberdade[1291] e encontrando na liberdade e na igualdade o fim do sistema de legislação[1292].

Como já foi sublinhado[1293], em Rousseau a pessoa encontra-se sempre numa dupla relação com o Estado: é parte do legislador, integrando a soberania, e, simultaneamente, sujeito destinatário da lei, enquanto indivíduo que lhe deve obediência[1294]. Observa-se aqui um verdadeiro processo integrativo ou de síntese conciliatória entre o indivíduo e o Estado, substituindo-se a tradicional ideia de luta do homem contra o poder para a defesa da liberdade, uma vez que no esquema rousseauniano a liberdade só se encontra dentro do Estado e não contra o Estado[1295].

Todavia, como Rousseau expressamente adverte, numa fase esquecida pelos seus seguidores marxistas dos séculos XIX e XX, "quanto mais o Estado cresce, mais diminui a liberdade"[1296].

Com efeito, sendo a autoridade suprema insusceptível de limitação, sob pena de ser destruída[1297], Rousseau, integrando-se numa postura de omnipotência e unidade do Estado[1298], faz assentar a vontade geral na regra da maioria, afirmando que "a voz do maior número

---

[1288] Cfr. JEAN-JACQUES ROUSSEAU, *O Contrato Social*, Liv. 3º, Cap. XI, p. 89.
[1289] Cfr. JEAN-JACQUES ROUSSEAU, *O Contrato Social*, Liv. 2º, Cap. VI, p. 42.
[1290] Cfr. JEAN-JACQUES ROUSSEAU, *O Contrato Social*, Liv. 2º, Cap. VII, pp. 45-46.
[1291] Cfr. JEAN-JACQUES ROUSSEAU, *O Contrato Social*, Liv. 1º, Cap. VIII, p. 26.
[1292] Cfr. JEAN-JACQUES ROUSSEAU, *O Contrato Social*, Liv. 2º, Cap. XI, p. 55.
[1293] Cfr. ALLAN BLOOM, **Jean-Jacques Rousseau**, p. 539.
[1294] Nas palavras de Rousseau, os membros do povo "designam-se, em particular, *cidadãos*, como participantes da autoridade soberana, e *súbditos*, porque submetidos às leis do Estado" (in *O Contrato Social*, Liv. 1º, Cap. VI, p. 23).
[1295] Neste último sentido, cfr. L. CABRAL DE MONCADA, **Filosofia...**, I, p. 245.
[1296] Cfr. JEAN-JACQUES ROUSSEAU, *O Contrato Social*, Liv. 3º, Cap. I, p. 61.
[1297] Cfr. JEAN-JACQUES ROUSSEAU, *O Contrato Social*, Liv. 3º, Cap. XVI, pp. 97-98.
[1298] Sublinhando a originalidade de uma tal concepção no contexto do pensamento liberal, cfr. GAETANO SILVESTRI, **La Separazione dei Poteri**, II, Milano, 1984, pp. 34-35.

obriga sempre todos os outros"[1299] e, defendendo a tese de que a maioria nunca se engana[1300], antes se enganam aqueles que expressam uma vontade minoritária[1301], encontra na subordinação à vontade geral a liberdade de todos os cidadãos[1302].

Neste sentido, a obediência à vontade geral, incluindo através da utilização da força contra quem a ela resiste, nada mais representa do que obrigar quem discorda a ser livre[1303]. No entanto, uma tal liberdade por coacção, convertendo a liberdade do indivíduo numa liberdade em conformidade com a vontade geral[1304], envolvendo a obediência ilimitada da minoria a uma maioria que nunca se engana, traduz os alicerces de um modelo de democracia totalitária[1305] (v. *infra*, n° 4.7.3.).

4.1.9. *Humboldt: Estado mínimo e garantia da liberdade*

Seria, precisamente, em torno dos limites do Estado em nome da liberdade, que o alemão Wilhelm von Humboldt (1767-1835), reforçando a crise ideológica do final do absolutismo, afirma o propósito de determinar as condições mais favoráveis ao indivíduo no Estado[1306],

---

[1299] Cfr. JEAN-JACQUES ROUSSEAU, *O Contrato Social*, Liv. 4°, Cap. II, p. 105.

[1300] Sublinhando a profunda oposição, neste ponto, entre a concepção de Rousseau e a de Locke, cfr. DIOGO FREITAS DO AMARAL, *Ciência Política*, II, p. 192.
Considerando não existir em Rousseau a defesa da arbitrariedade do simples número de uma maioria, antes esta encontra a sua preponderância na defesa do interesse comum, cfr. GAETANO SILVESTRI, *La Separazione...*, II, pp. 36-37.

[1301] Nas sugestivas palavras de ROUSSEAU, "quando, portanto, a opinião contrária à minha vence, isso não prova outra coisa senão que eu me tinha enganado e o que eu pensava ser a vontade geral não o era", in *O Contrato Social*, Liv. 4°, Cap. II, p. 106.
Neste sentido, a minoria ter-se-ia enganado quanto à verdadeira vontade geral e, por outro lado, também quanto ao verdadeiro interesse comum, cfr. REINHOLD ZIPPELIUS, *Teoria Geral do Estado*, 3ª ed., Lisboa, 1997, p. 170.

[1302] Cfr. JEAN-JACQUES ROUSSEAU, *O Contrato Social*, Liv. 4°, Cap. II, p. 106.

[1303] Cfr. JEAN-JACQUES ROUSSEAU, *O Contrato Social*, Liv. 1°, Cap. VII, p. 25.

[1304] Neste último sentido, cfr. REINHOLD ZIPPELIUS, *Teoria...*, p. 170.

[1305] Neste sentido, cfr. DIOGO FREITAS DO AMARAL, *Ciência Política*, II, p. 193.

[1306] Cfr. GUGLIELMO HUMBOLDT, *Saggio sui Limiti dell'Attività dello Stato*, Ed. Giuffrè, Milano, 1965, p. 151.

estabelecendo aqueles que viriam a ser os principais alicerces teóricos do liberalismo sobre o papel do Estado e o modelo de garantia dos direitos das pessoas[1307].

Postulando que "o Estado não tem o direito de se ocupar das coisas privadas dos cidadãos, desde que não sejam lesados os direitos dos outros"[1308], Humboldt considera que a intervenção do Estado se deve circunscrever, em nome da liberdade dos cidadãos, apenas aos aspectos que se mostrem necessários à sua segurança interna e externa, devendo deixar a actividade de prossecução do bem positivo dos cidadãos[1309], uma vez que a mesma se mostra limitativa da liberdade[1310]: o Estado deve circunscrever a sua actividade a administrar a justiça, a restabelecer o direito lesado e a punir o violador[1311].

Uma tal concepção de Estado mínimo, promovendo a ruptura com o modelo intervencionista do Estado de Polícia vigente na Europa Continental nas vésperas da Revolução Francesa, traduzia a melhor garantia da liberdade individual[1312]. Formula-se aqui o princípio de que as liberdades individuais serão tanto mais e melhor garantidas quanto menor for a intervenção do Estado. Humboldt alicerça, deste modo, os pressupostos de um modelo de Estado abstencionista nos domínios social, económico e cultural, invertendo o papel intervencionista do Estado absoluto.

Na unidade entre a propriedade e a liberdade Humboldt encontra, por outro lado, a fonte da energia da actividade do homem[1313], fazendo da segurança, em nome da garantia da liberdade, e em condições de

---

[1307] Cfr. VALENTINI, *Il Pensiero Politico Contemporaneo*, 8ª ed., Bari, 1995, pp. 106 ss.

[1308] Cfr. GUGLIELMO HUMBOLDT, *Saggio...*, p. 17.

[1309] Cfr. GUGLIELMO HUMBOLDT, *Saggio...*, p. 32

[1310] Trata-se de uma restrição da liberdade dos cidadãos decorrente de o Estado, ao desenvolver o mencionado bem positivo dos cidadãos, acabar por impor a uniformidade, sacrificar as energias humanas, debilitando a nação e a liberdade dos homens e impedindo o desenvolvimento da individualidade e da originalidade, cfr. GUGLIELMO HUMBOLDT, *Saggio...*, pp. 18 ss.

[1311] Cfr. GUGLIELMO HUMBOLDT, *Saggio...*, p. 95.

[1312] Cfr. VALENTINI, *Il Pensiero...*, p. 111.

[1313] Cfr. GUGLIELMO HUMBOLDT, *Saggio...*, p. 34

igualdade a todos os cidadãos[1314], o fim principal da intervenção do Estado: "sem segurança o homem não pode desenvolver a sua actividade, nem colher os frutos, porque sem segurança não existe liberdade"[1315], residindo na ausência de obstáculos ao exercício pelos cidadãos dos seus direitos sobre a pessoa e sobre a propriedade o cerne do conceito de segurança[1316].

Encontra-se ainda em Humboldt, certamente por influência de Pufendorf (v. *supra*, nº 4.1.3.) ou já de Kant (v. *infra*, nº 4.2.3.), uma referência à dignidade humana, preconizando que o Estado deve abolir a mentalidade desumana e preconceituosa no julgamento do homem: o Estado não deve ver o homem tendo em consideração a sua origem, a religião e a raça, antes deverá vê-lo como indivíduo, dotado de dignidade humana[1317].

4.2. A revolução kantiana: liberdade, humanidade e dignidade

4.2.1. *Liberdade, igualdade e o valor da lei em Kant*

Inserido ainda no contexto dos edificadores ideológicos do liberalismo, o alemão Immanuel Kant (1724-1804), já qualificado como sendo "o filósofo do Estado de Direito"[1318], procura estabelecer um fundamento moral para a liberdade e a igualdade dos homens[1319].

[1314] Cfr. GUGLIELMO HUMBOLDT, *Saggio...*, p. 97.
[1315] Cfr. GUGLIELMO HUMBOLDT, *Saggio...*, p. 39.
[1316] Cfr. GUGLIELMO HUMBOLDT, *Saggio...*, p. 96.
[1317] Neste sentido, cfr. WILHELM VON HUMBOLDT, *Gutachen zum preuâischen Emanzipationsedikt von 17. Juli 1809*, in WILHELM VON HUMBOLDT, *Politische Denkschiften*, I, 1903, cit. PETER HÄBERLE, *Die Menschenwürde als Grundlage der Staatlichen Gemeinschaft*, in JOSEF ISENSEE / KIRCHHOF (org.), *Handbuch des Staatsrechts*, II, 3ª ed., Heidelberg, 2004, p. 320.
[1318] Cfr. WALTER THEIMER, *História...*, p. 189.
[1319] Neste sentido, cfr. PIERRE HASSNER, *Emmanuel Kant*, in LEO STRAUSS / JOSEPH CROPSEY, *Historia de la Filosofía Política*, México, reimp., 1996, p. 552.

Definindo uma ligação directa entre a paz e a propriedade privada[1320], Kant afirma claramente ser apenas num estado de paz que se encontram garantidos através das leis "o meu e o teu"[1321], razão pela qual qualquer constituição jurídica é melhor do que nenhuma[1322], retomando um postulado de Aristóteles, em oposição a Platão, que reconduz a melhor constituição àquela cujo poder se encontra nas leis e não nos homens[1323].

Trata-se da recuperação de uma ideia aristotélica, entretanto já acolhida por David Hume (v. *supra*, nº 4.1.7.)[1324], que está na génese do moderno conceito de Estado de Direito e de Constituição: um poder limitado pela lei.

Firmando na liberdade, na igualdade e na independência civil, enquanto atributos jurídicos dos cidadãos membros da sociedade[1325], a instituição estável do Estado[1326], uma vez que o Estado não é um património, antes "é uma sociedade de homens"[1327], sob leis jurídicas[1328], encontra Kant na regra da maioria de votos do povo "o princípio supremo do estabelecimento de uma constituição civil"[1329], considerando que, sendo a vontade do legislador a expressão do assen-

---

[1320] Sobre a configuração kantiana da propriedade privada, cfr. MIGUEL NOGUEIRA DE BRITO, *A Justificação...*, pp. 369 ss.

[1321] Cfr. IMMANUEL KANT, *La Metafísica de las Costumbres*, 3ª ed., ed. Tecnos, Madrid, 1999, p. 196.

[1322] Cfr. IMMANUEL KANT, *A Paz Perpétua – um projecto fiolófico*, in IMMANUEL KANT, *A Paz Perpétua e Outros Opúsculos*, Edições 70, Lisboa, 1995, p. 155, nota nº 14.

[1323] Cfr. IMMANUEL KANT, *La Metafísica...*, p. 196.

[1324] Especificamente sobre as relações entre o pensamento de Hume e de Kant, cfr. WOLFGANG FARR (org.), *Hume und Kant – Interpretation und Diskussion*, Freiburg/München, 1982.

[1325] Cfr. IMMANUEL KANT, *La Metafísica...*, p. 143.

[1326] Cfr. IMMANUEL KANT, *Sobre a expressão corrente: Isto pode ser correcto na teoria, mas nada vale na prática*, in IMMANUEL KANT, *A Paz Perpétua e Outros Opúsculos*, Edições 70, Lisboa, 1995, p. 75.

[1327] Cfr. IMMANUEL KANT, *A Paz Perpétua...*, p. 121.

[1328] Cfr. IMMANUEL KANT, *La Metafísica...*, p. 142.

[1329] Cfr. IMMANUEL KANT, *Sobre a expressão...*, p. 82.

timento do povo[1330], existe uma proibição genérica de opor resistência à obediência à lei[1331].

Assim, na sequência da tradição conceptual proveniente de Marsílio de Pádua (v. *supra*, n° 3.3.6.), de Spinoza (v. *supra*, n° 4.1.2.) e de Rousseau (v. *supra*, n° 4.1.8.), Kant afirma, a propósito da desobediência à lei, que "é uma contradição evidente que a constituição contenha a respeito deste caso uma lei que autoriza a derrubar a constituição existente"[1332], hipótese essa em que a lei suprema se autocondenaria a não ser suprema pela habilitação de resistência que concedia à sua obediência[1333].

A constituição republicana funda-se nos princípios da liberdade e da igualdade[1334], servindo de instrumento destinado a alcançar a paz perpétua[1335], sendo este o fim último do Direito[1336].

A liberdade, sendo um "direito único, originário"[1337], é entendida como a "faculdade de não obedecer a quaisquer leis externas senão enquanto lhes puder dar o meu consentimento"[1338], em torno da qual forma Kant a lei universal do Direito: "age externamente de tal modo que o uso livre do teu arbítrio possa coexistir com a liberdade de cada um segundo uma lei universal"[1339]. A liberdade, enquanto único direito

---

[1330] Cfr. IMMANUEL KANT, *Sobre a expressão...*, p. 85; IDEM, *La Metafísica...*, p. 143.

[1331] Cfr. IMMANUEL KANT, *Sobre a expressão...*, pp. 85ss; IDEM, *La Metafísica...*, pp. 151-152.

Sublinhando que a tese de Kant de obediência sem quaisquer limites à lei positiva não se mostra congruente com os fundamentos da sua própria filosofia, cfr. ANTÓNIO CORTÊS, *O princípio da dignidade humana em Kant*, in *Boletim da Faculdade de Direito da Universidade de Coimbra*, vol. LXXXI, 2005, pp. 628 ss..

[1332] Cfr. IMMANUEL KANT, *Sobre a expressão...*, p. 89.

[1333] Cfr. IMMANUEL KANT, *La Metafísica...*, p. 152.

[1334] Cfr. IMMANUEL KANT, *A Paz Perpétua...*, pp. 127-128.

[1335] Cfr. IMMANUEL KANT, *A Paz Perpétua...*, pp. 128 ss.

[1336] Cfr. IMMANUEL KANT, *La Metafísica...*, p. 195

[1337] Cfr. IMMANUEL KANT, *La Metafísica...*, p. 49.

[1338] Cfr. IMMANUEL KANT, *A Paz Perpétua...*, p. 128, nota n° 4; IDEM, *La Metafísica...*, p. 143.

[1339] Cfr. IMMANUEL KANT, *La Metafísica...*, p. 40.

inato de cada homem[1340], corresponde a uma faculdade de todo o homem decorrente da sua humanidade[1341], fundamentando a sua autonomia[1342].

A igualdade, por seu lado, envolve uma relação pela qual nenhum cidadão pode vincular juridicamente outro "sem que ele se submeta ao mesmo tempo à lei e poder ser reciprocamente também de igual modo vinculado por ela"[1343]. Não há em Kant qualquer dimensão material da igualdade[1344]: trata-se de uma noção formal, tal como viria a ser adoptada pelo liberalismo – a igualdade em Kant é a igualdade perante a lei[1345].

Analisemos com mais detalhe, seguidamente, o contributo de Kant para a configuração da natureza humana.

4.2.2. Kant e o princípio da humanidade

Se, à semelhança do que sucede com o imperativo categórico, "age apenas segundo uma máxima tal que possas ao mesmo tempo querer que ela se torne lei universal"[1346], existe uma clara inspiração no princípio universal de Voltaire e no postulado de justiça de Rousseau, "faz aos outros como queres que te façam a ti"[1347], também em Kant se verifica o reconhecimento da existência de "direitos inatos inalienáveis"[1348].

[1340] Neste contexto, o direito de propriedade é visto como direito adquirido e não como direito inato ao homem, cfr. MIGUEL NOGUEIRA DE BRITO, *A Justificação...*, pp. 374 ss.

[1341] Cfr. IMMANUEL KANT, *La Metafísica...*, p. 49.

[1342] Cfr. GEROLD PRAUSS, **Kant über Freiheit als Autonomie**, Frankfurt am Main, 1983.

[1343] Cfr. IMMANUEL KANT, *A Paz Perpétua...*, p. 128, nota nº 4.

[1344] Para uma discussão em torno de saber se a teoria da propriedade de Kant permite habilitar uma dimensão de bem-estar social do Estado, cfr. MIGUEL NOGUEIRA DE BRITO, *A Justificação...*, pp. 388 ss.

[1345] Cfr. VALENTINI, *Il Pensiero...*, p. 7.

[1346] Cfr. IMMANUEL KANT, **Fundamentação da Metafísica dos Costumes**, ed. Porto Editora, Porto, 1995, p. 59.

[1347] Cfr. JEAN-JACQUES ROSSEAU, *Discurso Sobre a Origem...*, p. 47.

[1348] Cfr. IMMANUEL KANT, *A Paz Perpétua...*, p. 128, nota nº 4.

§4° *A Pessoa Humana e o Contributo Liberal*   207

Mais: tal como Rousseau havia formulado a máxima "procura o teu bem com o menor mal que seja possível para os outros"[1349], Kant formula um imperativo prático: "age de tal maneira que uses a humanidade, tanto na tua pessoa como na pessoa de qualquer outro, sempre e simultaneamente como fim e nunca simplesmente como meio"[1350].

Em Kant regista-se, deste modo, a afirmação nuclear de que "o homem não é uma coisa"[1351], nunca sendo admissível a sua utilização como um objecto ou um simples meio: o ser humano deve sempre visto como um fim em si mesmo[1352]. Nesta afirmação reside o "princípio da humanidade", o qual funciona como "condição suprema que limita a liberdade das acções de cada homem"[1353], envolvendo sempre tratar a humanidade em cada pessoa como fim em si mesmo[1354].

Compreende-se, neste contexto, que o violador dos direitos da pessoa humana seja visto como aquele que "tenciona servir-se das pessoas dos outros simplesmente como meios, sem considerar que eles, como seres racionais, devem sempre ser tratados ao mesmo tempo como fins, isto é, unicamente como seres que devem poder conter também em si o fim dessa mesma acção"[1355].

Neste postulado kantiano em torno do "princípio da humanidade", sem embargo de não envolver uma ideia de pessoa concreta[1356], reside ainda hoje o cerne do conceito jurídico de ser humano:

(i) O ser humano nunca pode ser um simples meio, nem tratado como sendo um objecto: o ser humano encerra sempre um fim em si mesmo[1357], assumindo-se como sujeito da História e do Direito, pois é "fundamento de todas as coisas"[1358];

[1349] Cfr. JEAN-JACQUES ROSSEAU, *Discurso Sobre a Origem...*, p. 47.
[1350] Cfr. IMMANUEL KANT, *Fundamentação...*, p. 66.
[1351] Cfr. IMMANUEL KANT, *Fundamentação...*, p. 66.
[1352] Cfr. IMMANUEL KANT, *Fundamentação...*, p. 66.
[1353] Cfr. IMMANUEL KANT, *Fundamentação...*, p. 68.
[1354] Cfr. ANTÓNIO CORTÊS, *O princípio...*, p. 607
[1355] Cfr. IMMANUEL KANT, *Fundamentação...*, p. 67.
[1356] Para mais desenvolvimentos, cfr. ANTÓNIO CORTÊS, *O princípio...*, p. 607.
[1357] Cfr. IMMANUEL KANT, *La Metafísica...*, p. 299.
[1358] Neste último sentido, cfr. ANTÓNIO CORTÊS, *O princípio...*, p. 605.

(ii) O ser humano nunca se pode degradar a si próprio em simples meio[1359] ou coisa, nem ser degradado por terceiro à categoria de coisa ou mero instrumento: o princípio da humanidade vincula o ser humano perante si próprio[1360] e vincula todos os restantes ao seu respeito[1361].

Em suma, Kant afirma que a humanidade existente em cada homem "é o objecto do respeito que ele pode exigir a qualquer homem e de que ele também não se pode privar"[1362]. A própria humanidade é, neste sentido, uma dignidade[1363].

As últimas décadas de progresso científico e tecnológico nos domínios da investigação e experimentação biológica e da biomedicina em torno dos seres humanos vieram trazer uma dramática importância operativa ao princípio da humanidade formulado por Kant: o século XXI poderá mesmo tornar-se a idade kantiana do princípio da humanidade.

A humanidade configura-se, deste modo, como "um desígnio político-social, um objectivo da história, um horizonte do tempo"[1364].

4.2.3. *Noção kantiana de dignidade*

Não obstante a questão em torno da dignidade humana ser nuclear no pensamento de Kant, a verdade é que a expressão "dignidade humana" só a título ocasional surge na sua obra[1365].

[1359] Esse sentido é particularmente visível na análise da mentira, integrada no capítulo referente aos deveres do homem para consigo próprio (cfr. IMMANUEL KANT, *La Metafísica...*, p. 292) ou no que respeita à falsa humildade, sublinhando-se que a "auto-estima é um dever do homem perante si próprio", razão pela qual não se pode humilhar de modo servil (cfr. IMMANUEL KANT, *La Metafísica...*, p. 299).
[1360] Cfr. IMMANUEL KANT, *La Metafísica...*, pp. 291, 299, 301 e 335.
[1361] Cfr. IMMANUEL KANT, *La Metafísica...*, pp. 299 e 335.
[1362] Cfr. IMMANUEL KANT, *La Metafísica...*, p. 299.
[1363] Cfr. IMMANUEL KANT, *La Metafísica...*, p. 335.
[1364] Cfr. ANTÓNIO CORTÊS, *O princípio...*, p. 624.
[1365] Neste sentido, cfr. ANTÓNIO CORTÊS, *O princípio...*, p. 601.

A formulação do princípio de que o homem é sempre um fim em si mesmo, nunca sendo legítimo a sua recondução a simples meio, envolve que a humanidade seja, ela própria, uma dignidade[1366]: ser tratado como um fim é a raiz da dignidade do homem[1367].

Neste sentido, o homem não pode configurar-se como um simples meio para a prossecução de fins alheios ou mesmo para os seus próprios fins: o homem é antes um fim em si mesmo, sendo aqui que reside a sua dignidade[1368]. E a dignidade é um "valor interno absoluto" de cada homem[1369]: é na dignidade que se fundamenta o respeito que lhe devem todos os restantes seres racionais do mundo[1370], tal como é pela dignidade que cada homem se pode valorar em pé de igualdade perante os demais[1371].

Esta última afirmação faz encontrar em Kant, na sequência de Pufendorf (v. *supra*, n° 4.1.3.), o fundamento da igual dignidade de todos os homens: a natureza absoluta do valor da dignidade, criando uma obrigação universal de respeito entre todos os homens, tem subjacente um princípio de igualdade na dignidade.

É ainda o valor absoluto da dignidade que justifica a sua indisponibilidade: o homem "não deve renunciar à sua dignidade"[1372], razão pela qual o homem não deve também renunciar à sua auto-estima moral – "o homem animal não pode prejudicar a consciência da sua dignidade como homem racional"[1373].

Em sentido complementar, Kant reconhece que a dignidade é algo que não tem preço, nunca sendo possível proceder à sua substituição por meio de um equivalente[1374]: assim, se algo pode ser um fim em si mesmo, então "não tem somente um valor relativo, isto é um preço,

---

[1366] Sublinhando a dignidade existente na humanidade em cada um de nós e nos outros, cfr. IMMANUEL KANT, *La Metafísica*..., pp. 291, 301 e 335.
[1367] Cfr. ANTÓNIO CORTÊS, *O princípio*..., p. 607.
[1368] Cfr. IMMANUEL KANT, *La Metafísica*..., p. 299.
[1369] Cfr. IMMANUEL KANT, *La Metafísica*..., p. 299.
[1370] Cfr. IMMANUEL KANT, *La Metafísica*..., p. 335
[1371] Cfr. IMMANUEL KANT, *La Metafísica*..., p. 299.
[1372] Cfr. IMMANUEL KANT, *La Metafísica*..., p. 299.
[1373] Cfr. IMMANUEL KANT, *La Metafísica*..., p. 299.
[1374] Cfr. IMMANUEL KANT, *Fundamentação*..., pp. 71-72.

mas um valor íntimo, isto é, dignidade"[1375]. É por isso, resuma-se, que "o homem não tem preço, não tem equivalente, tem, sim, dignidade"[1376].

Neste domínio se integra a moralidade e a humanidade[1377]: Kant vê que o homem como pessoa, "como sujeito de uma razão prático-moral, está situado acima de todo o preço"[1378].

A configuração da natureza humana como sendo dotada de uma dignidade que não tem preço, encontrando o seu fundamento na autonomia[1379], isto em termos tais que a própria dignidade não existe sem autonomia[1380], permite recortar a sua diferença face à natureza de todos os restantes seres: só o ser humano, dotado de uma natureza racional, único sujeito dos fins[1381], pode encontrar na autonomia da vontade o princípio supremo da moralidade[1382], residindo na liberdade a causa dessa mesma autonomia[1383].

Note-se, porém, que essa liberdade nunca poderá habilitar o ser humano a renunciar à sua própria dignidade, não se podendo converter em escravo dos homens[1384]: por força do princípio da humanidade, não pode existir autonomia contrária à dignidade, sob pena de o ser humano deixar de ser um fim em si mesmo, degradando-se a si próprio em mera coisa ou objecto.

A imposição de uma regra de concordância entre a vontade e a dignidade do homem, proibindo que o homem se possa despojar do privilégio de um ser moral[1385], projecta-se num conjunto de implicações práticas decorrentes do princípio da dignidade humana[1386]:

[1375] Cfr. IMMANUEL KANT, *Fundamentação...*, p. 72.
[1376] Cfr. ANTÓNIO CORTÊS, *O princípio...*, p. 619.
[1377] Cfr. IMMANUEL KANT, *Fundamentação...*, p. 72.
[1378] Cfr. IMMANUEL KANT, *La Metafísica...*, p. 298.
[1379] Cfr. IMMANUEL KANT, *Fundamentação...*, p. 73.
[1380] Cfr. ANTÓNIO CORTÊS, *O princípio...*, p. 609.
[1381] Cfr. IMMANUEL KANT, *Fundamentação...*, pp. 74-75.
[1382] Cfr. IMMANUEL KANT, *Fundamentação...*, pp. 77 ss.
[1383] Cfr. IMMANUEL KANT, *Fundamentação...*, pp. 83 ss. Para mais desenvolvimentos, cfr. GEROLD PRAUSS, *Kant über Freiheit...*, pp. 62 ss.
[1384] Cfr. IMMANUEL KANT, *La Metafísica...*, p. 301.
[1385] Cfr. IMMANUEL KANT, *La Metafísica...*, p. 279.
[1386] Cfr. ANTÓNIO CORTÊS, *O princípio...*, p. 610 ss.

(i) Envolve o reconhecimento do valor da vida humana, fazendo da autoconservação o primeiro dever do homem para consigo próprio[1387], motivo pelo qual o suicídio carece de legitimidade[1388], sem prejuízo de entender que a pena de morte não lesa a dignidade[1389], podendo mesmo traduzir a expressão da dignidade de um homem de honra que prefere ser executado a realizar trabalhos forçados[1390];

(ii) Exige uma ética da palavra ou da comunicação[1391], traduzindo a mentira "a maior violação do dever do homem para consigo próprio"[1392], uma vez que, tornando-se objecto de desprezo aos olhos dos outros e de si próprio, destrói a sua própria dignidade[1393], atentando "contra a dignidade da humanidade da sua própria pessoa"[1394];

(iii) Pressupõe um sistema de penas em que o homem nunca possa ser tratado como meio ou coisa[1395], servindo a pena para retribuir a culpa do agente[1396], segundo um fundamento baseado na liberdade ou autonomia – "ninguém sofre um castigo porque o tenha querido, mas porque quis uma acção punível"[1397] – que serve de alicerce ao princípio da culpa[1398];

(iv) Determina um dever positivo de agir, promovendo a dignidade[1399], segundo a lei ética que manda "amar o teu próximo como a ti mesmo"[1400], envolvendo o dever de todo o homem

---

[1387] Cfr. IMMANUEL KANT, *La Metafísica...*, p. 280.
[1388] Cfr. IMMANUEL KANT, *La Metafísica...*, pp. 281 ss.
[1389] Cfr. IMMANUEL KANT, *La Metafísica...*, em especial, pp. 171 ss.
[1390] Cfr. IMMANUEL KANT, *La Metafísica...*, p. 169.
[1391] Cfr. ANTÓNIO CORTÊS, *O princípio...*, pp. 611 ss.
[1392] Cfr. IMMANUEL KANT, *La Metafísica...*, p. 290.
[1393] Cfr. IMMANUEL KANT, *La Metafísica...*, p. 291.
[1394] Cfr. IMMANUEL KANT, *La Metafísica...*, p. 291.
[1395] Cfr. IMMANUEL KANT, *La Metafísica...*, p. 166.
[1396] Cfr. ANTÓNIO CORTÊS, *O princípio...*, p. 612.
[1397] Cfr. IMMANUEL KANT, *La Metafísica...*, p. 171.
[1398] Sobre a culpa em Kant, cfr. MARIA FERNANDA PALMA, *O Princípio da Desculpa em Direito Penal*, Coimbra, 2005, pp. 91 ss. e 117 ss.
[1399] Cfr. ANTÓNIO CORTÊS, *O princípio...*, p. 613.
[1400] Cfr. IMMANUEL KANT, *La Metafísica...*, p. 320.

ajudar os necessitados, sem esperar nada em troca[1401], respeitando sempre, todavia, a máxima de nunca degradar o homem em meio dos meus fins[1402].

A irrenunciabilidade por cada homem à sua própria dignidade, tal como a inviolabilidade dessa mesma dignidade por quaisquer terceiros, torna-se hoje uma regra nuclear na resolução de novas interrogações suscitadas pelo progresso da ciência e da tecnologia: a noção kantiana de dignidade ganhou nas últimas décadas uma desesperada operatividade jurídica[1403].

A ideia kantiana de dignidade da pessoa humana é, todavia, um ponto de chegada de anteriores contributos, desde a configuração judaico-cristã da pessoa humana até Samuel Pufendorf.

4.3. O desenvolvimento pós-kantiano da visão do homem: o pensamento germânico oitocentista

4.3.1. *O idealismo subjectivo de Fichte*

Já no âmbito da filosofia alemã pós-kantiana de matriz idealista, Fichte (1762-1814), defensor de um idealismo subjectivo, isto em termos de absorção do objecto pelo sujeito, afirma-se, em termos expressos, discípulo de Kant[1404].

[1401] Cfr. IMMANUEL KANT, *La Metafísica...*, p. 323.

[1402] Cfr. IMMANUEL KANT, *La Metafísica...*, p. 319.

[1403] Especificamente sobre a dimensão constitucional da construção kantiana da dignidade humana, cfr. GÜNTHER DÜRIG, *Der Grundrechtssatz von der Menschenwürde*, in *Archiv des öffentlichen Rechts*, 81, 1956, em especial, pp. 125 ss.; KURT SEELMAN, *Person und Menschenwürde in der Philosophie Hegels*, in HORST DREIER (org.), *Philosophie des Rechts und Verfassungstheorie. Geburtstagssymposium für Hasso Hofmann*, Berlin, 2000, pp. 125 ss.

[1404] Cfr. JOHANN GOTTLIEB FICHTE, *Primera introducción a la doctrina de la ciencia*, in IDEM, *Introducciones a la Doutrina de la Ciência*, 2ª ed., ed. Tecnos, Madrid, 1997, p. 4.

Em Fichte, reduzido o objecto do conhecimento à actividade da consciência do sujeito[1405], sendo todo o ser do mundo resultado de ser pensado[1406], observa-se uma integral subjectivização do próprio conteúdo do conhecimento, existindo um apelo à autodeterminação da pessoa como autora do seu destino e do seu ser[1407]: "o eu torna-se a fonte do mundo na sua totalidade"[1408], segundo um postulado de "pensa-te a ti mesmo, constrói o conceito de ti mesmo; e observa como o fazes"[1409].

Fichte trouxe o homem para o centro da realidade[1410]: nada existe fora da consciência humana. É "o eu que produz o mundo com todo o seu conteúdo"[1411].

O conceito do eu[1412], identificado com o indivíduo[1413], enquanto sujeito da autonomia, consubstancia-se na reflexão[1414]. E como conceito de indivíduo, ao invés do tu que decorre da união do ele e do eu, surge como síntese do eu consigo mesmo[1415], registando-se que o eu se afirma por oposição ao não-eu[1416]: "sou eu, o que se chama desta maneira, e não sou nenhum de quantos não se chamam assim"[1417].

Na doutrina da ciência, a razão, sendo comum a todos, "e em todos os seres racionais é inteiramente a mesma", surge como fim,

---

[1405] Cfr. JOHANN GOTTLIEB FICHTE, *Segunda introducción a la doctrina de la ciencia para lectores que ya tienen un sistema filosofico*, in IDEM, **Introducciones a la Doutrina de la Ciéncia**, 2ª ed., ed. Tecnos, Madrid, 1997, p. 42.

[1406] Cfr. JOHANN GOTTLIEB FICHTE, **Primera...**, p. 7.

[1407] Neste sentido, cfr. JOSÉ MARIA QUINTANA CABANAS, **Estudio Preliminar**, in JOHANN GOTTLIEB FICHTE, **Introducciones a la Doutrina de la Ciéncia**, 2ª ed., ed. Tecnos, Madrid, 1997, pp. XII ss.

[1408] Cfr. MAURICE DUPUY, **A Filosofia Alemã**, Lisboa, 1987, p. 51.

[1409] Cfr. JOHANN GOTTLIEB FICHTE, **Segunda...**, p. 44.

[1410] Neste sentido, cfr. WALTER THEIMER, **História...**, p. 209.

[1411] Cfr. WALTER THEIMER, **História...**, p. 209.

[1412] Para um desenvolvimento conceptual e metodológico do eu, cfr. JOHANN GOTTLIEB FICHTE, **Ética**, Ediciones Akal, Madrid, 2005, pp. 84 ss.

[1413] Cfr. JOHANN GOTTLIEB FICHTE, **Ética**, p. 254.

[1414] Cfr. JOHANN GOTTLIEB FICHTE, *La Exhortación a la Vida Bienaventurada o la Doctrina de la Religión*, ed. Tecnos, Madrid, 1995, p. 147.

[1415] Cfr. JOHANN GOTTLIEB FICHTE, **Segunda...**, p. 89.

[1416] Cfr. MAURICE DUPUY, **A Filosofia Alemã**, p. 52.

[1417] Cfr. JOHANN GOTTLIEB FICHTE, **Segunda...**, p. 91.

sendo única em si e eterna, enquanto a individualidade, assumindo natureza acidental, é uma realidade sempre perecível[1418]: "o eu como ideia é o ente racional"[1419], encontrando a vida humana o seu fundamento em Deus[1420]. Todavia, numa acepção que torna presente os ensinamentos de Pico della Mirandola, o homem, sendo um ser racional, é absoluto, autónomo e fundamento de si mesmo, podendo chegar a ser aquilo que ele mesmo fizer através da sua acção[1421]. Neste contexto, a formação do homem para o seu próprio serviço e como instrumento da sua própria vontade traduz o núcleo dos propósitos da doutrina da ciência[1422].

Numa óptica diferente, Fichte, subordinando também a política à moral[1423], procura defender os valores morais do homem, salvaguardando, à semelhança de Kant, a liberdade (ou autonomia) e a dignidade do homem[1424]. No entanto, apesar de discutir o postulado kantiano que faz de cada homem um fim em si mesmo[1425], o homem é visto como instrumento da lei moral – a qual é expressão da razão[1426] –, esquecendo-se de si próprio ao agir[1427] e convertendo-se em simples meio[1428]: a verdadeira virtude reside em agir a favor da comunidade esquecendo-se de si próprio[1429], concluindo que, deste modo, "a dignidade da humanidade não é rebaixada, antes fica valorizada"[1430]. É que

---

[1418] Cfr. JOHANN GOTTLIEB FICHTE, *Segunda...*, pp. 92-93.
[1419] Cfr. JOHANN GOTTLIEB FICHTE, *Segunda...*, p. 103.
[1420] Cfr. JOHANN GOTTLIEB FICHTE, *Sobre la Esencia del Sabio y sus Manifestaciones en el Dominio de la Liberdad*, ed. Tecnos, Madrid, 1998, pp. 25 e 29.
[1421] Cfr. JOHANN GOTTLIEB FICHTE, *Ética*, p. 112.
[1422] Cfr. JOHANN GOTTLIEB FICHTE, *Segunda...*, p. 94.
[1423] Neste sentido, cfr. VALENTINI, *Il Pensiero...*, p. 19.
[1424] Cfr. JOHANN GOTTLIEB FICHTE, *Ética*, p. 350. Sublinhando também este mesmo sentido, cfr. JOHANNES HIRSCHBERGER, *Historia de la Filosofia*, II, 2ª ed., Barcelona, 1962, p. 194.
[1425] Cfr. JOHANN GOTTLIEB FICHTE, *Ética*, pp. 283 ss.
[1426] Cfr. JOHANN GOTTLIEB FICHTE, *Ética*, pp. 284 e 298.
[1427] Cfr. JOHANN GOTTLIEB FICHTE, *Ética*, p. 283.
[1428] Cfr. JOHANN GOTTLIEB FICHTE, *Ética*, p. 285.
[1429] Cfr. JOHANN GOTTLIEB FICHTE, *Ética*, p. 284.
[1430] Cfr. JOHANN GOTTLIEB FICHTE, *Ética*, p. 284.

a moralidade, desenvolvendo-se, por si mesma, com a liberdade, isto através da educação racional, parte do coração do homem[1431].

Sublinha Fichte, por outro lado, o entendimento de que a ideia divina, podendo ser no seu conteúdo parcialmente acessível e conhecida pela reflexão[1432], "ganha existência em indivíduos humanos concretos"[1433], traduzindo-se a pessoa numa simples "manifestação sensível da existência desta ideia[1434]: é no domínio da natureza, também ela expressão da ideia divina, que o homem poderá encontrar a sua dignidade superior, procedendo à sua irradiação[1435], sem prejuízo de o talento não se poder exigir de ninguém, uma vez que é dádiva de Deus[1436].

Reconhecendo que "o homem quer ser algo para si mesmo"[1437], a vida humana pressupõe indivíduos dotados de liberdade e autonomia[1438], encontrando-se na liberdade a raiz da existência[1439] e no homem uma "autoconsciência imediata da liberdade"[1440]: "o ser livre actua com inteligência", segundo um conceito de efeito que é esboçado antes do efeito se verificar[1441].

No exercício dessa liberdade, porém, o homem encontra-se proibido de exercer a sua autonomia[1442] envolvendo prejuízo para a liberdade dos outros[1443]: a essência da liberdade impõe a cada homem uma

---

[1431] Cfr. JOHANN GOTTLIEB FICHTE, *Ética*, p. 348.
[1432] Cfr. JOHANN GOTTLIEB FICHTE, *Sobre la Esencia...*, p. 17.
[1433] Cfr. JOHANN GOTTLIEB FICHTE, *Sobre la Esencia...*, p. 12.
[1434] Cfr. JOHANN GOTTLIEB FICHTE, *Sobre la Esencia...*, p. 12.
[1435] Cfr. JOHANN GOTTLIEB FICHTE, *Sobre la Esencia...*, p. 29.
[1436] Cfr. JOHANN GOTTLIEB FICHTE, *Sobre la Esencia...*, p. 40.
[1437] Cfr. JOHANN GOTTLIEB FICHTE, *La Exhortación...*, p. 157.
[1438] Cfr. JOHANN GOTTLIEB FICHTE, *Sobre la Esencia...*, p. 27.
[1439] Cfr. JOHANN GOTTLIEB FICHTE, *La Exhortación...*, p. 145.
[1440] Cfr. JOHANN GOTTLIEB FICHTE, *La Exhortación...*, p. 147.
[1441] Cfr. JOHANN GOTTLIEB FICHTE, *Ética*, p. 126.
[1442] A autonomia, encontrando no eu o seu único sujeito (cfr. JOHANN GOTTLIEB FICHTE, *Ética*, p. 266), consiste "em que tudo esteja dependente de mim e eu não dependa de nehuma outra coisa", isto de modo que apenas aconteça, absoluta e simplesmente, "porque o quero" (cfr. *ibidem*, p. 264).
[1443] Cfr. JOHANN GOTTLIEB FICHTE, *Ética*, pp. 257 e 258.

limitação à sua liberdade de acção, deixando aos outros seres livres a possibilidade de também agirem livremente[1444].

Se a filosofia do eu conduziu à exigência de direitos de liberdade política para todo o indivíduo[1445], segundo um modelo em que todos os membros da sociedade são iguais em valor[1446], o pensamento político de Fichte, defendendo um modelo de Estado que, enquanto organização de coacção destinada a regular o egoísmo humano, é apenas um recurso com o propósito de fazer os homens mais perfeitos e, neste sentido, passível de se extinguir se se tornasse desnecessário[1447], acabou por aliar em si o socialismo[1448], o nacionalismo[1449] e o liberalismo[1450], razão pela qual já tem sido considerado "o primeiro pensador moderno do século XIX"[1451].

[1444] Cfr. JOHANN GOTTLIEB FICHTE, *Ética*, p. 258.
[1445] Cfr. WALTER THEIMER, *História...*, p. 212.
[1446] Cfr. WALTER THEIMER, *História...*, p. 210.
[1447] Cfr. WALTER THEIMER, *História...*, p. 211.
[1448] A vertente socialista do pensamento de Fichte viria a ser expressa no seu *Geschlossenen Handelsstaat*, defendendo um modelo de economia dirigista e fechada ao exterior, encontrando-se os recursos económicos nas mãos de associações de produtores, motivo pelo qual já se tem considerado defender um socialismo cooperativo. Encontra no trabalho, por outro lado, a personalidade criadora, a origem de direitos e a própria fonte da propriedade privada, considerando integrar as funções do Estado a garantia do direito ao trabalho.
[1449] O nacionalismo de Fichte é manifestado nos seus *Reden an die deutsche Nation*, escritos com o propósito de mobilizar a juventude alemã contra Napoleão, aí defendendo um nacionalismo alemão romântico, de matriz cultural. Também aí propugna que a integração do homem como membro da humanidade não é directa, antes passa pelo povo a que pertence, estabelecendo uma escala ética de valores classificativa dos povos, segundo a medida que aspira aos objectivos morais comuns a todos os homens e protagoniza a "civilização humana universal". É neste contexto que surge a sua célebre frase, afirmando que é nos alemães que "se encontra mais desenvolvido o gérmen para a perfeição humana e é a eles que compete o progresso no desenvolvimento daquela".
[1450] Cfr. WALTER THEIMER, *História...*, pp. 210 ss.
[1451] Cfr. WALTER THEIMER, *História...*, p. 223.

4.3.2. *O idealismo objectivo de Schelling*

Ainda no contexto dos herdeiros idealistas da tradição kantiana, surge o alemão Schelling (1775-1854), adepto de um idealismo objectivo que procede a uma absorção do sujeito pelo objecto, segundo uma independência do espírito em relação ao eu.

Negando que a natureza seja um simples produto do eu, pois a essência inteligível do homem é exterior a qualquer conexão causal[1452], Schelling encontra em Deus, ser impessoal e "espírito num sentido eminente e absoluto"[1453], a personalidade suprema[1454] e o centro de todas as coisas[1455]: "nada existe diante ou fora de Deus"[1456], "tudo o que acontece, acontece graças à personalidade de Deus"[1457], razão pela qual "nós vivemos e somos em Deus"[1458] e o acaso é impossível[1459]. Essa dependência do homem de Deus não lhe retira, todavia, autonomia, nem suprime a liberdade[1460]: o dependente "só pode ser consequência daquilo de que depende"[1461]. Adverte-se, porém, que a angústia da existência afasta o homem do centro da sua origem[1462].

Apesar de tudo, o certo é que na vontade do homem se encontra o germe de Deus[1463] e na sua alma o espírito que existe em Deus[1464]: a personalidade do homem consiste na unificação do espírito de um ser centrado em si mesmo e distinto de Deus[1465].

[1452] Cfr. F.W.J. SCHELLING, *Investigações Filosóficas Sobre a Essência da Liberdade Humana e os Assuntos com ela Relacionados*, Edições 70, Lisboa, 1993, p. 93.
[1453] Cfr. F.W.J. SCHELLING, *Investigações Filosóficas...*, p. 107.
[1454] Cfr. F.W.J. SCHELLING, *Investigações Filosóficas...*, p. 107.
[1455] Cfr. CARLOS MORUJÃO, *Prefácio do Tradutor*, in F.W.J. SCHELLING, *Investigações Filosóficas...*, p. 13.
[1456] Cfr. F.W.J. SCHELLING, *Investigações Filosóficas...*, p. 61.
[1457] Cfr. F.W.J. SCHELLING, *Investigações Filosóficas...*, p. 108.
[1458] Cfr. F.W.J. SCHELLING, *Investigações Filosóficas...*, p. 40.
[1459] Cfr. F.W.J. SCHELLING, *Investigações Filosóficas...*, p. 92.
[1460] Cfr. F.W.J. SCHELLING, *Investigações Filosóficas...*, p. 47.
[1461] Cfr. F.W.J. SCHELLING, *Investigações Filosóficas...*, p. 47.
[1462] Cfr. F.W.J. SCHELLING, *Investigações Filosóficas...*, p. 90.
[1463] Cfr. F.W.J. SCHELLING, *Investigações Filosóficas...*, p. 69.
[1464] Cfr. F.W.J. SCHELLING, *Investigações Filosóficas...*, p. 69.
[1465] Cfr. F.W.J. SCHELLING, *Investigações Filosóficas...*, p. 70.

Compreende-se, por isso mesmo, que o homem, estando em Deus, é capaz da liberdade[1466], tornando-se a "essência central" de todas as coisas[1467]: é através do homem (estando unido a Deus), e enquanto mediador, que Deus toma a natureza e se apropria dela[1468]. O homem é, neste sentido, "o redentor da natureza"[1469], sendo através dele que Deus amou o mundo[1470] e é no amor que se encontra o vínculo que unifica a nossa personalidade como homens[1471].

A razão é no homem a medida e o lugar universal da verdade[1472].

A liberdade, por seu turno, é um poder incondicionado, "fora e ao lado do divino"[1473], e, uma vez que o homem tem em si "todo o poder do princípio mais obscuro e também, ao mesmo tempo, toda a força da luz"[1474], o que escolhe é sempre uma acção sua[1475] e, sem prejuízo de afirmar a existência de uma predestinação intemporal[1476], a liberdade de acção decorre do inteligível no homem[1477]: o homem "tem em si mesmo, em iguais condições, a origem do auto-movimento para o Bem e para o Mal" [1478].

Ou, em termos mais rigorosos, não é o homem que age, "mas o espírito bom ou o espírito mau que nele existe"[1479], sem que isto cause obstáculo à liberdade[1480]. Sublinha-se, todavia, que só em consonância com a liberdade sagrada existe verdadeira liberdade[1481].

[1466] Cfr. F.W.J. SCHELLING, *Investigações Filosóficas...*, p. 126.
[1467] Cfr. F.W.J. SCHELLING, *Investigações Filosóficas...*, p. 126.
[1468] Cfr. F.W.J. SCHELLING, *Investigações Filosóficas...*, p. 126.
[1469] Cfr. F.W.J. SCHELLING, *Investigações Filosóficas...*, p. 126.
[1470] Cfr. F.W.J. SCHELLING, *Investigações Filosóficas...*, p. 69.
[1471] Cfr. F.W.J. SCHELLING, *Investigações Filosóficas...*, p. 130.
[1472] Cfr. F.W.J. SCHELLING, *Investigações Filosóficas...*, p. 131.
[1473] Cfr. F.W.J. SCHELLING, *Investigações Filosóficas...*, p. 39.
[1474] Cfr. F.W.J. SCHELLING, *Investigações Filosóficas...*, p. 69.
[1475] Cfr. F.W.J. SCHELLING, *Investigações Filosóficas...*, p. 81.
[1476] Cfr. F.W.J. SCHELLING, *Investigações Filosóficas...*, p. 98.
[1477] Cfr. F.W.J. SCHELLING, *Investigações Filosóficas...*, p. 93.
[1478] Cfr. F.W.J. SCHELLING, *Investigações Filosóficas...*, p. 81.
[1479] Cfr. F.W.J. SCHELLING, *Investigações Filosóficas...*, p. 100.
[1480] Cfr. F.W.J. SCHELLING, *Investigações Filosóficas...*, p. 100.
[1481] Cfr. F.W.J. SCHELLING, *Investigações Filosóficas...*, p. 103.

Para Schelling, a liberdade não é uma propriedade do homem, antes é o homem que deve ser entendido como propriedade da liberdade[1482]: é o próprio agir do homem que lhe confere essência, sendo o homem em si mesmo liberdade[1483].

4.3.3. *O sistema hegeliano: a dupla face de Hegel*

Já anteriormente tivemos oportunidade de sublinhar a centralidade para Hegel (1770-1831) do Estado na configuração referencial da existência e da essência do Homem (v. *supra*, n° 1.2.3.), tal como mais adiante veremos os termos como o pensamento hegeliano transpersonalista e divinizador do Estado foi aproveitado para a génese de modelos totalitários de organização política (v. *supra*, n° 6.2.4.)[1484].

Importa agora, no entanto, centrar a nossa atenção na outra face do pensamento de Hegel que se filia na tradição idealista de origem kantiana: o valor da liberdade e da dignidade da pessoa[1485].

Neste último sentido, a liberdade surge como "substância do espírito"[1486], identificada a liberdade humana como a Ideia que reúne Deus e a natureza da Sua vontade[1487]: o homem é um ser racional[1488] e livre[1489], apesar de Deus estar sempre presente na consciência de cada homem[1490].

[1482] Cfr. CARLOS MORUJÃO, *Prefácio do Tradutor*, p. 25.

[1483] Cfr. F.W.J. SCHELLING, *Investigações Filosóficas...*, p. 95.

[1484] Para um estudo dos fundamentos do pensamento de Hegel, cfr. HERBERT MARCUSE, *Razón y Revolución*, Alianza Editorial, Madrid, 2003; KARL POPPER, *A Sociedade Aberta e os seus Inimigos*, II, Lisboa, 1993.

[1485] Cfr. LUDWIG SIEP, *Person and Law in Kant and Hegel*, in DAVID LAMB (org.), *Hegel*, I, Aldershot, 1998, pp. 295 ss.

[1486] Cfr. HEGEL, *A Razão na História*, pp. 53 e 60.

[1487] Cfr. HEGEL, *A Razão na História*, pp. 51-52.

[1488] Negando que Hegel, ao contrário da tradição de Kant, se refira à razão como fundamento da dignidade, cfr. KURT SEELMAN, *Person und Menschenwürde...*, p. 130.

[1489] Cfr. HEGEL, *A Razão na História*, p. 55.

[1490] Cfr. HEGEL, *A Razão na História*, p. 57.

Depois de traçar o rumo da história universal como exposição do espírito[1491], Hegel chega à conclusão de que o progresso da consciência da liberdade é o sentido último da história universal[1492]: essa consciência da liberdade surgiu primeiro na Grécia Antiga, segundo uma formulação imperfeita, incompleta e limitada[1493], sendo apenas com o cristianismo que surge a "consciência de que o homem é livre enquanto homem" e de que "a liberdade do espírito constitui a sua mais peculiar natureza"[1494].

Censura Hegel, todavia, a escravatura, pois "todos os homens são em si livres"[1495], e ainda o facto de o poder político, apesar de aceitar a religião cristã, não se ter organizado de modo racional e fundado no princípio da liberdade[1496]: a liberdade de cada um é o fim substancial do espírito universal[1497] e, deste modo, o sentido último da história. Justifica-se, por isso, que se afirme que a liberdade hegeliana transcende o indivíduo e a sua vida, traduzindo "uma reconciliação do homem com o seu destino", isto é, com a própria História[1498].

A liberdade encontra na vontade a sua base[1499], realizando-se essa mesma liberdade através da vontade humana[1500], isto em termos tais que, verificando-se que cada um busca apenas o seu proveito próprio no que faz[1501], "a vontade do indivíduo é livre se ele (...) em si e por si, pode estabelecer o que quer"[1502].

[1491] Especificamente sobre a filosofia da história em Hegel, cfr. HERBERT MARCUSE, *Razón y Revolución*, pp. 223 ss.
[1492] Cfr. HEGEL, *A Razão na História*, p. 59.
[1493] Cfr. HEGEL, *A Razão na História*, p. 59.
[1494] Cfr. HEGEL, *A Razão na História*, p. 59.
[1495] Cfr. HEGEL, *A Razão na História*, p. 59.
[1496] Cfr. HEGEL, *A Razão na História*, p. 59.
[1497] Cfr. HEGEL, *A Razão na História*, p. 60.
[1498] Neste sentido, cfr. JEAN HYPPOLITE, *Introdução à Filosofia da História de Hegel*, Lisboa, 1995, p. 109.
[1499] Cfr. HEGEL, *A Razão na História*, p. 75.
[1500] Cfr. HEGEL, *Princípios...*, §4 (p. 30). Para mais desenvolvimentos, cfr. THADEU WEBER, *Liberdade, Estado e História*, Petrópolis, 1993, pp. 46 ss.
[1501] Cfr. HEGEL, *A Razão na História*, pp. 74-75.
[1502] Cfr. HEGEL, *A Razão na História*, p. 75.

Compreende-se, neste contexto, a formulação do seguinte imperativo hegeliano do Direito: "sê uma pessoa e respeita os outros como pessoas"[1503] – aqui reside o cerne da dignidade humana para Hegel[1504]. É no reconhecimento do outro como pessoa que cada um adquire igual dignidade: a dignidade humana envolve uma exigência de reconhecimento recíproco[1505].

Apesar de a personalidade, traduzindo que o sujeito é uma pessoa[1506], só começar "quando o sujeito tem consciência de si"[1507], Hegel expressa uma regra de inalienabilidade e de imprescritibilidade das "determinações substanciais que constituem a minha própria pessoa e a essência universal da minha consciência de mim"[1508]. Há em cada pessoa um reduto intocável ou indisponível, traduzindo aquelas coisas que são "essencialmente minhas e não extrínsecas"[1509], identificadas com "a minha personalidade em geral, a liberdade universal do meu querer, a minha moralidade objectiva, a minha religião"[1510].

Sendo a escravidão a alienação da personalidade[1511], a coisa, enquanto algo de oposto à pessoa[1512], "é apenas extrinsecidade"[1513], revelando-se a pessoa como "vontade infinita em si e para si"[1514]. Nestes termos, a dignidade postula um "regresso de mim mesmo a mim mesmo", restituindo "a existência como Ideia, como pessoa jurídica e moral"[1515].

Num contexto diferente, Hegel pode bem ter sido o primeiro filósofo a traçar a clara dicotomia entre o conceito abstracto de ser humano e o conceito de pessoa concreta e determinada: "o indivíduo é, como

---

[1503] Cfr. HEGEL, *Princípios...*, §36 (p. 59).
[1504] Cfr. KURT SEELMAN, *Person und Menschenwürde...*, pp. 129 ss.
[1505] Cfr. KURT SEELMAN, *Person und Menschenwürde...*, pp. 144 e 145.
[1506] Cfr. HEGEL, *Princípios...*, §35 (p. 58).
[1507] Cfr. HEGEL, *Princípios...*, §35, nota (p. 59).
[1508] Cfr. HEGEL, *Princípios...*, §66, nota (p. 83).
[1509] Cfr. HEGEL, *Princípios...*, §66, nota (p. 85).
[1510] Cfr. HEGEL, *Princípios...*, §66, nota (p. 83).
[1511] Cfr. HEGEL, *Princípios...*, §66, nota (p. 84).
[1512] Cfr. HEGEL, *Princípios...*, §40, nota (p. 63).
[1513] Cfr. HEGEL, *Princípios...*, §42, nota (p. 64).
[1514] Cfr. HEGEL, *Princípios...*, §41 (p. 63).
[1515] Cfr. HEGEL, *Princípios...*, §66, nota (p. 85).

tal, algo que existe; não é o homem em geral, pois este não existe, mas um homem determinado"[1516]. Esta noção de ser humano concreto seria depois aproveitada e desenvolvida pelo existencialismo (v. *infra*, nº 8.1.1.)[1517].

Em sentido complementar, o eu individual é também concebido de forma universal, compreendendo a "pessoa universal" todos de modo idêntico: é nesta universalidade do género humano que se integra a ausência de discriminações em função da religião ou da nacionalidade – "o homem vale porque é homem"[1518].

Nenhum destes sentidos de liberdade, dignidade e pessoa humana pode ser apreendido na sua globalidade sem tomar em consideração o papel que Hegel reserva ao Estado: é no Estado que a liberdade se realiza[1519] e nele "o indivíduo tem e saboreia a sua liberdade"[1520]; "o Estado é a vida ética"[1521], sendo nele que o homem tem a sua essência e a quem tudo deve[1522].

Em tudo isto reside, recorde-se, a dupla face de Hegel.

4.3.4. *O anti-hegelianismo de Schopenhauer: o indivíduo e a vontade*

Já qualificado como sendo o filósofo da vontade e do pessimismo[1523], o alemão Arthur Schopenhauer (1788-1860), considerando Fichte, Schelling e Hegel como meros sofistas e não verdadeiros filósofos[1524], pois faltava-lhes seriedade e honestidade na investigação[1525],

---

[1516] Cfr. HEGEL, *A Razão na História*, p. 77.
[1517] Cfr. HERBERT MARCUSE, *Razón y Revolución*, pp. 263 ss.
[1518] Cfr. HEGEL, *Princípios...*, §209, nota (p. 213).
[1519] Cfr. HEGEL, *A Razão na História*, p. 97.
[1520] Cfr. HEGEL, *A Razão na História*, p. 96.
[1521] Cfr. HEGEL, *A Razão na História*, p. 97.
[1522] Neste sentido, cfr. HEGEL, *A Razão na História*, p. 97.
[1523] Cfr. THOMAS MANN, *Schopenhauer, Nietzsche, Freud*, 4ª reimp., Madrid, 2006, p. 32.
[1524] Cfr. ARTHUR SCHOPENHAUER, *Parerga y Paralipómena*, I, Editorial Trotta, Madrid, 2006, pp. 55, 184 e 194.
[1525] Cfr. ARTHUR SCHOPENHAUER, *Parerga...*, I, p. 55.

confessa que a raiz da sua filosofia se encontra em Kant[1526], assumindo-se como edificador de um sistema de "dogmatismo imanente"[1527].

Sem esconder uma apreciável falta de modéstia na comparação entre a sua filosofia e o hegelianismo[1528], considerando este uma "pseudofilosofia"[1529], "sem verdade, sem claridade, sem espírito e até sem senso comum"[1530], Schopenhauer dirige as mais violentas críticas pessoais e filosóficas a Hegel: qualificando-o de charlatão[1531], "corruptor de mentes"[1532], de "homem pernicioso que desorganizou e fez perder completamente a mente de toda uma geração"[1533], a filosofia hegeliana é olhada como um mero jogo de palavras e conceitos, um conjunto de "afirmações todas do ar ou com princípios totalmente carentes de sentido ou consistentes em contradições"[1534].

Não admira, neste contexto, que Schopenhauer, compreendendo o Estado como um mal necessário[1535], se insurja contra a concepção hegeliana de Estado, entendendo que a absorção do destino do homem no Estado é uma "teoria indigente", reconduzindo o homem a uma abelha na colmeia, e afasta-se do elevado fim que se encontra subjacente à existência humana[1536]. Em termos semelhantes, nega uma relevância abstracta ou metafísica à história universal, antes centra a reflexão na vida do indivíduo, pois, tal como esclarece, "os povos só existem em abstracto: os indivíduos são o real"[1537].

[1526] Cfr. ARTHUR SCHOPENHAUER, *Parerga*..., I, p. 161. Note-se que Kant surge expressamente qualificado como sendo "talvez a mente mais original que a natureza produziu" (*ibidem*, p. 195).
[1527] Cfr. ARTHUR SCHOPENHAUER, *Parerga*..., I, p. 159.
[1528] Cfr. ARTHUR SCHOPENHAUER, *Parerga*..., I, p. 164.
[1529] Cfr. ARTHUR SCHOPENHAUER, *Parerga*..., I, p. 188.
[1530] Cfr. ARTHUR SCHOPENHAUER, *Parerga*..., I, p. 164.
[1531] Cfr. ARTHUR SCHOPENHAUER, *Parerga*..., I, p. 194.
[1532] Cfr. ARTHUR SCHOPENHAUER, *Parerga*..., I, p. 203.
[1533] Cfr. ARTHUR SCHOPENHAUER, *Parerga*..., I, p. 194.
[1534] Cfr. ARTHUR SCHOPENHAUER, *Parerga*..., I, p. 199.
[1535] Neste sentido, cfr. THOMAS MANN, *Schopenhauer*..., p. 62.
[1536] Cfr. ARTHUR SCHOPENHAUER, *Parerga*..., I, p. 180.
[1537] Cfr. ARTHUR SCHOPENHAUER, *Parerga*..., I, pp. 228-229.

Schopenhauer encontra no indivíduo o seu referencial filosófico, o "centro do universo"[1538]: "o alfa e o ómega de toda a existência encontram-se em última análise dentro de nós mesmos"[1539], registando-se que "ninguém pode sair da sua individualidade"[1540] e, se pretende viver em sociedade, não pode recusar a individualidade dos outros[1541]. Compreende-se, assim, que cada um tenha dentro de si próprio o "essencial para a felicidade da sua vida"[1542] e o seu bem-estar[1543]: "o importante é sempre o que cada um é e, portanto, o que tem em si mesmo, pois a sua individualidade acompanha-o sempre e em todos os lugares e nela está reunido tudo o que vive"[1544].

Neste contexto, o mundo é visto como uma concepção do indivíduo[1545]: "o indivíduo é o sustentador do sujeito consciente e este é o portador do mundo"[1546]. Tudo o que pode ser conhecido não é mais do que percepção de um sujeito, isto é, representação[1547] ou, numa diferente formulação, "o objecto só existe para o sujeito como uma sua representação"[1548]. É em função do sujeito que o mundo existe, pois "nada existe senão para um sujeito"[1549], motivo pelo qual se pode dizer que "o mundo é representação"[1550] e, nesse sentido também, vontade[1551]: o sujeito, sendo "aquele que tudo conhece e que de ninguém é conhecido"[1552], é "a base do mundo"[1553], condição primeira de todo o objecto perceptível[1554].

[1538] Cfr. ARTHUR SCHOPENHAUER, *El Mundo como Voluntad y Representación*, 7ª ed., Editorial Porrúa, México, 2003, p. 334.
[1539] Cfr. ARTHUR SCHOPENHAUER, *Parerga...*, I, pp. 236-237.
[1540] Cfr. ARTHUR SCHOPENHAUER, *Parerga...*, I, p. 335.
[1541] Cfr. ARTHUR SCHOPENHAUER, *Parerga...*, I, p. 460.
[1542] Cfr. ARTHUR SCHOPENHAUER, *Parerga...*, I, p. 339.
[1543] Cfr. ARTHUR SCHOPENHAUER, *Parerga...*, I, p. 334.
[1544] Cfr. ARTHUR SCHOPENHAUER, *Parerga...*, I, p. 341.
[1545] Cfr. ARTHUR SCHOPENHAUER, *Parerga...*, I, p. 334.
[1546] Cfr. ARTHUR SCHOPENHAUER, *El Mundo...*, p. 334.
[1547] Cfr. ARTHUR SCHOPENHAUER, *El Mundo...*, p. 21.
[1548] Cfr. ARTHUR SCHOPENHAUER, *El Mundo...*, p. 28.
[1549] Cfr. ARTHUR SCHOPENHAUER, *El Mundo...*, p. 22.
[1550] Cfr. ARTHUR SCHOPENHAUER, *El Mundo...*, p. 21.
[1551] Cfr. ARTHUR SCHOPENHAUER, *El Mundo...*, p. 22.
[1552] Cfr. ARTHUR SCHOPENHAUER, *El Mundo...*, p. 22.
[1553] Cfr. ARTHUR SCHOPENHAUER, *El Mundo...*, p. 22.
[1554] Cfr. ARTHUR SCHOPENHAUER, *El Mundo...*, p. 22.

§4º *A Pessoa Humana e o Contributo Liberal* 225

Toda a realidade conjuga duas metades inseparáveis, o sujeito e o objecto[1555] que se limitam, reciprocamente, expressando uma ligação tão estreita como a que existe entre o oxigénio e o hidrogénio na composição da água[1556].

O mundo, sendo representação de um sujeito, surge como um espelho da vontade[1557]: "o mundo é a minha representação" ou, em termos equivalentes, "o mundo é a minha vontade"[1558]. Também aqui, o indivíduo é visto como a "chave do enigma" da vontade[1559]: só a vontade revela o sentido, o mecanismo interior do seu ser, da sua acção e dos seus movimentos[1560]. A vontade é a essência do homem[1561], a base do seu ser[1562]: "cada homem é o que é a sua vontade"[1563], configurando-se como fenómeno ou manifestação da vontade[1564].

A vontade, sendo a "essência do mundo"[1565] e do homem[1566], é livre e omnipotente[1567], nada existindo fora dela[1568], uma vez que nela reside a única e verdadeira realidade[1569]: a vontade é a causa da vida[1570], a raiz de toda a existência e de toda a natureza[1571].

A pessoa, todavia, apesar de ser um fenómeno da vontade livre, não é nunca livre[1572]: a concepção de Schopenhauer se, por um lado,

---

[1555] Cfr. ARTHUR SCHOPENHAUER, *El Mundo...*, p. 23.
[1556] Cfr. ARTHUR SCHOPENHAUER, *Parerga...*, I, p. 334.
[1557] Cfr. ARTHUR SCHOPENHAUER, *El Mundo...*, p. 280.
[1558] Cfr. ARTHUR SCHOPENHAUER, *El Mundo...*, p. 22.
[1559] Cfr. ARTHUR SCHOPENHAUER, *El Mundo...*, p. 115.
[1560] Cfr. ARTHUR SCHOPENHAUER, *El Mundo...*, p. 116.
[1561] Cfr. ARTHUR SCHOPENHAUER, *El Mundo...*, p. 294.
[1562] Cfr. ARTHUR SCHOPENHAUER, *El Mundo...*, p. 297.
[1563] Cfr. ARTHUR SCHOPENHAUER, *El Mundo...*, p. 297.
[1564] Cfr. ARTHUR SCHOPENHAUER, *El Mundo...*, p. 294.
[1565] Cfr. ARTHUR SCHOPENHAUER, *El Mundo...*, p. 280.
[1566] Cfr. ARTHUR SCHOPENHAUER, *El Mundo...*, pp. 294 e 310.
[1567] Cfr. ARTHUR SCHOPENHAUER, *El Mundo...*, p. 278.
[1568] Cfr. ARTHUR SCHOPENHAUER, *El Mundo...*, p. 278.
[1569] Cfr. ARTHUR SCHOPENHAUER, *Sobre la Voluntad en la Naturaleza*, Reimp., Editorial Alianza, Madrid, 2006, p. 40.
[1570] Cfr. ARTHUR SCHOPENHAUER, *El Mundo...*, pp. 280-281.
[1571] Cfr. ARTHUR SCHOPENHAUER, *Sobre la Voluntad...*, p. 198.
[1572] Cfr. ARTHUR SCHOPENHAUER, *El Mundo...*, p. 293.

diz que os nossos actos são o produto do carácter e dos motivos[1573], acaba também por apontar para um determinismo, uma ideia de "omnipotência do destino"[1574], um "poder oculto" que tem as raízes "no nosso próprio e misterioso interior"[1575], um "fatalismo transcendente"[1576] ou ainda um "governo invisível" que guia e determina o destino do homem[1577]. Essa ideia de determinismo, explicando que "o homem faz sempre o que quer e, sem embargo, fá-lo necessariamente"[1578], resulta ainda da individualidade de cada homem, expressa através das suas capacidades inatas e da personalidade[1579]. É neste último contexto que se explicam também as teses sobre a desigualdade entre homem e mulher[1580] e a inferioridade intelectual dos negros[1581]. A liberdade surge, todavia, como condição da responsabilidade[1582], residindo ambas – assim como a culpa – no carácter do homem[1583].

O indivíduo, sendo "aquela vontade de viver de uma forma totalmente individual e única"[1584], encontra-se condenado a desaparecer[1585]: toda a existência humana "é um caminhar perpétuo até à morte"[1586], uma luta contra a morte a cada segundo[1587]. Há aqui um humanismo pessimista[1588] em que a própria vida é entendida, toda ela,

---

[1573] Cfr. ARTHUR SCHOPENHAUER, *Sobre la Liberdad de la Voluntad*, 2ª Reimp., Editorial Alianza, Madrid, 2004, pp. 153 ss.; IDEM, *Parerga...*, I, pp. 232- -233.
[1574] Cfr. ARTHUR SCHOPENHAUER, *Parerga...*, I, p. 232.
[1575] Cfr. ARTHUR SCHOPENHAUER, *Parerga...*, I, p. 236.
[1576] Cfr. ARTHUR SCHOPENHAUER, *Parerga...*, I, pp. 228 e 233 ss.
[1577] Cfr. ARTHUR SCHOPENHAUER, *Parerga...*, I, p. 247.
[1578] Cfr. ARTHUR SCHOPENHAUER, *Sobre la Liberdad...*, p. 157.
[1579] Cfr. ARTHUR SCHOPENHAUER, *Parerga...*, I, pp. 335 ss.
[1580] Cfr. ARTHUR SCHOPENHAUER, *El Arte de Hacerce Respetar*, Reimp., Editorial Alianza, Madrid, 2005, p. 53; IDEM, *Parerga...*, I, p. 383.
[1581] Cfr. ARTHUR SCHOPENHAUER, *Parerga...*, I, p. 349.
[1582] Cfr. ARTHUR SCHOPENHAUER, *Sobre la Voluntad...*, p. 199.
[1583] Cfr. ARTHUR SCHOPENHAUER, *Sobre la Liberdad...*, p. 153.
[1584] Cfr. ARTHUR SCHOPENHAUER, *Parerga...*, I, p. 246.
[1585] Cfr. ARTHUR SCHOPENHAUER, *El Mundo...*, p. 282.
[1586] Cfr. ARTHUR SCHOPENHAUER, *El Mundo...*, p. 314.
[1587] Cfr. ARTHUR SCHOPENHAUER, *El Mundo...*, p. 315.
[1588] Neste sentido, cfr. THOMAS MANN, *Schopenhauer...*, p. 81.

como uma luta[1589], sabendo-se que a diferença fundamental entre a juventude e a velhice é que aquela tem a vida como perspectiva e esta, pelo contrário, a morte[1590]. E, no contexto deste pessimismo existencial, afinal, só as ideias têm verdadeira realidade, isto é, "são a perfeita objectivação da vontade"[1591].

4.4. Os protagonistas da matriz ideológica do constitucionalismo liberal

4.4.1. *Thomas Paine e o constitucionalismo norte-americano: os direitos naturais do homem e a vinculação teleológica do poder*

Apesar de nascido na Grã-Bretanha, Thomas Paine (1737-1809) viveu parte significativa da sua vida nos Estados Unidos da América e em França[1592], traduzindo a sua intervenção parte do espírito liberal subjacente à Revolução Norte-Americana[1593] e à Revolução Francesa.

Reconhecendo que há direitos naturais do homem, neles integrando todos os "direitos intelectuais" decorrentes da própria existência do homem[1594], e, por outro lado, que existem também direitos civis que, apesar de terem a sua base nos primeiros[1595], compreendem os direitos que o homem possui como membro da sociedade[1596], Paine,

---

[1589] Cfr. ARTHUR SCHOPENHAUER, *Parerga...*, I, p. 489.
[1590] Cfr. ARTHUR SCHOPENHAUER, *Parerga...*, I, p. 509.
[1591] Cfr. ARTHUR SCHOPENHAUER, *El Mundo...*, p. 282.
[1592] Cfr. FRANCIS CANAVAN, S.J., *Thomas Paine*, in LEO STRAUSS / JOSEPH CROPSEY, *Historia de la Filosofía Política*, México, reimp., 1996, p. 639.
[1593] Cfr. DAYSE DE VASCONCELOS MAYER, *O Pensamento Revolucionário na Constituição Norte-Americana. O Contributo Ideológico de Thomas Paine*, AAFDL, Lisboa, 1989, pp. 22 ss.
[1594] Cfr. THOMAS PAINE, *Direitos do Homem*, ed. publicações Europa-América, Mem Martins, 1998, p. 35.
[1595] Cfr. THOMAS PAINE, *Direitos do Homem*, p. 34.
[1596] Cfr. THOMAS PAINE, *Direitos do Homem*, p. 35.

utilizando a expressão "dignidade natural do homem[1597], rejeita que o poder possa ser usado para invadir os direitos naturais do homem[1598].

Defendendo um modelo de governo republicano, enquanto "governo estabelecido e administrado para o interesse do público"[1599], e representativo, uma vez que, segundo o princípio de um voto por cada homem[1600], todo o homem "é proprietário do governo"[1601], identificando-se com a liberdade[1602], Paine, baseado na tradição oriunda de Aristóteles (v. *supra*, nº 3.2.8.), proclama que "o governo de um país livre (…) não está nas pessoas, mas nas leis"[1603].

Neste último sentido, registando-se uma significativa similitude com o pensamento de Kant (v. *supra*, nº 4.2.1.), Thomas Paine sublinha que a existência de uma Constituição torna-se indispensável, pois "um governo sem uma Constituição é poder sem um direito"[1604].

Considerando que a Revolução Norte-Americana e a Revolução Francesa provocaram uma mudança dos sistemas de governo[1605], passando a soberania a pertencer à nação (e não a uma pessoa em particular) e o governo a fundar-se nos "direitos humanos inalienáveis e hereditários"[1606], Paine afirma, expressamente, que "uma nação tem sempre um direito inerente e inalienável de abolir qualquer forma de governo que considere inconveniente, e de estabelecer o que estiver de acordo com o seu interesse, disposição e felicidade"[1607]. É que, em última análise, as Constituições e o poder delas proveniente não são estabelecidos para benefício de quem exerce o governo[1608]: o governo,

---

[1597] Cfr. THOMAS PAINE, *Direitos do Homem*, p. 36.
[1598] Cfr. THOMAS PAINE, *Direitos do Homem*, p. 35.
[1599] Cfr. THOMAS PAINE, *Direitos do Homem*, p. 120.
[1600] Cfr. FRANCIS CANAVAN, S.J., *Thomas Paine*, p. 643.
[1601] Cfr. THOMAS PAINE, *Direitos do Homem*, p. 125.
[1602] Cfr. THOMAS PAINE, *Direitos do Homem*, p. 138.
[1603] Cfr. THOMAS PAINE, *Direitos do Homem*, p. 125.
[1604] Cfr. THOMAS PAINE, *Direitos do Homem*, p. 126.
[1605] Cfr. THOMAS PAINE, *Direitos do Homem*, p. 92.
[1606] Cfr. THOMAS PAINE, *Direitos do Homem*, p. 108.
[1607] Cfr. THOMAS PAINE, *Direitos do Homem*, p. 92.
[1608] Cfr. THOMAS PAINE, *Direitos do Homem*, p. 130.

sendo uma associação nacional, tem como objectivo o bem (individual e colectivo) de todos[1609].

Entendendo que as referidas revoluções geraram "uma renovação da ordem natural das coisas"[1610], Paine, claramente inspirado nos três primeiros artigos da Declaração dos Direitos do Homem e do Cidadão[1611], aprovada pela Assembleia Nacional da França, em 26 de Agosto de 1789, define os princípios que, considerados a base da liberdade[1612], são estruturantes dessa nova ordem de valores[1613]:

(i) Todos os homens nascem e permanecem iguais quanto aos seus direitos, daí que quaisquer distinções apenas se possam fundar na utilidade pública[1614];
(ii) A preservação dos "direitos naturais e imprescritíveis dos homens" – identificados estes com a liberdade, a propriedade, a segurança e a resistência à opressão – é o objectivo de todas as associações políticas;
(iii) A fonte da soberania e da autoridade reside na nação, razão pela qual a Constituição não pertence a quem exerce o poder, antes "é propriedade" da nação[1615].

4.4.2. *Stuart Mill e o constitucionalismo britânico: o valor da liberdade individual e a limitação do poder*

Sem prejuízo do contributo de Locke e de Montesquieu na definição dos pressupostos liberais do relacionamento entre a garantia dos direitos e a limitação do poder, será em John Stuart Mill (1806-

---

[1609] Cfr. THOMAS PAINE, *Direitos do Homem*, p. 136.
[1610] Cfr. THOMAS PAINE, *Direitos do Homem*, p.93.
[1611] Cfr. THOMAS PAINE, *Direitos do Homem*, p.67.
[1612] Cfr. THOMAS PAINE, *Direitos do Homem*, p. 71.
[1613] Cfr. THOMAS PAINE, *Direitos do Homem*, p. 93.
[1614] Compreende-se, neste sentido, que Thomas Paine rejeite a existência de títulos aristocráticos ou de nobreza, considerando que "os títulos não passam de alcunhas", in *Direitos do Homem*, pp. 44 ss.
[1615] Cfr. THOMAS PAINE, *Direitos do Homem*, p. 130.

-1873) que a matriz ideológica liberal britânica encontra um dos seus principais expoentes ilustrativos[1616]: trata-se de um liberalismo moderado e de inspiração moral[1617].

Fazendo da passagem de um governo arbitrário para um governo de direito o único modo de alcançar o progresso da sociedade[1618], Stuart Mill, afastando a existência de um bom despotismo[1619], uma vez que se trata de uma ideia que conduz "à mais insensata e perigosa das quimeras"[1620], entende que a melhor forma de governo reside na atribuição da soberania "à massa reunida da comunidade" [1621], permitindo a participação de todas as classes nos benefícios da liberdade[1622]: a democracia pura, traduzindo um sinónimo de igualdade entre todos os cidadãos[1623], postula "o governo de todo o povo por todo o povo igualmente representado"[1624].

Circunscrevendo a análise aos aspectos relacionados com o estatuto da pessoa humana, regista-se a análise da evolução histórica

---

[1616] Note-se que Stuart Mill foi influenciado pelo utilitarista Jeremy Bentham (1748-1832), tendo o pai daquele, James Mill (1773-1836), sido o mais importante discípulo deste último (cfr. WALTER THEIMER, *História...*, pp. 282 ss.; VALENTINI, *Il Pensiero...*, pp. 93 ss. e 100 ss.; CHRISTOPH HORN, *Einführung...*, pp. 24 ss.). O utilitarismo traduz uma filosofia que avalia as acções a partir das suas consequências, procurando determinar o bem-estar geral delas resultantes: a melhor política ou a melhor acção afere-se pelo grau de felicidade que proporciona ao maior número de pessoas. Sobre o tema, cfr. JOHN STUART MILL, *Utilitarismo*, ed. Gradiva, Lisboa, 2005, em especial, pp. 49 ss.

[1617] Neste sentido, cfr. VALENTINI, *Il Pensiero...*, p. 249.

[1618] Cfr. JOHN STUART MILL, *Del Gobierno Representativo*, ed. Tecnos, Madrid, 1985, p. 27.

[1619] No sentido de negar a atribuição de qualquer poder a quem tem "instinto de domínio", identificado com o prazer de exercer o despotismo, cfr. JOHN STUART MILL, *La Naturaleza*, Alianza Editorial, Madrid, 1998, p. 81. Para uma síntese da argumentação de Stuart Mill, defendendo o governo representativo em detrimento do "bom despotismo", cfr. HENRY M. MAGID, *John Stuart Mill*, in LEO STRAUSS / JOSEPH CROPSEY, *Historia de la Filosofía Política*, México, reimp., 1996, pp. 745 ss.

[1620] Cfr. JOHN STUART MILL, *Del Gobierno Representativo*, p. 34.

[1621] Cfr. JOHN STUART MILL, *Del Gobierno Representativo*, p. 34.

[1622] Cfr. JOHN STUART MILL, *Del Gobierno Representativo*, p. 37.

[1623] Cfr. JOHN STUART MILL, *Del Gobierno Representativo*, p. 83.

[1624] Cfr. JOHN STUART MILL, *Del Gobierno Representativo*, p. 82.

dos momentos do processo de luta pela liberdade que Stuart Mill traça, encontrando, numa primeira fase, o simples propósito de limitação do governante através da obtenção do reconhecimento de direitos e liberdades da comunidade ou, em alternativa, mediante o estabelecimento de controlos constitucionais à sua actuação, passando-se, numa segunda fase, para a exigência de os próprios governantes serem representantes ou delegados da comunidade, tornando-se imperativa a sua eleição periódica, sem prejuízo de, nesta última situação, apesar de o poder dos governantes ser o poder da nação, continuar sempre a justificar-se a existência de limites à actuação do governo sobre os indivíduos[1625].

Não obstante reconhecer existir uma tendência para a constituição democrática da sociedade[1626], é em torno dos limites à actuação do poder político que Stuart Mill desenvolve a garantia da liberdade e dos direitos das pessoas perante o Estado, podendo dizer-se, seguindo Wilhelm von Humboldt (v. *supra*, nº 4.1.9.)[1627], que a liberdade será tanto mais garantida quanto menor for a intervenção do Poder[1628], razão pela qual, apesar de entender que o maior mérito de um bom governo reside em desenvolver a virtude e a inteligência do povo[1629], condena que toda ou grande parte da educação esteja nas mãos do Estado[1630]: uma vez que "o indivíduo é soberano sobre si próprio, sobre o seu próprio corpo e espírito"[1631], a única finalidade que justifica a intervenção do poder sobre a liberdade de acção das pessoas é a sua própria protecção[1632].

[1625] Cfr. JOHN STUART MILL, *Sobre a Liberdade*, ed. publicações Europa-América, Mem Martins, 1997, pp. 10 ss.

[1626] Cfr. JOHN STUART MILL, *Sobre a Liberdade*, p. 89.

[1627] Sobre a influência de Humboldt no modelo de Mill, cfr. VALENTINI, *Il Pensiero...*, p. 254.

[1628] Critica Stuart Mill, no entanto, a tendência antiga de o Estado procurar regular todas as áreas da conduta privada dos cidadãos, denunciando a propensão dos homens (como governantes ou como cidadãos) para impor regras de conduta aos outros que correspondem às suas próprias opiniões, in *Sobre a Liberdade*, pp. 20 e 21.

[1629] Cfr. JOHN STUART MILL, *Del Gobierno Representativo*, p. 21.

[1630] Cfr. JOHN STUART MILL, *Sobre a Liberdade*, pp. 106 ss.

[1631] Cfr. JOHN STUART MILL, *Sobre a Liberdade*, p. 17.

[1632] Cfr. JOHN STUART MILL, *Sobre a Liberdade*, p. 17.

Existe, deste modo, uma esfera própria de acção de cada indivíduo que se encontra imune à intervenção da sociedade: essa esfera "abrange todos os aspectos da vida e da conduta de um indivíduo que só o afectam a ele, ou, se também afectam outros, o fazem com autorização e participação livres e voluntárias dos mesmos"[1633].

Essa esfera própria de acção do indivíduo isenta de intervenção do Poder, correspondendo ao designado "terreno próprio da liberdade humana", permitindo aferir pelo respeito de tais liberdades se uma sociedade é ou não verdadeiramente livre[1634], compreende três áreas[1635]:

(i) O domínio da consciência, configurando-se a liberdade de consciência como direito inalienável[1636], abrangendo ainda a liberdade de pensamento e de sentimentos, e a liberdade absoluta de opinião;
(ii) A liberdade de gostos e interesses, aqui se inserindo a "adequação do plano da nossa vida à nossa personalidade"[1637];
(iii) A liberdade de associação entre os indivíduos.

A limitação da intervenção do poder político sobre a esfera da liberdade da pessoa é também, note-se, a limitação da democracia e do princípio maioritário que lhe está subjacente[1638]: os direitos de liberdade do ser humano não podem ser suprimidos por decisão de uma maioria política ou por uma qualquer votação popular.

Não obstante o princípio geral caracterizador do estatuto da pessoa ser a liberdade, apesar de a liberdade de opinião ser sempre superior à liberdade de acção[1639], Stuart Mill afirma claramente que "a liberdade do indivíduo deve ser limitada de modo a ele não se tornar

---

[1633] Cfr. JOHN STUART MILL, *Sobre a Liberdade*, p. 19.
[1634] Cfr. JOHN STUART MILL, *Sobre a Liberdade*, p. 19.
[1635] Cfr. JOHN STUART MILL, *Sobre a Liberdade*, p. 19.
[1636] Cfr. JOHN STUART MILL, *Sobre a Liberdade*, p. 15.
[1637] Cfr. JOHN STUART MILL, *Sobre a Liberdade*, p. 19.
[1638] Neste sentido, cfr. WALTER THEIMER, *História...*, pp. 287-288.
[1639] Cfr. JOHN STUART MILL, *Sobre a Liberdade*, p. 59.

incómodo para as outras pessoas"[1640], momento a partir do qual a sociedade passa a ter sobre ele jurisdição[1641], pois "uma pessoa deve ser livre de fazer o que quiser só no que lhe diz respeito; e não deve ter liberdade para fazer o que quiser quando age por outra pessoa"[1642], competindo ao Estado garantir um controlo sobre os limites da liberdade de cada um sobre os demais[1643].

No entanto, a liberdade individual, sem prejuízo das limitações decorrentes da própria natureza que é o "governo físico do mundo"[1644] que "empala os homens"[1645], não compreende em si a faculdade de dispor da própria liberdade, razão pela qual uma pessoa não se pode vender ou permitir que outro a venda – tal como não pode dispor voluntariamente da sua vida[1646] –, tornando-se escrava, uma vez que "poder alienar a liberdade não é liberdade"[1647].

4.4.3. *Benjamin Constant e o constitucionalismo francês: os direitos individuais como limites à soberania do povo e à autoridade*

Em França, sem embargo de múltiplos exemplos ilustrativos de diferentes modelos ideológicos e constitucionais que se sucederam, Benjamin Constant (1767-1830), sendo o principal expoente do sistema político e jurídico subjacente à restauração dos Bourbons, em 1814, expressa uma matriz ideológica liberal que servirá de paradigma em diversos Estados europeus.

Traçando uma comparação entre a liberdade dos antigos e a liberdade dos modernos, Constant entende que na primeira os indivíduos, apesar de soberanos quase sempre nos assuntos públi-

---

[1640] Cfr. JOHN STUART MILL, *Sobre a Liberdade*, p. 59.
[1641] Cfr. JOHN STUART MILL, *Sobre a Liberdade*, p. 77.
[1642] Cfr. JOHN STUART MILL, *Sobre a Liberdade*, p. 105.
[1643] Cfr. JOHN STUART MILL, *Sobre a Liberdade*, p. 105.
[1644] Cfr. JOHN STUART MILL, *La Naturaleza*, p. 54.
[1645] Cfr. JOHN STUART MILL, *La Naturaleza*, p. 51.
[1646] Cfr. JOHN STUART MILL, *Sobre a Liberdade*, p. 103.
[1647] Cfr. JOHN STUART MILL, *Sobre a Liberdade*, p. 103.

cos[1648], uma vez que gozavam de uma vontade dotada de influência real[1649], eram escravos nas suas relações privadas[1650], pois não existia qualquer noção de direitos individuais[1651], perdendo-se o indivíduo na nação e o cidadão na cidade[1652]. No mundo moderno, pelo contrário, o indivíduo goza de independência na sua vida privada[1653], podendo exercer todas as profissões[1654], sendo a sua intervenção na soberania nacional, todavia, uma mera "suposição abstracta"[1655], verdadeira soberania aparente[1656], registando-se a imperceptibilidade de uma intervenção pessoal na expressão da vontade colectiva[1657], pois o indivíduo, perdendo-se na multidão, nunca se apercebe da influência que exerce[1658].

No entanto, considerando que a independência dos indivíduos, envolvendo o núcleo dos seus direitos individuais, é a primeira das necessidades modernas[1659], qualificando mesmo a liberdade individual de verdadeira liberdade moderna[1660], nunca isto se deve sacrificar para estabelecer a liberdade política[1661], acabando Benjamin Constant, deste modo, por fazer prevalecer a liberdade dos modernos sobre a liberdade dos antigos e, por consequência, definir uma regra de prioridade dos direitos individuais sobre os direitos de participação política, sem prejuízo de postular a necessidade de se aprender a combinar a liberdade individual e a liberdade política[1662].

[1648] Cfr. BENJAMIN CONSTANT, *Cours de Politique Constitutionnelle*, II, Paris, 1861, p. 542.
[1649] Cfr. BENJAMIN CONSTANT, *Cours...*, II, p. 547.
[1650] Cfr. BENJAMIN CONSTANT, *Cours...*, II, p. 542.
[1651] Cfr. BENJAMIN CONSTANT, *Cours...*, II, p. 543.
[1652] Cfr. BENJAMIN CONSTANT, *Cours...*, II, p. 543.
[1653] Cfr. BENJAMIN CONSTANT, *Cours...*, II, p. 542.
[1654] Cfr. BENJAMIN CONSTANT, *Cours...*, II, p. 545.
[1655] Cfr. BENJAMIN CONSTANT, *Cours...*, II, p. 547.
[1656] Cfr. BENJAMIN CONSTANT, *Cours...*, II, p. 542.
[1657] Cfr. BENJAMIN CONSTANT, *Cours...*, II, p. 545.
[1658] Cfr. BENJAMIN CONSTANT, *Cours...*, II, p. 547.
[1659] Cfr. BENJAMIN CONSTANT, *Cours...*, II, p. 552.
[1660] Cfr. BENJAMIN CONSTANT, *Cours...*, II, p. 555.
[1661] Cfr. BENJAMIN CONSTANT, *Cours...*, II, pp. 552 e 555.
[1662] Cfr. BENJAMIN CONSTANT, *Cours...*, II, p. 560.

Neste contexto, essa prioridade dos direitos individuais sobre os direitos políticos não pode fazer obnubilar a defesa do entendimento de que a titularidade da propriedade surge como condição para o exercício dos direitos políticos[1663]: o proprietário é quem tem interesse na participação política[1664], sabendo-se que "o fim necessário de todo o não-proprietário é chegar à propriedade"[1665], residindo aqui o alicerce de um sufrágio eleitoral de natureza censitária.

Defensor da soberania do povo, isto é, "da supremacia da vontade geral sobre toda a vontade particular"[1666], Benjamin Constant sublinha bem que essa soberania reside na universalidade dos cidadãos e não numa única pessoa, numa fracção ou numa associação parcial[1667], sendo sempre, todavia – e bem ao contrário da tese de Rousseau[1668] –, uma soberania limitada e relativa[1669], pois uma soberania ilimitada exclui a existência de meios de salvaguarda dos indivíduos contra os governantes[1670]: "nenhuma autoridade sobre a terra é ilimitada, nem a do povo, nem a dos homens que se dizem seus representantes, nem a dos reis (...), nem a da lei"[1671].

Firmado o princípio de que "a soberania do povo não é ilimitada, nem a sua vontade é suficiente para legitimar tudo aquilo que queira"[1672], Benjamin Constant proclama que a justiça e os direitos individuais limitam a soberania do povo[1673]: "a vontade de todo um povo não pode tornar justo o que é injusto"[1674], razão pela qual a

---

[1663] Cfr. BENJAMIN CONSTANT, *Cours de Politique Constitutionnelle*, I, Paris, 1861, em especial, p. 54.
[1664] Cfr. VALENTINI, *Il Pensiero...*, p. 120.
[1665] Cfr. BENJAMIN CONSTANT, *Cours...*, I, p. 55.
[1666] Cfr. BENJAMIN CONSTANT, *Cours...*, I, pp. 7 e 273.
[1667] Cfr. BENJAMIN CONSTANT, *Cours...*, I, pp. 9 e 275.
[1668] Cfr. VALENTINI, *Il Pensiero...*, pp. 114 e 115.
[1669] Cfr. BENJAMIN CONSTANT, *Cours...*, I, pp. 9 e 275.
[1670] Cfr. BENJAMIN CONSTANT, *Cours...*, I, pp. 12 e 280.
[1671] Cfr. BENJAMIN CONSTANT, *Cours...*, I, pp. 13 e 280.
[1672] Cfr. BENJAMIN CONSTANT, *Cours...*, I, p. 14.
[1673] Cfr. BENJAMIN CONSTANT, *Cours...*, I, pp. 15 e 280.
[1674] Cfr. BENJAMIN CONSTANT, *Cours...*, I, pp. 15, 280-281 e 326.

obediência à lei, apesar de ser um dever, é, porém, um dever que não é absoluto[1675].

Observa-se aqui claramente formulada uma concepção defensora da existência de limites à democracia: é a justiça e os direitos fundamentais que limitam a vontade popular e não esta que limita ou condiciona a justiça ou os direitos fundamentais. A ideia de que a vontade popular nunca pode prevalecer sobre a justiça e os direitos humanos, encontrando ainda hoje acolhimento constitucional[1676], tornou-se um legado oitocentista de Benjamin Constant hoje particularmente operativo em sociedades fundadas na divinização do princípio maioritário (v. *infra*, nº 12.3.).

Sublinhando que cada pessoa é dotada de uma parte da sua existência que é sempre individual e independente de qualquer intervenção social[1677], área na qual cessa qualquer jurisdição da soberania[1678], Constant reconhece que há "direitos individuais independentes de toda a autoridade social ou política"[1679], identificando-os com a liberdade individual[1680], a liberdade religiosa[1681], a liberdade de opinião e de lhe conferir publicidade[1682], a propriedade[1683] e a garantia contra todo o arbítrio[1684]. Neste sentido, se uma autoridade violar tais direitos indi-

---

[1675] Para mais desenvolvimentos sobre os termos configurativos da obediência à lei, cfr. BENJAMIN CONSTANT, *Cours...*, I, pp. 352 ss.

[1676] Neste sentido, cfr. o artigo 1º da Constituição portuguesa de 1976, fazendo da dignidade da pessoa humana, em primeiro lugar, e da vontade popular, em segundo lugar, as bases do Estado português, acolhe um entendimento próximo daquele que, já no século XIX, foi defendido por Benjamin Constant.

[1677] Cfr. BENJAMIN CONSTANT, *Cours...*, I, pp. 9 e 275.

[1678] Cfr. BENJAMIN CONSTANT, *Cours...*, I, pp. 9 e 275.

[1679] Cfr. BENJAMIN CONSTANT, *Cours...*, I, p. 13.

[1680] Cfr. BENJAMIN CONSTANT, *Cours...*, I, pp. 145 ss.

[1681] Cfr. BENJAMIN CONSTANT, *Cours...*, I, pp. 128 ss.

[1682] Especificamente sobre a liberdade de imprensa, cfr. BENJAMIN CONSTANT, *Cours...*, I, pp. 125 ss., 255 ss. e 501 ss.

[1683] Sublinhe-se, neste âmbito, o desenvolvimento que Constant confere ao princípio da inviolabilidade da propriedade, considerando-a como um produto da sociedade, cfr. BENJAMIN CONSTANT, *Cours...*, I, pp. 112 ss. Ainda sobre a propriedade em Constant, considerando que não se trata de um direito natural, antes resulta de uma convenção social, cfr. VALENTINI, *Il Pensiero...*, p. 120.

[1684] Cfr. BENJAMIN CONSTANT, *Cours...*, I, pp. 13 e 112.

viduais, ultrapassando a linha onde começa a esfera reservada da existência individual[1685], ela torna-se usurpadora[1686] e ilegítima[1687].

Consciente de que o simples reconhecimento abstracto da soberania do povo em nada aumenta a liberdade dos indivíduos[1688], antes sendo na limitação da soberania que Benjamin Constant encontra a garantia dos direitos individuais, haverá que proceder, segundo a tradição oriunda de Locke e de Montesquieu, à divisão dos poderes e ao traçar de equilíbrios entre os diversos poderes[1689], sabendo-se que a experiência ensina, tal como Aristóteles antes havia afirmado (v. *supra*, n° 3.2.8.), que "o arbítrio dos homens é ainda pior que a mais má das leis"[1690].

4.5. As declarações constitucionais de direitos do liberalismo

4.5.1. *Declaração de Direitos de Virgínia*

Abstraindo da situação específica da Grã-Bretanha (v. *supra*, n° 3.6.4.), a materialização constitucional dos valores liberais no domínio dos direitos da pessoa humana encontra a sua primeira expressão jurídico-positiva na Declaração de Direitos de Virgínia, datada de 12 de Junho de 1776[1691].

Afirmando o princípio de que "todos os homens são por natureza igualmente livres e independentes e têm certos direitos inatos"[1692], neles se incluindo o gozo da vida e da liberdade, nunca podendo deles ser privados ou despojados, tal como dos meios para adquirir e possuir a propriedade e procurar e obter felicidade e segurança[1693], a Declara-

---

[1685] Cfr. BENJAMIN CONSTANT, *Cours...*, I, p. 275.
[1686] Cfr. BENJAMIN CONSTANT, *Cours...*, I, pp. 276 e 349.
[1687] Cfr. BENJAMIN CONSTANT, *Cours...*, I, pp. 13 e 276.
[1688] Cfr. BENJAMIN CONSTANT, *Cours...*, I, pp. 8 e 274.
[1689] Cfr. BENJAMIN CONSTANT, *Cours...*, I, pp. 16 e 282.
[1690] Cfr. BENJAMIN CONSTANT, *Cours...*, II, p. 552.
[1691] Para uma síntese dos antecedentes no âmbito das colónias inglesas da América do Norte, cfr. ERNST REIBSTEIN, *Volkssouveranität...*, II, pp. 62 ss.
[1692] Cfr. Declaração de Direitos de Virgínia, secção 1ª.
[1693] Cfr. Declaração de Direitos de Virgínia, secção 1ª.

ção proclama que todo o poder reside no povo e deriva do povo[1694], encontrando-se a existência e a actuação do governo vinculadas à prossecução do bem comum, da protecção e segurança do povo[1695], conferindo-se à maioria da comunidade o "direito incontestável, inalienável e irrevogável", caso o governo não prossiga esses fins, "de o reformar, modificar ou abolir de maneira que for julgada mais conducente à felicidade geral" [1696] [1697].

Consagrando, na sequência de Montesquieu (v. *supra*, n° 4.1.5.), a separação entre os poderes legislativo, executivo e judicial[1698] e reconhecendo o direito de sufrágio[1699], a Declaração de Direitos da Virgínia confere à lei, enquanto expressão da vontade dos representantes do povo, a garantia dos direitos e liberdades fundamentais: a tributação ou a privação da propriedade, apesar de circunscrita à prossecução de fins de interesse público, exigem lei[1700]; a privação da liberdade só pode ocorrer nos termos da lei[1701].

Inscrevem-se na Declaração, paralelamente, um conjunto de garantias de processo criminal[1702], o princípio de que não podem ser infligidas penas cruéis ou aberrantes[1703], a liberdade de imprensa[1704] e a liberdade religiosa[1705].

[1694] Cfr. Declaração de Direitos de Virgínia, secção 2ª.
[1695] Cfr. Declaração de Direitos de Virgínia, secção 3ª.
[1696] Cfr. Declaração de Direitos de Virgínia, secção 3ª, *in fine*.
[1697] Reproduzida a essência destes princípios na Declaração de Independência dos Estados Unidos da América, de 4 de Julho de 1776, verifica-se que a própria dissolução dos laços políticos e de obediência face à Grã-Bretanha se fundamenta no direito que o povo tem de se ver livre de um governo que, após "uma longa sucessão de abusos e usurpações", revela o desígnio de os submeter ao despotismo absoluto, sabendo-se que "a história do actual rei da Grã-Bretanha é a história de repetidas injúrias e usurpações, todas tendo como direito objectivo o estabelecimento de uma tirania absoluta sobre estes Estados".
[1698] Cfr. Declaração de Direitos de Virgínia, secção 5ª.
[1699] Cfr. Declaração de Direitos de Virgínia, secção 6ª.
[1700] Cfr. Declaração de Direitos de Virgínia, secção 6ª.
[1701] Cfr. Declaração de Direitos de Virgínia, secção 8ª.
[1702] Cfr. Declaração de Direitos de Virgínia, secção 8ª.
[1703] Cfr. Declaração de Direitos de Virgínia, secção 9ª.
[1704] Cfr. Declaração de Direitos de Virgínia, secção 12ª.
[1705] Cfr. Declaração de Direitos de Virgínia, secção 16ª.

4.5.2. *Declaração de Independência dos Estados Unidos*

Em termos quase simultâneos à Declaração de Direitos de Virgínia, a Declaração de Independência dos Estados Unidos da América, datada de 4 de Julho de 1776, procurando justificar a separação das colónias inglesas da América do Norte face à Coroa Britânica, revela-se um documento político e jurídico de largo alcance histórico em matéria de direitos humanos e ainda quanto ao fundamento e à limitação do poder político.

Não será exagero afirmar que a Declaração de Independência dos Estados Unidos materializa a edificação política e jurídica do primeiro Estado à luz dos postulados liberais: a Declaração de Independência marca o nascimento da primeira experiência constitucional gerada pelo liberalismo.

A leitura do parágrafo segundo da Declaração de Independência permite recortar a afirmação de cinco princípios nucleares da nova ordem política:

1°) Todos os homens são iguais;
2°) Deus dotou os homens de direitos inalienáveis;
3°) Os direitos à vida, à liberdade e à busca de felicidade são direitos inalienáveis do homem;
4°) Os governos são instituídos para assegurar os direitos inalienáveis do homem e o seu poder resulta do consentimento dos governados;
5°) Sempre que um governo desrespeita tais propósitos, o povo tem o direito de, em situações extremas[1706], alterar ou abolir esse governo e instituir um novo governo, segundo um

---

[1706] Note-se, importa sublinhar, que a Declaração de Independência não reconhece ao povo um direito geral ou normal de destituir os governos por via revolucionária, antes estabelece uma regra de prudência ou moderação, exigindo que essa mudança apenas ocorra quando as razões não são ligeiras e passageiras, apelando para a necessidade de se verificar "uma longa sucessão de abusos e usurpações": "toda a experiência tem demonstrado que os homens estão mais dispostos a sofrer males suportáveis do que a fazer justiça a si próprios, abolindo as formas de governo a que estão acostumados".

modelo organizativo que lhe pareça mais adequado para promover a sua segurança e felicidade.

Foi precisamente em nome deste último direito, atendendo aos abusos e usurpações despóticas do rei britânico, que as colónias proclamaram a sua independência face à Grã-Bretanha: a Declaração de Independência dos Estados Unidos da América, fazendo do respeito pelos direitos inalienáveis do homem o fundamento último da própria independência e a razão primeira da instituição do novo governo, representa a projecção constitucional dos direitos fundamentais do ser humano na legitimação do poder político.

Torna-se claro, a partir deste momento histórico, que os governos existem para servir e garantir os direitos do homem e, sob pena de perderem a sua legitimidade e alicerçarem o seu próprio derrube, não podem usar de despotismo atentatório de direitos inalienáveis: o ser humano e os seus direitos inalienáveis são a razão de ser e o limite da actuação do poder político.

4.5.3. *Declaração dos Direitos do Homem e do Cidadão de 1789*

Em França, por seu turno, a Declaração dos Direitos do Homem e do Cidadão, de 26 de Agosto de 1789, tendo o propósito de proceder à "declaração solene dos direitos naturais, inalienáveis e sagrados do Homem"[1707], começa por afirmar que "os homens nascem e são livres e iguais em direitos"[1708].

Fazendo da conservação dos direitos naturais e imprescindíveis do homem o fim de toda a associação política[1709] e proclamando que a existência de uma Constituição pressupõe a garantia dos direitos e a

---

[1707] Cfr. Preâmbulo da Declaração dos Direitos do Homem e do Cidadão de 1789.

[1708] Cfr. Declaração dos Direitos do Homem e do Cidadão de 1789, artigo 1º, 1ª parte.

[1709] Cfr. Declaração dos Direitos do Homem e do Cidadão de 1789, artigo 2º, 1ª parte.

separação de poderes[1710], a Declaração identifica e densifica quais são esses mesmos "direitos naturais"[1711]:

(i) A *liberdade* surge em primeiro lugar, dizendo-se que "consiste em poder fazer tudo aquilo que não prejudique outrem"[1712], garantindo-se expressamente as liberdades de expressão e de religião[1713] e ainda a liberdade de pensamento e de imprensa[1714], isto no âmbito de um sistema jurídico baseado num princípio em que "tudo o que não é proibido pela lei não pode ser impedido, e ninguém pode ser constrangido a fazer o que ela não ordene"[1715];

(ii) A *propriedade*, em segundo lugar, aparece como "um direito inviolável e sagrado"[1716], sendo apenas possível a sua privação em casos de necessidade pública legalmente comprovada e sob a condição de justa e prévia indemnização[1717];

(iii) A *segurança*, em terceiro lugar, tendo como afloramentos a consagração expressa do princípio da presunção de inocência[1718] e um conjunto de garantias criminais e processuais[1719];

(iv) A *resistência à opressão*, por último.

[1710] Cfr. Declaração dos Direitos do Homem e do Cidadão de 1789, artigo 16°.
[1711] Cfr. Declaração dos Direitos do Homem e do Cidadão de 1789, artigo 2°, 2ª parte.
[1712] Cfr. Declaração dos Direitos do Homem e do Cidadão de 1789, artigo 4°, 1ª parte.
[1713] Cfr. Declaração dos Direitos do Homem e do Cidadão de 1789, artigo 10°.
[1714] Cfr. Declaração dos Direitos do Homem e do Cidadão de 1789, artigo 11°.
[1715] Cfr. Declaração dos Direitos do Homem e do Cidadão de 1789, artigo 2°, 2ª parte.
[1716] Cfr. Declaração dos Direitos do Homem e do Cidadão de 1789, artigo 17°, 1ª parte.
[1717] Cfr. Declaração dos Direitos do Homem e do Cidadão de 1789, artigo 17°, 2ª parte
[1718] Cfr. Declaração dos Direitos do Homem e do Cidadão de 1789, artigo 9°, 1ª parte
[1719] Cfr. Declaração dos Direitos do Homem e do Cidadão de 1789, artigos 7° e 8°.

Afirmando, por outro lado, que "toda a soberania reside essencialmente na Nação"[1720], a lei é entendida como expressão da vontade geral[1721] e aos seus olhos todos os cidadãos são iguais[1722], confiando-se-lhe um papel garantístico[1723] e, simultaneamente, delimitativo e limitativo da liberdade[1724], apesar de circunscrita apenas a intervir em termos proibitivos sobre as acções prejudiciais à sociedade[1725].

4.5.4. *Aditamentos à Constituição norte-americana: o Bill of Rights*

Além da projecção constitucional da separação de poderes sobre a liberdade, enquanto verdadeiro "princípio sagrado para todo o governo livre"[1726], adoptando a Constituição norte-americana a concepção de freios e contrapesos proveniente de Montesquieu (v. *supra*, n° 4.1.5.), e as referências do Preâmbulo da Constituição de 1787 à promoção do bem-estar e à garantia dos benefícios da liberdade, regista-se que os dez primeiros aditamentos à Constituição, aprovados em 25 de Setembro de 1789 e ratificados em 15 de Dezembro de 1791, conhecidos por *Bill of Rights*, procuram consagrar a nível federal direitos já antes proclamados pela Declaração de Direitos de Virgínia (v. *supra*, n° 4.5.1.).

[1720] Cfr. Declaração dos Direitos do Homem e do Cidadão de 1789, artigo 5°, 2ª parte.
[1721] Cfr. Declaração dos Direitos do Homem e do Cidadão de 1789, artigo 6°, 1ª parte.
[1722] Cfr. Declaração dos Direitos do Homem e do Cidadão de 1789, artigo 6°, 2ª parte.
[1723] Esse papel garantístico é visível, desde logo, no âmbito das garantias de processo criminal (artigo 7°) e em diversas manifestações do princípio da legalidade penal (artigo 8°).
[1724] Cfr. Declaração dos Direitos do Homem e do Cidadão de 1789, artigo 4°, *in fine*.
[1725] Cfr. Declaração dos Direitos do Homem e do Cidadão de 1789, artigo 5°, 1ª parte.
[1726] Cfr. HAMILTON / MADISON / JAY, *O Federalista*, Belo Horizonte, 2003, (Cap. 47°), p. 304

Foram ainda acrescentados através de tais Aditamentos à Constituição, os direitos de reunião e petição[1727], o direito a que ninguém pode ser forçado a testemunhar contra si próprio em processo criminal[1728], nem privado da vida, liberdade ou propriedade sem observância do devido processo legal[1729].

Indo ainda mais longe, o aditamento IX estabelece uma cláusula aberta em matéria de direitos fundamentais, dizendo que a especificação de apenas alguns direitos no texto constitucional não exclui a existência, nem envolve qualquer desprezo, por outros "direitos possuídos pelo povo" que, apesar de não se encontrarem inseridos na Constituição, gozam, todavia, da natureza de direitos fundamentais.

Consagra-se aqui, pela primeira vez, que os direitos fundamentais não estão sujeitos a um elenco fechado, nem a Constituição goza de qualquer monopólio ou exclusivo na sua declaração: as normas emergentes da Constituição formal não são a única fonte reveladora dos direitos fundamentais[1730].

4.5.5. *Constituição francesa de 1793*

De novo em França, a Declaração dos Direitos do Homem e do Cidadão subjacente à Constituição de 24 de Junho de 1793, traduzindo a radicalização do movimento revolucionário, e apesar da sua continuidade face a diversos direitos consagrados na Declaração de 1789 (v. *supra*, n° 4.5.3.), considera os "direitos naturais do homem" como "direitos sagrados e inalienáveis"[1731], sendo imprescritíveis[1732], iden-

---

[1727] Cfr. Artigo I.

[1728] Cfr. Artigo V. Na génese de um tal direito poderá bem encontrar-se o pensamento de Hobbes, considerando que "ninguém pode ser obrigado a acusar-se a si mesmo por efeito de um pacto" (v. *supra*, n.° 3.6.2.).

[1729] Cfr. Artigo V.

[1730] Essa mesma solução, conhecida como cláusula aberta ou princípio da não tipicidade dos direitos fundamentais, só seria consagrada no Direito português em 1911, cfr. artigo 4° da Constituição de 1911.

[1731] Cfr. Preâmbulo da Declaração dos Direitos do Homem e do Cidadão de 1793.

[1732] Cfr. Declaração dos Direitos do Homem e do Cidadão de 1793, artigo 1°, n° 2.

tificando-os com a igualdade, a liberdade, a segurança e a propriedade[1733].

A igualdade torna-se agora, sob a influência da democracia radical de Rousseau, o primeiro dos direitos fundamentais[1734].

Proclamando que a soberania reside no povo, sendo una, indivisível, imprescritível e inalienável[1735], isto apesar de "nenhuma porção do povo poder exercer a autoridade do povo"[1736], a Declaração vai ao ponto de determinar que o indivíduo que usurpar a soberania "deve ser imediatamente morto pelos homens livres"[1737], negando também a qualquer geração o poder de sujeitar as gerações futuras às suas leis[1738], motivo pelo qual reconhece ao povo um direito permanente de rever, reformar ou modificar a Constituição[1739].

No entanto, será ao nível do direito de resistência à opressão que, apesar de consagrado já na Declaração de 1789, e agora considerado "consequência dos outros direitos do homem"[1740], se fará sentir mais vincadamente o radicalismo da Declaração de 1793: fazendo da felicidade comum o fim da sociedade[1741] e justificando a existência do governo pelo propósito de garantir ao homem o gozo dos seus direitos naturais[1742], além de um direito de repelir pela força qualquer execução violenta de um acto ilegal[1743], a Declaração confere ao povo um direito de insurreição sempre que o governo viola os direitos do povo, quali-

---

[1733] Cfr. Declaração dos Direitos do Homem e do Cidadão de 1793, artigo 2º.

[1734] Cfr. JACQUES GODECHOT, *Les Constitutions de la France depuis 1789*, Paris, 1995, p. 74.

[1735] Cfr. Declaração dos Direitos do Homem e do Cidadão de 1793, artigo 25º.

[1736] Cfr. Declaração dos Direitos do Homem e do Cidadão de 1793, artigo 26º.

[1737] Cfr. Declaração dos Direitos do Homem e do Cidadão de 1793, artigo 27º.

[1738] Cfr. Declaração dos Direitos do Homem e do Cidadão de 1793, artigo 28º, *in fine*.

[1739] Cfr. Declaração dos Direitos do Homem e do Cidadão de 1793, artigo 28º, 1ª parte.

[1740] Cfr. Declaração dos Direitos do Homem e do Cidadão de 1793, artigo 33º.

[1741] Cfr. Declaração dos Direitos do Homem e do Cidadão de 1793, artigo 1º, nº 1.

[1742] Cfr. Declaração dos Direitos do Homem e do Cidadão de 1793, artigo 1º, nº 2.

[1743] Cfr. Declaração dos Direitos do Homem e do Cidadão de 1793, artigo 11º.

ficando-o como sendo "o mais sagrado dos direitos e o mais indispensável dos deveres"[1744][1745].

Em matéria de direitos individuais, fundando-se num princípio geral de liberdade que encontra como limite moral a máxima "não faças aos outros o que não queres que façam a ti"[1746], a Declaração esclarece, sem qualquer margem para dúvidas, que o homem não se pode vender, nem ser vendido, uma vez que "a sua pessoa não é propriedade alienável"[1747], configurando a segurança, enquanto direito natural e imprescritível[1748], como protecção da sociedade para cada indivíduo conservar a sua pessoa, os seus direitos e as suas propriedades[1749].

Verifica-se, num outro sentido, que a Declaração de 1793 adopta, pela primeira vez, uma postura em que a garantia dos direitos e liberdades não se reconduz sempre a um comportamento abstencionista por parte do poder, antes postula uma intervenção social activa, criando verdadeiras obrigações *de facere* que permitem recortar a génese dos direitos sociais: é o que sucede, desde logo, com o dever de dar subsistência aos cidadãos desafortunados, granjeando-lhes trabalho – surgindo aqui consagrada a primeira manifestação do direito ao trabalho[1750] – ou meios de subsistência se não puderem trabalhar[1751],

---

[1744] Cfr. Declaração dos Direitos do Homem e do Cidadão de 1793, artigo 35°.

[1745] É ainda neste contexto que se pode integrar o artigo 7°, n° 3, *in fine*, da Constituição portuguesa de 1976, reconhecendo o "direito à insurreição contra todas as formas de opressão", discutindo-se se se trata de um direito apenas reconhecido por Portugal aos outros povos ou se o mesmo também é reconhecido ao povo português, situação esta última que representaria uma curiosa abertura da Constituição à subversão das suas próprias instituições por efeito de rebelião. Especificamente sobre este "direito à insurreição" na Constituição portuguesa, cfr. ANDRÉ GONÇALVES PERREIRA, *O Direito Internacional na Constituição de 1976*, in JORGE MIRANDA, *Estudos Sobre a Constituição*, I, Lisboa, 1977, pp. 38-39.

[1746] Cfr. Declaração dos Direitos do Homem e do Cidadão de 1793, artigo 6°, *in fine*.

[1747] Cfr. Declaração dos Direitos do Homem e do Cidadão de 1793, artigo 18°.

[1748] Cfr. Declaração dos Direitos do Homem e do Cidadão de 1793, artigos 1°, n° 1, e 2°

[1749] Cfr. Declaração dos Direitos do Homem e do Cidadão de 1793, artigo 8°

[1750] Cfr. JACQUES GODECHOT, *Les Constitutions...*, p. 73.

[1751] Cfr. Declaração dos Direitos do Homem e do Cidadão de 1793, artigo 21°.

e, por outro lado, com a instrução que, definida como "necessidade de todos"[1752], deverá ser posta ao alcance de todos os cidadãos[1753].

Não obstante as suas inovações, sucede que a Constituição de 1793 e, por arrastamento, a Declaração de Direitos do Homem e do Cidadão que a integra, nunca chegaram a entrar em vigor[1754].

4.5.6. *Portugal: as Bases da Constituição (1821) e a Constituição de 1822*

Em Portugal, no contexto das declarações de direitos do liberalismo, merecem destaque as Bases da Constituição, aprovadas em 9 de Março de 1821, e a subsequente Constituição, de 23 de Setembro de 1822.

Observa-se, em primeiro lugar, o relevo dado à trilogia axiológica liberal clássica: liberdade, segurança e propriedade[1755]. Neste contexto, os primeiros textos constitucionais liberais portugueses permitem recortar três inovações jurídicas:

(i) A liberdade consiste, segundo as Bases, "na faculdade que compete a cada um de fazer tudo o que a lei não proíbe"[1756], aperfeiçoando a Constituição que "a liberdade consiste em não serem obrigados a fazer o que a lei não manda, nem a deixar de fazer o que ela não proíbe"[1757];

(ii) A noção de segurança envolve uma obrigação de intervenção pública no sentido de protecção "a todos para poderem conservar os seus direitos pessoais"[1758];

[1752] Cfr. Declaração dos Direitos do Homem e do Cidadão de 1793, artigo 22º, 1ª parte.

[1753] Cfr. Declaração dos Direitos do Homem e do Cidadão de 1793, artigo 22º, *in fine*.

[1754] Sobre o processo final de aprovação e a suspensão do início da vigência da Constituição de 1793, cfr. JACQUES GODECHOT, *Les Constitutions...*, pp. 75 ss.

[1755] Cfr. Bases, 1º; Constituição de 1822, artigo 1º.

[1756] Cfr. Bases, 2º.

[1757] Cfr. Constituição de 1822, artigo 2º.

[1758] Cfr. Bases, 3º; Constituição de 1822, artigo 3º.

(iii) A propriedade surge configurada como sendo um "direito sagrado e inviolável"[1759], verificando-se que a sua garantia tem até precedência sistemática sobre a tutela da integridade física, a liberdade de expressão ou a igualdade de todos perante a lei[1760].

É também possível registar, em segundo lugar, e sem prejuízo de diversos outros direitos fundamentais, a primeira consagração do princípio da liberdade de comunicação de pensamentos, qualificado de "um dos mais preciosos direitos do homem"[1761], proibindo-se a censura prévia[1762], tal como se afirma, uma vez mais pela primeira vez no direito português, o princípio de que "a lei é igual para todos"[1763]. Assiste-se ainda a uma humanização dos princípios gerais do Direito Penal: a necessidade da lei incriminadora[1764], a proporcionalidade entre a pena e o delito[1765], a pessoalidade das penas[1766], a proibição da tortura e de todas as penas cruéis ou infamantes[1767].

Numa terceira linha de inovação, traduzindo uma originalidade no contexto constitucional da época, sem prejuízo de ter a sua origem fundamentada na tradição portuguesa[1768] e na Constituição Espanhola

---

[1759] Cfr. Bases, 7°; Constituição de 1822, artigo 6°.
[1760] Como já tivemos oportunidade de antes referir (cfr. PAULO OTERO, *Direito da Vida*, p. 46), afirma-se primeiro o respeito pela propriedade do que a proibição de tortura, da marca de ferro quente e de todas as práticas e penas cruéis e infamantes, registando-se até neste último domínio que a primeira proibição das Bases não diz respeito a tais actos atentatórios da pessoa humana, antes incide sobre o confisco de bens.
[1761] Cfr. Bases, 8°; Constituição de 1822, artigo 7°.
[1762] Cfr. Bases, 8°; Constituição de 1822, artigo 7°.
[1763] Cfr. Bases, 11°; Constituição de 1822, artigo 9°.
[1764] Cfr. Bases, 12°; Constituição de 1822, artigo 10°.
[1765] Cfr. Bases, 12°; Constituição de 1822, artigo 11°.
[1766] Cfr. Bases, 12°; Constituição de 1822, artigo 11°.
[1767] Cfr. Bases, 12°; Constituição de 1822, artigo 11°.
[1768] Cfr. PAULO OTERO, *A Administração local nas Cortes Constituintes de 1821-1822*, in *Revista de Direito e Estudos Sociais*, ano XXX, 1988, n° 2, em especial, p. 238

de 1812[1769], a Constituição de 1822 confia às câmaras dos concelhos diversos poderes de intervenção económica, social e cultural[1770], criando um verdadeiro intervencionismo municipal totalmente alheio ao espírito abstencionista liberal. É ainda neste contexto, note-se, que a Constituição estabelece um esboço dos primeiros direitos sociais na área da educação e da saúde, prevendo a existência de escolas públicas para ensinar "a mocidade portuguesa de ambos os sexos"[1771], e a criação de casas de misericórdia, hospitais públicos e "quaisquer outros estabelecimentos de caridade"[1772].

Neste último sentido, uma vez que a Constituição francesa de 1793 nunca chegou a entrar em vigor, a Constituição portuguesa de 1822, ultrapassando o modelo de instrução pública já antes delineado pela Constituição Espanhola de 1812[1773], pode bem ter sido o primeiro texto constitucional que conferiu vigência a um modelo jurídico de tutela da pessoa humana que não envolvia a simples abstenção dos poderes públicos perante os direitos individuais, tendo também consagrado direitos cuja garantia exigia uma intervenção prestacional pública.

4.5.7. *Constituição francesa de 1848*

Na sequência da ténue vertente social dos direitos da pessoa humana ou, visto de diferente ângulo, da tímida postura de intervencionismo social do Estado subjacente à Declaração dos Direitos do Homem e do Cidadão de 1793, a França conheceu com a Constituição da II República, de 4 de Novembro de 1848, uma declaração de direitos que, tendo sido já qualificada de "texto percursor do século XX"[1774], acentua essa mesma tendência evolutiva na tutela da pessoa humana.

[1769] Neste sentido, cfr. artigo 321°, n°s 5° e 6°, da Constituição Espanhola de 1812.
[1770] Cfr. Constituição de 1822, artigo 223°.
[1771] Cfr. Constituição de 1822, artigo 237°.
[1772] Cfr. Constituição de 1822, artigo 240°.
[1773] Cfr. artigos 366° a 371° da Constituição Espanhola de 1812.
[1774] Neste sentido, cfr. JORGE MIRANDA, *Textos Históricos...*, pp. 243 ss.

§4º *A Pessoa Humana e o Contributo Liberal* 249

Proclamando o propósito de o Estado promover todos os cidadãos "a um grau cada vez mais elevado de moralidade, de ilustração e de bem-estar"[1775] e reconhecida a existência de direitos e deveres "anteriores e superiores às leis positivas"[1776], a nova República assenta nos princípios da liberdade, da igualdade e da fraternidade[1777], tendo por base a família, o trabalho, a propriedade e a ordem pública[1778].

É no desenvolvimento da ilustração e do bem-estar das pessoas que a Constituição de 1848 revela maiores inovações: se é certo que, retomando uma ideia da Declaração de Direitos de 1793, o Estado chama a si a obrigação de "pôr ao alcance de cada um a instrução indispensável a todos os homens"[1779] e de "assegurar a existência dos cidadãos necessitados"[1780], a verdade é que essa intervenção se alarga, falando-se agora, pela primeira vez, em "ensino primário gratuito", em "educação profissional", na "igualdade das relações entre patrão e o operário", na vinculação das entidades públicas a desenvolverem "obras públicas destinadas a empregar os braços desempregados" e ainda na definição do dever de a sociedade prestar "assistência às crianças abandonadas, aos enfermos e aos velhos sem recursos, cujas famílias não os possam socorrer"[1781].

Num outro contexto, no entanto, paralelamente à proclamação de que "a soberania reside na universalidade dos cidadãos franceses"[1782], a Constituição de 1848 regista ainda como inovações a abolição da escravatura[1783] e da pena de morte em matérias de índole polí-

---

[1775] Cfr. Preâmbulo da Constituição de 1848, nº I.

A um tal propósito constitucional de bem-estar social não será alheia a contribuição do pensamento de Alexis de Tocqueville resultante da sua observação da realidade norte-americana e transposta para o seu livro *"Da Democracia na América"*, editado em França, em 1835 (1º volume) e em 1840 (2º volume). Ao assunto voltaremos mais adiante (v. *infra*, nº 4.6.2.).

[1776] Cfr. Preâmbulo da Constituição de 1848, nº III.
[1777] Cfr. Preâmbulo da Constituição de 1848, nº IV, 1ª parte.
[1778] Cfr. Preâmbulo da Constituição de 1848, nº IV, 2ª parte.
[1779] Cfr. Preâmbulo da Constituição de 1848, nº VIII.
[1780] Cfr. Preâmbulo da Constituição de 1848, nº VIII.
[1781] Cfr. Constituição de 1848, artigo 13º.
[1782] Cfr. Constituição de 1848, artigo 1º
[1783] Cfr. Constituição de 1848, artigo 6º.

tica[1784], o reconhecimento da liberdade de ensino[1785] e a proibição de qualquer tipo de censura à imprensa[1786].

4.6. Os valores constitucionais do liberalismo: os princípios fundamentais

4.6.1. *Preliminares*

Tendo presentes os postulados ideológicos subjacentes ao liberalismo e a concretização constitucional em matéria de direitos da pessoa humana, podemos observar que os respectivos valores constitucionais liberais se resumem em quatro princípios fundamentais:

(a) Centralidade da tutela conferida à liberdade, à propriedade e à segurança;
(b) Limitação do poder do Estado;
(c) Interdependência entre a vontade da colectividade e a vontade legislativa do Estado;
(d) Igualdade de todos perante a lei.

Vejamos, sucintamente, o sentido de cada um destes princípios liberais integrantes do estatuto jurídico da pessoa humana.

4.6.2. *Centralidade da tutela conferida à liberdade, à propriedade e à segurança*

A trilogia liberal de direitos, apontando para a centralidade discursiva da liberdade, da propriedade e da segurança nas declarações constitucionais e nas obras dos principais ideólogos, traduz uma verdadeira síntese dos valores liberais sobre a pessoa humana.

[1784] Cfr. Constituição de 1848, artigo 5º.
[1785] Cfr. Constituição de 1848, artigo 9º, 1ª parte.
[1786] Cfr. Constituição de 1848, artigo 8º, *in fine*.

Sucede, no entanto, que a concepção dominante de direitos do homem lhes conferia a natureza de realidades *a priori*, inerentes ou naturais a qualquer homem, e, neste sentido, independentes de expressa consagração jurídico-positiva: tratavam-se de direitos que eram apenas reconhecidos ou declarados e não estabelecidos pelas diversas Declarações.

Independentemente da discussão em torno do conceito liberal de homem, estando em causa saber se era todo o ser humano ou apenas o cidadão, isto para determinar a abrangência da própria concepção liberal de direitos do homem, a verdade é que a liberdade se desdobrava num conjunto de direitos, desde a liberdade de intervenção e participação política até à liberdade religiosa, passando pela liberdade de pensamento e de expressão, de reunião e de manifestação, sem esquecer a liberdade de associação de natureza económica e, em momento posterior, a própria liberdade de associação política.

Se exceptuarmos a Declaração de Direitos francesa de 1793, a mencionada trilogia liberal de direitos, apesar de indicar em primeiro lugar a liberdade, o certo é que fazia da tutela da propriedade a principal preocupação: o homem liberal valoriza mais a propriedade do que a liberdade ou a pessoa humana como realidade autónoma, sendo a titularidade da propriedade que lhe confere a exacta medida da sua participação política ou do peso da sua vontade no contexto de formação da vontade geral, continuando as palavras de Maquiavel, "os homens esquecem mais depressa a morte do seu pai do que a perda do seu património" (v. *supra*, nº 3.4.3.), a ecoar ao longo de todo o liberalismo.

Se a liberdade e a propriedade eram tanto mais garantidas quanto menor fosse a intervenção do poder político na esfera da sociedade, o certo é que a tutela da segurança, postulando a necessidade de intervenção reguladora e prestativa do Estado na garantia da ordem pública, da defesa externa e das condições que permitissem o exercício dos restantes direitos, configurava-se como pressuposto garantístico da liberdade e de manutenção da propriedade: sem segurança, a liberdade era ilusória e a propriedade sempre precária.

4.6.3. *Limitação do poder do Estado*

Como se acabou de adiantar, a garantia dos direitos do homem postula que o poder se encontre limitado, evitando-se o abuso, o arbítrio e a invasão da esfera de acção reservada aos indivíduos.

Existe aqui, deste modo, uma dupla preocupação limitativa do poder:

(i) Limitação do poder no seu interior ou dentro do próprio poder, o que exigia a adopção de uma regra de divisão ou separação entre os poderes legislativo, executivo e judicial, segundo um modelo inspirado na concepção de Montesquieu ou, pelo menos, numa interpretação dessa mesma concepção (v. *supra*, n° 4.1.5.);
(ii) Limitação do poder nas suas relações com a esfera da sociedade civil, isto é, o campo de acção dos indivíduos, postulando-se aqui uma linha de fronteira muito nítida entre os dois hemisférios, sendo apenas admissível a intervenção do Estado sobre a esfera da sociedade com base numa habilitação legislativa para o efeito.

A lei desempenhava, neste último domínio, a função de linha de fronteira e norma habilitadora da intervenção pública sobre a esfera jurídica privada: qualquer limitação à liberdade ou à propriedade dos indivíduos dependia sempre, sob pena de invalidade jurídica, da prévia existência de uma lei autorizativa dessa mesma intervenção. Desenvolveu-se, neste contexto, o princípio da legalidade administrativa[1787], formando-se uma concepção garantística da lei e, simultaneamente, reforçou-se a centralidade da função legislativa no contexto das restantes funções do Estado.

Obedecendo a intervenção do Estado sobre a esfera da sociedade civil ao princípio da legalidade, traduzindo isto que sem lei habilitadora da intervenção o Estado não podia legalmente agir, resulta daqui que o

---

[1787] Sobre o desenvolvimento histórico do princípio da legalidade no período liberal, cfr. PAULO OTERO, *Legalidade e Administração Pública*, pp. 45 ss.

princípio geral era de não intervenção ou, dito de outra forma, de abstencionismo do Estado: na falta de lei autorizativa da intervenção, o Estado não podia agir, prevalecendo a liberdade da sociedade civil e dos indivíduos.

Numa sociedade que economicamente confiava na mão invisível do mercado e na iniciativa económica privada, verificando-se que a esmagadora maioria – senão mesmo a totalidade – dos direitos fundamentais não exigia qualquer intervenção do Estado para além da garantia da segurança, da defesa e da justiça, o Estado mínimo funcionava como pressuposto de liberdade e de um poder limitado: reduzida a esfera material de acção do Estado e limitada a sua intervenção na esfera da sociedade civil à exigência de autorização legal, a garantia da liberdade e da propriedade do indivíduo surgem reforçadas neste modelo de Estado.

4.6.4. *Interdependência entre a vontade da colectividade e a vontade legislativa do Estado*

A intervenção política do cidadão na eleição do órgão parlamentar, fazendo da totalidade dos seus representantes a expressão da vontade da colectividade, transforma o parlamento numa síntese representativa de toda a sociedade, expressando o centro da legitimidade democrática das instituições do Estado. Neste sentido, o postulado ideológico que faz da lei a expressão da vontade geral envolveu, em termos jurídico-constitucionais, que ao parlamento liberal fosse atribuído o monopólio do exercício da função legislativa: a vontade legislativa do Estado passava, deste modo, a vontade de toda a colectividade.

É neste contexto que a cobrança de impostos tem sempre de radicar numa lei parlamentar, expressando o entendimento de que a colectividade consente que lhe sejam lançados impostos para prossecução de fins comuns a essa mesma colectividade: os representantes do povo controlam os meios e os fins da actuação financeira do Estado, a qual, sendo passível de lesar o direito de propriedade privada, exige o consentimento dos respectivos destinatários. O poder de lançar tributos deixa de ser algo de externo aos seus destinatários, verdadeira heterovinculação a que os contribuintes estavam sujeitos pela decisão de uma autoridade que lhes era completamente estranha ou alheia, antes passa a expressar uma vontade de toda a colectividade – ou, pelo menos, da sua maioria – representada no parlamento, sendo o resultado de um processo autovinculativo.

De igual modo, qualquer lei habilitadora da intervenção do Estado na esfera da sociedade civil, definindo ou redefinindo as fronteiras entre o público e o privado (v. *supra*, n° 4.6.3.), sendo a expressão decisória do parlamento, passava sempre a traduzir a vontade da colectividade nele representada: cada uma dessas leis comportava uma autorização específica da colectividade para que o Estado, atendendo à importância ou urgência dos interesses públicos em causa, pudesse agir em sectores reservados à esfera da sociedade civil, limitando ou restringindo a liberdade ou a propriedade dos cidadãos, traduzindo, afinal, uma verdadeira habilitação da sociedade para o Estado intervir.

Compreende-se, neste contexto, a centralidade do parlamento no âmbito das instituições liberais, enquanto expressão da colectividade e dos direitos de participação política conferidos a cada cidadão, traduzindo a evolução histórica oitocentista a progressiva prevalência política da legitimidade democrática sobre a legitimidade monárquica e, em termos jurídico-positivos, a importância do poder legislativo sobre os demais poderes do Estado.

4.6.5. *Igualdade de todos perante a lei*

O liberalismo trouxe consigo o princípio da igualdade de todos perante a lei: proibindo a existência de privilégios em função do nascimento ou da condição social dos indivíduos, a igualdade liberal assume um carácter meramente formal e abstracto, nunca tomando em consideração a efectiva desigualdade factual ou social das pessoas.

Postulando uma aplicação cega ou mecânica da lei a todos os indivíduos, quer proteja ou castigue, a igualdade liberal não se encontra impregnada de quaisquer preocupações sobre a realidade concreta das situações sociais ou dos seus destinatários, revelando o desinteresse de intervenção ou o distanciamento do Estado em relação à sociedade e aos seus membros: a igualdade liberal mostra completa fidelidade à neutralidade ou abstencionismo do Estado sobre a esfera da sociedade.

Não era completamente coerente, nos seus próprios postulados formais, todavia, o princípio liberal da igualdade de todos perante a lei, encerrando três principais contradições:

(i) A igualdade liberal não excluía a existência de escravatura e um tratamento diferenciado para as populações negras;
(ii) A igualdade de todos perante a lei era apenas a igualdade do homem (e nem de todos), excluindo-se deste estatuto igualitário a mulher, a qual se encontrava sujeita a um conjunto diversificado de incapacidades;
(iii) Ao nível da participação política, o direito de sufrágio não era universal no âmbito da própria população masculina, antes assumia natureza censitária e/ou capacitária, introduzindo-se, por esta via, uma profunda desigualdade dos indivíduos perante a lei, a qual acabava por ser apenas a expressão da vontade "geral" de alguns.

Em síntese, a igualdade liberal permite afirmar, parafraseando George Orwell[1788], que todos são iguais, mas alguns são mais iguais que outros.

4.7. Os alicerces liberais da democracia: o duplo legado Ocidental

4.7.1. *A origem da ideia liberal de democracia*

Como já tivemos oportunidade de salientar, situam-se na Grécia antiga os antecedentes remotos do conceito de democracia como forma de governo: em Heródoto (v. *supra*, n° 3.2.4.), em Péricles (v. *supra*, n° 3.2.5.) e em Aristóteles (v. *supra*, n° 3.2.8.) a democracia é relacionada com as ideias de liberdade, igualdade e maioria.

[1788] Cfr. GEORGE ORWELL, *O Triunfo dos Porcos*, 2ª ed., Publicações Europa-América, Mem Martins, 1996, p. 119.

Observa-se, neste momento histórico, uma primeira ligação umbilical entre a democracia e o estatuto da pessoa humana: a liberdade surge como fundamento da democracia, a igualdade como postulado de participação política e a maioria como critério de apuramento da vontade decisória.

Aqui reside a origem do legado Ocidental da democracia.

O estudo da democracia torna-se, deste modo, um elemento essencial do estatuto político e jurídico da pessoa humana na tradição constitucional europeia e norte-americana: "a palavra democracia representa assim para o Estado aquilo que se traduz para o indivíduo pela palavra liberdade"[1789].

Em Marsílio de Pádua, no século XIV, apesar de, sob a influência de Aristóteles, se ver ainda a democracia como um regime corrompido, assistimos, porém, ao surgimento dos grandes postulados da democracia moderna (v. *supra*, n° 3.3.6.): na obra *Defensor Pacis* encontramos a defesa da eleição como método preferencial de escolha dos governantes e a centralidade decisória da autoridade do poder legislativo, dotado de superioridade face aos restantes poderes e reconduzido à "totalidade dos cidadãos ou à sua parte preponderante".

Em Spinoza, agora já no século XVII, a democracia surge como modelo político preferencial, segundo um princípio de igualdade de vivência dos homens em sociedade (v. *supra*, n° 4.1.2.). E também em Montesquieu, estabelecendo uma relação identificativa entre governo republicano e democracia – bem ao contrário de Aristóteles que considerava a democracia uma degeneração da república (v. *supra*, n° 3.2.8.) –, se regista a pertença ao povo da soberania e da autoria das leis (v. *supra*, n° 4.1.5.).

Não será de estranhar que já no século XIX a democracia, continuando ligada às ideias de liberdade e igualdade, fosse definida por Stuart Mill como "o governo de todo o povo por todo o povo igualmente representado" (v. *supra*, n° 4.4.2.). Ou, nos termos da célebre síntese de Abraham Lincoln (1809-1865) no discurso de Gettysburg,

---

[1789] Cfr. L. Cabral de Moncada, *Do Valor e Sentido da Democracia*, p. 9.

em 19 de Novembro de 1863, a democracia é "o governo do povo, pelo povo e para o povo"[1790].

Por saber fica, no entanto, se, "assim como o indivíduo tende naturalmente para a liberdade, os povos e os Estados tendem naturalmente para a democracia"[1791].

4.7.2. *A democracia americana de Tocqueville*

O francês Alexis de Tocqueville (1805-1859), na sequência de uma estadia nos Estados Unidos da América, viria a publicar, em França, nos anos de 1835 e de 1840, dois volumes de uma obra intitulada *"Da Democracia na América"*[1792].

O livro, procedendo a uma análise da influência da democracia nas instituições norte-americanas e nas ideias e sentimentos dos norte--americanos[1793], traduz uma "reflexão serena sobre a marcha providencial da história"[1794], sem que se possa dizer que comporta um juízo unívoco[1795], assumindo no contexto europeu, todavia, um estatuto singular: numa Europa Continental dominada ainda pelo princípio monárquico, sem ter esquecido os traumas do radicalismo da Revolução Francesa, a democracia norte-americana, expressão de um modelo republicano oposto a uma Europa monárquica, surge como inovação política de vulto.

[1790] Cfr. ABRAHAM LINCOLN, *El Discurso de Gettysburg y Outros Escritos sobre la Unión*, ed. Tecnos, Madrid, 2005, p. 254.

[1791] Cfr. L. CABRAL DE MONCADA, *Do Valor e Sentido da Democracia*, p. 9.

[1792] Tomou-se como referência a tradução portuguesa da responsabilidade de Carlos Correia Monteiro de Oliveira, editada pela Principia, Cascais, 2002.

[1793] Cfr. MARCEL PRÉLOT / GEORGES LESCUYER, *Histoire...*, p. 352. Sublinhando que Tocqueville foi o estrangeiro que mais influenciou a consciência dos norte-americanos sobre si próprios e as suas instituições, cfr. RAYMOND ARON, *Ensayo sobre las Libertades*, reimp., ed. Alianza Editorial, Madrid, 2007, p. 11.

[1794] Neste sentido, cfr. MARVIN ZETTERBAUM, *Alexis de Tocqueville*, in LEO STRAUSS / JOSEPH CROPSEY, *Historia de la Filosofía Política*, México, reimp., 1996, p. 717.

[1795] Cfr. VALENTINI, *Il Pensiero...*, pp. 126 ss.

Sem esquecer de assinalar a origem britânica da colonização dos Estados Unidos da América[1796], Tocqueville começa por observar que, sem prejuízo das intromissões no domínio da consciência e da liberdade religiosa[1797], "em lado algum o princípio da liberdade foi tão inteiramente aplicado como nos Estados da Nova Inglaterra"[1798]. Desde o século XVII que a Nova Inglaterra, bem ao contrário do que sucedia na Europa Continental ou mesmo na sua totalidade na Grã-Bretanha, reconhecia os princípios da "intervenção do povo nos assuntos públicos, a votação livre do imposto, a responsabilidade dos agentes do poder, a liberdade individual e o julgamento por sistema de júri"[1799].

Em sentido paralelo, também desde o século XVII, a Nova Inglaterra contém prescrições relativamente à educação pública, envolvendo a criação de escolas e a obrigação sancionada de os pais enviarem os filhos à escola[1800], tornando-se a instrução primária uma realidade ao alcance de todos[1801].

A ideia de bem-estar material transparece claramente da análise feita da realidade norte-americana, revelando a dimensão do tema do individualismo e da sua articulação com a igualdade e o materialismo[1802]: a sociedade caracteriza-se por uma preocupação contínua de bem-estar material[1803], sublinhando que "quase todos os americanos

---

[1796] Cfr. ALEXIS DE TOCQUEVILLE, *Da Democracia na América*, I, I parte, cap. 2º (pp. 67 ss.).

[1797] Cfr. ALEXIS DE TOCQUEVILLE, *Da Democracia na América*, I, I parte, cap. 2º (pp. 75 e 76.).

[1798] Cfr. ALEXIS DE TOCQUEVILLE, *Da Democracia na América*, I, I parte, cap. 2º (p. 73).

[1799] Cfr. ALEXIS DE TOCQUEVILLE, *Da Democracia na América*, I, I parte, cap. 2º (p. 77).

[1800] Cfr. ALEXIS DE TOCQUEVILLE, *Da Democracia na América*, I, I parte, cap. 2º (p.79).

[1801] Cfr. ALEXIS DE TOCQUEVILLE, *Da Democracia na América*, I, I parte, cap. 3º (p. 91).

[1802] Neste último sentido, cfr. MARVIN ZETTERBAUM, *Alexis de Tocqueville*, pp. 719 ss.

[1803] Cfr. ALEXIS DE TOCQUEVILLE, *Da Democracia na América*, II, II parte, cap. 10º (pp. 625 ss.).

gozam de um certo bem-estar"[1804]. Tocqueville vai mesmo ao ponto de prognosticar que, se algum dia houver grandes revoluções na América, serão geradas pelos negros[1805], e "não serão provocadas pela igualdade de condições, mas antes pela desigualdade das mesmas"[1806].

É num tal cenário histórico e social, associando a democracia, a liberdade, a instrução e a preocupação de bem-estar[1807], que se estrutura a América oitocentista, descrita como o "país de democracia por excelência"[1808]. A liberdade, porém, não basta para ser apontada como carácter distintivo das democracias[1809]. A democracia surge como negação da aristocracia e dos privilégios que envolvia, convertendo Tocqueville o trabalho numa actividade honrosa e normal para todos e para cada um[1810]: a riqueza e o poder tendem a dissociar-se.

Fazendo da "ideia de direitos" o critério que permite diferenciar o abuso e a tirania de um governo democrático[1811], Tocqueville, alicerçado na Declaração de Independência norte-americana[1812], encontra na igualdade "o carácter distintivo da época"[1813] e uma expressão da vontade divina[1814]: nos Estados Unidos, "os cidadãos não possuem

---

[1804] Cfr. ALEXIS DE TOCQUEVILLE, *Da Democracia na América*, I, I parte, cap. 3º (p. 91).

[1805] Sobre alguns aspectos verdadeiramente premonitórios da obra de Tocqueville, cfr. MARCEL PRÉLOT / GEORGES LESCUYER, *Histoire...*, p. 357; DIOGO FREITAS DO AMARAL, *Ciência Política*, II, Policop., Lisboa, 1991, pp. 239 ss.

[1806] Cfr. ALEXIS DE TOCQUEVILLE, *Da Democracia na América*, II, III parte, cap. 21º (p. 772). Especificamente sobre a pobreza nos EUA, nos anos sessenta do século XX, cfr. RAYMOND ARON, *Ensayo...*, pp. 96 ss.

[1807] Cfr. ALEXIS DE TOCQUEVILLE, *Da Democracia na América*, II, I parte, cap. 10º (pp. 531-532).

[1808] Cfr. ALEXIS DE TOCQUEVILLE, *Da Democracia na América*, I, II parte, cap. 6º (p. 286).

[1809] Cfr. ALEXIS DE TOCQUEVILLE, *Da Democracia na América*, II, II parte, cap. 1º (p. 588).

[1810] Neste sentido, cfr. RAYMOND ARON, *Ensayo...*, pp. 16 e 17.

[1811] Cfr. ALEXIS DE TOCQUEVILLE, *Da Democracia na América*, I, II parte, cap. 6º (pp. 286 e 287).

[1812] Neste sentido, cfr. MARVIN ZETTERBAUM, *Alexis de Tocqueville*, p. 717.

[1813] Cfr. ALEXIS DE TOCQUEVILLE, *Da Democracia na América*, II, II parte, cap. 1º (p. 588).

[1814] Cfr. MARVIN ZETTERBAUM, *Alexis de Tocqueville*, p. 717.

qualquer tipo de primazia uns sobre os outros"[1815], residindo na igualdade natural de todos os homens, anunciada pelo cristianismo, a origem dos direitos naturais de todos[1816]. Neste domínio, revelando que os povos democráticos "querem a igualdade na liberdade"[1817], reconhece que "a liberdade não seria possível sem o apoio da igualdade"[1818].

O espírito de liberdade, entendida esta como "praticar sem medo tudo o que é justo e bom"[1819] – e não, segundo as palavras de Winthrop, "em fazer tudo o que nos apetece"[1820] –, traduz o cerne do "carácter da civilização anglo-americana"[1821].

Num contexto de filiação britânica do modelo americano, retomando-se a linha de pensamento formulada por Hume que via na liberdade de imprensa um traço característico do sistema constitucional britânico (v. *supra*, n° 4.1.7.), Tocqueville proclama que a liberdade de imprensa é uma ideia absolutamente correlativa com a soberania do povo[1822]: configurada a imprensa como "instrumento democrático da liberdade"[1823], a censura é vista como perigo e "grande absurdo" face ao dogma da soberania do povo[1824].

No que respeita ao princípio da soberania do povo, regista-se que "alcançou nos Estados Unidos todos os desenvolvimentos práticos que

---

[1815] Cfr. ALEXIS DE TOCQUEVILLE, *Da Democracia na América*, II, III parte, cap. 13° (p. 727).

[1816] Neste sentido, cfr. MARVIN ZETTERBAUM, *Alexis de Tocqueville*, p. 735.

[1817] Cfr. ALEXIS DE TOCQUEVILLE, *Da Democracia na América*, II, II parte, cap. 1° (p. 590).

[1818] Cfr. ALEXIS DE TOCQUEVILLE, *Da Democracia na América*, II, II parte, cap. 1° (p. 590).

[1819] Cfr. ALEXIS DE TOCQUEVILLE, *Da Democracia na América*, I, I parte, cap. 2° (p. 80).

[1820] Cfr. ALEXIS DE TOCQUEVILLE, *Da Democracia na América*, I, I parte, cap. 2° (p. 80, nota n° 41).

[1821] Cfr. ALEXIS DE TOCQUEVILLE, *Da Democracia na América*, I, I parte, cap. 2° (p. 80).

[1822] Cfr. ALEXIS DE TOCQUEVILLE, *Da Democracia na América*, I, II parte, cap. 3° (p. 227).

[1823] Cfr. ALEXIS DE TOCQUEVILLE, *Da Democracia na América*, II, IV parte, cap. 7° (p. 844).

[1824] Cfr. ALEXIS DE TOCQUEVILLE, *Da Democracia na América*, I, II parte, cap. 3° (p. 226).

a imaginação pode conceber"[1825]: é o povo que, representado através dos seus deputados eleitos por sufrágio universal[1826] e agindo em seu nome, faz as leis, tal como é o povo que, elegendo os agentes do poder executivo, governa[1827]. Em síntese, o povo "é a causa e a finalidade de todas as coisas; tudo vem dele e é ele quem tudo absorve"[1828].

A soberania do povo acaba, todavia, por assumir expressão efectiva na maioria: "é a maioria que governa em nome do povo"[1829].

Sucede, no entanto, que toda a autoridade, sob pena de tirania, tem de ser controlada[1830]: a maioria de um povo, tal como um único homem investido de todo o poder, pode abusar desse mesmo poder[1831]. Na omnipotência da maioria, e no inerente desespero das minorias, encontra Tocqueville o maior perigo para a liberdade na América[1832].

Por isso, bem ao contrário dos postulados de Rousseau ao santificar a vontade da maioria, (v. *infra*, n° 4.7.3.), deixa-se bem claro que a maioria não tem o direito de fazer tudo o que quiser[1833]: a justiça,

---

[1825] Cfr. ALEXIS DE TOCQUEVILLE, *Da Democracia na América*, I, I parte, cap. 4° (p. 97).

[1826] A naturaza universal do sufrágio não impedia, todavia, que os escravos, os criados e os indigentes fossem excluídos do grupo dos eleitores, cfr. ALEXIS DE TOCQUEVILLE, *Da Democracia na América*, I, II parte, cap. 6° (p. 289). Para além destes, também as mulheres não tinham direito de sufrágio, sem prejuízo de Tocqueville sublinhar que o movimento social tende a elevar a mulher, tornando-a "cada vez mais igual ao homem" (*idem*, II, III parte, cap. 12°, p. 723) e encontrando na superioridade das mulheres americanas a primeira razão "da prosperidade singular e da força crescente deste povo" (*ibidem*, p. 726).

[1827] Cfr. ALEXIS DE TOCQUEVILLE, *Da Democracia na América*, I, I parte, cap. 4° (p. 97) e II parte, cap. 1° (p. 215).

[1828] Cfr. ALEXIS DE TOCQUEVILLE, *Da Democracia na América*, I, I parte, cap. 4° (p. 97).

[1829] Cfr. ALEXIS DE TOCQUEVILLE, *Da Democracia na América*, I, II parte, cap. 1° (p. 215).

[1830] Cfr. ALEXIS DE TOCQUEVILLE, *Da Democracia na América*, I, II parte, cap. 7° (p. 301).

[1831] Cfr. ALEXIS DE TOCQUEVILLE, *Da Democracia na América*, I, II parte, cap. 7° (p. 300).

[1832] Cfr. ALEXIS DE TOCQUEVILLE, *Da Democracia na América*, I, II parte, cap. 7° (pp. 308-309).

[1833] Cfr. ALEXIS DE TOCQUEVILLE, *Da Democracia na América*, I, II parte, cap. 7° (p. 299).

enquanto expressão da soberania do género humano (comum a todos os homens) e não apenas de um determinado povo, é um limite ao direito de cada povo[1834]; a recusa de obediência a uma lei injusta não nega o direito da maioria governar, antes revela a passagem "da soberania do povo para a soberania do género humano"[1835].

Terminando com um alerta sobre o perigo de contaminação da democracia pelo despotismo[1836], traduzido na centralização do poder e no intervencionismo do Estado[1837], a obra de Tocqueville integra os alicerces do legado liberal transmitido à moderna democracia Ocidental[1838].

4.7.3. *A democracia não democrática de Rousseau*

Não obstante Rousseau já ter sido considerado o primeiro teórico da democracia[1839], identificando esta com o governo de todo o povo ou da maioria do povo[1840] – esquecendo-se ou ignorando-se, deste modo, o contributo já no século XIV de Marsílio de Pádua (v. *supra*, n° 3.3.6.) –, o certo é que, apesar do cepticismo sobre a sua própria existência, "nunca existiu verdadeira democracia, e nunca existirá"[1841], nele se filia uma linha ideológica que, contestando a democracia representativa

---

[1834] Cfr. ALEXIS DE TOCQUEVILLE, *Da Democracia na América*, I, II parte, cap. 7° (p. 299).

[1835] Cfr. ALEXIS DE TOCQUEVILLE, *Da Democracia na América*, I, II parte, cap. 7° (p. 300).

[1836] Especificamente sobre as sombras da democracia em Tocqueville, cfr. VALENTINI, *Il Pensiero...*, pp. 131 ss.

[1837] Cfr. ALEXIS DE TOCQUEVILLE, *Da Democracia na América*, II, IV parte, cap. 7° (pp. 835 ss.).

[1838] Note-se, porém, como já foi sublinhado, que Tocqueville se abstém, cuidadosamente, de declarar a sua preferência pela democracia, cfr. MARVIN ZETTERBAUM, *Alexis de Tocqueville*, p. 734.

[1839] Neste sentido, cfr. HANS KELSEN, *Esencia y Valor de la Democracia*, Barcelona, 1934, p. 18. Sublinhando também a ideia de que Rousseau foi um democrata, cfr. WALTER THEIMER, *História...*, p. 156.

[1840] Cfr. JEAN-JACQUES ROUSSEAU, *O Contrato Social*, Liv. 3°, Cap. III, p. 67.

[1841] Cfr. JEAN-JACQUES ROUSSEAU, *O Contrato Social*, Liv. 3°, Cap. IV, p. 69.

de inspiração britânica[1842], se afasta da tradição liberal: os dogmas clássicos do individualismo, da vontade e da liberdade são alienados na edificação de um modelo de sociedade autoritária e totalitária que os transfigura, subverte e anula.

Com efeito, apesar de partir de uma concepção individualista, sublinhando que o homem nasceu livre (v. *supra*, n° 4.1.8.), sendo titular de direitos naturais originários[1843] e integrando a sua vontade particular na vontade geral[1844], Rousseau chega a uma concepção de "democracia" antiliberal e totalitária[1845]:

(i) A vontade geral, identificada no seu exercício com a própria soberania[1846] ou vontade soberana do Estado[1847], sem embargo de não se reconduzir à soma de todas as vontades particulares[1848], torna-se a força dirigente do Estado visando o bem comum[1849] e goza de uma presunção inilidível de que está sempre certa[1850], é "sempre recta e tende sempre para a utilidade comum"[1851], nunca sendo passível de representação[1852];

(ii) Uma vez que qualquer limitação da autoridade suprema conduz à sua destruição[1853], Rousseau, negando o princípio liberal da limitação do poder (v. *supra*, n° 4.6.3.), acaba por reconduzir a vontade geral à vontade da maioria[1854], criando-

---

[1842] Cfr. JEAN-JACQUES ROUSSEAU, *O Contrato Social*, Liv. 3°, Cap. XV, p. 95.
[1843] Cfr. JEAN-JACQUES ROUSSEAU, *O Contrato Social*, Liv. 1°, Cap. I e II, pp. 11 ss.
[1844] Cfr. JEAN-JACQUES ROUSSEAU, *O Contrato Social*, Liv. 1°, Cap. VI e VII, pp. 21 ss.
[1845] Neste sentido, cfr. L. CABRAL DE MONCADA, *Filosofia...*, I, pp. 243-244.
[1846] Cfr. JEAN-JACQUES ROUSSEAU, *O Contrato Social*, Liv. 2°, Cap. I, p. 30.
[1847] Neste sentido, cfr. L. CABRAL DE MONCADA, *Filosofia...*, I, p. 235.
[1848] Cfr. JEAN-JACQUES ROUSSEAU, *O Contrato Social*, Liv. 2°, Cap. III, p. 33.
[1849] Cfr. JEAN-JACQUES ROUSSEAU, *O Contrato Social*, Liv. 2°, Cap. I, p. 30.
[1850] Cfr. JEAN-JACQUES ROUSSEAU, *O Contrato Social*, Liv. 2°, Cap. VI, p. 43.
[1851] Cfr. JEAN-JACQUES ROUSSEAU, *O Contrato Social*, Liv. 2°, Cap. III, p. 33.
[1852] Cfr. JEAN-JACQUES ROUSSEAU, *O Contrato Social*, Liv. 3°, Cap.XV, pp. 94 e 95.
[1853] Cfr. JEAN-JACQUES ROUSSEAU, *O Contrato Social*, Liv. 3°, Cap.XVI, p. 98.
[1854] Cfr. JEAN-JACQUES ROUSSEAU, *O Contrato Social*, Liv. 4°, Cap. II, pp. 104 ss.

-lhe um "mito de santidade"[1855] e conferindo-lhe a natureza de poder absoluto[1856]: assim, "quando, portanto, a opinião contrária à minha vence, isto não prova outra coisa senão que eu me tinha enganado e o que eu pensava ser a vontade geral não o era"[1857];

(iii) Configurada a vontade geral como efectiva expressão da verdade, dotada de uma "infalibilidade quase divina"[1858], sendo "sempre constante, inalterável e pura"[1859], a lei, traduzindo a declaração dessa mesma vontade geral[1860], deve ser sempre obedecida, pois, tendo o povo como seu autor[1861], traduz uma manifestação de liberdade: "quem quer que recuse obedecer à vontade geral a isso será coagido por todo o corpo: o que significa apenas que será forçado a ser livre"[1862].

Com Rousseau, substituído um modelo de liberdade contra o Estado por um modelo de liberdade política exclusivamente dentro do Estado[1863], "a democracia moderna deixou de ser *liberal* para passar a ser *totalitária*"[1864].

Em Rousseau reside o legado Ocidental maligno da "democracia" quanto à tutela da pessoa humana perante o Poder: trata-se da democracia não democrática.

4.7.4. *O sentido da História: a democracia fala inglês*

A dualidade das formulações de democracia subjacentes ao liberalismo se, por um lado, mostra a oposição entre uma democracia

---

[1855] Cfr. L. CABRAL DE MONCADA, *Filosofia...*, I, p. 241.
[1856] Cfr. L. CABRAL DE MONCADA, *Filosofia...*, I, p. 235.
[1857] Cfr. JEAN-JACQUES ROUSSEAU, *O Contrato Social*, Liv. 4°, Cap. II, p. 106.
[1858] Cfr. L. CABRAL DE MONCADA, *Filosofia...*, I, p. 239.
[1859] Cfr. JEAN-JACQUES ROUSSEAU, *O Contrato Social*, Liv. 4°, Cap. I, p. 103.
[1860] Cfr. JEAN-JACQUES ROUSSEAU, *O Contrato Social*, Liv. 3°, Cap. XV, p. 95.
[1861] Cfr. JEAN-JACQUES ROUSSEAU, *O Contrato Social*, Liv. 2°, Cap. VI, p. 42.
[1862] Cfr. JEAN-JACQUES ROUSSEAU, *O Contrato Social*, Liv. 1°, Cap. VII, p. 25.
[1863] Cfr. L. CABRAL DE MONCADA, *Filosofia...*, I, p. 245.
[1864] Cfr. L. CABRAL DE MONCADA, *Filosofia...*, I, p. 248.

representativa e uma democracia autoritária, revelando a profunda contradição ideológica no seio da família liberal setecentista e oitocentista, traduz, por outro lado, a expressão de duas evoluções constitucionais distintas:

(i) A democracia representativa de Tocqueville é herdeira da tradição constitucional britânica das liberdades e garantias do indivíduo perante o Poder e do desenvolvimento que lhes foi dado através da experiência dos Estados Unidos da América;
(ii) A democracia de Rousseau, filiando-se ainda num modelo europeu continental de omnipotência autoritária do soberano, acaba por fazer sucumbir os direitos e as liberdades à vontade de um qualquer tirano, negando-se a si mesma como genuína democracia.

Temos, deste modo, dois modelos de democracia radicalmente distintos na sua origem e nos seus efeitos face aos direitos da pessoa humana: há uma democracia que se caracteriza como espaço de livre afirmação dos direitos do ser humano, correspondendo ao modelo anglo-americano, e uma democracia que, conduzindo ao diluir da liberdade e dos direitos fundamentais da pessoa humana na colectividade, se revela contrária ao ser humano. A primeira é uma verdadeira democracia ou democracia material, a segunda só formalmente se poderá dizer ser uma democracia: a primeira expressa o modelo hoje vigente no mundo Ocidental; a segunda conduziu a formas autoritárias ou totalitárias marginais à moderna tradição Ocidental.

Poderá assim dizer-se, em síntese, que a democracia fala inglês: é no contributo constitucional britânico e norte-americano que se filiam os alicerces liberais do modelo democrático hoje vigente no mundo Ocidental.

A vitória anglo-americana em 1945 confirmou esse processo histórico e político de aprofundamento e difusão deste modelo de democracia, transformando a salvaguarda e a garantia dos direitos da pessoa humana num valor internacional (v. *infra*, nº 7.4.3.): é no eixo constitucional anglo-americano que se encontra a génese liberal do legado Ocidental da moderna democracia e da concepção novecentista garantística dos direitos da pessoa humana.

§5º
CRÍTICA IDEOLÓGICA AO LIBERALISMO: UMA VISÃO ALTERNATIVA DA PESSOA HUMANA

5.1. Preliminares

O liberalismo e as suas instituições constitucionais sofreram três principais grupos de críticas ideológicas que, gerando visões alternativas sobre o estatuto da pessoa humana e os seus direitos, se podem resumir nos seguintes termos:

(a) O *pensamento contra-revolucionário*, expressando a adesão a um modelo político contrário à Revolução Francesa e às revoluções liberais que se lhe seguiram na Europa Continental, representa uma vertente reaccionária de crítica ao liberalismo, às suas instituições e à concepção de direitos humanos que lhe está subjacente;

(b) O *socialismo*, por outro lado, retoma uma visão utópica de edificação de uma nova sociedade e de um homem novo, seguindo uma linha ideológica cuja origem remonta a Tomás More (v. *supra*, nº 3.6.1.) e acaba no modelo socialista soviético, procurando alternativas ao individualismo liberal e ao parlamentarismo burguês que conduziram a um modelo económico de exploração do homem pelo homem;

(c) A *doutrina social da Igreja*, por último, denunciando os excessos e as injustiças do modelo económico liberal no tratamento conferido aos trabalhadores e, simultaneamente, criticando o falso remédio das ideias socialistas, procura alicerçar uma terceira alternativa social, sublinhando o papel irrenunciável da Igreja Católica na defesa e garantia da dignidade do homem.

Embora com diferentes afloramentos e diversas técnicas jurídicas, o certo é que qualquer uma destas críticas ideológicas ao liberalismo teve reflexos constitucionais em matéria de direitos da pessoa humana, sendo possível extrair uma visão alternativa de tutela do ser humano e dos seus direitos fundamentais.

Observemos, seguidamente, cada um destes três grupos de opositores ideológicos ao liberalismo.

5.2. Pensamento contra-revolucionário: o combate ideológico e jurídico à Revolução Francesa

5.2.1. *Burke: os direitos como herança histórica da tradição britânica*

Edmund Burke (1729-1797), nascido na Irlanda, deputado do parlamento britânico, foi autor das *Réflexions sur la Révolution de France*[1865], tornando-se um ponto de referência ideológica do conservadorismo inglês[1866], do romantismo alemão e do tradicionalismo dos contra-revolucionários franceses[1867].

[1865] Paralelamente à sua obra política, importa notar que Burke também se dedicou à filosofia da arte, sublinhando a relevância da estética. Neste domínio, cfr. EDMUND BURKE, *De lo Sublime y de lo Bello*, Alianza Editorial, Madrid, 2005.

[1866] Sobre Burke como o «filósofo do conservadorismo», cfr. WALTER THEIMER, *História...*, p. 258; HARVEY MANSFIELD, *Edmund Burke*, in LEO STRAUSS / JOSEPH CROPSEY, *Historia de la Filosofía Política*, México, reimp., 1996, p. 647.

[1867] Neste sentido, cfr. PHILIPPE RAYNAUD, *Préface*, in EDMUND BURKE, *Réflexions sur la Révolution de France*, Ed. Hachette/Pluriel, Paris, 1989, p. XII.

§5º *Crítica Ideológica ao Liberalismo* 269

Opositor expresso de Rousseau[1868], enquanto escritor "inteiramente desprovido de gosto em todos os significados desta palavra"[1869], considerando que se ele fosse vivo "e se encontrasse num dos seus intervalos de lucidez, ficaria consternado com as tontearias que cometem os seus discípulos"[1870], Burke dirige fortes críticas ao modelo político e constitucional francês emergente da revolução, evidenciando, por outro lado, as vantagens do sistema constitucional britânico[1871].

Sublinhando que a Revolução Francesa se baseou em princípios totalmente alheios à tradição liberal britânica, traduzindo uma verdadeira corrupção do modelo inglês[1872], Burke opõe os direitos do homem proclamados pelos revolucionários aos direitos adquiridos pelos britânicos ao longo da História, salientando que a Declaração francesa de 1789 tem o seu paralelo nas ideias liberais provenientes da Revolução Inglesa de 1688 e na Revolução Americana de 1776.

Sublinha-se, neste último contexto, que o *Bill of Rights* resultante da Gloriosa Revolução de 1688, restaurando as liberdades historicamente adquiridas, representa a "pedra angular" da Constituição britânica[1873], salientando Burke que todas as reformas que se fazem no sistema britânico são sempre inspiradas pela referência à autoridade e à experiência do passado[1874], promovendo uma acumulação de talentos provenientes de diferentes gerações[1875], enquanto que em França, ao

---

[1868] Cfr. EDMUND BURKE, *Lettre à un membre de l'Assemblée nationale de France*, in *Réflexions sur la Révolution de France*, Ed. Hachette/Pluriel, Paris, 1989, pp. 351 ss.
Ainda sobre a crítica de Burke a Rousseau, cfr. HARVEY MANSFIELD, *Edmund Burke*, pp. 648 ss.

[1869] Cfr. EDMUND BURKE, *Lettre...*, p. 355.

[1870] Cfr. EDMUND BURKE, *Réflexions sur la Révolution de France*, Ed. Hachette/Pluriel, Paris, 1989, p. 219.

[1871] Sublinhando que nesse elogio à Constituição britânica se pode encontrar a inspiração de Burke em Montesquieu, cfr. HARVEY MANSFIELD, *Edmund Burke*, p. 653.

[1872] Cfr. PHILIPPE RAYNAUD, *Préface*, pp. XXIII.

[1873] Cfr. EDMUND BURKE, *Réflexions...*, p. 21.

[1874] Cfr. EDMUND BURKE, *Réflexions...*, p. 40.

[1875] Cfr. EDMUND BURKE, *Réflexions...*, p. 217.

invés, as reformas iniciam-se pela abolição e destruição[1876]: "nós começamos por reparar e não por demolir"[1877].

Observa-se, em matéria de direitos do homem, uma valorização da tradição aristocrática e cristã dos ingleses em detrimento das pretensões radicais da razão moderna dos revolucionários franceses[1878], defendendo-se a natureza histórica dos direitos adquiridos pelos ingleses, bem ao contrário da concepção revolucionária da lei[1879] e do comportamento da Assembleia Nacional francesa[1880]: as liberdades dos ingleses não se baseiam em princípios abstractos, tal como sucede com os "direitos dos homens" do constitucionalismo francês, antes emergem de uma remota tradição[1881]. As liberdades são na Inglaterra uma "herança inalienável"[1882]: foram confiadas à geração presente para que esta as conserve e melhore, tendo o encargo de as transmitir às gerações futuras[1883].

Há aqui uma subordinação da política constitucional e do sistema político inglês ao modelo da ordem da natureza vigente no mundo[1884], entendendo-se a Constituição também como uma herança[1885], razão pela qual as gerações presentes têm uma reduzida margem de intervenção constituinte: "nós recebemos, nós possuímos, nós transmitimos o nosso governo e os nossos privilégios da mesma maneira que nós recebemos, possuímos e transmitimos os nossos bens e a nossa vida"[1886]. Poderá mesmo falar-se na existência de um contrato social que assume a natureza de verdadeiro fideicomisso da geração presente

---

[1876] Cfr. EDMUND BURKE, *Réflexions...*, p. 214.

[1877] Cfr. EDMUND BURKE, **Discours du 9 février 1790, lors du débat sur les estimations de l'armée**, in *Réflexions sur la Révolution de France*, Ed. Hachette/Pluriel, Paris, 1989, p. 332.

[1878] Cfr. PHILIPPE RAYNAUD, *Préface*, pp. XVIII e XIX.

[1879] Cfr. PHILIPPE RAYNAUD, *Préface*, pp. XL.

[1880] Para uma crítica à legitimidade e à actuação da Assembleia Nacional francesa, cfr. EDMUND BURKE, *Réflexions...*, pp. 210 ss.

[1881] Cfr. EDMUND BURKE, *Réflexions...*, p. 41.

[1882] Cfr. EDMUND BURKE, *Réflexions...*, p. 42.

[1883] Cfr. HARVEY MANSFIELD, *Edmund Burke*, pp. 662-663.

[1884] Cfr. EDMUND BURKE, *Réflexions...*, p. 43.

[1885] Neste sentido, cfr. HARVEY MANSFIELD, **Edmund Burke**, p. 659.

[1886] Cfr. EDMUND BURKE, *Réflexions...*, pp. 42-43.

em relação às gerações passadas e futuras: um "contrato estabelecido entre os vivos, os mortos e os que estão por nascer"[1887].

Aqui reside a essência do Estado[1888].

É por isso, refira-se, que as rupturas políticas na França revolucionária se mostram totalmente alheias ao espírito das instituições constitucionais britânicas: se exceptuarmos as doutrinas dos *Levellers* (v. *supra*, nº 3.6.4.), toda a vida política britânica, em vez de edificada sob a razão, encontra as suas forças operativas na história e na tradição[1889].

No que respeita aos direitos dos homens em sociedade, sabendo-se que a sociedade civil foi feita para satisfazer as necessidades do homens[1890], tendo como principal propósito assegurar os direitos naturais[1891], vale aqui o seguinte princípio de liberdade: o homem tem o direito de fazer tudo o que entender, sem que lese terceiros[1892]. Não tem o homem, todavia, "qualquer direito ao que não é razoável, nem ao que não concorre para o seu bem"[1893].

No que respeita especificamente ao direito a partilhar as vantagens da vivência em sociedade, Burke adianta que "todos os homens têm direitos iguais, mas não a partes iguais"[1894], salientando que cada um tem direitos a dividendos proporcionais ao que deu de entrada para a sociedade[1895]. Nega, no entanto, que a todos seja reconhecido um direito a participar na condução dos negócios do Estado, enquanto direito originário do homem em sociedade, antes configura esse direito como tendo a sua proveniência numa convenção[1896], preferindo antes um regime baseando numa "aristocracia natural"[1897].

[1887] Cfr. HARVEY MANSFIELD, *Edmund Burke*, p. 655.
[1888] Cfr. WALTER THEIMER, *História...*, p. 260.
[1889] Cfr. WALTER THEIMER, *História...*, pp. 258 e 259.
[1890] Cfr. EDMUND BURKE, *Réflexions...*, p. 74.
[1891] Cfr. HARVEY MANSFIELD, *Edmund Burke*, p. 657.
[1892] Cfr. EDMUND BURKE, *Réflexions...*, p. 75.
[1893] Cfr. EDMUND BURKE, *Réflexions...*, p. 79.
[1894] Cfr. EDMUND BURKE, *Réflexions...*, p. 75.
[1895] Cfr. EDMUND BURKE, *Réflexions...*, p. 75.
[1896] Cfr. EDMUND BURKE, *Réflexions...*, p. 75.
[1897] Neste último sentido, cfr. HARVEY MANSFIELD, *Edmund Burke*, p. 654; WALTER THEIMER, *História...*, pp. 259 ss.

Neste último contexto, a propósito da justiça e da adequação da representação política, Burke centra a sua atenção no talento individual e na propriedade[1898], realçando a necessidade de protecção da propriedade privada[1899], entendendo que a sua essência caracterizadora, atendendo às regras de aquisição e conservação, é a desigualdade[1900].

No que especificamente se refere à legitimidade dos governantes, enquanto aspecto directamente relacionado com o *Bill of Rights* emergente da Revolução de 1688[1901], Burke critica que o rei de Inglaterra deva a sua coroa à escolha do povo[1902], considerando isso um "grosseiro erro de facto"[1903], pois toda a eleição seria fatal à unidade, à paz e à tranquilidade da nossa nação"[1904]. Em sentido contrário, encontra a legitimidade do rei inglês na "ordem de sucessão estabelecida pelas leis do reino"[1905], regras essas provenientes de direito costumeiro[1906].

O costume ganha aqui, tal como em todo o sistema de Burke, um lugar de maior importância ou primazia face à lei[1907], enquanto expressão do seu "historicismo tradicionalista" assente numa valorização das instituições do passado dotadas de estabilidade[1908], residindo também neste traço um elemento distintivo face à evolução política e constitucional da França revolucionária.

5.2.2. *Maistre: a Constituição natural como fonte da liberdade e dos direitos dos franceses*

Francês de nacionalidade, apesar de nascido em Sabóia, Joseph de Maistre (1753-1821) é um opositor ao modelo constitucional revolu-

---

[1898] Cfr. EDMUND BURKE, *Réflexions...*, p. 64.
[1899] Cfr. HARVEY MANSFIELD, *Edmund Burke*, pp. 661 ss.
[1900] Cfr. EDMUND BURKE, *Réflexions...*, p. 64.
[1901] Cfr. EDMUND BURKE, *Réflexions...*, pp. 21 e 22.
[1902] Cfr. EDMUND BURKE, *Réflexions...*, p. 18.
[1903] Cfr. EDMUND BURKE, *Réflexions...*, p. 20.
[1904] Cfr. EDMUND BURKE, *Réflexions...*, p. 25.
[1905] Cfr. EDMUND BURKE, *Réflexions...*, p. 19.
[1906] Cfr. EDMUND BURKE, *Réflexions...*, p. 27.
[1907] Cfr. HARVEY MANSFIELD, *Edmund Burke*, pp. 656 e 657.
[1908] Neste sentido, cfr. VALENTINI, *Il Pensiero...*, p. 57.

cionário, encontrando no costume, tal como Burke, enquanto expressão histórica da nação projectada ao longo das gerações, a fonte de legitimidade dos textos constitucionais[1909]. Uma diferença profunda, no entanto, separa estes dois pensadores contra-revolucionários: enquanto Burke alia a tradição ao progresso, expressando a Constituição britânica essa evolução; Maistre, pelo contrário, assumindo um "historicismo apocalíptico"[1910], estabelece uma oposição antagónica entre a tradição e o progresso, tornando-se um verdadeiro "profeta do passado"[1911].

Referindo-se especificamente à Revolução Francesa, Maistre entende que se assume, atendendo à sua natureza má[1912], como acontecimento único da história[1913], dotada que está de um "carácter satânico"[1914]: a revolução envolveu o "derrubar da religião, ultrajar a moral, violar todas as propriedades e cometer todos os crimes"[1915]. E, ao contrário daquilo que se diz, o povo em nada intervém nas revoluções, sendo apenas um instrumento passivo[1916], "sempre aceita, nunca escolhe"[1917], considerando que Rousseau, aqui também em sintonia com Burke, é "o homem talvez mais equivocado do mundo"[1918].

Partindo do princípio de que, atendendo à ordem universal das coisas, o homem é "livremente escravo" nas mãos de Deus[1919], razão pela qual "o homem pode modificar tudo na esfera da sua acção,

---

[1909] Neste sentido e para mais desenvolvimentos, cfr. LUCAS PABLO VERDÚ, *Curso de Derecho Político*, IV, Madrid, 1984, pp. 496 ss.

[1910] Neste sentido, cfr. VALENTINI, *Il Pensiero...*, p. 80.

[1911] Neste sentido, cfr. ENRIQUE TIERNO GALVÁN, *Tradición y Modernismo*, Tecnos, Madrid, 1962, pp. 84 e 85.

[1912] Cfr. JOSEPH DE MAISTRE, *Consideraciones sobre Francia*, Tecnos, Madrid, 1990, p. 46.

[1913] Cfr. JOSEPH DE MAISTRE, *Consideraciones...*, p. 46.

[1914] Cfr. JOSEPH DE MAISTRE, *Consideraciones...*, p. 51.

[1915] Cfr. JOSEPH DE MAISTRE, *Consideraciones...*, p. 108.
Especificamente sobre a vertente religiosa da revolução francesa em Maistre, cfr. GIORGIO CANDELORO, *Lo Svolgimento del Pensiero di Giuseppe de Maistre*, Roma, 1931, pp. 21 ss.

[1916] Cfr. JOSEPH DE MAISTRE, *Consideraciones...*, p. 99.

[1917] Cfr. JOSEPH DE MAISTRE, *Consideraciones...*, p. 102.

[1918] Cfr. JOSEPH DE MAISTRE, *Consideraciones...*, p. 52.

[1919] Cfr. JOSEPH DE MAISTRE, *Consideraciones...*, p. 3.

porém, não cria nada"[1920], Maistre, configurando os homens como meras circunstâncias[1921] no contexto amplo de um governo temporal da Providência[1922], defende três ideias centrais:

(i) A Constituição e os direitos resultantes de textos escritos nunca são mais do que "títulos declaratórios de direitos anteriores"[1923], os quais "existem porque existem"[1924], sendo certo que em todas as Constituições escritas há sempre algo que não pode ser escrito[1925], verificando-se que "quanto mais se escreve, mais débil é a instituição"[1926], recordando que a França, em cinco anos, conheceu três diferentes Constituições escritas[1927];

(ii) Os direitos do povo resultam quase sempre de concessão dos monarcas[1928], registando-se que as declarações de direitos não os tornam mais presentes do que quando são acatados[1929], isto em termos tais que "a multiplicidade de leis constitucionais escritas não prova outra coisa senão a multiplicidade de choques e o perigo de uma destruição"[1930]: é na Constituição natural existente na Nação que reside a fonte última dos direitos e das liberdades[1931];

(iii) A influência humana no desenvolvimento dos direitos existentes, criando novos direitos, tem limites, sob pena de a

---

[1920] Cfr. JOSEPH DE MAISTRE, *Consideraciones...*, p. 61.
[1921] Cfr. JOSEPH DE MAISTRE, *Consideraciones...*, p. 62.
[1922] Cfr. GIORGIO CANDELORO, *Lo Svolgimento...*, pp. 34 ss.; MARCEL PRÉLOT / GEORGES LESCUYER, *Histoire...*, p. 403.
[1923] Cfr. JOSEPH DE MAISTRE, *Consideraciones...*, pp. 61-62.
Sobre a desvalorização da Constituição escrita em Maistre, cfr. GIORGIO CANDELORO, *Lo Svolgimento...*, pp. 33 ss.
[1924] Cfr. JOSEPH DE MAISTRE, *Consideraciones...*, p. 62.
[1925] Cfr. JOSEPH DE MAISTRE, *Consideraciones...*, p. 62.
[1926] Cfr. JOSEPH DE MAISTRE, *Consideraciones...*, p. 62.
[1927] Cfr. JOSEPH DE MAISTRE, *Consideraciones...*, p. 70.
[1928] Cfr. JOSEPH DE MAISTRE, *Consideraciones...*, p. 62.
[1929] Cfr. JOSEPH DE MAISTRE, *Consideraciones...*, p. 63.
[1930] Cfr. JOSEPH DE MAISTRE, *Consideraciones...*, p. 63.
[1931] Cfr. JOSEPH DE MAISTRE, *Consideraciones...*, p. 64.

"Nação perder o que tinha, sem alcançar o que quer"[1932], motivo pelo qual só muito raramente há necessidade de inovar[1933]: uma vez que "uma assembleia qualquer de homens não pode constituir uma Nação"[1934], a inovação constitucional é o resultado da Providência divina através de um homem revestido de um poder superior (reis ou nobres)[1935], o qual, todavia, "nada mais faz senão reunir elementos preexistentes nos costumes e no carácter dos povos" [1936].

Afastada qualquer concepção voluntarista do fenómeno constitucional, circunscrita a intervenção dos textos fundamentais escritos a uma postura cognoscitiva da realidade, Maistre encontra no costume, na religião e num conjunto de elementos predeterminados a essência da Constituição[1937], pois esta "não é mais do que a compilação das leis fundamentais"[1938], rejeitando os benefícios de uma Constituição escrita[1939]: a liberdade e os direitos das pessoas fundam-se na Constituição natural existente na Nação, expressão da influência divina através da soberania dos reis, e não em qualquer declaração proveniente de uma assembleia de homens[1940].

5.2.3. *Legitimação constitucional do princípio monárquico: a Carta Constitucional francesa de 1814*

O pensamento contra-revolucionário encontra acolhimento parcial com a restauração dos Bourbons no trono de França[1941], em

---

[1932] Cfr. JOSEPH DE MAISTRE, *Consideraciones*..., p. 63.
[1933] Cfr. JOSEPH DE MAISTRE, *Consideraciones*..., p. 63.
[1934] Cfr. JOSEPH DE MAISTRE, *Consideraciones*..., p. 64.
[1935] Cfr. JOSEPH DE MAISTRE, *Consideraciones*..., p. 63.
[1936] Cfr. JOSEPH DE MAISTRE, *Consideraciones*..., p. 64.
[1937] Cfr. JOSEPH DE MAISTRE, *Consideraciones*..., p. 67.
[1938] Cfr. JOSEPH DE MAISTRE, *Consideraciones*..., p. 90.
[1939] Cfr. LUCAS PABLO VERDÚ, *Curso*..., IV, p. 496.
[1940] Cfr. JOSEPH DE MAISTRE, *Consideraciones*..., p. 64.
[1941] Neste sentido, cfr. MARCEL PRÉLOT / GEORGES LESCUYER, *Histoire*..., p. 400.

1814, e a inerente Carta Constitucional que, tendo sido outorgada por Luís XVIII, em 4 de Junho de 1814, nega a soberania nacional e afirma a soberania do rei[1942].

A Carta Constitucional francesa, sem prejuízo de revelar uma inspiração da matriz britânica no quadro organizacional traçado[1943], traduz um texto de síntese entre o pensamento contra-revolucionário e o pensamento liberal conservador de Benjamin Constant (v. *supra*, n° 4.4.3.), expressando o modelo de monarquia limitada que consagra um compromisso entre a legitimidade monárquica que a aprova e anima as instituições governativas, por um lado, e a própria existência de um texto constitucional escrito consagrador do princípio da separação de poderes e, deste modo, circunscrevendo a actuação do monarca a limites normativos escritos.

Não obstante o compromisso entre um passado pré-revolucionário fundado em prerrogativas reais e um passado mais recente de cariz revolucionário, a Carta Constitucional francesa de 1814 contém diversas manifestações da presença ideológica contra-revolucionária:

(i) O texto começa logo por se referir à "divina Providência"[1944], fundando-se toda a sua autoridade e legitimidade no princípio monárquico, enquanto lei fundamental que expressa a autoridade da vontade constituinte do rei (e não de qualquer assembleia), dizendo que "toda a autoridade reside em França na pessoa do rei"[1945];

(ii) Afirma, por outro lado, que o primeiro dever do rei perante o povo, e para o próprio interesse deste, consiste em conservar

---

[1942] Neste último sentido, cfr. MAURICE HAURIOU, *Précis Élémentaire de Droit Constitutionnel*, Paris, 1925, p. 103.

[1943] Essa inspiração britânica, também ela manifestação de um sentido constitucional conservador, mostra-se particularmente visível no sistema político-governativo de distribuição de poderes e de relacionamento entre o rei, expressão da legitimidade monárquica, e a representação política parlamentar, expressando o princípio democrático, além de ser também visível nas próprias regras relativas à composição bicameral do parlamento (Câmara dos Pares e Câmara dos Deputados).

[1944] Cfr. Preâmbulo da Carta Constitucional de 1814, in *Les Constitutions de la France depuis 1789*, 2ª ed., Ed. GF-Flammarion, Paris, 1995, p. 217.

[1945] Cfr. Preâmbulo da Carta Constitucional de 1814.

os direitos e prerrogativas da coroa[1946], sublinhando, numa clara inspiração na ideia de Constituição natural ou de tradição histórica, que os princípios da Carta foram procurados "no carácter francês e nos monumentos veneráveis dos séculos passados"[1947].

Neste contexto, a Carta Constitucional francesa, procurando reunir os tempos antigos e os tempos modernos[1948], proclama, enquanto direitos fundamentais integrados num título constitucional sobre o "direito público dos franceses", a igualdade de todos os franceses perante a lei[1949], a garantia da liberdade individual[1950] [1951], da liberdade de religião[1952], da liberdade de opinião e de imprensa[1953] e ainda a inviolabilidade da propriedade[1954]. Não assumem tais direitos, todavia, a natureza de direitos naturais, antes traduzem uma concessão do monarca[1955], manifestando-se assim a plena sintonia com o pensamento de Maistre (v. *supra*, n° 5.2.2.).

Um tal modelo constitucional, vincando bem a ideia de que a soberania constituinte reside no monarca e não num parlamento ou numa assembleia, fazendo do rei através do poder moderador a "chave de toda a organização política"[1956], viria a ser exportado para a Europa[1957] e para

---

[1946] Cfr. Preâmbulo da Carta Constitucional de 1814.
[1947] Cfr. Preâmbulo da Carta Constitucional de 1814.
[1948] Cfr. Preâmbulo da Carta Constitucional de 1814.
[1949] Cfr. artigo 1° da Carta Constitucional de 1814.
[1950] Cfr. artigo 4° da Carta Constitucional de 1814.
[1951] Considerando que a garantia da igualdade perante a lei e da liberdade individual são princípios revolucionários acolhidos pela Carta Constitucional, cfr. MAURICE HAURIOU, *Précis...*, p. 104.
[1952] Cfr. artigo 5° da Carta Constitucional de 1814.
[1953] Cfr. artigo 8° da Carta Constitucional de 1814.
[1954] Cfr. artigo 9° da Carta Constitucional de 1814.
[1955] Cfr. GEORGES BURDEAU / FRANCIS HAMON / MICHEL TROPER, **Droit Constitutionnel**, 24ª ed., Paris, 1995, p. 316.
[1956] Cfr. BENJAMIN CONSTANT, *Cours...*, I, pp. 18-19 e 175-176.
[1957] Neste sentido, cfr., por exemplo, a Constituição da Baviera de 1819 ou a Constituição do Piemonte de 1848.

o Brasil[1958], determinando um resfriar dos ímpetos políticos radicais imediatamente subsequentes às revoluções liberais.

Em termos de vigência temporal, apesar de a Carta constitucional francesa ter cessado de vigorar em 1848 – isto depois da reforma orleanista que, em 1830, lhe deu uma vertente democratizante compromissória –, e se exceptuarmos a relevância governativa do princípio monárquico nas Constituições europeias de língua alemã até ao final da I Guerra Mundial, verifica-se que Portugal, segundo os termos da sua Carta Constitucional de 1826, outorgada por D. Pedro IV, e já qualificada de verdadeira "obra «reaccionária»"[1959], permaneceu fiel ao modelo político-constitucional proveniente da restauração francesa até finais do ano de 1910.

5.3. Socialismo: a utopia de um novo homem numa nova sociedade

5.3.1. *O socialismo cristão de Saint-Simon: o "novo cristianismo"*

Se já em Tomás More, no início do século XVI, é possível vislumbrar a génese de um socialismo de matriz cristã (v. *supra*, n° 3.6.1.), encontra-se no francês Claude Henri de Saint-Simon (1760-1825), além de uma proposta de organização científica da sociedade dotada de forte planificação económica[1960], um projecto de construção de um

---

[1958] Neste sentido se integra ainda a Constituição brasileira de 1824, outorgada pelo imperador D. Pedro I, sem prejuízo da intervenção concordante dos municípios. Especificamente sobre as vicissitudes do respectivo processo de elaboração, cfr. MARCELLO CAETANO, *Direito Constitucional*, I, Rio de Janeiro, 1977, pp. 499 ss.; JORGE MIRANDA, *O Constitucionalismo Liberal Luso-Brasileiro*, Lisboa, 2001, pp. 27 ss.; CELSO RIBEIRO BASTOS, *Curso de Direito Constitucional*, 19ª ed., São Paulo, 1998, pp. 97 ss.; PAULO BONAVIDES, *Curso de Direito Constitucional*, 11ª ed., São Paulo, 2001, pp. 328 ss.

[1959] Cfr. JORGE CAMPINOS, *A Carta Constitucional de 1826 – comentário e texto*, s.l., 1975, p. 17.

[1960] Para mais desenvolvimentos, cfr. VALENTINI, *Il Pensiero...*, pp. 148 ss.; WALTER THEIMER, *História...*, pp. 307 ss.

novo cristianismo[1961]. Há na obra deste crítico do liberalismo, todavia, um socialismo sem socialização dos meios de produção e sem efectiva abolição da propriedade privada, razão pela qual, segundo esta perspectiva, Saint-Simon não se poderá considerar um verdadeiro socialista[1962].

Em que consiste, porém, o seu principal contributo para a história política da tutela da pessoa humana?

Fazendo do princípio cristão de que "todos os homens se devem comportar entre si como irmãos" o alicerce fundamental da construção de um novo cristianismo e de uma nova sociedade nele edificada[1963], Saint-Simon, depois de criticar fortemente a religião católica[1964] e a religião protestante[1965], acusando-as de heresia[1966], afirma que a religião deve dirigir a sociedade para o objectivo último de uma melhoria, o mais rápido possível, do bem-estar dos mais pobres[1967], sublinhando ser esse "o fim único do cristianismo"[1968]: "Jesus Cristo prometeu a vida eterna aos que trabalhassem com maior zelo para o progresso do bem-estar da classe mais numerosa"[1969].

A ideia de fraternidade que deverá animar o relacionamento dos homens entre si justifica, segundo Saint-Simon, que "toda a sociedade deve trabalhar para a melhoria da existência moral e física da classe mais pobre"[1970], salientando que toda a organização social terá de ser estruturada tendo em vista esse grande objectivo[1971].

[1961] Cfr. CLAUDE HENRI DE SAINT-SIMON, *Nouveau Christianisme*, ed. de l'aube, s.l., 2006.

[1962] Neste sentido, cfr. VALENTINI, *Il Pensiero...*, pp. 151-152.

[1963] Cfr. CLAUDE HENRI DE SAINT-SIMON, *Nouveau Christianisme*, pp. 22, 25 e 70.

[1964] Cfr. CLAUDE HENRI DE SAINT-SIMON, *Nouveau Christianisme*, pp. 27 ss.

[1965] Cfr. CLAUDE HENRI DE SAINT-SIMON, *Nouveau Christianisme*, pp. 38 ss.

[1966] Cfr. CLAUDE HENRI DE SAINT-SIMON, *Nouveau Christianisme*, pp. 28, 29, 33, 46, 59 e 64.

[1967] Cfr. CLAUDE HENRI DE SAINT-SIMON, *Nouveau Christianisme*, p. 26.

[1968] Cfr. CLAUDE HENRI DE SAINT-SIMON, *Nouveau Christianisme*, p. 26.

[1969] Cfr. CLAUDE HENRI DE SAINT-SIMON, *Nouveau Christianisme*, p. 29.

[1970] Cfr. CLAUDE HENRI DE SAINT-SIMON, *Nouveau Christianisme*, p. 71.

[1971] Cfr. CLAUDE HENRI DE SAINT-SIMON, *Nouveau Christianisme*, p. 71.

Uma tal concepção, expressamente qualificada de "doutrina social"[1972], traduzindo um novo cristianismo que deveria conduzir à conversão dos católicos e dos protestantes[1973], revela-se a mais conveniente aos Estados europeus[1974], terminando Saint-Simon a sua última obra com uma exortação dirigida aos príncipes: "escutai a voz de Deus (...), empregai todas as vossas forças a implementar, o mais rapidamente possível, a felicidade social do pobre"[1975].

Este apelo de Saint-Simon encontrou resposta jurídica no preâmbulo da Constituição da II República francesa, de 4 de Novembro de 1848, e no seu elenco de direitos fundamentais de cariz social (v. *supra*, n° 4.5.7.), tal como viria a encontrar eco na doutrina social da Igreja Católica (v. *infra*, n° 5.4.3.).

5.3.2. *O socialismo não marxista e o Estado: a oposição entre Proudhon e Lassalle*

Ainda no âmbito do designado socialismo não marxista oitocentista[1976], encontra-se no francês Pierre Joseph Proudhon (1809-1865) uma crítica ao modelo liberal, acentuando o tema da igualdade, enquanto condição necessária da sociedade[1977], segundo um postulado que considera a propriedade um roubo[1978], tanto mais que o direito de propriedade está em contradição com o princípio da igualdade[1979].

[1972] Cfr. CLAUDE HENRI DE SAINT-SIMON, *Nouveau Christianisme*, p. 81.
[1973] Cfr. CLAUDE HENRI DE SAINT-SIMON, *Nouveau Christianisme*, p. 75.
[1974] Cfr. CLAUDE HENRI DE SAINT-SIMON, *Nouveau Christianisme*, p. 81.
[1975] Cfr. CLAUDE HENRI DE SAINT-SIMON, *Nouveau Christianisme*, p. 86.
[1976] Para mais desenvolvimentos, cfr. WALTER THEIMER, *História...*, pp. 316 ss.; VALENTINI, *Il Pensiero...*, pp. 141 ss.
[1977] Cfr. PROUDHON, *O que é a Propriedade?*, 3ª ed., Editorial Estampa, Lisboa, 1997, p. 205.
[1978] Cfr. PROUDHON, *O que é a Propriedade?*, pp. 11 ss. Note-se, porém, que esta mesma ideia já antes havia sido formulada por Brissot, chefe dos girondinos, em 1778, cfr. WALTER THEIMER, *História...*, p. 317, nota n° 3.
Para um desenvolvimento da posição de Proudhon sobre a propriedade privada, matizando esta afirmação tradicional, cfr. MIGUEL NOGUEIRA DE BRITO, *A Justificação...*, pp. 513 ss.
[1979] Cfr. PROUDHON, *O que é a Propriedade?*, p. 68.

O proprietário aparece em Proudhon como um parasita ou ladrão[1980], pois ninguém enriquece sem que um outro empobreça, consistindo a propriedade na "exploração do fraco pelo forte"[1981]: configura-se como ilegítimo todo o proveito que não advenha do trabalho, valendo aqui o princípio "a cada um segundo as suas obras"[1982]. Esse princípio é expressão da justiça: "o que é, então, praticar a justiça? É dar a cada um igual parte dos bens sob igual condição do trabalho"[1983].

Sem prejuízo de, tal como Rousseau (v. *supra*, n° 4.1.8.), fazer do direito de propriedade "a causa principal do mal na terra"[1984], Proudhon, em termos de organização política, afirma claramente que "não se pode ser livre na mais perfeita democracia"[1985], dirigindo críticas aos partidários de Rousseau, os quais o tomaram como profeta e transformaram o seu *Contrato Social* no Alcorão[1986], acusando mesmo Rousseau de perfilhar a igualdade e, contraditoriamente, admitir a escravatura[1987].

Há, afirma Proudhon, uma perfeita sintonia entre os substantivos proprietário, ladrão, herói e soberano, identificando-os como sinónimos[1988].

Respondendo à questão de saber qual a forma de governo preferível, Proudhon, sublinhando que a ordem política assenta contraditoriamente na autoridade e na liberdade[1989], é inequívoco ao definir-se

---

[1980] Nas sugestivas palavras de Proudhon, "pelo direito de lucro, o proprietário guarda e não trabalha, recolhe e não cultiva, consome e não produz, goza e não faz nada", in *O que é a Propriedade?*, p. 134.

[1981] Cfr. PROUDHON, *O que é a Propriedade?*, p. 226.

Em sentido semelhante, Proudhon considerava que o comunismo, ameaçando a liberdade tal como a propriedade capitalista, significava "a opressão dos fortes pelos fracos", cfr. WALTER THEIMER, *História...*, p. 317.

[1982] Cfr. PROUDHON, *O que é a Propriedade?*, p. 110.
[1983] Cfr. PROUDHON, *O que é a Propriedade?*, p. 204.
[1984] Cfr. PROUDHON, *O que é a Propriedade?*, p. 83.
[1985] Cfr. PROUDHON, *O que é a Propriedade?*, p. 27.
[1986] Cfr. PROUDHON, *O que é a Propriedade?*, p. 28.
[1987] Cfr. PROUDHON, *O que é a Propriedade?*, p. 225.
[1988] Cfr. PROUDHON, *O que é a Propriedade?*, p. 240.
[1989] Cfr. PROUDHON, *Do Princípio Federativo e da Necessidade de Reconstruir o Partido da Revolução*, ed. Colibri, Lisboa, 1996, pp. 40 e 49 ss.

como anarquista[1990]: "sob qualquer forma que se apresente, monárquica, oligárquica, democrática, a realeza ou o governo do homem pelo homem, é ilegal e absurdo"[1991]. Ou ainda, numa outra formulação dessa mesma ideia, "o governo do homem pelo homem, qualquer que seja o nome que se atribui, é opressão"[1992]. A igualdade passa a identificar-se com a anarquia[1993].

Adoptando um modelo de sociedade sem governo, sem autoridade, e, por essa via, sem Estado[1994] e sem relações de domínio ou de desigualdade entre governantes e governados, Proudhon identifica a liberdade com a igualdade e a anarquia[1995], traduzindo também um sinónimo da garantia da inviolabilidade da pessoa e do domicílio e ainda de um conjunto de garantias institucionais (v.g., liberdade municipal, corporativa, industrial)[1996].

Numa acepção diferente, apesar de fazer da liberdade colectiva e individual o objectivo supremo do Estado[1997], encontra Proudhon na federação o novo nome da liberdade, da igualdade e da revolução[1998]: o contrato federativo, tendo o propósito de "reservar sempre mais para os cidadãos que para o Estado, para as autoridades municipais e provinciais que para a autoridade central"[1999], visa garantir a soberania e o território dos Estados confederados e a liberdade dos seus cidadãos[2000].

[1990] Cfr. PROUDHON, *O que é a Propriedade?*, p. 235.
[1991] Cfr. PROUDHON, *O que é a Propriedade?*, p. 237.
[1992] Cfr. PROUDHON, *O que é a Propriedade?*, p. 247.
[1993] Essa mesma identificação da igualdade em tudo, enquanto sinónimo de equidade, com a anarquia viria a ser formulada expressamente pelo russo Kropotkine (1842-1921), qualificado de "príncipe anarquista", cfr. PIOTR ALEXEEVICH KROPOTKINE, *A Moral Anarquista*, ed. Sílabo, Lisboa, 2006, p. 89. Ainda sobre o tema, cfr. WALTER THEIMER, *História...*, pp. 404 ss.
[1994] Sobre a condenação do Estado em Proudhon, cfr. MARCEL PRÉLOT / GEORGES LESCUYER, *Histoire...*, pp. 470 ss.
[1995] Cfr. PROUDHON, *O que é a Propriedade?*, p. 243.
[1996] Cfr. PROUDHON, *Do Princípio Federativo...*, pp. 104 ss.
[1997] Cfr. PROUDHON, *Do Princípio Federativo...*, p. 110.
[1998] Cfr. PROUDHON, *Do Princípio Federativo...*, p. 34.
[1999] Cfr. PROUDHON, *Do Princípio Federativo...*, pp. 71-72.
[2000] Cfr. PROUDHON, *Do Princípio Federativo...*, p. 67.

Em sentido radicalmente oposto à concepção de Proudhon que propugna o desaparecimento do Estado, o alemão Ferdinand Lassalle (1825-1864)[2001], influenciado por Hegel e Fichte, criticando o modelo abstencionista liberal de Estado, defende que, em vez deste se limitar à mera garantia da segurança e ao respeito pelas leis, deverá antes assumir um papel activo ou intervencionista: tendo por fim conduzir o ser humano ao seu próprio desenvolvimento positivo em liberdade[2002], o Estado deve ter uma intervenção social e económica, fazendo sua a causa dos trabalhadores, uma vez que esta coincide com a causa da humanidade.

Considerado mais reformista do que revolucionário[2003], Lassalle defende a participação das classes inferiores na vida política, instituindo-se o sufrágio universal, salientando que, enquanto a classe operária é animada por um espírito de solidariedade social, a classe burguesa, pelo contrário, prossegue ideais individualistas e egoístas. Na sequência da vertente socialista de Fichte, Lassale bate-se pela instituição de cooperativas de produção que, visando pela concorrência destruir a indústria capitalista, deveriam contar com a ajuda do Estado[2004].

5.3.3. *O socialismo marxista-leninista: a luta de classes e a abolição do Estado*

No âmbito do socialismo marxista, os nomes dos alemães Karl Marx (1818-1883) e Friedrich Engels (1820-1895) merecem especial projecção na crítica ao liberalismo, beneficiando do posterior contributo do escritor e político russo Lenine (1870-1924), dando origem ao marxismo-leninismo.

No âmbito das obras de juventude de Marx, surge claramente identificado que o homem da sociedade burguesa assume uma dupla configuração: como "homem propriamente dito" e como cidadão, con-

---

[2001] Cfr. WALTER THEIMER, **História...**, pp. 370 ss.
[2002] Cfr. FERDINAND LASSALLE, **Programma Operaio**, in *Opere di Marx, Engels, Lassalle*, 2º ed., Milano, 1922, p. 31.
[2003] Cfr. WALTER THEIMER, **História...**, pp. 370 e 380.
[2004] Cfr. WALTER THEIMER, **História...**, p. 374.

figurando-se no primeiro sentido como realidade dotada de uma existência imediata, sensível, individual e egoísta, enquanto que no segundo sentido, como homem político, é uma realidade abstracta, artificial e alegórica[2005]. Falta, em qualquer destes sentidos, a dimensão social da força do homem como trabalhador: só uma revolução económica e social pode conduzir à emancipação do homem[2006].

Marx encontra na religião e na ilusão que gera a causa da visão distorcida da essência do homem: "o homem é o ser supremo"[2007] e tem o imperativo categórico de derrubar todas as condições sociais que o tornam um ser vigiado e escravizado[2008].

A sociedade comunista, enquanto propósito último do pensamento marxista-leninista, sendo estruturalmente oposta ao modelo liberal de sociedade, criticando ferozmente a exploração do homem pelo homem, envolve a ruptura com os mitos liberais da propriedade privada e da liberdade individual, valorizando, num primeiro momento, a intervenção do Estado e, num segundo momento, a sua extinção, por desnecessidade, num contexto de colectivização dos meios de produção e da própria liberdade.

Regista-se aqui uma tentativa de síntese entre as concepções socialistas defensoras de um Estado interventor, oposto ao modelo liberal, e as concepções anarquistas partidárias da pura abolição do Estado (v. *supra*, n° 5.3.2.): o socialismo marxista-leninista propõe uma conciliação diferida no tempo destas duas concepções sobre o estatuto do Estado.

Retomando a ideia de luta entre a classe dos opressores e a classe dos oprimidos já antes formulada por Voltaire (v. *supra*, n° 4.1.6.), Marx e Engels consideram que toda a história da sociedade se resume a uma luta de classes[2009] e que "as ideias dominantes de um tempo

---

[2005] Cfr. KARL MARX, *Zur Judenfrage*, in *Oeuvres Philosophiques*, I, ed. Costes, Paris, 1927, pp. 200-201.

[2006] Cfr. KARL MARX, *Zur Judenfrage*, p. 201.

[2007] Cfr. KARL MARX, *Zur Kritik der Hegelschen Rechtsphilosophie*, in *Oeuvres Philosophiques*, I, ed. Costes, Paris, 1927, p. 97.

[2008] Cfr. KARL MARX, *Zur Kritik...*, p. 97.

[2009] Cfr. K. MARX / F. ENGELS, *Manifesto do Partido Comunista*, 3ª ed., Edições Avante, Lisboa, 1999, p. 36.

foram sempre as ideias da classe dominante"[2010]. Neste contexto, a sociedade liberal não aboliu as oposições entre classes, antes expressa uma divisão, cada vez maior, entre a burguesia e o proletariado[2011].

O poder no modelo liberal de Estado representa uma simples "comissão que administra os negócios comunitários de toda a classe burguesa"[2012], servindo de instrumento de repressão do proletariado, verificando-se que as leis, a moral e a religião traduzem meros "preconceitos burgueses" que escondem interesses dessa mesma classe[2013]: o direito expressa a vontade da classe burguesa elevada a lei[2014], sabendo--se que o poder político traduz sempre a organização de uma classe para a opressão de outra classe[2015] e que a religião é "ópio para o povo"[2016].

Criando a burguesia "para si um mundo à sua própria imagem"[2017], envolvendo uma dominação económica e social[2018], garantida pela acumulação da riqueza nas mãos de privados e pela formação e multiplicação do capital[2019], o desenvolvimento da burguesia é acompanhado de um paralelo desenvolvimento do proletariado[2020], o qual representa a única classe realmente revolucionária[2021].

A luta do proletariado contra a burguesia, expressando a luta de uma maioria a favor do interesse da maioria[2022], encontra a universali-

---

[2010] Cfr. K. MARX / F. ENGELS, *Manifesto...*, p. 55.
[2011] Cfr. K. MARX / F. ENGELS, *Manifesto...*, p. 37.
[2012] Cfr. K. MARX / F. ENGELS, *Manifesto...*, p. 38.
[2013] Cfr. K. MARX / F. ENGELS, *Manifesto...*, p. 47.
Um tal entendimento de indissociável relação entre a ordem social e a ordem económica encontrou-o Karl Marx no pensamento fisiocrata protagonizado pelo francês François Quesnay (1694-1774), cfr. TEODORA CARDOSO, *Nota Preliminar*, in FRANÇOIS QUESNAY, *Quadro Económico*, 3ª ed., Fundação Calouste Gulbenkian, Lisboa, 1985, em especial, pp. 51 ss.
[2014] Cfr. K. MARX / F. ENGELS, *Manifesto...*, p. 53.
[2015] Cfr. K. MARX / F. ENGELS, *Manifesto...*, p. 57.
[2016] Cfr. KARL MARX, *Introduzione alla critica della filosofia del diritto di Hegel*, in *Scritti Politici Giovanili* (org. L. Firpo), Torino, 1950, p. 395.
[2017] Cfr. K. MARX / F. ENGELS, *Manifesto...*, p. 40.
[2018] Cfr. K. MARX / F. ENGELS, *Manifesto...*, p. 41.
[2019] Cfr. K. MARX / F. ENGELS, *Manifesto...*, p. 48.
[2020] Cfr. K. MARX / F. ENGELS, *Manifesto...*, pp. 42-43.
[2021] Cfr. K. MARX / F. ENGELS, *Manifesto...*, p. 46.
[2022] Cfr. K. MARX / F. ENGELS, *Manifesto...*, p. 47.

dade dos seus objectivos na intervenção dos comunistas que, independentemente da nacionalidade[2023] – pois, em última análise, "os operários não têm pátria"[2024] e a sociedade comunista pretende ser uma sociedade internacional[2025] –, visam a abolição ou supressão da propriedade privada burguesa[2026], eliminando-se, por esta via, a exploração da classe proletária pela classe burguesa[2027].

Na sociedade burguesa, dizem Marx e Engels, "o capital é autónomo e pessoal, ao passo que o indivíduo activo não é autónomo nem pessoal"[2028], servindo os filhos de "simples artigos de comércio e instrumentos de trabalho"[2029] e a mulher de "um mero instrumento de produção"[2030]. O comunismo, pelo contrário, visando suprimir a propriedade privada, nega a possibilidade de a apropriação privada de bens de produção envolver a subjugação de trabalho alheio[2031], conduzindo à elevação do proletariado a classe dominante[2032].

Para o efeito, sendo necessário que o proletariado conquiste o aparelho do Estado por via revolucionária, é preciso que depois utilize o Estado para reprimir a burguesia: "é necessário utilizar temporariamente os instrumentos, os meios e os métodos do poder do Estado contra os exploradores"[2033].

O Estado não expressa, deste modo, um instrumento de liberdade, antes serve sempre de mero mecanismo de repressão[2034], segundo os

---

[2023] Cfr. K. MARX / F. ENGELS, *Manifesto...*, p. 49.
[2024] Cfr. K. MARX / F. ENGELS, *Manifesto...*, p. 54.
[2025] Cfr. VALENTINI, *Il Pensiero...*, p. 211.
[2026] Cfr. K. MARX / F. ENGELS, *Manifesto...*, p. 50.
[2027] Cfr. K. MARX / F. ENGELS, *Manifesto...*, p. 50.
[2028] Cfr. K. MARX / F. ENGELS, *Manifesto...*, p. 51.
[2029] Cfr. K. MARX / F. ENGELS, *Manifesto...*, p. 54.
[2030] Cfr. K. MARX / F. ENGELS, *Manifesto...*, p. 53.
[2031] Cfr. K. MARX / F. ENGELS, *Manifesto...*, p. 52.
[2032] Cfr. K. MARX / F. ENGELS, *Manifesto...*, p. 54.
[2033] Cfr. V.I. LENINE, *O Estado e a Revolução*, in **Obras Escolhidas**, III, Edições Avante, Lisboa, 1985, p. 238.
[2034] Neste mesmo sentido se pronuncia Engels e Lenine, cfr. V.I. LENINE, *O Estado...*, pp. 241 e 262.

moldes de uma ditadura revolucionária do proletariado[2035]: verificando-se um domínio político do proletariado através "de um poder não partilhado com ninguém"[2036], que, aproveitando algumas das instituições do Estado burguês, procurará centralizar todos os instrumentos de produção no Estado[2037], procedendo-se a "intervenções despóticas no direito de propriedade e nas relações de produção burguesas" [2038], as quais vão da expropriação ou confisco da propriedade até à centralização nas mãos do Estado do sistema de transportes e na adopção de um modelo de educação pública e gratuita de todas as crianças[2039].

No final do processo, garantida a vitória do proletariado sobre a burguesia, não havendo mais ninguém para reprimir, o Estado torna-se supérfluo, começando a extinguir-se, "porque numa sociedade sem contradições de classes o Estado é desnecessário e impossível"[2040], surgindo aqui os pressupostos para a sociedade comunista, enquanto expressão de "uma democracia verdadeiramente plena"[2041], sujeita à regra "de cada um segundo as suas capacidades, a cada um segundo as suas necessidades"[2042], verificando-se que, pertencendo à colectividade todos os assalariados[2043], "toda a sociedade será um único escritório e uma única fábrica, com igualdade de trabalho e igualdade de salário"[2044].

[2035] Sobre a ditadura do proletariado e a sua caracterização, cfr. V.I. LENINE, *O Estado...*, pp. 208, 259 ss.; J.V. STALIN, *The Foudations of Leninism*, in *Problems of Leninism*, Peking, 1976, em especial, pp. 38 ss.

[2036] Cfr. V.I. LENINE, *O Estado...*, p. 208.

[2037] Cfr. K. MARX / F. ENGELS, *Manifesto...*, p. 56.

[2038] Cfr. K. MARX / F. ENGELS, *Manifesto...*, p. 56.

[2039] Cfr. K. MARX / F. ENGELS, *Manifesto...*, p. 57.

[2040] Cfr. V.I. LENINE, *O Estado...*, p. 211.

[2041] Cfr. V.I. LENINE, *O Estado...*, p. 263.

[2042] Cfr. KARL MARX, *Critica del Programma di Gotha*, in K. MARX / F. ENGELS, *Opere Scelte*, (org. L. Gruppi), Roma, 1966, p. 962. No mesmo sentido, cfr. V.I. LENINE, *O Estado...*, p. 268.

[2043] Nas palavras de Lenine, "todos os cidadãos se tornam empregados e operários de um único «consórcio» estatal, nacional", cfr. V.I. LENINE, *O Estado...*, p. 272.

[2044] Cfr. V.I. LENINE, *O Estado...*, p. 273.

5.3.4. *Idem: a génese do constitucionalismo soviético*

Na sequência da Revolução de Outubro (1917), a Rússia seria o primeiro Estado a concretizar juridicamente os postulados ideológicos marxistas de oposição ao liberalismo, proclamando na Declaração dos Direitos do Povo Trabalhador e Explorado, de 17 de Janeiro de 1918, a abolição da propriedade privada da terra e a nacionalização os meios de produção[2045].

Paralelamente à vertente internacionalista da luta dos trabalhadores[2046], afirma-se que o poder pertence, na sua totalidade e exclusivamente, às massas laboriosas e à sua representação autorizada, isto é, aos sovietes dos deputados operários, soldados e camponeses[2047], modelo organizativo que, sob a forma de ditadura do proletariado, seria desenvolvido pela Constituição da República Socialista Federativa Soviética da Rússia, de 10 de Julho de 1918.

Nesta Constituição afirmava-se, em plena sintonia com o pensamento marxista-leninista (v. *supra*, nº 5.3.3.), a instituição de um poder forte, uma ditadura do proletariado visando "esmagar totalmente a burguesia, suprimir a exploração do homem pelo homem e estabelecer o socialismo, na vigência do qual não haverá nem divisão de classes, nem poder do Estado"[2048].

Note-se, porém, que, tal como o cerne das Constituições liberais apenas confere direitos de participação política aos membros da burguesia, o certo é que esta primeira Constituição soviética também partilha uma concepção restritiva sobre os destinatários dos direitos fundamentais: todos os direitos fundamentais têm como referencial subjectivo os trabalhadores[2049], consagrando-se ainda um princípio

---

[2045] Cfr. Declaração dos Direitos do Povo Trabalhador e Explorado, capítulo II.
[2046] Cfr. Declaração dos Direitos do Povo Trabalhador e Explorado, capítulo III.
[2047] Cfr. Declaração dos Direitos do Povo Trabalhador e Explorado, capítulo IV.
[2048] Cfr. Constituição Soviética de 1918, artigo 9º.
[2049] Cfr. Constituição Soviética de 1918, artigos 13º (liberdade de consciência), 14º (liberdade de expressão), 15º (liberdade de reunião), 16º (liberdade de associação), 17º (direito à cultura e à educação).

geral que habilita o Estado, tendo em conta os interesses da classe operária no seu conjunto, a privar os indivíduos e os grupos particulares "dos direitos de que poderiam usar em detrimento dos interesses da revolução socialista"[2050].

Uma tal subordinação absoluta dos direitos individuais da pessoa humana ao interesse abstracto da colectividade, enquanto fonte habilitadora de uma intervenção ilimitada do Estado na configuração operativa dos direitos fundamentais dos indivíduos, arrasta consigo a concretização histórico-constitucional da concepção marxista para um modelo totalitário de Estado.

E esse modelo de Estado estará ainda globalmente presente até à última Constituição da União Soviética, datada de 1977, sem que o desaparecimento do Estado se verificasse ao longo de cerca de setenta anos, isto ao arrepio da teoria marxista-leninista que previa o desaparecimento do Estado (v. *supra*, nº 5.3.3.): o sistema político e constitucional soviético apenas seria ultrapassado nos primeiros anos da década de noventa do século XX quando, em 1991, a URSS se desmoronou.

Será à luz do totalitarismo soviético, todavia, que melhor se captará o verdadeiro sentido concretizador dos postulados marxistas antiliberais em torno da pessoa humana (v. *infra*, §6º).

Ainda hoje, porém, neste início do século XXI, existem manifestações constitucionais da forma soviética de materialização jurídica do marxismo-leninismo: a Coreia do Norte e Cuba de Fidel Castro, por um lado, e, num sentido algo diferente pelo aditamento ideológico de Mao Tsetung, a República Popular da China[2051], ilustram a sobrevivência de um socialismo desumano.

[2050] Cfr. Constituição Soviética de 1918, artigo 23º.
[2051] Para mais desenvolvimentos sobre o contributo ideológico maoista, cfr. PAULO OTERO, *A Democracia Totalitária*, pp. 123 ss.

5.4. Doutrina Social da Igreja: a crítica à sociedade liberal

5.4.1. *Razão de ordem*

O modelo ideológico liberal e a respectiva aplicação e vivência sociais, além da forte contestação de matriz socialista, sofreriam ainda, a partir da segunda metade do século XIX, uma profunda crítica por parte da Igreja Católica.

Esboçando-se aqui a formação da designada doutrina social da Igreja, podemos encontrar até à II Guerra Mundial três principais momentos de denúncia dos erros e injustiças da sociedade liberal e, simultaneamente, de condenação dos modelos propostos pelos movimentos socialista e comunista:

(a) Em 1864, a Carta Encíclica do Papa Pio IX, *Quanta Cura* e o seu apenso *Syllabus*;
(b) Em 1891, a Carta Encíclica do Papa Leão XIII, *Rerum Novarum*;
(c) Em 1931, a Carta Encíclica do Papa Pio XI, *Quadragesimo Anno*.

Vejamos, sucintamente, os principais aspectos do conteúdo de cada um destes documentos à luz da perspectiva que nos interessa agora abordar, guardando para momento posterior o desenvolvimento da doutrina social da Igreja ao longo da segunda metade do século XX e já no século XXI (v. *infra*, n° 8.3.).

5.4.2. **Quanta Cura** *e* **Syllabus:** *a denúncia dos erros liberais*

Chamando à esfera de intervenção da Igreja o pronunciar-se sobre a "tão grande perversidade de opiniões depravadas"[2052], a Carta Encí-

---

[2052] Cfr. Pio IX, **Carta Encíclica Quanta Cura**, de 8 de Dezembro de 1864, n° 7.

clica *Quanta Cura*, condenando os erros principais da época[2053], fala mesmo na reprovação, proscrição e condenação das ideias socialistas, comunistas e liberais[2054].

Pio IX (1846-1878) insurge-se, neste contexto, contra a liberdade de consciências e de culto[2055], uma vez que se trata de uma "opinião errónea" que acaba por conduzir à "liberdade de perdição"[2056], tal como condena a existência de uma sociedade subtraída às leis da religião e da verdadeira justiça[2057] e o propósito laicista de afastar a Igreja da instrução e educação da juventude[2058].

É dentro do objectivo de denúncia dos principais erros da época liberal que, em apêndice à Encíclica *Quanta Cura*, surge a publicação do *Syllabus*, identificando um conjunto de oitenta "principais erros da nossa época".

Dentro desse vasto elenco de erros denunciados, e atendendo ao propósito desta breve referência, destaca-se que a Igreja defendia ser um erro o entendimento de que o Estado era a origem e a fonte de todos os direitos e que ele seria titular de um direito que não conhecia qualquer limite[2059], tal como era erro considerar que a completa direcção das escolas públicas dependia, única e exclusivamente, da autoridade civil[2060] ou que uma injustiça coroada de êxito não invalidaria o direito à sua sombra criado[2061]. Por fim, era ainda definido como erro qualquer ideia de que o Papa poderia e deveria conciliar-se e transigir com o progresso, o liberalismo e a civilização moderna[2062].

[2053] Cfr. Pio IX, *Carta Encíclica Quanta Cura*, n° 2.
[2054] Cfr. Pio IX, *Carta Encíclica Quanta Cura*, n° 7.
[2055] Cfr. Pio IX, *Carta Encíclica Quanta Cura*, n° 3.
[2056] Cfr. Pio IX, *Carta Encíclica Quanta Cura*, n° 3.
[2057] Cfr. Pio IX, *Carta Encíclica Quanta Cura*, n° 4.
[2058] Cfr. Pio IX, *Carta Encíclica Quanta Cura*, n° 5.
[2059] Cfr. Pio IX, *Syllabus*, §39°
[2060] Cfr. Pio IX, *Syllabus*, §45°
[2061] Cfr. Pio IX, *Syllabus*, §61°
[2062] Cfr. Pio IX, *Syllabus*, §80°

5.4.3. Rerum Novarum: *a lei fundamental da "questão social" da modernidade*

Através da Carta Encíclica *Rerum Novarum*, de 15 de Maio de 1891, o Papa Leão XIII (1878-1903), insurgindo-se contra a situação de exploração dos operários e a pobreza gerada pelo liberalismo e, por outro lado, contra as ideias socialistas contrárias à propriedade privada, procede, segundo os princípios da justiça e da verdade[2063], à edificação da doutrina social da Igreja, evitando que a direcção do movimento social ficasse cativo dos partidos revolucionários[2064].

A Encíclica *Rerum Novarum* inaugura, deste modo, uma nova fase da Igreja virada para a "questão social", entendendo que a felicidade das "classes deserdadas" é um dos seus propósitos[2065], privilegiando as pessoas sobre as coisas, já que "a ninguém é lícito violar impunemente a dignidade do homem"[2066], e relativizando o bem-estar terreno à felicidade eterna das pessoas[2067].

Há na *Rerum Novarum* e no diagnóstico que traça dos problemas sociais emergentes da sociedade liberal uma clara ressonância das ideias de Saint-Simon de edificação de um novo cristianismo (v. *supra*, n° 5.3.1.), sendo ainda possível vislumbrar, em termos mais remotos, a influência das críticas que Tomás More dirige às sociedades situadas fora da ilha da Utopia (v. *supra*, n° 3.6.1.).

Começando por confessar ser "difícil precisar com exactidão os direitos e os deveres respectivos dos ricos e dos proletários, do capital e do trabalho" [2068], Leão XIII, numa crítica muito severa à sociedade liberal, vem denunciar que os trabalhadores se encontram "entregues à mercê de senhores desumanos e à cobiça de uma concorrência desenfreada"[2069], registando ainda a concentração da contratação de trabalho

---

[2063] Cfr. LEÃO XIII, *Carta Encíclica Rerum Novarum*, de 15 de Maio de 1891, n° 1.
[2064] Neste último sentido, cfr. L. CABRAL DE MONCADA, *Filosofia...*, I, p. 348.
[2065] Cfr. LEÃO XIII, *Carta Encíclica Rerum Novarum*, n° 21.
[2066] Cfr. LEÃO XIII, *Carta Encíclica Rerum Novarum*, n° 30.
[2067] Cfr. LEÃO XIII, *Carta Encíclica Rerum Novarum*, n° 15.
[2068] Cfr. LEÃO XIII, *Carta Encíclica Rerum Novarum*, n° 1.
[2069] Cfr. LEÃO XIII, *Carta Encíclica Rerum Novarum*, n° 1.

e dos negócios "nas mãos de um pequeno número de ricos e de opulentos, que impõem assim um jugo quase servil à massa imensa do proletariado"[2070].

Contra um tal estado de coisas, apesar de ter como "impossível que na sociedade civil todos sejam elevados ao mesmo nível"[2071], e de considerar como erro que exista uma inimizade nata entre os ricos e os pobres ou entre o capital e o trabalho[2072], isto em directa oposição ao postulado marxista da luta de classes, a Encíclica *Rerum Novarum*, defendendo um modelo de cooperação e concórdia baseado no princípio de que "não pode haver capital sem trabalho, nem trabalho sem capital"[2073], afirma que os ricos e os patrões devem respeitar a dignidade humana do trabalhador, nunca o tratando como escravo[2074]. Considera-se como vergonhoso que homens sejam transformados em meros instrumentos de lucro[2075] e configura-se o pagamento de um salário justo a cada trabalhador como o primeiro dos deveres do patrão[2076].

Há mesmo, adianta Leão XIII, um dever de caridade cristã de "partilhar o supérfluo com os pobres"[2077], proclamando o princípio de que quem recebeu de Deus maior abundância de bens recebeu-os para os fazer servir no aperfeiçoamento próprio e para utilidade dos outros[2078].

Não existe aqui, porém, a simples consagração de um dever de caridade: uma vez que o bem-estar da comunidade é a causa e a razão de ser da autoridade[2079], o próprio Estado encontra-se vinculado a servir o interesse comum[2080], devendo a autoridade pública, sob pena de

---

[2070] Cfr. LEÃO XIII, *Carta Encíclica Rerum Novarum*, n° 1.
[2071] Cfr. LEÃO XIII, *Carta Encíclica Rerum Novarum*, n° 13.
[2072] Cfr. LEÃO XIII, *Carta Encíclica Rerum Novarum*, n° 14.
[2073] Cfr. LEÃO XIII, *Carta Encíclica Rerum Novarum*, n° 14.
[2074] Cfr. LEÃO XIII, *Carta Encíclica Rerum Novarum*, n° 14.
[2075] Cfr. LEÃO XIII, *Carta Encíclica Rerum Novarum*, n° 14.
[2076] Cfr. LEÃO XIII, *Carta Encíclica Rerum Novarum*, n° 14.
[2077] Cfr. LEÃO XIII, *Carta Encíclica Rerum Novarum*, n° 16.
[2078] Cfr. LEÃO XIII, *Carta Encíclica Rerum Novarum*, n° 16.
[2079] Cfr. LEÃO XIII, *Carta Encíclica Rerum Novarum*, n° 26.
[2080] Cfr. LEÃO XIII, *Carta Encíclica Rerum Novarum*, n° 23.

violar a justiça, salvaguardar o bem-estar e os interesses da classe operária[2081]. É que, em última análise, além do fim da prossecução do bem comum subjacente à sociedade civil abranger a universalidade de todos os cidadãos[2082], os pobres, à semelhança dos ricos, "são, por direito natural, cidadãos"[2083], devendo o Estado guiar-se pelas leis da justiça distributiva[2084], conferindo uma atenção particular aos trabalhadores, reconhecendo-lhes uma parte razoável sobre todos os bens que eles proporcionam à sociedade[2085].

Observa-se, por conseguinte, uma proposta inequívoca de ruptura com o modelo liberal abstencionista de posicionamento do Estado perante a sociedade: sem embargo do princípio de que "as leis não devem avançar nem empreender nada além do que for necessário para reprimir os abusos ou afastar os perigos"[2086], a neutralidade completa do Estado perante as injustiças sociais é agora fortemente criticada, defendendo-se a sua substituição por uma postura de intervenção pública orientada para prevenir ou punir a violação dos direitos[2087] – incluindo a garantia do direito de associação[2088] –, protegendo de modo especial os trabalhadores[2089], os fracos e os indigentes[2090].

Neste último sentido, a Encíclica procura pormenorizar certos domínios de uma necessária intervenção do Estado, destacando-se a defesa da propriedade privada[2091], a regulação da duração do trabalho[2092], garantindo-se o repouso através da fixação do número de horas de trabalho diário[2093] e limitando-se o trabalho das crianças

---

[2081] Cfr. LEÃO XIII, *Carta Encíclica Rerum Novarum*, n° 24.
[2082] Cfr. LEÃO XIII, *Carta Encíclica Rerum Novarum*, n° 35.
[2083] Cfr. LEÃO XIII, *Carta Encíclica Rerum Novarum*, n° 24.
[2084] Cfr. LEÃO XIII, *Carta Encíclica Rerum Novarum*, n° 24.
[2085] Cfr. LEÃO XIII, *Carta Encíclica Rerum Novarum*, n° 25.
[2086] Cfr. LEÃO XIII, *Carta Encíclica Rerum Novarum*, n° 26.
[2087] Cfr. LEÃO XIII, *Carta Encíclica Rerum Novarum*, n° 27.
[2088] Cfr. LEÃO XIII, *Carta Encíclica Rerum Novarum*, n° 35.
[2089] Cfr. LEÃO XIII, *Carta Encíclica Rerum Novarum*, n° 25.
[2090] Cfr. LEÃO XIII, *Carta Encíclica Rerum Novarum*, n° 27.
[2091] Cfr. LEÃO XIII, *Carta Encíclica Rerum Novarum*, n° 28.
[2092] Cfr. LEÃO XIII, *Carta Encíclica Rerum Novarum*, n° 29.
[2093] Cfr. LEÃO XIII, *Carta Encíclica Rerum Novarum*, n° 31.

e das mulheres[2094], e ainda a fixação do salário por livre consentimento[2095] e envolvendo um valor justo[2096].

Posicionando-se em sentido contrário à solução socialista que visa abolir a propriedade privada[2097], a *Rerum Novarum* proclama a sua inviolabilidade[2098], pois "a propriedade privada e pessoal é para o homem de direito natural"[2099], traduzindo um verdadeiro direito inato a cada homem[2100], o qual adquire tanto maior força quanto mais respeitada for a pessoa humana[2101].

Num outro sentido, sem prejuízo de a terra, apesar de dividida entre particulares, estar destinada a servir à utilidade comum de todos os homens[2102], e uma vez que estes encontram no trabalho "o meio universal de prover às necessidades da vida"[2103], justifica-se, segundo um imperativo de justiça, que o fruto do trabalho pertença ao trabalhador[2104], razão pela qual se reforça que o direito de propriedade seja inerente à condição humana.

Deste modo se refutam as teses de Proudhon contrárias à propriedade privada (v. *supra*, n° 5.3.2.).

Sublinhando que "o homem é anterior ao Estado"[2105], tal como a família é anterior à sociedade civil[2106], Leão XIII afirma claramente a subordinação das leis humanas aos direitos naturais pertencentes a cada homem, assim como sucede com o casamento[2107], sendo a família, enquanto sociedade, dotada de "certos direitos e certos deveres absolu-

---

[2094] Cfr. LEÃO XIII, *Carta Encíclica Rerum Novarum*, n° 31.
[2095] Cfr. LEÃO XIII, *Carta Encíclica Rerum Novarum*, n° 32.
[2096] Cfr. LEÃO XIII, *Carta Encíclica Rerum Novarum*, n° 32.
[2097] Cfr. LEÃO XIII, *Carta Encíclica Rerum Novarum*, n°s 2 a 11.
[2098] Cfr. LEÃO XIII, *Carta Encíclica Rerum Novarum*, n° 11.
[2099] Cfr. LEÃO XIII, *Carta Encíclica Rerum Novarum*, n° 4 e, em sentido semelhante, n°s 16 e 33.
[2100] Cfr. LEÃO XIII, *Carta Encíclica Rerum Novarum*, n° 9.
[2101] Cfr. LEÃO XIII, *Carta Encíclica Rerum Novarum*, n° 9.
[2102] Cfr. LEÃO XIII, *Carta Encíclica Rerum Novarum*, n° 6.
[2103] Cfr. LEÃO XIII, *Carta Encíclica Rerum Novarum*, n° 6.
[2104] Cfr. LEÃO XIII, *Carta Encíclica Rerum Novarum*, n° 8.
[2105] Cfr. LEÃO XIII, *Carta Encíclica Rerum Novarum*, n° 6.
[2106] Cfr. LEÃO XIII, *Carta Encíclica Rerum Novarum*, n° 9.
[2107] Cfr. LEÃO XIII, *Carta Encíclica Rerum Novarum*, n° 9.

tamente independentes do Estado"[2108], sem prejuízo de reconhecer a este, a título subsidiário, um poder de auxiliar as famílias[2109]. Não pode essa intervenção do Estado no "santuário da família" ser, todavia, arbitrária[2110], nunca sendo admissível, tal como os socialistas pretendem contra a justiça natural, que a providência paterna seja substituída pela providência do Estado[2111].

Na Carta Encíclica *Rerum Novarum* reside, em síntese, a lei fundamental da doutrina social da Igreja Católica[2112], verificando-se que ao longo de todo o século XX, e já no século XXI, o seu conteúdo continua a ser o núcleo axiológico de referência, sem prejuízo de múltiplos desenvolvimentos e actualizações pelos sucessores de Leão XIII.

5.4.4. Quadragesimo Anno: *a antinomia entre catolicismo, socialismo e liberalismo*

Comemorando o 40° aniversário da *Rerum Novarum*, o Papa Pio XI (1922-1939), tomando consciência de que foram votadas ao esquecimento algumas das recomendações de Leão XIII[2113], resolveu reafirmar a autoridade da Igreja nas questões sociais e económicas[2114], emanando, em 15 de Maio de 1931, a Carta Encíclica *Quadragesimo Anno*.

Considerando que o liberalismo se tinha mostrado incapaz de resolver a "questão social", envolvendo uma distribuição iníqua de bens temporais, e o socialismo propunha um remédio muito pior do que o mal[2115], a *Rerum Novarum* é qualificada de Magna Carta da ordem

---

[2108] Cfr. LEÃO XIII, *Carta Encíclica Rerum Novarum*, n° 9.
[2109] Cfr. LEÃO XIII, *Carta Encíclica Rerum Novarum*, n° 10.
[2110] Cfr. LEÃO XIII, *Carta Encíclica Rerum Novarum*, n° 9.
[2111] Cfr. LEÃO XIII, *Carta Encíclica Rerum Novarum*, n° 10.
[2112] Para uma leitura integral do Compêndio da Doutrina Social da Igreja, cfr. www.vatican.va
[2113] Cfr. PIO XI, *Carta Encíclica Quadragesimo Anno*, de 15 de Maio de 1931, n° 59.
[2114] Cfr. PIO XI, *Carta Encíclica Quadragesimo Anno*, n° 41.
[2115] Cfr. PIO XI, *Carta Encíclica Quadragesimo Anno*, n° 10.

social[2116] e impulso fundador da "verdadeira ciência social católica"[2117].

Sublinhando, uma vez mais, a índole individual e social da propriedade[2118], Pio XI insiste no "dever do homem atender não só ao próprio interesse, mas também ao bem comum"[2119], confirmando a necessidade de aliança entre o capital e o trabalho, pois "é inteiramente falso atribuir só ao capital ou só ao trabalho aquilo que se obtém do concurso de ambos"[2120] e, por outro lado, no trabalho deve-se reconhecer a dignidade humana do operário[2121]. Proclama-se, neste contexto, que cada um deve ter a sua parte nos bens materiais[2122], repartindo-se as riquezas pelos diversos indivíduos e classes[2123], segundo uma lei de justiça social que "proíbe que uma classe seja pela outra excluída da participação nos lucros"[2124].

Uma vez que a condição proletária não se deve confundir com pauperismo[2125], a Encíclica *Quadragesimo Anno* exorta os operários a constituir um património que os liberte da condição proletária[2126], postulando uma equitativa repartição dos bens e um salário justo[2127]. Sendo necessária uma reforma do Estado, corrigindo-se o vício do individualismo[2128], propõe-se a adopção do princípio de subsidiariedade na intervenção da sociedade sobre a esfera do indivíduo[2129] e como critério de actuação da própria autoridade pública[2130].

[2116] Cfr. Pio XI, *Carta Encíclica Quadragesimo Anno*, n° 39.
[2117] Cfr. Pio XI, *Carta Encíclica Quadragesimo Anno*, n° 20.
[2118] Cfr. Pio XI, *Carta Encíclica Quadragesimo Anno*, n°s 45 e 46.
[2119] Cfr. Pio XI, *Carta Encíclica Quadragesimo Anno*, n° 49.
[2120] Cfr. Pio XI, *Carta Encíclica Quadragesimo Anno*, n° 53.
[2121] Cfr. Pio XI, *Carta Encíclica Quadragesimo Anno*, n° 83.
[2122] Cfr. Pio XI, *Carta Encíclica Quadragesimo Anno*, n° 58.
[2123] Cfr. Pio XI, *Carta Encíclica Quadragesimo Anno*, n° 57.
[2124] Cfr. Pio XI, *Carta Encíclica Quadragesimo Anno*, n° 57.
[2125] Cfr. Pio XI, *Carta Encíclica Quadragesimo Anno*, n° 60.
[2126] Cfr. Pio XI, *Carta Encíclica Quadragesimo Anno*, n° 61.
[2127] Cfr. Pio XI, *Carta Encíclica Quadragesimo Anno*, n° 76.
[2128] Cfr. Pio XI, *Carta Encíclica Quadragesimo Anno*, n° 78.
[2129] Cfr. Pio XI, *Carta Encíclica Quadragesimo Anno*, n° 79.
[2130] Cfr. Pio XI, *Carta Encíclica Quadragesimo Anno*, n° 80.

Fazendo da harmonia entre as diversas classes ou profissões o primeiro objectivo do Estado e dos cidadãos[2131], Pio XI proclama a liberdade de associação[2132] e a defesa de um corporativismo orgânico e social[2133], negando à livre concorrência económica o estatuto de princípio directivo da economia[2134], nele encontrando a origem do "nefasto espírito individualista"[2135], de "um verdadeiro despotismo económico nas mãos de poucos"[2136] e da própria conflitualidade entre Estados[2137].

Se condena os alicerces e a prática do modelo liberal, em igual sentido a *Quadragesimo Anno* fala em "impiedade e iniquidade do comunismo"[2138] e na impossibilidade de o socialismo se conciliar com a doutrina católica[2139], uma vez que o socialismo conduz à perda da dignidade humana[2140], motivo pelo qual "ninguém pode ser ao mesmo tempo bom católico e verdadeiro socialista"[2141], sabendo-se que o pai deste socialismo foi o liberalismo[2142].

5.4.5. *Materialização jurídica da doutrina social anterior à II Guerra Mundial: México, Weimar e a OIT*

A doutrina social da Igreja, apelando para a responsabilidade dos poderes públicos – especialmente do Estado – na dignificação material da vida da pessoa humana, envolvendo a ruptura com o modelo abstencionista do Estado liberal, substituído pela necessidade de criação de condições sociais e económicas susceptíveis de satisfazer um conjunto de direitos fundamentais especialmente relacionados com o trabalho, a

---

[2131] Cfr. Pio XI, *Carta Encíclica Quadragesimo Anno*, n° 81.
[2132] Cfr. Pio XI, *Carta Encíclica Quadragesimo Anno*, n° 87.
[2133] Neste sentido, cfr. L. Cabral de Moncada, *Filosofia...*, I, p. 353.
[2134] Cfr. Pio XI, *Carta Encíclica Quadragesimo Anno*, n° 88.
[2135] Cfr. Pio XI, *Carta Encíclica Quadragesimo Anno*, n° 88.
[2136] Cfr. Pio XI, *Carta Encíclica Quadragesimo Anno*, n° 105.
[2137] Cfr. Pio XI, *Carta Encíclica Quadragesimo Anno*, n°s 108 e 109.
[2138] Cfr. Pio XI, *Carta Encíclica Quadragesimo Anno*, n° 112.
[2139] Cfr. Pio XI, *Carta Encíclica Quadragesimo Anno*, n° 117.
[2140] Cfr. Pio XI, *Carta Encíclica Quadragesimo Anno*, n° 119.
[2141] Cfr. Pio XI, *Carta Encíclica Quadragesimo Anno*, n° 120.
[2142] Cfr. Pio XI, *Carta Encíclica Quadragesimo Anno*, n° 122.

família e a função social da propriedade privada, encontrou acolhimento jurídico em diversos textos constitucionais e internacionais:

(i) A Constituição mexicana de 31 de Janeiro de 1917 revela o empenhamento do Estado na garantia da educação[2143], das condições justas de trabalho e de previdência social[2144] – incluindo a fixação das bases de um sistema de segurança social[2145] e um mecanismo de resolução dos diferendos entre o capital e o trabalho[2146] – e ainda o desenvolvimento da função social da propriedade[2147];

(ii) Na Alemanha, a Constituição de Weimar, de 11 de Agosto de 1919, afirmou claramente que o bem-estar público integrava a esfera legislativa da federação[2148], proclamando que a organização económica deve realizar a justiça, tendo em vista "assegurar a todos uma existência humana digna"[2149]. Neste contexto, impõe a Constituição ao Estado um conjunto de incumbências, desde regular a repartição e utilização do solo[2150], até à protecção do trabalho[2151] e a criação de um sistema geral de segurança social[2152], passando pelo reconhecimento do direito ao trabalho ou, na falta de trabalho apropriado, a garantia de sustento dos cidadãos[2153]. Não se limita a um tal domínio, no entanto, a intervenção do Estado: a Constituição de Weimar determina a protecção do casamento, considerando incumbir ao poder público "velar pela pureza, pela saúde e pelo desenvolvimento social da família"[2154]

[2143] Cfr. Constituição mexicana de 1917, artigo 3º.
[2144] Cfr. Constituição mexicana de 1917, artigos 5º e 123º.
[2145] Cfr. Constituição mexicana de 1917, artigo 123º, B), nº XI.
[2146] Cfr. Constituição mexicana de 1917, artigo 123º, A), nº XX.
[2147] Cfr. Constituição mexicana de 1917, artigo 27º.
[2148] Cfr. Constituição de Weimar, artigo 9º, nº 1.
[2149] Cfr. Constituição de Weimar, artigo 151º.
[2150] Cfr. Constituição de Weimar, artigo 155º
[2151] Cfr. Constituição de Weimar, artigos 157º a 160º
[2152] Cfr. Constituição de Weimar, artigo 161º.
[2153] Cfr. Constituição de Weimar, artigo 163º.
[2154] Cfr. Constituição de Weimar, artigo 119º.

– incluindo a protecção pelo Estado da maternidade[2155] e da juventude[2156] –, tal como entende competir ao Estado a protecção e o desenvolvimento das artes e das ciências[2157], assim como a fiscalização da educação[2158] e a própria existência de uma rede pública de ensino[2159];

(iii) A nível internacional, a Carta da Organização Internacional do Trabalho, de 1919, sublinha, em termos preambulares, que a existência de condições de trabalho degradantes implicam a injustiça, a miséria e privações para um grande número de pessoas, sendo a criação de uma tal organização internacional justificada com o propósito de realização de um programa de melhoria do regime de trabalho. Neste domínio, a implementação de um "regime de trabalho realmente humano" envolve, designadamente, a regulamentação das horas de trabalho, a fixação de duração máxima do dia e da semana de trabalho, o recrutamento da mão-de-obra, a luta contra a falta de trabalho, a garantia de um salário que assegure condições de existência convenientes, a protecção dos trabalhadores contra doenças gerais ou profissionais e acidentes resultantes de trabalho, a protecção da infância, dos adolescentes e das mulheres, as pensões de velhice e de invalidez, a afirmação do princípio da liberdade sindical[2160].

Nestes termos, directamente influenciada pela doutrina social da Igreja, surge a génese de um novo modelo político de Estado que, assumindo uma postura contrária ao abstencionismo liberal e à sua chocante indiferença social, revela preocupações com o bem-estar material dos cidadãos, especialmente com a situação das camadas populacionais mais carenciadas, desfavorecidas ou débeis, conferindo-lhes o direito a exigirem prestações *de facere* ao Estado no âmbito social, económico e cultural: trata-se do designado Estado social.

[2155] Cfr. Constituição de Weimar, artigo 119º.
[2156] Cfr. Constituição de Weimar, artigo 122º.
[2157] Cfr. Constituição de Weimar, artigo 142º.
[2158] Cfr. Constituição de Weimar, artigo 144º.
[2159] Cfr. Constituição de Weimar, artigos 145º e 146º.
[2160] Cfr. Preâmbulo da Carta da Organização Internacional do Trabalho.

5.4.6. *Idem: o corporativismo italiano e português*

Numa diferente perspectiva, a proposta da doutrina social da Igreja de um sistema económico alternativo, baseado na aliança entre o capital e o trabalho (v. *supra* n° 5.4.3.), viria a encontrar acolhimento na *Carta del Lavoro*, de 21 de Abril de 1927.

Neste texto fundamental da Itália fascista consagram-se diversas soluções jurídicas influenciadas pela doutrina social da Igreja, a saber: a elevação do bem-estar dos indivíduos a objectivo final da produção (a par do "desenvolvimento do poderio nacional")[2161], a liberdade da organização sindical ou profissional (sem prejuízo da fiscalização do Estado)[2162], a defesa do papel das corporações[2163], falando-se em "Estado corporativo"[2164], a consagração de uma regra de subsidiariedade da intervenção económica do Estado[2165], tudo isto acompanhado do reconhecimento e da regulação de um conjunto de direitos e garantias dos trabalhadores – a retribuição[2166], o repouso semanal e o horário de trabalho[2167], as férias retribuídas[2168], a indemnização por despedimento sem culpa[2169], a previdência[2170], a educação e a instrução profissional[2171].

Seria a Constituição portuguesa de 1933, no entanto, que, sendo posterior à Encíclica *Quadragesimo Anno*, de 15 de Maio de 1931, expressamente defensora do corporativismo orgânico e social (v. *supra* n° 5.4.4.), melhor concretização jurídica daria à doutrina social da Igreja anterior à II Guerra Mundial:

(i) Portugal é definido como sendo uma república corporativa[2172], encontrando-se a representação orgânica da socie-

---

[2161] Cfr. *Carta del Lavoro*, II.
[2162] Cfr. *Carta del Lavoro*, III.
[2163] Cfr. *Carta del Lavoro*, VI.
[2164] Cfr. *Carta del Lavoro*, VII.
[2165] Cfr. *Carta del Lavoro*, IX.
[2166] Cfr. *Carta del Lavoro*, XIV.
[2167] Cfr. *Carta del Lavoro*, XV.
[2168] Cfr. *Carta del Lavoro*, XVI.
[2169] Cfr. *Carta del Lavoro*, XVII.
[2170] Cfr. *Carta del Lavoro*, XXVI.
[2171] Cfr. *Carta del Lavoro*, XXX.
[2172] Cfr. Constituição portuguesa de 1933, artigo 5°.

dade confiada às corporações morais e económicas[2173], segundo um modelo de "economia nacional corporativa"[2174], em que "a propriedade, o capital e o trabalho desempenham uma função social, em regime de cooperação económica e solidariedade"[2175];

(ii) O Estado tem como incumbência "zelar pela melhoria de condições das classes sociais desfavorecidas, obstando a que aquelas desçam abaixo do mínimo de existência humanamente suficiente"[2176];

(iii) O Estado tem ainda especiais responsabilidades na defesa da família[2177], da moral, da salubridade, da alimentação e da higiene pública[2178], competindo-lhe também promover as instituições de solidariedade, previdência, cooperação e mutualidade[2179];

(iv) Subordina-se a intervenção económica do Estado ao princípio da subsidiariedade[2180].

É um tal modelo constitucional concretizador da doutrina social da Igreja anterior à II Guerra Mundial que, sem prejuízo de pontuais alterações formais e de uma progressiva erosão da efectividade do princípio corporativo[2181], estará vigente em Portugal até 1974.

[2173] Cfr. Constituição portuguesa de 1933, artigo 18°.
[2174] Cfr. Constituição portuguesa de 1933, artigo 34°
[2175] Cfr. Constituição portuguesa de 1933, artigo 35°.
[2176] Cfr. Constituição portuguesa de 1933, artigo 6°, n° 3.
[2177] Cfr. Constituição portuguesa de 1933, artigo 13°.
[2178] Cfr. Constituição portuguesa de 1933, artigo 40°.
[2179] Cfr. Constituição portuguesa de 1933, artigo 41°.
[2180] Cfr. Constituição portuguesa de 1933, artigo 33°
[2181] Neste último sentido e para mais desenvolvimentos, cfr. MARCELLO CAETANO, *Posição Actual do Corporativismo Português*, Lisboa, 1950, em especial, p. 12; PAULO OTERO, *A Concepção Unitarista do Estado na Constituição de 1933*, in *Revista da Faculdade de Direito da Universidade de Lisboa*, 1990, pp. 445 ss.; IDEM, *Corporativismo*, in *Dicionário Jurídico da Administração Pública*, 2° suplemento, Lisboa, 2001, em especial, pp. 187 ss.

§6º
A REACÇÃO CONSTITUCIONAL ANTILIBERAL E A DESVALORIZAÇÃO TOTALITÁRIA DA PESSOA HUMANA

6.1. Totalitarismo e diluição do indivíduo no Estado

6.1.1. *Síntese caracterizadora do totalitarismo*

Durante a primeira metade do século XX, as críticas dirigidas ao modelo político liberal e, por outro lado, uma remota linha de pensamento de absorção da pessoa humana no contexto de um Estado omnipresente e omnipotente levaram ao desenvolvimento de uma reacção política e constitucional radicalmente antiliberal: através de ideologias intransigentes, partindo de dogmas completamente opostos à liberdade política, ao parlamentarismo e à democracia liberal, desenvolveu-se um modelo jurídico totalitário, conduzindo a uma completa diluição do homem e da sociedade no Estado[2182].

As tradicionais linhas liberais de fronteira ou separação entre o indivíduo e a sociedade e, num outro sentido, entre a sociedade e o Estado desaparecem, firmando-se um modelo ideológico que conduziu a um Estado total: o Estado é tudo e tudo só tem existência no Estado.

[2182] Sobre o totalitarismo, procedendo-se ao desenvolvimento de alguns dos tópicos que aqui se deixam equacionados, cfr. PAULO OTERO, *A Democracia Totalitária*, pp. 17 ss.

O Estado totalitário impõe a verdade aos espíritos e, simultaneamente, absorve a sociedade civil[2183].

O totalitarismo assenta estruturalmente em cinco regras de preferência[2184]: (i) preferência do colectivo face ao individual, (ii) da autoridade perante a liberdade, (iii) da soberania das elites em relação à democracia, (iv) do instinto face à razão e (v) da violência perante o humanismo.

O totalitarismo comporta, com efeito, um fenómeno de estatização do indivíduo e da sociedade, suprimindo a liberdade[2185], procurando "modelar a vida privada, a alma, o espírito e os costumes dos destinatários do poder"[2186]: o totalitarismo pretende que a colectividade inteira se encontre totalmente integrada no Estado[2187].

Transformado em princípio e fim de tudo, o Estado totalitário envolve uma integral absorção do homem e da sociedade. Obedecendo a um plano sistematizado de enquadramento dogmático-ideológico, expresso através de um partido dominante da colectividade, produzindo uma constante manipulação da opinião pública e um movimento de massas resultante do domínio e da instrumentalização dos meios de comunicação social que o progresso técnico desenvolveu, o Estado serve de instrumento a um poder arbitrário e alicerçado numa crueldade desumana. O Estado totalitário é um Estado de terror ao serviço de um dogmatismo ideológico[2188].

O totalitarismo determina a institucionalização de uma máquina pública organizada de terror que, aproveitando o progresso tecnológico, converte o próprio Estado em principal agente difusor de uma

---

[2183] Neste sentido, cfr. RAYMOND ARON, *Ensayo...*, p. 65.

[2184] Cfr. WALTER THEIMER, *História...*, pp. 524-525.

[2185] Sobre o papel do Estado na defesa da garantia da liberdade pelo Direito, cfr. PAULO OTERO, *Lições de Introdução ao Estudo do Direito*, I vol., 1º tomo, Lisboa, 1998, pp. 220 ss., em especial sobre o Estado de matriz totalitária, pp. 233 ss.

[2186] Cfr. KARL LOEWENSTEIN, *Teoría de la Constitución*, 2ª ed., reimp., Barcelona, 1982, p. 78.

[2187] Cfr. GIUSEPPE DE VERGOTTINI, *Diritto Costituzionale*, Padova, 1997, p. 116.

[2188] Cfr. REINHOLD ZIPPELIUS, *Allgemeine Staatslehre (Politikwissenschaft)*, 12ª ed., München, 1994, p. 276 (na tradução portuguesa da mesma obra, *Teoria Geral do Estado*, 3ª ed., Fundação Calouste Gulbenkian, Lisboa, 1997, p. 369).

cultura de crueldade, terror e morte: o totalitarismo "cheira continuamente a sangue e batalha"[2189].

É, precisamente, a circunstância de todo o aparelho do Estado se achar comprometido e empenhado na difusão dessa cultura de terror e de morte que confere autonomia conceptual a este tipo de Estado. O Estado totalitário ganha aqui a sua principal inovação histórica: toda a máquina do Estado e todo o progresso da técnica se encontram ao serviço de um modelo de sociedade contra o homem e a sua inalienável dignidade como ser único e irrepetível.

O totalitarismo representa, em última análise, a alienação da dignidade humana através de uma deliberada e organizada máquina pública de redução de cada homem à categoria de mero objecto: o totalitarismo é a ideologia por excelência de um Estado desumano ou contrário à dignidade da pessoa humana[2190], comprovando que a evolução histórico-constitucional não conduz sempre ou, pelo menos, necessariamente, a um reforço da garantia e tutela dos direitos da pessoa humana.

Adaptando uma sugestiva imagem de George Orwell, pode dizer-se que o totalitarismo representa uma "bota a pisar um rosto humano"[2191].

6.1.2. *Desvalorização da pessoa humana*

A primeira característica do totalitarismo sublinha, tal como já tivemos oportunidade de escrever[2192], a completa desvalorização do papel social e político do indivíduo que, transformado de sujeito em objecto, de pessoa em coisa, se acha totalmente subordinado e instrumentalizado à prossecução dos interesses do Estado: a pessoa humana,

---

[2189] Cfr. WALTER THEIMER, *História...*, p. 523.

[2190] Para uma interessante abordagem do papel do Homem no Estado totalitário, tanto mais importante quanto a época em que foi escrita, cfr., por todos, RICHARD COUDENHOVE-KELERGI, *L'Homme et l'État Totalitaire*, Paris, 1938.

[2191] Cfr. GEORGE ORWELL, *Mil Novecentos e Oitenta e Quatro*, Edições Antígona, Lisboa, 1999, p. 268.

[2192] Cfr. PAULO OTERO, *A Democracia Totalitária*, pp. 20 ss.

deixando de ser um fim em si mesma, passa a ser um mero instrumento ou meio ao serviço dos fins do Estado[2193].

Como se referia nas páginas de um Manual de Direito Constitucional da Alemanha Nazi[2194], "deviam desaparecer em particular os direitos de liberdade do indivíduo face ao poder do Estado (...). Não existe qualquer liberdade pessoal pré-estadual ou extra-estadual do indivíduo que o Estado deva respeitar. No lugar que era do indivíduo isolado surgiu o camarada do povo, integrado na comunidade como membro, absorvido pela totalidade do povo político e inserido na acção colectiva. Neste sentido, já não há mais lugar para qualquer esfera privada e livre do Estado que seja intocável e sagrada face à unidade política".

Pode mesmo dizer-se que o totalitarismo, mais do que pretender revolucionar e transformar a sociedade e o mundo, visa a transformação da própria natureza humana[2195] [2196], subordinando e instrumentalizando o homem a fins e a interesses transpersonalistas alheios à pessoa humana viva e concreta: a vida e a acção de cada homem pertencem ao Estado[2197], verificando-se que o indivíduo desaparece, apagando-se diante da colectividade protagonizada pelo Estado[2198].

No Estado totalitário, segundo as sugestivas palavras de Václav Havel, "o indivíduo deixa de participar de modo consciente e autónomo na vida da cidade, tornando-se mero instrumento de auto-realização do sujeito central"[2199]. Há aqui uma clara inversão do

---

[2193] Cfr. WALTER THEIMER, *História...*, p. 522.

[2194] Cfr. E.R. HUBER, *Verfassungsrecht des Grossdeutschen Reiches*, 2ª ed. Berlim, 1939, p. 361, cit. por REINHOLD ZIPPELIUS, *Allgemeine...*, p. 278-279 (= trad. portuguesa, p. 372).

[2195] Neste sentido, cfr. HANNAH ARENDT, *O Sistema Totalitário*, Lisboa, 1978, p. 568.

[2196] Esta mesma ideia de o totalitarismo pretender transformar ou modificar o homem, exercendo poder principalmente sobre o espírito, controlando o pensamento e convertendo todos os opositores, "purificando-os" de qualquer "pensamento erróneo", é expressamente desenvolvida por GEORGE ORWELL no seu livro *Mil Novecentos e Oitenta e Quatro*, pp. 254 ss. e 265.

[2197] Cfr. RICHARD COUDENHOVE-KELERGI, *L'Homme...*, p. 105.

[2198] Neste sentido, cfr. GEORGES ROUX, *L'Italie Fasciste*, Paris, 1932, p. 34.

[2199] Cfr. VÁCLAV HAVEL, *Histórias e Totalitarismo*, in VÁCLAV HAVEL, *Ensaios Políticos*, Venda Nova, 1991, p. 238.

postulado kantiano que faz sempre do homem um fim em si mesmo (v. *supra*, n° 4.2.2.): no totalitarismo o homem é transformado em instrumento ao serviço do Estado.

O totalitarismo determina que o Estado passe a funcionar como um efectivo depositário dos direitos individuais do Homem, administrando-os de forma soberana, tal como um banco administra o capital dos seus depositários, isto sem prejuízo de os primeiros não terem face ao Estado, ao contrário destes últimos, a disposição do capital[2200].

Em suma, o totalitarismo envolve o propósito de aniquilamento da pessoa humana[2201].

6.1.3. *Hipervalorização do Estado*

O anti-individualismo e o antipersonalismo extremos do totalitarismo expressam, desde logo, uma forte oposição ao modelo liberal, traduzindo o triunfo da força bruta do poder sobre o ser humano que, destituído de uma individualidade e personalidade oponíveis ao Estado, se reduz a simples instrumento de realização dos fins da colectividade: o totalitarismo é intrinsecamente anti-humanista.

O retrocesso histórico na evolução do processo de autonomização e dignificação da pessoa humana perante o poder torna-se agora evidente: o totalitarismo atira o indivíduo para uma fase do processo histórico anterior ao cristianismo.

Nas sugestivas palavras de Rocco, "o Estado é o fim, o indivíduo é o meio"[2202], circunstância que revela o valor absoluto de um Estado que, dotado de fins em si mesmo e de uma dimensão ética de actuação teleológica contrária à neutralidade liberal, se impõe na respectiva transcendência dos fins à temporalidade dos fins do indivíduo[2203].

Compreende-se, neste contexto, que o totalitarismo surja identificado com uma prevalência absoluta do interesse geral tutelado pelo

---

2200 Neste sentido, cfr. RICHARD COUDENHOVE-KELERGI, *L'Homme...*, p.106.
2201 Neste sentido, cfr. WALTER THEIMER, *História...*, p. 521.
2202 Cfr. CARLO COSTAMAGNA, *Diritto Pubblico Fascista*, Torino, 1934, p. 74.
2203 Neste sentido, cfr. CARLO COSTAMAGNA, *Diritto...*, pp. 74 e 75.

Estado[2204], sobrepondo-se sempre aos interesses particulares dos indivíduos ou dos grupos, isto em termos tais que nunca se poderá admitir uma acção destes contrariando as directivas estaduais[2205], gerando-se aqui um tipo de relacionamento extremista e diametralmente oposto ao anarquismo[2206].

O totalitarismo aceita que o conflito entre os mais elementares direitos fundamentais do indivíduo e a prossecução dos interesses gerais protagonizados pelo Estado seja sempre resolvido a favor deste último, existindo aqui uma permanente habilitação para o desrespeito por quaisquer posições jurídicas subjectivas fundamentais do ser humano: o interesse da colectividade definido e imposto pelo Estado é sempre superior e prevalecente em relação a qualquer interesse individual[2207].

6.1.4. *Inversão da tradição Ocidental*

O totalitarismo determina que o indivíduo se encontre transformado em simples molécula de um conjunto ou reduzido a mero soldado de um exército[2208], verdadeiro "carneiro embrutecidamente disciplinado no rebanho dos consumidores"[2209], despejado de qualquer garantia de um espaço próprio de autonomia perante o poder ou de participação política que a sua dignidade pressupõe e impõe ao Estado:

(i) O homem no Estado totalitário não é cidadão, nem pessoa dotada de uma vida privada perante o Estado, antes se assiste à completa absorção do homem pelo Estado;

(ii) O totalitarismo apaga qualquer antiga ideia de direitos fundamentais de natureza pessoal ou de participação política

---

[2204] Cfr. PAULO OTERO, *Lições...*, I vol., 1º tomo, p. 234.
[2205] Cfr. EMILIO BONAUDI, *Principii di Diritto Pubblico*, Torino, 1936, p. 480.
[2206] Cfr. FRIEDRICH KOJA, *Allgemeine Staatslehre*, Wien, 1993, p. 50.
[2207] Cfr. WALTER THEIMER, *História...*, pp. 521 e 522.
[2208] Cfr. CLAUDE POLIN, *Le Totalitarisme*, 3ª ed., Paris, 1994, p. 12.
[2209] Cfr. VÁCLAV HAVEL, *Carta Aberta a Gustav Husak*, in VÁCLAV HAVEL, *Ensaios Políticos*, Venda Nova, 1991, p. 51.

do indivíduo perante o Estado, fazendo antes avultar o direito do Estado e, neste preciso âmbito, transformando cada indivíduo num centro de deveres perante o Estado[2210].

O totalitarismo envolve, por conseguinte, uma radical negação do respeito pela dignidade da pessoa humana viva e concreta[2211], conduzindo a um modelo de Estado que, comportando um grave retrocesso à liberdade humana[2212], surge descontextualizado de toda a evolução do processo histórico posterior à Revolução Francesa[2213] ou mesmo da tradição ocidental proveniente da matriz judaico-cristã: para o totalitarismo o humanismo é expressão de fraqueza[2214].

6.1.5. *Significado histórico do totalitarismo*

Negando em absoluto a humanidade de cada indivíduo como pessoa, enquanto ser infungível, irrepetível, inviolável e dotado de uma dignidade sagrada, o totalitarismo envolve sempre uma ideologia oposta a um modelo político-constitucional baseado no homem e ao serviço do homem: o totalitarismo só entende o homem ao serviço dos superiores interesses da colectividade protagonizados pelo Estado, segundo a interpretação revelada pela força do detentor supremo do poder político, assistindo-se à completa funcionalização ou instrumentalização total do homem.

Ocorre aqui uma profunda "crise da identidade humana", observando-se que o Estado totalitário acaba por exigir ao Homem que não

---

[2210] Cfr. RODRIGO BORJA, *Derecho Político y Constitucional*, 2ª ed., reimp., México, 1992, p. 281.

[2211] Sobre o "ambiente assustadoramente favorável" a um tal entendimento do ser humano no Oriente, designadamente na Índia ou na China, cfr. HANNAH ARENDT, *O Sistema Totalitário*, pp. 398-399.

[2212] Neste sentido, cfr. JUAN FEDERICO ARRIOLA, *Teoría General de la Dictadura – Um estudio sobre política y libertad*, México, 1994, p. 68.

[2213] Sublinhando, todavia, a debilidade e as perplexidades dos direitos do homem no Estado liberal, designadamente a situação jurídica das minorias e dos apátridas, cfr. HANNAH ARENDT, *O Sistema Totalitário*, pp. 374 ss.

[2214] Neste sentido, cfr. WALTER THEIMER, *História...*, p. 523.

seja ele próprio[2215]: o totalitarismo impõe ao homem que deixe de ser homem, tentando expropriar-lhe a humanidade.

O totalitarismo procede, deste modo, a um desapossar do indivíduo de si mesmo, conduzindo a uma verdadeira "nacionalização" ou "estadualização" do homem que, passando a valer apenas no Estado e para o Estado, é alvo de uma despersonalização[2216]. Ou, talvez melhor, o totalitarismo comporta a negação ao homem do carácter de homem, submetendo-o a um processo de total coisificação: transformado em coisa, o Estado totalitário nem ousa pensar ou colocar o problema da dignidade da condição humana ou da sua inviolabilidade.

Ilustrativo de uma tal concepção, além da eliminação física de todos os opositores políticos e do genocídio do povo judeu na Alemanha Nazi e na Rússia Estalinista, revelam-se as próprias políticas visando o expresso extermínio pelo poder de todos os doentes incuráveis, tal como foi decretado por Hitler, em 1 de Setembro de 1939, segundo um juízo de incurabilidade da doença feito pelo próprio partido[2217].

Precisamente no mesmo contexto, os campos de concentração e de extermínio se, por um lado, "são a instituição que caracteriza mais especificamente o governo totalitário"[2218], o certo é que eles comprovam que o totalitarismo revela tudo ser possível em matéria de atrocidades contra a pessoa humana[2219]: o homem assume-se como lobo do próprio homem[2220].

[2215] Neste sentido, cfr. VÁCLAV HAVEL, *Carta Aberta a Gustav Husak*, pp. 53-54.

[2216] Utilizando a ideia de "despersonalização do homem" a propósito do totalitarismo, cfr. CHARLES DEBBASCH / JEAN-MARIE PONTIER, *Introduction à la Politique*, 4ª ed., Paris, 1995, p. 99.

[2217] Neste sentido, cfr. HANNAH ARENDT, *O Sistema Totalitário*, pp. 440-441, nota nº 2, e p. 512, nota nº 4.

[2218] Cfr. HANNAH ARENDT, *O Sistema Totalitário*, p. 548.

[2219] Cfr. HANNAH ARENDT, *O Sistema Totalitário*, pp. 544 ss.

[2220] Cfr. HANNAH ARENDT, *O Sistema Totalitário*, p. 568.

6.2. Os antecedentes ideológicos totalitários

6.2.1. *Antecedente próximo: Mussolini*

Qual é a origem ideológica do totalitarismo?

Se em Benito Mussolini (1883-1945) reside a primeira utilização do termo totalitarismo[2221], traduzindo a necessidade de um Estado forte, resistente ao egoísmo e ao egocentrismo individualista liberal[2222], nele se encontra também a mais completa formulação conceptual do totalitarismo: "tudo reside no Estado e nada que seja humano ou espiritual existe ou tem valor fora do Estado"[2223] [2224].

Nos termos desta centralidade do Estado, e tendo como propósito uma crítica directa ao modelo liberal, Mussolini entendia não se poder limitar a acção do Estado a simples funções de ordem e segurança, nem configurar como mecanismo de defesa das liberdades individuais, antes "é forma e norma interior, disciplina de toda a pessoa, penetrando a sua vontade como a inteligência", transformando-se em "inspiração central da personalidade humana" ou, em síntese, em "alma da alma"[2225].

Conferindo ao Estado um valor absoluto perante o indivíduo, o totalitarismo renega a tradição liberal de um Estado mínimo e os postulados da herança cristã desenvolvidos pela Doutrina Social da Igreja, adoptando uma postura em que "o indivíduo não existe senão no Estado e subordinado às necessidades do Estado"[2226], sendo no Estado que cada indivíduo encontra a sua liberdade[2227].

[2221] Neste sentido, cfr. WALTER THEIMER, *História...*, p. 525; CLAUDE POLIN, *Le Totalitarisme*, p. 5.

[2222] Cfr. CLAUDE POLIN, *Le Totalitarisme*, p. 6.

[2223] Cfr. BENITO MUSSOLINI, *La Doctrina del Fascismo*, 4ª ed., Roma, s.d., p. 16.

[2224] Por saber fica, no entanto, se uma tal afirmação correspondia ou não a mera retórica, atendendo a que na Itália fascista sempre existiu autonomia da sociedade civil, cfr. JOSÉ ADELINO MALTEZ, *Totalitarismo*, in www.iscsp.utl.pt

[2225] Cfr. BENITO MUSSOLINI, *La Doctrina...*, p. 20-21.

[2226] Palavras de Mussolini, em 14 de Setembro de 1929, cfr. BENITO MUSSOLINI, *La Doctrina...*, p. 64.

[2227] Cfr. BENITO MUSSOLINI, *La Doctrina...*, p. 16.

Entendido o Estado como "consciência e vontade universal do homem na sua existência histórica"[2228], ele "transcende os breves limites das vidas individuais, representa a consciência imanente da nação"[2229], aparecendo como facto espiritual e moral, "guardião e transmissor do espírito do povo, tal como foi sendo elaborado através dos séculos"[2230]. E o chefe, dotado de uma natureza de génio, desempenha aqui um papel central: *"Mussolini ha sempre ragione"*[2231].

Em suma, toda a concepção totalitária sobre o posicionamento do indivíduo perante o Estado se resume na seguinte afirmação: "tudo no Estado, nada fora do Estado, nada contra o Estado"[2232].

A verdade, porém, é que os alicerces ideológicos do totalitarismo não têm a sua origem última em Mussolini, antes são bem mais remotos, tal como teremos oportunidade de observar seguidamente.

6.2.2. *Antecedentes remotos: preliminares*

Sem prejuízo de outras possíveis influências[2233], o modelo totalitário de Estado, desvalorizando, subalternizando e absorvendo a pessoa humana e a sociedade civil no âmbito do poder omnipotente e omnipresente do Estado, encontra as suas raízes mais remotas em quatro principais autores:

– Nietzsche;
– Hegel;
– Hobbes;
– Platão.

[2228] Cfr. BENITO MUSSOLINI, *La Doctrina...*, p. 15.
[2229] Cfr. BENITO MUSSOLINI, *La Doctrina...*, p. 47.
[2230] Cfr. BENITO MUSSOLINI, *La Doctrina...*, p. 47.
[2231] Nestes sentido, cfr. WALTER THEIMER, *História...*, p. 526.
[2232] Discurso de Mussolini no Scala de Milão, em 28 de Outubro de 1925, cfr. EZIO M. GRAY (org.), *Il Pensiero di Benito Mussolini*, Milano, 1927, p. 81.
[2233] Cfr. L. CABRAL DE MONCADA, *Filosofia...*, I., em especial, pp. 380 ss.

Não obstante se poder afirmar que o totalitarismo é um produto genuíno do século XX, o certo é que ele encontrou em Platão o dador do seu material genético, em Hobbes a materialização do conteúdo de um modelo de Estado totalitário, em Hegel o cimento teórico da relação transpersonalista entre o indivíduo e o Estado e em Nietzsche, por fim, uma ordem de valores invertida.

O totalitarismo é o resultado final de uma lenta evolução ideológica que a história regista e o século XX permitiu que obtivesse uma síntese e expressão jurídico-constitucional.

Observemos, sucintamente, a contribuição de cada um dos mencionados filósofos para os aspectos que aqui directamente nos interessam do totalitarismo[2234].

6.2.3. *Nietzsche: a inversão da ordem de valores judaico--cristã*

Friedrich Nietzsche (1844-1900), defensor de uma concepção política extremista[2235], elogiando a crueldade e condenando a piedade, encerra na sua obra reflexões de cariz racista[2236]: falando da extinção dos povos e das raças inferiores, sublinhando que "ninguém tem mais talento do que ele para fazer de uma opinião extremista algo de atractivo"[2237], em Nietzsche encontram-se reunidos todos os elementos

---

[2234] Para mais desenvolvimentos, cfr. PAULO OTERO, *A Democracia Totalitária*, pp. 44 ss.

[2235] Sobre a concepção política de Nietzsche, cfr. WALTER THEIMER, *História...*, pp. 448 ss.; FRANÇOIS CHÂTELET / É. PISIER-KOUCHNER, *Las Concepciones Políticas del Siglo XX – Historia del Pensamiento Político*, Madrid, 1986, pp. 31 ss.

[2236] Cfr. WALTER THEIMER, *História...*, pp. 451 ss. Em sentido contrário, cfr. WERNER J. DANNHAUSER, *Friedrich Nietzsche*, in LEO STRAUSS / JOSEPH CROPSEY (org.), *Historia de la Filosofía Política*, 3ª ed., reimp., México, 1996, p. 798.

Para uma discussão do tema, apresentando novos elementos reveladores da oposição de Nietzsche ao anti-semitismo, cfr. JEAN PIERRE FAYE, *O Século das Ideologias*, pp. 29 ss.

[2237] Cfr. WERNER J. DANNHAUSER, *Friedrich Nietzsche*, p. 797.

que forneceram a retórica da grandeza germânica, tornando-o em verdadeiro apóstolo do nacional-socialismo[2238].

A filosofia de Nietzsche é, antes de tudo, fortemente anti-cristã[2239], procurando aglutinar, valorizar e elogiar todos os valores opostos ao conjunto de valores que o cristianismo trouxe ao mundo ocidental: a bondade e a benevolência são "como uma consequência da *décadence*, como um sintoma de fraqueza"[2240], tal como a piedade e a compaixão são reprováveis[2241], antes o cinismo revela ser "a mais elevada coisa passível de ser atingida na Terra"[2242].

Configurando o cristianismo como "uma catástrofe de milénios"[2243], traduzindo o triunfo da moral dos escravos e dos fracos sobre a moral dos senhores e dos fortes[2244] – o Deus dos fracos, o Deus dos miseráveis, o Deus dos pecadores e o Deus dos doentes, enquanto "divindade da *décadence*"[2245] –, Nietzsche considera que a ideia do amor ao próximo é "mais uma estupidez e animalidade"[2246], acusando a religião cristã de tomar "o partido de tudo o que é fraco, baixo, incapaz", tendo feito "da oposição aos instintos de conservação da vida forte, um ideal"[2247].

Mais: o cristianismo, tomando partido pelos que sofrem, é entendido como sendo a favor dos "casos falhados", isto é, dos indivíduos

---

[2238] Neste sentido, cfr. FRANÇOIS CHÂTELET / É. PISIER-KOUCHNER, *Las Concepciones...*, pp. 32 e 33. Em termos idênticos, sublinhando que Hitler foi profundamente influenciado por Nietzsche, cfr. WALTER THEIMER, *História...*, pp. 450 ss.

[2239] Cfr. FRANÇOIS CHÂTELET / É. PISIER-KOUCHNER, *Las Concepciones...*, pp. 25 ss.

[2240] Cfr. NIETZSCHE, *O Erro da Humanidade*, ed. Coisas de Ler Edições, Lisboa, 2005, p. 79.

[2241] Cfr. NIETZSCHE, *O Erro...*, p. 23.

[2242] Cfr. NIETZSCHE, *O Erro...*, p. 67.

[2243] Cfr. NIETZSCHE, *O Erro...*, p. 30.

[2244] Neste sentido, cfr. WALTER THEIMER, *História...*, pp. 454-455; WERNER J. DANNHAUSER, *Friedrich Nietzsche*, p. 785.

[2245] Cfr. NIETZSCHE, *O Anticristo*, 9ª ed., Guimarães Editores, Lisboa, 1997, pp. 35 ss.

[2246] Cfr. NIETZSCHE, *Para Além de Bem e Mal*, 7ª ed., Guimarães Editores, Lisboa, 1998, p. 73.

[2247] Cfr. NIETZSCHE, *O Anticristo*, p. 19.

defeituosos, degenerados, decrépitos e enfermos, conservando "muito daquilo que devia perecer", trabalhando "de facto e verdadeiramente na degeneração da raça europeia"[2248]. Nietzsche defende, no sentido de contrariar esta tendência, que se deveria mesmo ajudar os fracos e incapazes a desaparecerem[2249]. Não muito longe deste enquadramento se insere o seu profundo sentimento anti-semita[2250].

Contestando, por outro lado, o princípio oriundo da cultura judaico-cristã da igualdade dos homens perante Deus[2251], Nietzsche proclama a existência de diferentes tipos de homem[2252], encontrando na ideia de igualdade subjacente ao cristianismo e à democracia a raiz da mediocridade, ou seja, o domínio dos fortes pelos fracos[2253]. No entanto, é na noção de super-homem, enquanto tipo superior relativamente ao conjunto da humanidade e contra o qual o cristianismo travou uma "guerra de morte"[2254], que Nietzsche idealiza o seu modelo para o futuro do homem[2255], traduzindo a solução para a crise da sociedade moderna[2256]: é em homens "fortes e independentes, preparados e predestinados para o comando" que "encarna a razão e a arte de uma raça dominante"[2257], falando mesmo numa alma aristocrática relativamente à qual "outros seres têm por natureza de sujeitar-se e sacrificar-se-lhe"[2258].

Neste sentido, "um homem que aspira a coisas grandes considera todo aquele que encontra no seu caminho, ou como meio, ou como retardamento e impedimento – ou como um leito de repouso passa-

---

[2248] Cfr. NIETZSCHE, *Para Além de Bem e Mal*, pp. 75 e 76.
[2249] Cfr. NIETZSCHE, *O Anticristo*, p. 17.
[2250] Para mais desenvolvimentos sobre o pensamento de Nietzsche, cfr. PAULO OTERO, *A Democracia Totalitária*, pp. 47 e 48.
[2251] Cfr. NIETZSCHE, *Para Além de Bem e Mal*, pp. 77.
[2252] Cfr. NIETZSCHE, *Para Além de Bem e Mal*, pp. 185 ss.
[2253] Cfr. WERNER J. DANNHAUSER, *Friedrich Nietzsche*, p. 787.
[2254] Cfr. NIETZSCHE, *O Anticristo*, p. 18.
[2255] Cfr. WERNER J. DANNHAUSER, *Friedrich Nietzsche*, p. 795; WALTER THEIMER, *História...*, p. 449.
[2256] Cfr. WERNER J. DANNHAUSER, *Friedrich Nietzsche*, p. 796.
[2257] Cfr. NIETZSCHE, *Para Além de Bem e Mal*, p. 74.
[2258] Cfr. NIETZSCHE, *Para Além de Bem e Mal*, p. 198.

geiro"[2259], traduzindo a própria felicidade "a sensação de que o poder cresce – de que uma resistência foi vencida"[2260], proclamando-se a guerra acima de tudo e não a paz, tal como a virtude desprovida de moralismos[2261], pois "quando alguém se compadece, enfraquece-se"[2262], sendo a piedade uma verdadeira "ameaça contra a vida"[2263].

Há aqui, em síntese, uma inversão da ordem axiológica subjacente a toda a história cultural europeia resultante do cristianismo, representando o alicerce filosófico de valores próprios do totalitarismo, enquanto reacção contra os dogmas do Estado liberal e ruptura da tradição ocidental cristã: valoriza-se a guerra em detrimento da paz, protegendo-se o forte e propondo-se o aniquilar do fraco.

Afastado o princípio da igualdade das relações entre os homens e destes face ao poder, Nietzsche abre as portas a um modelo de sociedade sem qualquer referência à dignidade de todos os homens, assente na supremacia de uns em relação aos outros, cenário de super-homens perante homens inferiores, encontrando na predestinação e na raça de uns o fundamento último da legitimação dos governantes, segundo um tipo de Estado completamente desvinculado de limites morais.

Não admira, por tudo isto, que o próprio Nietzsche, apesar de não se considerar "um monstro amoral"[2264], dissesse de si próprio, "sou, de longe, o ser humano mais terrível que alguma vez existiu"[2265]. E, com uma assombrosa premonição, afirmasse que "um dia será associado ao meu nome um conjunto assustador, uma crise como nenhuma outra alguma vez ocorrida na Terra, da mais profunda colisão de consciência, de uma decisão evocada contra tudo aquilo que, até então, havia sido incontestado, pedido, sacrificado"[2266]. Também aqui o totalitarismo nazi virá a ilustrar o pensamento de Nietzsche.

[2259] Cfr. NIETZSCHE, *Para Além de Bem e Mal*, p. 204.
[2260] Cfr. NIETZSCHE, *O Anticristo*, p. 16.
[2261] Cfr. NIETZSCHE, *O Anticristo*, p. 17.
Contra a moral kantiana, defendendo "que cada um só crie a sua própria virtude, o seu imperativo categórico", cfr. NIETZSCHE, *O Anticristo*, p. 27.
[2262] Cfr. NIETZSCHE, *O Anticristo*, p. 20.
[2263] Cfr. NIETZSCHE, *O Anticristo*, p. 21.
[2264] Cfr. NIETZSCHE, *O Erro...*, p. 8.
[2265] Cfr. NIETZSCHE, *O Erro...*, p. 77.
[2266] Cfr. NIETZSCHE, *O Erro...*, p. 75.

6.2.4. *Hegel: transpersonalismo e divinização do Estado*

Numa certa interpretação do pensamento de Hegel (1770-1831) sobre o Estado podem encontrar-se os alicerces do modelo totalitário[2267] e a formulação de uma concepção transpersonalista dos fins do Estado que se opõe ao personalismo ou humanismo[2268].

Na filosofia hegeliana o Estado procura preservar a universalidade, elevando-se acima dos interesses corporativos e da sociedade civil, integrando em si os interesses particulares e os interesses colectivos, isto em termos tais que ambos os interesses apenas adquirem plena satisfação no Estado[2269], sem prejuízo de os interesses particulares das colectividades integrantes da sociedade civil deverem estar subordinados ao interesse superior do Estado[2270].

Neste sentido, partindo do entendimento do Estado como expressão da íntima unidade entre o universal e o individual[2271], entre o interesse geral e o interesse particular[2272], verdadeira "consciência particular em si universalizada"[2273], Hegel afirma, claramente, que o indivíduo apenas pode realizar a sua liberdade como membro do Estado[2274],

---

[2267] Cfr. L. CABRAL DE MONCADA, *Filosofia...*, I., pp. 388-389; NICOLÁS PÉREZ SERRANO, *Tratado de Derecho Politico*, 2ª ed., reimp., Madrid, 1989, p. 215; JOSÉ LUIS L. ARANGUREN, *O que são os fascismos*, Lisboa, 1976, p. 19; JUAN FEDERICO ARRIOLA, *Teoría...*, pp. 65 ss.
Sublinhando que em Hegel se encontra a base de quase todas as correntes políticas, desde a externa esquerda até à extrema direita, cfr. WALTER THEIMER, *História...*, p. 244.

[2268] Cfr. FRANCISCO PORRÚA PÉREZ, *Teoría del Estado*, 27ª ed., México, 1994, p. 451 e 452.

[2269] Neste sentido, cfr. THADEU WEBER, *Hegel...*, p. 133.
Ainda sobre o papel do Estado e do indivíduo em Hegel, cfr. PIERRE HASSNER, *Georg W.F. Hegel (1770-1831)*, in LEO STRAUSS / JOSEPH CROPSEY (org.), *Historia de la Filosofía Política*, 3ª ed., reimp., México, 1996, pp. 689 ss.; HERBERT MARCUSE, *Razón y Revolución*, em especial, pp. 179 ss.

[2270] Cfr. HEGEL, *Princípios...*, §288, p. 301.

[2271] Cfr. HEGEL, *Princípios...*, §258, p. 248.

[2272] Cfr. HERBERT MARCUSE, *Razón y Revolución*, p. 219.

[2273] Cfr. HEGEL, *Princípios...*, §258, p. 247.

[2274] Neste sentido, cfr. JUAN FEDERICO ARRIOLA, *Teoría...*, p. 68; THADEU WEBER, *Hegel...*, pp. 134-135.

sendo aí que "a liberdade obtém o seu valor supremo"[2275]. O Estado representa a plena realização da liberdade dos indivíduos[2276]. Mais: é apenas como membro do Estado que o indivíduo tem objectividade, verdade e moralidade[2277].

Em consequência, o pensamento hegeliano sublinha, expressamente, que a ligação do indivíduo ao Estado determina que, além de aquele encontrar o seu destino na participação na vida colectiva, o Estado possua "um direito soberano perante os indivíduos que em serem membros do Estado têm o seu mais elevado dever"[2278].

Reconduzido o Estado a valor supremo[2279], Hegel procede a uma divinização do Estado[2280]: "o Estado é a vontade divina como espírito presente ou actual que se desenvolve na formação e organização de um mundo"[2281].

Podem observar-se em Hegel, deste modo, três ideias nucleares que se encontram subjacentes à formulação conceptual do modelo de Estado totalitário[2282]:

(i) O Estado é uma instituição forte, absoluta[2283], vocacionada para a prossecução da universalidade de fins, traduzindo uma

---

[2275] Cfr. HEGEL, *Princípios...*, §258, p. 247.
[2276] Neste sentido, cfr. THADEU WEBER, *Hegel...*, p. 139; HERBERT MARCUSE, *Razón y Revolución*, p. 215.
Sobre a liberdade em Hegel, cfr. WALTER THEIMER, *História...*, pp. 243 ss.; PIERRE HASSNER, *Georg W.F. Hegel*, pp. 706 ss.
[2277] Cfr. HEGEL, *Princípios...*, §258, p. 247.
[2278] Cfr. HEGEL, *Princípios...*, §258, p. 247.
[2279] Cfr. GEORGES BURDEAU, *Traité de Science Politique*, V, 10ª ed., Paris, 1970, p. 561; HERBERT MARCUSE, *Razón y Revolución*, p. 203.
[2280] Neste sentido, cfr. NICOLÁS MARÍA LÓPEZ CALERA, *Yo, el Estado*, Madrid, 1992, p.92; PIERRE HASSNER, *Georg W.F. Hegel*, p. 690.
[2281] Cfr. HEGEL, *Princípios...*, §270, p. 265.
[2282] No entanto, se é certo que o pensamento de Hegel serviu de base a um modelo totalitário de Estado, importa advertir que o totalitarismo não estava presente no pensamento hegeliano. Neste sentido e para mais desenvolvimentos, cfr. PAULO OTERO, *A Democracia Totalitária*, pp. 53 ss.
[2283] Para uma caracterização do modelo de Estado hegeliano como sendo o Estado absoluto, cfr. THADEU WEBER, *Hegel...*, pp. 132 ss., em especial, pp. 137 e 138; HERBERT MARCUSE, *Razón y Revolución*, p. 203

"unidade ética substancial" e representa, por isso, um fim em si mesmo[2284], local de síntese entre o individual e colectivo ou, se se preferir, espaço de dissolução do individual no colectivo;

(ii) A liberdade apenas se compreende no âmbito do Estado[2285], surgindo este como "a única expressão da liberdade pública"[2286], verdadeiro senhor da definição da fronteira entre o que é permitido ou proibido em matéria de liberdade[2287];

(iii) Subordinação do indivíduo ao Estado[2288], assumindo-se este como senhor dos destinos e dos direitos daquele numa clara visão transpersonalista[2289].

6.2.5. *Hobbes: o Estado como poder ilimitado fundado na força e no medo*

Recuando ainda mais no tempo, podemos encontrar no pensamento de Thomas Hobbes (1588-1679) uma outra potencial fonte do modelo novecentista de Estado totalitário.

Sem prejuízo de adoptar uma análise realista da vida política concreta, seguindo neste aspecto uma postura metodológica próxima de Maquiavel[2290], Hobbes, tal como já tivemos oportunidade de anali-

---

No sentido de que Hegel afasta a ideia de Estado liberal e democrático, cfr. FRANCESCO VALENTINI, *Il Pensiero...*, pp. 44 ss.

[2284] Cfr. L. CABRAL DE MONCADA, *Filosofia...*, I., p. 292. Ainda sobre a eticidade do Estado, cfr. FRANCESCO VALENTINI, *Il Pensiero...*, p. 38.

[2285] Cfr. FRANCESCO VALENTINI, *Il Pensiero...*, p. 53; HERBERT MARCUSE, *Razón y Revolución*, p. 213.

[2286] Cfr. THADEU WEBER, *Hegel...*, p. 140.

[2287] Neste preciso âmbito se insere a concepção hegeliana sobre a liberdade, expressão da própria lei, enquanto produto directo da vontade do Estado. Sobre a matéria, incluindo a sua ligação com algumas manifestações de regimes totalitários, cfr. GEORGES BURDEAU, *Traité...*, V, pp. 208 e 209.

[2288] Os indivíduos são meros momentos do Estado, identificado este com a marcha de Deus no mundo, cfr. HERBERT MARCUSE, *Razón y Revolución*, p. 214.

[2289] Cfr. HERBERT MARCUSE, *Razón y Revolución*, p. 203.

[2290] Neste sentido, cfr. LAURENCE BERNS, *Thomas Hobbes*, p. 377.

sar (v. *supra*, n° 3.6.2.), parte de uma visão muito pessimista sobre a natureza humana, encontrando no Estado, enquanto expressão de um contrato social que envolveu a alienação para um soberano do direito de cada homem se governar a si próprio[2291], a solução para a paz e o bem comum de uma colectividade que, vivendo no seu "estado de natureza", se destruiria. O Estado é, deste modo, a única salvaguarda do indivíduo[2292].

A transferência de todo o poder e força de cada homem para o soberano por via do pacto ou contrato, determinando que este represente todos os demais, significa que a vontade destes se submete à vontade daquele[2293], passando a existir, por esta via, uma unidade de todos e de cada homem numa única entidade: o Estado[2294].

O Estado de Hobbes, seja ele próprio expressão da força (:"Estado por aquisição") ou de um acordo (: "Estado por instituição")[2295], encontra no terror ou no medo que inspira a aplicação aos súbditos do castigo decorrente de qualquer violação do pacto a principal fonte da sua autoridade[2296], determinando a conformação da vontade de todos eles em obedecer[2297]: a desobediência dos súbditos é o maior inconveniente que se pode colocar a um governo[2298].

Compreende-se, por consequência, que os súbditos tenham a obrigação de não estorvar a quem foi confiado o poder[2299], tanto porque não podem contrariar o pacto[2300], tendo transferido qualquer direito de resistência[2301] (v. *supra*, n° 3.6.2.), quanto, por outro lado, a

---

[2291] Cfr. THOMAS HOBBES, *Leviathan*, (Parte II, cap. 17°), pp. 140 e 141.

[2292] Neste sentido, cfr. MARCEL PRÉLOT / GEORGES LESCUYER, *Histoire...*, p. 257.

[2293] Cfr. THOMAS HOBBES, *Leviathan*, (Parte II, cap. 17°), p. 140.

[2294] Cfr. THOMAS HOBBES, *Leviathan*, (Parte II, cap. 17°), p. 141.

[2295] Para uma dicotomia entre estes dois tipos de Estados, apesar de ambos conferirem igual estatuto ao soberano, cfr. THOMAS HOBBES, *Leviathan*, (Parte II, caps. 17°, 18° e 20°), p. 141, 142 seg. e 162 seg.

[2296] Cfr. LAURENCE BERNS, *Thomas Hobbes*, p. 384 e 386.

[2297] Cfr. THOMAS HOBBES, *Leviathan*, (Parte II, cap. 17°), p. 141.

[2298] Cfr. THOMAS HOBBES, *Leviathan*, (Parte II, cap. 20°), p. 169.

[2299] Neste sentido, cfr. LAURENCE BERNS, *Thomas Hobbes*, p. 383.

[2300] Cfr. THOMAS HOBBES, *Leviathan*, (Parte II, cap. 18°), p. 144.

[2301] Neste sentido, cfr. LAURENCE BERNS, *Thomas Hobbes*, pp. 386-387.

vontade do soberano instituído representa a vontade de cada um dos súbditos, daí que, sendo cada um autor de tais actos, nenhum possa manifestar oposição contra algo de que é também próprio autor[2302]. Note-se, porém, que a iniquidade se encontra proibida pela lei da natureza[2303].

O Estado hobbesiano concentra em si todos os poderes decisórios públicos[2304] e mostra-se fortemente interventor, procurando "realizar tudo aquilo que for necessário para o bem público"[2305], incluindo a faculdade de controlar as opiniões e as doutrinas de todos aqueles que as expressam publicamente[2306], tal como a promoção do ensino e da instrução do povo no respeito pelas orientações do poder soberano[2307].

Hobbes afirma, expressamente, que o poder soberano deve ser absoluto e ilimitado (v. *supra*, n° 3.6.2.), pois as consequências da sua falta, designadamente uma situação de guerra perpétua entre os homens, são muito piores do que o carácter ilimitado do poder do Estado[2308]. Neste sentido, ilustrando a própria natureza ilimitada do poder, entende-se que o soberano do Estado não está sujeito às leis civis, podendo, sempre que o queira, libertar-se da sua execução[2309]. Todavia, ninguém pode considerar como injusto aquilo que não se mostra contrário à lei, registando-se que apenas ao Estado compete a sua feitura[2310]: o soberano é o único legislador e a lei civil nunca é injusta.

Hobbes consagra, no entanto, a conciliação entre a liberdade dos súbditos e o poder ilimitado do soberano nos seguintes termos: se cada

---

Nas sugestivas palavras de Hobbes, "ninguém tem liberdade para resistir à força do Estado", cfr. THOMAS HOBBES, *Leviathan*, (Parte II, cap. 21°), p. 179.

[2302] Cfr. THOMAS HOBBES, *Leviathan*, (Parte II, cap. 18°), p. 145.

[2303] Cfr. THOMAS HOBBES, *Leviathan*, (Parte II, cap. 21°), p. 174.

[2304] Para uma síntese de tais poderes no pensamento de Hobbes e o respectivo fundamento, cfr. DIOGO FREITAS DO AMARAL, *História...*, I, pp. 378 ss.

[2305] Cfr. THOMAS HOBBES, *Leviathan*, (Parte II, cap. 26°), p. 237.

[2306] Cfr. THOMAS HOBBES, *Leviathan*, (Parte II, cap. 18°), pp. 145-146.

[2307] Cfr. THOMAS HOBBES, *Leviathan*, (Parte II, cap. 23°), pp. 198-199.

[2308] Cfr. THOMAS HOBBES, *Leviathan*, (Parte II, cap. 18° e 20°), respectivamente, pp. 150 e 169.

[2309] Cfr. THOMAS HOBBES, *Leviathan*, (Parte II, cap. 26°), p. 218.

[2310] Cfr. THOMAS HOBBES, *Leviathan*, (Parte II, cap. 26°), p. 218.

súbdito é também autor dos actos do soberano, daí resulta que "(...) nada pode fazer um representante soberano a um súbdito, com qualquer pretexto, que se possa considerar injusto ou injúria"[2311].

A própria liberdade dos súbditos – vista agora com alterações ao modelo traçado por Hobbes em obra anterior (v. *supra*, nº 3.6.2.) – é entendida como fundamentando-se numa predeterminação do soberano[2312], traduzindo a expressão de uma verdadeira competência: a liberdade consiste em fazer somente aquilo que o soberano regula como admissível, invertendo-se o princípio que torna lícito tudo aquilo que não se encontra proibido.

Atendendo ao quadro exposto da concepção hobbesiana, verifica-se que o Estado descrito envolve um poder soberano e ilimitado, surgindo, deste modo, o *Leviathan*: "este é um Estado absoluto e omnipotente, o mais totalitário de todos os Estados cujo poder se deve estender a todas as esferas da vida, desde a política até à espiritual, incluindo a ética e a religiosa"[2313].

Não obstante a ausência de uniformidade doutrinal sobre o alcance interpretativo da concepção política hobbesiana[2314], a circunstância de o Estado de Hobbes se fundar na força e no medo, e não na justiça e na liberdade, assumindo-se como Estado administrativo ilimitado, transformando sempre a vontade do soberano em critério de justiça e fazendo da obediência sem limites de todos um dramático apelo baseado em razões de segurança da colectividade, permite concluir, considerando todos estes aspectos, encontrar-se em Hobbes parte substancial do conteúdo materializador do modelo de Estado totalitário[2315].

[2311] Cfr. THOMAS HOBBES, *Leviathan*, (Parte II, cap. 21º), p. 174.
[2312] Cfr. THOMAS HOBBES, *Leviathan*, (Parte II, cap. 21º), p. 173.
[2313] Cfr. L. CABRAL DE MONCADA, *Filosofia...*, I, p. 172.
[2314] Para mais desenvolvimentos, cfr. PAULO OTERO, *A Democracia Totalitária*, pp. 57 ss.
[2315] Cfr. WALTER THEIMER, *História...*, pp. 111 ss. Sobre os limites ao Estado hobbesiano, cfr. PAULO OTERO, *A Democracia Totalitária*, pp. 58 e 59.

6.2.6. *Platão:* A República *como modelo totalitário e anti-humanista*

Recuando ainda mais no tempo, sem tomar em consideração o relato da Constituição de Esparta feito por Xenofonte e que revela traços de um modelo totalitário (v. *supra*, n° 3.2.6.), pode encontrar-se em Platão (427-347 a.C), especificamente na sua obra *"A República"*, tal como já antes se deu notícia (v. *supra*, n° 3.2.7.), uma das primeiras formulações de um modelo totalitário de Estado ou, pelo menos, a recondução da política ao exercício de um poder arbitrário e totalitário[2316].

Como já foi afirmando, "o Estado de Platão dá-nos aquilo que, numa linguagem moderna, poderíamos chamar o tipo racional mais perfeito de Estado totalitário, de modelo aristocrático, dórico e espartano. O indivíduo, dentro dele, só existe e vive para o Estado; não há direitos da pessoa humana; a grande missão do Estado é a de educar os cidadãos para o bem e para a virtude que é, por definição, o mesmo que o verdadeiro conhecimento da razão"[2317].

Na realidade, e apesar de partir da preocupação de encontrar uma sociedade justa[2318], segundo um modelo ético de Estado[2319], em que "o governante autêntico não é feito para procurar a sua própria vantagem, mas a do governado"[2320], Platão defende a ideia de prevalência do interesse da cidade ou do bem dos governados, enquanto pura realidade abstracta, a qual pode justificar que aos governantes seja reconhecida, ao contrário de todos os outros cidadãos, a possibilidade de mentir[2321].

Demonstra-se, por esta via, que os fins do Estado são passíveis de permitir a utilização de meios normalmente interditos: "é possível que

---

[2316] Cfr. MARCEL PRÉLOT / GEORGES LESCUYER, *Histoire...*, pp.55 e 56.
[2317] Cfr. L. CABRAL DE MONCADA, *Filosofia...*, I, p. 20.
[2318] Cfr. DIOGO FREITAS DO AMARAL, *História...*, I, pp. 89 e 90.
[2319] Cfr. WALTER THEIMER, *História...*, p. 20.
[2320] Cfr. PLATÃO, *A República*, livro I, p. 31.
[2321] Cfr. PLATÃO, *A República*, livro III, p. 80.
Ainda sobre o tema, cfr. KARL POPPER, *A Sociedade Aberta...*, I, p. 149 e 150.

os nossos governantes sejam obrigados a utilizar largamente a mentira e o logro para bem dos governados"[2322].

O recurso pelos governantes à propaganda, envolvendo falsidade intencional, torna-se em Platão um meio lícito e até necessário de governo[2323].

Defendendo a existência de privilégios naturais e, nesse sentido, postulando uma tese contrária ao igualitarismo[2324], Platão adopta um modelo de intervenção total do Estado na esfera da pessoa e da família (v. *supra*, n° 3.2.7.), ultrapassando mesmo tudo aquilo que se possa imaginar[2325], perfilhando ainda uma concepção racista[2326] que faz do objectivo de "conservar a pureza da raça dos guardas"[2327], enquanto classe dirigente da cidade, um dos propósitos do Estado.

Independentemente de a abolição da propriedade privada ao nível da classe superior[2328] tornar Platão um preconizador de uma forma de sociedade comunista nesse preciso âmbito[2329], assim como a defesa da conservação da pureza da raça feita por Platão também acabar por se tornar uma preocupação central do nazismo, o certo é que toda a concepção de Estado que está subjacente ao livro *A República* aponta

---

[2322] Cfr. PLATÃO, *A República*, livro V, p. 164.

[2323] Cfr. WALTER THEIMER, *História...*, p. 21.

[2324] Neste sentido, cfr. KARL POPPER, *A Sociedade Aberta...*, I, pp. 109 ss.

[2325] Como já antes se deixou assinalado (v. *supra*, n° 3.2.7.), Platão defende que os filhos dos indivíduos inferiores, tal como as crianças que tenham alguma deformidade, devem ser escondidas em "lugar proibido e secreto" (in *A República*, livro V, pp. 165-166), competindo ao Estado seleccionar os cidadãos para as respectivas profissões e a própria escolha dos nubentes (*ibidem*, livro V, p. 165), sujeitando a procriação a um regime de autorização (*ibidem*, livro V, p. 165) e separando os filhos dos pais, confiando a sua educação e guarda ao Estado (*ibidem*, livro V, p. 166).

[2326] Sobre o racismo em Platão, cfr., por todos, KARL POPPER, *A Sociedade Aberta...*, I, pp. 158 ss.

[2327] Cfr. PLATÃO, *A República*, livro V, p. 166.

[2328] Cfr. PLATÃO, *A República*, em especial, livro III, p. 115.

[2329] Neste sentido, cfr. WALTER THEIMER, *História...*, p. 20; DIOGO FREITAS DO AMARAL, *História...*, I, p. 95. Ainda sobre o comunismo em Platão, cfr. L. CABRAL DE MONCADA, *Filosofia...*, I, p. 21, nota n° 1; LEO STRAUSS, *Platón*, pp. 58 ss. Encontra-se em PROUDHON, aliás, a expressa qualificação da República de Platão como sendo comunista, in *O Que é a Propriedade?*, p. 225.

para uma fonte de inesgotáveis contributos edificadores de um modelo unitário de Estado totalitário[2330]:

(i) Surge, em primeiro lugar, a ideia de que o governo do Estado deve ser assegurado por um chefe que, detentor da sabedoria e da verdade, é infalível e goza de uma autoridade proveniente de um chamamento inorgânico de toda a colectividade[2331], situando-se acima das leis e, deste modo, consagrando a preferência pelo governo de um homem sobre um governo de leis (v. *supra*, n° 3.2.7.);

(ii) Assiste-se, em segundo lugar, à clara formulação do entendimento de que "o Estado é um fim em si mesmo"[2332], sendo portador de interesses próprios[2333], distintos dos interesses dos seus membros e dotados de uma prevalência absoluta sobre os interesses destes[2334], circunstância que permite, por um lado, combater o individualismo[2335] e aniquilar totalmente os direitos e liberdades dos cidadãos ao interesse da cidade e, por outro, habilita até a utilização de meios normalmente ilícitos para a realização de tais interesses prevalecentes: trata-se, em suma, de um Estado cujos fins justificam os meios;

(iii) Observa-se, em terceiro lugar, a formulação de um modelo de Estado total, dotado de um grau máximo e inimaginável de intervenção relativamente a todos os sectores da vida social e da própria vida privada ou íntima de cada pessoa, incluindo o exercício de funções substitutivas do papel natural da família

---

[2330] Cfr. WALTER THEIMER, *História...*, p. 22.

[2331] Sobre a questão de saber quem deverá governar o Estado na concepção de Platão, cfr. KARL POPPER, *A Sociedade Aberta...*, I, pp. 133 ss.

[2332] Cfr. WALTER THEIMER, *História...*, p. 22.

[2333] Sobre a relevância dos interesses do Estado, cfr. KARL POPPER, *A Sociedade Aberta...*, I, pp. 120 ss.

[2334] Para mais desenvolvimentos, neste mesmo sentido, cfr. KARL POPPER, *A Sociedade Aberta...*, I, pp. 114 ss.

[2335] Cfr. KARL POPPER, *A Sociedade Aberta...*, I, pp. 115 ss.

e de promotor da educação e instrução dos jovens de harmonia com o interesse da cidade[2336].

Em síntese, a doutrina política de Platão afirma-se como "totalitarista e anti-humanista"[2337] ou, pelo menos, mostra-se passível de permitir dela extrair esse sentido[2338].

6.3. O sentido histórico dos postulados axiológicos totalitários

6.3.1. *Instrumentalização da tecnologia*

Reunindo contributos ideológicos centrados nas ideias de anti-individualismo, hipervalorização do papel do Estado, desigualdade natural entre os homens e concentração de poderes numa única pessoa, o totalitarismo encontra no progresso técnico e científico um elemento estruturante: todas as grandes conquistas do progresso tecnológico e científico que o século XX produziu foram colocadas ao serviço da difusão do totalitarismo.

O Estado totalitário é, neste sentido, um Estado tecnológico: um Estado ao serviço da técnica e servindo-se da técnica.

A instrumentalização de todas as novas tecnologias, desde os meios de comunicação social até às novas indústrias de armamento, passando pelos meios de propaganda e o aprofundamento das ciências, designadamente da psicologia social ou de massas, colocando tudo ao serviço da prossecução dos fins do Estado e da divulgação da ideologia política dominante, traduz uma das principais originalidades históricas do totalitarismo.

[2336] Especificamente sobre o problema da educação da juventude e a sua ligação ao totalitarismo, cfr. KARL POPPER, *A Sociedade Aberta...*, I, pp. 143 e 145 ss.

[2337] Cfr. KARL POPPER, *A Sociedade Aberta...*, I, p. 103.

[2338] Manda a verdade que se diga, porém, não ter sido essa a intenção última de Platão, registando-se o seu propósito de edificação de uma sociedade justa. Para mais desenvolvimentos desta ideia, cfr. PAULO OTERO, *A Democracia Totalitária*, pp. 64 e 65.

Sem prejuízo da constante possibilidade de recurso à intimidação e à violência repressiva, a verdade é que o Estado totalitário, compreendendo a oportunidade histórica única que o progresso tecnológico e científico lhe oferecem, resolve actuar preventivamente sobre a colectividade: o totalitarismo serve-se da tecnologia para convencer, persuadir, manipular, recorrendo às "lavagens ao cérebro" através do ensinar a pensar e a reagir das pessoas.

Verifica-se, por esta via, em suma, a importância para o Estado totalitário do controlo integral dos meios de comunicação social e das instituições de educação e instrução da juventude: o progresso tecnológico permite ao Estado totalitário assegurar a unicidade de pensamento, mobilizando as mentalidades e manipulando a informação no sentido de gerar amplos consensos sociais.

O totalitarismo afirma-se também, afinal, como instrumento uniformizador de consciências e de convicções pessoais.

Esse mesmo foi o sentido dos regimes fascista[2339], nazi[2340], soviético e maoista[2341].

6.3.2. *Antítese do liberalismo*

Num outro ângulo de análise, expressando o triunfo da força do poder do Estado sobre o indivíduo e a sua esfera de liberdade, observa-se que o totalitarismo comporta uma mensagem radicalmente contrária aos ideais setecentistas e oitocentistas de defesa da liberdade individual, dos direitos fundamentais do homem, da separação de poderes e da limitação da intervenção do Estado sobre a sociedade, afirmando-se, ao arrepio de toda a tradição histórica imediatamente anterior, como um movimento político profunda e radicalmente

---

[2339] Para um resumo das transformações fascistas do Estado, cfr. CARLO COSTAMAGNA, *Diritto Pubblico Fascista*, Torino, 1934, pp. 24 ss.

[2340] Para uma síntese do nacional-socialismo alemão e sua projecção no modelo de Estado, cfr. WILHELM SAUER, *Rechts- und Staatsphilosophie*, Stuttgart, 1936, pp. 45 ss. e 181 ss.

[2341] Para mais desenvolvimentos sobre cada um destes regimes, cfr. PAULO OTERO, *A Democracia Totalitária*, pp. 87 ss.

antiliberal e anti-individualista[2342]: o totalitarismo representa a antítese de toda a concepção liberal do Estado proclamada em 1789[2343].

Antiliberal, desde logo, porque negando qualquer separação entre o Estado e a sociedade, tal como se encontrava subjacente ao pensamento liberal, o totalitarismo afirma-se com a pretensão de se identificar com a sociedade, visando impregnar e conformar toda a vida da colectividade, expandindo-se e apoderando-se da vida de cada um dos seus membros[2344].

Não visa o totalitarismo, porém, qualquer ideia de integração no Estado de mecanismos de representação do pluralismo político ou da diversidade de interesses existentes na sociedade – salvo, eventualmente, o proclamado corporativismo da Itália fascista (v. *supra*, n° 5.4.6.) –, antes uma tal identificação se processa através de um fenómeno de completa absorção da sociedade pelo Estado[2345]: penetrando o interior da família, das empresas e das consciências, o totalitarismo julga as intenções e retira sentido ao "privado".

O antiliberalismo do totalitarismo afasta, por conseguinte, a ideia de um Estado mínimo, afirmando-se como Estado activamente interventor ou mesmo dirigista, transformando-se no grande, no verdadeiro e no único animador da sociedade[2346], desde a economia à cultura[2347], retomando uma marcada tradição intervencionista típica do Estado anterior ao liberalismo.

O Estado totalitário não é, porém, um simples modelo ideal de organização da sociedade, antes expressa um tipo de Estado que teve

---

[2342] Sobre a relação entre o totalitarismo e o liberalismo, cfr. CLAUDE POLIN, *Le Totalitarisme*, pp. 8 ss.

[2343] Neste sentido, apesar de apenas se referir ao fascismo, cfr. H. DE VRIES DE HEERKELINGEN, *Introduction to the Study of Fascism*, in *A Survey of Fascism – The year book of the international centre of fascist studies*, I, London, 1928, p. 16; SANTI ROMANO, *Corso di Diritto Costituzionale*, p. 30.

[2344] Cfr. REINHOLD ZIPPELIUS, *Allgemeine...*, p. 275 (= trad. portuguesa, p. 368).

[2345] Neste sentido, cfr. MARCEL PRÉLOT / GEORGES LESCUYER, *Histoire...*, pp. 432 e 433.

[2346] Neste sentido, MARCEL PRÉLOT / GEORGES LESCUYER, *Histoire...*, p. 433.

[2347] Sublinhando a radical diferença entre o Estado totalitário e o Estado liberal no que respeita aos fins, cfr. NICOLÁS PÉREZ SERRANO, *Tratado...*, pp. 215-216.

uma existência histórica efectiva, continuando ainda hoje a servir de exemplo alternativo ao Estado de raiz liberal – o fascismo, o nazismo, o sovietismo e o maoismo ilustram a afirmação.

6.3.3. *Inversão dos valores Ocidentais: uma contra-doutrina cristã*

Se a vertente antiliberal do totalitarismo projecta a sua filiação ideológica última em pensadores anteriores ou opostos aos ideais da Revolução Francesa, a vertente anti-individualista conduz o totalitarismo à negação do valor supremo da pessoa humana e à exclusão de qualquer reconhecimento de uma dignidade igual e intangível a todo o ser humano[2348].

O totalitarismo comporta a instrumentalização completa do ser humano à prossecução de fins de índole transpersonalista da colectividade: o totalitarismo nega ao homem a qualidade de razão de ser do Estado, transformando o Estado na razão de existência do homem.

Levando ao extremo o primado da força sobre a razão[2349], o Estado totalitário tende "a absorver em si próprio a Nação, a sociedade, a família, as comunidades religiosas e as próprias pessoas"[2350]. Neste sentido, o totalitarismo acaba por se identificar com a própria "negação da transcendente dignidade da pessoa humana"[2351].

Visto de diferente ângulo, o totalitarismo, incorporando o contributo de Nietzsche (v. *supra*, n° 6.2.3.), traduz uma profunda ruptura com toda a tradição Ocidental de raiz cristã: o totalitarismo afasta o homem da centralidade histórica que o pensamento cristão foi paulatinamente construindo.

[2348] Resta saber, no entanto, se um tal pretenso anti-individualismo do Estado totalitário não envolve ainda um verdadeiro individualismo exacerbado de alguém que, negando a individualidade do outro, visa afirmar a sua própria individualidade, cfr. CLAUDE POLIN, *Le Totalitarisme*, p. 119.

[2349] Neste sentido, cfr. JOÃO PAULO II, *Carta Encíclica «Centesimus Annus»*, de 1 de Maio de 1991, n° 29.

[2350] Cfr. JOÃO PAULO II, *Carta Encíclica «Centesimus Annus»*, n° 45.

[2351] Neste último sentido, cfr. JOÃO PAULO II, *Carta Encíclica «Centesimus Annus»*, n° 44.

Tal como para Marx a religião era ópio para o povo (v. *supra*, n° 5.3.3.), também Hitler tinha perfeita consciência da incompatibilidade entre a ideologia totalitária e o cristianismo: "ou se é cristão, ou se é alemão"[2352], o mesmo seria dizer, segundo o seu autor, "ou se é nazi, ou se é cristão".

Existe assim uma incompatibilidade profunda e radical entre o totalitarismo e uma efectiva fé cristã.

Neste aspecto residirá uma outra originalidade do totalitarismo: produto do pensamento político ocidental, o totalitarismo representa a inversão de todos os principais valores do cristianismo – humanidade, tolerância, não-violência e liberdade.

Não admira, por isso, que o totalitarismo, negando por completo a dignidade do homem como imagem visível de Deus invisível[2353], tenha sido objecto de sucessivas condenações por parte da Igreja Católica, desde Pio XI e Pio XII[2354], passando pelo Concílio Vaticano II[2355], até João Paulo II[2356] e Bento XVI[2357]: o totalitarismo é a expressão de uma cultura e de uma *praxis* que comportam a negação da Igreja, arvorando os governantes do Estado ou do partido em únicos centros de definição da ordem axiológica do bem e do mal, circunstância esta que determina que o Estado totalitário procure destruir ou subjugar a Igreja[2358].

[2352] Afirmação atribuída a Hitler, cfr. HERMANN RAUSCHNING, *Hitler disse-me*, Lisboa, 1940, p. 67 seg.

[2353] Neste sentido, cfr. JOÃO PAULO II, *Carta Encíclica «Veritatis Splendor»*, de 6 de Agosto de 1993, n° 99.

[2354] Neste sentido, cfr. ANTÓNIO DOS REIS RODRIGUES, *Doutrina Social da Igreja – Pessoa, Sociedade e Estado*, Lisboa, 1991, em especial, p. 161; SOARES MARTÍNEZ, *Filosofia do Direito*, Coimbra, 1991, pp. 139 e 140, nota.

[2355] No que diz respeito apenas à Constituição Pastoral *Gaudium et Spes*, de 7 de Dezembro de 1965, cfr. MÁRIO PINTO / ANTÓNIO LEITE GARCIA / JOÃO SEABRA (org.), *Gaudium et Spes – Uma leitura pluridisciplinar vinte anos depois*, Lisboa, 1988.

[2356] Para uma síntese da condenação do totalitarismo por JOÃO PAULO II, cfr. *Carta Encíclica «Redemptor Hominis»*, de 4 de Março de 1979, n° 17; *Carta Encíclica «Sollicitudo Rei Socialis»*, de 30 de Dezembro de 1987, n° 15; *Carta Encíclica «Centesimus Annus»*, em especial, n°s 29, 44 e 45; *Carta Encíclica «Veritatis Splendor»*, em especial, n° 99.

[2357] Cfr. BENTO XVI, *Carta Encíclica «Deus Caritas Est»*, de 25 de Dezembro de 2005, n° 28.

[2358] Cfr. JOÃO PAULO II, *Carta Encíclica «Centesimus Annus»*, n° 45.

O totalitarismo representa uma contra-doutrina ou uma antidoutrina cristã, envolvendo uma oposição radical a uma religião e a um Estado fundados numa concepção personalista e de tolerância: se exceptuarmos a China maoista, o Estado totalitário é, paradoxalmente, um produto gerado em sociedades cristãs que comporta uma doutrina e uma vivência frontalmente contrárias aos ensinamentos de Cristo.

6.3.4. *Reversibilidade do processo histórico*

A originalidade do totalitarismo, enquanto ideologia política oriunda do Mundo Ocidental e radicalmente contrária à ordem axiológica cristã, podendo até dizer-se que estamos diante da mais cabal negação da doutrina da Igreja, revela-se, por outro lado, na circunstância de ser um produto específico do século XX[2359], sem qualquer outro antecessor histórico directo[2360].

Na realidade, depois da longa caminhada que a História política do mundo ocidental regista na progressiva afirmação do indivíduo e de um espaço próprio perante o Poder, limitando-o e, simultaneamente, conquistando a titularidade de direitos fundamentais, observa-se que o totalitarismo surge como um fenómeno que comporta uma verdadeira ruptura no processo histórico da humanidade: o totalitarismo envolve um retrocesso na limitação do Poder e no reconhecimento e garantia dos direitos fundamentais da pessoa humana, podendo até dizer-se que nunca a liberdade do ser humano havia sido negada de forma tão arbitrária e assumida[2361].

O totalitarismo marca a diferença entre um governo fundado no respeito e na garantia das liberdades públicas e dos direitos funda-

---

[2359] Cfr. FRANÇOIS CHÂTELET / É. PISIER-KOUCHNER, *Las Concepciones...*, pp. 429 e 438.

[2360] Sublinhando a originalidade do totalitarismo, enquanto fenómeno radicalmente novo em termos históricos, cfr. HANNAH ARENDT, *O Sistema Totalitário*, p. 572; CHARLES DEBBASCH / JEAN-MARIE PONTIER, *Introduction...*, pp. 94 e 97.

[2361] Cfr. CHARLES DEBBASCH / JEAN-MARIE PONTIER, *Introduction...*, p. 97.

mentais e, por outro lado, um governo baseado na força dos campos de concentração[2362].

Neste último sentido, o surgimento do totalitarismo na história política ocidental do século XX, trazendo toda uma nova concepção global de exploração do homem pelo homem e de intolerância face à diferença, permite compreender que a evolução do processo histórico não exclui a irreversibilidade de posições adquiridas, nem assenta, necessariamente, numa regra de dinâmica evolutiva linear ou uniforme. Confirma-se a ideia de que tudo é possível na História: "tanto o progresso triunfal e indefinido quanto a regressão histórica"[2363].

E, tal como sugestivamente escrevia Albert Camus, "o bacilo da peste não morre nem desaparece nunca, pode ficar dezenas de anos adormecido nos móveis e na roupa, espera pacientemente nos quartos, nas caves, nas malas, nos lenços e na papelada. E sabia também que viria talvez o dia em que, para desgraça e ensinamento dos homens, a peste acordaria os seus ratos e os mandaria morrer numa cidade feliz"[2364].

Também a luta pela dignificação do ser humano nunca é uma batalha definitivamente ganha: há sempre velhos desafios e novas formas de perigo totalitário contra essa dignidade.

[2362] Deve-se a HANNAH ARENDT a utilização de uma ideia semelhante, cfr. MARCEL PRÉLOT / GEORGES LESCUYER, *Histoire...*, p. 432.

[2363] Cfr. ORTEGA Y GASSET, *A Rebelião...*, p. 88.

[2364] Cfr. ALBERT CAMUS, *A Peste*, ed. Livros do Brasil, Lisboa, s.d., p. 334.

§7º
A HERANÇA LIBERAL:
BEM-ESTAR SOCIAL E DIGNIFICAÇÃO HUMANA

7.1. Dimensão social da pessoa humana: os direitos sociais

7.1.1. *A génese histórica dos direitos sociais*

Se a garantia dos direitos fundamentais do liberalismo assentava na ideia de abstenção do Estado, sendo a propriedade e a liberdade tanto mais garantidas quanto menor fosse a intervenção do Estado, rapidamente se verificou, todavia, que existem direitos fundamentais cuja efectiva garantia exige uma intervenção social ou económica do Estado.

Encontramos nos movimentos liberais de cariz radical as primeiras manifestações jurídicas deste entendimento mais exigente dos direitos da pessoa humana, neles podendo recortar-se a génese histórica dos designados direitos sociais: as preocupações em torno da assistência, do trabalho e da educação, subjacentes à Declaração dos Direitos do Homem e do Cidadão de 1793, a qual fazia da igualdade o primeiro direito fundamental (v. *supra*, nº 4.5.5.), e à Declaração de Direitos integrante da Constituição Francesa de 1848 (v. *supra*, nº 4.5.7.), ilustram a fidelidade dos movimentos revolucionários franceses a um propósito de responsabilização directa do Estado pela criação de condições materiais de efectivação dos direitos da pessoa humana.

É ainda neste contexto que, por influência da Constituição Espanhola de 1812, se inserem os artigos 237º e 240º da Constituição portuguesa de 1822, estipulando a existência de estabelecimentos de instrução pública e de caridade para efeitos de socorros públicos ou assistência pública, enquanto obrigações a cargo das autoridades públicas (v. *supra*, n° 4.5.6.).

Sucede, porém, que tais consagrações jurídicas embrionárias dos direitos sociais têm as suas raízes ideológicas em períodos históricos anteriores ao liberalismo e mesmo em postulados contrários aos ideais liberais. Tal como já tivermos oportunidade de referir, a democracia de Péricles na Grécia Antiga, segundo resulta do relato de Tucídides (v. *supra*, n° 3.2.5.), envolve uma vertente social. Encontra-se também em Marsílio de Pádua, na primeira metade do século XIV, a ideia de viver bem e com dignidade por parte das pessoas e ainda a formulação de uma obrigação de solidariedade humana (v. *supra*, n° 3.3.6.). Igualmente em Tomás More, no início do século XVI, há a afirmação clara de um princípio de solidariedade entre os membros da sociedade e a defesa de um modelo social motivado por finalidades de bem-estar social envolvendo uma forte intervenção pública (v. *supra*, n° 3.6.1.).

Independentemente da interpretação da concepção de Kant sobre a propriedade privada ser passível de extrair uma regra de bem-estar social[2365] ou do seu entendimento sobre o dever de beneficência em relação aos necessitados que vincula todos os homens[2366], é em Hegel que se localiza a inequívoca formulação de um princípio do Estado social[2367]: a sociedade civil, substituindo a família na protecção e subsistência do indivíduo[2368], tem deveres para com ele[2369], passando este a ser um filho daquela[2370] e a possuir direitos sobre ela[2371]. Neste contexto, a sociedade pode criar instituições colectivas destinadas a promover a educação[2372] e a subsistência[2373], falando mesmo em "institui-

---

[2365] Sobre o tema, desenvolvidamente, cfr. MIGUEL NOGUEIRA DE BRITO, *A Justificação...*, pp. 390 ss.
[2366] Cfr. IMMANUEL KANT, **La Metafísica...**, p. 323.
[2367] Neste último sentido, cfr. MIGUEL NOGUEIRA DE BRITO, *A Justificação...*, pp. 488 ss.
[2368] Cfr. HEGEL, **Princípios...**, §238° e 240°, pp. 235 e 236.
[2369] Cfr. HEGEL, **Princípios...**, §239°, p. 235.
[2370] Cfr. HEGEL, **Princípios...**, §238°, p. 235.
[2371] Cfr. HEGEL, **Princípios...**, §238°, p. 235.
[2372] Cfr. HEGEL, **Princípios...**, §239°, p. 235.
[2373] Cfr. HEGEL, **Princípios...**, §240°, p. 236.

ções públicas de assistência, hospitais, iluminação das ruas, etc."[2374].

Mostra-se mesmo possível reconduzir à influência de Hegel o surgimento na Europa germânica, na segunda metade do século XIX, das primeiras manifestações do embrião de um sistema de segurança social: a Áustria, em 1854, com um regime de doença, invalidez e velhice dos trabalhadores das minas e, já durante a década de oitenta, sob o regime prussiano de Bismarck, os seguros sociais de doença (1883), de acidentes de trabalho (1884) e de invalidez e velhice (1889)[2375].

Também no século XIX, além da relevância do contributo de Tocqueville resultante da observação da preocupação de bem-estar na América (v. *supra*, nº 4.7.2.) e que viria a ter reflexos na Constituição francesa de 1848 (v. *supra*, nº 4.5.7.), os movimentos socialistas, criticando severamente as injustiças sociais do liberalismo, contribuíram para se firmar a ideia de que o Estado não podia assistir passivo ao desenvolvimento de gritantes iniquidades sociais, antes devia promover, segundo a terminologia de Saint-Simon, uma "melhoria da existência moral e física da classe mais pobre" (v. *supra*, nº 5.3.1.).

É igualmente nessa linha que, desde os finais do século XIX, se revela a influência do magistério da Doutrina Social da Igreja, denunciando a incapacidade do liberalismo em resolver a "questão social" (v. *supra*, nº 5.4.), estabelecendo uma inequívoca imposição de intervenção social e económica ao Estado, combatendo o individualismo selvagem e implementando a justiça social através de um modelo de bem-estar, determinando que as autoridades públicas, à luz de um princípio de supletividade, promovam o auxílio à família, o desenvolvimento da função social da propriedade privada e a defesa dos trabalhadores e da sua dignidade contra os abusos decorrentes de uma exploração económica desenfreada à luz da livre concorrência.

O termo da Primeira Guerra Mundial (1914-1918) e a grande depressão económica dos anos vinte que se seguiu, mostrando ao mundo a falência do puro modelo económico liberal assente num

---

[2374] Cfr. HEGEL, *Princípios...*, §242º, p. 237.
[2375] Para uma breve caracterização destes modelos de génese da segurança social, cfr. ANTÓNIO L. DE SOUSA FRANCO, *Finanças Públicas e Direito Financeiro*, I, 4ª ed., 4ª reimp., Coimbra, 1996, p. 174.

Estado mínimo e não interventor, veio reforçar a necessidade de intervenção económica do Estado: a neutralidade e o abstencionismo estatais estavam, definitivamente, ultrapassados.

Por tudo isto, ao lado dos direitos fundamentais tipicamente liberais cuja garantia assentava na não intervenção social e económica do Estado, passou a configurar-se a existência de direitos fundamentais que envolviam uma intervenção prestadora ou implementadora por parte do Estado: os direitos sociais permitiram que se passasse do Estado liberal para o Estado social de Direito.

Há aqui, todavia, uma continuidade teleológica com o propósito do Estado liberal de dignificação da pessoa humana: a garantia dos direitos sociais, sem fazer desaparecer os direitos individuais conquistados durante o liberalismo, mostra que o Estado social é ainda herdeiro do Estado liberal.

7.1.2. *Intervenções constitucionais anteriores à II Guerra Mundial*

Independentemente das mencionadas manifestações constitucionais embrionárias anteriores ao século XX, podemos encontrar na Constituição mexicana de 1917 a primeira expressão constitucional novecentista de um modelo de Estado dotado de preocupações sociais (v. *supra*, n° 5.4.5.): a Constituição confere aos cidadãos o poder de exigir do Estado um conjunto de prestações tendentes a satisfazer a educação, a saúde, o trabalho e a segurança social, vinculando esse mesmo Estado à obrigação de implementar meios tendentes a satisfazer essas necessidades colectivas, elevadas agora à categoria de direitos fundamentais dos cidadãos.

Na Europa, o modelo de Estado social teria a sua primeira formulação constitucional na Alemanha, através da Constituição de Weimar, de 11 de Agosto de 1919 (v. *supra*, n° 5.4.5.). Não obstante as preocupações de criar um modelo político e económico visando a garantia de uma existência condigna do ser humano, consagrando-se direitos sociais nos domínios do trabalho, da saúde, da previdência, educação, família e cultura, o certo é que a debilidade das instituições democráticas da República de Weimar acabou por conduzir, durante a década de trinta, ao colapso do modelo político alemão herdeiro do liberalismo, registando-se a instauração de uma ordem totalitária com o nazismo[2376].

No intervalo entre as duas guerras mundiais, a Europa assistiu, todavia, a um rápido progresso de textos constitucionais implementadores de um novo modelo de Estado intervencionista nos campos económico, social e cultural, visando a satisfação de uma nova categoria de direitos fundamentais – os direitos sociais –, registando-se que essa evolução jurídica foi comum em regimes políticos de cariz democrático, autoritário ou mesmo totalitário:

(i) Em Itália, a *Carta del Lavoro*, datada de 1927, consagrando um conjunto de direitos relacionados com o trabalho e os trabalhadores, impondo um programa de acção ao Estado visando a sua garantia (v. *supra*, n° 5.4.6.);

(ii) Em Espanha, a Constituição de 1931, instituindo a II República, além de um conjunto de "garantias individuais e políticas"[2377], reserva um capítulo dedicado à "família, economia e cultura" e aos inerentes direitos de matriz social[2378]: a intervenção do Estado manifesta-se, a título principal, na prestação de assistência aos doentes e idosos e na protecção da maternidade e da infância[2379], na garantia de condições de existência digna aos trabalhadores através da emanação de uma legislação de amplo sentido social[2380], na específica

---

[2376] Com o nazismo, apesar de suprimidas as liberdades fundamentais, ainda que negada a dignidade e a própria vida a todos os seres humanos, a verdade é que o Estado nazi não deixou de assumir preocupações sociais e culturais (cfr. WILHELM SAUER, *Rechts- und Staatsphilosophie*, pp. 236 ss.): tratavam-se, porém, de preocupações de um Estado total, integrador de todas as dimensões do indivíduo nos fins do próprio Estado, e, por isso, implementador de um intervencionismo alheio a qualquer dimensão de dignificação da pessoa humana.

[2377] Cfr. artigos 25° a 42° da Constituição Espanhola de 1931.

[2378] Cfr. artigos 43° a 50° da Constituição Espanhola de 1931.

[2379] Cfr. artigo 43° da Constituição Espanhola de 1931.

[2380] Cfr. artigo 46° da Constituição Espanhola de 1931.

obrigação de protecção dos camponeses e pescadores[2381] e ainda na assunção pelo Estado de um programa cultural e educativo[2382];

(iii) Em Portugal, a Constituição de 1933, igualmente traçando como incumbência do Estado a garantia do bem-estar social, postulando um intervencionismo económico, social e cultural, consagra direitos sociais (v. *supra*, n° 5.4.6.).

Em qualquer destes textos constitucionais, a amplitude da intervenção social e económica do Estado, envolvendo o reconhecimento às pessoas de direitos a prestações concretas por parte do poder público, marcando a ruptura com o modelo abstencionista liberal, traduz a alvorada de um Estado dotado de preocupações sociais.

Essas preocupações sociais das Constituições europeias entre as duas guerras mundiais inserem-se, no entanto, em vias ideológicas distintas: existem preocupações constitucionais que se integram num modelo político totalitário ou autoritário e, em sentido contrário, preocupações que se desenvolveram no contexto de um modelo político herdeiro das garantias de liberdade e participação política provenientes do liberalismo, assistindo-se aqui ao surgimento do designado Estado social.

O Estado social revela ser, por conseguinte, um modelo de aprofundamento da dignificação da pessoa humana, adicionando às garantias de liberdade e aos direitos individuais oriundos das revoluções liberais preocupações de bem-estar social, económico e cultural, entretanto elevadas à categoria de direitos (sociais) da pessoa. Não se poderá aqui negar a impregnação dos modelos constitucionais de raiz liberal por uma significativa dimensão social proveniente de reivindicações socialistas[2383].

Na Europa Ocidental, porém, o totalitarismo nazi e fascista viria a interromper a herança liberal subjacente ao modelo social inicialmente traçado pela Constituição alemã de Weimar: a asfixiante inter-

---

[2381] Cfr. artigo 47° da Constituição Espanhola de 1931.
[2382] Cfr. artigo 48° da Constituição Espanhola de 1931.
[2383] Neste último sentido, cfr. RAYMOND ARON, *Ensayo...*, p. 121.

venção do Estado totalitário, rompendo com a tradição liberal e rejeitando a universalidade do valor sagrado e inviolável da dignidade inerente a cada pessoa humana viva e concreta (v. *supra*, §6°), só seria ultrapassada com o termo da II Guerra Mundial e inerente vitória dos Países Aliados e a derrota das Potências do Eixo.

7.2. Idem: a cláusula constitucional de bem-estar social

7.2.1. *Bem-estar, dignidade humana e responsabilidade do Estado*

A transformação do propósito de bem-estar social numa verdadeira cláusula constitucional vinculativa da actividade pública traduz o propósito de edificação de um modelo de sociedade baseada na dignidade da pessoa humana e empenhada na realização da justiça social e da solidariedade: a noção de democracia emergente do pós II Guerra Mundial não se pode configurar como mero processo político-formal de escolha dos governantes pelos governados ou simples critério de decisão, antes exige uma dimensão económica, social e cultural.

Neste domínio, além da incidência vinculativa da implementação do princípio do bem-estar junto dos sujeitos privados – visível na formulação inicial da doutrina social da Igreja quanto às relações laborais (v. *supra*, n° 5.4.3.) –, regista-se uma inalienável responsabilidade directa do Estado: o Estado assume um assinalável protagonismo, expressão do seu estatuto de "Estado Providência", cuidando de nós do nascimento até à sepultura, produzindo bens e prestando serviços.

A histórica jurídica das últimas décadas nos Estados Ocidentais permite observar, no entanto, dois diferentes modelos jurídicos de configuração da responsabilidade do Estado na garantia do bem--estar:

(i) Num primeiro modelo, inicialmente próximo de concepções ideológicas mais socializantes ou de esquerda, o Estado concorre com a iniciativa económica privada, em condições de paridade ou até mesmo de preferência pública em certos sectores de actividade (v.g., sistema de segurança social,

sistema de ensino, sistema de saúde), registando-se aqui uma responsabilidade primária do Estado na satisfação de tais necessidades públicas;
(ii) Num segundo modelo, na sua origem mais liberal e próximo de orientações políticas de direita, o Estado tem a sua intervenção efectivadora do bem-estar pautada por uma regra de subsidiariedade: a intervenção estadual apenas se faz nas áreas que não suscitam interesse à iniciativa económica privada ou em que esta se mostra insuficiente ou pouco eficiente na satisfação das necessidades colectivas – o Estado desempenha aqui a função de último garante do bem-estar, assumindo uma responsabilidade supletiva.

Não obstante os últimos anos terem encaminhado a maioria dos governos Ocidentais para o segundo modelo traçado, assistindo-se a uma adesão dos partidos governamentais socialistas ou de esquerda às ideologias neo-liberais de uma responsabilidade (mais ou menos) supletiva do Estado na implementação do bem-estar social, a verdade é que os textos constitucionais escritos continuam ainda maioritariamente fiéis a um modelo que faz do bem-estar e da efectivação dos direitos sociais incumbências prioritárias do Estado. É nesse sentido que se tem de interpretar, por exemplo, o artigo 9°, alínea d), e o artigo 81°, alíneas a) e b), da Constituição Portuguesa de 1976.

Qualquer que seja a via preferencial de implementação do bem--estar e dos direitos sociais, o modelo jurídico hoje vigente continua a fazer da redistribuição de rendimentos uma vinculação constitucional do Estado em termos financeiros, enquanto expressão de uma maior justiça social imposta por uma sociedade fundada na dignidade humana, falando-se no desenvolvimento de uma actividade a título de "Estado-repartidor"[2384]: o sistema fiscal torna-se, neste contexto, um instrumento poderoso de redistribuição da riqueza e, simultaneamente, veículo de obtenção dos meios financeiros indispensáveis à implementação do bem-estar social. Poderá até afirmar-se existir hoje um

---

[2384] Expressão de ROGÉRIO EHRHARDT SOARES, *Direito Público e Sociedade Técnica*, Coimbra, 1969, p. 90.

verdadeiro "Estado Zorro"[2385] ou, também já dito, "Estado Robin dos Bosques"[2386]: trata-se de um Estado que, promovendo uma política de redistribuição da riqueza, tira aos ricos para dar aos pobres, protegendo os fracos, as minorias, os deserdados, as vítimas actuais ou potenciais de um desenvolvimento desordenado.

O activismo e o intervencionismo do Estado tornam-se agora evidentes: encontra-se definitivamente ultrapassado o mito liberal de separação entre a esfera da sociedade civil e a esfera do Estado.

7.2.2. *Vertentes do princípio do bem-estar*

Mostra-se possível recortar três vertentes de incidência ou expressão do princípio do bem-estar:

(i) Há, em primeiro lugar, uma perspectiva *material* do bem-estar, traduzida na criação e efectivação de condições sociais e económicas que permitam uma progressiva melhoria da qualidade de vida (material) das pessoas, falando-se em sociedade de bem-estar[2387], sendo aqui que se integram as ideias de justiça social e igualdade real e ainda o apelo à necessidade de transformação e modernização das estruturas económicas e sociais;

[2385] Expressão de CLAUDE EMERI, *L'État de Droit dans les Systèmes Polyarchiques Européens*, in **Revue Française de Droit Constitutionnel**, 1992, pp. 35-36.

[2386] Cfr. EMÍLIO KAFFT KOSTA, *Estado de Direito – O paradigma zero*, dissertação de doutoramento apresentada na Faculdade de Direito da Universidade de Lisboa, inédita, policop., s.l., 2005, p. 192.

[2387] Para uma análise de relacionamento entre Estado de bem-estar e sociedade de bem-estar, cfr. GREGORIO RODRIGUEZ CABRERO, *Estado de Bienestar y Sociedade de Bienestar. Realidade e Ideología*, in GREGORIO RODRIGUEZ CABRERO (org.), **Estado, Privatización y Bienestar – un debate de la Europa actual**, Barcelona e Madrid, 1991, pp. 11 ss.; CRISTÓBAL MONTORO ROMERO / RICARDO MONTORO ROMERO, *Del Estado de Bienestar a la Sociedad del Bienestar*, in RAMÓN CASILDA BÉJAR / JOSÉ MARÍA TORTOSA (org.), **Pros y Contras del Estado del Bienestar**, Madrid, 1996, pp. 75 ss.

(ii) Em segundo lugar, o bem-estar compreende também uma vertente *imaterial* da qualidade de vida, a qual determina a criação e efectivação de condições políticas, culturais e ambientais tendentes ao pleno desenvolvimento da pessoa, enquanto cidadão e homem, em termos individuais e sociais[2388];

(iii) Em terceiro lugar, o bem-estar não pode deixar de integrar uma perspectiva *temporal* da qualidade de vida (material e imaterial), isto de tal forma que as gerações presentes não têm o direito de alienar o património (v.g., ambiental, cultural e de recursos naturais) que lhes foi confiado pelas gerações passadas[2389], nem o poder de fazer precludir a intervenção decisória ou um núcleo de garantia social a favor das gerações futuras.

Nestas três vertentes se observa a actual complexidade da cláusula constitucional de bem-estar e da inerente responsabilidade do Estado na sua garantia e implementação.

7.2.3. *A ultrapassagem do modelo liberal*

O princípio do bem-estar envolve, nos termos expostos, uma dimensão aberta e de progressiva concretização por todas as gerações das condições (materiais e imateriais) que traduzam um reforço da melhoria da qualidade de vida da pessoa humana, segundo os diferen-

---

[2388] Pode dizer-se, por tudo isto, que o Estado de bem-estar envolve uma função de "inclusão política" da população, cfr. NIKLAS LUHMANN, *Teoría Política en el Estado de Bienestar*, Madrid, 1993, pp. 47 ss.

Sobre a inserção do indivíduo no Estado de bem-estar como forma essencial de cidadania, cfr. NUMA MURARD, *El Estado de Bienestar en Francia: permanencia y cambio*, in GREGORIO RODRIGUEZ CABRERO (org.), *Estado, Privatización y Bienestar – un debate de la Europa actual*, Barcelona e Madrid, 1991, p. 266 seg.

[2389] Sobre o desenvolvimento de uma "consciência planetária" ou "consciência da globalidade" de certas questões no Estado social, cfr. FRANCISCO SERRA, *El Futuro del Estado Social*, in ENRIQUE OLIVAS, *Problemas de Legitimacion en el Estado Social*, Madrid, 1991, p. 174.

tes entendimentos políticos emergentes das maiorias parlamentares e governamentais existentes em cada momento histórico.

O bem-estar social tornou-se uma vertente inseparável de dignificação do estatuto jurídico-constitucional do ser humano, tal como a garantia da vida, da integridade física, da liberdade ou da participação política: não é hoje imaginável um sistema jurídico fundado no respeito e garantia da dignidade da pessoa humana sem uma cláusula constitucional de bem-estar social.

Por isso mesmo, o Estado, além de estar particularmente atento às necessidades da colectividade sempre em evolução, procurando captá-las, hierarquizá-las e promover (directa ou indirectamente) a sua satisfação, enquanto estrutura pública primariamente vinculada e última responsável pela Constituição à implementação do bem-estar, desenvolve também uma função reordenadora e, nesse sentido, transformadora da sociedade, visando uma repartição justa dos rendimentos e da riqueza através de um modelo de desenvolvimento económico e social.

Visto de diferente perspectiva, observa-se que o princípio do bem-estar determinou uma verdadeira reformulação das tradicionais relações entre Estado e sociedade herdadas do período liberal: o clássico modelo de uma tendencial separação entre o Estado e a sociedade foi substituído por uma gradual interpenetração, sem envolver, todavia, identidade entre as duas realidades[2390]. Hoje, pode bem afirmar-se, "já não há sociedade sem Estado, nem o Estado pode ser entendido sem a sociedade"[2391].

O modelo liberal encontra-se, neste contexto, definitivamente ultrapassado: a cláusula constitucional de bem-estar social tornou o Estado insubstituível interventor na sociedade, tal como a sociedade é indispensável razão de ser do protagonismo constitucional do Estado na garantia do bem-estar.

Por saber fica, no entanto, se a cláusula de bem-estar social não poderá, ela própria, além de fundamento de tarefas fundamentais do

---

[2390] Cfr. MANUEL GARCÍA-PELAYO, *Las Transformaciones del Estado Contemporáneo*, 2ª ed., 6ª reimp., Madrid, 1992, pp. 21 ss. e 126 ss.
[2391] Cfr. DIETRICH JESCH, *Gesetz und Verwaltung*, 2ª ed., Tübingen, 1968, p. 173.

Estado, servir de justificação habilitante de deveres fundamentais entre os membros de uma sociedade baseada no postulado da solidariedade e da justiça social (v. *infra*, n° 8.4.4.): o bem-estar social, sendo indiscutível fonte de direitos fundamentais criadores de incumbências do Estado, passaria também a ser fonte de deveres fundamentais[2392].

7.2.4. *Formas de concretização jurídica do bem-estar*

O protagonismo constitucional do Estado na garantia do bem--estar social, independentemente de traduzir ainda a expressão de um sistema jurídico fundado no respeito e garantia da dignidade da pessoa humana, pode envolver duas formas distintas de concretização jurídica:

(i) Pode traduzir o reconhecimento na própria Constituição de direitos fundamentais de matriz social, enquanto comandos vinculativos de actuação do legislador no sentido de serem executadas tais tarefas ou incumbências do Estado, isto num quadro factual de efectiva ou real possibilidade de implementação (v.g., Constituições da Europa Continental) ou, pelo contrário, num quadro factual meramente simbólico de proclamação de tais propósitos de bem-estar (v.g., Constituições dos Países Africanos de Expressão Portuguesa);

(ii) Pode envolver uma simples opção do legislador, sem que do texto constitucional resulte o reconhecimento de direitos sociais ou de tarefas de bem-estar que imponham ao Estado uma específica obrigação de implementação, antes se encontrando na disponibilidade do decisor político a definição e execução de políticas públicas de bem-estar social (v.g., Constituição norte-americana), sem prejuízo de, em cenários de consagração constitucional de uma cláusula aberta de direitos fundamentais, se assistir à eventual conversão de tais

---

[2392] Neste último sentido, cfr. JOSÉ CASALTA NABAIS, *Dos deveres fundamentais*, in JOSÉ CASALTA NABAIS, *Por uma Liberdade com Responsabilidade – Estudos sobre direitos e deveres fundamentais*, Coimbra, 2007, pp. 237 e 309.

posições jurídicas subjectivas conferidas pelo legislador em direitos fundamentais.

Ambas as formas de concretização jurídico-constitucional do bem-estar, sem embargo de poderem coexistir num mesmo texto constitucional (v.g., Constituição Portuguesa de 1976), além de envolverem sempre uma actividade normativa de carácter jurídico e efeitos financeiros, exigem também uma actuação prestacional ou material a cargo da Administração Pública.

Não basta a Constituição proclamar que todos têm direito à educação ou direito à saúde, tal como não é suficiente a sua transposição para medidas legislativas que, através de uma lei sobre o sistema de ensino ou o serviço nacional de saúde, confiram execução às respectivas normas constitucionais: se a Administração não elaborar os regulamentos necessários à execução de tais leis ou, tendo-os elaborado, não disponibilizar as verbas necessárias para a construção de escolas e hospitais ou, ainda que tenha disponibilizado as verbas, não existir a decisão viabilizando a sua construção e a posterior abertura de concursos para munir tais estabelecimentos de meios humanos e materiais que permitam o seu efectivo funcionamento, tudo será em vão – os direitos fundamentais materializadores de uma sociedade de bem-estar nunca passarão de meras proclamações de papel[2393].

A implementação do bem-estar social, exigindo uma actuação prestacional pública sustentada em decisões normativas e financeiras, confere um inevitável protagonismo à Administração Pública: a satisfação dos direitos sociais torna o ser humano mais dependente da actuação do poder administrativo do que de qualquer acção do legislador.

7.2.5. *Idem: a Constituição refém da Administração Pública*

Perante textos constitucionais programáticos, definidores através das suas normas de um verdadeiro programa de acção transformadora

---

[2393] Cfr. PAULO OTERO, *Legalidade e Administração Pública*, p. 30.

da realidade, visando implantar pela actuação dos poderes públicos um modelo de bem-estar, verifica-se que a Administração Pública é chamada a produzir bens e a prestar serviços aptos à satisfação das necessidades colectivas identificadas pela Constituição ou pela lei como direitos económicos, sociais, culturais e ambientais: a Administração é, também ela, destinatária das imposições constitucionais e legais de bem-estar[2394].

Não será mesmo exagero afirmar que, cada vez mais, o sucesso ou o insucesso da implementação de um modelo constitucional de bem--estar, incluindo aqui a concretização dos direitos fundamentais, se encontra mais nas mãos da Administração Pública do que na simples actividade normativa desenvolvida pelo legislador: o Estado-constitucional e o Estado-legislativo cederam lugar, por efeito da própria dinâmica voluntarista subjacente à cláusula constitucional de bem-estar, a um Estado-administrador.

O sucesso ou o fracasso da cláusula constitucional de bem-estar e do seu inerente programa de transformação da sociedade e de efectivação dos direitos sociais encontra-se depositado nas mãos da Administração Pública: a legitimação do bem-estar social não se basta hoje com a origem democrática do poder, impondo também que a Administração Pública obtenha um resultado eficiente na satisfação das necessidades sociais[2395] e, por esta via, faz nascer uma "legitimação pelo êxito"[2396].

Num outro sentido, verifica-se que se as Constituições programáticas "expropriaram" o legislador ordinário de um conjunto de opções políticas que o legislador constituinte resolveu chamar a si, a centralidade da Administração Pública na implementação desse programa permitiu conferir ao decisor administrativo, além de um papel activo na implementação do bem-estar, um poder político *de facto* que, contribuindo ainda mais para uma desvalorização do poder legislativo,

---

[2394] Para mais desenvolvimentos, cfr. PAULO OTERO, *O Poder de Substituição...*, II, pp. 586 ss., em especial, pp. 596 ss.

[2395] Cfr. LUCIANO PAREJO ALFONSO / A. JIMÉNEZ-BLANCO / L. ORTEGA ÁLVAREZ, *Manual de Derecho Administrativo*, I, 4ª ed., Barcelona, 1996, pp. 84 ss.

[2396] Neste mesmo sentido, cfr. ONOFRE ALVES BATISTA JÚNIOR, *Princípio Constitucional da Eficiência Administrativa*, Belo Horizonte, 2004, pp. 125 ss.

acabou por expressar um fenómeno de protagonismo da Administração Pública no moderno Estado de bem-estar.

Um tal "activismo" constitucional da Administração Pública[2397], permitindo que a mais perfeita disposição constitucional de natureza programática em matéria de bem-estar nunca se encontre imune à acção do poder administrativo, se é verdade que permite a Administração continuar a ser vista como "a Constituição em acção"[2398], o certo é também se mostra passível de, em termos degenerativos, conferir à Administração o papel de "Constituição em omissão", fazendo sucumbir o idealismo de um programa constitucional voluntarista pelo pragmatismo de uma execução administrativa "do possível" ou "do desejável": a Constituição estará hoje, também nesta última hipótese, refém do poder administrativo.

7.3. Centralidade do bem-estar e dos direitos fundamentais nas Constituições do pós II Guerra Mundial

7.3.1. *Constituição francesa (1946), Constituição italiana (1947) e Constituição alemã (1949)*

Se, salvo pontuais excepções (v.g., a Constituição francesa da III República), quase todos os textos constitucionais oitocentistas e novecentistas anteriores a 1945 integram um elenco de direitos fundamentais, verifica-se que esse movimento de centralidade discursiva dos direitos fundamentais surge reforçado através das Constituições ocidentais posteriores ao termo da II Guerra Mundial: trata-se de textos constitucionais que impõem ao Estado o propósito implementador do bem-estar social[2399], harmonizando a tutela de direitos indivi-

---

[2397] Para mais desenvolvimentos, cfr. PAULO OTERO, *Legalidade e Administração Pública*, pp. 28 ss.

[2398] Cfr. LORENZ VON STEIN, *Handbuch der Verwaltungslehre*, I, 3ª ed., Stuttgart, 1888, p. 6.

[2399] Sobre o carácter dos direitos no âmbito do modelo de bem-estar, indicando exemplos numa pluralidade de textos constitucionais, cfr. JUAN FERNANDO SEGOVIA, *Derechos Humanos y Constitucionalismo*, Madrid, 2004, pp. 74 ss.

duais, herdados do liberalismo, e a consagração e garantia de direitos sociais.

Imediatamente após o termo da II Guerra Mundial, a Constituição francesa de 1946 tem um preâmbulo que, encontrando-se ainda hoje em vigor[2400], sublinha a vitória sobre "os regimes que tentaram reduzir à servidão e degradar a pessoa humana" e proclama que todo o ser humano possui "direitos inalienáveis e sagrados". Neste sentido, reafirmando os direitos e as liberdades consagrados na Declaração de 1789, a Constituição de 1946 refere a necessidade de serem aditados novos desenvolvimentos no campo económico e social, proclamando um conjunto de novos direitos fundamentais, designadamente na área laboral e nos domínios da saúde, segurança social e ensino, definindo como dever da colectividade satisfazer o direito de qualquer cidadão a obter os meios de subsistência apropriados quando se encontre incapaz de trabalhar.

A Constituição francesa de 1946 torna-se, por conseguinte, o primeiro texto constitucional posterior à II Guerra Mundial a consagrar, a nível europeu, uma cláusula de bem-estar social.

Um ano depois, em 1947, a Constituição italiana representa a segunda expressão histórica europeia deste novo modelo de Estado social: fundando a república no trabalho[2401], enquanto direito dos cidadãos e dever cujas condições de efectividade à República incumbe promover[2402], o Estado, além de reconhecer e assegurar os direitos invioláveis do homem, exige o cumprimento dos deveres "indesvinculáveis de solidariedade política, económica e social"[2403], traçando como sua incumbência "remover os obstáculos de ordem económica e social que, limitando de facto a liberdade e a igualdade dos cidadãos, impedem o pleno desenvolvimento da pessoa humana e a efectiva participação de todos os trabalhadores na organização política, económica e social do país"[2404].

[2400] O preâmbulo da Constituição de 1946 e a declaração de direitos que integra foi objecto de recepção pela Constituição de 1958.

[2401] Cfr. Constituição italiana, artigo 1º.

[2402] Cfr. Constituição italiana, artigo 4º.

[2403] Cfr. Constituição italiana, artigo 2º.

[2404] Cfr. Constituição italiana, artigo 3º.

§7º A Herança Liberal: Bem-estar Social e Dignificação Humana 349

É neste contexto que a Constituição italiana de 1947 desenvolve um plano sistemático de tratamento destacado dos direitos fundamentais, procedendo à sua inserção no âmbito das relações cívicas, ético-sociais, económicas e políticas, enquanto expressão da titularidade pelo homem de direitos invioláveis, "quer como indivíduo, quer dentro dos agrupamentos sociais em que projecta a sua personalidade"[2405].

Não muito distante, a Lei Fundamental de Bona, de 1949, é o terceiro texto europeu do pós-guerra que, retomando a tradição oriunda da República de Weimar[2406], lança os alicerces do modelo de Estado social de Direito, começando o seu articulado com o reconhecimento da natureza sagrada da dignidade da pessoa humana[2407] e da existência de direitos do homem que são invioláveis e inalienáveis[2408], os quais desempenham o papel de fundamento de toda a comunidade humana, da paz e da justiça mundiais[2409].

Numa vertente marcadamente social, registam-se as referências ao dever de o Estado promover a efectiva igualdade entre homens e mulheres[2410], proteger o casamento e a família[2411], criar um sistema público escolar[2412], vinculando-se o uso da propriedade privada também ao bem-estar geral[2413]. Para além disso, observa-se que, a propósito da repartição de matérias legislativas concorrentes entre a federação e os *Länder*, existem múltiplas áreas de intervenção pública inseridas no âmbito do princípio do bem-estar social[2414].

[2405] Cfr. Constituição italiana, artigo 2º.
[2406] Cfr. Lei Fundamental de Bona, artigo 140º.
[2407] Cfr. Lei Fundamental de Bona, artigo 1º, nº 1.
[2408] Cfr. Lei Fundamental de Bona, artigo 1º, nº 2.
[2409] Cfr. Lei Fundamental de Bona, artigo 1º, nº 2.
[2410] Cfr. Lei Fundamental de Bona, artigo 3º, nº 2.
[2411] Cfr. Lei Fundamental de Bona, artigo 6º, nº 1.
[2412] Cfr. Lei Fundamental de Bona, artigo 7º.
[2413] Cfr. Lei Fundamental de Bona, artigo 14º, nº 2.
[2414] Cfr. Lei Fundamental de Bona, artigo 74º.

7.3.2. *Constituição portuguesa (1976) e Constituição espanhola (1978)*

Já na década de setenta do século XX, a Constituição portuguesa de 1976 traçou as bases de um modelo de Estado de Direito democrático, imediatamente mencionado no seu próprio preâmbulo, baseado na dignidade da pessoa humana e no respeito pela vontade popular[2415], visando a garantia dos direitos fundamentais e a promoção do bem-estar, enquanto tarefas nucleares do Estado expressamente referenciadas ao nível dos princípios fundamentais da Constituição[2416].

A Constituição de 1976 desenvolveu logo na sua Parte I um extenso elenco de direitos, liberdades e garantias das pessoas, acompanhado de um, igualmente extenso, rol de direitos económicos, sociais e culturais, fazendo-se da promoção do aumento do bem-estar social e económico do povo a primeira das múltiplas incumbências prioritárias do Estado[2417]. É neste último domínio que se repercute mais intensamente a intervenção social do Estado, consagrando direitos que, envolvendo deveres positivos de acção por parte dos poderes públicos, tal como sucede com a segurança social, a saúde, a habitação, o ambiente e qualidade de vida, a família ou a educação e cultura, podem mesmo traduzir a efectiva garantia de posições jurídicas subjectivas fundamentais que têm como titulares pessoas integradas em determinados grupos específicos, sendo esse o caso dos direitos dos trabalhadores, das mulheres, dos emigrantes, dos consumidores, das crianças e jovens, dos deficientes ou ainda dos idosos.

Este mesmo modelo de Estado socialmente intervencionista na defesa, garantia e implementação dos direitos fundamentais, fazendo dos direitos humanos – incluindo dos direitos sociais – o centro do discurso constitucional, foi, em 1978, seguido pela Espanha.

A Constituição espanhola, proclamando a existência de um Estado social e democrático de direito[2418], afirma como seus valores

---

[2415] Cfr. Constituição da República Portuguesa, artigo 1º.
[2416] Cfr. Constituição da República Portuguesa, artigo 9º.
[2417] Cfr. Constituição da República Portuguesa, artigo 81º, alínea a).
[2418] Cfr. Constituição espanhola, artigo 1º, nº 1.

superiores a liberdade, a justiça, a igualdade e o pluralismo político[2419], e faz da dignidade da pessoa humana, dos direitos invioláveis que lhe são inerentes e do livre desenvolvimento da personalidade os principais fundamentos da ordem política e da paz social[2420]. É ainda nesta área que se fixam os princípios directivos da política social e económica dos poderes públicos, traduzindo um conjunto significativo de incumbências públicas nos domínios dos direitos económicos, sociais e culturais, incluindo a protecção e promoção da família, da segurança social, da saúde, da educação e cultura, do meio ambiente e da habitação.

Em sentido semelhante à Constituição portuguesa, igualmente a lei fundamental espanhola reconhece direitos fundamentais a categorias determinadas de pessoas, tal como sucede com os trabalhadores, os emigrantes, os consumidores, os deficientes, os jovens e a terceira idade.

7.3.3. *Constituição brasileira (1988)*

Resultado inevitável desta evolução garantística dos textos constitucionais português e espanhol da década de setenta, especialmente do acentuado desenvolvimento dos direitos económicos, sociais, culturais e ambientais inerentes a um modelo de Estado social de bem-estar, a Constituição brasileira de 1988 viria a traçar um exaustivo elenco de direitos individuais e colectivos, afirmando que a ordem social tem como base o primado do trabalho e como objectivo o bem-estar e a justiça sociais[2421].

Fazendo da dignidade da pessoa humana um dos fundamentos do Estado democrático de direito[2422], a Constituição brasileira elege como objectivos fundamentais do Estado a construção de uma sociedade livre, justa e solidária, visando a erradicação da pobreza e da marginalização e a redução das desigualdades sociais e regionais e a promoção do bem de todos[2423].

[2419] Cfr. Constituição espanhola, artigo 1°, n° 1.
[2420] Cfr. Constituição espanhola, artigo 10°, n° 1.
[2421] Cfr. Constituição brasileira, artigo 193°.
[2422] Cfr. Constituição brasileira, artigo 1°, III.
[2423] Cfr. Constituição brasileira, artigo 3°.

Numa tal perspectiva de natureza social, também ela expressando a designada cláusula constitucional de bem-estar, sem embargo do elenco de direitos e garantias fundamentais previsto no artigo 5° da Constituição, integra-se o expresso reconhecimento dos direitos sociais à educação, saúde, trabalho, moradia, lazer, segurança, previdência social, protecção à maternidade e à infância e a assistência aos desamparados[2424], além de um vasto elenco de direitos dos trabalhadores[2425].

A Lei Fundamental brasileira, encontrando nos direitos fundamentais o centro do seu discurso constitucional, estabelece também um conjunto de obrigações económicas, sociais e culturais dos poderes públicos, enquanto expressão de correspondentes direitos titulados pelos cidadãos, tal como acontece em matéria de "seguridade social" – aqui incluindo a saúde, a previdência social e a assistência social[2426] –, educação[2427], cultura[2428] e desporto[2429], ciência e tecnologia[2430], comunicação social[2431], meio ambiente[2432], família, criança, adolescente e idoso[2433] e ainda no que respeita aos índios[2434].

7.3.4. *Constitucionalismo europeu dos anos 90*

Foram vários os Estados europeus que, durante a última década do século XX, viram surgir novos textos constitucionais, podendo diferenciar-se as situações decorrentes do surgimento de novos Estados – tal como sucedeu com o desmembramento da URSS[2435], da

---

[2424] Cfr. Constituição brasileira, artigo 6°.
[2425] Cfr. Constituição brasileira, artigos 7° a 11°.
[2426] Cfr. Constituição brasileira, artigos 194° a 204°.
[2427] Cfr. Constituição brasileira, artigos 205° a 214°
[2428] Cfr. Constituição brasileira, artigos 215° e 216°
[2429] Cfr. Constituição brasileira, artigo 217°.
[2430] Cfr. Constituição brasileira, artigos 218° e 219°
[2431] Cfr. Constituição brasileira, artigos 220° a 224°
[2432] Cfr. Constituição brasileira, artigo 225°.
[2433] Cfr. Constituição brasileira, artigos 226° a 230°.
[2434] Cfr. Constituição brasileira, artigos 231° e 232°.
[2435] Cfr. Constituição do Azerbeijão, de 12 de Novembro de 1995; Constituição Bielorussa, de 1 de Março de 1994; Constituição da Estónia, de 28 de Junho de

§7° *A Herança Liberal: Bem-estar Social e Dignificação Humana* 353

Jugoslávia[2436] e da Checoslováquia[2437] – e, por outro lado, as situações de mudança constitucional ocorridas em "velhos" Estados[2438].

Não será exagero afirmar que todas essas alterações constitucionais apresentam em comum a afirmação do primado dos direitos inerentes à pessoa humana e a consagração simultânea de direitos sociais, segundo uma técnica jurídica que envolve um elenco ou lista de direitos fundamentais, reconhecendo-se quase sempre a inerente vinculação do Estado ao princípio do bem-estar social. É mesmo possível concluir que a década de 90 foi o período histórico do século XX em que surgiu na Europa o maior número de textos constitucionais definidores do modelo de Estado social de Direito, recuperando-se a herança liberal dos direitos individuais e políticos e adicionando-lhes um rol de direitos sociais justificativos de um intervencionismo público garantístico do bem-estar.

Circunscrevendo a análise às experiências constitucionais da Europa Ocidental, podemos adiantar os quatro seguintes exemplos:

(i) A Constituição irlandesa, datada de 1937, segundo a versão de 1990, fazendo o Estado respeitar, defender e apoiar os direitos individuais do cidadão[2439], reconhece na família o

---

1992; Constituição da Geórgia, de 24 de Agosto de 1995; Constituição da Letónia, de 15 de Fevereiro de 1922, com as alterações introduzidas entre 1994 e 2003; Constituição da Lituânia, de 25 de Outubro de 1992; Constituição da Rússia, de 12 de Dezembro de 1993; Constituição da Ucrânia, de 28 de Junho de 1996. Para uma análise dos respectivos textos, cfr. www.oefre.unibe.ch

[2436] Cfr. Constituição da Bósnia-Herzegovina, de 1 de Dezembro de 1995; Constituição da Croácia, de Dezembro de 1990; Constituição da Eslovénia, de 23 de Dezembro de 1991; Constituição da Macedónia, de 17 de Novembro de 1991. Para uma análise dos respectivos textos, cfr. www.oefre.unibe.ch

[2437] Cfr. Constituição da Eslováquia, de 1 de Setembro de 1992; Constituição da República Checa, de 16 de Dezembro de 1992, procedendo a uma recepção genérica dos direitos humanos provenientes do Direito Internacional (artigo 10°). Para uma análise dos respectivos textos, cfr. www.oefre.unibe.ch

[2438] Cfr. Constituição da Albânia, de 29 de Abril de 1991; Constituição da Bulgária, de 12 Julho de 1991; Constituição da Polónia, de 2 de Abril de 1997; Constituição da Roménia, de 8 de Dezembro de 1991. Para uma análise dos respectivos textos, cfr. www.oefre.unibe.ch

[2439] Cfr. Constituição da Irlanda, artigo 40°, n° 3, 1°.

"grupo primário, natural e fundamental da sociedade"[2440], garante a sua protecção[2441] e confia-lhe um papel único na educação das crianças[2442], assumindo o Estado, nos termos dos princípios constitucionais directivos da política social, o compromisso de "aumentar o bem-estar de todo o povo"[2443];

(ii) Em 1998, o Reino Unido aprovou o *Human Rights Act*[2444], apesar de só ter começado a vigorar em 2000, incorporando a Convenção Europeia para a Protecção dos Direitos do Homem e das Liberdades Fundamentais, passando a existir um novo elenco escrito de direitos e liberdades no constitucionalismo britânico, sem embargo da ausência expressa de referências ao bem-estar;

(iii) A Constituição da Suíça, aprovada em 1999, entrou em vigor em 2000, afirma o propósito de o Estado proteger as liberdades e os direitos[2445], configurando-se o respeito e a protecção da dignidade humana como o primeiro dos direitos básicos[2446], segundo um propósito de garantia dos meios indispensáveis para uma vida alicerçada na dignidade humana[2447], confiando-se ao Estado a vinculação de promover o bem-estar[2448];

(iv) A Constituição da Finlândia, também ela adoptada em 1999 para começar a vigorar em 2000, proclama a garantia da inviolabilidade da dignidade humana, da liberdade e dos direitos dos indivíduos e ainda a promoção da justiça social[2449], definindo um elenco de direitos individuais, políticos e sociais.

[2440] Cfr. Constituição da Irlanda, artigo 41°, n° 1, 1°.
[2441] Cfr. Constituição da Irlanda, artigo 41°, n° 1, 2°-
[2442] Cfr. Constituição da Irlanda, artigo 42°, n° 1.
[2443] Cfr. Constituição da Irlanda, artigo 45°, n° 1.
[2444] Para a consulta do texto do *Human Rights Act*, cfr. JOSÉ M. ALEXANDRINO, ***Direitos da Pessoa Humana – Textos e documentos***, AAFDL, Lisboa, 2007, pp. 11 ss. Ou em www.opsi.gov.uk/acts .
[2445] Cfr. Constituição Suíça, artigo 2°, n° 1.
[2446] Cfr. Constituição Suíça, artigo 7°.
[2447] Cfr. Constituição Suíça, artigo 12°.
[2448] Cfr. Constituição Suíça, artigo 2°, n° 2.
[2449] Cfr. Constituição finlandesa, artigo 1°, n° 2.

Não se mostram significativas, neste contexto, as demais alterações constitucionais em matéria de direitos fundamentais ocorridas nos restantes Estados europeus durante a década de 90, registando-se uma significativa sintonia de princípios estruturantes na edificação de modelos de Estado social.

7.3.5. *Novo constitucionalismo africano e timorense de matriz portuguesa*

Igualmente a partir dos anos noventa do século XX, assiste-se, ao nível dos Estados correspondentes aos antigos territórios ultramarinos portugueses, e na sequência da queda do sistema soviético e dos regimes africanos marxistas-leninistas, ao emergir de um novo modelo constitucional, fortemente influenciado pela Constituição portuguesa de 1976, fundado no reforço dos direitos fundamentais da pessoa humana e na expressa consagração de uma cláusula de bem-estar social.

As Constituições de Angola, Cabo Verde, Guiné-Bissau, Moçambique e São Tomé e Príncipe, a que se juntou, já no século XXI, a Constituição de Timor-Leste, instituindo Estados de Direito democrático[2450], integram um extenso elenco de direitos individuais e de direitos sociais, vinculando o respectivo Estado à implementação de um programa de bem-estar social:

(i) A Constituição de São Tomé e Príncipe, elaborada em 1990, começa por sublinhar o empenho do Estado na "defesa dos direitos do homem"[2451], atribuindo relevância à justiça social[2452] e elegendo como um dos objectivos primordiais do Estado "promover o respeito e a efectivação dos direitos

---

[2450] Neste sentido, cfr. Constituição de São Tomé e Príncipe, artigo 6°, n° 1; Constituição de Cabo Verde, artigo 2°, n° 2; Constituição de Angola, artigo 2°; Constituição de Timor-Leste, artigo 1°, n° 1; Constituição de Moçambique, preâmbulo e artigos 1° e 3°.

[2451] Cfr. Constituição de São Tomé e Príncipe, artigo 1°.

[2452] Cfr. Constituição de São Tomé e Príncipe, artigo 9°, n° 1.

pessoais, económicos, sociais, culturais e políticos dos cidadãos"[2453];

(ii) A Constituição de Cabo Verde, datada de 1992, inicia-se com a garantia de "respeito pela dignidade da pessoa humana", reconhecendo a inviolabilidade e inalienabilidade dos direitos do homem como fundamento de toda a comunidade humana, da paz e da justiça"[2454], afirmando "a realização da democracia económica, política, social e cultural" como objectivo fundamental da República[2455], segundo um modelo que faz da promoção do "bem-estar e qualidade de vida do povo" uma tarefa fundamental do Estado[2456];

(iii) A Lei Constitucional de Angola, igualmente datada de 1992, fazendo da justiça e progresso social um dos objectivos fundamentais do Estado[2457], encontra também na dignidade da pessoa humana um fundamento do seu Estado de Direito democrático[2458], conferindo ao Estado o expresso dever de respeitar e proteger a pessoa e a dignidade humanas[2459], segundo um modelo que estabelece como propósito orientador a "elevação do bem-estar e da qualidade de vida dos cidadãos"[2460], responsabilizando ainda o Estado pela criação de condições políticas, económicas e culturais para o exercício efectivo dos direitos fundamentais[2461];

(iv) A Constituição da Guiné-Bissau de 1993, por seu lado, afirmando encontrar-se o Estado "orientado para a construção de uma sociedade livre e justa"[2462], confere-lhe o dever de criar

---

[2453] Cfr. Constituição de São Tomé e Príncipe, artigo 10°, alínea b),
[2454] Cfr. Constituição de Cabo Verde, artigo 1°, n° 1.
[2455] Cfr. Constituição de Cabo Verde, artigo 1°, n° 3.
[2456] Cfr. Constituição de Cabo Verde, artigo 7°, alínea e).
[2457] Cfr. Lei Constitucional de Angola, artigo 1°.
[2458] Cfr. Lei Constitucional de Angola, artigo 2°.
[2459] Cfr. Lei Constitucional de Angola, artigo 20°.
[2460] Cfr. Lei Constitucional de Angola, artigo 9°.
[2461] Cfr. Lei Constitucional de Angola, artigo 50°.
[2462] Cfr. Constituição da Guiné-Bissau, artigo 3°.

"as condições necessárias à realização integral dos direitos de natureza económica e social"[2463];
(v) A Constituição de Timor-Leste, elaborada em 2002, faz do respeito pela dignidade da pessoa humana uma das bases do seu modelo de Estado de Direito democrático[2464], definindo a edificação "de uma sociedade com base na justiça social, criando o bem-estar material e espiritual dos cidadãos" como um objectivo fundamental do Estado[2465];
(vi) Por último, a Constituição de Moçambique, aprovada em 2004, começa por fazer da justiça social um dos elementos integrantes da definição da própria República[2466] e do "respeito e garantia dos direitos fundamentais do Homem" uma das bases do Estado[2467], traçando como seu objectivo fundamental "a edificação de uma sociedade de justiça social e a criação do bem-estar material, espiritual e de qualidade de vida dos cidadãos"[2468], solução essa última reafirmada ao nível dos princípios fundamentais da organização económica e social através do propósito de "promoção do bem-estar social"[2469].

Regista-se de tudo, em conclusão, que os derradeiros textos constitucionais do século XX e alguns dos primeiros produzidos já no século XXI comprovam a preocupação jurídica de reforço da tutela dos direitos fundamentais do ser humano, sublinhando a essencialidade nuclear do valor da dignidade da pessoa humana e acolhendo todos uma cláusula de bem-estar social vinculativa de uma actuação positiva ou prestadora do Estado junto da sociedade e das pessoas vivas e concretas que a integram.

[2463] Cfr. Constituição da Guiné-Bissau, artigo 58º.
[2464] Cfr. Constituição de Timor-Leste, artigo 1º, nº 1.
[2465] Cfr. Constituição de Timor-Leste, artigo 6º, alínea e).
[2466] Cfr. Constituição de Moçambique, artigo 1º.
[2467] Cfr. Constituição de Moçambique, artigo 3º.
[2468] Cfr. Constituição de Moçambique, artigo 11º, alínea c).
[2469] Cfr. Constituição de Moçambique, artigo 97º, proémio.

7.3.6. *O século XXI e a expansão do modelo Ocidental de direitos humanos e bem-estar: Afeganistão (2004) e Iraque (2004)*

Se os anos noventa do século XX revelaram a difusão por toda a Europa de um modelo de tutela dos direitos fundamentais da pessoa humana assente no Estado de bem-estar social (v. *supra*, n° 7.3.4.), projectando-se essa expansão igualmente na família constitucional africana e timorense de língua portuguesa (v. *supra*, n° 7.3.5.), as primeiras manifestações constitucionais surgidas no século XXI confirmam essa mesma tendência.

A Constituição do Afeganistão, de 4 de Janeiro de 2004, e a "Lei da Administração do Estado do Iraque para o Período Transitório", de 8 de Março de 2004, assumindo a natureza de uma verdadeira Constituição interina, entretanto já substituída, revelam uma curiosa projecção do modelo Ocidental de direitos humanos e da cláusula de bem-estar social junto de Estados de matriz islâmica[2470].

Podendo sempre dizer-se que estamos diante de regimes sujeitos a tutela política (e militar) Ocidental, expressão jurídica subsequente de uma intervenção militar externa contra o antigo poder político, a verdade é que os respectivos textos constitucionais, sem prejuízo de proclamarem a adesão à religião islâmica, adoptam um enunciado normativo de direitos fundamentais e de vinculações sociais do Estado típicos de uma ordem de valores Ocidental.

A Constituição afegã mostra-se, neste sentido, paradigmática:

(i) O preâmbulo constitucional afirma claramente o propósito de observância da Carta das Nações Unidas e o respeito pela Declaração Universal dos Direitos do Homem[2471];
(ii) Ainda no preâmbulo, declara-se a vinculação ao objectivo de criar uma sociedade baseada na justiça social, na protecção dos direitos humanos e da dignidade humana[2472], subli-

---

[2470] Para uma consulta dos respectivos textos constitucionais, cfr. www.oefre.unibe.ch
[2471] Cfr. Constituição do Afeganistão, n° 5 do preâmbulo.
[2472] Cfr. Constituição do Afeganistão, n° 8 do preâmbulo

nhando o articulado que a liberdade e a dignidade humanas são invioláveis[2473], encontrando-se o Estado adstrito ao dever de as respeitar e proteger[2474];

(iii) Regista-se, por outro lado, além de um capítulo inteiro dedicado ao elenco de direitos fundamentais, a criação de uma obrigação de o Estado promover o bem-estar social, implementando uma sociedade próspera, assente na justiça social e na protecção da dignidade humana e nos direitos humanos[2475].

Por saber fica, no entanto, se tais manifestações normativas de tutela jurídica da pessoa humana em países de religião islâmica oficial representam uma efectiva vitória da aceitação livre de um modelo constitucional que tem as suas origens políticas na Grécia Antiga e na ordem axiológica judaico-cristã ou, pelo contrário, se estamos diante de meros modelos constitucionais formais, sem qualquer adesão social ou efectividade jurídica, verificando-se que a principal função desempenhada por tais normas, desde que traduzidas para língua inglesa, é académica e externa, permitindo a elaboração de estudos em universidades estrangeiras.

O desenrolar dos próximos anos dará resposta à dúvida colocada.

7.3.7. *Fases da evolução dos direitos sociais*

Tomando agora como referência a dimensão material atinente ao conteúdo dos direitos sociais, pode recortar-se, atendendo-se ao período que vai do termo da I Guerra Mundial até ao presente, a existência de três principais fases na evolução do elenco de tais direitos fundamentais no Estado social:

(i) Há uma primeira fase, correspondente ao período inicial de formação do Estado social e que vai até aos textos consti-

---

[2473] Cfr. Constituição do Afeganistão, artigo 24º, nº 2.
[2474] Cfr. Constituição do Afeganistão, artigo 24º, nº 3.
[2475] Cfr. Constituição do Afeganistão, artigo 6º.

tucionais do final dos anos quarenta do século XX, a qual confere especial destaque à tutela constitucional dos direitos ao trabalho e dos trabalhadores, da segurança social e da saúde, da educação e cultura e ainda a uma nova formulação da função social do direito de propriedade privada;

(ii) Existe depois uma segunda fase, compreendendo os anos setenta e oitenta do século XX, que, acolhendo toda a evolução até então ocorrida e os inerentes direitos económicos, sociais e culturais, acrescenta a esse extenso elenco preocupações envolvendo as gerações futuras ou vindouras, gerando um fenómeno de transtemporalidade constitucional em matérias de ambiente, ecologia, ordenamento do território e salvaguarda do património artístico e cultural, e, por outro lado, transformando meros interesses difusos em direitos fundamentais titulados por uma pluralidade não individualizada de destinatários;

(iii) Há, por último, uma terceira fase, especialmente visível como o surgimento dos anos noventa[2476], expressão do progresso científico e tecnológico nos domínios da genética e da biomedicina aplicadas a seres humanos, que, uma vez mais em perfeita continuação com todo o adquirido constitucional até então de direitos fundamentais próprios do Estado social de bem-estar, determinou a emergência de uma nova geração de direitos fundamentais[2477], tal como sucede com o direito à identidade genética do ser humano e o inerente princípio geral da inviolabilidade do património genético humano ou ainda a limitação do uso da tecnologia e da experimentação científica através da sua instrumentalização ao serviço da pessoa humana e em total respeito pela sua dignidade, segundo um princípio de base kantiana que faz da pessoa

---

[2476] Neste sentido, cfr. revisão de 1994 do artigo 74º, nº 2, da Lei Fundamental de Bona; o novo artigo 24º da Constituição Suíça; o texto do artigo 26º, nº 3, da Constituição portuguesa, introduzido pela revisão constitucional de 1997.

[2477] Cfr. PAULO OTERO, *Personalidade de Identidade Pessoal e Genética do Ser Humano: um perfil constitucional da bioética*, Coimbra, 1999, pp. 83 ss.

humana a razão de ser da ciência e da técnica e não a ciência ou a técnica a razão de ser da pessoa humana.

Em qualquer destas fases de evolução dos direitos sociais, cumpre sublinhar, o Estado social nunca deixou de conferir primado aplicativo aos direitos e liberdades individuais, acolhendo a herança liberal de valorização do indivíduo como pessoa e da sua inserção numa sociedade pluralista e tolerante, sem embargo de expressar um entendimento mais amplo da dignidade humana, razão pela qual a cláusula constitucional de bem-estar nunca pode ser dissociada da tutela jurídica conferida ao estatuto da pessoa humana.

7.4. Internacionalização dos direitos humanos no século XX

7.4.1. *Internacionalização anterior à II Guerra Mundial*

Além da centralidade dos direitos fundamentais nos discursos constitucionais, o século XX revelou um progressivo sentido internacionalizador da temática dos direitos humanos[2478].

No período anterior à II Guerra Mundial, são três as áreas de especial incidência internacional do tema dos direitos humanos[2479]:

(i) A protecção humanitária dos combatentes, prisioneiros de guerra e civis vítimas de conflitos armados, segundo emerge das Convenções de Genebra[2480];
(ii) A protecção de minorias no contexto da Sociedade das Nações, designadamente tendo em vista os efeitos junto das

---

[2478] Sobre o tema, cfr. ANA MARIA GUERRA MARTINS, *Direito Internacional dos Direitos Humanos*, Coimbra, 2006.

[2479] Cfr. ANA MARIA GUERRA MARTINS, *Direito Internacional dos Direitos Humanos*, pp. 97 ss.

[2480] As Convenções de Genebra e o consequente desenvolvimento do Direito Internacional Humanitário é anterior ao século XX, remontando a 1864. São ainda de registar neste âmbito, as Convenções de Genebra aprovadas em 1906, 1929, 1949 e 1977.

populações abrangidas pela reconfiguração das fronteiras da Europa na sequência do termo da I Guerra Mundial e do desmembramento dos Impérios Austro-Húngaro e Otomano;
(iii) A protecção dos trabalhadores, segundo resulta da Carta da Organização Internacional do Trabalho, de 1919, relacionando aqui a garantia da paz universal e duradoura com a justiça social (v. *supra*, n° 5.4.5.).

Ainda no período que mediou as duas guerras mundiais, o Instituto de Direito Internacional viria a produzir, em 12 de Outubro de 1929, uma Declaração Internacional dos Direitos do Homem[2481]: afirmando que o indivíduo tem direitos que são invioláveis por parte do Estado, enquanto expressão de uma "consciência jurídica do mundo civilizado", os quais não decorrem do facto de ser cidadão de um Estado mas sim da qualidade de ser humano, a Declaração Internacional dos Direitos do Homem, de 12 de Outubro de 1929, assumindo a necessidade de todo o mundo reconhecer os direitos do homem, proclama no seu artigo 1° consistir dever de todo o Estado reconhecer a todo o indivíduo igual direito à vida, à liberdade e à propriedade, conferindo a todos plena protecção de tais direitos, sem distinção de nacionalidade, de sexo, raça, língua ou religião.

7.4.2. *Intervenção das Nações Unidas: o* **ius cogens**

Será, todavia, com o termo da II Guerra Mundial e a percepção da barbárie que os regimes totalitários desencadearam contra a pessoa humana que, sob o impulso da coligação anglo-americana vitoriosa (v. *supra*, n° 4.7.4.), a consciência jurídica universal despertaria para a necessidade da existência de uma declaração dos direitos humanos que fosse reconhecida e garantida por todos os Estados, surgindo aqui uma

---

[2481] Para uma consulta do texto integral desta Declaração Internacional dos Direitos do Homem, de 12 de Outubro de 1929, do Instituto de Direito Internacional, cfr. JACQUES MARITAIN, *Les Droits de l'Homme et la Loi Naturelle*, New York, 1942, pp. 139 ss.

clara orientação heterovinculativa da actuação dos Estados em matéria de respeito pelos direitos da pessoa humana.

Num primeiro momento, a própria Carta das Nações Unidas, em 26 de Junho de 1945, reafirma a fé dos povos das Nações Unidas "nos direitos fundamentais do homem, na dignidade e no valor da pessoa humana, na igualdade de direitos dos homens e das mulheres"[2482], fazendo da promoção e estímulo pelo respeito dos direitos do homem e das liberdades fundamentais para todos, sem distinção de raça, sexo, língua ou religião, um objectivo da Organização das Nações Unidas[2483].

Se, por um lado, em 1946, a Assembleia Geral das Nações Unidas declara ser o genocídio um crime de direito dos povos, condenado por todo o mundo civilizado[2484], a Convenção para a Prevenção e Repressão do Crime de Genocídio, aprovada em 9 de Dezembro de 1948, virá a definir o conteúdo do crime de genocídio[2485], determinando que, para efeitos de extradição, não é considerado um crime político[2486].

Será ainda no âmbito da Assembleia Geral das Nações Unidas que surgirá, em 10 de Dezembro de 1948, a Declaração Universal dos Direitos do Homem, enquanto "ideal comum a atingir por todos os povos e todas as nações"[2487], afirmando claramente que o fundamento da liberdade, da justiça e da paz no mundo reside no "reconhecimento da dignidade inerente a todos os membros da família humana e dos seus direitos iguais e inalienáveis"[2488].

Expressando esse propósito comum das nações inerente à consciência jurídica universal, a Declaração Universal começa por proclamar que "todos os seres nascem livres e iguais em dignidade e em

---

[2482] Cfr. Preâmbulo da Carta das Nações Unidas.
[2483] Cfr. artigo 1º, nº 3, 2ª parte, da Carta das Nações Unidas.
[2484] Cfr. Resolução nº 96 (I), de 11 de Dezembro de 1946.
[2485] Cfr. artigo 2º da Convenção para a Prevenção e Repressão do Crime de Genocídio.
[2486] Cfr. artigo 7º, 1ª parte, da Convenção para a Prevenção e Repressão do Crime de Genocídio.
[2487] Cfr. Preâmbulo da Declaração Universal dos Direitos do Homem.
[2488] Cfr. Preâmbulo da Declaração Universal dos Direitos do Homem.

direitos"[2489], sendo a todos os indivíduos reconhecidos os direitos à vida, à liberdade e à segurança pessoal[2490], sem prejuízo de todo um conjunto de demais direitos, liberdades e garantias limitativos da intervenção do Estado sobre a esfera da pessoa[2491].

Paralelamente, expressando o acolhimento de uma cláusula de bem-estar, a Declaração Universal dos Direitos do Homem revela claras preocupações sociais, reconhecendo a todos legitimidade para exigir a satisfação dos direitos económicos, sociais e culturais indispensáveis[2492], falando ainda no direito de cada pessoa a "um nível de vida suficiente para lhe assegurar e à sua família a saúde e o bem-estar, principalmente quanto a alimentação, ao vestuário, ao alojamento, à assistência médica e ainda quanto aos serviços sociais necessários"[2493], fazendo expressa menção aos direitos à segurança social[2494], à educação[2495], ao trabalho, à livre escolha do trabalho, a condições equitativas e satisfatórias de trabalho e à protecção contra o desemprego[2496], ao repouso e aos lazeres[2497], à segurança no desemprego, na doença, na invalidez, na viuvez e na velhice[2498].

Assumindo-se como texto revelador de uma síntese axiológica de direitos inerentes à pessoa humana reconhecidos pela consciência jurídica universal, a Declaração Universal dos Direitos do Homem assume a natureza de repositório de normas de *ius cogens*, dotadas de uma

---

[2489] Cfr. artigo 1º da Declaração Universal dos Direitos do Homem.

[2490] Cfr. artigo 3º da Declaração Universal dos Direitos do Homem.

[2491] Neste contexto se incluem, por exemplo, a presunção de inocência, a proibição de retroactividade da lei penal incriminadora, a reserva da vida privada e familiar, a liberdade de circulação e de residência, a liberdade de pensamento, de consciência e de religião, a liberdade de opinião e de expressão, a liberdade de reunião e de associação pacíficas, o direito de asilo, o direito a possuir uma nacionalidade, o direito de casar e de constituir família, o direito de propriedade.

[2492] Cfr. artigo 22º, 2ª parte, da Declaração Universal dos Direitos do Homem.

[2493] Cfr. artigo 25º, nº 1, da Declaração Universal dos Direitos do Homem.

[2494] Cfr. artigo 22º, 1ª parte, da Declaração Universal dos Direitos do Homem.

[2495] Cfr. artigo 26º, nº 1, da Declaração Universal dos Direitos do Homem.

[2496] Cfr. artigo 23º, nº 1, da Declaração Universal dos Direitos do Homem.

[2497] Cfr. artigo 24º da Declaração Universal dos Direitos do Homem.

[2498] Cfr. artigo 25º, nº 1, da Declaração Universal dos Direitos do Homem.

imperatividade própria e autónoma que vincula todos os Estados, independentemente da sua vontade e até mesmo contra a sua vontade: a Declaração Universal dos Direitos do Homem nunca representa a expressão autovinculativa de um Estado aos direitos do homem, antes revela o reconhecimento internacional da força heterovinculativa de tais direitos humanos em relação a todos os Estados, gozando, por conseguinte, de uma força hierárquico-normativa prevalecente em relação a quaisquer actos internos ou internacionais.

7.4.3. *Idem: o constitucionalismo transnacional*

Ainda no contexto das Nações Unidas e tendo por base o espírito subjacente à Declaração Universal dos Direitos do Homem surge, em 16 de Dezembro de 1966, o Pacto Internacional sobre os Direitos Económicos, Sociais e Culturais e o Pacto Internacional sobre os Direitos Civis e Políticos[2499].

Reconhecendo que a liberdade do ser humano envolve ausência de medo e de miséria, ambos os mencionados Pactos Internacionais começam por sublinhar a exigência de serem "criadas condições que permitam a cada um desfrutar dos seus direitos económicos, sociais e culturais, bem como dos seus direitos civis e políticos"[2500], vinculando os Estados a comprometerem-se a respeitar e a garantir a todos os indivíduos o elenco de direitos neles inscritos.

É ainda no âmbito das Nações Unidas que, tendo por base os postulados expressos pela Declaração Universal dos Direitos do Homem, cumpre mencionar, sem prejuízo de múltiplos exemplos, a aprovação dos seguintes textos internacionais dotados de vocação universal[2501]:

[2499] Cfr. ANA MARIA GUERRA MARTINS, *Direito Internacional dos Direitos Humanos*, pp. 101-102 e 128 ss.; LAURA PINESCHI (org.), *La Tutela Internazionale dei Diritti Umani*, Milano, 2006, pp. 78 ss. e 129 ss.

[2500] Cfr. Preâmbulos do Pacto Internacional sobre os Direitos Económicos, Sociais e Culturais e do Pacto Internacional sobre os Direitos Civis e Políticos.

[2501] Cfr. NGUYEN QUOC DINH / PATRICK DAILLIER / ALAIN PELLET, *Droit International Public*, 6ª ed., Paris, 1999, pp. 644 ss.; JEAN-LUC MATHIEU, *La Défense Internationale des Droits de l'Homme*, 2ª ed., Paris, 1998, pp. 26 ss.

- Convenção Internacional para a Supressão do Tráfico de Seres Humanos e da Exploração de Outrem, em 1950, o Protocolo de Alteração da Convenção Relativa à Escravatura de 1926, em 1953, e a Convenção Suplementar à Abolição da Escravatura, do Tráfico de Escravos e das Instituições e Práticas Análogas à Escravatura, em 1956;
- Convenção Internacional para a Eliminação de todas as Formas de Discriminação Racial, em 1965;
- Convenção para a Eliminação de todas as Formas de Discriminação Contra as Mulheres, em 1979[2502];
- Convenção Contra a Tortura e Outros Tratamentos ou Penas Cruéis, Desumanos ou Degradantes, em 1984[2503];
- Convenção sobre os Direitos das Crianças, em 1990[2504];
- Declaração Universal sobre o Genoma Humano e os Direitos do Homem, em 1997.

Tais textos, vinculando todos os Estados-partes a desenvolverem esforços no sentido de implementarem e garantirem a efectividade dos direitos e princípios expressos nesses instrumentos internacionais, traduzem um reflexo da crescente consciencialização mundial sobre a importância nuclear dos direitos humanos e o sentido de que a sua violação constitui uma ameaça à paz, à segurança e ao bem-estar da humanidade[2505].

Mais: em torno dos textos jurídicos internacionais sobre matéria referente aos direitos humanos assiste-se ao desenvolvimento de um complexo normativo internacional que, heterovinculando progressiva-

---

[2502] Cfr. MARIA CLARA MAFFEI, *La condizione della donna tra protezione e divieto di discriminazione*, in LAURA PINESCHI (org.), *La Tutela Internazionale...*, pp. 173 ss.

[2503] Cfr. MATTEO FORNARI, *La Convenzione delle Nazioni Unite contro la tortura e altre pene o trattamenti crudeli, inumani o degradanti*, in LAURA PINESCHI (org.), *La Tutela Internazionale...*, pp. 203 ss.

[2504] Cfr. MARIA CLARA MAFFEI, *La tutela internazionale dei diritti del bambino*, in LAURA PINESCHI (org.), *La Tutela Internazionale...*, pp. 232 ss.

[2505] Neste último sentido, cfr. preâmbulo do Estatuto do Tribunal Penal Internacional.

mente os diversos Estados, vai criando a noção de que há um constitucionalismo transnacional (v. *supra*, n° 1.1.3.) ou uma "constituição global dos direitos fundamentais"[2506].

Significa, por outras palavras, a paulatina edificação de uma ordem normativa internacional sobre direitos humanos que é na sua origem ou na sua eficácia independente da vontade dos Estados, isto apesar de ser de aplicação comum a todos os Estados, sendo dotada de uma crescente consciencialização geral que desempenha uma função heterovinculativa relativamente a todos os Estados, prevalecendo sobre as próprias soluções jurídicas internas provenientes do poder constituinte: essa ordem internacional comum e imperativa em matéria de direitos humanos é já hoje a expressão de uma verdadeira Constituição transnacional dotada de vocação universal.

7.4.4. *Regionalização internacional dos direitos fundamentais*

O reconhecimento internacional de direitos fundamentais da pessoa humana é igualmente visível numa dimensão regional[2507], sendo aqui possível recortar as seguintes principais manifestações:

(i) No âmbito do Conselho da Europa, a Convenção Europeia para a Protecção dos Direitos do Homem e das Liberdades Fundamentais, de 4 de Novembro de 1950, e os seus protocolos adicionais, proclamando que tais direitos e liberdades são as "verdadeiras bases da justiça e da paz no mundo"[2508], sublinha que a sua "preservação repousa essencialmente, por um lado, num regime político verdadeiramente democrático

---

[2506] Expressão de GOMES CANOTILHO, *"Brancosos" e Interconstitucionalidade*, p. 289.

[2507] Cfr. ANA MARIA GUERRA MARTINS, *Direito Internacional dos Direitos Humanos*, pp. 103 ss. e 191 ss.; NGUYEN QUOC DINH / PATRICK DAILLIER / ALAIN PELLET, *Droit International Public*, pp. 648 ss.; JEAN-LUC MATHIEU, *La Défense...*, pp. 77 ss.; LAURA PINESCHI (org.), *La Tutela Internazionale...*, pp. 281 ss.

[2508] Cfr. Preâmbulo da Convenção Europeia para a Protecção dos Direitos do Homem e das Liberdades Fundamentais.

e, por outro lado, numa concepção comum e no comum respeito pelos direitos do homem"[2509] e confessa o seu propósito de assegurar a garantia colectiva de certo número de direitos enunciados na Declaração Universal dos Direitos do Homem, procedendo depois a um extenso elenco de direitos[2510];

(ii) Ainda no seio do Conselho da Europa, a Carta Social Europeia, aprovada em Turim, em 1961, e revista em Estrasburgo, em 1996, acentua a vertente social dos direitos fundamentais, proclamando a proibição de discriminações no gozo dos direitos sociais e estabelecendo o propósito de os Estados realizarem em comum "todos os esforços para melhorar o nível de vida e promover o bem-estar de todas as categorias das suas populações"[2511];

(iii) No contexto da Organização dos Estados Americanos surgiu, em 1948 – isto ainda antes da Declaração Universal dos Direitos do Homem –, a Declaração Americana de Direitos e Deveres do Homem e, igualmente em 1948, a Carta Internacional Americana das Garantias Sociais, tendo aparecido, em 1969, a Convenção Americana dos Direitos do Homem, também conhecida como Pacto de São José da Costa Rica[2512], a qual, firmando a ligação entre a liberdade pessoal, a justiça

---

[2509] Cfr. Preâmbulo da Convenção Europeia para a Protecção dos Direitos do Homem e das Liberdades Fundamentais.

[2510] Cfr. RUI MOURA RAMOS, *A Convenção Europeia dos Direitos do Homem – sua posição face ao ordenamento jurídico português*, sep. Documentação e Direito Comparado, Coimbra, 1982; MARIA LUISA DUARTE, *O Conselho da Europa e a protecção dos direitos fundamentais*, sep. Documentação e Direito Comparado, Lisboa, 1991, em especial, pp. 211 ss.; IDEM, *A Convenção Europeia dos Direitos do Homem – A matriz europeia de garantia dos direitos fundamentais*, in IDEM, *Estudos de Direito da União e das Comunidades Europeias*, II, Coimbra, 2006, pp. 165 ss.; ANA MARIA GUERRA MARTINS, *Direito Internacional dos Direitos Humanos*, pp. 193 ss.

[2511] Cfr. Preâmbulo da Carta Social Europeia.

[2512] Cfr. GABRIELLA CITRONI, *Della Dichiarazione di Bogotà al sistema della Convenzione americana sui diritti umani*, in LAURA PINESCHI (org.), *La Tutela Internazionale...*, pp. 607 ss.

social e o respeito pelos direitos humanos essenciais[2513], proclama que "os direitos essenciais da pessoa humana não derivam do facto de ser ela nacional de determinado Estado, mas sim do facto de ter como fundamento os atributos da pessoa humana"[2514];

(iv) Em África, a Organização da Unidade Africana adoptou, em 1981, a Carta Africana dos Direitos do Homem e dos Povos[2515];

(v) Igualmente o mundo islâmico, depois de uma primeira tentativa, em 1990, com a designada "Declaração de Direitos Humanos do Islão" resultante da Organização da Conferência Islâmica, aprovaria, em 1994, através do Conselho da Liga dos Estados Árabes, a Carta Árabe dos Direitos dos Homem[2516];

(vi) Seria ainda o Conselho da Europa que viria, em 1996, a aprovar a Convenção Sobre os Direitos do Homem e da Biomedicina[2517], visando a protecção do ser humano e da sua dignidade perante os novos domínios de aplicação da biologia e da biomedicina, incluindo, em 1997, a adopção de um Protocolo Adicional interditando a clonagem de seres humanos[2518].

Por último, igualmente a União Europeia traduz um espaço de afirmação regional dos direitos fundamentais e de dinamização do bem-estar social. A sua relevância jurídica justifica, todavia, um tratamento autónomo, o que será feito no ponto seguinte da investigação.

[2513] Cfr. Preâmbulo da Convenção Americana dos Direitos do Homem.
[2514] Cfr. Preâmbulo da Convenção Americana dos Direitos do Homem.
[2515] Cfr. MARCO SCARPATI, *Origini e sviluppo del sistema africano*, in in LAURA PINESCHI (org.), *La Tutela Internazionale...*, pp. 663 ss.
[2516] Cfr. SIMONA AMADINI, *Della Dichiarazione dei diritti umani nell'Islam alla nuova Carta araba dei diritti umani*, in LAURA PINESCHI (org.), *La Tutela Internazionale...*, pp. 699 ss.
[2517] Cfr. GIUSEPPE CATALDI, *La Convenzione del Consiglio d'Europa sui diritti umani e la biomedicina*, in LAURA PINESCHI (org.), *La Tutela Internazionale...*, pp. 589 ss.
[2518] Cfr. NOËLLE LENOIR / BERTRAND MATHIEU, *Le Droit International de la Bioétique (Textes)*, Paris, 1998, pp. 34 ss.

7.4.5. *Idem: a União Europeia*

Os Tratados que instituíram as Comunidades Europeias começaram por não conter qualquer elenco ou catálogo de direitos fundamentais, sem prejuízo de ser possível extrair de algumas normas o reconhecimento de liberdades fundamentais e mesmo verdadeiros direitos fundamentais dos cidadãos dos Estados-membros[2519].

Seria a jurisprudência do Tribunal de Justiça que desenvolveu uma actividade pretoriana de integração dos Tratados, procedendo, a partir de finais da década de sessenta, ao desenvolvimento de uma vinculação das instituições comunitárias ao respeito pelos direitos fundamentais, enquanto realidade jurídica inserida no âmbito dos princípios gerais de Direito[2520].

No Tratado da União Europeia, porém, passa a dizer-se, expressamente, que a União assenta nos princípios da liberdade, da democracia, do Estado de Direito e do respeito pelos direitos do Homem e pelas liberdades fundamentais, os quais são princípios comuns aos Estados--membros[2521]. Regista-se aqui, por esta via, uma influência directa do Direito comum aos Estados-membros em matéria de direitos humanos – e do modelo político-democrático – na definição estruturante do Direito Constitucional da União Europeia.

O Tratado da União Europeia revela também, por outro lado, o compromisso inequívoco da União em respeitar os direitos fundamentais, tal como são garantidos pela Convenção Europeia dos Direitos do

---

[2519] Neste último sentido, e para mais desenvolvimentos, cfr. FAUSTO DE QUADROS, *Direito da União Europeia*, Coimbra, 2004, pp. 127 e 128.

[2520] Sobre o tema, cfr. FAUSTO DE QUADROS, *Direito da União Europeia*, pp. 129 ss.; ANA MARIA GUERRA MARTINS, *Direito Internacional dos Direitos Humanos*, pp. 274 ss.; MARIA LUÍSA DUARTE, *União Europeia e Direitos Fundamentais – no espaço da internormatividade*, Lisboa, 2006, pp. 90 ss.; ROBERTA GARABELLO, *Le norme del Trattato istitutivo e la giurisprudenza della Corte di Giustizia delle Comunità europee*, in LAURA PINESCHI (org.), *La Tutela Internazionale...*, pp. 531 ss.; ANTÓNIO MENEZES CORDEIRO, *Tratado...*, I, Tomo 3º, pp. 146 ss.

[2521] Cfr. artigo 6º, nº 1, do Tratado da União Europeia. Para um recorte da evolução da protecção dos direitos fundamentais após o Tratado da União Europeia, cfr. FAUSTO DE QUADROS, *Direito da União Europeia*, pp. 131 ss.

Homem[2522], e ainda, uma vez mais observando-se a influência dos Direitos dos Estados-membros sobre o próprio Direito da União Europeia, tal como resultam das tradições constitucionais comuns dos Estados-membros, transformados que são em princípios gerais do Direito da União[2523].

Pode falar-se aqui, deste modo, num fenómeno de europeização da própria normatividade da União Europeia sobre direitos fundamentais, isto por efeito da absorção – primeiro, por via jurisprudencial, e, num segundo momento, por via convencional – dos contributos comuns das Constituições dos Estados-membros nessa mesma matéria: os direitos fundamentais existentes nas Constituições dos Estados--membros tornaram-se "acervo do Direito da União"[2524].

Em 2000 foi aprovada, porém, uma Carta dos Direitos Fundamentais, visando reforçar a protecção de tais direitos e sublinhando que a União Europeia se baseia "nos valores indivisíveis e universais da dignidade do ser humano, da liberdade, da igualdade e da solidariedade"[2525], integrando um extenso elenco de direitos civis, políticos e sociais[2526]. Esses mesmos valores encontravam-se subjacentes ao

---

[2522] Cfr. MARIA LUÍSA DUARTE, *O modelo europeu de protecção dos direitos fundamentais – dualidade e convergência*, in IDEM, *Estudos de Direito da União e das Comunidades Europeias*, II, Coimbra, 2006, pp. 191 ss.; IDEM, *O Direito da União Europeia e o Direito Europeu dos direitos do homem – uma defesa do «triângulo judicial europeu»*, IBIDEM, pp. 205 ss.; ROBERTA GARABELLO, *I rapporti tra l'ordinamento comunitário e il sistema della Convenzione europea sui diritti umani*, in LAURA PINESCHI (org.), *La Tutela Internazionale...*, pp. 547 ss.

[2523] Cfr. artigo 6°, n° 2, do Tratado da União Europeia; MARIA LUÍSA DUARTE, *União Europeia e Direitos Fundamentais*, pp. 75 ss.

[2524] Cfr. FAUSTO DE QUADROS, *Constituição Europeia e Constituições Nacionais – Subsídios para a metodologia do debate em torno do tratado constitucional europeu*, Separata de *O Direito*, 2005, IV-V, em especial, pp. 690-691 e 693 ss.

[2525] Cfr. Preâmbulo da Carta dos Direitos Fundamentais da União Europeia.

[2526] Cfr. RUI MOURA RAMOS, *A Carta dos Direitos Fundamentais da União Europeia e a Protecção dos Direitos Fundamentais*, in *Estudos em Homenagem ao Professor Rogério Soares*, Coimbra, 2001, pp. 963 ss.; RUI MEDEIROS, *A Carta dos Direitos Fundamentais da União Europeia, a Convenção Europeia dos Direitos do Homem e o Estado Português*, AADFL, Lisboa, 2001; ANTÓNIO GOUCHA SOARES, *A Carta dos Direitos Fundamentais da União Europeia – A protecção dos direitos fundamentais no ordenamento comunitário*, Coimbra, 2002; FAUSTO DE QUADROS,

malogrado projecto de Constituição europeia (2004), o qual procedia a uma incorporação da Carta dos Direitos Fundamentais[2527].

Independentemente das técnicas jurídicas de afirmação da vinculação da União Europeia ao respeito pelos direitos fundamentais, torna-se certo, tal como já tivemos oportunidade de escrever[2528], que o bem-estar social se configura como princípio estruturante da União Europeia: a Comunidade Europeia – base na qual se funda a União Europeia[2529] – tem como missão ou fim, entre outros – e isto na sequência directa de razões históricas relacionadas com o bem-estar que determinaram a sua própria criação[2530] –, promover "(...) um elevado nível de emprego e de protecção social, o aumento do nível e da qualidade de vida (...)"[2531]. A própria União Europeia tem como objectivo, a par de outros – e, uma vez mais, dando forma jurídica a razões relacionadas com o bem-estar que determinaram a sua

Direito da União Europeia, pp. 145 ss.; ANA MARIA GUERRA MARTINS, *A Carta dos Direitos Fundamentais da União Europeia e os direitos sociais*, in IDEM, *Estudos de Direito Público*, I, Coimbra, 2003, pp. 13 ss.; IDEM, *Direito Internacional dos Direitos Humanos*, pp. 286 ss.; MARIA LUÍSA DUARTE, *A Carta dos Direitos Fundamentais da União Europeia – natureza e meios de tutela*, in IDEM, *Estudos de Direito da União e das Comunidades Europeias*, II, Coimbra, 2006, pp. 255 ss.; IDEM, *União Europeia e Direitos Fundamentais*, pp. 127 ss.; ROBERTA GARABELLO, *La Carta dei diritti fondamentali dell'Unione europea*, in LAURA PINESCHI (org.), *La Tutela Internazionale...*, pp. 547 ss.

[2527] Cfr. ANA MARIA GUERRA MARTINS, *Curso de Direito Constitucional da União Europeia*, pp. 242 ss.; IDEM, *Direito Internacional dos Direitos Humanos*, pp. 291 ss.

[2528] Cfr. PAULO OTERO, *Vinculação e Liberdade de Conformação Jurídica do Sector Empresarial do Estado*, Coimbra, 1998, pp. 27 ss.

[2529] Cfr. Tratado da União Europeia, segundo o texto resultante do Tratado de Nice, artigo 1º.

[2530] Na realidade, observando o preâmbulo do Tratado que institui a Comunidade Europeia, verifica-se que a criação da Comunidade partiu do entendimento de certos Estados da necessidade em ser desencadeada uma acção comum tendente a garantir o progresso económico e social dos respectivos países, "fixando como objectivo essencial dos seus esforços a melhoria constante das condições de vida e de trabalho dos seus povos".

[2531] Cfr. Tratado da Comunidade Europeia, artigo 2º.

instituição[2532] –, "a promoção de um progresso económico e social (...)"[2533].

O desenvolvimento jurídico da concretização de tais fins ou objectivos da União Europeia continua a reflectir, por sua vez, preocupações de bem-estar, podendo mesmo falar-se na existência de um princípio social no âmbito do Direito Constitucional da União Europeia[2534].

Neste contexto, a acção da União implica, designadamente, um reforço da coesão económica e social[2535], políticas de ambiente[2536] e de desenvolvimento cultural[2537], um elevado nível de protecção da saúde[2538] e ainda uma política social que – incluindo o Fundo Social Europeu[2539], e tendo por base a Carta Social de 1989, o Protocolo Relativo à Política Social e o respectivo Acordo anexo – afirma serem objectivos da Comunidade e dos Estados-membros a promoção do emprego, a melhoria das condições de vida e de trabalho, uma protecção social adequada e a luta contra as exclusões[2540].

[2532] A leitura do preâmbulo do Tratado de União Europeia permite concluir que, a par de outras motivações, razões respeitantes ao bem-estar estiveram presentes na instituição da própria União Europeia. Neste âmbito se integra o desejo dos Estados em "aprofundar a solidariedade entre os seus povos" e a determinação em "promover o progresso económico e social dos seus povos".

[2533] Cfr. Tratado da União Europeia, artigo 2º.

[2534] Sobre o princípio social ao nível da União Europeia, cfr. ROLF STOBER, *Derecho Administrativo Económico*, Madrid, 1992, pp. 83-84.

[2535] Cfr. Tratado da Comunidade Europeia, artigos 3º, alínea k), e 158º a 162º.

[2536] Cfr. Tratado da Comunidade Europeia, artigos 3º, alínea l), e 174º a 176º.

[2537] Cfr. Tratado da Comunidade Europeia, artigos 3º, alínea q), e 151º.

[2538] Cfr. Tratado da Comunidade Europeia, artigos 3º, alínea p), e 152º.

[2539] Cfr. Tratado da Comunidade Europeia, artigos 3º, alínea j), e 146º a 148º.

[2540] As próprias propostas que a Comissão faça em sede de aproximação das legislações dos Estados-membros em matérias de saúde, segurança, protecção do ambiente e protecção dos consumidores devem sempre basear-se "num nível de protecção elevado", cfr. Tratado da Comunidade Europeia, artigo 95º, nº 3.

7.4.6. Mecanismos internacionais de tutela

A pluralidade de instrumentos internacionais contendo declarações de direitos humanos nem sempre é acompanhada, porém, da instituição de mecanismos internacionais de tutela ou garantia.

Na realidade, os tribunais internos de cada Estado começaram por ser historicamente os principais meios de garantia dos direitos humanos reconhecidos pelos textos constitucionais e internacionais: aos tribunais internos estava confiado o último mecanismo de defesa das pessoas contra as violações aos seus direitos fundamentais.

Num segundo momento histórico, começaram a surgir instâncias internacionais sem carácter jurisdicional que, na sequência de comunicação, queixa ou petição, tomavam conhecimento dos casos de violação dos direitos humanos, procediam ao apuramento dos factos e, na hipótese de concluírem pela existência de violação dos direitos fundamentais, elaboravam um relatório, emitindo recomendações ou observações gerais ao Estado em causa[2541]. Aqui se integra, por exemplo, a Comissão de Direitos do Homem das Nações Unidas, entretanto substituída, em 2006, pelo Conselho dos Direitos Humanos, tal como o Comité dos Direitos do Homem previsto no Pacto de Direitos Civis e Políticos ou ainda todo um conjunto diversificado de comités especiais previstos em diversas convenções internacionais sobre direitos humanos[2542].

Urge sublinhar, no entanto, que as mais graves violações aos direitos humanos podem ter na sua origem a acção ou a omissão do próprio Estado: aquele que, em primeira linha, se encontra vinculado a respeitar o Direito internacional dos direitos humanos, garantindo e implementando os direitos fundamentais da pessoa humana, pode

---

[2541] Cfr. ANA MARIA GUERRA MARTINS, *Direito Internacional dos Direitos Humanos*, pp. 180 ss.

[2542] Assim, a título de exemplo, podem indicar-se os seguintes comités especiais:
- Comité para a Eliminação da Discriminação Racial;
- Comité para a Eliminação da Discriminação contra as Mulheres;
- Comité contra a Tortura;
- Comité dos Direitos da Criança.

bem tornar-se no primeiro ou no principal agente violador de tais direitos.

Como resolver as violações aos direitos humanos perpetradas pelo próprio Estado?

Procurando obviar tais situações extremas, sem prejuízo da necessidade de esgotamento dos meios internos de tutela e da exigência de aceitação da respectiva jurisdição internacional pelo pretenso Estado violador, o Direito Internacional foi instituindo mecanismos de natureza jurisdicional de garantia dos direitos humanos: surgem, deste modo, os tribunais internacionais como guardiães dos direitos humanos.

Neste último domínio se integra, em termos universais, o Tribunal Internacional de Justiça, permitindo a emissão de pareceres ou o dirimir de conflitos emergentes de queixas de Estados contra Estados pela violação de direitos humanos. E, exclusivamente em domínios penais decorrentes de crimes que afectam a comunidade internacional no seu conjunto, foi instituído, em 1998, um Tribunal Penal Internacional, envolvendo o julgamento das pessoas responsáveis pelos crimes de genocídio, crimes contra a humanidade, crimes de guerra e crimes de agressão[2543], os quais são expressamente tidos como imprescritíveis[2544].

Em termos regionais, a tutela jurisdicional dos direitos humanos encontra hoje expressão em quatro principais tribunais:

- Tribunal Europeu do Direitos Humanos[2545], desde 1994, no contexto da Convenção Europeia para a Protecção dos Direitos do Homem e das Liberdades Fundamentais[2546];
- Tribunal de Justiça da União Europeia;

[2543] Cfr. artigo 5º, nº 1, e ainda os artigos 6º a 8º do Estatuto do Tribunal Penal Internacional.

[2544] Cfr. artigo 29º do Estatuto do Tribunal Penal Internacional.

[2545] Cfr. MARIA LUÍSA DUARTE, *A Convenção Europeia dos Direitos do Homem*, pp. 177 ss.; ANA MARIA GUERRA MARTINS, *Direito Internacional dos Direitos Humanos*, pp. 258 ss.

[2546] Cfr. Protocolo nº 11 à Convenção Europeia para a Protecção dos Direitos do Homem e das Liberdades Fundamentais, o qual entrou em vigor em 1998.

- Tribunal Interamericano dos Direitos Humanos, instituído no âmbito do Pacto de São José da Costa Rica;
- Tribunal Africano dos Direitos do Homem e dos Povos, criado pelo Protocolo de 1998, o qual entrou em vigor em 2004[2547].

7.4.7. *Erosão do domínio reservado dos Estados e* ius commune *constitucional*

A temática relativa à garantia de respeito e implementação dos direitos humanos e ao sancionamento das respectivas violações pelos Estados tornou-se, progressivamente, um assunto integrante da esfera da comunidade internacional, diminuindo a área de domínio reservado dos Estados[2548], tal como se encontra formulada pelo artigo 2º, nº 7, da Carta das Nações Unidas: violar direitos humanos não é um assunto "essencialmente da jurisdição interna" do Estado onde ocorre esse facto, antes estamos diante de uma questão que diz respeito a toda a comunidade internacional, pois, em última análise, o respeito pelos direitos do homem e pelas liberdades fundamentais integra os objectivos das Nações Unidas[2549].

Ocorre aqui, se dúvidas existissem antes da segunda metade do século XX, uma verdadeira amputação da liberdade decisória constituinte de cada Estado em matéria de direitos humanos, passando a internacionalização desta matéria a representar um sector tradicional do Direito Constitucional que deixa agora de estar na órbita exclusiva da intervenção normativo-constitucional dos Estados para passar a integrar uma dimensão constitucional de raiz internacional: um tal sector da Constituição de cada Estado está agora, e sob pena de invalidade radical, dependente do Direito Internacional dos Direitos Humanos, registando-se o surgimento aqui de uma verdadeira Constituição

---

[2547] Cfr. ANA MARIA GUERRA MARTINS, *Direito Internacional dos Direitos Humanos*, pp. 306 ss.

[2548] Cfr. ANTONIO CASSESE, *Diritto Internazionale*, II, Bologna, 2004, pp. 96 e 97.

[2549] Cfr. artigo 1º, nº 3, 2ª parte, da Carta das Nações Unidas.

transnacional ou "Constituição global dos direitos fundamentais" (v. *supra*, n° 7.4.3.).

Há, neste domínio, sob diferente ângulo de análise, uma "expropriação" ou uma diminuição da margem de liberdade decisória de intervenção do poder constituinte e da inerente soberania dos Estados: as soluções constitucionais internas não podem contrariar os parâmetros de garantia dos direitos humanos fixados pelo Direito Internacional geral ou comum.

Observa-se, por esta via, um fenómeno de fragmentação do monopólio estadual de produção da normatividade constitucional[2550], gerando o domínio dos direitos fundamentais inerentes à pessoa humana um progressivo *ius commune constitucional*.

Trata-se de um *ius commune constitucional* que, traduzindo a expressão da designada Constituição transnacional (v. *supra*, n° 7.4.3.) ou "Constituição global dos direitos fundamentais", se mostra tanto mais relevante quanto a afirmação de um princípio de "aplicação da Constituição em conformidade com o Direito Internacional dos Direitos do Homem"[2551] fará dele um conjunto normativo dotado de força hierárquica prevalecente sobre os textos constitucionais produzidos pelo poder constituinte formal dos Estados.

Em Portugal, o designado "princípio da amizade da Constituição portuguesa ao Direito Internacional dos Direitos Humanos"[2552] expressa o sentido de uma heterovinculação constitucional e não o resultado de uma autovinculação da Constituição: não são os direitos fundamentais inerentes à pessoa humana que estão subordinados à Constituição, antes é a Constituição que está subordinada ao respeito devido aos direitos humanos.

[2550] Para mais desenvolvimentos sobre a actual fragmentação da Constituição, cfr. PAULO OTERO, *Legalidade e Administração Pública*, em especial, pp. 572 ss.

[2551] Cfr. KARL-PETER SOMMERMANN, *Völkerrechtlich garantierte Menschenrechte als Masstab der Verfassungskonkretisierung – Die Menschenrechtsfreundlichkeit des Grundgesetzes*, AöR, 1989, pp. 395 ss. Para uma recepção entre nós deste mesmo entendimento, cfr. FAUSTO DE QUADROS, *A Protecção da Propriedade Privada pelo Direito Internacional Público*, Coimbra, 1998, pp. 535 ss.; PAULO OTERO, *Legalidade e Administração Pública*, p. 574.

[2552] Cfr. ANA MARIA GUERRA MARTINS, *Direito Internacional dos Direitos Humanos*, p. 116.

7.5. Século XX: a idade dos direitos?

7.5.1. *O paradoxo do século XX*

Observando o elenco de direitos fundamentais emergentes dos textos constitucionais do século XX, especialmente os que são posteriores ao termo da II Guerra Mundial[2553], e, por outro lado, o sentido amplamente garantístico do Direito Internacional em matéria de direitos humanos, permitindo aqui registar a progressiva afirmação de um *ius cogens* heterovinculativo de todos os Estados, pode bem colocar-se a interrogação de saber se, numa dimensão de análise do processo histórico de afirmação da pessoa humana, o século XX se deverá caracterizar como sendo a "idade dos direitos"[2554].

Se se mostra inegável que o século XX expressa uma crescente preocupação interna e internacional pelos direitos fundamentais, sendo mesmo legítimo afirmar que nunca existiram tantas e tão extensas declarações de direitos da pessoa humana, não se pode esquecer, num sentido completamente inverso, que o século XX revela algumas das mais gritantes violações massivas dos direitos humanos que têm como autor o próprio Estado. Nas insuspeitas palavras inscritas no preâmbulo do Estatuto de Roma do Tribunal Penal Internacional, diz-se, referindo-se ao século XX, o seguinte: "no decurso deste século, milhões de crianças, de homens e mulheres têm sido vítimas de atrocidades inimagináveis que chocam profundamente a consciência da Humanidade".

Ou, adoptando uma perspectiva complementar, apesar de não haver hoje no mundo um programa ou uma ideologia que negue primado ao homem, o certo que "na prática somos testemunhas de campos de concentração, de violência, de tortura, de terrorismo e de

---

[2553] Sublinhando, neste contexto, a importância que o ano 2000 (o último do século XX) teve para os direitos fundamentais na Europa, cfr., por todos, JOSÉ DE MELO ALEXANDRINO, *A Estruturação do Sistema de Direitos, Liberdades e Garantias na Constituição Portuguesa*, I, Coimbra, 2006, pp. 121 ss.

[2554] A expressão "idade dos direitos" deve-se a NORBERTO BOBBIO, *L'Età dei Diritti*, Torino, 1997, em especial, pp. 45 ss.

múltiplas discriminações"[2555], enquanto expressão de "outras premissas que minam, e muitas vezes anulam quase toda a eficácia das premissas humanistas dos programas e sistemas modernos"[2556].

Sucede, na realidade, que algumas das atrocidades mais inimagináveis contra a pessoa humana foram desencadeadas pelo Estado que, em vez de proteger e garantir a vida das pessoas, se constitui em máquina assassina. Isso mesmo foi o que aconteceu, entre múltiplos exemplos, com o genocídio dos curdos, o extermínio dos judeus e dos opositores políticos na Alemanha Nazi e na União Soviética de Estaline, com a eliminação física de populações inteiras na China maoista, no Cambodja de Pol Pot, dos tutsis no Ruanda pelos hutus ou ainda, bem mais recentemente, em 1995, em plena Europa, com o massacre de Sebrenica.

O século XX encerra, deste modo, um preocupante paradoxo em matéria de direitos humanos: ele é o século de maior consciencialização internacional sobre a essencialidade de garantia e efectivação dos direitos fundamentais da pessoa humana, podendo falar-se na existência de um modelo de "Estado humano"[2557], e, simultaneamente, é o século dos maiores e mais arrepiantes atentados contra a vida, a integridade física e a liberdade das pessoas, registando-se que nunca o desprezo pela vida de milhões de seres humanos inocentes foi tão manifesto ou assumiu formas tão radicais de expressão por parte do Poder político de "Estados desumanos".

7.5.2. *Os paradoxos herdados pelo século XXI*

Verifica-se ainda, num outro sentido, que o século XX comunicou ao século XXI três diferentes paradoxos em matéria de direitos fundamentais:

[2555] Cfr. JOÃO PAULO II, **Carta Encíclica «Redemptor Hominis»**, de 4 de Março de 1979, n° 17.

[2556] Cfr. JOÃO PAULO II, **Carta Encíclica «Redemptor Hominis»**, n° 17.

[2557] Sobre o conceito de "Estado humano", cfr. Cfr. JOÃO PAULO II, **Carta Encíclica «Evangelium Vitae»**, n° 101.

a) Deparamos com Estados dotados de grandes riquezas e níveis elevados de desenvolvimento económico, permitindo a satisfação de graus consideráveis de bem-estar, garantindo-se uma efectiva implementação de direitos sociais e culturais à maioria da população, razão pela qual aqui se fala já na exigência da dignidade da pessoa humana a um "médio de existência" condigna; ao mesmo tempo, porém, regista-se que existe um número bem superior de Estados subdesenvolvidos e extremamente pobres, vivendo a grande maioria da sua população numa situação paupérrima, atormentada pela fome, a miséria e o analfabetismo[2558], sem que lhes seja garantido um "mínimo de subsistência" e sem que existam meios financeiros que permitam assegurar os direitos fundamentais inerentes a esse mínimo de bem-estar económico, social e cultural.

Surge aqui, deste modo, um paradoxo que conduz à dúvida se o século XX e os tempos presentes são de grande riqueza ou de extrema pobreza, sabendo-se que, perante a ausência de uma desinteressada solidariedade internacional por parte dos Estados que reúnem melhores condições materiais para prestar uma real ajuda humanitária, se agrava o fosso que separa ricos e pobres na Comunidade Internacional.

b) Observa-se, por outro lado, que a globalização da informação, transformando o mundo numa pequena aldeia, tornou bem mais presente a temática dos direitos humanos, especialmente através da denúncia das suas violações e do alerta para as situações que envolvem maiores ou mais urgentes necessidades, permitindo dizer que todos têm hoje uma perfeita consciência do que falta fazer em matéria de garantia de respeito e efectividade dos direitos humanos. Paradoxalmente, no entanto, esse maior conhecimento de factos, essa globalização da informação, acabou por gerar uma banalização e desinteresse pelas notícias sobre atentados aos direitos

---

[2558] Para um recorte deste paradoxo ao nível global do género humano, cfr. **Constituição Pastoral «Gaudium et Spes»**, de 7 de Dezembro de 1965, nº 4.

humanos, sabendo-se que o impacto da sua dimensão na opinião pública se mede, num primeiro momento, pelo número de vítimas ou a crueldade das imagens televisivas, e, num segundo imediato momento, se nota uma resignada ou impaciente reacção ao repetir de notícias sobre essas violações, perdendo-se de vista a dimensão nuclear que envolve a vida e a dignidade de cada pessoa viva e concreta.

Mais: a distorção do valor da vida e da dignidade de cada pessoa humana vai ao ponto da globalização informativa transmitir, subconscientemente, a ideia de que esse valor não é igual em todos os seres humanos – é muito maior, por exemplo, o impacto informativo de um atentado terrorista em Nova York ou em Londres que cause x vítimas mortais do que um igual atentado terrorista no Iraque ou no Afeganistão que gere dez ou cem vezes mais mortes na população local.

Aqui reside, afinal, um novo paradoxo emergente de uma sociedade de informação tendencial e tendenciosa em que quem controla a informação forma a opinião pública e pode ditar uma inversão ou subversão da hierarquia de valores em torno do igual valor da vida e da dignidade de cada e de todas as pessoas humanas.

c) É ainda possível recortar um terceiro paradoxo do século XX que transitou para o século XXI: numa época de afirmação de direitos fundamentais das mais variadas categorias de pessoas (v.g, trabalhadores, mulheres, jovens, doentes, idosos, homossexuais), num momento histórico que proclama o propósito de edificação de uma sociedade mais justa e solidária, verificando-se que o Estado assume um papel de "Zorro" ou de "Robin dos Bosques" (v. *supra*, nº 7.2.1.), protegendo os direitos dos mais fracos contra a força dos mais fortes, não deixa de ser estranho e paradoxal que se assista a um "eclipse do valor vida"[2559], desenvolvendo-se

---

[2559] Cfr. JOÃO PAULO II, *Carta Encíclica «Evangelium Vitae»*, nos 10 ss.

uma "cultura de morte"[2560] em torno da despenalização e liberalização do aborto, da utilização indevida de embriões humanos ou ainda permitindo a eutanásia[2561].

Significa isto que o moderno Estado deixa sem protecção as situações mais débeis ou precárias da vida humana ou, pelo menos, deixa-as sem a protecção máxima, reconhecendo até a validade de uma diminuição da protecção legislativa anteriormente existente: a despenalização ou a liberalização do aborto permite que a força bruta da simples vontade da mulher aniquile uma vida inocente, tal como a avidez do lucro fácil ou o capricho intelectual de alguns justifica a produção de embriões excedentários que serão depois destruídos ou os interesses inconfessáveis de um utilitarismo desumano poderá fundamentar a eutanásia.

Há aqui um paradoxo que permite vislumbrar vestígios totalitários no moderno Estado de bem-estar social[2562]: apesar de vinculado a respeitar e a proteger os direitos fundamentais do ser humano, parece que essa preocupação não abrange todos os momentos da vida humana ou, pelo menos, baixa ou diminui esse grau de respeito e de protecção se se trata de uma vida humana ainda não nascida ou já terminal, isto precisamente quando a respectiva debilidade mais faria sentir a necessidade de uma protecção reforçada (v. *infra*, n° 12.2.2.). Tratar-se-á então de um Estado que, sem embargo de em termos sócio-económicos proteger os mais fracos, quanto à garantia da vida humana opta a favor dos mais fortes.

A situação é tanto mais paradoxal quanto este menosprezo pela vida humana pré-natal e pela vida humana terminal é acompanhado de uma crescente preocupação social pelos alegados "direitos dos animais", falando-se mesmo em "pro-

---

[2560] Expressão usada por JOÃO PAULO II, *Carta Encíclica «Centesimus Annus»*, de 1 de Maio de 1991, n° 39; IDEM, *Carta Encíclica «Evangelium Vitae»*, n°s 12, 28 e 64.

[2561] Para mais desenvolvimentos, cfr. PAULO OTERO, *A Democracia Totalitária*, pp. 157 ss.

[2562] Cfr. PAULO OTERO, *A Democracia Totalitária*, em especial, pp.159 ss.

tecção e bem-estar dos animais"[2563]: corre-se hoje o risco de se estar a edificar um modelo de sociedade em que os animais serão melhor protegidos pelo ordenamento jurídico do que o ser humano em certas fases da sua vida.

[2563] Nestes sentido, cfr. "Protocolo Relativo à Protecção e ao Bem-Estar dos Animais", anexo ao Tratado da União Europeia e ao Tratado que institui a Comunidade Europeia.

§8º
AS COORDENADAS CONTEMPORÂNEAS DA TUTELA DA PESSOA HUMANA

8.1. O homem e a liberdade: o contributo filosófico prevalecente

8.1.1. *Existencialismo de Kierkegaard: o homem individual e concreto*

No filósofo dinamarquês Sören Kierkegaard (1813-1855) encontramos a raiz do pensamento existencialista que, produzindo uma ruptura com a tradição filosófica clássica de estudo das essências, centra a reflexão na configuração da existência do homem e na valorização da subjectividade no processo de busca da verdade, afirmando a individualidade irredutível de cada homem, isto em oposição à ideia de sistema e ao propósito de procura da objectividade subjacente à universalidade do espírito do hegelianismo[2564]: a certeza e a interioridade encontram-se na subjectividade *in concreto*[2565].

Tomando como ponto de partida a reflexão sobre a sua própria vida, Kierkegaard preocupa-se com o homem existente e concreto, afastando-se da tradicional abstracção da ideia de homem: importa a

---

[2564] Neste sentido e para mais desenvolvimentos, cfr. JEAN WAHL, *As Filosofias da Existência*, Lisboa, s.d., pp. 20 ss.; GIUSEPPE LIMIA, *O Existencialismo Perante o Direito, a Sociedade e o Estado*, Lisboa, 1964, pp. 15 ss..

[2565] Cfr. SÖREN KIERKEGAARD, *El Concepto de la Angustia*, Alianza Editorial, Madrid, 2007, p. 248.

"consciência do próprio eu"[2566], enquanto acto de interioridade[2567], pois toda a existência humana que se dilui numa abstracção ou que a ela se reconduz, tal como sucede com as ideias de Estado ou de Nação, conduz sempre ao desespero[2568].

Há aqui um retomar da ideia de angústia da existência humana[2569] que já antes, ainda que em termos diferentes, Schelling havia formulado (v. *supra*, nº 4.3.2.)[2570]: a angústia traduz agora a relação que o espírito estabelece consigo mesmo e com a condição humana[2571], sendo exclusiva do homem[2572], entendendo o homem como "uma síntese de alma e corpo sustentada pelo espírito"[2573]. Ou, noutro sentido, a angústia é consequência da espiritualidade[2574], é a possibilidade da liberdade[2575], a relação da liberdade com a culpa[2576], sabendo-se que "a angústia com a ajuda da fé educa o indivíduo para que descanse na Providência"[2577].

[2566] Cfr. SÖREN KIERKEGAARD, *El Concepto...*, p. 251.

[2567] Cfr. SÖREN KIERKEGAARD, *El Concepto...*, p. 251. Note-se, todavia, que a interioridade se identifica com a eternidade: a interioridade "é a determinação do eterno no homem" (cfr. *ibidem*, p. 263).

[2568] Cfr. SÖREN KIERKEGAARD, *Desespero – A Doença Mortal*, Rés-Editora, Lisboa, 2003, p. 59.

[2569] Para um desenvolvimento do conceito de angústia, cfr. SÖREN KIERKEGAARD, *El Concepto...*, pp. 87 ss. e 269 ss.

[2570] Para um confronto com a concepção de Schelling, cfr. SÖREN KIERKEGAARD, *El Concepto...*, pp. 115 ss. Igualmente uma para filiação histórica do pensamento existencialista de Kierkegaard, fazendo-o remontar à Grécia Antiga, cfr. MARTINA SCHMITZ-WEISS, *Sören Kierkegaard – Die Politische Dimension des Augenblicks – Zur kritik seiner Theologisch-Philosophiscen Theorie*, Düsseldorf, 1980, pp. 39 ss.

[2571] Cfr. SÖREN KIERKEGAARD, *El Concepto...*, p. 90.

[2572] Cfr. SÖREN KIERKEGAARD, *El Concepto...*, p. 269.

[2573] Cfr. SÖREN KIERKEGAARD, *El Concepto...*, pp. 97, 151, 163 e 217.

[2574] Cfr. SÖREN KIERKEGAARD, *El Concepto...*, pp. 174 ss.

[2575] Cfr. SÖREN KIERKEGAARD, *El Concepto...*, p. 270.

[2576] Cfr. SÖREN KIERKEGAARD, *El Concepto...*, p. 196.

[2577] Cfr. SÖREN KIERKEGAARD, *El Concepto...*, p. 280.

Há aquí, num outro sentido, o retomar da nostalgia que Santo Agostinho encontra no coração do homem face a Deus: "(...) o nosso coração vive inquieto, enquanto não repousa em Vós" (cfr. SANTO AGOSTINHO, *Confissões*, 12ª ed., Liv. Apostolado da Imprensa, Braga, 1990, liv. I, I, p. 27).

Criticando os filósofos que procedem a um universalizar dos indivíduos na espécie[2578], antes afirmando que "o homem é indivíduo"[2579] e "cada indivíduo é ele mesmo e a espécie"[2580], Kierkegaard encontra na multidão o mal[2581] e a mentira[2582], opondo-se ao "querer fazer do número a instância da verdade"[2583], pois a multidão representa uma mera abstracção[2584]. Em vez disso, atendendo a que cada indivíduo existe perante Deus e que "foi por esse homem, por ele também, que Deus veio ao mundo, se deixou encarnar, sofreu e morreu"[2585], é na consciencialização da individualidade de cada homem[2586] e na sua honra em ser um indivíduo[2587] que se alicerça o imperativo de "honrar absolutamente todo o homem tomado isoladamente", enquanto instrumento de prática da verdade, temor a Deus e amor ao próximo[2588].

Kierkegaard retoma aqui, curiosamente, uma ideia hegeliana que sublinha ser o indivíduo o homem determinado e não uma categoria abstracta de homem (v. *supra*, nº 4.3.3.): "quanto mais concreto for o conteúdo da consciência, tanto mais concreta será a compreensão"[2589].

É no indivíduo concreto que, por efeito do cristianismo, se realiza a ideia de homem[2590], uma vez que o mundo real trata do "indivíduo existente"[2591]: o indivíduo é uma categoria que, sendo do espírito e cristã[2592], apesar de ter a sua primeira utilização dialéctica em

---

[2578] Cfr. SÖREN KIERKEGAARD, *Desespero...*, p. 97.
[2579] Cfr. SÖREN KIERKEGAARD, *El Concepto...*, p. 66.
[2580] Cfr. SÖREN KIERKEGAARD, *El Concepto...*, pp. 67, 68 e 72.
[2581] Cfr. SÖREN KIERKEGAARD, *Ponto de Vista Explicativo da Minha Obra de Escritor*, Edições 70, Lisboa, 2002, p. 70.
[2582] Cfr. SÖREN KIERKEGAARD, *Ponto de Vista...*, pp. 111 ss.
[2583] Cfr. SÖREN KIERKEGAARD, *Ponto de Vista...*, p. 134.
[2584] Cfr. SÖREN KIERKEGAARD, *Ponto de Vista...*, p. 113.
[2585] Cfr. SÖREN KIERKEGAARD, *Desespero...*, p. 99.
[2586] Cfr. SÖREN KIERKEGAARD, *Ponto de Vista...*, p. 123.
[2587] Cfr. SÖREN KIERKEGAARD, *Ponto de Vista...*, p. 124.
[2588] Cfr. SÖREN KIERKEGAARD, *Ponto de Vista...*, p. 116.
[2589] Cfr. SÖREN KIERKEGAARD, *El Concepto...*, p. 249.
[2590] Cfr. SÖREN KIERKEGAARD, *Desespero...*, p. 142.
[2591] Cfr. SÖREN KIERKEGAARD, *Desespero...*, p. 109.
[2592] Cfr. SÖREN KIERKEGAARD, *Ponto de Vista...*, p. 128. A propósito do indivíduo como categoria cristã, são reconhecidas, todavia, como possíveis expressões de "matizes demoníacas", a exagerada sensibilidade, a irritabilidade exagerada, a tensão

Sócrates[2593], exprime "uma concepção integral da vida e do mundo"[2594], assumindo-se como causa do cristianismo[2595], podendo o indivíduo "significar o homem único entre todos, e também cada qual, toda a gente"[2596].

Num outro sentido, considerando que "o homem sente atracção pelo proibido"[2597], Kierkegaard, retomando o pensamento de Descartes (v. *supra*, n° 3.6.3.), proclama que o homem individual envolve uma liberdade ilimitada[2598], "o eu é liberdade"[2599] e o conteúdo da liberdade é a verdade[2600] e assume sempre natureza comunicativa[2601]. O homem apresenta-se como "uma síntese do infinito e de finito, de temporal e de eterno, de liberdade e de necessidade[2602].

A filosofia kerkegaardiana, recusando pensar o homem como abstracção, torna presente a ideia de que interessa tomar em consideração o homem vivo e concreto, sabendo-se que cada homem tem uma individualidade própria, única e exclusiva: é aqui, nesta postura existencialista de Kierkegaard, que, baseando-se numa fundamentação cristã, afirmando o primado do homem e da sua individualidade, se encontra a raiz densificadora do moderno conceito jurídico de ser humano ou pessoa humana.

---

nervosa, o histerismo e a hipocondria, cfr. SÖREN KIERKEGAARD, *El Concepto...*, p. 241.

[2593] Cfr. SÖREN KIERKEGAARD, *Ponto de Vista...*, p. 130.
[2594] Cfr. SÖREN KIERKEGAARD, *Ponto de Vista...*, p. 37.
[2595] Cfr. SÖREN KIERKEGAARD, *Ponto de Vista...*, p. 129.
[2596] Cfr. SÖREN KIERKEGAARD, *Ponto de Vista...*, p. 121.
[2597] Cfr. SÖREN KIERKEGAARD, *El Concepto...*, p. 86.
[2598] Cfr. SÖREN KIERKEGAARD, *Ponto de Vista...*, p. 83.
[2599] Cfr. SÖREN KIERKEGAARD, *Desespero...*, p. 39.
[2600] Cfr. SÖREN KIERKEGAARD, *El Concepto...*, p. 243.
[2601] Cfr. SÖREN KIERKEGAARD, *El Concepto...*, p. 220.
[2602] Cfr. SÖREN KIERKEGAARD, *Desespero...*, p. 19. Específicamente sobre a síntese entre o temporal e o eterno, cfr. SÖREN KIERKEGAARD, *El Concepto...*, pp. 156 ss.

8.1.2. *Dignidade, humanidade e liberdade em Unamuno: a confluência de Kant e Hegel*

No que respeita à visão da pessoa humana, o pensamento filosófico do espanhol Miguel de Unamuno (1864-1936) revela um ponto de encontro dos contributos de Kant e de Hegel no século XX, traduzindo, neste sentido, uma das coordenadas contemporâneas de análise do tema.

Retomando uma concepção de base kantiana, Unamuno analisa a dignidade do homem a partir da ideia de valor, considerando odioso o entendimento que reconduz o homem a uma mercadoria[2603] e um erro medir o seu valor e a sua personalidade[2604]: "entre o nada e o homem mais humilde, a diferença é infinita, entre este e o génio, muito menor do que uma natural ilusão nos faz crer"[2605].

O homem, sendo espírito[2606], tem um valor absoluto[2607], assumindo-se como "um espírito repleto de eternidade e de infinidade"[2608]: a humanidade, enquanto "solo firme do nosso ser"[2609], realidade que todos temos em comum[2610], traduz a qualidade de ser homem[2611]. A humanidade identifica-se com a personalidade[2612].

Não obstante a identidade que a humanidade a todos os seres humanos une, "cada homem é único e insubstituível, distinto de todos os restantes"[2613].

[2603] Cfr. MIGUEL DE UNAMUNO, *La Dignidad Humana*, 4ª ed., Madrid, 1957, p. 10.
[2604] Cfr. MIGUEL DE UNAMUNO, *La Dignidad...*, p. 11.
[2605] Cfr. MIGUEL DE UNAMUNO, *La Dignidad...*, p. 11.
[2606] Cfr. MIGUEL DE UNAMUNO, *Libros y Autores Españoles Contemporáneos*, Madrid, 1972, p. 164.
[2607] Cfr. MIGUEL DE UNAMUNO, *La Dignidad...*, p. 11.
[2608] Cfr. MIGUEL DE UNAMUNO, *Almas de Jóvenes*, 5ª ed., Madrid, 1981, p. 133.
[2609] Cfr. MIGUEL DE UNAMUNO, *La Dignidad...*, p. 11.
[2610] Cfr. MIGUEL DE UNAMUNO, *La Dignidad...*, pp. 11 e 12.
[2611] Cfr. MIGUEL DE UNAMUNO, *La Dignidad...*, p. 11.
[2612] Cfr. MIGUEL DE UNAMUNO, *Libros...*, p. 118.
[2613] Cfr. MIGUEL DE UNAMUNO, *Soledad*, 7ª ed., Madrid, 1981, p. 119.

O homem é visto como "supremo produto da humanidade"[2614], o "facto eterno da história"[2615], pois só dentro do todo que é a História a vida do homem, sendo vida espiritual, é genuína vida humana[2616]. Unamuno aposta na edificação de um homem novo, enquanto expressão de uma nova civilização[2617], identificada com o processo de "ascensão da humanidade à sobrehumanidade"[2618].

Toda a História, sendo "a vida do espírito humano colectivo"[2619], resume-se a uma luta do homem sobre o ambiente em que vive[2620]: o homem, sendo dotado de uma vontade e uma energia que são forças imensuráveis[2621], actua sobre o ambiente[2622], tal como este age sobre o homem[2623], numa interacção recíproca[2624]. Aliás, tudo o que o homem vê com os seus olhos, "tudo humaniza"[2625].

Negando a dicotomia entre o valor individual e o valor social da pessoa[2626], considerando cada um isolado uma ficção[2627], Unamuno procurar fazer uma síntese, afirmando "eu sou a sociedade e a sociedade sou eu"[2628] ou, numa diferente formulação da mesma ideia de clara inspiração hegeliana, "a sociedade é toda em todos e toda em cada um"[2629]. Compreende-se, por isso, que o indivíduo como átomo seja uma ficção[2630], antes deva ser entendido como universo e

---

[2614] Cfr. MIGUEL DE UNAMUNO, *La Dignidad...*, p. 45.
[2615] Cfr. MIGUEL DE UNAMUNO, *La Dignidad...*, p. 45.
[2616] Cfr. MIGUEL DE UNAMUNO, *Libros...*, p. 165.
[2617] Cfr. MIGUEL DE UNAMUNO, *La Dignidad...*, p. 45.
[2618] Cfr. MIGUEL DE UNAMUNO, *La Dignidad...*, p. 45.
[2619] Cfr. MIGUEL DE UNAMUNO, *Libros...*, p. 165.
[2620] Cfr. MIGUEL DE UNAMUNO, *La Dignidad...*, p. 22.
[2621] Cfr. MIGUEL DE UNAMUNO, *La Dignidad...*, p. 12.
[2622] Cfr. MIGUEL DE UNAMUNO, *La Dignidad...*, pp. 15, 21 e 22.
[2623] Cfr. MIGUEL DE UNAMUNO, *La Dignidad...*, p. 40.
[2624] Cfr. MIGUEL DE UNAMUNO, *La Dignidad...*, p. 40.
[2625] Cfr. MIGUEL DE UNAMUNO, *Soledad*, p. 151.
[2626] Cfr. MIGUEL DE UNAMUNO, *Soledad*, pp. 114-115.
[2627] Cfr. MIGUEL DE UNAMUNO, *Soledad*, p. 115.
[2628] Cfr. MIGUEL DE UNAMUNO, *La Dignidad...*, p. 45.
[2629] Cfr. MIGUEL DE UNAMUNO, *La Dignidad...*, p. 46.
[2630] Cfr. MIGUEL DE UNAMUNO, *Soledad*, p. 115.

não simples parte dele[2631]: "o indivíduo é universal e não particular"[2632].

O individualismo é configurado como uma forma de desprezo absoluto pela raiz e base de toda a individualidade, isto é, pela humanidade[2633], encontrando no esquecimento da dignidade humana a causa de todos os fenómenos patológicos do final do século XIX[2634]: a pobreza, atentando contra a dignidade humana, é o inferno moderno[2635].

O primeiro dever do homem não está em diferenciar-se, antes reside em ser homem pleno e íntegro[2636]: "todo o homem serve a todo o homem"[2637].

O Estado, sendo resultado e causa da educação[2638], surge configurado como a melhor garantia da liberdade individual e da personalidade[2639].

Nestes termos se define uma concepção de confluência entre os contributos ideológicos de Kant e Hegel que estará presente nas coordenadas contemporâneas de configuração filosófica da pessoa humana ao longo do século XX.

8.1.3. *Ortega y Gasset e a dimensão filosófica do eu: vida humana e sociedade*

Traçando uma reflexão centrada na projecção existencial e social do eu, o espanhol José Ortega y Gasset (1883-1955), desenvolvendo certos traços de influência de Descartes (v. *supra*, nº 3.6.3.) e de Schopenhauer (v. *supra*, nº 4.3.4.), procura superar o idealismo,

---

[2631] Cfr. MIGUEL DE UNAMUNO, *Monodiálogos*, Madrid, 1972, p. 123.
[2632] Cfr. MIGUEL DE UNAMUNO, *Monodiálogos*, p. 123.
[2633] Cfr. MIGUEL DE UNAMUNO, *La Dignidad...*, p. 13.
[2634] Cfr. MIGUEL DE UNAMUNO, *La Dignidad...*, p. 14.
[2635] Cfr. MIGUEL DE UNAMUNO, *La Dignidad...*, p. 13.
[2636] Cfr. MIGUEL DE UNAMUNO, *La Dignidad...*, p. 18.
[2637] Cfr. MIGUEL DE UNAMUNO, *Almas...*, p. 132.
[2638] Cfr. MIGUEL DE UNAMUNO, *La Dignidad...*, p. 86.
[2639] Cfr. MIGUEL DE UNAMUNO, *Monodiálogos*, p. 122.

fazendo disso a "alta missão histórica da nossa época"[2640], e rejeita um realismo em que a existência das coisas seria independente do sujeito que as pensa[2641]: as coisas têm uma relação directa com o eu, "todas as coisas do mundo estão colocadas com relação a mim"[2642], gerando um sistema de comodidades ou incomodidades[2643], motivo pelo qual quando faltam começam a ter um ser[2644] – trata-se de um ser que falta na nossa vida[2645].

Ortega y Gasset, considerando que os problemas humanos não são abstractos, antes "são problemas de máxima concreção"[2646], adopta uma perspectiva íntima do eu[2647], "eu estou sempre comigo, não sou senão o que penso que sou, não posso sair de mim mesmo"[2648], superando o modelo idealista de base cartesiana, entende que o mundo não está dentro do pensamento, "se existe o pensamento existem, *ipso facto*, eu que penso e o mundo em que penso"[2649]: o eu é quem vê o mundo e o mundo é aquilo que é visto por mim[2650].

O homem surge configurado como um simples pedaço do mundo[2651], sendo alguém que está num corpo[2652] e se encontra em

---

[2640] Cfr. JOSÉ ORTEGA Y GASSET, *Qué es Filosofía?*, 13ª ed., Madrid, 2005, p. 191.

[2641] Cfr. JOSÉ ORTEGA Y GASSET, *Qué es Filosofía?*, p. 213.

[2642] Cfr. JOSÉ ORTEGA Y GASSET, *El Hombre y la Gente*, 8ª ed., Madrid, 2003, p. 82.

[2643] Ortega y Gasset acolhe aquí uma típica ideia cartesiana, expressa na reflexão que Descartes faz sobre a relação entre o *eu* e o corpo de todos os que o rodeiam, considerando que pode receber "diversas comodidades ou incomodidades" (v. *supra*, nº 3.6.3.).

[2644] Cfr. JOSÉ ORTEGA Y GASSET, *Unas Lecciones de Metafísica*, 7ª ed., Madrid, 2003, p. 93.

[2645] Cfr. JOSÉ ORTEGA Y GASSET, *Unas Lecciones...*, p. 89.

[2646] Cfr. JOSÉ ORTEGA Y GASSET, *A Rebelião das Massas*, ed. Relógio d'Agua, Lisboa, s.d., p. 30.

[2647] Cfr. JOSÉ ORTEGA Y GASSET, *Qué es Filosofía?*, p. 204.

[2648] Cfr. JOSÉ ORTEGA Y GASSET, *Qué es Filosofía?*, p. 204.

[2649] Cfr. JOSÉ ORTEGA Y GASSET, *Qué es Filosofía?*, p. 204.

[2650] Cfr. JOSÉ ORTEGA Y GASSET, *Qué es Filosofía?*, p. 204.

[2651] Cfr. JOSÉ ORTEGA Y GASSET, *El Hombre...*, pp. 66-67.

[2652] Cfr. JOSÉ ORTEGA Y GASSET, *El Hombre...*, p. 81.

"cada qual"[2653]. No entanto, ao invés de todos os restantes animais, sendo capaz de recordar, o homem "acumula o seu passado, possui-o e aproveita-o"[2654]: "é este o tesouro único do homem, o seu privilégio e a sua marca"[2655].

Sem prejuízo do risco de o homem se perder na "selva do existir, dentro de si mesmo"[2656], a sua vida é intransferível[2657]: a vida humana, não permitindo que ninguém se substitua no querer e no sentir, é expressão do "eu só"[2658], sendo, por isso mesmo, essencial e radicalmente solidão[2659]. A própria dignidade do indivíduo é "extraída do fundo de si mesmo"[2660]. Viver, porém, não é existir apenas na mente ou nas ideias[2661]: viver é "existir eu fora de mim"[2662], é lidar com o mundo[2663], é um ter constante de me enfrentar e embater[2664].

A vida surge como algo que nos é dado[2665], por fazer[2666], isto é, em termos vazios[2667], não tendo nós outro remédio senão tentar encher ou ocupar[2668]: "o que me é dado com a vida é o que fazer"[2669]. A vida

---

[2653] Cfr. JOSÉ ORTEGA Y GASSET, *El Hombre...*, p. 81.
[2654] Cfr. JOSÉ ORTEGA Y GASSET, *A Rebelião...*, p. 32.
[2655] Cfr. JOSÉ ORTEGA Y GASSET, *A Rebelião...*, p. 32.
[2656] Cfr. JOSÉ ORTEGA Y GASSET, *El Hombre...*, p. 45.
[2657] Cfr. JOSÉ ORTEGA Y GASSET, *El Hombre...*, pp. 52, 53 e 64.
[2658] Cfr. JOSÉ ORTEGA Y GASSET, *El Hombre...*, p. 53.
[2659] Cfr. JOSÉ ORTEGA Y GASSET, *El Hombre...*, pp. 53, 55 e 65.
[2660] Cfr. JOSÉ ORTEGA Y GASSET, *A Rebelião...*, p. 18.
[2661] Cfr. JOSÉ ORTEGA Y GASSET, *El Hombre...*, p. 54.
[2662] Cfr. JOSÉ ORTEGA Y GASSET, *Unas Lecciones...*, p. 66.
[2663] Cfr. JOSÉ ORTEGA Y GASSET, *A Rebelião...*, p. 76.
A vida, sendo sempre um lugar e uma data, é, por si mesma, histórica (cfr. JOSÉ ORTEGA Y GASSET, *Unas Lecciones...*, p. 95): "toda a vida é encontrar-se dentro da «circunstância» ou mundo" (cfr. JOSÉ ORTEGA Y GASSET, *A Rebelião...*, p. 61).
[2664] Cfr. JOSÉ ORTEGA Y GASSET, *El Hombre...*, p. 54.
[2665] Cfr. JOSÉ ORTEGA Y GASSET, *Qué es Filosofía?*, p. 225; IDEM, *El Hombre...*, p. 50.
[2666] Cfr. JOSÉ ORTEGA Y GASSET, *Unas Lecciones...*, pp. 56 e 92.
[2667] Cfr. JOSÉ ORTEGA Y GASSET, *El Hombre...*, p. 50; IDEM, *Origen y Epílogo de la Filosofía y Otros Ensayos de Filosofía*, 2ª ed., Madrid, 1989, p. 128.
[2668] Cfr. JOSÉ ORTEGA Y GASSET, *El Hombre...*, p. 50; IDEM, *Origen...*, p. 128.
[2669] Cfr. JOSÉ ORTEGA Y GASSET, *Unas Lecciones...*, p. 56; IDEM, *El Hombre...*, p. 52.

é um problema que precisamos de resolver[2670], uma possibilidade sempre aberta[2671] ou várias possibilidades de fazer[2672], uma revelação[2673], que não se encontra predeterminada[2674]: "viver é constantemente decidir o que vamos ser"[2675] e nós somos o que a nossa vida for "e nada mais"[2676].

O ser do homem encontra-se na sua vida[2677] e ele encontra-se com ela ao encontrar-se consigo mesmo[2678]: "somos a nossa vida"[2679] e cada um tem que viver a sua[2680]. Neste sentido, sendo a vida o que dela fazemos[2681], estamos sempre a decidir o nosso ser futuro[2682], cada instante e cada sítio abrem-nos diversos caminhos[2683], registando-se que a vida é veloz e o homem não pode esperar[2684]. Em relação a cada um, pois a vida humana é sempre exclusiva de cada qual[2685], a vida envolve uma mistura de liberdade e de fatalidade[2686]: "vida é, pois, a liberdade na fatalidade e a fatalidade na liberdade"[2687].

O ser do homem, sendo expressão de liberdade[2688], não consiste naquilo que ele já é mas no que vai ser no futuro[2689], sabendo-se que

---

[2670] Cfr. JOSÉ ORTEGA Y GASSET, *Qué es Filosofía?*, p. 225.
[2671] Cfr. JOSÉ ORTEGA Y GASSET, *Qué es Filosofía?*, p. 243.
[2672] Cfr. JOSÉ ORTEGA Y GASSET, *Unas Lecciones...*, p. 56.
[2673] Cfr. JOSÉ ORTEGA Y GASSET, *Unas Lecciones...*, p. 36.
[2674] Cfr. JOSÉ ORTEGA Y GASSET, *Qué es Filosofía?*, p. 226.
[2675] Cfr. JOSÉ ORTEGA Y GASSET, *Qué es Filosofía?*, pp. 227 e 244.
[2676] Cfr. JOSÉ ORTEGA Y GASSET, *Qué es Filosofía?*, p. 226.
[2677] Cfr. JOSÉ ORTEGA Y GASSET, *El Hombre...*, p. 51.
[2678] Cfr. JOSÉ ORTEGA Y GASSET, *Unas Lecciones...*, pp. 91 e 92.
[2679] Cfr. JOSÉ ORTEGA Y GASSET, *Unas Lecciones...*, p. 91.
[2680] Cfr. JOSÉ ORTEGA Y GASSET, *El Hombre...*, pp. 52 e 53.
[2681] Cfr. JOSÉ ORTEGA Y GASSET, *Unas Lecciones...*, p. 35.
[2682] Cfr. JOSÉ ORTEGA Y GASSET, *Qué es Filosofía?*, p. 248.
[2683] Cfr. JOSÉ ORTEGA Y GASSET, *El Hombre...*, p. 52.
[2684] Cfr. JOSÉ ORTEGA Y GASSET, *España Invertebrada*, 17ª ed., Madrid, 2006, p. 40.
[2685] Cfr. JOSÉ ORTEGA Y GASSET, *El Hombre...*, pp. 46 e 64.
[2686] Cfr. JOSÉ ORTEGA Y GASSET, *Qué es Filosofía?*, pp. 226 e 243.
[2687] Cfr. JOSÉ ORTEGA Y GASSET, *Qué es Filosofía?*, p. 226.
[2688] Cfr. JOSÉ ORTEGA Y GASSET, *El Hombre...*, p. 161.
[2689] Cfr. JOSÉ ORTEGA Y GASSET, *Unas Lecciones...*, p. 92.

ele é capaz de tudo[2690]. O homem é, deste modo, um ser que tem o privilégio de decidir o seu próprio ser, existindo no futuro[2691]: o homem é a única realidade que não consiste apenas em ser, tendo também que escolher o seu próprio ser[2692]. A vida, sendo escolha, é também mudança[2693] e responsabilidade[2694], revelando que o homem se encontra condenado a ser livre[2695]. Compreende-se, por isso, que a vida traduza sempre perplexidade[2696] e preocupação[2697]: a "vida é permanente encruzilhada e constante perplexidade"[2698] ou, numa outra formulação, "a vida (...) é a única entidade do universo cuja substância é perigo"[2699].

Encontra-se também em Ortega y Gasset, partindo da fenomenologia de Husserl[2700], o desenvolvimento teórico da dimensão do *outro*, tanto na sua relação com o eu, como na projecção social de ambos: "eu, o eu que é cada qual encontra-se rodeado de outros homens"[2701].

Neste sentido, o eu existe "irremediavelmente" para o outro "e isto obriga-me, queira ou não, a contar com ele e com as suas intenções sobre mim"[2702]: é nessa reciprocidade que, encontra no outro uma remissão para mim[2703], fazendo dele um "eu análogo"[2704], reside a raiz

---

[2690] Cfr. José Ortega y Gasset, *El Hombre*..., p. 155.
[2691] Cfr. José Ortega y Gasset, *Unas Lecciones*..., p. 93.
[2692] Cfr. José Ortega y Gasset, *El Hombre*..., p. 51.
[2693] Desde que nasce, o homem nada mais faz do que envelhecer: só a morte torna o homem imutável, libertando-o da mudança, e o eterniza (cfr. José Ortega y Gasset, *El Hombre*..., p. 162). A eternidade, porém, é uma mera probabilidade em que só é certa a incerteza (cfr. José Ortega y Gasset, *Origen*..., p. 29).
[2694] Cfr. José Ortega y Gasset, *El Hombre*..., p. 51.
[2695] Cfr. José Ortega y Gasset, *El Hombre*..., p. 51.
[2696] Cfr. José Ortega y Gasset, *Unas Lecciones*..., p. 56.
[2697] Cfr. José Ortega y Gasset, *Unas Lecciones*..., p. 93.
[2698] Cfr. José Ortega y Gasset, *El Hombre*..., p. 52.
[2699] Cfr. José Ortega y Gasset, *A Rebelião*..., p. 88.
[2700] Cfr. José Ortega y Gasset, *El Hombre*..., pp. 127 ss.
[2701] Cfr. José Ortega y Gasset, *El Hombre*..., p. 153.
[2702] Cfr. José Ortega y Gasset, *El Hombre*..., p. 110.
[2703] Cfr. José Ortega y Gasset, *El Hombre*..., p. 128.
[2704] Cfr. José Ortega y Gasset, *El Hombre*..., p. 128.

do fenómeno social[2705]. A simples convivência produz a sociedade[2706]. Mais: "o estar aberto ao outro, aos outros, é um estado permanente e constitutivo do Homem"[2707].

Condenando uma visão transpersonalista da colectividade[2708], Ortega y Gasset entende a relação social como uma realidade interindividual[2709] e configura a colectividade como "o humano sem homem, o humano sem espírito, o humano sem alma, o humano desumanizado"[2710].

É neste contexto que, no século XX, surge o «homem-massa»: a sua vida carece de projecto, anda à deriva[2711], apesar de se sentir perfeito[2712] e soberano da vida[2713], sendo incapaz de descobrir a sua insuficiência[2714] e dando como bom tudo o que encontra em si[2715]; crê que só tem direitos e não tem obrigações[2716], preocupando-se apenas com o seu bem-estar[2717], nada constrói[2718] e não atende a razões[2719], nem lhe interessam os valores fundamentais da cultura[2720]. Em suma, o homem-massa, carecendo de moral[2721], é "um primitivo que se infiltrou pelos bastidores do velho cenário da civilização"[2722].

E o problema começa, segundo Ortega e Gasset, porque o homem vulgar, expressão deste homem-massa, resolveu governar o mundo[2723].

[2705] Cfr. JOSÉ ORTEGA Y GASSET, *El Hombre*…, p. 110.
[2706] Cfr. JOSÉ ORTEGA Y GASSET, *A Rebelião*…, p. 12.
[2707] Cfr. JOSÉ ORTEGA Y GASSET, *El Hombre*…, p. 113.
[2708] Cfr. JOSÉ ORTEGA Y GASSET, *El Hombre*…, p. 178.
[2709] Cfr. JOSÉ ORTEGA Y GASSET, *El Hombre*…, p. 183.
[2710] Cfr. JOSÉ ORTEGA Y GASSET, *El Hombre*…, p. 178.
[2711] Cfr. JOSÉ ORTEGA Y GASSET, *A Rebelião*…, p. 67.
[2712] Cfr. JOSÉ ORTEGA Y GASSET, *A Rebelião*…, p. 82.
[2713] Cfr. JOSÉ ORTEGA Y GASSET, *A Rebelião*…, p. 77.
[2714] Cfr. JOSÉ ORTEGA Y GASSET, *A Rebelião*…, p. 82.
[2715] Cfr. JOSÉ ORTEGA Y GASSET, *A Rebelião*…, p. 77.
[2716] Cfr. JOSÉ ORTEGA Y GASSET, *A Rebelião*…, p. 16.
[2717] Cfr. JOSÉ ORTEGA Y GASSET, *A Rebelião*…, p. 75.
[2718] Cfr. JOSÉ ORTEGA Y GASSET, *A Rebelião*…, p. 67.
[2719] Cfr. JOSÉ ORTEGA Y GASSET, *A Rebelião*…, p. 93.
[2720] Cfr. JOSÉ ORTEGA Y GASSET, *A Rebelião*…, p. 97.
[2721] Cfr. JOSÉ ORTEGA Y GASSET, *A Rebelião*…, p. 177.
[2722] Cfr. JOSÉ ORTEGA Y GASSET, *A Rebelião*…, p. 91.
[2723] Cfr. JOSÉ ORTEGA Y GASSET, *A Rebelião*…, p. 102.

Em vez de uma minoria selecta de indivíduos capazes de tornar uma nação numa massa humana organizada[2724], é o homem vulgar que assume o governo.

Esse problema é tanto mais grave quanto o Estado passou, a partir da década de vinte do século XX, a invadir a vida do homem, tornando-se o maior perigo para a civilização[2725]: o intervencionismo do Estado absorveu a espontaneidade social[2726], daí a crítica de que "a sociedade terá de viver para o Estado; o homem para a máquina do governo"[2727].

8.1.4. *Humanismo, liberdade e subjectividade humanas: Heidegger e Sartre*

Independentemente da ascendência do existencialismo do século XX se poder encontrar já em Sócrates ou em Pascal, a defesa de uma precedência da existência sobre a essência (Sartre) e de um primado da existência do "homem concreto, de carne e osso" (Unamuno), conhece duas vias de desenvolvimento: um existencialismo de carácter ateu e um outro que, filiando-se directamente em Kierkegaard, assume cariz cristão[2728].

No primeiro grupo, o designado existencialismo ateu, merecem especial referencia os nomes de dois filósofos do século XX:

(a) O alemão Martin Heidegger (1889-1976), procurando fazer a confluência entre os motivos existencialistas kierkegaardianos e a metodologia fenomenológica de Husserl[2729];
(b) O francês Jean-Paul Sartre (1905-1980), também particularmente influenciado pela fenomenologia de Husserl[2730].

[2724] Cfr. JOSÉ ORTEGA Y GASSET, *España Invertebrada*, p. 96.
[2725] Cfr. JOSÉ ORTEGA Y GASSET, *A Rebelião...*, pp. 117 e 120.
[2726] Cfr. JOSÉ ORTEGA Y GASSET, *A Rebelião...*, p. 120.
[2727] Cfr. JOSÉ ORTEGA Y GASSET, *A Rebelião...*, p. 120.
[2728] Cfr. JEAN-PAUL SARTRE, *L'Existentialisme est un Humanisme*, ed. Gallimard, Paris, 2006, p. 26.
[2729] Neste sentido, cfr. GIUSEPPE LIMIA, *O Existencialismo...*, p. 39.
[2730] Neste sentido, cfr. GIUSEPPE LIMIA, *O Existencialismo...*, p. 80.

Observemos o essencial de cada um destes filósofos quanto ao tema do homem e da liberdade.

(a) Martin Heidegger, sem embargo das suas ligações ao nazismo em meados da década de trinta do século XX[2731], postulando uma visão transpersonalista de raiz hegeliana em torno da "missão historicamente espiritual do povo alemão que se reconhece no seu Estado"[2732], foi o primeiro filósofo que tomou em consideração a questão do ser[2733].

Postulando que a densidade ontológica do homem se encontra na sua relação com o ser, Heidegger configura o homem como um ente existente entre outros entes que existem, sendo na circunstância de ter acesso à revelação do ser e no estabelecimento da sua ligação com o ser que o homem se autonomiza: "a essência do homem (…) consiste em ele ser mais do que simples homem"[2734], residindo nessa essência o cerne da verdade do ser[2735].

Com efeito, o homem não é senhor do ente[2736], antes "é o pastor do ser"[2737]: "o homem é, na sua essência ontológico--historial, o ente cujo ser como ex-sistência consiste no facto de morar na vizinhança do ser. O homem é o vizinho do ser"[2738].

Considerando que o humanismo é "cuidar para que o homem seja humano e não des-humano, inumano, isto é,

---

[2731] Para uma análise da evolução do pensamento político de Heidegger, cfr. MARTIN HEIDEGGER, *Escritos Políticos 1933-1966*, ed. Instituto Piaget, Lisboa, 1997.

[2732] Neste sentido, cfr. o célebre discurso do reitorado, in MARTIN HEIDEGGER, *Escritos Políticos 1933-1966*, pp. 93 ss., em especial, p. 94.

[2733] Neste sentido, cfr. MICHAEL GILLESPIE, *Martin Heidegger*, in LEO STRAUSS / JOSEPH CROPSEY (org.), *Historia de la Filosofía Política*, 3ª ed., reimp., México, 1996, p. 833.

[2734] Cfr. MARTIN HEIDEGGER, *Carta sobre o Humanismo*, 5ª ed., Guimarães Editores, Lisboa, 1998, p. 66.

[2735] Cfr. MARTIN HEIDEGGER, *Carta sobre o Humanismo*, p. 70.

[2736] Cfr. MARTIN HEIDEGGER, *Carta sobre o Humanismo*, p. 66.

[2737] Cfr. MARTIN HEIDEGGER, *Carta sobre o Humanismo*, pp. 52 e 66.

[2738] Cfr. MARTIN HEIDEGGER, *Carta sobre o Humanismo*, p. 66.

situado fora da sua essência"[2739], Heidegger, numa clara influência kantiana (v. *supra*, n°s 4.2.1. e 4.2.2.), faz localizar na humanidade do homem o ponto de encontro da sua própria dignidade[2740]: o humanismo traduz o empenho do homem em tornar-se livre para alcançar a humanidade e, deste modo, alcançar a sua dignidade[2741]. Neste âmbito, a liberdade, traduzindo o "revelado de um aberto"[2742], é vista como "a entrega à desocultação do ente enquanto tal"[2743], traduzindo a própria essência da verdade[2744]: "o homem só ek-siste como propriedade desta liberdade e só deste modo é capaz de história"[2745].

(b) Jean-Paul Sartre, por seu lado, afirmando que o existencialismo é uma forma de humanismo[2746], sublinha a essencialidade da subjectividade humana no processo de busca da verdade e na própria acção[2747], tal como na descoberta dos outros[2748]: "não há outro universo senão o universo humano, o universo da subjectividade humana"[2749], sendo nessa subjectividade do indivíduo que reside a dignidade do homem[2750] e a fonte da revelação de mim próprio e também dos outros[2751], pois "o outro é indispensável à minha existência, tal como ao conhecimento que tenho de mim"[2752].

[2739] Cfr. MARTIN HEIDEGGER, *Carta sobre o Humanismo*, p. 39.
[2740] Cfr. MARTIN HEIDEGGER, *Carta sobre o Humanismo*, p. 40.
[2741] Cfr. MARTIN HEIDEGGER, *Carta sobre o Humanismo*, p. 40.
[2742] Cfr. MARTIN HEIDEGGER, *Sobre a Essência da Verdade*, Porto Editora, Porto, 1995, p. 35.
[2743] Cfr. MARTIN HEIDEGGER, *Sobre a Essência...*, p. 37.
[2744] Cfr. MARTIN HEIDEGGER, *Sobre a Essência...*, p. 41.
[2745] Cfr. MARTIN HEIDEGGER, *Sobre a Essência...*, p. 41.
[2746] Cfr. JEAN-PAUL SARTRE, *L'Existentialisme...*, pp. 23, 76 e 87.
[2747] Cfr. JEAN-PAUL SARTRE, *L'Existentialisme...*, p. 23.
[2748] Cfr. JEAN-PAUL SARTRE, *L'Existentialisme...*, p. 58.
[2749] Cfr. JEAN-PAUL SARTRE, *L'Existentialisme...*, p. 76.
[2750] Cfr. JEAN-PAUL SARTRE, *L'Existentialisme...*, pp. 56 ss.
[2751] Cfr. JEAN-PAUL SARTRE, *L'Existentialisme...*, p. 58.
[2752] Cfr. JEAN-PAUL SARTRE, *L'Existentialisme...*, p. 59.

É ainda neste contexto que surge a temática da liberdade, enquanto "fundamento de todos os valores"[2753]: o existencialismo é também, além de uma forma de humanismo, "uma filosofia da liberdade"[2754], aqui se integrando a referência "à dignidade humana e à eminente dignidade da pessoa"[2755]. Negando qualquer determinismo, afirmando que Deus não existe[2756], para Sartre "o homem é livre, o homem é liberdade"[2757], encontrando-se "condenado a ser livre"[2758] e, em cada instante, "a inventar o homem"[2759], sabendo que a liberdade "depende inteiramente da liberdade dos outros e que a liberdade dos outros depende da nossa"[2760].

Num sistema em que o homem se configura como sendo uma realidade anterior a todo o objecto[2761], fundando-se a ordem axiológica na liberdade e condenado o próprio homem à liberdade[2762], a responsabilidade humana traduz uma questão central do pensamento de Sartre: o homem mostra-se responsável por aquilo que ele próprio é[2763], por tudo o que faz[2764] e ainda por todos os homens[2765], encontrando-se limitado, todavia, pela impossibilidade de ultrapassar a subjectividade humana[2766].

É na essência da liberdade e da subjectividade própria de cada homem, em si e na sua relação com os restantes, que o

---

[2753] Cfr. JEAN-PAUL SARTRE, *L'Existentialisme...*, p. 69.
[2754] Cfr. JEAN-PAUL SARTRE, *L'Existentialisme...*, p. 87.
[2755] Cfr. JEAN-PAUL SARTRE, *L'Existentialisme...*, p. 87.
[2756] Cfr. JEAN-PAUL SARTRE, *L'Existentialisme...*, p. 39.
[2757] Cfr. JEAN-PAUL SARTRE, *L'Existentialisme...*, p. 39.
[2758] Cfr. JEAN-PAUL SARTRE, *L'Existentialisme...*, p. 39.
[2759] Cfr. JEAN-PAUL SARTRE, *L'Existentialisme...*, p. 40.
[2760] Cfr. JEAN-PAUL SARTRE, *L'Existentialisme...*, pp. 69-70.
[2761] Cfr. JEAN-PAUL SARTRE, *L'Existentialisme...*, p. 29.
[2762] Cfr. JEAN-PAUL SARTRE, *L'Existentialisme...*, p. 39.
[2763] Cfr. JEAN-PAUL SARTRE, *L'Existentialisme...*, p. 31.
[2764] Cfr. JEAN-PAUL SARTRE, *L'Existentialisme...*, p. 40.
[2765] Cfr. JEAN-PAUL SARTRE, *L'Existentialisme...*, pp. 31, 32 e 33.
[2766] Cfr. JEAN-PAUL SARTRE, *L'Existentialisme...*, p. 31.

contributo de Sartre se notabiliza: não há dignidade humana sem liberdade, nem sem o reconhecimento de uma esfera de subjectividade individual de afirmação de cada um perante si próprio e, reciprocamente, perante os demais.

8.1.5. *O existencialismo cristão de Maritain: a natureza sagrada da dignidade humana e a subordinação do Estado*

O francês Jacques Maritain (1882-1973), tal como o seu congénere Gabriel Marcel (1889-1973) ou ainda o alemão Karl Jaspers (1883-1969), inserem-se num segundo grupo de filósofos existencialistas, formando o designado existencialismo cristão[2767] ou, também dito, personalismo cristão, colocando o acento na abertura da existência do ser real do homem à transcendência divina, isto não como obstáculo à sua realização livre e à inerente responsabilidade pelo próprio destino, antes como expressão de uma realização plena da sua humanidade em Deus.

Neste contexto, Jacques Maritain[2768], afirmando-se também como humanista[2769], confere na sua filosofia uma importância central "à pessoa humana e à conquista progressiva da liberdade"[2770].

Salientando que o sentido e o respeito pela dignidade da pessoa humana, enquanto realidade absoluta[2771], se assumem como traço essencial de uma civilização e do mérito do seu próprio nome[2772], Maritain encontra no valor da pessoa humana, da sua liberdade e dos

---

[2767] Cfr. JEAN-PAUL SARTRE, *L'Existentialisme...*, p. 26.

[2768] Para uma síntese biográfica e do respectivo pensamento, cfr. MÁRIO BIGOTTE CHORÃO, *Sobre Jacques Maritain*, in IDEM, *Pessoa Humana, Direito e Política*, Lisboa, 2006, pp. 605 ss.; HUGO CHELO, *Jacques Maritain: cristianismo e democracia*, in JOÃO CARLOS ESPADA / JOÃO CARDOSO ROSAS, *Pensamento Político Contemporâneo – Uma introdução*, Lisboa, 2004, pp. 180 ss.

[2769] Cfr. JACQUES MARITAIN, *Les Droits de L'Homme et la Loi Naturelle*, ed. La Maison Française, New York, 1942, p. 67.

[2770] Cfr. JACQUES MARITAIN, *Les Droits de L'Homme...*, p. 69.

[2771] Cfr. JACQUES MARITAIN, *Les Droits de L'Homme...*, p. 16.

[2772] Cfr. JACQUES MARITAIN, *Les Droits de L'Homme...*, p. 14.

seus direitos atributos de uma natureza verdadeiramente sagrada[2773]: a dignidade da pessoa "é anterior à sociedade"[2774].

É que o homem, sendo pessoa, significa que "no fundo do seu ser ele é um todo"[2775], dotado de uma transcendência própria[2776] que se impõe ao próprio Estado[2777], expressão da graça de uma adopção divina[2778], encontrando-se aberto, todavia, à vida em sociedade[2779]. Formula-se, nestes termos, um modelo de sociedade ao serviço do homem, isto é, teleologicamente orientada para o bem comum da pessoa humana[2780]: "o bem da sociedade e o bem de cada pessoa será um único e o mesmo bem"[2781]. Tratar-se-á de uma sociedade que, baseada na dignidade da pessoa humana, na justiça, na liberdade e no amor ao próximo[2782], se edifica sob quatro alicerces[2783]: o personalismo, o comunitarismo, o pluralismo e o cristianismo.

Compreende-se, neste âmbito, que o Homem seja configurado como razão de ser do próprio Estado, traduzindo uma perversão política que o Homem se transforme num instrumento do Estado: "o Homem não é, a nenhum título, para o Estado. O Estado é para o Homem"[2784].

Encontra Maritain na lei natural, enquanto lei não escrita cujo conhecimento se revela por inclinação[2785], o fundamento último dos direitos humanos[2786], pois "a pessoa humana tem direitos pela simples circunstância de ser pessoa"[2787]: a dignidade da pessoa humana signi-

---

[2773] Cfr. JACQUES MARITAIN, *Les Droits de L'Homme...*, p. 16.
[2774] Cfr. JACQUES MARITAIN, *Les Droits de L'Homme...*, p. 34.
[2775] Cfr. JACQUES MARITAIN, *Les Droits de L'Homme...*, p. 16.
[2776] Cfr. JACQUES MARITAIN, *Les Droits de L'Homme...*, p. 95.
[2777] Cfr. JACQUES MARITAIN, *Les Droits de L'Homme...*, p. 96.
[2778] Cfr. JACQUES MARITAIN, *Les Droits de L'Homme...*, p. 94.
[2779] Cfr. JACQUES MARITAIN, *Les Droits de L'Homme...*, p. 18.
[2780] Cfr. JACQUES MARITAIN, *Les Droits de L'Homme...*, pp. 20 ss.
[2781] Cfr. JACQUES MARITAIN, *Les Droits de L'Homme...*, p. 25.
[2782] Cfr. JACQUES MARITAIN, *Les Droits de L'Homme...*, p. 36.
[2783] Cfr. JACQUES MARITAIN, *Les Droits de L'Homme...*, pp. 34, 35 e 72.
[2784] Cfr. JACQUES MARITAIN, *L'Homme et l'État*, in *Jacques et Raïssa Maritain – Oeuvres Complètes*, IX, Paris, p. 495.
[2785] Cfr. HUGO CHELO, *Jacques Maritain...*, p. 194.
[2786] Cfr. JACQUES MARITAIN, *Les Droits de L'Homme...*, p. 85.
[2787] Cfr. JACQUES MARITAIN, *Les Droits de L'Homme...*, p. 84.

fica que "pela lei natural a pessoa humana tem o direito de ser respeitada e é sujeito de direito, possuindo direitos"[2788].

No contexto dos direitos da pessoa humana, registando-se a clara definição de que o Estado não tem autoridade em matéria de consciência das pessoas ou de crença religiosa[2789], isto em perfeita coerência com a transcendência da pessoa humana perante o Estado[2790], o personalismo cristão de Maritain permite recortar três ideias centrais:

(i) Cada pessoa tem o direito de decidir por si própria tudo o que respeita ao seu destino pessoal[2791];
(ii) Os direitos fundamentais são enraizados na vocação da pessoa humana[2792], podendo diferenciar-se entre (1) "direitos da pessoa humana como tal", expressando o "direito de cada ser humano a ser tratado como pessoa e não como uma coisa"[2793], (2) os "direitos da pessoa cívica", compreendendo "o direito de cada cidadão a participar activamente na vida política"[2794] e, por último, (3) os "direitos da pessoa social, e, em particular, da pessoa operária"[2795];
(iii) O ser humano é parte da sociedade familiar antes de integrar a sociedade política, razão pela qual o Estado deve apenas assumir uma intervenção subsidiária[2796].

Em Jacques Maritain encontra-se, em síntese, o alicerce filosófico novecentista de uma concepção jurídica que confere natureza sagrada e absoluta ao valor da dignidade da pessoa humana, articulando-o com a liberdade e a justiça, isto num contexto mais amplo de um modelo de sociedade ao serviço do bem comum do homem e de um Estado limi-

---

[2788] Cfr. JACQUES MARITAIN, *Les Droits de L'Homme...*, p. 84.
[2789] Cfr. JACQUES MARITAIN, *Les Droits de L'Homme...*, p. 98.
[2790] Cfr. JACQUES MARITAIN, *Les Droits de L'Homme...*, p. 96.
[2791] Cfr. JACQUES MARITAIN, *Les Droits de L'Homme...*, p. 99.
[2792] Cfr. JACQUES MARITAIN, *Les Droits de L'Homme...*, p. 101.
[2793] Cfr. JACQUES MARITAIN, *Les Droits de L'Homme...*, p. 136.
[2794] Cfr. JACQUES MARITAIN, *Les Droits de L'Homme...*, p. 136.
[2795] Cfr. JACQUES MARITAIN, *Les Droits de L'Homme...*, p. 137.
[2796] Cfr. JACQUES MARITAIN, *Les Droits de L'Homme...*, p. 100.

tado pelos direitos fundamentais da pessoa humana e funcionalizado ao serviço do Homem[2797].

8.1.6. *Liberdade, relativismo e tolerância: Karl Jaspers*

Ainda no contexto do designado existencialismo cristão (v. *supra*, n° 8.1.5.), seguindo uma deriva filosófica kierkegaardiana e afastando--se da fenomenologia[2798], o alemão Karl Jaspers (1883-1969), partindo do entendimento de que a "existência é sofrimento" – tal como resulta dos exemplos de Sócrates e de Jesus –[2799], e fazendo da "unificação da humanidade" a finalidade da história[2800], momento de manifestação do que é humano e do ser da divindade na relação do homem com os outros homens[2801], afirma que "o homem é fundamentalmente mais do que o que pode saber acerca de si próprio"[2802]: "ser homem é fazer-se homem"[2803].

Realidade que não se cria a si própria, antes se configura como um ser relativo a Deus[2804], o homem encontra na transcendência a dádiva da sua própria liberdade[2805]: "nós homens, nunca nos bastamos"[2806], pois "ser homem é ser livre e relativo a Deus"[2807].

No exercício da sua liberdade, podendo cada homem conformar a sua própria existência como se modela qualquer material[2808], o homem pode contar com a voz de Deus, orientando os seus actos[2809] e julgan-

---

[2797] Especificamente sobre o modelo de democracia defendido por Maritain, cfr. HUGO CHELO, *Jacques Maritain...*, pp. 194 ss.
[2798] Cfr. GIUSEPPE LIMIA, *O Existencialismo...*, p. 51.
[2799] Cfr. KARL JASPERS, *Os Mestres...*, p. 150.
[2800] Cfr. KARL JASPERS, *Iniciação Filosófica*, 9ª ed., Guimarães Editores, Lisboa, 1998, p. 105.
[2801] Cfr. KARL JASPERS, *Iniciação Filosófica*, p. 104.
[2802] Cfr. KARL JASPERS, *Iniciação Filosófica*, p. 65.
[2803] Cfr. KARL JASPERS, *Iniciação Filosófica*, p. 74.
[2804] Cfr. KARL JASPERS, *Iniciação Filosófica*, p. 66.
[2805] Cfr. KARL JASPERS, *Iniciação Filosófica*, pp. 66-67 e 69.
[2806] Cfr. KARL JASPERS, *Iniciação Filosófica*, p. 67.
[2807] Cfr. KARL JASPERS, *Iniciação Filosófica*, p. 68.
[2808] Cfr. KARL JASPERS, *Iniciação Filosófica*, p. 68.
[2809] Cfr. KARL JASPERS, *Iniciação Filosófica*, p. 68.

do-os[2810], num processo de auto-apreciação ou auto-avaliação[2811]. Trata-se de um juízo pelo qual o homem se julga a si próprio, comportando sempre o risco de engano[2812] e nunca sendo definitivo, antes se revela ambíguo[2813], requerendo a intervenção judicativa dos outros[2814]. Por isso, cada homem deverá sempre mostrar-se humilde quanto ao juízo que faz sobre si próprio[2815] e sobre as suas certezas instantâneas[2816], preservando-se de qualquer fanatismo[2817]: "nem a mais pura clareza do caminho entrevisto sob o ditame divino deverá conduzir à certeza íntima de que essa via é a única verdadeira para todos"[2818].

Uma vez que "Deus age por intermédio das livres decisões individuais"[2819] e, por outro lado, que os "ditames de Deus não são nunca uma posse"[2820], Jaspers mostra como a liberdade individual, apesar de poder ser guiada por Deus, nunca pode conferir ao homem a soberba da certeza divina: se é verdade que, na sua relação com Deus, o homem encontra a fonte da liberdade, não é menos certo que essa relação justifica a humildade de cada homem na descoberta dos "hieróglifos da transcendência"[2821], relativizando as suas certezas e justificando a aceitação das "certezas" dos outros, segundo um modelo de igual flexibilidade de aceitação pelos outros das nossas "certezas".

Karl Jaspers torna-se, neste contexto, o filósofo da liberdade pluralista e do relativismo igualitário da opinião de todos os homens, num modelo social de tolerância e de humildade de quem, não tendo "a segurança da certeza"[2822], sabe nunca poder ter a certeza das suas próprias certezas, razão pela qual se "impede a transposição do acto

---

[2810] Cfr. KARL JASPERS, *Iniciação Filosófica*, p. 69.
[2811] Cfr. KARL JASPERS, *Iniciação Filosófica*, p. 70.
[2812] Cfr. KARL JASPERS, *Iniciação Filosófica*, p. 71.
[2813] Cfr. KARL JASPERS, *Iniciação Filosófica*, p. 70.
[2814] Cfr. KARL JASPERS, *Iniciação Filosófica*, p. 70.
[2815] Cfr. KARL JASPERS, *Iniciação Filosófica*, p. 71.
[2816] Cfr. KARL JASPERS, *Iniciação Filosófica*, p. 72.
[2817] Cfr. KARL JASPERS, *Iniciação Filosófica*, p. 71.
[2818] Cfr. KARL JASPERS, *Iniciação Filosófica*, p. 71.
[2819] Cfr. KARL JASPERS, *Iniciação Filosófica*, p. 74.
[2820] Cfr. KARL JASPERS, *Iniciação Filosófica*, p. 72.
[2821] Cfr. KARL JASPERS, *Iniciação Filosófica*, p. 73.
[2822] Cfr. KARL JASPERS, *Iniciação Filosófica*, p. 71.

pessoal em exigência geral e preserva do fanatismo"[2823]. Afinal, o mais horrível que ainda hoje acontece pode ser fruto da acção de seres humanos contra outros seres humanos, enquanto expressão de uma quotidiana indiferença pela humanidade de cada um[2824].

8.1.7. *Liberdade e universalismo: Bertrand Russell*

Se em Karl Jaspers a liberdade e a humildade de quem não tem a segurança da certeza fazem edificar uma sociedade de tolerância (v. *supra*, nº 8.1.6.), no britânico Bertrand Russell (1872-1970), a liberdade surge como o maior dos bens políticos[2825], qualificado de bem supremo, registando-se que a diversidade de opiniões, conduzindo à relatividade de crenças, segundo um postulado em que "não há nada totalmente verdadeiro excepto a verdade total"[2826], permite também construir um princípio de tolerância[2827].

Configurada a liberdade como a "principal aspiração de qualquer sistema social"[2828], sendo a realização e o livre crescimento do indivíduo o fim supremo de todo o sistema político[2829], a lei surge aqui como garantia dessa mesma liberdade, evitando a crueldade[2830], pois, caso contrário, "o forte oprimiria o fraco, a maioria a minoria e os violentos os mais pacíficos"[2831].

Negando que o sistema representativo sirva de garantia suficiente da liberdade individual[2832], Russell entende encontrar-se num modelo

---

[2823] Cfr. KARL JASPERS, *Iniciação Filosófica*, p. 71.
[2824] Cfr. KARL JASPERS, *Os Mestres...*, p. 150.
[2825] Cfr. BERTRAND RUSSELL, *Caminos de Libertad*, Ed. Tecnos, Madrid, 2003, p. 101.
[2826] Cfr. BERTRAND RUSSELL, *Ensayos Filosóficos*, 8ª reimp., Alianza Editorial, Madrid, 2003, p. 160.
[2827] Cfr. WILL DURANT, *História da Filosofia*, Lisboa, s.d., pp. 460 e 461.
[2828] Cfr. BERTRAND RUSSELL, *Caminos de Libertad*, p. 101.
[2829] Cfr. BERTRAND RUSSELL, *Caminos de Libertad*, p. 116.
[2830] Cfr. BERTRAND RUSSELL, *Caminos de Libertad*, p. 102.
[2831] Cfr. BERTRAND RUSSELL, *Caminos de Libertad*, p. 101.
[2832] Cfr. BERTRAND RUSSELL, *Caminos de Libertad*, p. 115.

de organização corporativa dos cidadãos a melhor defesa da sua autonomia e, por essa via, da própria liberdade[2833].

Defendendo um Estado cujos poderes fossem limitados ao "estritamente necessário"[2834], isto em consonância com a preocupação de garantia da liberdade, Bertrand Russell deixa inequívoca a ideia de que não é o Estado que devemos servir, antes essa centralidade se deverá descolar para a designada "comunidade universal de seres humanos, presentes e futuros"[2835].

Regista-se aqui, deste modo, um apelo universalista na inserção do indivíduo, da sua liberdade e nos restantes direitos: o Estado apenas se mostra "uma instituição necessária para determinadas questões"[2836], subalternizado que se encontra pela "comunidade universal dos seres humanos".

8.2. Liberdade e democracia: um modelo político ao serviço da pessoa humana

8.2.1. *Pluralismo, democracia e liberdade: Raymond Aron*

Dominado pela dicotomia entre o Mundo Ocidental, por um lado, e a União Soviética e os seus satélites, por outro, o francês Raymond Aron (1905-1983) centra no pluralismo a característica dos regimes ocidentais: trata-se de um pluralismo visível no âmbito das esferas privada e pública, dos grupos sociais e dos partidos políticos[2837].

Localizando na Europa o nascimento da democracia pluralista[2838], Aron encontra no pluralismo um valor permanente graças ao qual o poder limita o poder[2839].

[2833] Cfr. BERTRAND RUSSELL, *Caminos de Libertad*, p. 115.
[2834] Cfr. BERTRAND RUSSELL, *Caminos de Libertad*, p. 116.
[2835] Cfr. BERTRAND RUSSELL, *Caminos de Libertad*, p. 116.
[2836] Cfr. BERTRAND RUSSELL, *Caminos de Libertad*, p. 115.
[2837] Cfr. RAYMOND ARON, *Ensayo sobre las Libertades*, cit. p. 53.
[2838] Cfr. RAYMOND ARON, *Ensayo...*, p. 77.
[2839] Cfr. RAYMOND ARON, *Ensayo...*, p. 191.

Neste sentido, as instituições democrático-liberais são identificadas com um regime constitucional-pluralista[2840], envolvendo um conjunto de "regras de jogo" que são respeitadas pelos intervenientes na luta política, traduzindo-se o regresso periódico às eleições a continuidade desse mesmo jogo[2841]: "a oposição, derrotada no jogo anterior, deve esperar o próximo jogo, sem impedir, durante esse intervalo, que a maioria e o governo realizem a sua função"[2842]. Além disso, esclarece Aron, "os que estão no poder devem lutar contra a tentação de não se exporem ao risco de o perder, e os que estão excluídos de não utilizar meios legalmente proibidos para se apoderarem dele"[2843].

Há no regime constitucional-pluralista, por isso, um compromisso instável que "exige o respeito de regras que o governo e a oposição tem, várias vezes, interesse em violar"[2844].

A democracia pluralista, exigindo o respeito pelas liberdades pessoais, pela liberdade de expressão e discussão e pela liberdade de associação e de reunião[2845], é, no entanto, um resultado lógico da filosofia liberal[2846]: o liberalismo envolve o respeito pelos direitos individuais, pelas liberdades pessoais e pelos procedimentos constitucionais[2847].

Compreende-se, neste sentido, que a liberdade política, envolvendo a participação dos cidadãos nos assuntos públicos e, deste modo, influenciando o destino da colectividade[2848], prolongando a tradição burguesa do século XIX, tenha a sua expressão nas eleições, na representação, na concorrência entre partidos e nas formas constitucionais[2849]. Encontra Rayomond Aron na competição entre os partidos, todavia, a "essência da democracia"[2850].

[2840] Cfr. RAYMOND ARON, *Ensayo...*, pp. 71 e 130.
[2841] Cfr. RAYMOND ARON, *Ensayo...*, p. 71.
[2842] Cfr. RAYMOND ARON, *Ensayo...*, p. 72.
[2843] Cfr. RAYMOND ARON, *Ensayo...*, p. 72.
[2844] Cfr. RAYMOND ARON, *Ensayo...*, p. 83.
[2845] Cfr. RAYMOND ARON, *Ensayo...*, p. 123.
[2846] Cfr. RAYMOND ARON, *Ensayo...*, p. 107.
[2847] Cfr. RAYMOND ARON, *Ensayo...*, p. 61.
[2848] Cfr. RAYMOND ARON, *Ensayo...*, p. 123.
[2849] Cfr. RAYMOND ARON, *Ensayo...*, p. 123.
[2850] Cfr. RAYMOND ARON, *Ensayo...*, p. 154.

Além da legitimidade política proveniente de um processo eleitoral pluralista, a democracia ocidental é também caracterizada pelo desejo de respeito e salvaguarda dos direitos das pessoas, envolvendo uma margem de acção espontânea de cada pessoa[2851]: as democracias ocidentais proíbem-se a si mesmas de procurar edificar uma ordem social planificada.

A regra democrática é configurada como o fundamento da essência da liberdade[2852]. E a liberdade pressupõe "a salvaguarda de uma esfera privada"[2853], identificada com a autonomia individual[2854], fazendo de cada um dono de si mesmo e seu único conselheiro[2855]. Em última análise, a liberdade envolve o poder de escolher entre duas acções, sem que ninguém o possa impedir ou castigar pela escolha efectuada[2856].

Acolhendo também a ideia proveniente de Aristóteles (v. *supra*, nº 3.2.8.) que faz do reino da lei e não do governo dos homens a melhor forma de garantir a liberdade[2857], Aron acaba por confessar que "uma sociedade governada por leis e não por homens é irrealizável"[2858] ou, numa formulação idêntica, que o "governo das sociedades envolverá sempre o poder dos homens sobre os homens"[2859].

Não obstante denunciar que o Estado moderno é, cada vez mais, burocrático e menos democrático[2860], Aron confia ao Estado um papel social, garantindo um mínimo de recursos que torne possível a todos levar uma vida decente[2861], pois "nenhum membro de uma sociedade é totalmente livre em relação aos demais"[2862], razão pela qual se legitima

---

[2851] Cfr. RAYMOND ARON, *Ensayo*..., p. 66.
[2852] Cfr. RAYMOND ARON, *Ensayo*..., p. 188.
[2853] Cfr. RAYMOND ARON, *Ensayo*..., p. 111.
[2854] Cfr. RAYMOND ARON, *Ensayo*..., p. 111.
[2855] Cfr. RAYMOND ARON, *Ensayo*..., pp. 109 e 193.
[2856] Cfr. RAYMOND ARON, *Ensayo*..., p. 173.
[2857] Cfr. RAYMOND ARON, *Ensayo*..., pp. 110 ss.
[2858] Cfr. RAYMOND ARON, *Ensayo*..., pp. 115-116.
[2859] Cfr. RAYMOND ARON, *Ensayo*..., p. 110.
[2860] Cfr. RAYMOND ARON, *Ensayo*..., p. 112.
[2861] Cfr. RAYMOND ARON, *Ensayo*..., pp. 114-115.
[2862] Cfr. RAYMOND ARON, *Ensayo*..., p. 182.

que o Estado tenha o direito de obter dos privilegiados uma contribuição para as despesas públicas[2863].

8.2.2. *Relativismo e pluralismo: o consenso de sobreposição de John Rawls*

Se o existencialismo de Jaspers permite clarificar as ideias de liberdade pluralista e de relativismo igualitário de um homem que, nunca podendo ter a certeza das suas certezas, aceita humilde e tolerante a opinião dos outros (v. *supra*, n° 8.1.6.), o jurista austríaco Hans Kelsen (1881-1973), em reflexão sobre o valor da democracia, vem dizer-nos, numa linha de pensamento análoga, que, valorando a democracia de igual forma a vontade política de qualquer pessoa, de modo semelhante terá de respeitar qualquer crença ou opinião: a democracia pressupõe o relativismo de visões do mundo[2864].

É que, segundo o entendimento kelseniano, se existe uma opinião num determinado sentido, o espírito democrático não pode negar como possível uma diferente, em sentido contrário[2865]: a democracia, desistindo da busca de um conhecimento de valor absoluto, acolhe o relativismo[2866]. Deste modo, tal como sucede com o existencialismo de Jaspers, uma democracia fundada no relativismo convoca as ideias de pluralismo e de tolerância.

Não admira que, segundo uma diferente óptica, por efeito da liberdade de cada um, as modernas sociedades democráticas dos finais do século XX e inícios do século XXI se caracterizem por uma pluralidade de doutrinas religiosas, filosóficas e morais, muitas delas incompatíveis entre si, isto sem que se possam qualificar de irrazoáveis em termos de justiça. Mais: verifica-se que nenhuma de tais doutrinas é aceite por todos os cidadãos, nem se mostra expectável que alguma

---

[2863] Cfr. RAYMOND ARON, *Ensayo...*, p. 115.
[2864] Cfr. HANS KELSEN, *Vom Wesen und Wert der Demokratie*, Tübingen, 1920, p. 36.
[2865] Cfr. HANS KELSEN, *Vom Wesen...*, p. 36.
[2866] Especificamente sobre o relativismo em Kelsen, cfr. VALENTINI, *Il Pensiero...*, pp. 290 ss.; EDOARDO GREBLO, *Democrazia*, p. 141.

delas venha a reunir a concordância de todos. Coloca-se aqui o problema, em suma, de evitar a quebra da unidade e da justiça da sociedade.

Explicando melhor: estando em causa uma sociedade de homens livres e iguais, a coexistência de uma pluralidade de concepções, ideologias ou doutrinas razoáveis, apesar de serem entre si incompatíveis, suscita a inevitável questão da sobrevivência no tempo da própria sociedade. Como será isso possível no âmbito de uma sociedade pluralista, tendencialmente harmoniosa e estável? Como se poderá estabelecer a cooperação social entre cidadãos livres e iguais e, sem embargo, divididos por um conflito doutrinal profundo[2867]?

Essas são as interrogações cuja procura de resposta motivou, em finais do século XX, a reflexão do norte-americano John Rawls (1921--2002), procurando conciliar o pluralismo e a estabilidade sociais[2868].

Tudo se resume, como o citado Autor refere, em "elaborar uma concepção da justiça política para um regime constitucional democrático que possa ser aceite pela pluralidade das doutrinas razoáveis"[2869].

Neste contexto, afastando-se da tradição grega de Platão e de Aristóteles e também dos doutores medievais cristãos que afirmavam a existência de uma única concepção razoável e racional do bem[2870], Rawls postula três ideias centrais no designado liberalismo político:

(i) Existe uma pluralidade de doutrinas compreensivas razoáveis, cada uma delas com a sua concepção de bem e todas elas dotadas de racionalidade[2871];

(ii) A existência de tais doutrinas, podendo assumir uma natureza religiosa, filosófica ou moral, é hoje um traço permanente da

---

[2867] Cfr. JOHN RAWLS, *El Liberalismo Político*, Ed. Crítica, Barcelona, 2003, pp. 21 e 165.

[2868] Cfr. JOÃO CARDOSO ROSAS, **John Rawls: o primado da justiça numa sociedade pluralista**, in JOÃO CARLOS ESPADA / JOÃO CARDOSO ROSAS, *Pensamento Político Contemporâneo – Uma introdução*, Lisboa, 2004, pp. 100 ss.

[2869] Cfr. JOHN RAWLS, *El Liberalismo Político*, p. 14 e, em sentido idêntico, p. 68.

[2870] Cfr. JOHN RAWLS, *El Liberalismo Político*, p. 166.

[2871] Cfr. JOHN RAWLS, *El Liberalismo Político*, p. 167.

cultura das modernas sociedades democráticas e não um mero episódio histórico passageiro[2872];
(iii) A diversidade das doutrinas razoáveis e racionais que se opõem entre si não se mostra adequada a que uma delas se torne concepção política oficial de um regime constitucional[2873], sendo até irrazoável usar o poder sancionatório do Estado para as impor[2874].

Fala-se, neste sentido, na existência de um consenso de sobreposição ou consenso entrecruzado envolvendo doutrinas razoáveis em torno de uma concepção política de justiça[2875], determinando o respeito mútuo por valores diferentes[2876], a garantia de direitos e liberdades fundamentais e o estabelecimento de procedimentos democráticos aptos a moderar a rivalidade política e a definir assuntos de política social[2877].

Por saber fica, no entanto, se um tal consenso de sobreposição de John Rawls, procurando evitar a conflitualidade axiológica e política, não sacrificará o essencial ao acessório, a verdade universal a verdades particulares: sendo certo que o Estado e a Constituição não devem impor concepções particulares, nunca poderá o Estado e o seu Direito deixar de garantir e, se necessário, sancionar pela força uma ordem axiológica ao serviço do homem vivo e concreto e da sua dignidade sagrada. É que, em última análise, o consenso de sobreposição corre o risco de fazer esquecer a existência de uma hierarquia entre os valores conflituantes[2878].

[2872] Cfr. JOHN RAWLS, *El Liberalismo Político*, p. 66.
[2873] Cfr. JOHN RAWLS, *El Liberalismo Político*, p. 167.
[2874] Cfr. JOHN RAWLS, *El Liberalismo Político*, p. 170.
[2875] Cfr. JOHN RAWLS, *El Liberalismo Político*, em especial, pp. 176 ss.
[2876] Cfr. JOHN RAWLS, *El Liberalismo Político*, p. 172.
[2877] Cfr. JOHN RAWLS, *El Liberalismo Político*, p. 196.
[2878] Foi esse o caso, refira-se, da invocação do "consenso de sobreposição" de John Rawls pelo Tribunal Constitucional Português no âmbito do referendo sobre a interrupção voluntária da gravidez, cfr. Acórdão nº 617/2006, de 15 de Novembro de 2006, (em especial, nº 8), in *Diário da República*, I Série, nº 223, de 20 de Novembro de 2006.

8.2.3. *Pluralismo crítico e tolerância: a sociedade aberta de Popper*

O austríaco Karl Popper (1902-1994), além de autor de assinalável projecção política, foi um notável filósofo do conhecimento e da ciência. No cerne da articulação entre o filósofo político e o filósofo da ciência encontra-se a sua clara oposição ao relativismo: o relativismo, tendo a sua origem histórica em Heraclito[2879], conduz ao entendimento de que todas as teses são, em termos intelectuais, fungíveis, pois tudo se pode afirmar pela simples razão de que nada se tem como verdadeiro ou que tudo é verdadeiro, e leva ao extremo de, sendo a verdade destituída de significado, tudo ser permitido[2880].

O relativismo tem na sua base "uma tolerância laxista" e "conduz ao domínio da força"[2881].

Contra um tal entendimento relativista, Popper, apesar de afirmar a necessidade de renunciar à certeza[2882], defende que podemos sempre aspirar à verdade científica[2883]: a verdade, ainda que difícil de encontrar[2884], "permanece um valor fundamental"[2885]. Adopta, neste sentido, uma postura que qualifica de pluralismo crítico[2886]: cada teoria, visando a busca da verdade, entra em concurso com as restantes teorias, todas elas procurando a verdade, existindo uma discussão racional que conduz à eliminação das teorias que menos se aproximam da verdade[2887]. Torna-se aqui particularmente importante a atitude crítica, traduzida na elaboração de teorias e, seguidamente, em termos objec-

---

[2879] Cfr. KARL POPPER, *A Sociedade Aberta...*, I, p. 32.

[2880] Cfr. KARL POPPER, *Sociedade Aberta, Universo Aberto*, 3ª ed., Lisboa, 1995, p. 98.

[2881] Cfr. KARL POPPER, *Sociedade Aberta, Universo...*, p. 98.

[2882] Sublinhando a importância da distinção entre verdade e certeza no pensamento de Popper, cfr. JUAN ARANA, *Los Filósofos...*, pp. 196 ss.

[2883] Cfr. KONRAD LORENZ / KARL POPPER, *L'Avenir est Ouvert*, Paris, 2000, p. 61.

[2884] Cfr. KARL POPPER, *Conjecturas e Refutações*, Coimbra, 2006, p. 496.

[2885] Cfr. KONRAD LORENZ / KARL POPPER, *L'Avenir...*, p. 61.

[2886] Cfr. KARL POPPER, *Sociedade Aberta, Universo...*, p. 98.

[2887] Cfr. KARL POPPER, *Sociedade Aberta, Universo...*, p. 98.

tivos, na crítica dessas mesmas teorias[2888]: "a teoria melhor expulsa as teorias piores"[2889].

Numa tal discussão racional, envolvendo um cenário plural de teorias concorrentes, os princípios da falibilidade, da discussão sensata e da aproximação à verdade implicam uma postura de tolerância e de igualdade de direitos[2890]: "se posso aprender contigo e quero fazê-lo no interesse da busca da verdade, então tenho não só de te tolerar, mas também de te reconhecer como potencialmente portador dos mesmos direitos; a potencial unidade e igualdade de direitos de todos os homens é um pressuposto da nossa disposição para discutirmos racionalmente"[2891].

Um racionalista é, deste modo, um defensor da discussão[2892] e, em certos casos, do compromisso, rejeitando a violência: "é um homem que prefere falhar em convencer outro pela argumentação a subjugá-lo pela força, pela intimação e ameaças"[2893].

Karl Popper, retomando o pensamento de Voltaire sobre a tolerância[2894], torna-se um seu defensor, proclamando "a tolerância para todos aqueles que não são intolerantes, nem pregam a intolerância"[2895] e sublinhando a importância dessa mesma tolerância nos domínios religioso e ético[2896]. Reconhece, todavia, limites à tolerância, formulando o designado "paradoxo da tolerância"[2897]: "não devemos aceitar sem reservas o princípio de tolerar todos aqueles que sejam intolerantes. Se o fizermos, não só nos destruiremos a nós próprios,

---

[2888] Cfr. KONRAD LORENZ / KARL POPPER, *L'Avenir...*, p. 62.
[2889] Cfr. KARL POPPER, *Sociedade Aberta, Universo...*, p. 98.
[2890] Cfr. KARL POPPER, *Sociedade Aberta, Universo...*, pp. 106-107.
[2891] Cfr. KARL POPPER, *Sociedade Aberta, Universo...*, p. 107.
[2892] A crença numa progressiva aproximação racional à verdade, enquanto resultado da discussão e crítica de uns com os outros, alicerça uma autoridade fundada na verdade objectiva que se torna para Popper "indispensável a uma sociedade livre baseada no respeito mútuo", in KARL POPPER, *Conjecturas e Refutações*, p. 499.
[2893] Cfr. KARL POPPER, *Conjecturas e Refutações*, p. 475.
[2894] Cfr. KARL POPPER, *Sociedade Aberta, Universo...*, p. 97.
[2895] Cfr. KARL POPPER, *A Sociedade Aberta...*, I, p. 241.
[2896] Cfr. KARL POPPER, *Sociedade Aberta, Universo...*, p. 22.
[2897] Cfr. KARL POPPER, *A Sociedade Aberta...*, I, p. 268.

como destruiremos a própria atitude de tolerância"[2898] e até o próprio Estado de Direito, tal como sucedeu com a República de Weimar[2899]. No limite, o paradoxo da tolerância justifica o próprio uso da força, desde que seja necessária, para suprimir a manifestação de filosofias intolerantes que não se encontrem preparadas para uma discussão argumentativa de base racional e instruam os seus seguidores a responder a qualquer contra-argumentação através da violência[2900]. É até possível existir, em nome da tolerância e segundo os pressupostos definidos, "o direito de não tolerar o intolerante"[2901], determinando a marginalização legal dos movimentos que proclamam a intolerância e a repressão criminal da perseguição e do incitamento à intolerância[2902].

Se é certo que a garantia última da tolerância e, por esta via, do próprio pluralismo crítico inerente a um modelo de Estado de Direito acaba por levar Popper a assumir uma atitude de intolerância contra os intolerantes, a verdade é que nunca abdica da edificação de um modelo de "sociedade aberta", por oposição a uma "sociedade fechada". Aliás, a própria intolerância para com os intolerantes expressa a preocupação de garantir a liberdade inerente a uma sociedade aberta.

A sociedade aberta, fruto do impulso histórico da Grécia Antiga[2903], pressupõe que "o indivíduo se confronta com decisões pessoais"[2904] e traduz uma forma de coexistência humana baseada nos valores da liberdade, da não-violência, da protecção das minorias e dos mais fracos[2905] e ainda na procura da verdade, na responsabilidade intelectual e na tolerância[2906].

A liberdade, exigindo que "se seja dominado e governado tão pouco quanto possível"[2907], configura-se como valor fundamental da

---

[2898] Cfr. KARL POPPER, *Conjecturas e Refutações*, p. 475. E ainda no mesmo sentido, cfr. KARL POPPER, *A Sociedade Aberta...*, I, p. 268.
[2899] Cfr. KARL POPPER, *Sociedade Aberta, Universo...*, p. 97.
[2900] Cfr. KARL POPPER, *A Sociedade Aberta...*, I, p. 268.
[2901] Cfr. KARL POPPER, *A Sociedade Aberta...*, I, p. 268.
[2902] Cfr. KARL POPPER, *A Sociedade Aberta...*, I, p. 268.
[2903] Cfr. KARL POPPER, *A Sociedade Aberta...*, I, p. 187.
[2904] Cfr. KARL POPPER, *A Sociedade Aberta...*, I, p. 185.
[2905] Cfr. KONRAD LORENZ / KARL POPPER, *L'Avenir...*, p. 166.
[2906] Cfr. KONRAD LORENZ / KARL POPPER, *L'Avenir...*, p. 172.
[2907] Cfr. KARL POPPER, *Sociedade Aberta, Universo...*, p. 21.

sociedade aberta[2908] e, sem prejuízo da ideia de igualdade – que é uma inevitabilidade da liberdade – ser passível de ameaçar a liberdade por um excessivo aumento do peso do Estado[2909], a História da Europa e da América resume-se à luta pela liberdade[2910]. É possível assim afirmar que o sentido poppereano da História se traduz numa luta pela edificação de uma sociedade aberta: "o caminho da humanidade é um só, o da sociedade aberta"[2911].

Verifica-se, porém, que a sociedade aberta não é "uma forma plena e garantida"[2912], antes comporta inimigos, personificados nos nomes de Platão, Hegel e Marx[2913], e nas ideias de historicismo[2914], colectivismo e o naturalismo ético[2915].

A democracia é hoje a personificação da sociedade aberta: a democracia ocidental, revelando-se a forma de organização social mais apta para acolher as reformas e melhor predisposta à autocrítica,

---

[2908] Cfr. KONRAD LORENZ / KARL POPPER, *L'Avenir...*, p. 166.
[2909] Cfr. KONRAD LORENZ / KARL POPPER, *L'Avenir...*, p. 168.
[2910] Cfr. KONRAD LORENZ / KARL POPPER, *L'Avenir...*, p. 167.
Neste sentido, reconduzindo a luta pela liberdade ao sentido da História europeia e americana, Popper acaba, paradoxalmente, por se aproximar de Hegel, pois também este encontra no progresso da consciência da liberdade o sentido último da história universal (cfr. HEGEL, *A Razão na História*, p. 59).
[2911] Cfr. KARL POPPER, *A Sociedade Aberta...*, I, p. 210.
[2912] Neste sentido, cfr. JEAN BAUDOUIN, *Rumo à sociedade aberta*, in KARL POPPER / JOHN CONDRY, *Televisão: um perigo para a democracia*, 3ª ed., Gradiva, Lisboa, 2007, p. 73.
[2913] Para uma análise desses inimigos da sociedade aberta, cfr. KARL POPPER, *A Sociedade Aberta e os seus Inimigos*, 2 vols., Editorial Fragmentos, Lisboa, 1993, sendo o primeiro volume dedicado ao estudo de Platão e o segundo volume ao estudo de Hegel e Marx.
[2914] Cfr. KARL POPPER, *A Pobreza do Historicismo*, Lisboa, 2007; IDEM, *Conjecturas e Refutações*, pp. 449 ss.
[2915] Para uma síntese do pensamento de Karl Popper sobre os inimigos da sociedade aberta, cfr. CHRISTOPH HORN, *Einführung...*, pp. 71 e 72; JOÃO CARLOS ESPADA, *Karl R. Popper: a sociedade aberta e os seus inimigos*, in JOÃO CARLOS ESPADA / JOÃO CARDOSO ROSAS, *Pensamento Político Contemporâneo – Uma introdução*, Lisboa, 2004, pp. 23 ss.; JOÃO CARLOS ESPADA, *Karl Popper: uma homenagem merecida*, in KARL POPPER, *Conjecturas e Refutações*, Coimbra, 2006, pp. vi ss.

representa historicamente o modelo organizativo mais justo de sempre[2916].

Radicando a essência da democracia na possibilidade de destituição de um governo pelo voto[2917], sem violência[2918] ou derramamento de sangue[2919], ela traduz um "sistema de protecção contra a ditadura"[2920], submetendo o poder político a um controlo, isto em termos tais que "numa democracia não deveria existir nenhum poder político incontrolado"[2921].

8.2.4. *Habermas e a concepção processual de democracia*

O alemão Jürgen Habermas (1929-...) procura repensar os fundamentos da teoria democrática[2922], chamando à colação as ideias de autonomia, igualdade e participação em processos públicos decisórios[2923].

Partindo de uma concepção que faz da comunicação o elemento fulcral das actividades do mundo vital e encontrando na linguagem o meio de obter essa comunicação[2924], traduzindo esta o veículo pelo

---

[2916] Cfr. KONRAD LORENZ / KARL POPPER, *L'Avenir...*, p. 171.

[2917] Cfr. KONRAD LORENZ / KARL POPPER, *L'Avenir...*, p. 135.

[2918] Cfr. KARL POPPER, *Conjecturas e Refutações*, p. 460; KONRAD LORENZ / KARL POPPER, *L'Avenir...*, p. 135.

[2919] Cfr. KONRAD LORENZ / KARL POPPER, *L'Avenir...*, p. 170.

[2920] Cfr. KARL POPPER / JOHN CONDRY, *Televisão: um perigo para a democracia*, 3ª ed., Gradiva, Lisboa, 2007, p. 20.

[2921] Cfr. KARL POPPER / JOHN CONDRY, *Televisão...*, 29.

[2922] Cfr. THOMAS MCCARTHY, *Ideales e Ilusiones*, Madrid, 1992, p. 193.

[2923] Sobre o pensamento de Habermas, cfr. THOMAS MCCARTHY, *La Teoría Crítica de Jürgen Habermas*, Madrid, 1992; DETLEY HORSTER, *Jürgen Habermas zur Einführung*, Hamburg, 1999; VALENTINI, *Il Pensiero...*, pp. 435 ss.; EDOARDO GREBLO, *Democrazia*, pp. 163 ss.; JUAN CARLOS VELASCO, *Para Leer a Habermas*, Madrid, 2003; CHRISTOPH HORN, *Einführung...*, pp. 76 ss.; MÓNICA VIEIRA, *Jürgen Habermas: uma teoria discursiva da democracia*, in JOÃO CARLOS ESPADA / JOÃO CARDOSO ROSAS, *Pensamento Político Contemporâneo – Uma introdução*, Lisboa, 2004, pp. 323 ss.; ANDREW EDGAR, *Habermas – The Key Concepts*, London & New York, 2006.

[2924] Cfr. JÜRGEN HABERMAS, *Droit et Démocratie – entre faits et normes*, s.l., 1998, p. 145.

qual os indivíduos podem obter reconhecimento da validade das suas afirmações[2925], Habermas tenta edificar um modelo de "democracia deliberativa"[2926]: um poder fundado na comunicação, segundo um conceito de autonomia política alicerçada numa teoria da discussão[2927].

É numa ética de comunidade ideal de comunicação que a democracia encontra o seu fundamento, tal como a legitimidade do Direito reside num procedimento comunicacional[2928]. O próprio ser natural só se desenvolve como indivíduo e como pessoa dotada de razão no âmbito do espaço público dessa comunidade linguística[2929].

Em termos decisórios e políticos, o consenso surge como objectivo e a discussão como caminho[2930], segundo um postulado de aceitabilidade racional[2931]: a validade ou a justiça de uma solução encontra-se no consenso racionalmente fundado entre os intervenientes. Pode falar-se aqui na "força consensual de uma comunicação"[2932].

Um tal modelo de democracia, baseando-se no discurso, envolve que os princípios do Estado constitucional se transformem em instrumentos de deliberação racional[2933], exigindo a sua institucionalização jurídica[2934]: a discussão livre, inclusiva e reflexiva, segundo postulados de participação alargada e igualitária na troca de argumentos e numa identidade de expressões linguísticas[2935], revela um processo de vali-

---

[2925] Cfr. JÜRGEN HABERMAS, *Teoria de la Acción Comunicativa*, II, Madrid, 1988.

[2926] Cfr. JÜRGEN HABERMAS, *Droit et Démocratie*, p. 327.

Note-se que esta ideia de «democracia deliberativa» já tem sido vista como uma terceira via política, alternativa à concepção republicana de Estado, fundada numa comunidade ética, e à concepção liberal do Estado, alicerçada nos postulados de uma sociedade de mercado, cfr. EDOARDO GREBLO, *Democrazia*, p. 164.

[2927] Cfr. JÜRGEN HABERMAS, *Droit et Démocratie*, p. 165.

[2928] Cfr. JÜRGEN HABERMAS, *Droit et Démocratie*, p. 120.

[2929] Cfr. JÜRGEN HABERMAS, *O Futuro da Natureza Humana. A caminho de uma eugenia liberal ?*, Coimbra, 2006, pp. 77-78.

[2930] Cfr. JUAN CARLOS VELASCO, *Para Leer a Habermas*, p. 56.

[2931] Cfr. JÜRGEN HABERMAS, *Droit et Démocratie*, pp. 118 e 119.

[2932] Cfr. JÜRGEN HABERMAS, *Droit et Démocratie*, p. 166.

[2933] Cfr. JÜRGEN HABERMAS, *Droit et Démocratie*, p. 153.

[2934] Cfr. JÜRGEN HABERMAS, *Droit et Démocratie*, p. 189.

[2935] Cfr. JÜRGEN HABERMAS, *Droit et Démocratie*, pp. 127, 177 ss., 330 ss. e 341.

§8º As Coordenadas Contemporâneas da Tutela da Pessoa Humana 419

dação ou justificação dialógica ou discursiva assente na força da prevalência do melhor argumento. É aqui, nessa exigência de institucionalização de certos processos e de certas condições de comunicação, que a Constituição encontra a sua justificação[2936].

A presente teoria da comunicação acaba por assentar nas tradicionais ideias de liberdade[2937] e de justiça[2938], alicerçando uma "concepção processual da democracia"[2939]: a democracia deliberativa determina que a legitimação das instituições do Estado se faça mediante o estabelecimento de um quadro permanente de participação e deliberação pública, livre e igualitária dos cidadãos[2940].

O sucesso deste modelo processual de democracia depende, afinal, da "institucionalização dos processos e condições de comunicação correspondentes"[2941]: o centro da atenção desloca-se para os aspectos procedimentais e os pressupostos comunicativos subjacentes à deliberação democrática[2942]. Não se esgotam em processos formais, todavia, os veículos da comunicação[2943]: o sistema político nunca pode desprezar mecanismos informais de comunicação existentes na sociedade, daí que a democracia deliberativa, sem embargo de encontrar a racionalidade das suas decisões nos processos e pressupostos comunicativos de formação da vontade[2944], se baseie numa interacção entre formação da vontade formalmente articulada e formação informal da opinião[2945].

[2936] Cfr. JÜRGEN HABERMAS, *Droit et Démocratie*, pp. 333 e 353.

[2937] Especificamente sobre o tema da liberdade e do determinismo, cfr. JÜRGEN HABERMAS, *Zwischen Naturalismus und Religion*, Frankfurt am Main, 2005, pp. 155 ss.

[2938] Neste sentido, cfr. THOMAS MCCARTHY, *La Teoría Crítica...*, p. 356.

[2939] Cfr. JÜRGEN HABERMAS, *Droit et Démocratie*, pp. 311 ss., em especial, 329 ss.

[2940] Cfr. MÓNICA VIEIRA, *Jürgen Habermas...*, pp. 332 ss.

[2941] Cfr. JÜRGEN HABERMAS, *Three Normative Models of Democracy*, in SEYLA BENHABIB (org.), *Democracy and Difference*, Princeton, 1996, p. 27.

[2942] Cfr. JÜRGEN HABERMAS, *Three Normative...*, p. 29.

[2943] Cfr. JÜRGEN HABERMAS, *Droit et Démocratie*, pp. 153 ss.

[2944] Cfr. JÜRGEN HABERMAS, *Three Normative...*, p. 28.

[2945] Cfr. JÜRGEN HABERMAS, *Droit et Démocratie*, pp. 154, 191 e 332 ss.

Tendo como alicerces teóricos Kant e Rousseau[2946], Habermas sublinha a complementaridade entre autonomia privada e pública e entre os direitos do homem e a soberania popular[2947]: os direitos do homem e o princípio da soberania popular traduzem o fundamento do Direito moderno[2948].

Todavia, o conteúdo normativo do direito não se pode apenas localizar através da "gramática das leis universais e abstractas"[2949]: "a substância dos direitos do homem encontra-se nas condições formais que presidem à institucionalização jurídica de discussões que concorrem para a formação da opinião e da vontade, verificando-se ser por meio delas que a soberania popular ganha forma jurídica"[2950].

O princípio da soberania popular diz-nos que todo o poder político se deduz do poder dos cidadãos fundado na comunicação[2951], sem embargo da soberania do povo não se encontrar hoje apenas incarnada numa assembleia[2952]. Habermas insiste, no entanto, que o princípio democrático se configura como "o coração" do sistema de direitos[2953].

A existência de uma pluralidade de discursos morais ou éticos, reflexo de sociedades complexas[2954], podendo tornar impossível um acordo face ao justo e excluindo até a negociabilidade de tais valores, sem prejuízo da sua projecção específica sobre o problema da Constituição[2955], acaba por fazer encontrar no princípio maioritário o critério de resolução destes conflitos de valores[2956].

[2946] Cfr. JÜRGEN HABERMAS, *Droit et Démocratie*, pp. 108 ss.
[2947] Cfr. JÜRGEN HABERMAS, *Droit et Démocratie*, pp. 99 ss.
[2948] Cfr. JÜRGEN HABERMAS, *Droit et Démocratie*, p. 115.
[2949] Cfr. JÜRGEN HABERMAS, *Droit et Démocratie*, p. 118.
[2950] Cfr. JÜRGEN HABERMAS, *Droit et Démocratie*, p. 120.
[2951] Cfr. JÜRGEN HABERMAS, *Droit et Démocratie*, p. 189.
[2952] Cfr. JÜRGEN HABERMAS, *Droit et Démocratie*, p. 154.
[2953] Cfr. JÜRGEN HABERMAS, *Droit et Démocratie*, p. 139.
[2954] Cfr. JÜRGEN HABERMAS, *Droit et Démocratie*, pp. 185 e 347.
[2955] Cfr. JÜRGEN HABERMAS, *Zwischen...*, pp. 324 ss.
[2956] Cfr. MÓNICA VIEIRA, *Jürgen Habermas...*, pp. 335 ss.

O princípio maioritário como fonte de legitimação[2957] postula, porém, pressupostos mínimos de funcionamento[2958], além de que tem limites, nunca impedindo a continuação do debate argumentativo, nem a revisibilidade das soluções decisórias[2959].

Sem esquecer que algumas inovações sociais têm sido impulsionadas por minorias marginais, isto apesar de o passar do tempo as generalizar a toda a sociedade[2960], Habermas confere à minoria o exercício da desobediência civil como forma de expressão pacífica do seu desacordo com a maioria e manifestação constitucional própria de um Estado democrático de Direito[2961].

Neste último sentido, verificando-se um conflito entre os direitos do homem e a soberania popular, Habermas faz aqueles prevalecerem sobre esta: a limitação do princípio maioritário e o reconhecimento da desobediência civil à minoria afastam a radicalidade do modelo de Rousseau (v. *supra*, n° 4.7.3.).

8.2.5. *Reversibilidade decisória e temperança: a democracia crítica de Zagrebelsky*

A propósito do processo de crucificação de Jesus, o italiano Gustavo Zagrebelsky (1943-…) procede a uma reflexão sobre o sentido da democracia nas modernas sociedades, salientando ser a ambiguidade "a índole da democracia do nosso tempo"[2962] e encontrando o fundamento dos regimes democráticos na mera ausência de alterna-

---

[2957] Cfr. JÜRGEN HABERMAS, *Droit et Démocratie*, pp. 315 ss.
[2958] Cfr. JÜRGEN HABERMAS, *La desobediencia civil. Piedra de toque del Estado democrático de Derecho*, in JÜRGEN HABERMAS, *Ensayos Políticos*, Barcelona, 2000, p. 69.
[2959] Cfr. JÜRGEN HABERMAS, *Droit et Démocratie*, p. 199.
[2960] Cfr. JÜRGEN HABERMAS, *La Necessidad de Revisión de la Izquierda*, Madrid, 1991, p. 185.
[2961] Cfr. JÜRGEN HABERMAS, *La desobediencia civil*, pp. 51 ss.
[2962] Cfr. GUSTAVO ZAGREBELSKY, *A Crucificação e a Democracia*, Coimbra, 2004, p. 22.

tivas, isto num cenário geral de falta de convicção de afirmação da própria democracia[2963].

Contestando as concepções dogmática e céptica da democracia, uma vez que ambas são adeptas de possuir um monopólio da verdade[2964] e a ausência de limites ao poder do povo[2965], Zagrebelsky defende, em sentido contrário, um modelo de democracia crítica: trata-se de um regime fundado na força da dúvida[2966]. A democracia, nunca se alicerçando em certezas definitivas – salvo quanto aos seus pressupostos procedimentais e materiais (v.g., direitos de livre, responsável e igual participação política) garantidos pela Constituição e pelos tribunais –, é "o regime das possibilidades sempre abertas"[2967].

A democracia é vista como um sistema político imperfeito[2968], considerando que, apesar de se alicerçar no princípio de que o "povo possui o poder supremo de orientar o governo da coisa pública"[2969], sendo sujeito da política e não seu objecto ou instrumento[2970], trata-se sempre de um poder limitado, pois, tal como esclarece, "nada é tão insensato como a divinização do povo"[2971].

A democracia crítica, rejeitando em absoluto a ideia de que o povo nunca se engana ou que sempre se baseia na justiça[2972], parte do entendimento de que a autoridade do povo nunca pode esquecer que o homem, individualmente considerado ou colectivamente integrado no povo, é sempre limitado e falível[2973]: a autoridade do povo não depende das suas virtudes, antes resulta "de uma insuperável falta de algo melhor"[2974].

[2963] Cfr. GUSTAVO ZAGREBELSKY, *A Crucificação*..., p. 22.
[2964] Cfr. GUSTAVO ZAGREBELSKY, *A Crucificação*..., p. 120.
[2965] Neste sentido, cfr. ANTÓNIO BARBOSA DE MELO, **Palavra de Apresentação**, in GUSTAVO ZAGREBELSKY, *A Crucificação*..., p. 8.
[2966] Cfr. GUSTAVO ZAGREBELSKY, *A Crucificação*..., p. 141.
[2967] Cfr. GUSTAVO ZAGREBELSKY, *A Crucificação*..., p. 139.
[2968] Cfr. GUSTAVO ZAGREBELSKY, *A Crucificação*..., p. 120.
[2969] Cfr. GUSTAVO ZAGREBELSKY, *A Crucificação*..., p. 120.
[2970] Cfr. GUSTAVO ZAGREBELSKY, *A Crucificação*..., p. 123.
[2971] Cfr. GUSTAVO ZAGREBELSKY, *A Crucificação*..., p. 115.
[2972] Cfr. GUSTAVO ZAGREBELSKY, *A Crucificação*..., p. 116.
[2973] Cfr. GUSTAVO ZAGREBELSKY, *A Crucificação*..., p. 115.
[2974] Cfr. GUSTAVO ZAGREBELSKY, *A Crucificação*..., p. 116.

A democracia crítica nunca está segura de si própria e das suas verdades[2975], antes se revela um regime inquieto[2976], sempre disposto o corrigir-se[2977], admitindo que pode agir melhor[2978]. Desconfiando de si própria[2979], a democracia de Zagrebelsky encontra-se permanentemente disponível para reconhecer os seus erros, voltando a discutir os problemas[2980] e as suas anteriores decisões com o propósito de mudar para melhor[2981]: "na democracia crítica, a democracia é função de si própria"[2982], tudo podendo sempre ser posto de novo à discussão[2983].

Rejeitando as ideias de infalibilidade e omnipotência[2984], a democracia crítica nega o dogma[2985] e determina que todas as decisões sejam revogáveis e reversíveis[2986], pois a infalibilidade é pressuposto do seu carácter imodificável[2987] e as decisões irreversíveis são incompatíveis com a democracia[2988]: a pena de morte, a destruição de recursos naturais e ambientais limitados e não renováveis, as políticas económicas e sociais unidimensionais e irreversíveis ou mesmo a absolutização do poder popular expresso nos resultados de um referendo estão excluídas numa democracia crítica[2989], pois "a democracia crítica é incompatível com a existência de acções políticas juridicamente imodificáveis"[2990].

A democracia crítica aposta no diálogo e na tolerância, mobilizando-se contra quem procura o poder pelo poder e crê ter sempre

---

[2975] Cfr. GUSTAVO ZAGREBELSKY, *A Crucificação...*, p. 114.
[2976] Cfr. GUSTAVO ZAGREBELSKY, *A Crucificação...*, p. 114.
[2977] Cfr. GUSTAVO ZAGREBELSKY, *A Crucificação...*, p. 139.
[2978] Cfr. GUSTAVO ZAGREBELSKY, *A Crucificação...*, p. 119.
[2979] Cfr. GUSTAVO ZAGREBELSKY, *A Crucificação...*, p. 114.
[2980] Cfr. GUSTAVO ZAGREBELSKY, *A Crucificação...*, p. 114.
[2981] Cfr. GUSTAVO ZAGREBELSKY, *A Crucificação...*, p. 119.
[2982] Cfr. GUSTAVO ZAGREBELSKY, *A Crucificação...*, p. 114.
[2983] Cfr. GUSTAVO ZAGREBELSKY, *A Crucificação...*, p. 139.
[2984] Cfr. GUSTAVO ZAGREBELSKY, *A Crucificação...*, p. 120.
[2985] Cfr. GUSTAVO ZAGREBELSKY, *A Crucificação...*, p. 139.
[2986] Cfr. GUSTAVO ZAGREBELSKY, *A Crucificação...*, p. 120.
[2987] Cfr. GUSTAVO ZAGREBELSKY, *A Crucificação...*, p. 120.
[2988] Cfr. GUSTAVO ZAGREBELSKY, *A Crucificação...*, p. 139.
[2989] Cfr. GUSTAVO ZAGREBELSKY, *A Crucificação...*, pp. 121 ss.
[2990] Cfr. GUSTAVO ZAGREBELSKY, *A Crucificação...*, p. 122.

razão[2991], motivo pelo qual faz da temperança a sua "virtude capital"[2992]: a democracia crítica acolhe uma "atitude do espírito aberto ao discurso comum, que não aspira a impor-se mas a convencer e está disposto a deixar-se convencer"[2993].

8.2.6. *Consagração jurídica da democracia: a democracia humana*

Numa óptica exclusivamente jurídica, a segunda metade do século XX envolveu a consagração constitucional do modelo político democrático: primeiro, na sequência da vitória anglo-americana contra os totalitarismos nazi e fascista, em 1945, e, num segundo momento, já na década de noventa, com o ruir do sistema soviético, a democracia tornou-se sinónimo de liberdade[2994] e de sistema de defesa dos direitos da pessoa humana.

O verdadeiro legado do século XX em matéria de direitos humanos traduz-se na estreita associação entre democracia e respeito pelos direitos humanos: tornou-se hoje inequívoco não ser possível a garantia e o respeito pelos direitos humanos fora de um sistema político-constitucional democrático. Nas sugestivas palavras da Constituição da África do Sul de 1996, referindo-se à declaração de direitos, pode extrair-se que os direitos humanos são a "pedra angular da democracia"[2995].

A democracia postula os direitos humanos, tal como os direitos humanos exigem a democracia: a democracia é uma decorrência do valor da pessoa humana.

[2991] Cfr. GUSTAVO ZAGREBELSKY, *A Crucificação...*, p. 130.
[2992] Cfr. GUSTAVO ZAGREBELSKY, *A Crucificação...*, p. 130.
[2993] Cfr. GUSTAVO ZAGREBELSKY, *A Crucificação...*, p. 130.
[2994] Para um sublinhar da ligação entre democracia e liberdade, cfr. JORGE MIRANDA, *Manual de Direito Constitucional*, VII, Coimbra, 2007, em especial, pp. 96 e 97.
[2995] Neste sentido, cfr. artigo 7º, nº 1, da Constituição da África do Sul. Para uma consulta do respectivo texto constitucional, cfr. JOSÉ M. ALEXANDRINO, *Direitos da Pessoa...*, pp. 263 ss., em especial, p. 268.

Quase todos os textos constitucionais posteriores à II Guerra Mundial fazem do princípio democrático um elemento estruturante da respectiva organização política, traduzindo também, sem prejuízo da pluralidade de sentidos e de práticas efectivas, uma expressão do empenhamento político na defesa e garantia dos direitos humanos: a democracia, envolvendo a intervenção igualitária de cada ser humano na decisão política, segundo a regra "um homem, um voto", pressupõe a dignificação da vontade de cada um para a formação da vontade da colectividade, enquanto expressão valorizadora da pessoa perante o poder ou, visto de diferente perspectiva, torna o poder súbdito da pessoa.

Compreende-se, neste contexto, que a pessoa humana surja como fundamento da democracia e, simultaneamente, seu limite: a democracia é um sistema político ao serviço da pessoa humana viva e concreta, nunca podendo atentar contra esse seu referencial axiológico e teleológico estruturante. Se a democracia deixa de ser serva ou súbdita da pessoa humana torna-se uma democracia desumana: a democracia negar-se-á então, perdendo o seu referencial axiológico e teleológico, deixando de ser democrática.

Nem toda a democracia é, neste sentido, verdadeiramente democrática: a democraticidade da democracia pressupõe que esta se encontre ao serviço da pessoa humana viva e concreta. Fora de uma democracia humana só há desumanidade ou indiferença à pessoa humana: a democracia deixará então de ter fundamento e legitimidade constitucionais, convertendo-se no seu contrário.

A democracia genuína, pressupondo que a democracia não é "um ideal que só pode concretizar-se quando os homens deixarem de ser humanos"[2996], envolve e exige um Estado humano (v. *infra*, n° 9.1.1.), encontrando expressão no Estado de direitos humanos (v. *infra*, n° 11.5.).

[2996] Neste último sentido, cfr. JOSÉ ADELINO MALTEZ, **Princípios...**, I, p. 164. Trata-se de uma afirmação cuja origem remonta a Rousseau "se existisse um governo de deuses seria governado pela democracia. Um governo tão perfeito não é próprio de homens" (cfr. JEAN-JACQUES ROUSSEAU, **O Contrato Social**, Liv. III, Cap. IV, p. 70).

8.2.7. *Idem: o dilema da democracia no Direito Internacional*

É ao nível do Direito Internacional que, desde o final da II Guerra Mundial, se torna ainda mais visível a associação jurídica entre democracia e direitos da pessoa humana[2997]:

(i) A Declaração Universal dos Direitos do Homem, considerando ser essencial à protecção dos direitos do homem a existência de um regime de direito que não gere o recurso à revolta conta a tirania e a opressão[2998], confere a toda a pessoa o direito de tomar parte na direcção dos negócios públicos do seu país[2999] e encontra na vontade do povo, expressa através de eleições honestas, periódicas e por sufrágio universal, igual e secreto, o fundamento da autoridade dos governantes[3000], sem prejuízo de permitir limitações ao exercício dos direitos e das liberdades em nome de determinadas exigências de uma "sociedade democrática"[3001];

(ii) Esses mesmos direitos de participação política de cada cidadão, numa formulação jurídica semelhante que pressupõe a existência de uma "sociedade democrática", são reproduzidos no artigo 25º do Pacto Internacional sobre os Direitos Civis e Políticos, de 16 de Dezembro de 1966[3002];

(iii) Já num âmbito regional, a Convenção Europeia dos Direitos do Homem, mencionando expressamente no seu preâmbulo que a preservação das liberdades fundamentais repousa "num regime político verdadeiramente democrático", tem como pressuposto a existência de uma "sociedade democrática"

[2997] Cfr. PAULO OTERO, *A Democracia Totalitária*, pp. 248 ss.
[2998] Neste sentido, cfr. preâmbulo da Declaração Universal dos Direitos do Homem.
[2999] Cfr. artigo 21º, nº 1.
[3000] Cfr. artigo 21º, nº 3.
[3001] Cfr. artigo 29º, nº 2.
[3002] Cfr. ANA MARIA GUERRA MARTINS, *Direito Internacional...*, pp. 163 e 164.

para o exercício dos direitos nela previstos[3003], vindo a consagrar, em 1952, o direito a eleições livres, vinculando os Estados à obrigação de "organizar, com intervalos razoáveis, eleições livres, por escrutínio secreto, em condições que assegurem a livre expressão da opinião do povo na eleição do órgão legislativo"[3004];

(iv) Ainda numa dimensão regional, a Convenção Americana de Direitos Humanos, vulgarmente designada de Pacto de São José da Costa Rica, depois de proclamar no seu preâmbulo o propósito de consolidar o respeito pelos direitos fundamentais essenciais "dentro do quadro das instituições democráticas", consagra no artigo 23º três direitos políticos de todos os cidadãos: (1º) participação na vida política; (2º) votar e ser eleito em eleições periódicas, realizadas por sufrágio universal, igualitário e secreto; (3º) acesso a funções públicas;

(v) Igualmente a Carta Africana dos Direitos do Indivíduo e dos Povos afirma no seu artigo 13º, nº 1, o direito de todos os cidadãos em participar livremente no governo do seu país, directamente ou através dos seus representantes.

Por saber fica, por último, se em termos mundiais a tendência política – especialmente visível, neste início do século XXI, no Mundo Ocidental e nas suas relações com a China e os Estados islâmicos – para fazer da democracia o único sistema político compatível como o respeito e a garantia dos direitos humanos se tornará alguma vez um princípio geral de *ius cogens*.

Essa é hoje uma questão em aberto que, partindo da diversidade de entendimentos sobre o valor jurídico da própria Declaração Universal dos Direitos do Homem, divide o mundo em termos civiliza-

---

[3003] Neste sentido, admitindo que a limitação, restrição ou condicionando a certos direitos se faça no contexto de exigências de uma "sociedade democrática", cfr. as referências a "sociedade democrática" constantes dos seus artigos 8º, nº 2, 9º, nº 2, 10º, nº 2, 11º, nº 2.

[3004] Cfr. artigo 3º do Protocolo Adicional nº 1. Para um desenvolvimento da prática jurisprudencial neste domínio, cfr. ANA MARIA GUERRA MARTINS, **Direito Internacional...**, p. 251.

cionais, suscitando, por isso mesmo, as mesmas interrogações que no século XVI a Europa cristã encontrou com os índios das Américas (v. *supra*, nº 3.3.7.).

Aqui reside, precisamente, o dilema da democracia no âmbito do Direito Internacional: até que ponto será legítimo um Estado ou um grupo de Estados, comungando uma certa ordem de valores em torno da relação entre a democracia e a garantia dos direitos humanos, impor, se necessário recorrendo à força, um sistema político democrático a Estados que, partilhando pressupostos axiológicos e civilizacionais radicalmente diferentes, não têm, nem pretendem ter, um sistema constitucional democrático?

À luz da Carta das Nações Unidas, desde que não se trate de uma situação que ameace a paz e a segurança internacionais, segundo um juízo formulado pelas próprias Nações Unidas, não é lícito recorrer à força militar para instaurar ou restaurar a democracia[3005] e, deste modo, garantir os direitos humanos[3006]: a coexistência pacífica aliada ao princípio da não ingerência prevalece sobre qualquer ideia de cruzada democrática em nome da garantia dos direitos humanos.

8.2.8. *Idem: a cláusula democrática da União Europeia*

Regista-se ser no contexto da União Europeia que se manifesta hoje uma estreitíssima ligação política e jurídica entre democracia e direitos da pessoa humana[3007], falando-se na existência de uma cláusula democrática, a qual envolve uma relação indissociável entre liberdade, democracia, respeito pelos direitos do Homem e liberdades fundamentais e ainda a edificação de um Estado de Direito[3008].

[3005] Cfr. EDUARDO CORREIA BAPTISTA, *Ius Cogens em Direito Internacional*, Lisboa, 1997, p. 412.

[3006] Especificamente sobre a intervenção militar no Haiti, em 1994, visando o restabelecimento da democracia, cfr. PAULO OTERO, *A Democracia Totalitária*, pp. 253 ss.

[3007] Cfr. PAULO OTERO, *A Democracia Totalitária*, pp. 255 ss.

[3008] Para mais desenvolvimentos, preferindo falar em princípio da democracia, cfr. FAUSTO DE QUADROS, *Direito da União Europeia*, pp. 99 ss.

Essa cláusula democrática desempenha diversas funções no contexto da ordem jurídica comunitária:

(i) É a base constitucional primeira da União Europeia[3009], alicerçando o designado princípio da democracia[3010];
(ii) Traduz uma síntese axiológica comum a todos os Estados--membros da União Europeia[3011];
(iii) Funciona como condição de admissão de novos Estados à União Europeia[3012];
(iv) Representa um fundamento habilitador do exercício do poder sancionatório da União Europeia contra quaisquer violações pelos Estados-membros aos princípios que essa mesma cláusula alberga[3013];
(v) Constitui fonte de um dever de vigilância do respeito pelos direitos fundamentais por terceiros Estados nas relações externas da União Europeia[3014]
(vi) Funciona ainda, por último, como pressuposto da Carta dos Direitos Fundamentais da União Europeia[3015].

Observa-se ser na Europa, em suma, que a associação entre a democracia pluralista e o respeito pelos direitos humanos, num pri-

---

[3009] Cfr. artigo 6°, n° 1, do Tratado da União Europeia.

[3010] Cfr. FAUSTO DE QUADROS, *Direito da União Europeia*, p. 99.

[3011] Especificamente sobre a relação entre o n° 1 e o n° 2 do artigo 6° do Tratado da União Europeia, cfr. MARIA LUÍSA DUARTE, *União Europeia e Direitos Fundamentais*, pp. 171 ss.

[3012] Cfr. artigo 49° do Tratado da União Europeia.

[3013] Cfr. artigo 7° do Tratado da União Europeia. Para mais desenvolvimentos, cfr. PAULO OTERO, *A Democracia Totalitária*, pp. 257 ss.; MARIA JOSÉ RANGEL DE MESQUITA, *O Poder Sancionatório da União e das Comunidades Europeias sobre os Estados Membros*, Coimbra, 2006, pp. 241 ss.

[3014] Cfr. EDUARDO PAZ FERREIRA, *Valores e Interesses – Desenvolvimento Económico e Política Comunitária de Cooperação*, Coimbra, 2004, pp. 482 ss.; MARIA LUÍSA DUARTE, *União Europeia e Direitos Fundamentais*, pp. 144 ss.

[3015] Cfr. preâmbulo da Carta dos Direitos Fundamentais da União Europeia. Note-se ainda a expressa atribuição de direitos políticos a todos os cidadãos da União no âmbito das eleições para o Parlamento Europeu (artigo 39°) e nas eleições municipais nos Estados-membros (artigo 40°).

meiro momento através do Conselho da Europa e da Conferência sobre Segurança e Cooperação na Europa[3016] e, num segundo momento, através da formalização jurídica junto da normatividade proveniente da União Europeia, ganharam o estatuto de regras de *ius cogens* regional[3017].

Na Europa encontra-se um património axiológico comum que permitiu edificar uma base constitucional de interligação entre democracia e direitos humanos.

Resta saber, no entanto, em que termos a Europa permanece fiel ou mostra um empenhamento real na edificação de um modelo constitucional envolvendo uma verdadeira democracia humana, fazendo da pessoa humana viva e concreta o seu referencial axiológico e teleológico.

8.3. A Igreja Católica como guardiã da tutela da pessoa humana

8.3.1. *João XXIII: o impulso renovador*

O Papa João XXIII (1958-1963), tendo desencadeado um processo de renovação organizativa e doutrinal da Igreja Católica, desde logo convocando o Concílio Vaticano II, expressa na Carta Encíclica *Mater et Magistra*, de 15 de Maio de 1961, seguindo o caminho começado seus predecessores Leão XIII e Pio XI em matéria de doutrina social, a defesa de uma postura de maior intervenção do Estado na sociedade.

Começando por afirmar que a Igreja não pode deixar de se preocupar com as exigências da vida quotidiana dos homens[3018] e as necessidades dos povos[3019], João XXIII aborda expressamente a ques-

---

[3016] Neste último sentido e para mais desenvolvimentos, cfr. PAULO OTERO, *A Democracia Totalitária*, p. 250.

[3017] Cfr. PAULO OTERO, *A Democracia Totalitária*, pp. 250-251 e 255.

[3018] Cfr. JOÃO XXIII, *Carta Encíclica «Mater et Magistra»*, de 15 de Maio de 1961, nº 3.

[3019] Cfr. JOÃO XXIII, *Carta Encíclica «Mater et Magistra»*, nº4.

§8º As Coordenadas Contemporâneas da Tutela da Pessoa Humana   431

tão da ajuda aos países em vias de desenvolvimento[3020], acolhendo uma concepção de Estado-Providência em que se sublinha a necessidade de intervenção pública na resolução dos problemas sociais decorrentes da remuneração do trabalho[3021], das estruturas económicas[3022] e da propriedade privada[3023].

No sentido de um reforço do protagonismo do Estado, a *Mater et Magistra*, sem prejuízo de aderir ao princípio da subsidiariedade[3024], revela o reconhecimento às entidades públicas da propriedade de bens produtivos[3025], afirmando que a expansão da propriedade pública se explica "pelas funções, cada vez mais extensas, que o bem comum exige dos poderes públicos"[3026], atribuindo aos poderes públicos uma especial responsabilidade no domínio da melhoria das condições de vida da população rural[3027] e na correcção das desigualdades económicas e sociais entre pessoas e regiões de um mesmo país[3028].

Defende, em síntese, um modelo de progresso económico e social que, sem desresponsabilizar directamente o Estado, antes lhe impondo uma intervenção pautada pela subsidiariedade, "respeite e fomente os genuínos valores humanos, individuais e sociais, em conformidade com a moral, com a dignidade e o imenso valor da vida humana"[3029].

Será na Carta Encíclica *Pacem in Terris*, todavia, que João XXIII procede a um maior desenvolvimento da temática dos direitos humanos, reafirmando o princípio de que todo o ser humano é pessoa, sendo dotado de direitos universais, invioláveis e inalienáveis[3030], razão pela qual "o facto de pertencer a uma determinada comunidade

---

[3020] Cfr. JOÃO XXIII, *Carta Encíclica «Mater et Magistra»*, nos 153 a 184.
[3021] Cfr. JOÃO XXIII, *Carta Encíclica «Mater et Magistra»*, nos 64 a 81.
[3022] Cfr. JOÃO XXIII, *Carta Encíclica «Mater et Magistra»*, nos 82 a 103.
[3023] Cfr. JOÃO XXIII, *Carta Encíclica «Mater et Magistra»*, nos 104 a 121.
[3024] Cfr. JOÃO XXIII, *Carta Encíclica «Mater et Magistra»*, nos 53 a 58, 117 e 152.
[3025] Cfr. JOÃO XXIII, *Carta Encíclica «Mater et Magistra»*, nº 117.
[3026] Cfr. JOÃO XXIII, *Carta Encíclica «Mater et Magistra»*, nº 118.
[3027] Cfr. JOÃO XXIII, *Carta Encíclica «Mater et Magistra»*, nos 123 a 149.
[3028] Cfr. JOÃO XXIII, *Carta Encíclica «Mater et Magistra»*, nos 150 a 151.
[3029] Cfr. JOÃO XXIII, *Carta Encíclica «Mater et Magistra»*, nº 192.
[3030] Cfr. JOÃO XXIII, *Carta Encíclica «Pacem in Terris»*, de 11 de Abril de 1963, nº 9.

política não o impede de forma alguma de ser membro da família humana e de pertencer como cidadão à comunidade mundial, em que todos os homens estão unidos por laços comuns"[3031], segundo uma regra de igual dignidade que deixa sem justificação qualquer discriminação racial[3032].

Torna-se visível, neste contexto, a íntima ligação entre direitos e deveres, no âmbito da mesma pessoa[3033] e nas relações entre diversas pessoas, pois "a um determinado direito natural de cada um corresponde a obrigação nos outros de o reconhecer e respeitar" [3034].

No domínio dos direitos humanos, sublinha-se o direito à existência, à integridade física e a um nível de vida digno, identificado este com a alimentação, o vestuário, a habilitação, o descanso, os cuidados médicos e os serviços sociais[3035], deixando-se claro, por outro lado, que da própria dignidade da pessoa humana resulta o direito de tomar parte activa na vida política[3036], uma vez que, em última análise, "uma sociedade fundada exclusivamente na força não deve denominar-se humana" [3037].

Ainda no âmbito dos direitos humanos, além da natureza social do homem fundar o reconhecimento do direito de reunião e de associação[3038], a *Pacem in Terris* salienta o "direito natural" de todo o ser humano ao devido respeito pela sua pessoa, à boa reputação e à liberdade[3039], além do direito de participar dos bens da cultura e de obter instrução[3040], incluindo o direito ao trabalho[3041] e a constituir família[3042], entendendo-se que a defesa legítima dos direitos de cada um é, por si mesma, um direito fundamental da pessoa humana[3043].

[3031] Cfr. JOÃO XXIII, *Carta Encíclica «Pacem in Terris»*, n° 25.
[3032] Cfr. JOÃO XXIII, *Carta Encíclica «Pacem in Terris»*, n° 44.
[3033] Cfr. JOÃO XXIII, *Carta Encíclica «Pacem in Terris»*, n° 28.
[3034] Cfr. JOÃO XXIII, *Carta Encíclica «Pacem in Terris»*, n° 30.
[3035] Cfr. JOÃO XXIII, *Carta Encíclica «Pacem in Terris»*, n° 11.
[3036] Cfr. JOÃO XXIII, *Carta Encíclica «Pacem in Terris»*, n°s 26 e 73.
[3037] Cfr. JOÃO XXIII, *Carta Encíclica «Pacem in Terris»*, n° 34.
[3038] Cfr. JOÃO XXIII, *Carta Encíclica «Pacem in Terris»*, n° 23.
[3039] Cfr. JOÃO XXIII, *Carta Encíclica «Pacem in Terris»*, n° 12.
[3040] Cfr. JOÃO XXIII, *Carta Encíclica «Pacem in Terris»*, n° 13.
[3041] Cfr. JOÃO XXIII, *Carta Encíclica «Pacem in Terris»*, n° 19.
[3042] Cfr. JOÃO XXIII, *Carta Encíclica «Pacem in Terris»*, n° 16.
[3043] Cfr. JOÃO XXIII, *Carta Encíclica «Pacem in Terris»*, n° 27.

O Estado, neste contexto, não pode assumir um papel de neutralidade ou de indiferença perante os direitos humanos: se a divisão de poderes é expressamente entendida como instrumento de garantia e protecção dos direitos dos cidadãos[3044], a realização do bem comum, enquanto elemento respeitante à pessoa humana[3045], identificado com a salvaguarda dos seus direitos e deveres[3046], é configurada com a própria razão de ser dos poderes públicos[3047]; reconhecer, respeitar, harmonizar, proteger e promover os direitos da pessoa humana torna-se um dos principais deveres dos poderes públicos[3048]; razões de justiça e de equidade exigem do Estado uma especial atenção pelos membros mais débeis da sociedade[3049], fazendo do desenvolvimento económico um factor de igual progresso social[3050].

A defesa de uma cláusula de bem-estar social afirma-se, na sequência da evolução originada com a *Rerum Novarum* (v. *supra*, nº 5.4.3.), como elemento estruturante da Doutrina Social da Igreja.

8.3.2. *Vaticano II e Paulo VI: a resposta aos novos desafios*

O Concílio Vaticano II (1962-1965) e o magistério de Paulo VI (1963-1978) vieram aprofundar a inserção da garantia dos direitos humanos no contexto da cláusula de bem-estar social.

Se, por um lado, na Declaração *Dignitatis Humanae*, o Concílio reconhece que "os homens do nosso tempo tornam-se cada vez mais conscientes da dignidade da pessoa humana"[3051], proclamando o direito à liberdade religiosa de cada pessoa[3052] e vinculando os cidadãos, os grupos sociais e os próprios poderes civis à protecção dessa

---

[3044] Cfr. JOÃO XXIII, *Carta Encíclica «Pacem in Terris»*, nº 68.
[3045] Cfr. JOÃO XXIII, *Carta Encíclica «Pacem in Terris»*, nº 55.
[3046] Cfr. JOÃO XXIII, *Carta Encíclica «Pacem in Terris»*, nº 60.
[3047] Cfr. JOÃO XXIII, *Carta Encíclica «Pacem in Terris»*, nº 54.
[3048] Cfr. JOÃO XXIII, *Carta Encíclica «Pacem in Terris»*, nº 60.
[3049] Cfr. JOÃO XXIII, *Carta Encíclica «Pacem in Terris»*, nº 56.
[3050] Cfr. JOÃO XXIII, *Carta Encíclica «Pacem in Terris»*, nº 64.
[3051] Cfr. *Declaração «Dignitatis Humanae»*, de 7 de Dezembro de 1965, nº 1.
[3052] Cfr. *Declaração «Dignitatis Humanae»*, nº 2.

mesma liberdade e, em geral, ao respeito pelos direitos e deveres da pessoa humana[3053], será na Constituição Pastoral *Gaudium et Spes* que, no entanto, a questão social terá um tratamento aprofundado.

Começando por traçar um diagnóstico da condição do homem no mundo contemporâneo, a *Gaudium et Spes*, destacando os paradoxos de nunca ter existido tanta abundância e riqueza e, simultaneamente, uma imensa maioria de pessoas ser atormentada pela fome e pela miséria, regista que "nunca os homens tiveram um tão vivo sentido de liberdade como hoje, em que surgem novas formas de servidão social e psicológica"[3054], deixando claro o entendimento de que as transformações sociais do presente, aumentando as contradições e os desequilíbrios sociais[3055] e entre povos e nações[3056], deparam com instituições, leis, maneiras de pensar e de sentir "herdadas do passado que nem sempre se parecem adaptadas à situação actual"[3057].

Formulando o princípio nuclear de que "tudo quanto existe sobre a terra deve ser ordenado em função do homem, como seu centro e seu termo"[3058], pois a "pessoa humana (...) é e deve ser o princípio, o sujeito e o fim de todas as instituições sociais"[3059], a Constituição Pastoral *Gaudium et Spes*, postulando uma regra de "igualdade fundamental entre todos os homens" que determina condições de vida mais humanas e justas[3060], proclama a natureza infame de tudo quanto se opõe à vida (v.g., homicídio, genocídio, aborto, eutanásia, suicídio), de tudo o que viola a integridade da pessoa humana (v.g., mutilações, torturas físicas e mentais), a própria violentação da consciência e ainda de tudo quanto ofende a dignidade da pessoa humana (v.g., condições de vida infra-humanas, prisões arbitrárias, deportações, escravidão,

---

[3053] Cfr. **Declaração «Dignitatis Humanae»**, n° 6.
[3054] Cfr. **Constituição Pastoral «Gaudium et Spes»**, de 7 de Dezembro de 1965, n° 4.
[3055] Cfr. **Constituição Pastoral «Gaudium et Spes»**, n° 8.
[3056] Cfr. **Constituição Pastoral «Gaudium et Spes»**, n° 9.
[3057] Cfr. **Constituição Pastoral «Gaudium et Spes»**, n° 7.
[3058] Cfr. **Constituição Pastoral «Gaudium et Spes»**, n° 12.
[3059] Cfr. **Constituição Pastoral «Gaudium et Spes»**, n° 25.
[3060] Cfr. **Constituição Pastoral «Gaudium et Spes»**, n° 29.

prostituição, comércio de pessoas), além das próprias condições degradantes de trabalho[3061].

A *Gaudium et Spes* reafirma o necessário empenhamento das instituições públicas e privadas ao serviço da dignidade do homem, combatendo "qualquer forma de servidão política ou social e salvaguardando, sob qualquer regime político, os direitos humanos fundamentais"[3062], sublinhando que a prossecução do bem comum constitui a razão de ser legitimadora da própria comunidade política[3063]. Num tal contexto, a protecção de direitos das pessoas, incluindo a sua participação na organização da comunidade política, e a defesa dos direitos das minorias, tornam-se postulados de uma "política verdadeiramente humana"[3064], considerando-se desumanas as formas totalitárias ou ditatoriais de governo que lesam gravemente os direitos das pessoas e dos grupos sociais[3065].

Estabelecendo uma íntima ligação entre a promoção do bem-estar pessoal e social e, por outro lado, uma situação favorável do matrimónio e da família[3066], o Concílio Vaticano II, proclamando que "o homem é o protagonista, o centro e o fim de toda a vida económico-social"[3067], preconiza a exigência de serem feitos todos os esforços para eliminar as desigualdades económicas e sociais[3068], vinculação essa dirigida aos membros da sociedade, especialmente aos poderes públicos[3069] e também às nações mais avançadas no sentido de ajudarem e cooperarem com as nações em vias de desenvolvimento[3070].

Essa mesma preocupação de relacionamento entre países ricos e países pobres será o tema central da Carta Encíclica *Populorum Progressio*, de 26 de Março de 1967, deixando expresso, pela primeira

---

[3061] Cfr. **Constituição Pastoral «Gaudium et Spes»**, n° 27.
[3062] Cfr. **Constituição Pastoral «Gaudium et Spes»**, n° 29.
[3063] Cfr. **Constituição Pastoral «Gaudium et Spes»**, n° 74.
[3064] Cfr. **Constituição Pastoral «Gaudium et Spes»**, n° 73.
[3065] Cfr. **Constituição Pastoral «Gaudium et Spes»**, n° 75
[3066] Cfr. **Constituição Pastoral «Gaudium et Spes»**, n° 47.
[3067] Cfr. **Constituição Pastoral «Gaudium et Spes»**, n° 63.
[3068] Cfr. **Constituição Pastoral «Gaudium et Spes»**, n° 66
[3069] Cfr. **Constituição Pastoral «Gaudium et Spes»**, n° 66.
[3070] Cfr. **Constituição Pastoral «Gaudium et Spes»**, n° 86.

vez, que a questão social é um problema de dimensão mundial[3071] e "o desenvolvimento é o novo nome da paz"[3072].

Alertando para a tentação da violência servir de instrumento para repelir a injúria à dignidade humana proveniente de situações extremas de miséria[3073], a *Populorum Progressio* reconhece a necessidade de um desenvolvimento solidário da humanidade[3074], envolvendo a assistência aos fracos[3075], a equidade das relações comerciais[3076] e a caridade universal[3077]. É que, tal como se sublinha, "só a iniciativa individual e o simples jogo da concorrência não bastam para assegurar o êxito do desenvolvimento"[3078], apelando-se, uma vez mais, à intervenção dos poderes públicos no sentido de, sem prejuízo de associarem as iniciativas privadas e os organismos intermédios, escolher ou mesmo impor os objectivos, os fins e os meios tendentes ao desenvolvimento integral do homem todo e de todos os homens[3079], falando-se em "humanismo total"[3080].

Existe aqui o equacionar do problema da distribuição desigual dos meios de subsistência que, na sua origem, a todos foram destinados, e, simultaneamente, a edificação de uma obrigação ou dever de solidariedade[3081], vinculando os próprios poderes públicos na acção a empreender no sentido do desenvolvimento da humanidade.

Na Carta Apostólica *Octogesima Adveniens*, de 14 de Maio de 1971, Paulo VI, comemorando o 80º aniversário da *Rerum Novarum* e os seus ensinamentos em matéria de justiça social[3082], regista todo um

---

[3071] Cfr. PAULO VI, *Carta Encíclica «Populorum Progressio»*, de 26 de Março de 1967, nº 3.
[3072] Cfr. PAULO VI, *Carta Encíclica «Populorum Progressio»*, nº 87.
[3073] Cfr. PAULO VI, *Carta Encíclica «Populorum Progressio»*, nº 30.
[3074] Cfr. PAULO VI, *Carta Encíclica «Populorum Progressio»*, nº 43.
[3075] Cfr. PAULO VI, *Carta Encíclica «Populorum Progressio»*, nos 45-55.
[3076] Cfr. PAULO VI, *Carta Encíclica «Populorum Progressio»*, nos 56-65.
[3077] Cfr. PAULO VI, *Carta Encíclica «Populorum Progressio»*, nos 66-80.
[3078] Cfr. PAULO VI, *Carta Encíclica «Populorum Progressio»*, nº 33.
[3079] Cfr. PAULO VI, *Carta Encíclica «Populorum Progressio»*, nº 33.
[3080] Cfr. PAULO VI, *Carta Encíclica «Populorum Progressio»*, nº 42.
[3081] Neste sentido, cfr. JOÃO PAULO II, *Carta Encíclica «Sollicitudo Rei Socialis»*, de 30 de Dezembro de 1987, nº 9.
[3082] Cfr. PAULO VI, *Carta Apostólica «Octogesima Adveniens»*, de 14 de Maio de 1971, nº 1.

§8º As Coordenadas Contemporâneas da Tutela da Pessoa Humana   437

conjunto de novos problemas sociais gerados pelo progresso científico e técnico, designadamente os desafios colocados pela urbanização[3083], a juventude[3084], o estatuto da mulher[3085], os trabalhadores[3086], os emigrantes[3087], o poder crescente dos meios de comunicação social[3088] e as ameaças ao meio ambiente[3089]. Clarifica, por outro lado, que as aspirações à igualdade e à participação política traduzem formas de expressão da dignidade humana e da liberdade[3090], reafirmando-se a responsabilidade do poder político no "que se refere ao bem de todos os homens, passando mesmo para além das fronteiras nacionais"[3091].

8.3.3. *João Paulo II: a consolidação e ampliação da doutrina social*

Num espírito de continuidade com a elaboração doutrinal proveniente dos seus antecessores, o pontificado de João Paulo II (1978--2005) consolidou e desenvolveu a doutrina social da Igreja em torno da dignidade da pessoa humana e da garantia dos seus direitos fundamentais.

Acolhendo o ensinamento do Concílio Vaticano II sobre a natureza transcendente da pessoa humana[3092] e, numa dimensão filosófica mais remota, os postulados existencialistas kierkegaardianos (v. *supra*, nº 8.1.1.), a Carta Encíclica *Redemptor Hominis*, de 4 de Março de 1979, deixa claro não se tratar do homem abstracto, antes se refere ao "homem real, «concreto», «histórico»"[3093], esclarecendo tratar-se de

---

[3083] Cfr. PAULO VI, *Carta Apostólica «Octogesima Adveniens»*, n.ºs 8-9.
[3084] Cfr. PAULO VI, *Carta Apostólica «Octogesima Adveniens»*, nº 13.
[3085] Cfr. PAULO VI, *Carta Apostólica «Octogesima Adveniens»*, nº 13.
[3086] Cfr. PAULO VI, *Carta Apostólica «Octogesima Adveniens»*, nº 14.
[3087] Cfr. PAULO VI, *Carta Apostólica «Octogesima Adveniens»*, nº 17.
[3088] Cfr. PAULO VI, *Carta Apostólica «Octogesima Adveniens»*, nº 20.
[3089] Cfr. PAULO VI, *Carta Apostólica «Octogesima Adveniens»*, nº 21.
[3090] Cfr. PAULO VI, *Carta Apostólica «Octogesima Adveniens»*, nº 22.
[3091] Cfr. PAULO VI, *Carta Apostólica «Octogesima Adveniens»*, nº 46.
[3092] Cfr. **Constituição Pastoral «Gaudium et Spes»**, nº 76.
[3093] Cfr. JOÃO PAULO II, *Carta Encíclica «Redemptor Hominis»*, nº 13.

«cada» homem"[3094] e falando "no primado da pessoa sobre as coisas"[3095], nunca podendo o homem renunciar a si mesmo ou tornar-se escravo das coisas no contexto de uma civilização de feição puramente materialista[3096].

Configurando o homem como facto nuclear do bem comum, ele deve sempre "constituir critério essencial de todos os programas, sistemas e regimes"[3097]. Condenam-se, por outro lado, os vários totalitarismos de Estado[3098], encontrando-se na solicitude pelo bem comum da sociedade, enquanto fonte de onde dimanam os direitos fundamentais, o dever fundamental do poder político[3099] e faz-se da sociedade e do povo que a compõe os "soberanos do próprio destino"[3100].

No nonagésimo aniversário da *Rerum Novarum*, a Carta Encíclica *Laborem Exercens*, de 14 de Setembro de 1981, vem renovar a posição da Igreja sobre o trabalho humano, chamando a atenção para a dignidade e os direitos dos trabalhadores[3101] e sublinhando a ideia de que o trabalho é uma dimensão essencial da vida humana[3102]: "o trabalho humano não diz respeito simplesmente à economia, mas implica também e sobretudo valores pessoais"[3103].

Neste domínio, os direitos que emergem do trabalho inserem-se no âmbito mais vasto dos direitos fundamentais da pessoa[3104], sendo o respeito pelos direitos dos trabalhadores "o critério adequado fundamental" de estruturação da economia[3105], sabendo-se que a justiça de um sistema sócio-económico deverá sempre ser aferida pelo modo

---

[3094] Cfr. JOÃO PAULO II, *Carta Encíclica «Redemptor Hominis»*, n° 13.
[3095] Cfr. JOÃO PAULO II, *Carta Encíclica «Redemptor Hominis»*, n° 16.
[3096] Cfr. JOÃO PAULO II, *Carta Encíclica «Redemptor Hominis»*, n° 16.
[3097] Cfr. JOÃO PAULO II, *Carta Encíclica «Redemptor Hominis»*, n° 17.
[3098] Cfr. JOÃO PAULO II, *Carta Encíclica «Redemptor Hominis»*, n° 17.
[3099] Cfr. JOÃO PAULO II, *Carta Encíclica «Redemptor Hominis»*, n° 17.
[3100] Cfr. JOÃO PAULO II, *Carta Encíclica «Redemptor Hominis»*, n° 17.
[3101] Cfr. JOÃO PAULO II, *Carta Encíclica «Laborem Exercens»*, de 14 de Setembro de 1981, n° 1.
[3102] Cfr. JOÃO PAULO II, *Carta Encíclica «Laborem Exercens»*, n° 4.
[3103] Cfr. JOÃO PAULO II, *Carta Encíclica «Laborem Exercens»*, n° 15.
[3104] Cfr. JOÃO PAULO II, *Carta Encíclica «Laborem Exercens»*, n° 16.
[3105] Cfr. JOÃO PAULO II, *Carta Encíclica «Laborem Exercens»*, n° 17.

como o trabalho é remunerado[3106], desempenhando aqui os sindicatos dos trabalhadores um papel central na luta pela justiça social[3107].

Recordando o conflito entre o capital e o trabalho, enquanto expressão de uma luta ideológica entre liberalismo e marxismo[3108], João Paulo II reafirma a prioridade do trabalho humano sobre o capital[3109], como expressão do próprio primado da pessoa sobre as coisas[3110], defendendo uma propriedade privada subordinada ao destino universal dos bens[3111], considerando mesmo "inaceitável a posição do capitalismo «rígido», que defende o direito exclusivo da propriedade privada, como «dogma»"[3112], razão pela qual admite, verificadas certas circunstâncias particulares, uma socialização de certos meios de produção[3113], apesar de condenar a "eliminação apriorística da propriedade privada dos meios de produção"[3114].

Será na Carta Encíclica *Sollicitudo Rei Socialis*, de 30 de Dezembro de 1987, no entanto, que João Paulo II, retomando os ensinamentos da Encíclica *Populorum Progressio*, regista que as esperanças de desenvolvimento se mostram bem longe da sua realização[3115], observando-se mesmo o seu considerável agravamento[3116]: a miséria tornou-se intolerável[3117], o fosso económico-social entre o Norte e o Sul alargou-se[3118], são visíveis as dificuldades de acesso à instrução, a

---

[3106] Cfr. JOÃO PAULO II, *Carta Encíclica «Laborem Exercens»*, n° 19.
[3107] Cfr. JOÃO PAULO II, *Carta Encíclica «Laborem Exercens»*, n° 20.
Note-se que a presente referência ao papel dos sindicatos dos trabalhadores na luta pela justiça social reflectia a situação política então vivida pela Polónia – pátria natal do Papa – na sequência do movimento sindical (e depois político) "Solidariedade".
[3108] Cfr. JOÃO PAULO II, *Carta Encíclica «Laborem Exercens»*, n° 11.
[3109] Cfr. JOÃO PAULO II, *Carta Encíclica «Laborem Exercens»*, nos 12 e 15.
[3110] Cfr. JOÃO PAULO II, *Carta Encíclica «Laborem Exercens»*, n° 13.
[3111] Cfr. JOÃO PAULO II, *Carta Encíclica «Laborem Exercens»*, n° 14.
[3112] Cfr. JOÃO PAULO II, *Carta Encíclica «Laborem Exercens»*, n° 14.
[3113] Cfr. JOÃO PAULO II, *Carta Encíclica «Laborem Exercens»*, n° 14.
[3114] Cfr. JOÃO PAULO II, *Carta Encíclica «Laborem Exercens»*, n° 14.
[3115] Cfr. JOÃO PAULO II, *Carta Encíclica «Sollicitudo Rei Socialis»*, n° 12.
[3116] Cfr. JOÃO PAULO II, *Carta Encíclica «Sollicitudo Rei Socialis»*, n° 16.
[3117] Cfr. JOÃO PAULO II, *Carta Encíclica «Sollicitudo Rei Socialis»*, n° 13.
[3118] Cfr. JOÃO PAULO II, *Carta Encíclica «Sollicitudo Rei Socialis»*, n° 14.

multiplicação de formas de exploração, opressão, discriminação e ainda outros processos de negação ou limitação dos direitos humanos[3119]. Fazendo um elenco das responsabilidades e das causas desse retrocesso social[3120], sem embargo de referir também os aspectos positivos do desenvolvimento crescente das preocupações com o respeito pelos direitos humanos, pela paz e com a ecologia[3121], a *Sollicitudo Rei Socialis*, denunciando a escravidão do consumismo existente nas pessoas dos países superdesenvolvidos[3122], proclama o princípio da subordinação do ter ao ser[3123].

Reconhecendo residir no facto de serem "relativamente poucos os que possuem muito e muitos os que não possuem quase nada" uma das maiores injustiças do mundo contemporâneo[3124], João Paulo II, definindo claramente uma "opção ou amor preferencial pelos pobres"[3125] e reafirmando que "os bens deste mundo são originariamente destinados a todos"[3126], apela à edificação de um modelo de desenvolvimento dos povos que não seja apenas económico, antes se oriente segundo a vocação humana[3127], promovendo os direitos humanos[3128] e respeitando todos os seres da natureza[3129]. Um tal dever de trabalhar pelo desenvolvimento dos povos não assume, todavia, uma mera vinculatividade individual, antes se configura como imperativo "de todos para com todos", incluindo para as próprias nações[3130], segundo um postulado de solidariedade universal envolvendo a própria comunidade internacional[3131].

[3119] Cfr. JOÃO PAULO II, *Carta Encíclica «Sollicitudo Rei Socialis»*, n° 15.
[3120] Cfr. JOÃO PAULO II, *Carta Encíclica «Sollicitudo Rei Socialis»*, n°s 16 a 24.
[3121] Cfr. JOÃO PAULO II, *Carta Encíclica «Sollicitudo Rei Socialis»*, n° 26.
[3122] Cfr. JOÃO PAULO II, *Carta Encíclica «Sollicitudo Rei Socialis»*, n° 28.
[3123] Cfr. JOÃO PAULO II, *Carta Encíclica «Sollicitudo Rei Socialis»*, n° 28.
[3124] Cfr. JOÃO PAULO II, *Carta Encíclica «Sollicitudo Rei Socialis»*, n° 28.
[3125] Cfr. JOÃO PAULO II, *Carta Encíclica «Sollicitudo Rei Socialis»*, n° 42.
[3126] Cfr. JOÃO PAULO II, *Carta Encíclica «Sollicitudo Rei Socialis»*, n° 42.
[3127] Cfr. JOÃO PAULO II, *Carta Encíclica «Sollicitudo Rei Socialis»*, n° 29.
[3128] Cfr. JOÃO PAULO II, *Carta Encíclica «Sollicitudo Rei Socialis»*, n° 33.
[3129] Cfr. JOÃO PAULO II, *Carta Encíclica «Sollicitudo Rei Socialis»*, n° 34.
[3130] Cfr. JOÃO PAULO II, *Carta Encíclica «Sollicitudo Rei Socialis»*, n° 32.
[3131] Cfr. JOÃO PAULO II, *Carta Encíclica «Sollicitudo Rei Socialis»*, n° 45.

O desenvolvimento dos povos exige, porém, reformas: reformas no sistema internacional de comércio, no sistema monetário e financeiro mundial, no intercâmbio de tecnologias, na estrutura das organizações internacionais[3132] e, numa dimensão interna relativa a alguns Estados, a reforma das suas próprias instituições políticas, "para substituir regimes corruptos, ditatoriais ou autoritários por regimes democráticos, que favoreçam a participação"[3133].

Essa preferência pelo modelo político democrático é expressamente assumida na Carta Encíclica *Centesimus Annus*, de 1 de Maio de 1991: "a Igreja encara com simpatia o sistema da democracia, enquanto assegura a participação dos cidadãos nas opções políticas e garante aos governados a possibilidade, quer de escolher e controlar os governantes, quer de os substituir pacificamente, quando tal se torne oportuno"[3134]. Esclarece João Paulo II, no entanto, que a existência de uma verdadeira democracia, além de exigir uma componente axiológica[3135], pressupõe a existência de um Estado de direito baseado numa "recta concepção da pessoa humana"[3136]. Como se sublinha, a raiz do totalitarismo, enquanto contrário político da democracia, envolvendo um primado da força sobre a razão[3137], "deve ser identificada com a negação da transcendente dignidade da pessoa humana"[3138].

Tendo presente que os tempos modernos conferem maior relevância à propriedade do conhecimento, da técnica e do saber do que à propriedade dos tradicionais meios de produção[3139], fazendo da pessoa humana e dos seus talentos um factor de riqueza prevalecente sobre a terra ou o capital[3140], a Encíclica *Centesimus Annus* procura recortar, desde logo ao nível da propriedade privada e do destino universal dos bens, o papel do Estado no campo económico e social.

3132 Cfr. JOÃO PAULO II, *Carta Encíclica «Sollicitudo Rei Socialis»*, n° 43.
3133 Cfr. JOÃO PAULO II, *Carta Encíclica «Sollicitudo Rei Socialis»*, n° 44.
3134 Cfr. JOÃO PAULO II, *Carta Encíclica «Centesimus Annus»*, de 1 de Maio de 1991, n° 46.
3135 Cfr. JOÃO PAULO II, *Carta Encíclica «Centesimus Annus»*, n° 46.
3136 Cfr. JOÃO PAULO II, *Carta Encíclica «Centesimus Annus»*, n° 46.
3137 Cfr. JOÃO PAULO II, *Carta Encíclica «Centesimus Annus»*, n° 29.
3138 Cfr. JOÃO PAULO II, *Carta Encíclica «Centesimus Annus»*, n° 44.
3139 Cfr. JOÃO PAULO II, *Carta Encíclica «Centesimus Annus»*, n° 32.
3140 Cfr. JOÃO PAULO II, *Carta Encíclica «Centesimus Annus»*, n° 32.

Assim, confiando expressamente ao Estado a tarefa de defender e tutelar certos bens colectivos, tal como sucede com o "ambiente natural" e o "ambiente humano"[3141], João Paulo II, reafirmando o princípio da subsidiariedade[3142], começa por salientar que ao Estado não cabe a primeira responsabilidade no sector económico[3143]. Atribui ao Estado, no entanto, além de uma genérica competência de regulação jurídica da actividade económica assegurando uma certa igualdade das partes[3144] e de intervenção perante cenários de monopólio limitativos do desenvolvimento[3145], "o dever de secundar a actividade das empresas, criando as condições que garantam ocasiões de trabalho, estimulando-a onde for insuficiente e apoiando-a nos momentos de crise"[3146]. Mais: o Estado desempenha uma postura de garante da segurança, da liberdade e da propriedade, encontrando-se-lhe confiado um papel central na garantia de uma moeda estável e de serviços públicos eficientes, além de competir ainda ao Estado vigiar e orientar o exercício dos direitos humanos[3147].

Reconhecendo a realidade do "Estado Providência", enquanto resposta "a formas de pobreza e privação indignas da pessoa humana"[3148], a *Centesimus Annus* critica, todavia, os excessos e abusos de uma intervenção pública que desrespeite o princípio da subsidiariedade, irresponsabilizando a própria sociedade e provocando "a perda de energias humanas e o aumento exagerado do sector estadual, dominado mais por lógicas burocráticas do que pela preocupação de servir os utentes com acréscimo enorme das despesas"[3149].

Não obstante já na Encíclica *Centesimus Annus* se observar uma crítica directa à forma como são respeitados certos direitos fundamentais nos sistemas políticos democráticos, designadamente o "escândalo

---

[3141] Cfr. JOÃO PAULO II, *Carta Encíclica «Centesimus Annus»*, n° 40.
[3142] Cfr. JOÃO PAULO II, *Carta Encíclica «Centesimus Annus»*, n° 48.
[3143] Cfr. JOÃO PAULO II, *Carta Encíclica «Centesimus Annus»*, n° 48.
[3144] Cfr. JOÃO PAULO II, *Carta Encíclica «Centesimus Annus»*, n° 15.
[3145] Cfr. JOÃO PAULO II, *Carta Encíclica «Centesimus Annus»*, n° 48.
[3146] Cfr. JOÃO PAULO II, *Carta Encíclica «Centesimus Annus»*, n° 48.
[3147] Cfr. JOÃO PAULO II, *Carta Encíclica «Centesimus Annus»*, n° 48.
[3148] Cfr. JOÃO PAULO II, *Carta Encíclica «Centesimus Annus»*, n° 48.
[3149] Cfr. JOÃO PAULO II, *Carta Encíclica «Centesimus Annus»*, n° 48.

§8° As Coordenadas Contemporâneas da Tutela da Pessoa Humana 443

do aborto"[3150], a "cultura de morte"[3151] e a propaganda aos valores do utilitarismo[3152], esse será um tema presente nas restantes Cartas Encíclicas de João Paulo II referentes à Doutrina Social da Igreja.

Assim, na Encíclica *Veritatis Splendor*, de 6 de Agosto de 1993, tomando como referência a dignidade da pessoa humana[3153], sabendo-se que nunca é permitido aviltar ou contrariar essa dignidade, mesmo com boas intenções[3154], nem se mostra lícito praticar o mal para se conseguir o bem[3155], João Paulo II confirma a existência de comportamentos que em nenhuma situação podem ser admissíveis[3156], traduzindo a materialização de "actos intrinsecamente maus"[3157], tal como sucede com as concepções de liberdade absoluta sobre o corpo humano[3158] e ainda tudo o que se opõe à vida, viola a integridade ou a dignidade da pessoa humana ou se refere a condições degradantes de trabalho[3159].

Neste domínio, além de se formularem diversos princípios de âmbito político que têm a sua raiz "no valor transcendente da pessoa e nas exigências morais objectivas de governo dos Estados"[3160], a *Veritatis Splendor* é muito clara ao formular o seguinte princípio geral: independentemente das intenções e das circunstâncias, "as autoridades civis e os sujeitos particulares nunca estão autorizados a transgredir os direitos fundamentais e inalienáveis da pessoa humana"[3161].

Alertando para "o risco da aliança entre democracia e relativismo ético"[3162], a Encíclica *Veritatis Splendor* abre as portas para a temática

---

[3150] Cfr. JOÃO PAULO II, *Carta Encíclica «Centesimus Annus»*, n° 47.
[3151] Cfr. JOÃO PAULO II, *Carta Encíclica «Centesimus Annus»*, n° 39.
[3152] Cfr. JOÃO PAULO II, *Carta Encíclica «Centesimus Annus»*, n° 29.
[3153] Cfr. JOÃO PAULO II, *Carta Encíclica «Veritatis Splendor»*, de 6 de Agosto de 1993, n°s. 48, 90 e 92.
[3154] Cfr. JOÃO PAULO II, *Carta Encíclica «Veritatis Splendor»*, n° 92.
[3155] Cfr. JOÃO PAULO II, *Carta Encíclica «Veritatis Splendor»*, n° 80.
[3156] Cfr. JOÃO PAULO II, *Carta Encíclica «Veritatis Splendor»*, n° 52.
[3157] Cfr. JOÃO PAULO II, *Carta Encíclica «Veritatis Splendor»*, n°s 80, 81 e 90.
[3158] Cfr. JOÃO PAULO II, *Carta Encíclica «Veritatis Splendor»*, n° 48.
[3159] Cfr. JOÃO PAULO II, *Carta Encíclica «Veritatis Splendor»*, n° 80.
[3160] Cfr. JOÃO PAULO II, *Carta Encíclica «Veritatis Splendor»*, n° 101.
[3161] Cfr. JOÃO PAULO II, *Carta Encíclica «Veritatis Splendor»*, n° 97.
[3162] Cfr. JOÃO PAULO II, *Carta Encíclica «Veritatis Splendor»*, n° 101.

central da Carta Encíclica *Evangelium Vitae*, de 25 de Março de 1995: o valor e a inviolabilidade da vida humana e a sua crise nas modernas democracias ocidentais.

Residindo aqui uma área das mais importantes de risco para os direitos nuclearmente fundamentais da pessoa humana, segundo os atentados contra a vida dos seres humanos mais fracos e débeis perpetrados em cenários de progresso tecnológico e científico nas modernas sociedades democráticas, tal como sucede com a legalização do aborto e da eutanásia ou a utilização indiscriminada de embriões humanos, regista-se um "eclipse do valor vida"[3163]. Neste domínio se situa um dos principais desafios que a modernidade coloca a um modelo de sociedade política alegadamente fundado no respeito e na garantia dos direitos humanos: o "Estado humano" corre hoje o risco de se tornar um "Estado desumano". Igualmente aqui a Igreja Católica tem assumido um papel de guardiã da tutela dos direitos fundamentais decorrentes do valor da vida humana.

Voltaremos ao assunto mais adiante, quando se abordarem os desafios que a modernidade coloca ao Estado de direitos humanos (v. *infra*, n° 12.2.).

8.3.4. *Bento XVI: a continuidade da herança social da Igreja e o reabilitar do direito natural*

O Papa Bento XVI (2005-...) na sua primeira Carta Encíclica, *Deus Caritas Est*, reconhecendo que algo de verdade existia na crítica marxista à pura actividade caritativa da Igreja sem ligação ao problema da justiça social[3164] e que, até ao final do século XIX, "os representantes da Igreja só lentamente se foram dando conta" da questão

---

[3163] Cfr. João Paulo II, *Carta Encíclica «Evangelium Vitae»*, nos 10 a 17.

[3164] Cfr. Bento XVI, *Carta Encíclica «Deus Caritas Est»*, de 25 de Dezembro de 2005, n° 26. Para mais desenvolvimentos à crítica laicista à caridade cristã, cfr. Gonçalo Portocarrero de Almada, *A Igreja e a Justiça – Notas à Carta Encíclica «Deus Caritas Est» de Sua Santidade o Papa Bento XVI*, in *Estudos em Honra de Ruy de Albuquerque*, II, Coimbra, 2006, pp. 911 ss.

social[3165], reafirma que a prossecução da justiça é a norma fundamental do Estado[3166], objecto e medida de toda a actividade política[3167], traduzindo-se a existência de uma justa ordem social no "garantir a cada um, no respeito do princípio da subsidiariedade, a própria parte nos bens comuns"[3168].

Deixando bem claro que a Igreja não pode nem deve ocupar o lugar do Estado na edificação da sociedade justa[3169], a construção de um ordenamento socialmente justo, sem deixar de ser um dever fundamental de cada geração[3170], vincula directa e imediatamente o Estado, pois, recordando os ensinamentos de Santo Agostinho (v. *supra*, nº 3.3.3.), "um Estado, que não se regesse segundo a justiça, reduzir-se-ia a um grande bando de ladrões"[3171].

Não é possível a Igreja ficar, todavia, à margem da luta pela justiça[3172], tal como o Estado não pode prover a tudo e tudo açambarcar[3173]: se a criação de estruturas justas não se configura como dever imediato da Igreja[3174], o certo é que "a Igreja nunca poderá ser dispensada da prática da caridade"[3175], isto mesmo na sociedade mais justa[3176], razão pela qual, retomando-se aqui a crítica ao marxismo, uma concepção materialista que faça eliminar as obras de caridade pela existência de estruturas públicas justas ignora a essência do próprio ser humano[3177] que, "além da justiça, tem e terá sempre necessidade de amor"[3178].

[3165] Cfr. BENTO XVI, *Carta Encíclica «Deus Caritas Est»*, nº 27.
[3166] Cfr. BENTO XVI, *Carta Encíclica «Deus Caritas Est»*, nº 26.
[3167] Cfr. BENTO XVI, *Carta Encíclica «Deus Caritas Est»*, nº 28.
[3168] Cfr. BENTO XVI, *Carta Encíclica «Deus Caritas Est»*, nº 26.
[3169] Cfr. BENTO XVI, *Carta Encíclica «Deus Caritas Est»*, nº 28.
Para mais desenvolvimentos sobre o papel da Igreja e da sua doutrina social na justiça, cfr. GONÇALO PORTOCARRERO DE ALMADA, *A Igreja e a Justiça*, pp. 914 ss.
[3170] Cfr. BENTO XVI, *Carta Encíclica «Deus Caritas Est»*, nº 28.
[3171] Cfr. BENTO XVI, *Carta Encíclica «Deus Caritas Est»*, nº 28.
[3172] Cfr. BENTO XVI, *Carta Encíclica «Deus Caritas Est»*, nº 28.
[3173] Cfr. BENTO XVI, *Carta Encíclica «Deus Caritas Est»*, nº 28.
[3174] Cfr. BENTO XVI, *Carta Encíclica «Deus Caritas Est»*, nº 29.
[3175] Cfr. BENTO XVI, *Carta Encíclica «Deus Caritas Est»*, nº 29.
[3176] Cfr. BENTO XVI, *Carta Encíclica «Deus Caritas Est»*, nº 28.
[3177] Cfr. BENTO XVI, *Carta Encíclica «Deus Caritas Est»*, nº 28.
[3178] Cfr. BENTO XVI, *Carta Encíclica «Deus Caritas Est»*, nº 29.

Salientando-se que "o Estado não pode impor a religião"[3179] e que a doutrina social católica "não pretende conferir à Igreja poder sobre o Estado"[3180], Bento XVI, fundamentando a doutrina social da Igreja na razão e no direito natural[3181], enquanto expressão do que "é conforme à natureza de todo o ser humano"[3182], configura-a como "indicação fundamental, que propõe válidas orientações muito para além das fronteiras eclesiais"[3183], ajudando a formação da consciência política em torno da "percepção das verdadeiras exigências da justiça"[3184].

É neste último quadro que se deve entender o conteúdo da mensagem de Bento XVI para a Celebração do Dia Mundial da Paz, em 1 de Janeiro de 2007[3185], intitulada *"Pessoa Humana, Coração da Paz"*, e centrada no seguinte postulado: "respeitando a pessoa promove-se a paz e, construindo-se a paz, assentam-se as premissas para um autêntico humanismo integral"[3186].

Bento XVI, seguindo uma linha de reabilitação argumentativa das normas do Direito Natural neste início do século XXI – retomando, por esta via, uma coordenada do pensamento ocidental inicialmente desenvolvida por Cícero (v. *supra* n° 3.2.10.) –, enquanto conjunto de directrizes inscritas na natureza do ser humano – verdadeira "«gramática» escrita no coração do homem pelo seu divino Criador"[3187] – e não como limitações que se impõem a partir de fora à liberdade do homem[3188], encontra no reconhecimento e respeito dessa lei natural a fonte da aproximação entre povos de diferentes culturas, a base para o

---

[3179] Cfr. BENTO XVI, *Carta Encíclica «Deus Caritas Est»*, n° 28.
[3180] Cfr. BENTO XVI, *Carta Encíclica «Deus Caritas Est»*, n° 28.
[3181] Cfr. BENTO XVI, *Carta Encíclica «Deus Caritas Est»*, n° 28.
[3182] Cfr. BENTO XVI, *Carta Encíclica «Deus Caritas Est»*, n° 28.
[3183] Cfr. BENTO XVI, *Carta Encíclica «Deus Caritas Est»*, n° 27.
[3184] Cfr. BENTO XVI, *Carta Encíclica «Deus Caritas Est»*, n° 28.
[3185] Para uma leitura integral do texto da Mensagem para a Celebração do Dia Mundial da Paz, de 2007, cfr. www.vatican.va
[3186] Cfr. BENTO XVI, *Mensagem para a Celebração do Dia Mundial da Paz*, de 1 de Janeiro de 2007, n° 1.
[3187] Cfr. BENTO XVI, *Mensagem...*, n° 3.
[3188] Cfr. BENTO XVI, *Mensagem...*, n° 3.

diálogo entre crentes de diversas religiões[3189] e entre estes e os não crentes, servindo ainda, por último, de "pressuposto para uma autêntica paz"[3190].

É ainda na natureza do homem e na sua inalienável dignidade de pessoa criada por Deus que radica o próprio fundamento da Declaração Universal dos Direitos do Homem[3191]: uma vez que "existem direitos humanos inalienáveis ligados com a natureza comum dos homens"[3192], só um fundamento natural dos direitos do homem poderá impedir o risco de uma interpretação meramente positivista da Declaração Universal[3193].

Condena-se, por conseguinte, qualquer visão reducionista do homem, incitando-o ao ódio e à violência[3194], ou que postule "indiferença face àquilo que constitui a verdadeira natureza do homem"[3195]: trata-se de uma "visão «débil» da pessoa"[3196] que coloca em causa a paz[3197].

A paz, sendo um dom de Deus[3198] e tarefa a que todos somos chamados a desenvolver[3199], é vista como o resultado final de um conjunto de condições relacionadas com a pessoa humana, a saber:

(i) O ser humano possui a dignidade de pessoa por ter sido criado à imagem de Deus[3200], razão pela qual o dever de

---

[3189] Sobre o diálogo entre as diversas religiões e culturas, num apelo a uma racionalidade discursiva e inclusiva da religião, cfr. BENTO XVI, *Fé, Razão e Universidade: memórias e reflexões, discurso do Papa Bento XVI na Universidade de Ratisbona*, Edição das Paróquias da Baixa Chiado, Setembro de 2006, pp. 6 ss. e 12-13.
[3190] Cfr. BENTO XVI, *Mensagem...*, n° 3.
[3191] Cfr. BENTO XVI, *Mensagem...*, n° 13.
[3192] Cfr. BENTO XVI, *Mensagem...*, n° 14.
[3193] Cfr. BENTO XVI, *Mensagem...*, n° 13.
[3194] Cfr. BENTO XVI, *Mensagem...*, n° 10.
[3195] Cfr. BENTO XVI, *Mensagem...*, n° 11.
[3196] Cfr. BENTO XVI, *Mensagem...*, n° 11.
[3197] Cfr. BENTO XVI, *Mensagem...*, n°s 10 e 11.
[3198] Cfr. BENTO XVI, *Mensagem...*, n° 3.
[3199] Cfr. BENTO XVI, *Mensagem...*, n° 16.
[3200] Cfr. BENTO XVI, *Mensagem...*, n° 2.

respeitar a dignidade de cada ser humano – vinculando cada um de nós à sua defesa[3201] – determina que não se possa dispor da pessoa arbitrariamente[3202]: "é sobre o respeito dos direitos de todos que se baseia a paz"[3203], verdadeira e estável[3204], sabendo-se que a pessoa humana é dotada de uma "dignidade permanente e de direitos sempre válidos, em toda a parte e para todos"[3205];

(ii) O respeito pela vida[3206], sendo esta "um dom de que o sujeito não tem completa disponibilidade"[3207], e o respeito pela liberdade religiosa de cada um são direitos que não se encontram nas mãos do homem[3208] e cuja violação traduz um atentado à paz[3209];

(iii) A igualdade essencial de natureza de todas as pessoas humanas, expressão da transcendente dignidade comum[3210], reflectindo-se também na igualdade de género entre homem e mulher[3211], faz das múltiplas desigualdades injustas – desde o acesso aos bens essenciais e até à insuficiente condição feminina no exercício dos direitos fundamentais – a raiz de tensões que ameaçam a paz[3212];

(iv) Ao lado da ecologia da natureza, impedindo a destruição do ambiente e a apropriação violenta dos recursos da terra[3213],

---

[3201] Cfr. BENTO XVI, *Mensagem...*, nº 16.
[3202] Cfr. BENTO XVI, *Mensagem...*, nº 4.
[3203] Cfr. BENTO XVI, *Mensagem...*, nº 4.
[3204] Cfr. BENTO XVI, *Mensagem...*, nº 12.
[3205] Cfr. BENTO XVI, *Mensagem...*, nº 12.
[3206] Neste sentido, Bento XVI denuncia o destroço do direito à vida nas modernas sociedades, tal como sucede com as vítimas dos conflitos armados, do terrorismo e ainda de outras formas de violência, neste último domínio se enquadrando as mortes provadas pela fome, pelo aborto, pelas pesquisas sobre embriões e pela eutanásia (in *Mensagem...*, nº 5).
[3207] Cfr. BENTO XVI, *Mensagem...*, nº 4.
[3208] Cfr. BENTO XVI, *Mensagem...*, nº 4.
[3209] Cfr. BENTO XVI, *Mensagem...*, nº 5.
[3210] Cfr. BENTO XVI, *Mensagem...*, nº 6.
[3211] Cfr. BENTO XVI, *Mensagem...*, nº 7.
[3212] Cfr. BENTO XVI, *Mensagem...*, nº 6.
[3213] Cfr. BENTO XVI, *Mensagem...*, nº 9.

§8° *As Coordenadas Contemporâneas da Tutela da Pessoa Humana* 449

existe também uma ecologia humana[3214], a qual exige uma "ecologia social"[3215], favorecendo o crescimento da "árvore da paz"[3216], registando-se que têm entre si ligações, pois "toda a atitude de desprezo pelo ambiente provoca danos à convivência humana, e vice-versa"[3217].

Regista-se aqui, segundo se pode observar até agora nos anos de pontificado de Bento XVI, uma clara continuidade com o rumo traçado pelos seus antecessores em matéria de doutrina social da Igreja e, simultaneamente, uma procura de fundamentação material dos direitos humanos que permita o diálogo num mundo culturalmente fragmentado. É neste último contexto que o apelo ao Direito Natural ganha nova projecção argumentativa.

8.4. O debate ideológico da justiça social: o contributo norte-americano

8.4.1. *O dilema da justiça social*

O bem-estar social, traduzindo uma dimensão axiológica da própria dignidade humana – identificada aqui com a exigência de condições materiais mínimas (ou médias) que proporcionem a cada ser humano uma qualidade de vida que garanta, em termos económicos, sociais, culturais e ambientais, uma existência condigna –, representa uma preocupação de justiça social acolhida pelos textos jurídicos constitucionais e internacionais (v. *supra*, §7°).

Sucede, no entanto, que a luta contra a desigualdade e a pobreza, enquanto problema nuclear do bem-estar social e, por consequência, exigência primordial da justiça social, envolve um problema de natu-

---

[3214] A expressão "ecologia humana" já anteriormente havia sido utilizada por João Paulo II, in **Carta Encíclica «Centesimus Annus»**, n°s 38 e 39.
[3215] Cfr. BENTO XVI, **Mensagem...**, n° 8.
[3216] Cfr. BENTO XVI, **Mensagem...**, n° 10.
[3217] Cfr. BENTO XVI, **Mensagem...**, n° 8.

reza política e económica que convoca as ideias de justiça, utilidade e liberdade[3218].

Uma postura radical do Estado face à desigualdade e à pobreza existentes na sociedade envolve sempre um dilema:

(i) A aplicação extrema de um ideal igualitário ou nivelador, determinando uma redistribuição confiscatória (ou quase confiscatória) de rendimentos, produzirá um inevitável efeito negativo sobre a economia, retirando estímulo à iniciativa económica privada[3219];

(ii) Pelo contrário, a ausência de qualquer preocupação redistribuidora do rendimento, permitindo graves desníveis sociais num cenário de convivência tensa entre afortunados e excluídos, integrados e marginalizados, sendo fonte de um permanente vulcão social ameaçador da estabilidade política e económica, coloca em causa a coesão, a solidariedade e a própria existência da sociedade.

É neste dilema que, exigindo um ponto de equilíbrio "em que a igualdade não tolha os caminhos da liberdade, mas a justiça não seja inteiramente sacrificada à eficiência"[3220], se equaciona o problema político, económico e jurídico-constitucional sobre o sentido da justiça na repartição das riquezas, isto é, a configuração dos termos da intervenção do Estado na implementação da cláusula de bem-estar social[3221] ou, por outras palavras, na garantia da justiça social.

O problema colocado encontra duas principais respostas: há, por um lado, aqueles que perfilham uma concepção de justiça social que atende ao resultado da repartição ou redistribuição da riqueza, atribuindo ao Estado um papel de maior protagonismo; e os que, em sentido diferente, defendem uma concepção formal ou procedimental da

---

[3218] Sobre a dimensão económica da desigualdade e da pobreza, cfr. FERNANDO ARAÚJO, *Introdução à Economia*, 3ª ed., Coimbra, 2005, pp. 479 ss.

[3219] Cfr. FERNANDO ARAÚJO, *Introdução à Economia*, pp. 499-500.

[3220] Cfr. FERNANDO ARAÚJO, *Introdução à Economia*, p. 501.

[3221] Especificamente sobre as funções do bem-estar social, cfr. JORGE COSTA SANTOS, *Bem-Estar Social e Decisão Financeira*, Coimbra, 1993, pp. 142 ss.

justiça social, visando sublinhar a igualdade de oportunidades, independentemente do resultado final, postura essa que acarreta uma substancial redução do papel interventor do Estado.

Neste contexto se situa, respectivamente, o debate ideológico entre John Rawls (1921-2002) e Robert Nozick (1938-2002)[3222], falando alguns autores na oposição entre, respectivamente, um "liberalismo de esquerda" e um "liberalismo de direita"[3223].

8.4.2. *John Rawls e o Estado-Providência*

No pensamento de John Rawls a estrutura básica da sociedade envolve dois princípios de justiça na distribuição dos bens sociais primários[3224]: (i) temos, por um lado, a distribuição das liberdades, valendo aqui uma regra de igualdade, falando-se em "liberdade igual"[3225], confiando-se a cada pessoa um direito igual de liberdade, devendo essa liberdade ser o mais extensa possível, "na medida em que seja compatível com uma liberdade similar de outros indivíduos"[3226]; (ii) existe, por outro lado, o problema da distribuição social do rendimento e dos bens, sublinhando-se que "ela não deve ser necessariamente igualitária"[3227], antes se aplicando aqui a regra da igualdade de oportunidades e o designado "princípio da diferença"[3228].

Neste último domínio, as desigualdades económicas e sociais apenas se podem justificar se forem o resultado do exercício de cargos e funções abertos a todos em circunstâncias de igualdade equitativa de oportunidades e, simultaneamente, se tais desigualdades gerarem maior

---

[3222] Cfr. JOSÉ ADELINO MALTEZ, *Princípios...*, I, pp. 178 e 179.
[3223] Cfr. VALENTINI, *Il Pensiero...*, p. 430.
[3224] Cfr. JOHN RAWLS, *Uma Teoria da Justiça*, Brasília, 1981, pp. 67 ss. Ainda sobre o tema, cfr. EDOARDO GREBLO, *Democrazia*, pp. 169 ss.; JOÃO CARDOSO ROSAS, *John Rawls...*, pp. 87 ss.; CHRISTOPH HORN, *Einführung...*, pp. 94-95 e 130-131.

Especificamente sobre a projecção de Kant em Rawls, além do próprio JOHN RAWLS (*Uma Teoria...*, pp. 197 ss.), cfr. VALENTINI, *Il Pensiero...*, pp. 426 ss.

[3225] Cfr. JOHN RAWLS, *Uma Teoria...*, p. 68.
[3226] Cfr. JOHN RAWLS, *Uma Teoria...*, p. 67.
[3227] Cfr. JOHN RAWLS, *Uma Teoria...*, p. 68.
[3228] Cfr. JOHN RAWLS, *Uma Teoria...*, pp. 78 ss.

benefício para os membros menos favorecidos da sociedade[3229]. Poder-se-á então falar numa "igualdade democrática"[3230].

A legitimidade das desigualdades sociais resulta da igualdade de oportunidades e do propósito de elas maximizarem as expectativas de bem-estar dos mais desfavorecidos[3231]: a mera igualdade de oportunidades torna-se insuficiente para alicerçar um fundamento legitimador das desigualdades económicas e sociais, exigindo-se que o Estado assuma uma postura intervencionista na rectificação da distribuição da riqueza.

Essa intervenção do Estado na redistribuição da riqueza, afastando a mera igualdade liberal que derivava da simples relevância da igualdade de oportunidades, envolve uma preocupação com o resultado final face aos menos favorecidos[3232], devendo o Estado tornar a sua situação o melhor possível: o "princípio da diferença" converte-se, deste modo, num princípio de maximização das expectativas de bem-estar dos menos favorecidos[3233], envolvendo um activismo social e económico do Estado. Trata-se de um Estado-Providência[3234].

A existência de cláusulas constitucionais de bem-estar social, postulando tarefas fundamentais a cargo do Estado no sentido de promover a igualdade real das pessoas e implementar os seus direitos sociais, económicos, culturais e ambientais, tal como sucede nos principais textos constitucionais da segunda metade do século XX (v. *supra*, nº 7.3.), expressa a adopção de um modelo de distribuição de riqueza apostado numa ideia de "justiça dos resultados"[3235]. Surge, neste contexto, a ideia de "democracia de proprietários", enquanto expressão de um regime político democrático fundado numa economia de mercado em que a propriedade privada se encontra distribuída[3236].

[3229] Cfr. JOHN RAWLS, *Uma Teoria...*, p. 84.
[3230] Cfr. JOÃO CARDOSO ROSAS, *John Rawls...*, pp. 94-95.
[3231] Cfr. JOÃO CARDOSO ROSAS, *John Rawls...*, p. 93.
[3232] Cfr. JOHN RAWLS, *Uma Teoria...*, p. 81.
[3233] Cfr. JOHN RAWLS, *Uma Teoria...*, p. 81.
[3234] Neste sentido, cfr. JOÃO CARDOSO ROSAS, *John Rawls...*, p. 99.
[3235] Cfr. FERNANDO ARAÚJO, *Introdução à Economia*, p. 503.
[3236] Sobre a "democracia de proprietários" em John Rawls, cfr. JOÃO CARDOSO ROSAS, *John Rawls...*, pp. 99 ss.; MIGUEL NOGUEIRA DE BRITO, *A Justificação...*, pp. 642 ss.

8.4.3. Robert Nozick e o Estado mínimo

Em alternativa a um modelo político de justiça social baseado na ideia de redistribuição da riqueza, segundo o esquema "rawlsiano" de igualdade democrática patrocinada por um Estado interventor, Robert Nozick, criticando o socialismo excessivo de Rawls que conduz ao Estado-Providência, propõe um modelo de "Estado mínimo"[3237], permitindo, deste modo, e à luz de uma postura de base kantiana[3238], cada pessoa viver a sua vida como um fim e nunca como um meio.

Sendo os indivíduos titulares de direitos que ninguém pode violar, o próprio Estado encontra a sua legitimidade na defesa e nunca na lesão desses direitos: surgindo de modo natural, por razões de segurança dos indivíduos[3239], o Estado caracteriza-se pelo monopólio do uso da força e no propósito de protecção das pessoas contra as agressões aos seus direitos individuais. A legitimidade do Estado encontra-se numa postura de "Estado mínimo"[3240].

Neste contexto, qualquer tentativa de alargar o espaço material de intervenção do Estado, designadamente em termos de assumir uma função distribuidora ou redistribuidora da riqueza, deve-se ter como ilegítima, pois comporta sempre uma inevitável violação dos direitos dos indivíduos: a própria ideia de redistribuição pressupõe uma suspeição que se traduz num propósito de "colectivização redistribuidora"[3241], colocando em causa o direito natural que cada um tem à sua propriedade[3242].

[3237] Cfr. ROBERT NOZICK, *Anarchia, Stato e Utopia – I fondamenti filosofici dello «Stato Minimo»*, s.l., 1981, p. viii.

[3238] Neste sentido, cfr. EDOARDO GREBLO, *Democrazia*, pp. 151 e 152; ALEXANDRA ABRANCHES, *Robert Nozick: direitos individuais e Estado mínimo*, in JOÃO CARLOS ESPADA / JOÃO CARDOSO ROSAS, *Pensamento Político Contemporâneo – Uma introdução*, Lisboa, 2004, p. 106.

[3239] Para um traçar da evolução do estado natureza para o Estado mínimo, cfr. ROBERT NOZICK, *Anarchia, Stato...*, pp. 13 ss.

[3240] Cfr. VALENTINI, *Il Pensiero...*, p. 431.

[3241] Cfr. ROBERT NOZICK, *Anarchia, Stato...*, p. 157.

[3242] Sublinhando a importância do pensamento de Locke na ideia de propriedade de Nozick, cfr. VALENTINI, *Il Pensiero...*, pp. 430 ss.

O propósito de redistribuição do rendimento através do sistema fiscal mais não significa do que atribuir ao Estado o poder de se apropriar de uma parte dos resultados do trabalho de cada um, fazendo do todo social co-proprietário do rendimento sobre quem é lançado o imposto[3243]: os impostos sobre os rendimentos do trabalho são, afinal, equiparáveis a trabalho forçado[3244], propondo-se mesmo a abolição de todos os impostos directos[3245].

Num tal modelo de Estado interventor com intuitos de redistribuição dos rendimentos, bem ao contrário do que sucede no Estado mínimo, o social tem primado sobre o individual: o Estado deixa de proteger os direitos individuais, antes se apodera dos proveitos integrantes do direito de propriedade de alguns, perdendo, segundo a lógica inerente às premissas do Estado mínimo, a sua própria legitimidade de existência.

Uma questão falta, porém, resolver: como entende Nozick o problema da justiça social na repartição do rendimento?

A resposta encontra-se nos meios ou procedimentos através dos quais as pessoas obtêm os seus rendimentos ou bens[3246]: se os meios forem justos, se existir um título legítimo de apropriação dos rendimentos ou bens, então a repartição será sempre justa, independentemente de o seu resultado ser mais ou menos inigualitário[3247].

Ao contrário de Rawls, em que a aferição da justiça social na repartição do rendimento se faz atendendo aos resultados concretos dessa mesma repartição (v. *supra*, nº 8.4.2.), Nozick desloca o problema da justiça para os processos ou meios e, deste modo, para o título de aquisição da riqueza[3248]: "o que importa é saber se originariamente os recursos foram apropriados de uma forma justa e se, subsequentemente, também foram transmitidos de uma forma justa"[3249].

[3243] Cfr. ALEXANDRA ABRANCHES, **Robert Nozick...**, p. 119.
[3244] Cfr. ROBERT NOZICK, **Anarchia, Stato...**, p. 179.
[3245] Cfr. ROBERT NOZICK, **Anarchia, Stato...**, p. 179.
[3246] Cfr. ROBERT NOZICK, **Anarchia, Stato...**, pp. 45 ss.
[3247] Cfr. FERNANDO ARAÚJO, **Introdução à Economia**, p. 506; VALENTINI, *Il Pensiero...*, pp. 432 ss.
[3248] Cfr. ROBERT NOZICK, **Anarchia, Stato...**, p. 163.
[3249] Cfr. JORGE COSTA SANTOS, **Bem-Estar Social...**, pp. 228-229.

Assim sendo, se os indivíduos têm a sua riqueza através de um título justo, "o Estado não pode usar o seu aparelho coercivo com o propósito de alguns cidadãos ajudarem outros"[3250]: qualquer intuito redistribuidor da riqueza é, por isso, iníquo e violador dos direitos individuais, registando-se ser inconciliável a ideia de justiça distributiva com a teoria do título justo ou legítimo[3251].

O alargamento das funções do Estado em nome da justiça distributiva inerente a um modelo de bem-estar torna-se, segundo os postulados de Nozick, totalmente injustificável: só o Estado mínimo se tem por legítimo; só o Estado mínimo garante os direitos e a dignidade individual[3252].

Uma tal postura ideológica de defesa do princípio do mercado[3253], qualificada de "hiper-individualista"[3254] ou "neo-liberal"[3255], não se pode ter como aceitável numa sociedade eticamente baseada na solidariedade[3256], nem juridicamente edificada à luz de uma cláusula constitucional de bem-estar social cujo fundamento último é a própria dignidade da pessoa humana.

Sem se discutirem os possíveis excessos de intervenção pública em nome de uma justiça distributiva orientada a favor de propósitos de duvidosa razoabilidade, nem se tomar em consideração a proporcionalidade ou a qualidade do grau de limitações aos direitos individuais em nome do bem-estar social, a radicalidade do modelo ideológico de Nozick baseia-se numa valorização ilimitada do egoísmo e numa visão destruidora dos próprios direitos individuais de quem, não podendo viver sem a sociedade, nunca pode deixar de ter também deveres para com a própria sociedade. Nas sugestivas palavras de Raymond Aron, "nenhum membro de uma sociedade é totalmente livre em relação aos demais"[3257].

[3250] Cfr. ROBERT NOZICK, *Anarchia, Stato...*, p. xiii.
[3251] Cfr. ROBERT NOZICK, *Anarchia, Stato...*, p. 179
[3252] Cfr. VALENTINI, *Il Pensiero...*, p. 435.
[3253] Cfr. CHRISTOPH HORN, *Einführung...*, p. 135.
[3254] Cfr. FERNANDO ARAÚJO, *Introdução à Economia*, p. 505.
[3255] Cfr. JORGE COSTA SANTOS, *Bem-Estar Social...*, p. 224.
[3256] Cfr. CHRISTOPH HORN, *Einführung...*, p. 138.
[3257] Cfr. RAYMOND ARON, *Ensayo...*, p. 182.

No limite, a concepção de Nozick radica numa leitura da Constituição que esquece ou nega a existência de deveres fundamentais decorrentes da própria vivência em sociedade.

8.4.4. *A raiz axiológica da justiça social*

Numa dimensão filosófica mais remota, o extremismo do pensamento de Nozick faz ainda hoje ecoar a pergunta bíblica de Caim, depois de ter sido interpelado por Deus sobre o paradeiro do seu irmão, Abel, que havia sido por si assassinado: "sou, porventura, guarda do meu irmão?"[3258]

Eis a interrogação a que Nozick, desresponsabilizando cada um de nós pela miséria ou pobreza dos restantes membros da sociedade, responde em sentido negativo. Trata-se, porém, de uma resposta que assenta "numa concepção da liberdade que exalta o indivíduo de modo absoluto e não o predispõe para a solidariedade"[3259], envolvendo, neste sentido, um retrocesso na edificação de uma sociedade mais humana e a negação da própria condição humana, uma vez que "o estar aberto (…) aos outros é um estado permanente e constitutivo do Homem"[3260].

Independentemente da responsabilidade directa dos próprios poderes públicos na correcção das desigualdades sociais, a cláusula de bem--estar social, impondo um modelo de justiça redistributiva do rendimento dos que mais têm pelos que pouco ou nada possuem, alicerçando deveres fundamentais a todos os membros da sociedade, transforma-nos, em última análise, em guardas dos nossos semelhantes: a cada homem é confiado o encargo de velar pelos restantes, segundo uma dimensão relacional que faz de todo o homem "guarda do seu irmão"[3261]. Ou, numa formulação própria do estoicismo romano, "os homens nasceram uns para os outros"[3262], sendo gerados, nas palavras de Cícero, "para serem úteis

---

[3258] Cfr. Gn 4,9.
[3259] Cfr. João Paulo II, *Carta Encíclica «Evangelium Vitae»*, nº 19.
[3260] Cfr. José Ortega y Gasset, *El Hombre…*, p. 113.
[3261] Cfr. João Paulo II, *Carta Encíclica «Evangelium Vitae»*, nº 19.
[3262] Cfr. Marco Aurelio, *Meditaciones*, liv. VIII-59, p. 120.

uns aos outros" (v. *supra*, nº 3.2.10.), neste contexto se fundando a solidariedade entre os seres humanos.

Compreende-se à luz da ideia de solidariedade a amplitude do pensamento de Ortega y Gasset quando afirma que o eu existe sempre em função do outro[3263] e nele encontra uma remissão para o próprio eu[3264], tornando-se aquele um "eu análogo" [3265].

É ainda em nome da dignidade humana que cada Homem possui que se fundamenta o princípio da solidariedade e se criam deveres fundamentais entre os membros da sociedade humana: os deveres fundamentais têm a sua raiz na dignidade da pessoa humana[3266].

Por saber fica, no entanto, se o Estado, ao estabelecer esse dever de guarda a cada um de nós sobre todos os demais, o faz criando algo de novo ou, pelo contrário, se se limita a reproduzir um princípio de justiça social que lhe é anterior e superior. Na primeira hipótese, a justiça social será a expressão de uma convenção ou determinação autoritária do poder, enquanto que na segunda alternativa a justiça social, alicerçando-se na própria condição humana, traduzirá um propósito natural de qualquer sociedade humana baseada no valor da solidariedade.

A discussão traçada projectar-se-á, afinal, sobre a própria natureza jurídica da cláusula de bem-estar social: determinação constitucional de raiz constitutiva ou meramente declarativa?

Em qualquer caso, o bem-estar social é sempre uma cláusula que exerce uma dupla função constitucional: serve de fundamento a tarefas fundamentais do Estado de âmbito prestacional e alicerça, à luz de uma projecção horizontal do princípio da solidariedade, deveres fundamentais para cada ser humano perante os demais membros da sociedade.

3263 Neste sentido, cfr. JOSÉ ORTEGA Y GASSET, *El Hombre...*, p. 110.

3264 Neste sentido, cfr. JOSÉ ORTEGA Y GASSET, *El Hombre...*, p. 128.

3265 Cfr. JOSÉ ORTEGA Y GASSET, *El Hombre...*, p. 128.

3266 Neste sentido, cfr. JOSÉ CASALTA NABAIS, *Dos deveres fundamentais*, pp. 224-225 e 240 ss.; IDEM, *A face oculta dos direitos fundamentais: os deveres e os custos dos direitos*, in JOSÉ CASALTA NABAIS, *Por uma Liberdade com Responsabilidade – Estudos sobre direitos e deveres fundamentais*, Coimbra, 2007, p. 170.

Compreende-se, neste sentido, que os direitos sociais do homem implicam também deveres sociais para o homem[3267], recordando-se o postulado de Mahatma Gandi, "o Gange dos direitos desce do Himalaia dos deveres"[3268].

A ninguém que viva em sociedade é lícito alhear-se totalmente da sorte dos restantes seres humanos: "o indivíduo tem deveres para a comunidade", diz-se no artigo 29º, nº 1, da Declaração Universal dos Direitos do Homem. A vivência numa comunidade, fazendo de cada um de nós guarda dos nossos semelhantes, pressupõe um princípio de solidariedade em que a liberdade de cada um surge limitada pela responsabilidade que tem perante os demais[3269].

A solidariedade é, afinal, o nome da dignidade humana em sociedade: a dignidade de cada ser humano nunca será perfeita se ao seu redor existirem seres humanos que vivem sem dignidade.

A dignidade do *eu* não é independente da dignidade do *tu*: tal como o eu existe "irremediavelmente" para o outro "e isto obriga-me, queira ou não, a contar com ele e com as suas intenções sobre mim"[3270], também a minha dignidade é função da dignidade que é reconhecida a todos os restantes seres humanos. Parafraseando ainda Ortega y Gasset[3271], a dignidade do outro contém implícita uma remissão para a minha própria dignidade, fazendo dele um ser dotado de uma dignidade análoga à minha.

É aqui que reside a última resposta à interrogação bíblica "sou, porventura, guarda do meu irmão?"

[3267] Neste sentido, cfr. JOSÉ CASALTA NABAIS, *Dos deveres fundamentais*, p. 237.

[3268] Cfr. BENTO XVI, *Mensagem...*, nº 12.

[3269] Neste último sentido, cfr. JOSÉ CASALTA NABAIS, *Dos deveres fundamentais*, p. 215.

[3270] Cfr. JOSÉ ORTEGA Y GASSET, *El Hombre...*, p. 110.

[3271] Cfr. JOSÉ ORTEGA Y GASSET, *El Hombre...*, p. 128.

8.5. A crise da cláusula constitucional de bem-estar

8.5.1. *Os excessos de intervencionismo do modelo de bem-estar*

Num ambiente cultural pouco propício ao desenvolvimento de deveres fundamentais[3272], restou da cláusula constitucional de bem-estar social a sua função dinamizadora de tarefas do Estado: a segunda metade do século XX pode sintetizar-se na ascensão, auge e declínio do Estado-Prestador.

As preocupações de justiça social e bem-estar conduziam a uma progressivo e gradual aumento da intervenção social, económica e cultural dos poderes públicos: a qualidade de vida dos cidadãos e a preocupação de correcção de desigualdades, determinando a implementação de direitos económicos, sociais, culturais e ambientais, exigiu um crescente intervencionismo do Estado tendente a satisfazer todas essas novas necessidades colectivas. Registou-se aqui, especialmente nas três décadas subsequentes ao termo da II Guerra Mundial, uma verdadeira "revolução igualitária" protagonizada pelo Estado[3273], enquanto "Estado distribuidor"[3274], "Estado-Zorro" ou "Estado Robin dos Bosques" (v. *supra*, n° 7.2.1.).

A concretização pelo Estado da cláusula constitucional de bem-estar gerou, porém, quatro principais efeitos:

(i) Determinou um considerável intervencionismo público sobre a esfera da sociedade civil: se os direitos fundamentais típicos do liberalismo eram tanto mais garantidos quanto menor fosse a intervenção dos poderes públicos, a efectivação dos direitos fundamentais característicos do Estado social é tanto maior quanto mais elevada for a intervenção pública no sentido da sua implementação;

[3272] Cfr. JOSÉ CASALTA NABAIS, *Dos deveres fundamentais*, pp. 197 ss.; IDEM, *A face oculta...*, pp. 163 ss.; CARLA AMADO GOMES, *Risco e Modificação do Acto Autorizativo Concretizador de Deveres de Protecção do Ambiente*, Coimbra, 2007.

[3273] Cfr. ROGÉRIO EHRHARDT SOARES, *Direito Público...*, p. 89.

[3274] Cfr. MANUEL GARCÍA-PELAYO, *Las Transformaciones...*, pp. 30 ss.

(ii) Observou-se um alargamento das tarefas materiais confiadas à Administração Pública, fenómeno imediatamente acompanhado por um crescimento da estrutura orgânica da Administração: a valorização do papel da Administração Pública na concretização dos imperativos de bem-estar[3275] e, neste sentido, da própria Constituição[3276], permite que se fale na existência de um verdadeiro "Estado-administrativo"[3277];

(iii) Perante as exigências de uma satisfação contínua, eficiente e tecnicamente complexa das necessidades colectivas de um modelo de bem-estar, a crescente intervenção reguladora e prestacional da Administração Pública originou uma progressiva desvalorização do papel decisório do parlamento[3278], isto diante de um protagonismo reforçado do executivo: o governo é hoje, um pouco por toda a parte, o guardião do bem-estar[3279];

(iv) Paralelamente, os custos financeiros envolvidos com a satisfação das prestações de bem-estar e com o alargamento da própria máquina burocrática da Administração Pública, conduzindo a uma progressiva rigidez da despesa pública, ao aumento da carga fiscal das famílias e das empresas e ainda a desequilíbrios orçamentais crónicos, resultaram num estrangulamento financeiro do Estado de bem-estar: as gerações presentes encontram-se hoje a custear prestações sociais sem terem qualquer garantia de que amanhã beneficiarão dessas mesmas prestações ou, pelo menos, de prestações similares.

[3275] Cfr. PAULO OTERO, *O Poder de Substituição em Direito Administrativo – Enquadramento dogmático-constitucional*, II, Lisboa, Lex, 1995, pp. 596 ss.

[3276] Cfr. PAULO OTERO, *O Poder de Substituição...*, I, p.106.

[3277] A expressão "Estado administrativo", inicialmente usada pela doutrina alemã (Hans Peters), terá sido introduzida entre nós por ROGÉRIO EHRHARDT SOARES, *Interesse Público, Legalidade e Mérito*, Coimbra, 1955, p. 85.

[3278] Cfr. MANUEL GARCÍA-PELAYO, *Las Transformaciones...*, pp. 127 ss.

[3279] Cfr. PAULO OTERO, *O Poder de Substituição...*, II, pp. 613 ss., 622 ss., e, em especial, p. 669; IDEM, *Vinculação e Liberdade de Conformação Jurídica do Sector Empresarial do Estado*, p. 21.

As condicionantes financeiras tornaram-se hoje o "calcanhar de Aquiles" da implementação pública da cláusula constitucional de bem--estar e, por essa via, o fundamento de uma interpretação realista da dimensão prestacional de um Estado que não pode deixar de assumir também uma preocupação intergeracional na questão do bem-estar (v. *supra*, nº 7.2.2.): a justiça exige que o bem-estar das gerações futuras não possa ser esquecido pelas gerações do presente.

8.5.2. Hiperintervencionismo e Estado de mal-estar

O excesso de intervencionismo público sobre o hemisfério da sociedade civil e a esfera dos particulares, gerando em certas áreas um verdadeiro "Estado de mal-estar"[3280], permite a alguns dizer que o clássico Estado social se encontra hoje numa espécie de autodissolução[3281].

O progressivo desenvolvimento do intervencionismo estadual nos modelos de Estado social conduziu, durante os anos sessenta e setenta do século XX[3282], senão mesmo até aos anos oitenta – tal como sucedeu em Portugal –, a uma redução do espaço da liberdade do indivíduo e da sociedade civil: a ausência de uma intervenção pública pautada por um princípio de subsidiariedade, procurando o intervencionismo do Estado ser a solução para todos os males sociais, fazendo da igualdade material e da justiça social objectivos sempre prevalecentes sobre a liberdade e produzindo uma asfixiante regulação esvaziadora da autonomia da vontade privada, conduziu a uma hipertrofia do Estado e

---

[3280] Cfr. RAMON COTARELO, *Del Estado del Bienestar al Estado del Malestar*, 2ª ed., Madrid, 1990.

[3281] Cfr. NIKLAS LUHMANN, *Teoría Política en el Estado de Bienestar*, Madrid, 1993, p. 31.

[3282] Note-se que já antes, durante os finais da década de vinte, perante os excessos de intervencionismo antiliberal observáveis nas experiências políticas fascista e bolchevista, Ortega y Gasset tem perfeita consciência de que "o maior perigo que hoje ameaça a civilização" é "a estatificação da vida, o intervencionismo do estado, a absorção de toda a espontaneidade social pelo estado", cfr. ORTEGA Y GASSET, *A Rebelião...*, p. 120.

a zonas de sufocamento da sociedade civil perante um Estado que pretende cuidar das pessoas já antes do berço e até depois da sepultura.

Trata-se de um Estado que, utilizando as palavras de Tocqueville premonitoriamente escritas na primeira metade do século XIX, acima dos homens, se ergue com "um poder imenso e tutelar que se encarrega sozinho da organização dos seus prazeres e de velar pelo seu destino. É um poder absoluto, pormenorizado, ordenado, previdente e suave. Seria semelhante ao poder paternal (...). Trabalha de boa vontade para lhes assegurar [aos cidadãos] a felicidade (...). Garante-lhes a segurança, previne e satisfaz as suas necessidades, facilita-lhes os prazeres, conduz os seus principais assuntos, dirige a sua indústria, regulamenta as suas sucessões, divide as suas heranças"[3283].

Uma hiperintervenção do Estado, utilizando ainda as palavras de Tocqueville, ao limitar a liberdade, "acaba por privar o cidadão de si próprio"[3284] e, "depois de ter tomado desta forma cada um dos indivíduos nas suas poderosas mãos (...), estende os seus braços para abarcar a sociedade inteira"[3285]. Estabelece-se, deste modo, uma "espécie de servidão, ordenada, calma e amena"[3286], pois reduz-se "cada nação a um rebanho de animais tímidos e industriosos de que o governo é o pastor"[3287].

Em sentido convergente, verificando-se que as "esferas de autonomia dos sujeitos privados são substituídas por uma planificação niveladora e uniformizante"[3288], a igualdade surge como valor mais importante do que a liberdade, esquecendo o Estado que "se o intento

---

[3283] Cfr. ALEXIS DE TOCQUEVILLE, *Da Democracia na América*, II, IV parte, cap. 6º (p. 837).

[3284] Cfr. ALEXIS DE TOCQUEVILLE, *Da Democracia na América*, II, IV parte, cap. 6º (pp. 837-838).

[3285] Cfr. ALEXIS DE TOCQUEVILLE, *Da Democracia na América*, II, IV parte, cap. 6º (p. 838).

[3286] Cfr. ALEXIS DE TOCQUEVILLE, *Da Democracia na América*, II, IV parte, cap. 6º (p. 838).

[3287] Cfr. ALEXIS DE TOCQUEVILLE, *Da Democracia na América*, II, IV parte, cap. 6º (p. 838).

[3288] Cfr. ROGÉRIO EHRHARDT SOARES, *Direito Público...*, p. 99.

de realizar a igualdade põe em perigo a liberdade, e esta efectivamente se perde, nem a igualdade haverá entre os não livres"[3289].

O intervencionismo radical conferiu ao Estado o papel de empresário, titular até de monopólios económicos e de zonas de actividade económica reservadas, configurando-o como pai, patrão e amigo que em tudo pretende intervir e disciplinar. Ocorre aqui um aprisionamento da liberdade da sociedade civil e do indivíduo pelo excesso da intervenção das autoridades públicas que, originando um crescente autoritarismo da lógica estadual, vão determinando, cada vez mais, um menor peso da vontade dos indivíduos[3290]: a sociedade aberta e democrática de que fala Popper[3291] converte-se, progressivamente, numa sociedade semi-aberta e para-totalitária[3292].

A sociedade passa a viver para o Estado e o homem para a máquina do governo[3293]: o Estado torna-se, utilizando as palavras de Ortega y Gasset, o maior perigo para a civilização[3294].

Pode mesmo hoje falar-se na existência de um fenómeno de "colonização jurídica" da vida do indivíduo pela acção do Estado[3295], desde a utilização dos seus tempos livres, o controlo do tipo de medicamentos que toma ou os exames médicos que faz, até à intervenção no interior das relações escolares ou ao nível das próprias relações familiares entre pais e filhos ou entre o marido e a mulher[3296].

Aliás, a intervenção legislativa no âmbito do Direito da Família mostra-se particularmente ilustrativa de uma tal "colonização", verifi-

---

[3289] Cfr. KARL POPPER, *Búsqueda sin Término. Una autobiografia intelectual*, Madrid, 1977, p. 49

[3290] Cfr. NICOLÁS MARÍA LÓPEZ CALERA, *Yo, el Estado*, Madrid, 1992, p. 17.

[3291] Sobre o conceito de "sociedade aberta" e "sociedade fechada" em Popper, cfr. KARL POPPER, *A Sociedade Aberta...*, I, pp. 185 ss. e 295 ss.

[3292] Para uma análise mais desenvolvida de como a hipertrofia do Estado de bem-estar, esvaziando o "Estado de direitos fundamentais", se pode revelar uma manifestação totalitária na moderna democracia, cfr. PAULO OTERO, *A Democracia Totalitária*, pp. 163 ss.

[3293] Neste sentido, cfr. ORTEGA Y GASSET, *A Rebelião...*, p. 120.

[3294] Cfr. JOSÉ ORTEGA Y GASSET, *A Rebelião...*, pp. 117 e 120.

[3295] Sobre o fenómeno, cfr., por todos, JÜRGEN HABERMAS, *Teoria de la Acción Comunicativa*, II, pp. 502 ss.

[3296] Cfr. JÜRGEN HABERMAS, *Teoria...*, II, sp. 520 ss.

cando-se a ausência do sentido da subsidiariedade da intervenção do Direito[3297], expressa tanto na criação de direitos fundamentais intrafamilares quanto na perda pelos particulares da consciência de um espaço reservado face ao poder, expressão do próprio carácter de "sociedade soberana" de que a família goza[3298], confiando-se ao Estado a resolução de problemas ligados à esfera mais íntima do indivíduo ou ao núcleo familiar mais restrito (v.g., transformando em litígio judicial a escolha do nome próprio de um filho ou o local a realizar o funeral da filha).

O hiperintervencionismo do Estado no sentido de conformar a sociedade acabou mesmo por conduzir a uma "desprivatização" do Direito Privado, obscurecendo a própria dicotomia entre Direito Público e Direito Privado, e, deste modo, esbatendo a esfera de liberdade do indivíduo[3299].

Sem prejuízo do papel confiado aos movimentos desreguladores e privatizadores da Administração Pública baseados no lema *"more Market, less State"*[3300], o certo é que continuam a ser cada vez menores as zonas imunes à disciplina jurídica da lei positiva, verificando-se que aspectos antes deixados à liberdade dos intervenientes passam agora a ser regulados pela lei, assumindo tais regulamentações carácter imperativo: desde a fixação de novos limites à autonomia da vontade contratual, desvalorizada pela crescente pluralidade de contratos de adesão, até à disciplina administrativa dos preços de certos bens e serviços ou a regras sobre a dimensão de produtos agrícolas, incluindo a adopção de normas jurídicas sobre condutas que não envolvem qualquer intersubjectividade (v.g., a obrigatoriedade de uso de cinto de segurança nos veículos automóveis).

Hoje quase nada escapa ao Direito, sendo esta fúria regulamentadora, já qualificada de "hiperjuridificação"[3301], o resultado directo de um despótico intervencionismo do Estado: visando nada deixar por

---

[3297] Sublinhando a subsidiariedade da intervenção do Estado sobre a família, cfr. JOÃO PAULO II, *Carta do Papa às Famílias*, de 2 de Fevereiro de 1994, nº 17.

[3298] Sobre a qualificação da família como "sociedade soberana", cfr. JOÃO PAULO II, *Carta do Papa às Famílias*, nº 17.

[3299] Neste sentido, cfr. ROGÉRIO EHRHARDT SOARES, *Direito Público...*, p. 101.

[3300] Cfr. NICOLÁS MARÍA LÓPEZ CALERA, *Yo, el Estado*, pp. 17 ss.

[3301] Cfr. NIKLAS LUHMANN, *Teoría...*, p. 154.

regular, o Estado "lança-se numa monstruosa produção de normas que, em vez de assegurarem uma maior liberdade ao indivíduo, o condenam à tirania duma igualdade uniforme e imutável"[3302].

Uma tal postura excessivamente intervencionista dos poderes públicos na realização do modelo de bem-estar, colocando em causa de novo a liberdade da sociedade civil e do próprio indivíduo, equacionando o problema da crise da liberdade no Estado social, determinou críticas no sentido de prenúncio de um "abafante Estado-total"[3303], chegando mesmo a falar-se em crise do Estado de bem-estar[3304], mal--estar do Estado[3305] ou "Estado de mal-estar"[3306].

No limite, um modelo de intervencionismo estadual extremo, esquecendo a advertência de Rousseau de que "quanto mais o Estado cresce, mais diminui a liberdade" (v. *supra*, n° 4.1.8.), torna presente o alerta de Tocqueville sobre os perigos para a própria democracia desta forma de despotismo (v. *supra*, n° 4.7.2.).

[3302] Cfr. ROGÉRIO EHRHARDT SOARES, *Direito Público...*, p. 175.

[3303] Utilizando esta expressão, referindo-se à crise do Estado social, cfr. MARIA DA GLÓRIA DIAS GARCÍA, *Organização Administrativa*, in *Dicionário Jurídico da Administração Pública*, VI, Lisboa, 1994, p. 237.

[3304] Cfr. C. DE CABO MARTÍN, *La Crisis del Estado Social*, Reimp., Barcelona, 1986; ULRICH K. PREUSS, *El Concepto de los Derechos y el Estado del Bienestar*, in ENRIQUE OLIVAS (org.), *Problemas de Legitimacion en el Estado Social*, Madrid, 1991, pp. 65 ss.; JESUS RUIZ-HUERTA CARBONELL, *Las Crisis del Estado de Bienestar: algunas consideraciones sobre el caso español*, in GREGORIO RODRIGUEZ CABRERO (org.), *Estado, Privatización y Bienestar – un debate de la Europa actual*, Barcelona e Madrid, 1991, pp. 185 ss.; RAMÓN MARTIN MATEO, *Desempleo y Crisis Cultural*, in RAMÓN CASILDA BÉJAR / JOSÉ MARÍA TORTOSA (org.), *Pros y Contras del Estado del Bienestar*, Madrid, 1996, pp. 291 ss.

Ainda sobre a evolução e crise do Estado de bem-estar, sublinhando uma perspectiva económico-constitucional, cfr. JUAN J. FERNÁNDEZ CAINZOS, *Los Componentes Público y Privado del Estado de Bienestar: una perspectiva constitucional*, in GREGORIO RODRIGUEZ CABRERO (org.), *Estado, Privatización y Bienestar – un debate de la Europa actual*, Barcelona e Madrid, 1991, pp. 47 ss.

[3305] Cfr. JOSÉ MARÍA TORTOSA, *Malestar del Estado y Estado del Bienestar*, in RAMÓN CASILDA BÉJAR / JOSÉ MARÍA TORTOSA (org.), *Pros y Contras del Estado del Bienestar*, Madrid, 1996, pp. 101 ss.

[3306] Cfr. RAMON COTARELO, *Del Estado del Bienestar al Estado del Malestar*, 2ª ed., Madrid, 1990.

8.5.3. *Os dilemas constitucionais neo-liberais*

Se a hipertrofia do Estado de bem-estar conduziu nos anos oitenta e noventa do século XX a um redimensionamento da intervenção pública, visando limitar as ideias de "ingovernabilidade", de "crise do Estado" ou de "fracasso do Estado"[3307], adoptando-se posturas económicas neo-liberais, o certo é que a ponderação dos custos sociais e políticos de um retrocesso na implementação pública do bem-estar social tornaram muito difícil a concretização dos intentos neo-liberais de cunho mais radical.

Importa ter presente que, desde a II Guerra Mundial, todos os partidos políticos que obtiveram maiorias governamentais no mundo Ocidental sempre se basearam numa argumentação eleitoral favorável aos objectivos do Estado social[3308]. Observa-se aqui um apego partidário às promessas eleitorais de cunho social que a cláusula de bem--estar possibilita no sentido da captura de votos: a defesa eleitoral de uma política neo-liberal, visando a redução do bem-estar social, é ingrata e quase sempre penalizadora.

Num outro sentido, tendo presente a realidade constitucional posterior à II Guerra Mundial, um assumido espírito tipicamente neo--liberal de privatização da Administração prestadora encontraria ainda hoje sérios limites constitucionais decorrentes da própria cláusula de bem-estar: assistimos a um conflito entre o princípio do mercado e o princípio do Estado social[3309]. No limite, se a privatização administrativa reduz o peso do Estado, libertando a sociedade civil de um "Estado abafante" pela sua omnipresença, a verdade é que um desenfreado processo privatizador sobre áreas de actuação prestacional da Administração Pública, comprometendo os níveis de bem-estar alcançado, traduziria uma efectiva renúncia à implementação das incumbências constitucionalmente confiadas ao Estado em matéria de direitos fundamentais sociais, económicos, culturais e ambientais.

[3307] Cfr. NIKLAS LUHMANN, *Teoría...*, pp. 148-149.

[3308] Neste sentido, cfr. JÜRGEN HABERMAS, *La crisis del Estado de bienestar y el agotamiento de las energías utópicas*, in JÜRGEN HABERMAS, *Ensayos Políticos*, Barcelona, 2000, p. 119.

[3309] Cfr. CHRISTOPH HORN, *Einführung...*, pp. 132 ss.

Regista-se aqui, por conseguinte, um verdadeiro impasse de resolução imprevisível num modelo de Estado teleologicamente vinculado pela Constituição a construir uma sociedade de bem-estar: se o excesso de intervencionismo público implementador do bem-estar se mostra susceptível de limitar a liberdade, a verdade é que uma redução abrupta da implementação pública do bem-estar comporta riscos sociais e políticos passíveis de lesar os valores da justiça e da segurança[3310].

Aqui reside um primeiro dilema constitucional.

Paralelamente, e de modo bem mais dramático, a questão financeira que assola hoje a estrutura orçamental de todos os modernos Estados sociais, evidenciada por fenómenos de pré-ruptura dos sistemas públicos de financiamento da segurança social, compromete irremediavelmente o grau de prestações sociais já atingido e provoca sérias dúvidas sobre a efectiva satisfação das necessidades das gerações futuras: não existem recursos financeiros que permitam continuar a sustentar um modelo público de bem-estar social ascendente e ilimitado.

Os elevados custos financeiros envolvidos pelo Estado na implementação das tarefas de bem-estar, expressando a principal vertente da regra geral que afirma terem todos os direitos custos financeiros públicos[3311], revelam-se o "cavalo de Tróia" do próprio modelo constitucional de bem-estar: "o desenvolvimento do Estado social entrou num beco sem saída"[3312].

Regista-se já hoje, não obstante a vigência das cláusulas constitucionais de bem-estar e sem prejuízo de todas as construções dogmáticas em torno da ideia de proibição de retrocesso social, a um silencioso

---

[3310] Num tal cenário dilemático, a urgência de encontrar um ponto de equilíbrio entre a liberdade e o bem-estar é acompanhada de uma paralela alteração do modelo político-organizativo liberal: o reforço do poder administrativo e, em especial, do poder executivo revelam que o centro decisório materializador do bem-estar se encontra no executivo e não no parlamento – a "soberania parlamentar" foi substituída pela "soberania governamental". Para uma análise destes dois modelos, cfr. PAULO OTERO, *Conceito e Fundamento da Hierarquia Administrativa*, Coimbra, 1992, pp. 319 ss. e 326 ss.; IDEM, *O Poder de Substituição...*, II, p. 633.

[3311] Neste sentido, cfr. JOSÉ CASALTA NABAIS, *A face oculta...*, pp. 176 ss.

[3312] Neste sentido, num contexto diferente, cfr. JÜRGEN HABERMAS, *La crisis del Estado de bienestar...*, p. 129.

retrocesso de direitos adquiridos e de expectativas jurídicas sociais: o Estado vê-se obrigado a sacrificar um mínimo de bem-estar no presente para garantir uma expectativa (também mínima) de prestações sociais às futuras gerações. Nunca como agora foram tão pertinentes as palavras de Toqueville sublinhando ser "importante que todos os governantes se deixem guiar pelo futuro"[3313].

Independentemente da discussão jurídica em torno da necessidade justificativa ou da própria adequação das medidas de retrocesso social já implementadas – ilustrando que o grau quantitativo e qualitativo de prestações sociais pode ser reversível –, torna-se evidente que a cláusula constitucional de bem-estar se encontra hoje refém da reserva do financeiramente possível.

Este verdadeiro dilema constitucional, colocando em confronto o bem-estar das gerações presentes e das gerações futuras, é um problema em aberto que revela a amplitude da crise do Estado-Providência e do próprio modelo constitucional que lhe está subjacente.

8.6. O século XXI e os riscos contemporâneos

8.6.1. *Os perigos contra o ser humano: o diálogo Scola / Reale*

Num interessante diálogo entre Angelo Scola (1941-...), actual Patriarca de Veneza, e Giovanni Reale (1931-...), professor de filosofia antiga em Milão, publicado em Abril de 2007, são apontados diversos perigos suscitados pela sociedade contemporânea ao ser humano[3314].

Um desses primeiros perigos resulta de uma mentalidade integralista que, sob a forma de integralismo religioso e de integralismo laico (Reale)[3315], nega a transcendência e a dimensão do religioso (Reale)[3316], fazendo da razão, enquanto razão, a única fonte de verdade

---

[3313] Cfr. ALEXIS DE TOCQUEVILLE, *Da Democracia na América*, II, II parte, cap. 17º (p. 652).

[3314] Cfr. ANGELO SCOLA / GIOVANNI REALE, *Il Valore dell'Uomo*, Ed. Tascabili Bompiani, Milano, 2007.

[3315] Cfr. ANGELO SCOLA / GIOVANNI REALE, *Il Valore dell'Uomo*, p. 11.

[3316] Cfr. ANGELO SCOLA / GIOVANNI REALE, *Il Valore dell'Uomo*, p. 11.

(Reale)³³¹⁷, numa espécie de "iluminismo" que cria uma *"incommunicatio idiomatum"* na sociedade (Reale)³³¹⁸. A moderna sociedade, apesar de ser plural, o certo é que lhe falta uma verdadeira *"communicatio idiomatum"* (Scola)³³¹⁹, procurando extirpar a dimensão religiosa do coração do homem (Scola)³³²⁰, conduz a um laicismo militantemente anti-cristão e, nesse sentido, atentatório da integralidade de toda a existência humana: o laicismo torna-se uma forma de integralismo tão ou mais perigoso para o homem de hoje como o puro integralismo religioso.

Um segundo perigo para o valor do ser humano, tendo na sua base um postulado pós-iluminista conducente à absolutização do sujeito e ao esquecimento da verdadeira estrutura ontológica do homem, traduz-se nas ideias niilistas e relativistas (Reale)³³²¹:

(i) O niilismo, sob a forte influência de Nietzsche (Reale)³³²², nega a existência de Deus, de um fim último, do bem e da própria verdade (Reale)³³²³, traduzindo-se numa filosofia do nada³³²⁴, num prazer da destruição (Reale)³³²⁵, onde "tudo é fugaz e provisório"³³²⁶ e nenhum compromisso deve ser definitivo³³²⁷: o niilismo, negando o sentido do ser³³²⁸, conduz a uma absolutização e divinização da ciência e da técnica (Reale)³³²⁹, e ainda à violência como método de solução dos

---

3317 Cfr. ANGELO SCOLA / GIOVANNI REALE, *Il Valore dell'Uomo*, p. 12.
3318 Cfr. ANGELO SCOLA / GIOVANNI REALE, *Il Valore dell'Uomo*, p. 12.
3319 Cfr. ANGELO SCOLA / GIOVANNI REALE, *Il Valore dell'Uomo*, p. 13.
3320 Cfr. ANGELO SCOLA / GIOVANNI REALE, *Il Valore dell'Uomo*, pp. 13 e 14.
3321 Cfr. ANGELO SCOLA / GIOVANNI REALE, *Il Valore dell'Uomo*, p. 18.
3322 Cfr. ANGELO SCOLA / GIOVANNI REALE, *Il Valore dell'Uomo*, pp. 25 ss.
3323 Cfr. ANGELO SCOLA / GIOVANNI REALE, *Il Valore dell'Uomo*, p. 26.
3324 Cfr. JOÃO PAULO II, *Carta Encíclica «Fides et Ratio»*, 14 de Setembro de 1998, nº 46.
3325 Cfr. ANGELO SCOLA / GIOVANNI REALE, *Il Valore dell'Uomo*, p. 30.
3326 Cfr. JOÃO PAULO II, *Carta Encíclica «Fides et Ratio»*, nº 46.
3327 Cfr. JOÃO PAULO II, *Carta Encíclica «Fides et Ratio»*, nº 46.
3328 Cfr. JOÃO PAULO II, *Carta Encíclica «Fides et Ratio»*, nº 90.
3329 Cfr. ANGELO SCOLA / GIOVANNI REALE, *Il Valore dell'Uomo*, p. 27.

problemas (Reale)[3330], expulsando o homem e os seus valores (Reale)[3331], e, neste sentido, negando a humanidade do homem e a sua própria identidade[3332];

(ii) O relativismo, pressupondo que as diferenças de pensamento e de fé se devem considerar todas equivalentes e de igual valor, leva a que nenhuma concepção se possa ter como superior a outra ou se deva impor às restantes (Reale)[3333], entendendo mesmo como dogmático ou obscurantista quem não aceita tais postulados relativistas (Reale)[3334]. O relativismo assenta, porém, no pressuposto de que nenhuma das posições em confronto é portadora da verdade (Reale)[3335], conduzindo a um verdadeiro niilismo (Reale)[3336]: todas as concepções valem o mesmo porque nenhuma é, por si, mais verdadeira ou válida do que as outras em confronto. Sucede, porém, que o relativismo, negando a possibilidade de se alcançar a verdade, conduz a uma liberdade aparente ou ilusória (Scola)[3337]: é na relação do homem como Deus que se encontra o meio de superar o relativismo (Scola)[3338] e a fonte da liberdade que conduz à verdade (Scola)[3339].

Um terceiro perigo presente nas modernas sociedades é uma concepção de liberdade sem limites e a insegurança que a mesma comporta (Reale)[3340]: o homem procura fingir-se Deus, acreditando ser omnipotente e que tudo lhe é lícito (Scola)[3341]. Numa tal rebelião do

---

[3330] Cfr. ANGELO SCOLA / GIOVANNI REALE, *Il Valore dell'Uomo*, p. 29.
[3331] Cfr. ANGELO SCOLA / GIOVANNI REALE, *Il Valore dell'Uomo*, p. 27.
[3332] Cfr. JOÃO PAULO II, **Carta Encíclica «Fides et Ratio»**, nº 90.
[3333] Cfr. ANGELO SCOLA / GIOVANNI REALE, *Il Valore dell'Uomo*, p. 35.
[3334] Cfr. ANGELO SCOLA / GIOVANNI REALE, *Il Valore dell'Uomo*, p. 35.
[3335] Cfr. ANGELO SCOLA / GIOVANNI REALE, *Il Valore dell'Uomo*, p. 36.
[3336] Cfr. ANGELO SCOLA / GIOVANNI REALE, *Il Valore dell'Uomo*, p. 37.
[3337] Cfr. ANGELO SCOLA / GIOVANNI REALE, *Il Valore dell'Uomo*, p. 38.
[3338] Cfr. ANGELO SCOLA / GIOVANNI REALE, *Il Valore dell'Uomo*, pp. 39-40.
[3339] Cfr. ANGELO SCOLA / GIOVANNI REALE, *Il Valore dell'Uomo*, pp. 38-39.
[3340] Cfr. ANGELO SCOLA / GIOVANNI REALE, *Il Valore dell'Uomo*, p. 43.
[3341] Cfr. ANGELO SCOLA / GIOVANNI REALE, *Il Valore dell'Uomo*, p.44.

homem perante o Criador (Reale)[3342], pretendendo tornar-se juiz e senhor do bem e do mal (Reale)[3343], não existem limites à vontade do homem, nem à violação da lei de Deus (Reale)[3344]: o risco de uma forma de "totalitarismo" ou de uma "«ditadura» camuflada da máscara de democracia" pode bem tornar-se uma realidade presente (Reale)[3345]. A moderna democracia, se deixar de estar impregnada de valores humanos, corre mesmo o risco de se tornar um mecanismo meramente formal ou processual (Scola)[3346]: a democracia não é um valor autónomo, nem auto-suficiente ou reflexo de uma ordem divina ou cósmica (Reale)[3347], antes traduz "essencialmente uma força de dissenso e mudança" (Reale)[3348], envolvendo a "constitucionalização de uma regra do jogo pluralista" (Reale)[3349], permitindo a afirmação contínua do direito de todos em participar, sob a base da cidadania e em condições de igualdade, no poder (Reale)[3350].

Um quarto e último perigo presente nas modernas sociedades envolve a substituição do conceito de pessoa pelo conceito de indivíduo. Fazendo do conceito cristão do "homem como pessoa" o fundamento axiológico que se encontra na génese da Europa[3351], sublinha-se a distinção entre as ideias de pessoa e de indivíduo (Scola)[3352]: o conceito de pessoa resulta da reflexão cristã, baseia-se numa relação que se encontra subjacente ao dogma trinitário (Scola)[3353] e filia-se na tradição do Livro do Génesis em que o homem foi criado à imagem e semelhança de Deus, aí residindo a fonte da insubstituível dignidade de cada eu (Scola)[3354]. Ora, essa origem cristã do conceito de pessoa

---

[3342] Cfr. ANGELO SCOLA / GIOVANNI REALE, *Il Valore dell'Uomo*, p. 17.
[3343] Cfr. ANGELO SCOLA / GIOVANNI REALE, *Il Valore dell'Uomo*, p. 18.
[3344] Cfr. ANGELO SCOLA / GIOVANNI REALE, *Il Valore dell'Uomo*, p. 18.
[3345] Cfr. ANGELO SCOLA / GIOVANNI REALE, *Il Valore dell'Uomo*, p. 19.
[3346] Cfr. ANGELO SCOLA / GIOVANNI REALE, *Il Valore dell'Uomo*, p. 147.
[3347] Cfr. ANGELO SCOLA / GIOVANNI REALE, *Il Valore dell'Uomo*, p. 141.
[3348] Cfr. ANGELO SCOLA / GIOVANNI REALE, *Il Valore dell'Uomo*, p. 143.
[3349] Cfr. ANGELO SCOLA / GIOVANNI REALE, *Il Valore dell'Uomo*, p. 142.
[3350] Cfr. ANGELO SCOLA / GIOVANNI REALE, *Il Valore dell'Uomo*, pp. 142-143.
[3351] Cfr. ANGELO SCOLA / GIOVANNI REALE, *Il Valore dell'Uomo*, pp. 47 e 51.
[3352] Cfr. ANGELO SCOLA / GIOVANNI REALE, *Il Valore dell'Uomo*, pp. 49 e 51.
[3353] Cfr. ANGELO SCOLA / GIOVANNI REALE, *Il Valore dell'Uomo*, p. 49.
[3354] Cfr. ANGELO SCOLA / GIOVANNI REALE, *Il Valore dell'Uomo*, pp. 52 e 61.

encontra-se hoje esquecida (Reale)[3355]: o conceito de pessoa, expressando sempre uma relação horizontal do eu com o tu, envolve também uma relação vertical do homem com Deus (isto é, do "eu" humano como "Tu" divino) (Reale)[3356], verificando-se que o moderno individualismo, expressando uma forma de egoísmo, esquece a relação do eu com o tu, substituindo-se a ideia relacional de pessoa pela figura do indivíduo (Reale)[3357]. O indivíduo, deixando de estar personalizado, encontra-se transformado em elemento de uma série (Scola)[3358]: o grande risco da moderna democracia consiste, neste contexto, na redução da pessoa a um indivíduo e o indivíduo a uma série, conduzindo a um modelo imperfeito de justiça que, valorizando apenas a igualdade, não toma em consideração as devidas diferenças que cada pessoa encerra (Scola)[3359].

8.6.2. *A democracia asséptica e os riscos da "democracia desprotegida"*

O século XX, ao invés de qualquer anterior época histórica, permitiu observar a edificação de modernas sociedades complexas, dotadas de uma pluralidade de discursos sociais éticos, morais e políticos: a democracia desenvolveu-se coexistindo com esse modelo plural e complexo de discursos, enveredando algumas vezes por uma postura de tendencial neutralidade axiológica do Poder.

Neste último sentido, a democracia foi-se desligando de qualquer compromisso com uma determinada ordem de valores, mesmo se esses valores se mostram empenhados na defesa e garantia da pessoa humana viva e concreta: a ideia de uma democracia humana (v. *supra*, nº 8.2.6.), militantemente activa na promoção e desenvolvimento da dignidade humana e de uma cultura da vida, é negada a favor de uma

---

[3355] Cfr. ANGELO SCOLA / GIOVANNI REALE, *Il Valore dell'Uomo*, p. 55.
[3356] Cfr. ANGELO SCOLA / GIOVANNI REALE, *Il Valore dell'Uomo*, p. 55.
[3357] Cfr. ANGELO SCOLA / GIOVANNI REALE, *Il Valore dell'Uomo*, p. 56.
[3358] Cfr. ANGELO SCOLA / GIOVANNI REALE, *Il Valore dell'Uomo*, p. 58.
[3359] Cfr. ANGELO SCOLA / GIOVANNI REALE, *Il Valore dell'Uomo*, p. 60.

democracia asséptica, fundada na neutralidade do Poder perante a pluralidade de concepções sobre o homem.

Uma tal neutralidade do Poder nunca é, porém, verdadeiramente neutra, pois uma postura de indiferença face à pessoa humana, à sua dignidade e à tutela da vida, envolve sempre uma tomada de posição claramente contra um modelo de democracia humana (v. *infra*, n° 12.4.2.): o relativismo ético em matéria de tutela de direitos humanos, recusando a definição e a garantia de certezas em torno da pessoa humana viva e concreta e da sua dignidade, reconduz-se a uma camuflada habilitação indirecta, segundo resulta de uma indiferença do Poder, para que os direitos dos mais fracos ou débeis sejam violados ou maltratados pela força da liberdade dos mais fortes ou daqueles que mais poder económico e social possuem para manobrar, influenciar ou convencer.

Esse é o resultado possível a que, por diferentes vias, podem conduzir as concepções de consenso de sobreposição de John Rawls (v. *supra*, n° 8.2.2.), fazendo o essencial submergir perante o acessório, ou o modelo processual de democracia formulado por Habermas (v. *supra*, n° 8.2.4.), tornando a democracia um conceito sem conteúdo axiológico: o relativismo ético, conduzindo a um relativismo céptico do "vale tudo o mesmo"[3360], é um falso pressuposto da democracia e da tolerância[3361]. Isso mesmo resulta de Popper, insurgindo-se contra um tal relativismo, condenando a existência de uma "tolerância laxista", e defendendo a busca da verdade (v. *supra*, n° 8.2.3.): o tempo das certezas não se encontra irremediavelmente no passado[3362].

Torna-se evidente, por outro lado, que uma democracia sem valores acaba por significar uma palavra vazia[3363], podendo ser tudo e também não ser nada: "o valor da democracia vive ou morre nos valores que ela encarna e promove"[3364]. E, como já foi sublinhado,

---

[3360] Cfr. GUSTAVO ZAGREBELSKY, *A Crucificação...*, p. 141.
[3361] Cfr. JOÃO PAULO II, *Carta Encíclica «Evangelium Vitae»*, n° 70.
[3362] Cfr. JOÃO PAULO II, *Carta Encíclica «Fides et Ratio»*, n° 91.
[3363] Cfr. JOÃO PAULO II, *Carta Encíclica «Evangelium Vitae»*, n° 70.
[3364] Cfr. JOÃO PAULO II, *Carta Encíclica «Evangelium Vitae»*, n° 70.

"uma democracia sem valores converte-se facilmente num totalitarismo aberto ou dissimulado"[3365].

Essa democracia sem valores, axiologicamente asséptica na defesa da pessoa humana e dos seus valores, é estruturalmente uma "democracia desprotegida"[3366], registando-se que, sem prejuízo das anteriores referências (v. *supra*, n° 8.6.1.), a sua vulnerabilidade se concentra hoje em seis principais factores de risco:

(i) O *utilitarismo*, aferindo sempre a melhor solução pelo grau de satisfação ou felicidade que proporciona ao maior número de pessoas, aliando-se ao *pragmatismo*, mostra-se em termos decisórios totalmente indiferente à conformidade moral do respectivo conteúdo: a adopção de um comportamento ou a tomada de uma decisão é sempre feita em função das consequências positivas para os respectivos destinatários, isto sem qualquer juízo ético avaliativo sobre esse mesmo comportamento ou decisão. Sucede, todavia, que o utilitarismo, promovendo como seu princípio fundamental de acção o maior grau de felicidade, "pode facilmente transformar-se numa desculpa para uma ditadura benevolente"[3367];

(ii) Em sentido contrário ao utilitarismo e ao pragmatismo, defendendo uma avaliação ética das condutas humanas, as designadas "*teorias éticas teleológicas*"[3368], ponderando entre si os valores e os bens procurados, acabam por produzir uma mistura entre o bem e o mal, isto através de duas correntes de pensamento: o "*consequencialismo*", justificando que a rectidão de um comportamento depende das consequências

---

[3365] Cfr. JOÃO PAULO II, *Carta Encíclica «Centesimus Annus»*, n° 46; IDEM, *Carta Encíclica «Veritatis Splendor»*, n° 101.

[3366] A expressão "democracia desprotegida", utilizada num contexto diferente, encontra-se em DAYSE DE VASCONCELOS MAYER, *O Mito da Transparência Democrática do Poder Político: a face oculta do Poder. Um ensaio de Ciência Política*, II, dact., Faculdade de Direito da Universidade de Lisboa, Lisboa, 2006, p. 287.

[3367] Cfr. KARL POPPER, *Conjecturas e Refutações*, p. 461.

[3368] Neste sentido, cfr. JOÃO PAULO II, *Carta Encíclica «Veritatis Splendor»*, nos 74 e 75.

(positivas ou negativas) previsíveis da sua execução; o *"proporcionalismo"*, envolvendo uma ponderação entre os efeitos bons e os efeitos maus do comportamento, aferindo o "maior bem" ou o "menor mal" face a cada situação concreta. Em ambas as hipóteses, conduzindo a uma solução que exclui uma proibição absoluta de certos comportamentos[3369], nega-se a autoridade de uma verdade objectiva e esta "é indispensável a uma sociedade livre baseada no respeito mútuo"[3370];

(iii) Perigo diferente para a democracia é protagonizado pelas concepções *fundamentalistas* ou *integralistas* que, negando a dúvida[3371] e a discussão[3372], podem hoje assumir duas diferentes formulações: o fundamentalismo ou integralismo *religioso*, adepto de um excesso no dogma e, em sentido contrário, o fundamentalismo ou integralismo *laico*, defensor do excesso na dúvida[3373]. Em qualquer dos casos, porém, os alicerces da democracia crítica são contestados (v. *supra*, n° 8.2.5.), procurando-se impor uma verdade irreversível, e a sociedade aberta poderá mesmo ter de se defender contra a intolerância dos intolerantes (v. *supra*, n° 8.2.3.), gerando ambas as situações cenários de funcionamento anómalo da democracia perante a radicalidade das posições em confronto;

(iv) Nem se poderá esquecer, segundo os exemplos da História, que esse *fundamentalismo* ou *integralismo* se estenda ao próprio domínio *político*, produzindo uma absolutização ou divinização do princípio maioritário, segundo os postulados de Rousseau (v. *supra*, n° 4.1.8.), e, por essa via, conduzir a uma democracia não democrática (v. *supra*, n° 4.7.3.): identi-

---

[3369] Cfr. JOÃO PAULO II, *Carta Encíclica «Veritatis Splendor»*, n° 75.
[3370] Cfr. KARL POPPER, *Conjecturas e Refutações*, p. 499.
[3371] Cfr. GUSTAVO ZAGREBELSKY, *A Crucificação...*, p. 141.
[3372] Cfr. KARL POPPER, *Conjecturas e Refutações*, p. 499.
[3373] Neste sentido, apesar de usar diferente terminologia, cfr. GUSTAVO ZAGREBELSKY, *A Crucificação...*, p. 141; ANGELO SCOLA / GIOVANNI REALE, *Il Valore dell'Uomo*, p. 11.

ficada a maioria como critério de verdade, a sua omnipotência transformar-se-á em germe destruidor da própria democracia (v. *infra*, n° 12.3.2.);

(v) Em termos análogos, a crescente impregnação do poder político das democracias – desde os seus titulares até aos próprios partidos políticos – por grupos de interesses fortemente activos, produzindo uma verdadeira *colonização do Estado pela soberania dos grupos*[3374], isto através de manifestações (explícitas ou ocultas) de influência e pressão sobre a decisão pública, transformando a transparência decisória em opacidade e fazendo transferir o critério material de decisão para estruturas sem legitimidade política, se, num primeiro momento, permite ainda falar em "democracia neocorporativa"[3375], acaba, rapidamente, por gerar uma "democracia de bastidores"[3376]: a democracia corre hoje o risco de estar refém de poderosos grupos de interesses, titulares de um poder oculto totalmente contrário aos postulados da própria democracia[3377], originando um modelo de democracia sequestrada;

(vi) Por último, as modernas sociedades desenvolvidas e pluralistas deparam-se hoje com um conjunto de desafios que geram o risco de uma *impregnação totalitária da democracia*: a sua análise será feita, porém, no quadro dos desafios que a modernidade coloca ao modelo de Estado que consideramos melhor tutelar a pessoa humana (v. *infra*, n° 12.1.4.).

[3374] Neste sentido e para mais desenvolvimentos, cfr. ROGÉRIO SOARES, *Direito Público*..., pp. 111 ss.; PAULO OTERO, *A Democracia Totalitária*, pp. 220 ss.

[3375] Cfr. PAULO OTERO, *A Democracia Totalitária*, pp. 221 ss.

[3376] Cfr. PAULO OTERO, *A Democracia Totalitária*, p. 224.

[3377] Para mais desenvolvimentos sobre o designado poder oculto em democracia, cfr. DAYSE DE VASCONCELOS MAYER, *O Mito da Transparência*..., pp. 105 ss.

SECÇÃO II

O ESTADO DE DIREITOS HUMANOS

§9º
CONFIGURAÇÃO DOGMÁTICA DA PESSOA HUMANA NO DIREITO CONSTITUCIONAL

9.1. Coordenadas de enquadramento

9.1.1. *Os alicerces político-filosóficos do "Estado humano"*

O estudo da evolução histórica da tutela da pessoa humana mostrou que são as concepções que colocam o ser humano como razão justificativa do Estado e do Direito, fazendo de cada homem um fim em si mesmo e nunca um meio, aquelas que melhor dignificam a individualidade única, irrepetível e inalienável de cada pessoa viva e concreta, habilitando a edificação de uma sociedade globalmente mais humana e solidária: tratar-se-á, necessariamente, de uma sociedade política ao serviço do ser humano, expressa num modelo de "Estado humano"[3378].

O "Estado humano" traduz o resultado jurídico final de uma síntese de três principais contributos filosóficos político-constitucionais anteriormente estudados:

(i) A ordem axiológica judaico-cristã e os desenvolvimentos que têm sido efectuados pela Doutrina Social da Igreja, valorizando a natureza sagrada da dignidade humana, a liberdade

---

[3378] Sobre a expressão "Estado humano", cfr. JOÃO PAULO II, *Carta Encíclica «Evangelium Vitae»*, nº 101.

individual, a igualdade entre todos os homens, a limitação do poder e a justiça social;
(ii) O pensamento kantiano, combatendo qualquer tentativa de configuração ou instrumentalização do ser humano como coisa ou objecto, sublinha que o homem é sempre um fim em si mesmo, nunca se podendo transformar ou ser tratado como um simples meio, residindo aqui a essência da sua própria dignidade, enquanto realidade que não tem preço e que, tendo um valor absoluto para cada homem, permite afirmar a sua indisponibilidade e, simultaneamente, um princípio de igual dignidade de todos os homens;
(iii) A influência da filosofia existencialista, sublinhando que se trata sempre da dignidade de cada pessoa viva e concreta, e não do ser humano como categoria abstracta, conduz a uma valorização da subjectividade individual, da liberdade pluralista, da igualdade e do relativismo de opiniões e ainda da tolerância e humildade que são, por definição, contrárias a qualquer fanatismo.

É na conjugação de todos estes contributos ideológicos que o "Estado humano" encontra configuração jurídica e ganha vivência operativa.

9.1.2. *Pluralidade de dimensões jurídicas da pessoa humana: introdução*

Em termos constitucionais, a noção de pessoa humana identifica-se com o conceito de ser humano: todo o ser humano é pessoa[3379]. Assim, pessoa humana não é apenas o ser humano dotado de personalidade jurídica, segundos os termos tradicionalmente definidos pela legislação civil, antes compreende toda a individualidade biológica que é possuidora de um genoma humano, isto independentemente de ser

---

[3379] Cfr. ANTÓNIO MENEZES CORDEIRO, *Tratado...*, I, 3º tomo, p. 341.

§9º Configuração Dogmática da Pessoa Humana no Direito Constitucional

juridicamente qualificada pelo direito positivo como uma pessoa (v. *infra*, n° 11.1.1.).

Regista-se hoje uma dissociação entre o conceito jurídico-civil de pessoa singular e o conceito ontológico (e constitucional) de pessoa humana, identificando-se este último com a noção de ser humano. Haverá mesmo que proceder a uma profunda revisão dos quadros jurídico-civilísticos tradicionais da personalidade singular[3380]: a personalidade jurídica singular não é algo de intrajurídico, arbitrariamente conferido ou negado pelo legislador ao ser humano, antes expressa a qualidade de ser pessoa[3381], o que significa "algo que fica fora do alcance do poder de conformação social do legislador"[3382].

O longo percurso histórico iniciado na Antiguidade clássica de valorização da pessoa humana perante si própria, perante os seus semelhantes e ainda perante o Poder, tal como a progressiva consciencialização do estatuto do Homem como único sujeito da História e protagonista da incessante luta da humanidade pela humanidade, permite recortar três dimensões jurídicas fundamentais de análise da pessoa humana:

(a) A pessoa humana como indivíduo;
(b) A pessoa humana como membro da colectividade;
(c) A pessoa humana como parte da humanidade.

Veremos, seguidamente, o alcance conceptual e dogmático de cada uma destas três realidades.

[3380] Sublinhando as "demasiadas anomalias" do artigo 66º do Código Civil Português, referente ao início da personalidade jurídica, cfr. ANTÓNIO MENEZES CORDEIRO, *Tratado...*, I, 3º Tomo, pp. 337 ss., em especial, p. 343.

[3381] Cfr. PEDRO PAIS DE VASCONCELOS, ***Direito de Personalidade***, p. 47.

[3382] Cfr. PEDRO PAIS DE VASCONCELOS, ***Teoria Geral do Direito Civil***, 3ª ed., Coimbra, 2005, p. 36.

9.2. Pessoa humana e indivíduo

9.2.1. *Individualidade humana: realidade inata e inalienável*

A primeira dimensão da pessoa humana nunca poderá deixar de envolver a sua caracterização biológica como indivíduo, isto numa dupla acepção:

(i) Cada ser humano é dotado de uma individualidade biológica própria que lhe confere uma dimensão física e psíquica exclusiva, única e irrepetível, distinta de todos os demais;
(ii) Simultaneamente, sendo produto de um conjunto de genes articulado[3383], o ser humano é possuidor de um genoma que o faz um indivíduo integrante da espécie humana.

A individualidade do ser humano, fazendo dele "um exemplar não reiterável e insubstituível"[3384], não se esgota, todavia, numa simples acepção biológica: a pessoa humana é também uma realidade do mundo do ser, dotada de racionalidade, de fins intrínsecos que lhe conferem uma componente ética[3385].

O ser humano possui uma natureza que é sempre única e idêntica face a todos os restantes seres humanos, podendo dizer-se que "cada homem é um novo ser humano"[3386], mas que se realiza "por forma diferente em cada um dos indivíduos"[3387].

É a conjugação de todos estes elementos de natureza física, psíquica e ética que justifica que cada ser humano, enquanto realidade única e irrepetível na sua individualidade, apesar de comungar com todos os restantes seres humanos a pertença à mesma espécie animal, possua uma dignidade dotada de protecção jurídica: o homem tem dignidade porque é homem.

[3383] Cfr. António Menezes Cordeiro, *Tratado...*, I, 3º Tomo, p. 26.
[3384] Cfr. Manuel Gomes da Silva, *Esboço...*, p. 70.
[3385] Neste sentido, cfr., por todos, José de Oliveira Ascensão, *Direito Civil. Teoria Geral*, I, Coimbra, 1997, pp. 40 ss.
[3386] Cfr. Manuel Gomes da Silva, *Esboço...*, p. 70.
[3387] Cfr. Manuel Gomes da Silva, *Esboço...*, pp. 69-70.

Em S. Tomás de Aquino "o indivíduo é o distinto em si mesmo e o distinto de todos os restantes"[3388], surgindo a pessoa como a "substância individual de natureza racional"[3389]: a noção de pessoa radica na singularidade de uma natureza racional[3390].

Nas palavras de Hegel já antes referenciadas (v. *supra*, n° 4.3.3.), "o homem vale porque é homem"[3391]: é na sua intrínseca humanidade, enquanto ser racionalmente dotado de universalidade ética na sua própria individualidade, que o homem, independentemente de ser "judeu, católico, protestante, alemão ou italiano"[3392], tem a sua valia juridicamente reconhecida. Ou, utilizando agora a perspectiva de Heidegger (v. *supra*, n° 8.1.4.), é na circunstância de o homem ter acesso à revelação do ser e com ele se relacionar que o próprio homem ganha autonomia.

A história da humanidade traça uma clara evolução no aprofundamento da ideia de que o Homem é o único ser que se pode superar a si mesmo, residindo aqui a essência da sua própria individualidade: se com Cícero (v. *supra*, n° 3.2.10.) o Mundo Antigo toma consciência de que o Homem comunga com Deus através da razão[3393], em S. Tomás de Aquino afirma-se que "no homem, de certo modo, encontra-se tudo"[3394].

Desde Pico della Mirandola (v. *supra*, n° 3.4.2.) torna-se adquirido que o ser humano é "árbitro e soberano artífice" de si próprio, podendo elevar-se "até às realidades superiores que são divinas"[3395], sendo com Heidegger, todavia, que se atinge a síntese perfeita da ideia: "a essência do homem (...) consiste em ele ser mais do que simples homem"[3396].

[3388] Cfr. TOMÁS DE AQUINO, *Suma de Teologia*, I-I, q.29, a.4. (I vol., p. 329).
[3389] Cfr. TOMÁS DE AQUINO, *Suma de Teologia*, I-I, q.29, a.4. (I vol., p. 329).
[3390] Neste sentido, cfr. TOMÁS DE AQUINO, *Suma de Teologia*, I-I, q.29, a.1. (I vol., p. 322).
[3391] Cfr. HEGEL, *Princípios...*, §209, nota (p. 213).
[3392] Cfr. HEGEL, *Princípios...*, §209, nota (p. 213).
[3393] Cfr. CÍCERO, *De Legibus*, liv. I, 22.
[3394] Cfr. TOMÁS DE AQUINO, *Suma de Teologia*, I-I, q.96, a.2. (I vol., p. 852).
[3395] Cfr. GIOVANNI PICO DELLA MIRANDOLA, *Discurso...*, p. 55.
[3396] Cfr. MARTIN HEIDEGGER, *Carta sobre o Humanismo*, p. 66.

A individualidade de cada pessoa humana, enquanto "categoria ético-axiológica"[3397], surge como suporte ontológico de todas as construções jurídicas em torno da personalidade singular, justificando a própria singularidade dessa personalidade: é a existência de uma "individualizada intencionalidade espiritual (...) que faz de cada um de nós uma pessoa"[3398].

Ora, essa individualidade é uma característica inata e indisponível de cada ser humano, nunca sendo lícito a alguém dispor da sua própria individualidade ou da individualidade de qualquer ser humano: a clonagem humana reprodutiva traduz, neste contexto, um atentado a essa mesma individualidade.

A pessoa humana, sendo dotada de uma concreta individualidade própria, exclusiva e única, apesar de universalmente a partilhar com todos os restantes seres humanos, "é sujeito indisponível e não objecto manipulável"[3399]. A individualidade de cada ser humano é uma realidade inata, inalienável e insusceptível de se reconduzir ou transformar em objecto ou coisa: é na sua individualidade que, usando uma linguagem kantiana (v. *supra*, n° 4.2.2.), o homem se afirma sempre como um fim em si mesmo, nunca se podendo converter ou ser tratado como simples meio.

Por outras palavras: na individualidade do homem reside o princípio da humanidade e alicerça-se a própria dignidade humana.

Compreende-se, por isso, que a personalidade jurídica se configure como uma consequência e não a causa da individualidade humana: o indivíduo é pessoa porque é indivíduo. Radica na substância da individualidade, segundo uma formulação tomista, o alicerce da personalidade singular: pessoa é o nome especial dado ao que é singular na natureza racional[3400]. Essa singularidade racional encontra-se na individualidade do homem.

É no facto de o homem ser homem e como tal valer – à luz da citada afirmação de Hegel – ou de conter em si uma essência que lhe confere a possibilidade de ser "mais do que simples homem" – agora

---

[3397] Expressão de FERNANDO JOSÉ BRONZE, *Lições...*, pp. 494-495.
[3398] Cfr. A. CASTANHEIRA NEVES, *A revolução e o Direito*, p. 137.
[3399] Cfr. FERNANDO JOSÉ BRONZE, *Lições...*, p. 494.
[3400] Cfr. TOMÁS DE AQUINO, *Suma de Teologia*, I-I, q.29, a.1. (I vol., p. 322).

nos termos da formulação de Heidegger – que a ordem jurídica lhe reconhece a susceptibilidade de ser titular de direitos e estar adstrito a obrigações: a personalidade jurídica singular torna-se "a expressão de um reconhecimento ético na relação intersubjectiva"[3401].

Os fundamentos últimos da "pessoalidade" residem na circunstância de o ser humano participar ontologicamente no mistério do ser, uma vez mais utilizando uma linguagem heideggeriana, gozando de uma individualidade que – agora numa acepção kantiana – o faz sempre ser um fim em si mesmo e nunca um meio, possuindo uma dignidade mutuamente reconhecida por si e universalmente aceite.

Num tal modelo de configuração da individualidade humana e do reconhecimento jurídico da sua "pessoalidade", são os direitos que existem em função dos indivíduos e não os indivíduos que são reconhecidos como pessoas em função dos direitos que possuem: a personalidade jurídica do ser humano é sempre a causa da titularidade dos direitos (e obrigações) e não uma sua consequência[3402].

A automaticidade do reconhecimento do estatuto de pessoa a todos os seres humanos, enquanto sujeitos portadores de uma individualidade inata e inalienável, determina que nenhum ser humano pode nascer ou tornar-se coisa durante a sua vida, antes tem sempre de ser pessoa: cada ser humano encontra-se "condenado" toda a vida a ser pessoa.

Não obstante se poder dizer que "a pessoa é a autonomia no mundo"[3403], a verdade é que nenhum ser humano goza de autonomia para deixar de ser pessoa: mesmo contra a sua própria vontade, a ninguém é permitido abdicar do seu estatuto de pessoa, tal como a nenhuma ordem jurídica é lícito reduzir uma pessoa humana à condição de coisa – o princípio da humanidade é um imperativo indisponível, razão pela qual a escravatura é uma aberração jurídica e uma vergonha histórica.

A liberdade, sendo expressão intrínseca da individualidade humana, nunca pode ser usada para justificar uma renúncia ou uma

---

[3401] Cfr. FERNANDO JOSÉ BRONZE, *Lições...*, p. 498.
[3402] Neste último sentido, cfr. PEDRO PAIS DE VASCONCELOS, *Teoria...*, p. 36.
[3403] Cfr. A. CASTANHEIRA NEVES, *A revolução e o Direito*, p. 137.

abdicação dessa mesma individualidade ou da "pessoalidade": nenhum ser humano tem autonomia ou liberdade para se afastar do princípio da humanidade, renunciando a ser um fim em si mesmo e convertendo-se em mero objecto, coisa ou meio.

O ser humano é, por conseguinte, um valor absoluto no plano ontológico[3404].

Tal como Stuart Mill proclamava não existir liberdade para renunciar à liberdade (v. *supra*, nº 4.4.2.), também hoje se pode afirmar que o ser humano não tem liberdade para deixar de ser humano ou renunciar à personalidade jurídica: a autonomia da vontade encontra na individualidade do ser humano e no princípio da humanidade limites absolutos, ilustrando que a liberdade conhece limites intransponíveis radicados na garantia de defesa da própria natureza humana.

9.2.2. *Os direitos do indivíduo como limite e fundamento do poder*

É na sua dimensão individual que o ser humano merece e justifica, antes de tudo, a atenção primária do Direito, sabendo-se que o desprezo ou a insuficiência de uma eficaz tutela dessa individualidade própria de cada ser humano revela sempre uma expressão ilustrativa de uma sociedade alicerçada na força dos mais fortes ou na arrogância de um poder político de cariz totalitário: é na existência de um espaço próprio do indivíduo perante o poder, limitando-o, e no respeito desse mesmo espaço de exclusão do poder, que se alicerça o moderno Estado de Direito.

Se em S. Tomás de Aquino, seguindo uma tradição que remonta já à Antiguidade clássica, se torna evidente o reconhecimento aos governados de direitos contra a ilegitimidade do governante e a favor da desobediência à lei injusta (v. *supra*, nº 3.3.5.), é em Montesquieu que se encontra uma clara formulação do princípio geral de que a liberdade pressupõe a limitação do poder (v. *supra*, nº 4.1.5.): a organização do poder é ainda expressão de uma preocupação de garantia da

---

[3404] Cfr. MIGUEL AYUSO, *El Ágora...*, p. 101.

liberdade, razão pela qual se pode afirmar que o modelo orgânico e funcional definido pela Constituição se justifica em função da preocupação de tutela dos direitos e liberdades do indivíduo.

Neste último sentido reside o cerne do modelo Ocidental de Constituição: Montesquieu é o pai da relação directa entre liberdade (direitos do indivíduo) e limitação do poder (Constituição).

O conceito de indivíduo apela, deste modo, para a titularidade de direitos fundamentais que limitam e fundamentam o poder do Estado: cada indivíduo é titular de direitos inatos e inalienáveis, anteriores ao Estado e, neste sentido, independentes de qualquer atribuição ou reconhecimento do Estado, verificando-se que se encontra na sua garantia o próprio fundamento do Estado e do concreto modelo jurídico da Constituição.

Na realidade, o Estado existe para garantir os direitos dos indivíduos, regulando o seu exercício, criando condições para o seu desenvolvimento e implementação, prevenindo possíveis conflitos e resolvendo os litígios emergentes da vivência em sociedade: é no indivíduo e na garantia dos seus direitos que reside, em última análise, a própria razão de existência do Estado e dos textos constitucionais.

Compreende-se, por isso mesmo, que um Estado que recuse garantir os direitos dos indivíduos, fazendo da pessoa humana um meio e não um fim em si mesmo, segundo a linguagem kantiana (v. *supra*, n° 4.2.2.), nega-se a si mesmo: um Estado que recusa ao indivíduo centralidade referencial no seu poder político e no seu Direito não tem razão de existir.

De igual modo, uma Constituição que materialize juridicamente um modelo de sociedade sem respeito pelo princípio da humanidade padece de ilegitimidade e de invalidade: parafraseando a interrogação de Santo Agostinho, a propósito de um Estado sem justiça como sendo uma quadrilha de ladrões (v. *supra*, n° 1.2.2.), pode bem questionar-se de que serve ou para que serve um texto constitucional que nega a liberdade, recusa a justiça ou despreza a segurança do indivíduo?

Afinal, conclua-se, uma Constituição só é constitucional se estiver ao serviço da pessoa humana como fim em si mesmo, da sua dignidade e dos inerentes direitos fundamentais.

9.2.3. *Direitos humanos universais*

A titularidade de direitos da pessoa humana surge antes do nascimento e projecta-se mesmo após a sua morte: o indivíduo tem uma tutela jurídica garantida a partir do momento da concepção, desde logo através do seu direito à inviolabilidade da vida, sabendo-se que, mesmo depois da morte ou até da inexistência de qualquer suporte físico cadavérico, a sua imagem, a sua memória, as suas disposições em vida de natureza patrimonial são protegidos pela ordem jurídica.

O indivíduo surge como preocupação permanente da tutela jurídica dos direitos da pessoa humana, salientando-se que existem direitos de que são titulares todos os seres humanos, independentemente do local onde se encontram ou da qualidade de serem cidadãos do Estado em causa: esses são os direitos humanos universais.

Podem recortar-se no âmbito dos direitos humanos universais duas categorias:

(i) Temos, em primeiro lugar, os direitos pessoais universais, aqui se incluindo o direito à vida, o direito à integridade física, o direito à liberdade, o direito à personalidade, o direito à identidade, o direito a constituir e a ter família, o direito à reserva da vida privada e familiar e, sem prejuízo de múltiplos exemplos, o direito de propriedade privada;
(ii) Temos, em segundo lugar, os direitos sociais universais, sendo ilustrativos desta categoria o direito a um mínimo de existência condigna e ainda os direitos à saúde, à segurança social, à educação, à habitação, ao trabalho ou ao acesso à cultura.

Neste último domínio, a preocupação de garantir uma tutela mais eficaz e ampla da pessoa humana tem justificado o reconhecimento de direitos especiais a categorias específicas de indivíduos: é o que sucede quando se fala, por exemplo, em direitos dos trabalhadores, direitos da juventude, direitos do estudante, direitos dos idosos. Nunca poderá um tal fenómeno, todavia, ser perturbador do cerne do princípio da igualdade, criando privilégios infundados ou injustificados numa mesma sociedade.

9.3. Pessoa humana e colectividade

9.3.1. *A essência social do ser humano como problema constitucional*

A insubstituível dimensão individual do ser humano não pode conduzir, todavia, a um humanismo que feche o Homem dentro de si próprio[3405]: "o outro, o tu, é absolutamente fundamental para o eu"[3406], sendo nesse tu que cada eu encontra um elemento constitutivo do seu próprio ser[3407].

O *eu* exige o *tu*, tal como o *tu* pressupõe o *eu*: o *eu* e o *tu* formam o *nós*[3408], envolvendo uma pressuposta exigência de relacionamento com o *vós*: aqui reside a síntese de toda a complexidade da dimensão relacional da subjectividade humana. É na ideia de reciprocidade, envolvendo o mútuo "contar com" que relaciona o *eu* com o *outro*, numa irremediável existência em que cada um está obrigado a contar com o *outro* e as suas intenções sobre o *eu*, que o social ganha significado[3409]: o *nós*, possibilitando a integração do eu "sem perder o que é próprio e sem esquecer os outros", origina a comunidade[3410].

Tem origem bíblica o entendimento de que "não é bom que o homem esteja só"[3411], pois "só em comunidade (…) a humanidade do homem se realiza"[3412].

O ser humano, enquanto animal social[3413], assume também, deste modo, uma dimensão colectiva, comunitária ou relacional com os

---

[3405] Neste último sentido, cfr. A. CASTANHEIRA NEVES, *A revolução e o Direito*, p. 139.
[3406] Cfr. ANGELO SCOLA / GIOVANNI REALE, *Il Valore dell'Uomo*, p. 53.
[3407] Neste sentido, cfr. DIOGO LEITE DE CAMPOS, *Nós*, p. 7.
[3408] Considerando que o *nós* traduz a forma primária de relação social ou de socialidade, cfr. JOSÉ ORTEGA Y GASSET, *El Hombre…*, p. 152.
[3409] Cfr. JOSÉ ORTEGA Y GASSET, *El Hombre…*, pp. 109-110.
[3410] Cfr. MANUEL GOMES DA SILVA, *Esboço…*, p. 73.
[3411] Cfr. Gên.2.18.
[3412] Cfr. A. CASTANHEIRA NEVES, *A revolução e o Direito*, p. 154.
[3413] A afirmação do homem como animal social encontra-se já em ARISTÓTELES, *Tratado da Política*, Liv. I, Cap. I (p. 8).

demais seres humanos, nunca podendo deixar de se integrar, viver ou formar em sociedade: "o Humano está destinado, pela sua natureza, a existir em comunhão com os outros"[3414]. Ou, na formulação de Cícero (v. *supra*, n° 3.2.10.), o homem não nasceu apenas para si, antes encontra a sua razão de ser na utilidade que tem perante os outros[3415]. É no relacionamento do homem com os outros seres humanos que o próprio homem pode ser apreendido, existindo mesmo quem entenda que falar do homem fora de ou alheio a uma sociedade "é dizer algo em si contraditório e sem sentido"[3416].

Este duplo entendimento da pessoa humana como indivíduo e, simultaneamente, como ser social, revelando a "bipolaridade antropológica"[3417] da condição humana, encontra a sua formulação teórica no pensamento tomista (v. *supra*, n° 3.3.5.): "o indivíduo humano é parte da sociedade"[3418]. Em S. Tomás de Aquino regista-se, todavia, uma vertente de natureza transpersonalista: "qualquer homem é parte da comunidade e, por tanto, tudo o que ele é pertence à sociedade"[3419].

No entendimento de Hegel, por seu lado, "a pessoa particular está, por essência, em relação com a análoga particularidade de outrem, de tal modo que cada uma se afirma e satisfaz por meio da outra e é ao mesmo tempo obrigada a passar pela forma da universalidade"[3420], motivo pelo qual a sociedade civil tem por base "um sistema de dependências recíprocas"[3421].

Sendo certo que a socialidade não é a essência do Homem, "embora seja uma das dimensões dessa sua essência"[3422], o Homem que existe no mundo tem "um solidário compromisso com os

---

[3414] Cfr. ARISTÓTELES, *Ética a Nicómaco*, 1097b10 (p. 28).
[3415] Cfr. CÍCERO, *Os Três Livros de Cicero sobre as Obrigações Civis...*, Liv. I, Cap. 6 (p. 13).
[3416] Cfr. JOSÉ ORTEGA Y GASSET, *El Hombre...*, p. 110.
[3417] Expressão de A. CASTANHEIRA NEVES, *A revolução e o Direito*, p. 136.
[3418] Cfr. TOMÁS DE AQUINO, *Suma de Teologia*, I-I, q.96, a.4. (II vol., p. 751).
[3419] Cfr. TOMÁS DE AQUINO, *Suma de Teologia*, II-II, q.64, a.5. (III vol., p. 543).
[3420] Cfr. HEGEL, *Princípios...*, §182 (p. 194).
[3421] Cfr. HEGEL, *Princípios...*, §183 (p. 195).
[3422] Cfr. A. CASTANHEIRA NEVES, *A revolução e o Direito*, p. 153.

outros"[3423]: a comunidade é uma dimensão constitutiva do Homem[3424], funcionando como "condição de existência, condição empírica e condição ontológica" da pessoa[3425], assumindo-se ainda como fundamento da intersubjectividade e da participação de cada um nessa mesma comunidade[3426].

A inserção da pessoa humana na colectividade ou comunidade torna-se, por conseguinte, um problema de natureza constitucional.

É em torno da dimensão social e intersubjectiva do Homem que se colocam as questões centrais de qualquer Constituição, podendo nelas encontrar-se resumida a materialidade das preocupações do processo histórico-constitucional da humanidade, a saber:

(i) A garantia da liberdade, da segurança individual e de todos os demais direitos decorrentes da dignidade da pessoa humana;
(ii) A justiça como valor supremo do ordenamento[3427], a obediência à lei positiva e a limitação do poder político;
(iii) A igualdade perante a lei, a solidariedade entre os membros da sociedade e a justiça social;
(iv) A formação democrática da vontade da colectividade e a participação política;
(v) O pluralismo ideológico, o relativismo de opiniões, a moderação e a tolerância perante a divergência e a diferença.

9.3.2. *A ideia de nação e de povo: introdução*

A inserção da pessoa humana na colectividade pode encontrar duas formas de expressão jurídico-constitucional:

(a) A integração do ser humano na sociedade pode dar origem a uma noção de colectividade identificada pela comunhão de

---

[3423] Cfr. A. CASTANHEIRA NEVES, *A revolução e o Direito*, p. 135.
[3424] Cfr. FERNANDO JOSÉ BRONZE, *Lições...*, p. 499.
[3425] Cfr. A. CASTANHEIRA NEVES, *A revolução e o Direito*, p. 158.
[3426] Cfr. FERNANDO JOSÉ BRONZE, *Lições...*, p. 490.
[3427] Nas sugestivas palavras de CASTANHEIRA NEVES, "a justiça é o alfa e o ómega da comunidade", in *A revolução e o Direito*, p. 170.

traços culturais ou espirituais (v.g., linguísticos, religiosos, axiológicos) e histórico-geográficos entre os seus membros, permitindo recortar uma alma comum ou um espírito comum, falando-se aqui em *nação*;
(b) Ou essa inserção, pressupondo sempre a existência da colectividade num determinado território, poderá ter gerado (ou vir a gerar) o propósito de ser dotada de um poder político próprio, dando origem a um Estado e, num momento posterior, expressar mesmo um específico vínculo entre cada membro da colectividade e o respectivo Estado: esse substrato humano colectivo, traduzindo um dos elementos essenciais do Estado, identifica-se agora com a noção de *povo*.

Urge salientar que as noções de nação e de povo não se limitam a traduzir formas jurídicas de expressão colectiva da pessoa humana, permitindo também observar uma importante projecção política: desde o século XVIII, sem prejuízo de os seus antecedentes serem mais remotos, que as ideias de soberania nacional e de soberania popular preenchem a discussão política e científica sobre o fundamento do poder político democrático.

Circunscreve-se agora a análise subsequente, porém, ao desenvolvimento das noções de nação e de povo, enquanto formas de expressão jurídica colectiva da pessoa humana.

9.4. Idem: (a) nação

9.4.1. *Conceito e efeitos jurídicos*

A identidade cultural, histórica, geográfica e até étnica entre os seres humanos pode determinar que se afirmem juridicamente como um todo, permitindo recortar uma alma temporalmente comum entre todos os membros da colectividade, expressando-se essa unidade em torno do conceito de nação[3428]: a nação traduz o espírito que anima e

---

[3428] Cfr. WILHELM SAUER, **Rechts- und Staatsphilosophie**, pp. 181 ss.

identifica uma comunidade humana, ligando as gerações do passado às do presente e que se projecta nas gerações futuras.

Nas sugestivas palavras de Habermas, a nação é "uma ideia com força capaz de criar convicções e de apelar ao coração e à alma"[3429].

A nação surge como realidade de origem não jurídica, antes dotada de um substrato espiritual, que se mostra susceptível de gerar efeitos jurídicos, salientando-se os três seguintes principais:

(i) A História regista que uma comunidade humana dotada de consciência como nação pode servir de pressuposto dinamizador de um movimento tendente à criação de um novo Estado, segundo três exemplos históricos:

1) Foi o que sucedeu, desde logo, com a independência portuguesa, segundo a consciência nacional que, tendo-se desenvolvido no Condado Portucalense, justificou a ruptura com Leão e Castela[3430], ou, num outro exemplo, já no século XX, idêntico fenómeno viria a suceder com a independência da Irlanda[3431];

2) A formulação do princípio das nacionalidades, segundo a ideia de que a cada nação deve corresponder um Estado, aplicado durante a segunda metade do século XIX no âmbito da unificação italiana e alemã ou, já nos finais do século XX, com os novos Estados provenientes do desmembramento da União Soviética e da Jugoslávia;

[3429] Cfr. JÜRGEN HABERMAS, *La Inclusión del Outro*, Barcelona, 1999, p. 89.

[3430] Essa mesma ideia de "consciência nacional" viria a registar-se operativa, em 1385, com o afastar de D. Beatriz e a escolha do Mestre de Avis, e, em 1640, com a restauração da independência nacional, colocando termo à dinastia filipina e proclamando rei de Portugal o Duque de Bragança.

[3431] Nas sugestivas palavras do artigo 1º da Constituição da Irlanda, "a nação irlandesa proclama, através da presente Constituição, o seu direito inalienável, imprescritível e soberano de escolher a sua forma de governo, de determinar as suas relações com outras nações, de desenvolver a sua vida política, económica e cultural, de acordo com o seu próprio espírito e as suas tradições".

3) Essa mesma ideia de uma nação em busca de um Estado pode gerar o seu reconhecimento internacional como nação – tendo sido isso o que sucedeu com os Comités Nacionais polaco e checoslovaco durante a Primeira Guerra Mundial[3432] – ou levar ao reconhecimento internacional dos próprios movimentos nacionais pela ONU no âmbito de processos de libertação ou descolonização, tal como aconteceu com a OLP (Organização de Libertação da Palestina) e ainda com alguns movimentos de descolonização no âmbito das antigas colónias portuguesas[3433];

(ii) A nação pode, num outro sentido, ser a fonte de uma solução política autónoma no contexto integrador de um Estado assumidamente dotado de uma pluralidade de nacionalidades, tal como acontece ainda hoje com as diversas nações existentes em Espanha, na Rússia ou na Bélgica, sem prejuízo da possibilidade de aqui existirem movimentos políticos separatistas que visam transformar algumas de tais nações em novos Estados;

(iii) Por último, a nação pode ainda assumir uma dimensão de fonte mediata de soluções jurídico-normativas, de natureza constituinte ou constituídas, expressa nas ideias de "sentimento nacional", "consciência nacional"[3434], "identidade nacional"[3435], "tradição nacional", "consciência comum do povo"[3436] ou "espírito do povo"[3437], enquanto revelação da vontade de uma comunidade histórica e cultural de pessoas

---

[3432] Cfr. ANDRÉ GONÇALVES PEREIRA / FAUSTO DE QUADROS, *Manual de Direito Internacional Público*, 3ª ed., Coimbra, 1993, pp. 320-321.

[3433] Cfr. ANDRÉ GONÇALVES PEREIRA / FAUSTO DE QUADROS, *Manual...*, pp. 321-322.

[3434] Cfr. MARTIM DE ALBUQUERQUE, *A Consciência Nacional Portuguesa*, Lisboa, 1974.

[3435] Cfr. JOSÉ MATOSO, *A Identidade Nacional*, Lisboa, 1998.

[3436] Cfr. FRIEDRICH CARL VON SAVIGNY, *System des heutigen Römischen Rechts*, I, Berlin, 1840, p. 14.

[3437] Cfr. FRIEDRICH CARL VON SAVIGNY, *System...*, I, p. 14; WILHELM SAUER, *Rechts- und Staatsphilosophie*, pp. 194 ss.

interpretada pelos titulares do poder formal, pelos cientistas do Direito ou expressa directamente através de sufrágio. Remonta já a Aristóteles, aliás, a percepção clara deste fenómeno, falando em dois tipos de leis, "as que estão impressas nos costumes dos povos têm muito mais autoridade e são de uma importância muito diferente das leis escritas"[3438]. Foi em Hegel, todavia, que o conceito de "espírito do povo" (: *Volkgeist*) seria desenvolvido[3439], projectando-se directamente na escola histórica do Direito de matriz oitocentista[3440], registando-se que o conceito de nação esteve particularmente presente no fascismo italiano[3441] e no nazismo alemão[3442], sem embargo de se mostrar ainda hoje visível – directa ou indirectamente – em todas as experiências jurídicas.

Em qualquer dos casos, porém, o ser humano, surgindo inserido no contexto mais vasto da sociedade, assume uma projecção transpersonalista ou falar-se-á então de uma "subjectividade inter ou multi--individual"[3443]: a pessoa não vale como indivíduo, antes tem a sua individualidade diluída na colectividade, visando o conceito de nação apurar o espírito "vivente e operante universalmente em todos os indivíduos"[3444], identificando-o com o conceito hegeliano de "espírito do povo" (: *Volkgeist*).

[3438] Cfr. ARISTÓTELES, *Tratado da Política*, Liv. III, Cap. XII (p. 116).
[3439] Cfr. HEGEL, *A Razão na História*, pp. 56 ss. e 60 ss.
[3440] Cfr. ANTÓNIO MANUEL HESPANHA, *Panorama Histórico da Cultura Jurídica Europeia*, 2ª ed., Lisboa, 1998, pp. 181 ss.; NOBERTO BOBBIO, *O Positivismo Jurídico – Lições de Filosofia do Direito*, São Paulo, 1999, pp. 47 ss.
[3441] Cfr. PAULO OTERO, *A Democracia Totalitária*, em especial, pp. 91 e 106.
[3442] Cfr. WILHELM SAUER, *Rechts- und Staatsphilosophie*, pp. 194 ss.
[3443] Neste último sentido, cfr. JORGE MIRANDA, *Manual de Direito Constitucional*, III, 5ª ed., Coimbra, 2004, pp. 65-66.
[3444] Cfr. FRIEDRICH CARL VON SAVIGNY, *System...*, I, pp. 14 e 15.

9.4.2. *A projecção democrática da ideia de nação*

A ideia de nação, apelando à determinação da alma ou do espírito de uma colectividade, fazendo de cada pessoa portador dos "genes" constitutivos e identificativos dessa vontade intemporal da colectividade, fundada numa História comum e num desígnio ou projecto futuro, comporta em si uma inegável projecção democrática que encontra diversas expressões jurídicas:

(i) Resulta daqui, em primeiro lugar, uma fundamentação ou legitimação democrática do próprio costume como fonte de Direito, contrariando um pretenso monopólio democrático da lei e das restantes fontes formais, razão pela qual, a título de exemplo, a natureza histórica e consuetudinária da Constituição britânica em nada diminui a sua legitimidade face aos textos constitucionais da Europa Continental;

(ii) A Declaração de Direitos do Homem e do Cidadão, de 26 de Agosto de 1789, proclama no seu artigo 3º o princípio de que "toda a soberania reside essencialmente na nação", procedendo, deste modo, a um acolhimento da ideia de nação como fundamento do próprio poder político do constitucionalismo revolucionário europeu de matriz liberal[3445];

(iii) Mostra-se possível encontrar através do apelo à ideia de nação, vista numa acepção hegeliana como "espírito do povo"[3446], uma vertente de expressão democrática da vontade da colectividade com directa projecção constitucional, isto independentemente de estar (ou não) expressamente formalizada em normas escritas. Observemos alguns exemplos:

1) É na tradição religiosa judaico-cristã que, fazendo de cada ser humano imagem e semelhança de Deus, se alicerça o fundamento último da liberdade e da dignidade de cada

---

[3445] Esse mesmo entendimento que faz radicar na nação a soberania encontra-se expresso na Constituição francesa de 1791 (Título III, artigo 1º).

[3446] Cfr. HEGEL, *A Razão na História*, pp. 56 e 57.

pessoa (v. *supra*, nos 3.3.1. e 3.3.2.): as normas constitucionais que consagram o respeito e a garantia da dignidade e da liberdade limitam-se a acolher uma ordem de valores culturalmente identificativa de um "espírito comum" ou de uma "consciência jurídica geral" existente na colectividade;

2) O respeito em Estados laicos por feriados religiosos, pela existência de crucifixos em estabelecimentos públicos ou o fazer de Domingo o dia de descanso semanal (e não, por exemplo, a Terça-feira ou a Quarta-feira) radica numa tradição religiosa que, sendo elemento integrante do conceito de nação, expressa uma vontade democrática e constituinte da colectividade: o seu respeito impõe-se aos titulares dos poderes constituídos, salvo norma constitucional expressa que determine solução contrária;

3) E o que se acaba de dizer em matéria de projecção constitucional da tradição religiosa integrante do conceito de nação vale integralmente para a ordem de valores morais identificativos de uma comunidade como nação: além da sua projecção ao nível da densificação das cláusulas gerais de ordem pública e respeito pelos bons costumes no âmbito do Direito Privado[3447], é ainda o respeito pelo princípio democrático emergente da vontade histórica da nação que, sem expressa norma constitucional em sentido contrário, impede, por exemplo, o legislador ou o juiz de transformar o casamento num vínculo entre pessoas do mesmo sexo ou conferir-lhe um sentido poligâmico, tal como impedirá ainda a legalização da prostituição;

(iv) Urge salientar, por último, que a ideia de nação não é algo de imutável e eterno, antes se afirma como realidade temporal-

---

[3447] Sobre a projecção da moral social na cláusula dos bons costumes, cfr. JOSÉ DE OLIVEIRA ASCENSÃO, *Direito Civil. Teoria Geral*, III, Coimbra, 2002, pp. 274 e 275; ANTÓNIO MENEZES CORDEIRO, *Tratado de Direito Civil Português*, I, Tomo 1º, 3ª ed., Coimbra, 2005, pp. 707 ss.

mente evolutiva e, também nesta acepção de transitoriedade, reflectindo um sentido permanentemente democrático: assim como Hegel refere que "o espírito do povo é um indivíduo natural; como tal, floresce, é poderoso, decai e morre"[3448], também o espírito da nação se renova, reconstrói, substitui ou desaparece.

9.4.3. *A legitimidade constituinte da vontade da nação*

Na nação reside, em última análise, a raiz fundamentadora da vontade constituinte de uma colectividade ou, em alternativa, o critério último de aferição da efectividade e, por esta via, do "sucesso" das normas provenientes de um poder constituinte formal desligado da "alma" ou do "espírito" comum da sociedade a que se destinam tais normas.

A nação diz-nos que o presente constitucional tem sempre que conviver com a força do passado, sendo mais relevante a influência "corrosiva" da realidade sobre os textos formais do que a influência de uma postura voluntarista radical de Constituições formais desligadas da "alma" da realidade social a que se destinam[3449]: o desuso e a formação de costume *contra constitutionem* traduzem manifestações jurídicas visíveis da desadaptação da Constituição formal à nação a que se destinam.

No limite, existirá aqui um cenário de permanente conflitualidade de legitimações democráticas de normas constitucionais: a legitimidade das normas formais aprovadas por representantes do povo pode ser contrariada pelo surgimento de normas legitimadas na soberania da nação.

Resta saber, no entanto, se um tal conflito de legitimidades não será apenas aparente, uma vez que a sua origem poderá radicar na ausência de representatividade ou num erro sobre o sentido da repre-

---

[3448] Cfr. HEGEL, *A Razão na História*, p. 63.

[3449] Num sentido anterior muito próximo, cfr. PAULO OTERO, *O Poder de Substituição...*, II, p. 863.

sentatividade do povo: é na nação ou no povo (e nunca nos representantes) que se encontra a titularidade da soberania e o fundamento último materialmente legitimador da normatividade. Só deste modo, sublinhe-se, se garantirá a relevância política da vontade constituinte da pessoa humana, individualmente expressa através do sufrágio ou colectivamente interpretada no "sentir da nação", impedindo-se que cada um fique prisioneiro dos seus representantes.

9.5. Idem: (b) povo

9.5.1. *Pessoa e Estado: os conceitos básicos*

Num mundo territorialmente repartido em Estados, a inserção da pessoa humana na colectividade nunca pode hoje deixar de envolver uma relação directa com o Estado: a pertença da pessoa humana a uma colectividade territorialmente determinada e dotada de poder político próprio envolve a existência de um vínculo jurídico que a faz parte do substrato humano do respectivo Estado, surgindo o conceito de povo[3450].

A pessoa humana surge agora juridicamente relacionada com o Estado através da noção de povo, sabendo-se que não há Estado sem povo e não há povo sem Estado.

O povo expressa o conjunto de cidadãos de um determinado Estado, surgindo cada um deles dotado de um vínculo de cidadania, isto é, de uma relação de pertença ou integração numa determinada comunidade estatal: a cidadania surge como ligação de uma pessoa a um Estado, conferindo-lhe o estatuto de nacional ou cidadão desse Estado e, por essa via, integrando-a no povo do Estado em causa.

Assim, se alguém é cidadão de um Estado, isto significa que em todos os restantes Estados, salvo verificando-se uma situação de pluricidadania envolvendo os Estados em causa, essa pessoa é considerada estrangeira: estrangeiro é, deste modo, aquele que possui um vínculo de

---

[3450] Cfr. JORGE MIRANDA, *Manual...*, III, 5ª ed., p. 53.

cidadania com um Estado que não é o nosso; apátrida é, por seu lado, quem não tem qualquer vínculo de cidadania.

Nenhuma confusão pode existir, porém, entre o conceito de povo e de população: o povo, sendo um conceito jurídico intimamente relacionado com o Estado, abrange apenas os cidadãos de um determinado Estado, residam eles nesse Estado ou num terceiro Estado (emigrantes), enquanto que a população, sendo um conceito demográfico, compreende os cidadãos residentes nesse Estado e ainda os estrangeiros e os apátridas que também nele residam (imigrantes).

9.5.2. *A cidadania como direito fundamental*

Sabendo-se que a inserção da pessoa humana na colectividade através da noção de povo, envolvendo sempre a presença do fenómeno estadual, se processa através do vínculo de cidadania, urge adiantar que a própria cidadania é um direito fundamental e universal da pessoa humana: nas expressivas palavras do artigo 15° da Declaração Universal dos Direitos do Homem, "todo o indivíduo tem direito a ter uma nacionalidade", não podendo ser arbitrariamente privado da sua nacionalidade ou do direito de mudar de nacionalidade.

A cidadania, sendo em si e por si um direito fundamental reconhecido a todas as pessoas, assumindo-se como traço identificativo do próprio estatuto pessoal dos indivíduos e fonte de uma relação permanente com o Estado em causa e todos os restantes Estados, constituiu historicamente pressuposto da titularidade de todos os demais direitos fundamentais, entendidos como direitos reconhecidos aos nacionais desse Estado e não extensivos aos estrangeiros ou apátridas (v. *supra*, n° 3.5.2.).

Hoje, porém, diante de uma concepção universalista dos direitos humanos assume natureza excepcional a reserva de direitos fundamentais a favor dos nacionais: se exceptuarmos os direitos de matriz política ou de participação política, verifica-se que os direitos pessoais e os direitos sociais, atendendo à sua universalidade, são reconhecidos (ou devem ser reconhecidos) a todos os seres humanos em todos os Estados, sejam eles seus nacionais, estrangeiros ou apátridas.

Centremos a análise nos efeitos políticos decorrentes da integração da pessoa humana no conceito de povo.

9.5.3. *Cidadania e participação política*

A pertença ao povo, fazendo de cada pessoa humana cidadão de um Estado, constitui historicamente pressuposto da titularidade de direitos de intervenção política: desde a Grécia Antiga que a democracia é entendida como forma de governo que envolve a intervenção dos cidadãos, observando-se que o desenvolvimento do processo histórico regista, num primeiro momento, o progressivo alargamento do conceito de cidadãos e, num segundo momento, a ampliação do sufrágio, resultando de ambos o reforço legitimador da própria democracia.

Os governantes passam a encontrar a sua legitimação na intervenção designativa dos governados, pois o "povo é a única fonte de toda a autoridade legítima"[3451]: o povo é o titular último da soberania, segundo o postulado democrático de Abraham Lincoln (v. *supra*, n° 4.7.1.), acolhido expressamente na Constituição francesa de 1958: "governo do povo, pelo povo e para o povo"[3452].

São diversas, aliás, as formulações constitucionais da soberania popular:

(i) O artigo 25° da Declaração dos Direitos do Homem e do Cidadão subjacente à Constituição francesa de 1793 proclamou, sob a influência do radicalismo revolucionário de Rousseau e do constitucionalismo norte-americano, o princípio da soberania popular – "a soberania reside no povo";

(ii) O artigo 21°, n° 3, da Declaração Universal dos Direitos do Homem define hoje o princípio estruturante de que "a vontade do povo é o fundamento da autoridade dos poderes públicos";

[3451] Cfr. HAMILTON / MADISON / JAY, *O Federalista*, (Cap. 49°), p. 310.
[3452] Cfr. Constituição francesa de 1958, artigo 2°, último parágrafo.

(iii) Em igual sentido, diversos textos constitucionais vigentes fazem radicar na "vontade popular" e/ou no "povo" o fundamento do poder político ou da soberania[3453].

Independentemente de a soberania popular se ter tornado, em larga escala, nas últimas décadas, uma soberania de mera representação popular, uma vez que a impossibilidade de funcionar uma democracia directa fez concentrar nos representantes do povo a expressão da sua vontade política – razão pela qual se pode discutir a relevância (maior ou menor) da sua legitimidade perante a legitimidade de manifestações da soberania nacional (v. *supra*, n° 9.4.3.) –, mostra-se claro que a cidadania se converteu em pressuposto de expressão da vontade popular e alicerce legitimador do poder político.

A exigência de um vínculo de cidadania, fazendo da pessoa humana parte do povo de um Estado, envolve o reconhecimento de direitos fundamentais de natureza política que nesse concreto espaço territorial carecem de universalidade, pois excluem da sua titularidade os estrangeiros e os apátridas: os direitos de eleger e de ser eleito traduzem, em termos tradicionais – esquecendo possíveis excepções de reconhecimento de capacidade eleitoral activa e passiva a estrangeiros residentes em Portugal[3454] –, a síntese dos mais relevantes efeitos políticos do vínculo de cidadania.

Ao povo de cada Estado encontra-se confiada a faculdade de intervenção política decisória e legitimadora dos titulares do poder e do próprio ordenamento jurídico-positivo: nas sugestivas palavras do artigo 21°, n° 1, da Declaração Universal dos Direitos do Homem, "toda a pessoa tem o direito de tomar parte na direcção dos negócios públicos do *seu* país" (itálico nosso), sublinhando-se, precisamente, a exigência de um vínculo jurídico de "pertença" entre essa pessoa e um determinado país, relação essa estabelecida pela cidadania.

[3453] Cfr. Constituição portuguesa, artigos 1° e 108°; Constituição alemã, artigo 20°, n° 2; Constituição austríaca artigo 1°; Constituição brasileira, artigo 1°, § único; Constituição espanhola, artigo 1°, n° 2; Constituição finlandesa, artigo 2°, n° 1; Constituição grega, artigo 1°, n° 2; Constituição italiana, artigo 1°, 2° parágrafo; Constituição sueca, artigo 1°, 1° parágrafo.

[3454] Neste último sentido, cfr. Constituição portuguesa, artigo 15°, n°s 4 e 5.

9.5.4. *Vontade popular, democracia e dignidade humana*

A intervenção de cada pessoa na "direcção dos negócios públicos", sendo um efeito da sua pertença ao povo através do laço de cidadania, traduz ainda uma decorrência directa de uma sociedade baseada no valor da pessoa humana: tratar-se-á sempre de uma sociedade fundada na igualdade de um sufrágio universal e periódico[3455], segundo o princípio de "um homem um voto", conferindo-se idêntico peso à intervenção decisória de cada pessoa.

Essa relevância política da vontade popular, traduzindo a expressão jurídica do valor decisório da intervenção de cada pessoa integrada no povo, é um corolário indispensável do reconhecimento da própria dignidade humana: nunca poderá existir verdadeiro respeito pela dignidade de cada pessoa se, sendo maior de idade e possuir todas as suas faculdades mentais, se encontrar arbitrariamente privada de tomar parte na direcção dos negócios públicos do Estado de que é cidadã.

A democracia, enquanto modelo político baseado na relevância da vontade do povo expressa através de sufrágio universal, igual e periódico, revela-se indispensável à promoção política da dignificação do ser humano: o sentido último de evolução do processo histórico da humanidade diz-nos que a dignidade humana reclama a democracia.

Nunca poderá a democracia, todavia, atentar contra a pessoa humana e a sua dignidade inviolável: não há relevância jurídica da vontade popular que legitime, habilite ou justifique o genocídio, o extermínio, a escravatura, a tortura, o apartheid, a violação ou o aborto, uma vez que deparamos aqui com actos que negam a essência dignificante da pessoa humana.

Remonta a Benjamin Constant, durante os primeiros anos do século XIX, a formulação clara e inequívoca de uma concepção limitativa da democracia em nome da salvaguarda da justiça e dos direitos individuais (v. *supra*, n° 4.4.3.): "a soberania do povo não é ilimitada,

---

[3455] Neste sentido, cfr. Declaração Universal dos Direitos do Homem, artigo 21°, n° 3, 2ª parte.

nem a sua vontade é suficiente para legitimar tudo aquilo que queira"[3456].

A democracia tem sempre como fundamento e limite a própria dignidade de cada pessoa humana viva e concreta: ninguém poderá ser arbitrariamente privado da vida, da dignidade e da liberdade, verificando-se que não existem referendos, maiorias ou unanimidades parlamentares que legitimem, habilitem ou justifiquem tais atentados.

A democracia deverá estar subordinada à pessoa humana: a relevância da vontade popular na direcção dos negócios públicos é consequência e nunca causa da centralidade da pessoa humana.

Se a democracia atentar contra a dignidade do ser humano, negando o seu próprio fundamento de existência, a democracia, convertendo-se no seu contrário, inverterá o processo histórico de luta pela progressiva dignificação humana: a luta pela dignificação de cada ser humano vivo e concreto será então, igualmente, a luta por uma democracia axiologicamente comprometida com a pessoa humana.

9.6. Pessoa humana e humanidade

9.6.1. *Conceito de humanidade*

A pessoa humana, além da sua dimensão individual e da respectiva inserção numa colectividade identificada com a nação ou com o Estado, nunca pode deixar de ser enquadrada no contexto da própria espécie humana: muito para além das diferenças que fazem de cada pessoa um ser único e irrepetível, dotado de uma identidade pessoal, histórica, étnica e política, há um património comum que, fazendo irmanar todos os seres humanos numa mesma espécie animal, se reconduz à própria humanidade.

O conceito de humanidade visa sublinhar, na sequência dos ensinamentos de Cristo que levam ao superar da divisão entre livres e escravos (v. *supra*, n° 3.3.2.), e utilizando a feliz expressão do preâmbulo da Declaração Universal dos Direitos do Homem, que todos nós

---

[3456] Cfr. BENJAMIN CONSTANT, *Cours...*, I, p. 14.

somos "membros da família humana". Há aqui, além de uma verificação empírica de dimensão axiológica, reveladora de uma postura política teleologicamente comprometida com as ideias de fraternidade e solidariedade entre todos os membros da família humana, também uma implícita exortação humanitária de ressonância fichteana: o género humano deve elevar-se até à humanidade[3457].

Cada pessoa humana é parte integrante da humanidade: semelhante ao seu semelhante, apesar de dotado de uma individualidade própria, o ser humano nunca pode deixar de ter presente o que tem de comum com todos os restantes seres humanos, razão pela qual a cada um é confiado o encargo de velar pelos restantes (v. *supra*, n° 8.4.4.), contribuindo para edificar uma sociedade mais humana.

É neste preciso contexto, fazendo todos os seres humanos parte da mesma família e encontrando-se cada um sujeito a vinculações perante os restantes, que se desenvolveram as ideias de igualdade, fraternidade, solidariedade, justiça e tolerância: a ninguém é lícito, sob pena de se auto-excluir da humanidade, atentar contra esses valores personificados em cada ser que é seu semelhante e membro da mesma família humana. Os atentados contra a humanidade são, utilizando uma ideia de Schopenhauer, manchas contra a honra da humanidade que permanecem para sempre[3458].

O próprio conceito de direitos humanos não pode deixar de se referir à condição humana[3459], encontrando na humanidade o seu espaço natural de pressuposição e operatividade. Como Kant sublinha, "o violador dos direitos dos homens tenciona servir-se das pessoas dos outros simplesmente como meios, sem considerar que eles, como seres racionais, devem ser sempre tratados ao mesmo tempo como fins"[3460], motivo pelo qual a violação dos direitos humanos atinge o núcleo do princípio da humanidade (v. *supra*, n° 4.2.2.).

[3457] Cfr. JOHANN GOTTLIEB FICHTE, *Sobre la Esencia*..., p. 28.

[3458] Cfr. ARTHUR SCHOPENHAUER, *El Arte de Hacerce*..., p. 59.

[3459] Neste sentido, cfr. IVO MIGUEL BARROSO, *O acordo com vista à prática de genocídio. O conceito, os requisitos e o fundamento da punição do «contrato criminal»*, in *Estudos em Homenagem ao Professor Doutor Inocêncio Galvão Telles*, V, Coimbra, 2003, p. 385.

[3460] Cfr. KANT, *Fundamentação*...., p. 67.

Em igual sentido, a humanidade, envolvendo um diálogo permanente entre gerações, é também fonte de deveres fundamentais[3461]: "todos temos deveres no que respeita à humanidade presente, à humanidade passada e à humanidade futura"[3462].

A humanidade, sublinhando o traço identificativo e a exigência de respeito por cada pessoa humana, enquanto "fim em si mesma que é condição suprema que limita a liberdade das acções de cada homem"[3463], assume a natureza de conceito dotado de uma dimensão universal e intemporal, tendo ganho, entretanto, relevância jurídica: a humanidade em si não é, todavia, sujeito de direito[3464].

9.6.2. *Manifestações do conceito de humanidade: preliminares*

Procurando determinar algumas das principais manifestações jurídicas de operatividade do conceito de humanidade, é possível indicar as cinco seguintes:

(a) A investidura da humanidade na titularidade directa de certos bens ou direitos, fazendo dela "proprietária", possuidora ou usufrutuária, permite recortar um Direito patrimonial da humanidade;
(b) No âmbito da regulação dos conflitos armados de carácter internacional e interno, emergindo o núcleo central do designado Direito internacional humanitário;
(c) Em situações de catástrofe ou casos similares geradores de emergência humanitária, a necessidade de ajuda internacional justifica a existência de um Direito de assistência humanitária;

[3461] Neste sentido, cfr. JOSÉ CASALTA NABAIS, *Dos deveres fundamentais*, p. 296.

[3462] Cfr. JOSÉ CASALTA NABAIS, *A face oculta...*, p. 194.

[3463] Cfr. KANT, *Fundamentação....*, p. 68.

[3464] Em sentido contrário, considerando que a humanidade é sujeito de Direito Internacional, cfr. JORGE BACELAR GOUVEIA, *Manual de Direito Internacional Público*, 2ª ed., Coimbra, 2004, pp. 428 e 621.

(d) Perante cenários de violação grosseira e reiterada de direitos fundamentais, há quem fale na justificação de um conflito armado humanitário;

(e) A noção de crimes contra a humanidade, traduzindo o sancionamento penal de violações graves e dolosas de regras destinadas à protecção da humanidade, fez nascer o Direito penal internacional humanitário.

Observemos, muito sumariamente, cada um destes sectores de expressão jurídica da ideia de humanidade.

9.6.3. *Idem: (a) património da humanidade*

Procurando evitar uma completa apropriação individual ou nacional de certos bens, privando muitos da sua utilidade em benefício de poucos, e visando, simultaneamente, salvaguardar os direitos das gerações futuras à utilização ou usufruto de tais bens passíveis de estar em risco por uma inapropriada ou selvagem gestão pela geração presente, a comunidade internacional resolveu confiar simbolicamente à humanidade a titularidade de alguns desses bens:

(i) É o que sucede, desde logo, com os espaços comuns internacionais[3465], falando-se em património da humanidade no que diz respeito aos fundos marinhos internacionais[3466], isto é, ao solo e subsolo oceânico situado fora da jurisdição dos Estados[3467], compreendendo hoje essa internacionalização a favor da humanidade "a área e os seus recursos"[3468], o mesmo acontecendo em relação à lua e aos outros corpos

---

[3465] Para mais desenvolvimentos, cfr. UMBERTO LEANZA, *Il Diritto Internazionale – Da diritto per gli Stati a diritto per gli individui*, Torino, 2002, pp. 159 ss.

[3466] Para mais desenvolvimentos, cfr. PAULO OTERO, *A Autoridade Internacional dos Fundos Marinhos*, Lisboa, 1988, pp. 40 ss.

[3467] Neste sentido, cfr. Resolução 2749 (XXV) da Assembleia Geral das Nações Unidas, de 17 de Dezembro de 1970.

[3468] Cfr. artigo 136º da Convenção sobre o Direito do Mar, de 1982.

celestes e respectivos recursos, igualmente declarados património comum da humanidade[3469], sublinhando-se, por outro lado, que a exploração e utilização do espaço ultraterrestre constitui "apanágio de toda a Humanidade"[3470] e qualificando-se os astronautas como "enviados da Humanidade no espaço exterior"[3471];

(ii) Assiste-se, em termos semelhantes de preocupação da humanidade, à protecção internacional do património cultural, desde cenários de guerra até tempos de paz[3472], salientando-se, neste último contexto, o surgimento das noções de "património mundial" e "de bens de interesse excepcional, de valor universal"[3473], sublinhando que estes não devem ser considerados integrantes apenas do domínio do Estado em que se situam, antes pertencem a toda a humanidade[3474];

(iii) No âmbito da investigação científica e tecnológica, visando sublinhar que a mesma se encontra ao serviço do homem e da sua dignidade, o genoma humano, expressando a unidade fundamental de todos os membros da família humana, é considerado, "num sentido simbólico, património da humanidade"[3475].

[3469] Cfr. artigo 11º, nº 1, do Acordo regulador da actividades na Lua e outros corpos celestes, de 18 de Dezembro de 1979.

[3470] Cfr. artigo 1º do Tratado sobre a exploração e utilização do espaço ultraterrestre, de 27 de Janeiro de 1967.

[3471] Cfr. artigo 5º do Tratado sobre a exploração e utilização do espaço ultraterrestre, de 27 de Janeiro de 1967.

[3472] Cfr. UMBERTO LEANZA, *Il Diritto Internazionale*, pp. 191 ss.

[3473] Cfr. Convenção para a protecção do património mundial, cultural e natural, estabelecida em Paris, em 16 de Novembro de 1972.

[3474] Cfr. MANUELA GALHARDO, *As Convenções da UNESCO no domínio do património cultural*", in JORGE MIRANDA / JOÃO MARTINS CLARO / MARTA TAVARES DE ALMEIDA (coord.), *Direito do Património Cultural*, Oeiras, 1996, em especial, pp. 97 ss.

[3475] Cfr. artigo 1º da Declaração Universal sobre o Genoma Humano e dos Direitos do Homem, de 11 de Novembro de 1997.

Em qualquer destas situações, conclua-se, a ordem jurídica internacional visa sublinhar a existência de bens que, atendendo à sua importância, só podem estar confiados a todos os seres humanos, sem qualquer dimensão territorial ou temporal de inserção: trata-se de bens que pertencem a todas as gerações, presentes e futuras, sem que uma delas se possa apropriar ou usar abusivamente em seu benefício exclusivo, antes se encontram confiados, a título de verdadeiro fideicomisso, pertencendo a sua titularidade última à humanidade como expressão abstracta, intemporal e permanente do género humano.

9.6.4. *Idem: (b) humanização dos conflitos armados*

Na segunda metade do século XIX, a fundação da Cruz Vermelha Internacional veio chamar a atenção para a necessidade de, num cenário de conflito armado ou guerra, e visando combater atrocidades e práticas dotadas de crueldade e desumanidade, serem respeitadas regras no que se refere à situação dos feridos e doentes, prisioneiros de guerra e protecção de pessoas civis vítimas de guerra: surge aqui, sem prejuízo dos desenvolvimentos posteriores efectuados pelas Convenções de Haia (1899 e 1907) e Genebra (1925 a 1949) e seus Protocolos adicionais (1977)[3476], um Direito Internacional Humanitário destinado a ser aplicado em cenários de conflitos armados[3477].

Igualmente por razões atinentes ao mesmo propósito de combate à crueldade e à violência contra as pessoas, desde a experiência resultante da guerra civil espanhola (1936-1939) até ao crescente reforço da afirmação dos direitos humanos nas relações internacionais, o Direito Internacional Humanitário, apesar de inicialmente pensado para conflitos armados internacionais, foi objecto de uma progressiva extensão

---

[3476] Para uma recolha de tais textos internacionais, cfr. JORGE BACELAR GOUVEIA, *Direito Internacional Humanitário*, Coimbra, 2006.

[3477] Considerando que as normas que tutelam valores humanitários impõem obrigações com carácter *erga omnes*, registando-se que as que têm natureza costumeira integram o *ius cogens*, salvo prática em sentido contrário, cfr. EDUARDO CORREIA BAPTISTA, *Ius Cogens...*, pp. 432 ss.

aplicativa aos conflitos armados internos[3478]: também desde 1949, situações de guerra civil, rebelião e lutas de libertação justificam garantias humanitárias fundamentais semelhantes às existentes em conflitos armados internacionais.

A existência de conflitos armados (internacionais ou internos) passou, deste modo, a pautar-se por regras jurídicas procurando humanizar as condições dos seres humanos envolvidos: visa-se substituir uma política ou uma estratégia ajurídica do "vale tudo" em matéria de atentados contra a pessoa humana em cenários de guerra pela definição de regras jurídicas limitativas da arbitrariedade, da crueldade e da maldade do ser humano contra o seu semelhante. É ainda, uma vez mais, a ideia de que todos somos "membros da família humana" (v. *supra*, n° 9.6.1.) que anima o Direito Internacional Humanitário, segundo resulta sintetizado nos seus princípios fundamentais pela Resolução 2444 (XXIII) da Assembleia Geral das Nações Unidas, de 19 de Dezembro de 1969, relativa ao respeito pelos direitos do homem em período de conflito armado.

Define-se, em termos de princípio geral, que a existência de um conflito armado não confere uma ilimitada escolha de métodos ou meios de guerra, proibindo-se a utilização de armas, projécteis e materiais ou métodos que causem danos supérfluos[3479], tal como se encon-

---

[3478] Cfr. ANTONIO CASSESE, *Diritto Internazionale*, II, Bologna, 2004, pp. 137 ss.

[3479] Cfr. artigo 35°, n°s 1 e 2, do Protocolo Adicional I às Convenções de Genebra, de 12 de Agosto de 1949, relativo à protecção das vítimas dos conflitos armados internacionais, de 12 de Dezembro de 1977.

Neste domínio se inserem os seguintes três exemplos concretizadores do mencionado propósito:
  (i) A Convenção sobre a proibição ou limitação do uso de certas armas convencionais que podem ser consideradas como produzindo efeitos traumáticos excessivos ou ferindo indiscriminadamente, de 10 de Abril de 1981, e seus Protocolos Adicionais I, II, III e IV;
  (ii) A Convenção sobre a proibição do desenvolvimento, produção, armazenagem e utilização de armas químicas e sobre a sua destruição, de 13 de Janeiro de 1993;
  (iii) A Convenção sobre a proibição da utilização, armazenagem, produção e transferência de minas antipessoais e sobre a sua destruição, de 18 de Setembro de 1997.

tra vedado ordenar que não haja sobreviventes[3480] ou atacar um inimigo que esteja fora de combate[3481]. Estabelece-se o princípio de que as operações militares devem ser conduzidas no sentido de poupar a população civil e os bens de carácter civil[3482], além de se consagrarem acções de socorro a favor da satisfação de necessidades essenciais da população civil[3483].

As pessoas que não tomam parte directamente nas hostilidades, incluindo os militares que tenham deposto as armas e também as pessoas que tenham sido postas fora de combate (vg., por doença, ferimento ou detenção)[3484], assim como todas as pessoas que estiverem em poder de uma Parte no conflito[3485], serão, "em todas as circunstâncias, tratadas com humanidade" e sem discriminação, respeitando-se a pessoa, a honra, as convicções e práticas religiosas de todas as

---

[3480] Cfr. artigo 40° do Protocolo Adicional I às Convenções de Genebra, de 12 de Agosto de 1949, relativo à protecção das vítimas dos conflitos armados internacionais, de 12 de Dezembro de 1977.

[3481] Cfr. artigo 41° do Protocolo Adicional I às Convenções de Genebra, de 12 de Agosto de 1949, relativo à protecção das vítimas dos conflitos armados internacionais, de 12 de Dezembro de 1977.

[3482] Cfr. artigo 57°, n° 1, do Protocolo Adicional I às Convenções de Genebra, de 12 de Agosto de 1949, relativo à protecção das vítimas dos conflitos armados internacionais, de 12 de Dezembro de 1977.

[3483] Cfr. artigo 70° do Protocolo Adicional I às Convenções de Genebra, de 12 de Agosto de 1949, relativo à protecção das vítimas dos conflitos armados internacionais, de 12 de Dezembro de 1977.

[3484] Cfr. artigo 3°, n° 1, da I Convenção de Genebra, para melhorar a situação dos feridos e doentes das forças armadas em campanha, de 12 de Agosto de 1949; artigo 3°, n° 1, da II Convenção de Genebra, para melhorar a situação dos feridos e doentes e náufragos das forças armadas no mar, de 12 de Agosto de 1949; artigo 3°, n° 1, da III Convenção de Genebra, relativa ao tratamento dos prisioneiros de guerra, de 12 de Agosto de 1949; artigo 3°, n° 1, da IV Convenção de Genebra, relativa à protecção das pessoas civis em tempo de guerra, de 12 de Agosto de 1949; artigo 4° do Protocolo Adicional II às Convenções de Genebra, de 12 de Agosto de 1949, relativo à protecção das vítimas dos conflitos armados não internacionais, de 12 de Dezembro de 1977. Falando, neste sentido, num "mínimo humanitário", cfr. CHARLES ZORGBIBE, *Le Droit d'Ingérence*, Paris, 1994, pp. 85 ss.

[3485] Cfr. artigo 75° do Protocolo Adicional I às Convenções de Genebra, de 12 de Agosto de 1949, relativo à protecção das vítimas dos conflitos armados internacionais, de 12 de Dezembro de 1977.

pessoas[3486], sem prejuízo de um conjunto de outras garantias fundamentais[3487], encontrando-se vedadas, em qualquer momento ou lugar, as ofensas contra a vida, saúde e bem-estar (físico ou mental) das pessoas, tal como os atentados contra a dignidade da pessoa, a tomada de reféns, as penas colectivas ou a ameaça de cometer qualquer destes actos[3488]

As populações civis em tempo de guerra têm direito a protecção contra determinadas consequências do conflito armado (interno ou internacional), sem qualquer discriminação[3489], não devendo ser objecto de ataques ou de ameaças visando espalhar o terror[3490],

---

[3486] Cfr. artigo 75°, n° 1, do Protocolo Adicional I às Convenções de Genebra, de 12 de Agosto de 1949, relativo à protecção das vítimas dos conflitos armados internacionais, de 12 de Dezembro de 1977; artigo 4°, n° 1, do Protocolo Adicional II às Convenções de Genebra, de 12 de Agosto de 1949, relativo à protecção das vítimas dos conflitos armados não internacionais, de 12 de Dezembro de 1977.

[3487] Cfr. artigo 75°, n°s 3 a 8, do Protocolo Adicional I às Convenções de Genebra, de 12 de Agosto de 1949, relativo à protecção das vítimas dos conflitos armados internacionais, de 12 de Dezembro de 1977; artigos 4° e seguintes do Protocolo Adicional II às Convenções de Genebra, de 12 de Agosto de 1949, relativo à protecção das vítimas dos conflitos armados não internacionais, de 12 de Dezembro de 1977.

[3488] Cfr. artigo 3°, n° 1, da I Convenção de Genebra, para melhorar a situação dos feridos e doentes das forças armadas em campanha, de 12 de Agosto de 1949; artigo 3°, n° 1, da II Convenção de Genebra, para melhorar a situação dos feridos e doentes e náufragos das forças armadas no mar, de 12 de Agosto de 1949; artigo 3°, n° 1, da III Convenção de Genebra, relativa ao tratamento dos prisioneiros de guerra, de 12 de Agosto de 1949; artigo 3°, n° 1, da IV Convenção de Genebra, relativa à protecção das pessoas civis em tempo de guerra, de 12 de Agosto de 1949; artigo 75°, n° 2, do Protocolo Adicional I às Convenções de Genebra, de 12 de Agosto de 1949, relativo à protecção das vítimas dos conflitos armados internacionais, de 12 de Dezembro de 1977; artigo 4°, n° 2, Protocolo Adicional II às Convenções de Genebra, de 12 de Agosto de 1949, relativo à protecção das vítimas dos conflitos armados não internacionais, de 12 de Dezembro de 1977.

[3489] Cfr. artigos 13° e 27° da IV Convenção de Genebra, relativa à protecção das pessoas civis em tempo de guerra, de 12 de Agosto de 1949.

[3490] Cfr. artigo 51°, n° 2, do Protocolo Adicional I às Convenções de Genebra, de 12 de Agosto de 1949, relativo à protecção das vítimas dos conflitos armados internacionais, de 12 de Dezembro de 1977; artigo 13°, n° 2, do Protocolo Adicional II às Convenções de Genebra, de 12 de Agosto de 1949, relativo à protecção das vítimas dos conflitos armados não internacionais, de 12 de Dezembro de 1977.

incluindo a utilização da fome como método de guerra[3491]. Também aqui se reconhece, "em todas as circunstâncias", o direito ao respeito pela sua pessoa, a sua honra e seus direitos de família, convicções e práticas religiosas, hábitos e costumes, devendo sempre ser tratadas com humanidade[3492], nunca podendo ser usadas como escudos humanos[3493], nem sobre elas ser exercida coação física ou moral[3494], tal como se encontra vedada a adopção de qualquer medida que possa causar sofrimentos físicos ou o extermínio das pessoas protegidas, incluindo todas as brutalidades[3495], ou a tomada de reféns[3496] [3497].

[3491] Cfr. artigo 54º, nº 1, do Protocolo Adicional I às Convenções de Genebra, de 12 de Agosto de 1949, relativo à protecção das vítimas dos conflitos armados internacionais, de 12 de Dezembro de 1977; artigo 14º do Protocolo Adicional II às Convenções de Genebra, de 12 de Agosto de 1949, relativo à protecção das vítimas dos conflitos armados não internacionais, de 12 de Dezembro de 1977.
[3492] Cfr. artigo 27º da IV Convenção de Genebra, relativa à protecção das pessoas civis em tempo de guerra, de 12 de Agosto de 1949.
[3493] Cfr. artigo 28º da IV Convenção de Genebra, relativa à protecção das pessoas civis em tempo de guerra, de 12 de Agosto de 1949; artigo 51º, nº 7, do Protocolo Adicional I às Convenções de Genebra, de 12 de Agosto de 1949, relativo à protecção das vítimas dos conflitos armados internacionais, de 12 de Dezembro de 1977.
[3494] Cfr. artigo 31º da IV Convenção de Genebra, relativa à protecção das pessoas civis em tempo de guerra, de 12 de Agosto de 1949.
[3495] Cfr. artigo 32º da IV Convenção de Genebra, relativa à protecção das pessoas civis em tempo de guerra, de 12 de Agosto de 1949.
[3496] Cfr. artigo 34º da IV Convenção de Genebra, relativa à protecção das pessoas civis em tempo de guerra, de 12 de Agosto de 1949.
[3497] Ainda neste domínio, permite-se que sejam estabelecidas zonas ou localidades sanitários e de segurança para protecção especial dos feridos, doentes, velhos, crianças com menos de 15 anos, mulher grávidas e mães de crianças com menos de 7 anos (cfr. artigo 14º da IV Convenção de Genebra, relativa à protecção das pessoas civis em tempo de guerra, de 12 de Agosto de 1949), proibindo-se, "em qualquer circunstância, que os hospitais civis sejam alvo de ataques (cfr. artigo 18º, *idem*), tal como os transportes de feridos, doentes e parturientes (cfr. artigo 21º e 22º *idem*; artigos 21º a 31º do Protocolo Adicional I às Convenções de Genebra, de 12 de Agosto de 1949, relativo à protecção das vítimas dos conflitos armados internacionais, de 12 de Dezembro de 1977), além de se preverem mecanismos de protecção das crianças órfãs ou separadas das famílias (cfr. artigo 24º da IV Convenção de Genebra, relativa à protecção das pessoas civis em tempo de guerra, de 12 de Agosto de 1949) e o envio e recepção de notícias de carácter familiar (cfr. artigo 25º *idem*).

Os feridos e doentes têm de ser recolhidos e tratados[3498], devendo ser respeitados e protegidos em todas as circunstâncias, segundo princípios de humanidade e sem discriminação[3499]. Está totalmente interdito "qualquer atentado contra a sua vida e pessoa e, em especial, assassiná-los ou exterminá-los, submetê-los a torturas, efectuar neles experiências biológicas, deixá-los premeditadamente sem assistência médica ou sem tratamento, ou expô-los aos riscos do contágio ou de infecção criados para este efeito"[3500].

No que respeita aos prisioneiros de guerra, segundo o elenco convencionalmente estabelecido[3501], também eles "devem sempre ser tratados com humanidade"[3502], sendo proibido todo e qualquer acto que tenha como consequência a morte ou ponha em grave perigo a saúde, assim como a sua submissão a mutilação física ou a experiência

---

[3498] Cfr. artigo 3º, nº 2, da I Convenção de Genebra, para melhorar a situação dos feridos e doentes das forças armadas em campanha, de 12 de Agosto de 1949; artigo 3º, nº 2, da II Convenção de Genebra, para melhorar a situação dos feridos e doentes e náufragos das forças armadas no mar, de 12 de Agosto de 1949; artigo 3º, nº 2, da III Convenção de Genebra, relativa ao tratamento dos prisioneiros de guerra, de 12 de Agosto de 1949; artigo 3º, nº 2, da IV Convenção de Genebra, relativa à protecção das pessoas civis em tempo de guerra, de 12 de Agosto de 1949.

[3499] Cfr. artigo 12º da I Convenção de Genebra, para melhorar a situação dos feridos e doentes das forças armadas em campanha, de 12 de Agosto de 1949; artigo 12º da II Convenção de Genebra, para melhorar a situação dos feridos e doentes e náufragos das forças armadas no mar, de 12 de Agosto de 1949; artigo 10º do Protocolo Adicional I às Convenções de Genebra, de 12 de Agosto de 1949, relativo à protecção das vítimas dos conflitos armados internacionais, de 12 de Dezembro de 1977; artigo 7º, nº 2, do Protocolo Adicional II às Convenções de Genebra, de 12 de Agosto de 1949, relativo à protecção das vítimas dos conflitos armados não internacionais, de 12 de Dezembro de 1977.

[3500] Cfr. artigo 12º da I Convenção de Genebra, para melhorar a situação dos feridos e doentes das forças armadas em campanha, de 12 de Agosto de 1949; artigo 12º da II Convenção de Genebra, para melhorar a situação dos feridos e doentes e náufragos das forças armadas no mar, de 12 de Agosto de 1949.

[3501] Cfr. artigo 4º da III Convenção de Genebra, relativa ao tratamento dos prisioneiros de guerra, de 12 de Agosto de 1949.

[3502] Cfr. artigo 13º da III Convenção de Genebra, relativa ao tratamento dos prisioneiros de guerra, de 12 de Agosto de 1949.

médica ou científica[3503]. Encontram-se-lhes garantidos, por outro lado, os direitos ao respeito da sua pessoa e da sua honra[3504] e liberdade religiosa[3505], conservando ainda a capacidade civil[3506], vinculando-se a potência detentora às obrigações de promover gratuitamente o sustento e os cuidados médicos aos prisioneiros de guerra[3507] e ao respeito pelo princípio da não discriminação[3508].

Em todas as presentes soluções normativas observa-se, em síntese, a preocupação de reforçar a humanidade da condição do ser humano em períodos de conflito armado.

9.6.5. *Idem: (c) assistência humanitária*

A emergência humanitária, envolvendo situações dramáticas de sofrimento humano e mesmo de perda de vidas no território de um Estado por efeito de catástrofes naturais ou de casos similares, justifica, verificando-se a impossibilidade de resposta ou a insuficiência de meios do Estado em cujo território o facto sucede, a necessidade de ajuda da Comunidade Internacional junto de tais vítimas, procurando minorar, atenuar ou mesmo fazer cessar esse sofrimento. Reside aqui a ideia de assistência humanitária.

[3503] Cfr. artigo 13º da III Convenção de Genebra, relativa ao tratamento dos prisioneiros de guerra, de 12 de Agosto de 1949; artigo 11º do Protocolo Adicional I às Convenções de Genebra, de 12 de Agosto de 1949, relativo à protecção das vítimas dos conflitos armados internacionais, de 12 de Dezembro de 1977.

[3504] Cfr. artigo 14º da III Convenção de Genebra, relativa ao tratamento dos prisioneiros de guerra, de 12 de Agosto de 1949.

[3505] Cfr. artigo 34º da III Convenção de Genebra, relativa ao tratamento dos prisioneiros de guerra, de 12 de Agosto de 1949.

[3506] Cfr. artigo 14º da III Convenção de Genebra, relativa ao tratamento dos prisioneiros de guerra, de 12 de Agosto de 1949.

[3507] Cfr. artigo 15º da III Convenção de Genebra, relativa ao tratamento dos prisioneiros de guerra, de 12 de Agosto de 1949. Especificamente sobre o alojamento, a alimentação, vestuário, higiene e cuidados médicos dos prisioneiros de guerra, cfr. artigos 25º a 32º desta mesma Convenção de Genebra.

[3508] Cfr. artigo 16º da III Convenção de Genebra, relativa ao tratamento dos prisioneiros de guerra, de 12 de Agosto de 1949.

A Assembleia Geral das Nações Unidas adoptou, em 8 de Dezembro de 1988, e em 29 de Janeiro de 1991, duas Resoluções sobre a assistência humanitária às vítimas de catástrofes naturais ou de casos similares de urgência geradora de idênticos efeitos[3509].

Fundadas ambas as Resoluções no facto de a Organização das Nações Unidas ter como um dos seus fins a realização da cooperação internacional tendo em vista a resolução dos problemas económicos, sociais, intelectuais e humanitários, desenvolvendo e encorajando o respeito pelos direitos do homem e as liberdades fundamentais, as resoluções sobre a assistência humanitária às vitimas de catástrofes naturais e situações de urgência da mesma natureza permitem extrair os seguintes princípios gerais:

(i) A comunidade internacional deve responder, rápida e eficazmente, aos apelos à assistência humanitária de urgência, uma vez que se tratam de situações em que se encontram gravemente ameaçadas a saúde e a vida humanas, registando-se que deixar tais vítimas sem assistência "representa uma ameaça à vida humana e um atentado à dignidade do homem"[3510]: a assistência humanitária é um assunto de "importância prioritária"[3511];

(ii) Neste domínio, a ajuda da comunidade internacional – incluindo Estados, organizações internacionais e organizações não-governamentais –, tendo um fim exclusivamente humanitário[3512], pode envolver, designadamente, o fornecimento de alimentos, medicamentos e meios médicos[3513],

---

[3509] Cfr. Resolução nº 43/131, de 8 de Dezembro de 1988; Resolução nº 45/100, de 29 de Janeiro de 1991. Sobre o tema, cfr. FLAVIA LATTANZI, *Assistenza Umanitaria e Intervento di Umanità*, Torino, 1997, pp. 5 ss.

[3510] Cfr. Preâmbulo da Resolução nº 43/131, de 8 de Dezembro de 1988; Preâmbulo da Resolução nº 45/100, de 29 de Janeiro de 1991.

[3511] Cfr. nº 1 da Resolução nº 45/100, de 29 de Janeiro de 1991.

[3512] Cfr. nº 3 da Resolução nº 43/131, de 8 de Dezembro de 1988; Preâmbulo e nº 3 da Resolução nº 45/100, de 29 de Janeiro de 1991.

[3513] Cfr. nº 4 da Resolução nº 43/131, de 8 de Dezembro de 1988; Preâmbulo e nº 4 da Resolução nº 45/100, de 29 de Janeiro de 1991.

segundo princípios de humanidade, neutralidade e imparcialidade[3514];

(iii) Os Estados em cujo território essas situações se verificam, tal como os Estados situados na proximidade de tais zonas, devem facilitar, respectivamente, o acesso às vítimas[3515] e o trânsito da assistência humanitária[3516], sem prejuízo do respeito pela soberania, integridade territorial e unidade dos Estados e ainda do reconhecimento do papel primário do Estado em cujo território as vítimas se localizam[3517].

Transformada a ajuda ou assistência internacional num direito/ /dever da comunidade internacional[3518], deve a mesma considerar-se fundada na solidariedade inerente à natureza humana[3519]: trata-se de um valor superior que tem como referencial toda a humanidade. É, uma vez mais, o ser humano, agora como membro da família humana (v. *supra*, nº 9.6.1.), enquanto expressão da ideia de humanidade que a todos nos une, que alicerça a assistência humanitária às vítimas de situações de emergência, registando-se aqui a clara prevalência internacional dos valores humanos sobre o clássico princípio de raiz estadual da não intervenção externa[3520].

[3514] Cfr. Preâmbulo da Resolução nº 45/100, de 29 de Janeiro de 1991.

[3515] Cfr. nº 4 da Resolução nº 43/131, de 8 de Dezembro de 1988; nº 4 da Resolução nº 45/100, de 29 de Janeiro de 1991.

[3516] Cfr. nº 6 da Resolução nº 43/131, de 8 de Dezembro de 1988; nº 7 da Resolução nº 45/100, de 29 de Janeiro de 1991.

[3517] Cfr. Preâmbulo e nº 2 da Resolução nº 45/100, de 29 de Janeiro de 1991.

[3518] Cfr. DIETRICH SCHINDLER, *Direito à assistência humanitária: direito e/ou obrigação?*, in *O Direito à Assistência Humanitária*, Brasília, 1999, pp. 47 ss.

[3519] Neste sentido, cfr. CLAUDIO ZANGHI, *Fundamentos éticos e morais do direito à assistência humanitária*, in *O Direito à Assistência Humanitária*, Brasília, 1999, p. 12.

[3520] Cfr. CHARLES ZORGBIBE, *Le Droit d'Ingérence*, pp. 8 ss.

9.6.6. Idem: (d) conflito armado humanitário

Remonta ao século XIX a prática de, verificando-se massacres e perseguições arbitrárias a minorias étnicas ou religiosas num determinado Estado, se encontrar justificado o uso da força armada contra esse Estado. Havia aqui uma legitimação de uso internacional da força a favor da defesa dos direitos humanos[3521], traduzindo uma manifestação histórica da intervenção humanitária[3522].

Não obstante a proibição genérica de uso da força na Carta das Nações Unidas, salvo em casos de legítima defesa, o final do século XX veio ressuscitar o problema da legitimidade ou licitude de ser desencadeado um conflito armado em situações de violação sistemática, grave e repetida de direitos humanos por parte de um Estado ou, pelo menos, com a sua impossibilidade ou ausência de meios que lhe permitam colocar termo a essa violação dos direitos humanos[3523].

Na realidade, a internacionalização da protecção dos direitos fundamentais, fazendo das violações graves e sistemáticas dos direitos humanos e das liberdades fundamentais um problema da Comunidade Internacional e não um assunto integrante do domínio reservado dos Estados (v. *supra*, nº 7.4.7.), veio suscitar o tema da intervenção humanitária[3524].

A intervenção humanitária surge como sendo uma acção armada visando a defesa de vítimas situadas no território de outro Estado, minorando ou fazendo cessar o respectivo sofrimento humano: as razões humanitárias encontram-se presentes na legitimação do uso da força contra um Estado, sem prejuízo da proibição genérica resul-

---

[3521] Falando mesmo em "causa de justificação para o uso da força", cfr. EDUARDO CORREIA BAPTISTA, *O Poder Público Bélico em Direito Internacional: o uso da força pelas Nações Unidas em especial*, Coimbra, 2003, p. 225.

[3522] Cfr. EDUARDO CORREIA BAPTISTA, *Ius Cogens...*, pp. 166 ss.

[3523] Sobre a prática desde os anos setenta do século XX, e, em especial, os anos noventa, cfr. EDUARDO CORREIA BAPTISTA, *O Poder Público Bélico...*, pp. 233 ss. e 240 ss.; FLAVIA LATTANZI, *Assistenza...*, pp. 71 ss.

[3524] Sobre o assunto, cfr. EDUARDO CORREIA BAPTISTA, *O Poder Público Bélico...*, pp. 225 ss.; UMBERTO LEANZA, *Il Diritto Internazionale*, pp. 323 ss.; FLAVIA LATTANZI, *Assistenza...*, pp. 37 ss.

§9º Configuração Dogmática da Pessoa Humana no Direito Constitucional

tante da Carta das Nações Unidas e de declarações da sua Assembleia Geral.

Diferencia-se a intervenção humanitária da assistência humanitária, todavia, por envolver o uso da força[3525], não tendo na sua base uma catástrofe natural ou qualquer evento de natureza semelhante: a intervenção humanitária fundamenta-se num comportamento humano intencional que violando, grosseira e sistematicamente, os direitos respeitantes à vida e à integridade física, incluindo casos de limpeza étnica massiva[3526], ameaça a garantia da paz e da segurança internacionais.

É possível recortar, todavia, duas situações de uso da força com propósitos humanitários:

(i) Há, por um lado, a competência da Organização das Nações Unidas em matéria de tutela dos direitos humanos e das liberdades fundamentais[3527], incluindo a finalidade de prevenir e afastar ameaças à paz e à segurança internacionais[3528], possibilitando-se aqui, desde que exista permissão do Conselho de Segurança, um uso habilitado da força com fins humanitários, nos termos do Capítulo VII da Carta das Nações Unidas[3529];

(ii) Existem, por outro, situações de Estados que, usando autonomamente a força, sem expressa habilitação prévia das Nações Unidas, o fazem invocando razões humanitárias[3530]. É aqui que se coloca o verdadeiro problema da intervenção humanitária. Não se mostrando possível defender a sua licitude, sem prejuízo da possível exclusão da responsabilidade dos intervenientes, desde que se verifique o reconhecimento da existência de uma efectiva situação humanitária pelas Nações

---

[3525] Cfr. EDUARDO CORREIA BAPTISTA, *O Poder Público Bélico...*, pp. 226 ss.
[3526] Cfr. EDUARDO CORREIA BAPTISTA, *O Poder Público Bélico...*, p. 253.
[3527] Cfr. artigo 1º, nº 3, da Carta das Nações Unidas.
[3528] Cfr. artigo 1º, nº 1, da Carta das Nações Unidas.
[3529] Cfr. EDUARDO CORREIA BAPTISTA, *O Poder Público Bélico...*, p. 226; UMBERTO LEANZA, *Il Diritto Internazionale*, pp. 333 ss.
[3530] Cfr. UMBERTO LEANZA, *Il Diritto Internazionale*, pp. 337 ss.

Unidas[3531]: na proibição do uso da força, enquanto norma humanitária[3532], reside o fundamento da ilicitude da intervenção humanitária, pois qualquer conflito armado é a maior ameaça contra os direitos dos seres humanos[3533].

Nas sugestivas palavras de Eduardo Correia Baptista, "um conflito armando constitui o atentado paradigmático aos mais básicos valores humanitários"[3534].

9.6.7. *Idem: (e) crimes contra a humanidade*

No final da II Guerra Mundial, sem esquecer a anterior "Declaração de St. James", de 13 de Janeiro de 1942[3535], perante as atrocidades do regime nazi, os aliados, nos termos do Acordo de Londres, de 8 de Agosto de 1945, resolveram instituir um tribunal militar internacional destinado a julgar os responsáveis do regime nazi[3536], tendo a sua sede em Nuremberga, verificando-se que no seu anexo, designado Carta do

---

[3531] Cfr. EDUARDO CORREIA BAPTISTA, *O Poder Público Bélico...*, pp. 251 e ss.., em especial, p. 259.

[3532] Neste sentido, cfr. EDUARDO CORREIA BAPTISTA, *O Poder Público Bélico...*, p. 260.

[3533] Cfr. EDUARDO CORREIA BAPTISTA, *Ius Cogens...*, p. 429; IDEM, *O Poder Público Bélico...*, p. 260.

[3534] Cfr. EDUARDO CORREIA BAPTISTA, *O Poder Público Bélico...*, p. 73.

[3535] Nos termos da "Declaração de St. James", nove governos europeus afirmavam o propósito de levar a julgamento os responsáveis pelos crimes cometidos pelas Potências do Eixo nos territórios ocupados, cfr. PAOLA MORI, *L'Istituzionalizzazione della Giurisdizione Penale Internazionale*, Torino, 2001, p. 6.

[3536] Remonta ao termo da I Guerra Mundial, no entanto, o propósito de submeter a julgamento internacional, nos termos do artigo 227º do Tratado de Paz com a Alemanha, celebrado em 28 de Junho de 1919, o Kaiser Guilherme II, acusado de "ofensa suprema contra a moral internacional e a autoridade sagrada dos tratados", cfr. UMBERTO LEANZA, *Il Diritto Internazionale*, p. 298; ANTONIO CASSESE, *Diritto Internazionale*, II, p. 167; PAOLA MORI, *L'Istituzionalizzazione...*, pp. 2 ss.

Tribunal Militar Internacional, surge o conceito de "crimes contra a humanidade"[3537].

Integram o conceito de crimes contra a humanidade, a título exemplificativo, os seguintes actos: "assassínio, extermínio, redução à condição de escravo, deportação e outros actos desumanos praticados contra qualquer população civil, antes ou depois da guerra; ou perseguições por motivos políticos, raciais ou religiosos, quando tais actos sejam praticados ou tais perseguições sejam levadas a cabo em execução ou em conexão com qualquer crime abrangido pela Jurisdição do Tribunal, em violação ou não do direito interno do país onde foram cometidos"[3538].

Manifesta-se aqui, pela primeira vez, uma preocupação internacional de tutela jurídico-penal da humanidade: a humanidade torna-se um bem jurídico objecto de protecção criminal[3539] ou, segundo diferente entendimento, a humanidade aparece aqui identificada com o próprio conceito de ser humano[3540].

O mesmo conceito de crimes contra a humanidade viria a ser consagrado na Carta do Tribunal Militar Internacional para o Extremo Oriente, vulgarmente designado de Tribunal de Tóquio[3541]. E a Assembleia Geral das Nações adoptou, em 1946, uma resolução que, por unanimidade, confirma os princípios do Tribunal Militar Internacional[3542].

Seria nos anos noventa do século XX, todavia, que a temática dos crimes contra a humanidade, enquadrados no âmbito mais vasto das violações ao Direito Internacional Humanitário como ameaças à paz e

---

[3537] Para uma recolha destes textos jurídicos, cfr. MARIA JOSÉ RANGEL DE MESQUITA, *Direito Internacional Penal e Ordem Jurídica Portuguesa*, Lisboa, 2006, pp. 15 ss.

[3538] Cfr. artigo 6º, alínea c), da Carta do Tribunal Militar Internacional, constituído nos termos do Acordo de Londres, de 8 de Agosto de 1945. Em sentido semelhante, cfr. Princípio VI dos designados "Princípios de Nuremberga".

[3539] Cfr. IVO MIGUEL BARROSO, *O acordo...*, pp. 376 ss.

[3540] Cfr. ANTONIO CASSESE, *Diritto Internazionale*, II, p. 150.

[3541] Cfr. artigo 5º, alínea c), da Carta do Tribunal Militar Internacional para o Extremo Oriente.

[3542] Cfr. Resolução nº 95/1, de 11 de Novembro de 1946.

à segurança internacionais[3543], vem conhecer uma nova fase de desenvolvimento no contexto das Nações Unidas[3544], visível em três momentos:

(i) Num primeiro momento, em 1993, através da constituição do Tribunal Internacional para a ex-Jugoslávia[3545], destinado a julgar "as pessoas suspeitas de serem responsáveis por violações graves ao direito internacional humanitário cometidas no território da ex-Jugoslávia desde 1991"[3546], resultando do artigo 5º do Estatuto do Tribunal Internacional a referência aos crimes contra a humanidade[3547];

(ii) Num segundo momento, em 1994, através da constituição de um Tribunal Internacional para o Ruanda[3548], igualmente destinado a julgar os responsáveis por actos de genocídio ou outras violações do Direito Internacional Humanitário, salientando-se que também o Estatuto deste Tribunal contempla no seu artigo 3º a figura dos crimes contra a humanidade[3549];

(iii) Finalmente, em 1998, a criação do Tribunal Penal Internacional, nos termos do seu Estatuto de Roma, reconhecendo que

---

[3543] Neste sentido, cfr. preâmbulo da Resolução nº 808 (1993), de 22 de Fevereiro de 1993, adoptada pelo Conselho de Segurança das Nações Unidas na sua 3175ª sessão; preâmbulo da Resolução nº 955 (1994), de 8 de Novembro de 1994, adoptada pelo Conselho de Segurança das Nações Unidas na sua 3453ª sessão; preâmbulo do Estatuto de Roma do Tribunal Penal Internacional.

[3544] Para uma síntese da evolução do problema nas Nações Unidas, desde 1948, cfr. PAOLA MORI, *L'Istituzionalizzazione...*, pp. 10 ss.

[3545] Cfr. PAOLA MORI, *L'Istituzionalizzazione...*, pp. 21 ss.

[3546] Cfr. nº 1 da Resolução nº 808 (1993), de 22 de Fevereiro de 1993, confirmada pelo nº 2 da Resolução nº 827 (1993), de 25 de Maio de 1993, adoptada pelo Conselho de Segurança das Nações Unidas na sua 3217ª sessão.

[3547] Cfr. anexo à Resolução nº 827 (1993), de 25 de Maio de 1993, do Conselho de Segurança das Nações Unidas.

[3548] Cfr. Resolução nº 955 (1994), de 8 de Novembro de 1994, do Conselho de Segurança das Nações Unidas. Para mais desenvolvimentos, cfr. PAOLA MORI, *L'Istituzionalizzazione...*, pp. 63 ss.

[3549] Cfr. Anexo à citada Resolução nº 955 (1994), de 8 de Novembro de 1994.

§9º *Configuração Dogmática da Pessoa Humana no Direito Constitucional* 523

durante o século XX "milhões de crianças, homens e mulheres têm sido vítimas de atrocidades inimagináveis que chocam profundamente a consciência da Humanidade"[3550], vem confiar-lhe competência para julgar crimes de genocídio, guerra[3551], agressão e também os crimes contra a Humanidade[3552].

Circunscrevendo as referências aos crimes contra a Humanidade[3553], verifica-se que o respectivo conceito, além de passar agora a conter um elenco de noções esclarecedoras do sentido de cada um dos respectivos actos[3554], e na sequência da tradição anterior[3555], compreende, num "quadro de um ataque, generalizado ou sistemático, contra qualquer população civil"[3556], os seguintes actos: o homicídio, o extermínio, a escravidão, a deportação ou transferência forçada de uma população, a prisão ou qualquer outra forma ilegal de privação grave da liberdade física, a tortura, a violação, a escravatura sexual, a prostituição forçada, a gravidez à força, a esterilização à força ou qualquer outra forma de violência no campo sexual de gravidade comparável, a perseguição de um grupo ou colectividade por motivos políticos, raciais,

---

[3550] Cfr. Preâmbulo do Estatuto de Roma do Tribunal Penal Internacional.

[3551] Note-se, neste contexto, que o conceito de crimes de guerra não compreende hoje apenas actos ou omissões praticadas no decurso de um conflito armado internacional, abrangendo também situações no âmbito de conflitos armados internos, cfr., neste sentido, artigo 8º, nº 2, alíneas c) e e) do Estatuto de Roma do Tribunal Penal Internacional. No mesmo sentido, tomando como referência a jurisprudência internacional, cfr. ANTONIO CASSESE, *Diritto Internazionale*, II, p. 141.

[3552] Cfr. artigo 5º do Estatuto de Roma do Tribunal Penal Internacional.

[3553] Sublinhando a complexidade da estrutura do artigo 7º do Estatuto de Roma do Tribunal Penal Internacional, cfr. PAOLA MORI, *L'Istituzionalizzazione...*, p. 160.

[3554] Cfr. artigo 7º, nº 2, do Estatuto de Roma do Tribunal Penal Internacional.

[3555] Neste sentido se entendem os actos já anteriormente definidos nos Estatutos dos Tribunais de Nuremberga e Tóquio como crimes contra a humanidade, passando agora também a incorporar o contributo proveniente dos novos actos integrantes do conceito de crimes contra a humanidade resultante dos Estatutos dos Tribunais Internacionais para a ex-Jugoslávia e o Ruanda. Cfr. PAOLA MORI, *L'Istituzionalizzazione...*, p. 161.

[3556] Cfr. artigo 7º, nº 1, do Estatuto de Roma do Tribunal Penal Internacional.

nacionais, étnicos, culturais, religiosos ou de sexo, o desaparecimento forçado de pessoas, o *apartheid* e ainda "outros actos desumanos de carácter semelhante que causem intencionalmente grande sofrimento, ferimentos graves ou afectem a saúde mental ou física"[3557].

Reside aqui, sem embargo das preocupações que o Estatuto do Tribunal Penal Internacional também revela com a garantia da vida, da integridade física e da dignidade da pessoa humana no âmbito da tipificação de condutas subsumíveis nos crimes de genocídio[3558] e de guerra[3559], a actual dimensão de um Direito Penal Internacional ao serviço do ser humano, protegendo-se, deste modo, a própria humanidade: os crimes contra a humanidade representam somente uma parcela da genérica preocupação internacional com a condição humana e as violações mais grosseiras da "consciência da Humanidade"[3560].

[3557] Cfr. artigo 7°, n° 1, do Estatuto de Roma do Tribunal Penal Internacional. Neste último sentido, a letra k) do artigo 7°, n° 1, consagra uma "cláusula de abertura" em matéria de tipicidade criminal, existindo mesmo quem fale numa indeterminação violadora do princípio da legalidade, cfr. PAOLA MORI, *L'Istituzionalizzazione...*, p. 162.

[3558] Cfr. artigo 6° do Estatuto de Roma do Tribunal Penal Internacional.

[3559] Cfr. artigo 8° do Estatuto de Roma do Tribunal Penal Internacional.

[3560] Expressão utilizada no Preâmbulo do Estatuto de Roma do Tribunal Penal Internacional.

§10º
DO ESTADO DE DIREITOS FUNDAMENTAIS AO ESTADO DE DIREITOS HUMANOS

10.1. O Estado de direitos humanos como Estado de direitos fundamentais

10.1.1. *Estado de direitos fundamentais*

A identificação do moderno Estado de Direito como sendo um "Estado de direitos fundamentais"[3561], enquanto modelo político apostado na garantia de efectivação dos direitos e liberdades fundamentais do homem, mereceu já a nossa expressa adesão[3562], sublinhando-se que se trata de um Estado baseado no homem e ao serviço do homem[3563]: o "Estado de direitos fundamentais" alicerça-se no respeito pela dignidade da pessoa humana, encontrando-se ao serviço da garantia da inviolabilidade dessa mesma dignidade que é inerente a cada pessoa individual e concreta[3564].

Neste último sentido, a expressão Estado de direitos humanos, nunca deixando de traduzir um "Estado de direitos fundamentais", visa

---

[3561] Sobre a expressão "Estado de Direitos fundamentais", cfr. GOMES CANOTILHO / VITAL MOREIRA, *Fundamentos da Constituição*, Coimbra, 1991, p. 83.

[3562] Cfr. PAULO OTERO, *O Poder de Substituição...*, II, pp. 528 e 531 ss.

[3563] Cfr. PAULO OTERO, *A Democracia Totalitária*, p. 23.

[3564] Cfr. PAULO OTERO, *A crise do Estado de direitos fundamentais: o conceito de Estado de direitos humanos*, in *Argumentum – Revista Científica de Direito da Faculdade Marista Recife*, vol. 2º, 2006, p. 11.

combater um certo esvaziamento do núcleo genético do "Estado de direitos fundamentais"[3565], clarificando e destacando de forma mais radical que a centralidade do Estado e do seu sistema de direitos fundamentais reside na pessoa humana, viva e concreta, e no respeito pela sua inviolável dignidade como ser único e irrepetível: não são todos os direitos fundamentais ou os direitos fundamentais de todos os substratos personalizados que caracterizam o Estado de direitos humanos, antes essa identificabilidade se circunscreve aos direitos ligados à natureza humana.

O Estado de direitos humanos traduz uma manifestação do conceito de "Estado humano" formulado por João Paulo II (v. *supra*, nº 9.1.1.): trata-se de um modelo de sociedade política que reconhece "como seu dever primário a defesa dos direitos fundamentais da pessoa humana, especialmente da mais débil"[3566].

O Estado de direitos humanos é também um "Estado antropologicamente amigo"[3567], dizendo-nos que é em torno do ser humano que se devem estruturar as instituições políticas, o sistema normativo e tudo quanto existe na sociedade.

10.1.2. *O Estado de direitos humanos: razões da preferência*

Identificada a pessoa humana como o sujeito, o princípio e o fundamento do sistema jurídico e político da sociedade, encontrando-se na luta do homem pelo reconhecimento da sua humanidade e da humanidade dos seus semelhantes o sentido último da História, a expressão "Estado de direitos fundamentais" revela-se demasiado ampla e vaga: a essência do Estado não está em garantir ou permitir a efectivação de direitos a quem não é pessoa humana, tal como sucede com as pessoas colectivas (públicas ou privadas, nacionais ou estrangeiras, internas ou internacionais), antes se encontra essa essência na garantia dos direitos do ser humano.

[3565] Cfr. PAULO OTERO, *A Democracia Totalitária*, pp. 153 ss.
[3566] Cfr. JOÃO PAULO II, *Carta Encíclica «Evangelium Vitae»*, nº 101.
[3567] Cfr. GOMES CANOTILHO / VITAL MOREIRA, *Fundamentos da Constituição*, p. 83.

§10º *Do Estado de Direitos Fundamentais ao Estado de Direitos Humanos* 527

É em torno da pessoa humana que a sociedade se estruturou, o Estado encontra justificação e o Direito tem o seu referencial axiológico (v. *supra*, nº 1.2.3.): o Estado de Direitos humanos procura traduzir uma síntese destas três ideias nucleares do fenómeno constitucional.

A expressão "Estado de direitos humanos" torna-se, por isso, mais rigorosa, em confronto com a expressão "Estado de direitos fundamentais", excluindo o acessório e concentrando-se no essencial: o estatuto da pessoa humana como protagonista do Estado, do Direito e da História.

Não será exagero afirmar, por outro lado, que, a partir das últimas décadas do século XX, há uma progressiva perda da "fundamentalidade" do conceito de direitos fundamentais, recomendando-se, também neste sentido, um regresso terminológico à expressão "direitos humanos": o "Estado de direitos humanos" traduz um modelo materialmente mais exigente e rigoroso de "Estado de direitos fundamentais".

Observemos, seguidamente, o mencionado fenómeno de debilitação da "fundamentalidade" dos direitos fundamentais.

10.2. Debilitação da "fundamentalidade" dos direitos fundamentais

10.2.1. *O alargamento do conceito de "direito fundamental"*

Regista-se hoje, observando a evolução das últimas décadas, o culminar de um progressivo alargamento da noção de "fundamentalidade" dos direitos: ao lado dos direitos inerentes a toda a pessoa humana – estes, indiscutivelmente, dotados na sua essência de uma "fundamentalidade" natural, enquanto expressão da caracterização do ser humano como indivíduo, membro da colectividade ou da grande família humana que representa a humanidade –, começaram a surgir direitos "fundamentais" de certas categorias particulares de indivíduos (v.g., direitos dos trabalhadores, direitos dos estudantes, direitos dos homossexuais, direitos dos portadores de HIV), ampliando-se mesmo a titularidade de "direitos fundamentais" às pessoas colectivas e, dentro destas últimas, às próprias entidades públicas.

Esse alargamento do conceito de "direito fundamental", fazendo englobar nessa categoria realidades tão diferentes entre si, acaba por comportar uma verdadeira debilitação ou adulteração da "fundamentalidade" do próprio conceito de direito fundamental[3568]: desde o direito à inviolabilidade da vida humana, tido como direito fundamental, até ao direito de antena dos partidos políticos e outras organizações, também qualificado como direito fundamental, tudo se encontra compreendido na mesma categoria, não obstante as visíveis diferenças de natureza e de "fundamentalidade".

O fenómeno debilitador descrito pode mesmo atingir proporções dramáticas com um reconhecimento ilimitado de direitos fundamentais a entidades públicas, designadamente ao Estado[3569], circunstância que, transformando em sujeito activo de direitos fundamentais quem foi pensado como sendo sempre seu sujeito passivo, poderá gerar verdadeiros "contra-direitos": direitos fundamentais de entidades públicas cujo exercício provoque concorrência limitativa, condicionante ou compressiva de direitos, liberdades ou garantias de particulares. Neste preciso contexto, exemplifique-se, a discussão em torno da natureza jurídica da iniciativa económica pública torna-se ilustrativa do problema[3570]: será que estamos diante de um direito fundamental das entidades públicas ou de um poder funcional?

10.2.2. *Despersonalização e diluição da "fundamentalidade"*

A mencionada debilitação da "fundamentalidade" dos direitos fundamentais surge tanto mais reforçada quanto se assiste à despersonalização de certos "direitos fundamentais", dotados materialmente

---

[3568] Cfr. INGO WOLFGANG SARLET, *A Eficácia dos Direitos Fundamentais*, Porto Alegre, 1998, p. 55.

[3569] Sobre a temática da "substancialização" do Estado através do reconhecimento a si próprio de direitos fundamentais, cfr. NICOLÁS MARÍA LÓPEZ CALERA, *Yo, el Estado*, pp. 45 ss.

[3570] Para uma discussão do problema nos termos equacionados, cfr. PAULO OTERO, *Vinculação e Liberdade de Conformação Jurídica do Sector Empresarial do Estado*, pp. 122 ss., em especial, pp. 123-124.

da natureza de verdadeiros interesses difusos ou interesses colectivos (v.g., direito ao ambiente, direito ao património cultural). Trata-se de "direitos" que surgem sem qualquer suporte subjectivo individualizável, havendo mesmo quem lhes negue "um qualquer conteúdo jurídico"[3571], provocando essa evolução constitucional uma progressiva conversão de todo o tipo de incumbências ou tarefas fundamentais do Estado em direitos fundamentais e, simultaneamente, uma confusão conceptual entre diferentes posições jurídicas: aquilo que são poderes funcionais ou deveres fundamentais surgem expressamente qualificados de direitos fundamentais, assistindo-se a casos de identificação conceitual entre simples direitos subjectivos e direitos fundamentais.

Uma tal extensão ilimitada dos direitos fundamentais, designadamente através de sucessivas vagas qualificativas de meras posições jurídicas activas reconduzíveis a interesses difusos, expectativas jurídicas ou simples direitos subjectivos como sendo "direitos fundamentais", mostra-se passível de gerar uma concorrência limitativa, senão mesmo diversas colisões ou conflitos de operatividade, relativamente a verdadeiros direitos fundamentais já existentes que, por esta via, vão tendo o seu espaço de operatividade restringido e, nestes termos, definhando, isto num processo de progressiva debilitação ou erosão.

No limite, sabendo-se que não há uma elasticidade ilimitada de direitos fundamentais, um alargamento artificial de novos direitos fundamentais, especialmente através da "promoção" constitucional de realidades dotadas de uma diferente natureza ou da qualificação legal como tais por força do princípio da não tipicidade, provocará uma diluição da "fundamentalidade" de cada direito, restringindo a operatividade daqueles que são verdadeiramente fundamentais e, ao mesmo tempo, ampliando a esfera daqueles que carecem de tal "fundamentalidade": o essencial cederá perante o acessório, convertendo-se este em fundamental e aquele em secundário.

Torna-se necessário, num tal cenário de desorientação da "fundamentalidade" de posições jurídicas subjectivas com assento constitucional, apelar a um critério substantivo diferenciador de direitos funda-

---

[3571] Neste sentido, especificamente quanto ao direito ao ambiente, cfr. CARLA AMADO GOMES, *Risco e Modificação...*, p. 133.

mentais em sentido material e de direitos fundamentais em sentido formal: só os direitos fundamentais em sentido material, decorrendo da essência da natureza do ser humano e da sua dignidade inviolável, integram o conceito de Estado de direitos humanos.

Neste reforço da "fundamentalidade" dos direitos fundamentais se diferencia também o Estado de direitos humanos de um modelo de "Estado de direitos fundamentais" aberto a um qualquer sentido formal de direitos fundamentais: nem tudo pode receber o qualificativo de direito fundamental, encontrando-se o legislador constituinte e o legislador ordinário limitados na sua capacidade criativa de direitos por si qualificados de "fundamentais", razão pela qual se pode afirmar que o Estado de direitos humanos é juridicamente mais exigente em matéria de direitos fundamentais.

10.2.3. *Tentativa de direitos fundamentais contrários à dignidade humana*

Não está mesmo excluído que, num cenário de perda da noção da "fundamentalidade", se procure reivindicar e qualificar como expressão de direitos fundamentais certos comportamentos que, por acção ou omissão, se traduzam, segundo o ordenamento jurídico até então vigente, em ilícitos criminais ou em actos atentatórios da dignidade humana, expressando a violação de direitos fundamentais até então dotados de uma integral protecção jurídico-criminal ou cuja garantia da dignidade de cada pessoa impede a sua legitimação jurídica como "direitos fundamentais": a passagem de um comportamento do núcleo da tipicidade criminal para objecto de tutela por uma norma jusfundamental poderá bem traduzir uma inversão de valores atentatória da dignidade humana.

Numa tal situação de desorientação axiológica sobre a essência da "fundamentalidade" dos direitos fundamentais, deixando de se tomar como referencial o ser humano e a sua dignidade, tudo se torna possível: o ser humano poderá bem ser configurado como simples meio, negando-se-lhe o princípio da humanidade que o faz sempre ser um fim em si mesmo (v. *supra*, n° 4.2.2.), edificando-se, nesse contexto, um sistema de direitos fundamentais formais que são atentatórios da dignidade humana.

Dois exemplos ilustram o último cenário descrito:

(i) A reivindicação da existência de um "direito ao aborto"[3572], enquanto direito fundamental de cada mulher a dispor livremente do seu próprio corpo, traduz a conversão de um crime num direito fundamental[3573], significando, desde que a interrupção voluntária da gravidez se faça por mero capricho ou vontade da mulher, numa forma de desprotecção integral da vida humana pré-natal até ao momento em que o aborto seja legalmente possível: o direito da mulher a dispor livremente do seu próprio corpo é atentatório de um mínimo de protecção constitucional devida à vida humana ainda não nascida, transformada que se encontra essa vida humana num mero meio de satisfação do direito da mulher a dispor da vida de um ser como se fosse uma simples parte do seu próprio corpo[3574] – na luta entre os mais débeis e os mais poderosos, a ordem jurídica passará a fazer prevalecer a vontade e os interesses dos mais poderosos, situação completamente inadmissível num verdadeiro Estado de direitos humanos;

(ii) A reivindicação de um "direito a se prostituir"[3575], também como expressão do direito fundamental de cada um a dispor do seu próprio corpo, envolveria a legitimação de direitos fundamentais atentatórios da dignidade humana, tornando-se a pessoa humana um simples meio ao serviço do capricho ou

---

[3572] Neste sentido, cfr. GILLES LEBRETON, *Libertès Publiques et Droits de l'Homme*, 2ª ed., Paris, 1996, p. 232.

[3573] Sobre a temática dos crimes "convertidos" em direitos ou expressões da liberdade individual, cfr., por todos, JOÃO PAULO II, *Carta Encíclica «Evangelium Vitae»*, nos 4, 11 e 18.

[3574] No limite, é ainda retomar o sentido jurídico proveniente do velho Direito Romano que via no ser humano antes do nascimento uma "porção da mulher ou das suas vísceras" (v. *supra*, nº 3.5.3.).

[3575] Utilizando essa mesma expressão, cfr. GILLES LEBRETON, *Libertès Publiques...*, p. 230.

da satisfação de desejos sexuais de terceiro: ninguém pode renunciar à sua própria dignidade, inexistindo autonomia ou liberdade para, voluntariamente, abdicar do estatuto de, enquanto pessoa, ser um fim em si mesmo, reconduzindo-se a simples meio ou coisa – tal como Kant sublinha, não pode existir autonomia contrária à dignidade (v. *supra*, n° 4.2.3.), razão pela qual nem tudo o que possa dizer ser (ou querer como) "direito fundamental" é efectivo direito fundamental num Estado de direitos humanos.

Em todos estes exemplos, sem prejuízo de múltiplos outros (v.g., eutanásia, pedofilia), a consagração legal ou mesmo constitucional de tais hipotéticos "direitos" nunca se poderá ter como legítima ou válida: num Estado de direitos humanos não é a lei ou a Constituição que surge como padrão de validade material dos direitos fundamentais, antes esse referencial se encontra na própria natureza do ser humano.

Neste domínio, podem existir direitos que, apesar de formalmente merecerem o qualificativo de "fundamentais", se devem ter, em termos materiais, atendendo à sua conexão com a natureza da pessoa humana e à sua inviolável dignidade, como verdadeiros "não-direitos": a admissibilidade de um direito à escravatura, por expressa vontade da pessoa, ou a institucionalização do direito à interrupção da gravidez, por simples vontade ou capricho da mulher, configuram exemplos de falsos direitos.

Em última análise, a debilitação da "fundamentalidade" dos direitos fundamentais acabará sempre por esvaziar o próprio conceito em causa, matando a essência da noção de direito fundamental: direito fundamental é tudo e não será nada.

Ora, esse é um efeito que o Estado de direitos humanos procura combater, tornando a natureza da pessoa humana e a sua dignidade os critérios últimos de aferição material da "fundamentalidade" dos direitos fundamentais: o Estado de direitos humanos não permite que o Estado de direitos fundamentais se converta num Estado "fundamentalmente" formal.

10.2.4. *O formalismo do Estado de direitos fundamentais: o perigo da abertura constitucional*

Não se desconhece que uma tentativa metodológica de hierarquização de direitos fundamentais, designadamente através da dicotomia entre direitos decorrentes da essência da natureza do ser humano e da sua dignidade inviolável, por um lado, e todos os restantes direitos (v. *supra*, n° 10.2.2.), poderá atenuar o formalismo crescente da noção de "direito fundamental" e, neste preciso sentido, do próprio conceito de "Estado de direitos fundamentais": o Estado de direitos humanos centra-se num sistema material de direitos fundamentais, isto é, em direitos que têm como referencial axiológico da sua fundamentalidade a respectiva conexão com a natureza da pessoa humana e a sua dignidade (v. *supra*, n°s 10.2.2. e 10.2.3.)

A verdade, porém, é que por via do alargamento e da inerente debilitação ou erosão da "fundamentalidade" dos direitos fundamentais se deixa aberta a porta para o esvaziamento do conceito de "Estado de direitos fundamentais", substituindo-se uma dimensão substantiva e qualitativa dos direitos fundamentais, por uma mera visão formal e quantitativa: se direito fundamental pode ser tudo aquilo que o legislador (constituinte ou ordinário) entender, então o "Estado de direitos fundamentais" expressa uma forma sem um conteúdo necessariamente ao serviço da pessoa humana viva e concreta e da sua inviolável dignidade.

Esvaziado o conceito de "Estado de direitos fundamentais", qualquer conteúdo de uma posição jusfundamental será legítimo, incluindo a perversão do "Estado de direitos fundamentais" mediante a atribuição pelo Estado a si próprio de direitos fundamentais oponíveis aos particulares ou pela reivindicação de se qualificarem como direitos fundamentais acções ou omissões que são, por natureza, crimes ou condutas atentatórias de direitos fundamentais directamente decorrentes do princípio da dignidade humana.

Num tal cenário de completa subversão de valores, a absolutização totalitária do Estado regressará pela mão manipuladora dos direitos por si qualificados de fundamentais: sendo o próprio Estado dotado de direitos fundamentais e gozando de uma capacidade ilimitada de criar tantos novos direitos "fundamentais" que debilite ou destrua os existentes, sem que exista qualquer limite decorrente da sua necessária conexão com a essência da natureza do ser humano e da sua dignidade inviolável, o Estado voltará a tornar-se senhor dos direitos fundamentais.

Neste contexto, a existência de uma cláusula aberta em matéria de direitos fundamentais poderá tornar-se o "cavalo de Tróia" de um sistema constitucional típico de um Estado de direitos fundamentais: tudo poderá merecer o qualificativo de direito fundamental, desde que corresponda à vontade do Estado e tenha sido objecto de formalização nos termos orgânicos e procedimentais da Constituição.

É contra este sentido perverso da evolução da História das últimas décadas que importa redescobrir o conceito de "direitos humanos", enquanto expressão de posições jusfundamentais conexas com a essência da natureza do ser humano e da sua dignidade, conferindo substancialidade ou materialidade ao "Estado de direitos fundamentais", exigindo-se que este se assuma como "Estado de direitos humanos".

Compreende-se, por isso, que a cláusula aberta não possa converter-se num mecanismo de destruição, esvaziamento ou adulteração da materialidade dos direitos fundamentais: a constitucionalização de novos direitos fundamentais por via da cláusula aberta não pode traduzir uma manifestação da arbitrariedade do Estado como "dono" dos direitos fundamentais. É ainda à luz da respectiva conexão com a essência da natureza do ser humano e da sua dignidade inviolável que a cláusula aberta pode proceder à constitucionalização de novos direitos fundamentais.

Em síntese, a legitimação e validade dos direitos fundamentais não se encontra no facto de serem criados pelo Estado e nos termos da Constituição, antes a sua materialidade reside na referida conexão com a natureza do ser humano e a sua dignidade inviolável: esse é o núcleo de afirmação do Estado de direitos humanos como realidade constitucional.

10.3. Responsabilidade pelos direitos fundamentais

10.3.1. *Responsabilidade e tarefas fundamentais*

Os direitos fundamentais convocam, desde logo, o Estado e as demais entidades públicas à sua garantia e efectivação: todas as entidades públicas se encontram especialmente vinculadas às normas sobre direitos fundamentais, enquanto principais sujeitos passivos das respectivas vinculações constitucionais, traduzindo-se o seu respeito e a sua implementação numa tarefa fundamental do Estado ou, em termos mais genéricos, uma incumbência jurídica pública.

Essas tarefas ou incumbências públicas consubstanciam-se em verdadeiras normas de competência ou normas-tarefa[3576] que têm como destinatário principal o Estado, sendo possível recortar uma pluralidade de vinculações públicas relacionadas com os direitos fundamentais:

(i) Há, em primeiro lugar, uma função de defesa, garantia ou respeito dos direitos e liberdades: as entidades públicas não devem intervir ou ingerir-se num espaço de liberdade próprio do indivíduo e de autonomia da sociedade civil, adoptando aqui uma postura essencialmente abstencionista, salvo se a intervenção se justificar para garantir a segurança ou restabelecer as condições de exercício da liberdade;

(ii) Regista-se, em segundo lugar, uma função de prestação social: as entidades públicas devem promover o bem-estar social[3577], desenvolvendo tarefas tendentes à satisfação das necessidades económicas, sociais e culturais, encontrando-se-lhes vedado atentar contra a consagração ou o conteúdo dos direitos fundamentais objecto de implementação, salvo existindo razão justificativa válida;

[3576] Cfr. JOSÉ CASALTA NABAIS, *Dos direitos fundamentais*, p. 277.

[3577] Especificamente sobre o bem-estar e as tarefas fundamentais do Estado, cfr. PAULO OTERO, *O Poder de Substituição...*, II, pp. 591 ss.

(iii) Observa-se, em terceiro lugar, uma função de protecção perante terceiros: as entidades públicas têm a incumbência constitucional de emanar medidas (legislativas e administrativas) tendentes a impedir ou a reprimir a lesão de posições jurídicas subjectivas das pessoas, por acções ou omissões de quaisquer terceiros (públicos ou privados, nacionais ou estrangeiros), incluindo um sistema policial, militar e judicial, garantindo este último o acesso de todos à justiça (cível, penal, administrativa, constitucional) e o inerente dever de julgar em tempo útil;

(iv) Encontra-se ainda, por último, uma função autónoma de combate à discriminação entre seres humanos: as entidades públicas procuram eliminar todas as manifestações de violação do princípio da igual dignidade de todos os seres humanos perante a lei, promovendo, simultaneamente, uma acção positiva de inserção social (igualdade social material) e de combate a preconceitos sociais (igualdade social cultural), sem embargo do respeito e da garantia do direito à diferença ao nível da liberdade de opinião de quem defende a discriminação "politicamente incorrecta".

É neste contexto de normas definidores de tarefas fundamentais do Estado – e, a título subsidiário, da intervenção das restantes entidades públicas – que se projecta a responsabilidade pública pelos direitos fundamentais definida pela Constituição: o Estado de direitos humanos traduz um modelo de sociedade política responsabilizadora das entidades públicas pelos direitos fundamentais.

10.3.2. *Responsabilidade e deveres fundamentais*

A responsabilidade pelos direitos fundamentais não se esgota, todavia, em normas definidoras de tarefas fundamentais ou incumbências prioritárias do Estado e demais entidades públicas: a responsabilidade pelos direitos fundamentais pressupõe sempre a existência de deveres fundamentais.

Não obstante o tema dos deveres fundamentais se poder considerar fora de moda (v. *supra*, n° 8.5.1.), uma vez que o Estado de direitos fundamentais, por oposição aos modelos totalitários[3578], tem acentuado os direitos e esquecido os deveres, o certo é que os deveres fundamentais se configuram como a "face oculta" dos direitos fundamentais e, neste sentido, do próprio estatuto constitucional do indivíduo[3579].

Tem sido ao nível da doutrina social da Igreja que, desde a Encíclica *Rerum Novarum*, se tem sublinhado a íntima ligação entre direitos e deveres, reafirmada expressamente por João XXIII[3580], acabando Bento XVI por afirmar, já em 2007, que os direitos do homem implicam sempre deveres[3581].

Num Estado de direitos humanos, configurada a centralidade da pessoa humana viva e concreta e da sua inviolável dignidade em todo o sistema de direitos fundamentais em sentido material[3582], torna-se óbvio que também os deveres fundamentais integrem a "Constituição do indivíduo ou da pessoa humana"[3583]: tal como os direitos humanos, igualmente os deveres fundamentais encontram o seu fundamento último no ser humano e na sua dignidade[3584], não se compreendendo a imagem antropológica de uma pessoa sem deveres[3585].

Os deveres fundamentais desempenham, neste contexto, uma tripla função:

(i) Eles representam, em primeiro lugar, a contra-face dos direitos fundamentais, podendo falar-se em "deveres correlativos

---

[3578] Cfr. GOMES CANOTILHO, *Direito Constitucional e Teoria...*, p. 527.
[3579] Neste sentido, cfr. JOSÉ CASALTA NABAIS, *A face oculta...*, pp. 163 ss.
[3580] Cfr. JOÃO XXIII, *Carta Encíclica «Pacem in Terris»*, n°s 28 e 30.
[3581] Cfr. BENTO XVI, *Mensagem...*, n° 12.
[3582] Cfr., neste sentido, o que antes se escreveu, *supra*, n°s 10.2.2. a 10.2.4.
[3583] Expressão de JOSÉ CASALTA NABAIS, *A face oculta...*, p. 175.
[3584] Para mais desenvolvimentos, cfr. JOSÉ CASALTA NABAIS, *Dos direitos fundamentais*, pp. 240 ss.; IDEM, *A face oculta...*, p. 170.
[3585] Neste último sentido, cfr. JOSÉ CARLOS VIEIRA DE ANDRADE, *Os Direitos Fundamentais na Constituição Portuguesa de 1976*, 2ª ed., Coimbra, 2001, p. 162.

dos direitos fundamentais"[3586], em "deveres associados a direitos fundamentais"[3587] ou no lado passivo dos direitos fundamentais: a cada direito fundamental corresponde sempre uma pluralidade de deveres fundamentais[3588], desde o dever de respeito ou de não violação até ao dever de protecção e de concretização do respectivo conteúdo, vinculando entidades públicas e privadas[3589];

(ii) Eles traduzem, em segundo lugar, e enquanto categoria dogmática autónoma dos direitos fundamentais, um pressuposto de existência e funcionamento do próprio Estado[3590]: nenhuma comunidade política pode sobreviver se os seus membros possuírem apenas direitos e não tiverem quaisquer deveres verticais para com essa mesma comunidade, motivo pelo qual é ainda na razão da própria existência do Estado que se deve encontrar o fundamento de tais deveres fundamentais (v.g., dever de defesa da pátria, dever de pagar impostos);

(iii) Eles revelam, em terceiro e último lugar, a horizontalização da dimensão social do ser humano, enquanto manifestação de uma ideia de solidariedade fundada na dignidade humana que tem de existir em toda a sociedade (v. *supra*, n° 8.4.4.): se cada um de nós é guarda do seu irmão, tendo a sua própria dignidade condicionada pela dignidade dos seus semelhantes, então a vivência em sociedade postula deveres fundamentais

---

[3586] Neste sentido, apesar de considerar este sector excluído do conceito adoptado de deveres fundamentais, uma vez que carece de autonomia, integrando-o na própria figura dos direitos fundamentais, dizendo tratar-se de uma "figura próxima" dos deveres fundamentais, cfr. JOSÉ CASALTA NABAIS, *Dos direitos fundamentais*, pp. 268 ss.; IDEM, *A face oculta...*, p. 172..

[3587] Cfr. JOSÉ CARLOS VIEIRA DE ANDRADE, *Os Direitos Fundamentais...*, pp. 157 ss.

[3588] Num sentido singular, sublinhando que a "cada direito corresponde um dever", cfr. ANGELO SCOLA / GIOVANNI REALE, *Il Valore dell'Uomo*, p. 146.

[3589] Sublinhando a amplitude dos deveres nas relações das pessoas entre si, cfr. JORGE MIRANDA, *Manual...*, IV, p. 77.

[3590] Neste sentido, cfr. JOSÉ CASALTA NABAIS, *Dos direitos fundamentais*, p. 246.

de cada ser humano perante os demais seres humanos das gerações presentes e também das gerações futuras[3591].

Em suma, ao contrário das tradicionais perspectivas de marginalização discursiva e dogmática dos deveres fundamentais, o Estado de direitos humanos mostra-se particularmente atento à responsabilidade que os deveres fundamentais colocam numa sociedade ao serviço da pessoa humana e da sua dignidade: o respeito pelas vinculações emergentes de certos deveres fundamentais é tão essencial para a tutela e garantia do ser humano e da sua dignidade como os próprios direitos fundamentais – se é certo que os direitos pressupõem deveres, também é verdade que os deveres escondem direitos.

10.3.3. *Responsabilidade e custos dos direitos*

Já anteriormente, a propósito dos dilemas constitucionais colocados pela modernidade neo-liberal (v. *supra*, n° 8.5.3.), tivemos oportunidade de sublinhar que a implementação das tarefas de bem-estar envolve elevados custos financeiros para o Estado.

Sucede, porém, que os custos financeiros dos direitos não se circunscrevem aos que decorrem da cláusula constitucional de bem-estar: todos os direitos – tenham ou não dimensão social, económica ou cultural – têm custos financeiros públicos[3592]. Como sugestivamente escreve Casalta Nabais, "não há direitos fundamentais gratuitos, direitos fundamentais de borla"[3593].

Podem, neste sentido, recortar-se três tipos diferentes de custos financeiros decorrentes da responsabilidade pública pelos direitos fundamentais:

(i) Existem, desde logo, os custos financeiros decorrentes das prestações de bens ou serviços inerentes aos designados

---

[3591] Como se proclama no artigo 29°, n° 1, da Declaração Universal dos Direitos do Homem, "o indivíduo tem deveres para com a comunidade, fora da qual não é possível o livre e pleno desenvolvimento da sua personalidade".

[3592] Neste sentido, cfr. JOSÉ CASALTA NABAIS, *A face oculta...*, pp. 176 ss.

[3593] Cfr. JOSÉ CASALTA NABAIS, *A face oculta...*, p. 195.

direitos sociais que integram a cláusula constitucional de bem-estar: todos os direitos sociais envolvem a realização de avultadas despesas públicas no âmbito da concretização prestacional do respectivo conteúdo e ainda em todo o sistema organizativo e funcional administrativo que lhes está subjacente;

(ii) Registam-se, por outro lado, os custos financeiros que os tradicionais direitos, liberdades e garantias envolvem, sendo ilusória a ideia de que, sendo direitos negativos, não comportam quaisquer custos[3594]: a necessidade de existência de mecanismos públicos de protecção destes direitos e liberdades, desde autoridades policiais até um aparelho judiciário eficiente, garantindo-os, a título preventivo ou repressivo, por via administrativa ou judicial, determina também significativos custos financeiros públicos;

(iii) Além disso, uma vez que o Estado tem a responsabilidade última pela garantia dos direitos e deveres fundamentais, o incumprimento dessa tarefa fundamental ou um cumprimento defeituoso da mesma, sendo fonte de prejuízos ou da violação de direitos fundamentais, poderá sempre servir de alicerce para uma acção judicial de responsabilidade civil contra o Estado (ou demais entidades públicas), encontrando-se aqui um outro possível custo financeiro compensatório da actuação ou omissão pública em matéria de direitos fundamentais.

Por todas estas razões, em síntese, o Estado de direitos humanos suporta custos financeiros decorrentes da sua responsabilidade pelos direitos fundamentais, sendo também, neste sentido, um "Estado fiscal"[3595]: os impostos surgem como um preço a pagar pela vivência numa sociedade de direitos fundamentais, expressando uma cidadania activa e humanamente solidária.

[3594] Criticando esta concepção tradicional, cfr. JOSÉ CASALTA NABAIS, *A face oculta...*, pp. 177 ss.

[3595] Neste sentido, cfr. JOSÉ CASALTA NABAIS, *O Dever Fundamental de Pagar Impostos – Contributo para a compreensão constitucional do Estado fiscal contemporâneo*, Coimbra, 1998, pp. 191 ss.; IDEM, *O princípio do Estado fiscal*, in

10.4. Noção de Estado de direitos humanos

10.4.1. *Observações de enquadramento*

O estudo até agora realizado permite formular quatro observações de enquadramento da noção jurídica de Estado de direitos humanos:

1ª) – O Estado de direitos humanos insere-se no âmbito do Estado de direitos fundamentais, expressando um modelo mais exigente e rigoroso, apelando a uma dimensão material do conceito de direitos fundamentais;
2ª) – O conceito material de direitos fundamentais determina que o Estado de direitos humanos encontre na natureza da pessoa humana viva e concreta e na sua dignidade inviolável o seu referencial axiológico nuclear;
3ª) – O Estado de direitos humanos, sendo "antropologicamente amigo", encontra-se teleologicamente vinculado a defender, a garantir e a implementar os direitos fundamentais de todos os seres humanos, especialmente daqueles que se encontram em situação mais débil, precária ou necessitada;
4ª) – O Estado de direitos humanos não enjeita a responsabilidade pelos direitos fundamentais, consciente que a mesma envolve tarefas ou incumbências fundamentais públicas, deveres fundamentais e elevados custos financeiros.

10.4.2. *Definição*

Os elementos reunidos permitem formular a seguinte noção de Estado de direitos humanos: *trata-se de um modelo de sociedade política fundado no respeito pela dignidade da pessoa humana, na garantia e defesa da cultura da vida e na vinculação internacional à*

Estudos Jurídicos e Económicos em Homenagem ao Professor João Lumbrales, ed. Faculdade de Direito da Universidade de Lisboa, Coimbra, 2000, pp. 363 ss.; IDEM, *A face oculta...*, pp. 179 ss.

tutela dos direitos fundamentais, possuindo normas constitucionais dotadas de eficácia reforçada, um poder político democrático e uma ordem jurídica axiologicamente justa.

É possível recortar, neste sentido, seis traços caracterizadores do Estado de direitos humanos:

(i) Respeito pela dignidade da pessoa humana;
(ii) Garantia e defesa da cultura da vida;
(iii) Vinculação internacional à tutela dos direitos fundamentais;
(iv) Eficácia reforçada das normas constitucionais;
(v) Poder político democrático;
(vi) Ordem jurídica axiologicamente justa.

Veremos, no parágrafo seguinte da investigação (v. *infra*, §11°), o desenvolvimento explicativo de cada um destes princípios estruturantes do Estado de direitos humanos.

10.4.3. *Observação final: a perfeição do modelo*

O Estado de direitos humanos não é, no entanto, um modelo terminado, fechado ou perfeito: ele encontra-se sempre aberto a novas aquisições, formulações, conhecimentos e aprofundamentos da centralidade do estatuto jurídico-constitucional da pessoa humana viva e concreta e da sua inalienável dignidade.

A evolução da História pode bem ser interpretada, sem prejuízo da possibilidade de existirem retrocessos (v. *supra*, n° 6.3.4.), no sentido de um reforço, interno e internacional, dos direitos humanos[3596]: o processo histórico, porém, não terminou, surgindo em cada dia novas questões, novas temáticas e novos desafios à pessoa humana e à sua dignidade.

[3596] Como Hegel sublinhava no início do século XIX, "a história universal é o progresso na consciência da liberdade", cfr. HEGEL, *A Razão na História*, p. 59. Sobre o assunto, em termos mais desenvolvidos, cfr. VALENTINI, *Il Pensiero...*, pp. 36 ss.

A História do Estado de direitos humanos está ainda na infância, podendo dizer-se que o risco do ser humano ser usado como meio, despojado do atributo de ser sempre um fim em si mesmo, terá aumentado nas últimas décadas: nunca como hoje o perigo de novas e simuladas formas de ataque ao princípio da humanidade, segundo a terminologia kantiana (v. *supra*, n° 4.2.2.), se tornaram tão prementes e presentes.

Se a edificação do modelo de Estado de direitos humanos é ainda, e será sempre, uma fórmula jurídica em aberto, mergulhada nos riscos da evolução da História política e constitucional, mostra-se possível, desde já, formular três regras interpretativas do modelo:

(i) Sem respeito pela dignidade da pessoa humana e sem garantia e defesa da cultura da vida não se pode falar em Estado de direitos humanos: a existência destas duas características é indispensável para a identificação de um Estado humano; a falta de qualquer uma delas inutiliza a qualificação dessa sociedade política como sendo um Estado de direitos humanos;

(ii) A ausência de qualquer uma das restantes características apontadas (v. *supra*, n° 10.4.2.), desde que se verifique respeito pela dignidade da pessoa humana e a garantia e defesa da cultura da vida, torna o Estado de direitos humanos incompleto ou imperfeito: essa imperfeição ou incompletude será tanto maior ou menor quantas mais ou menos forem, respectivamente, as restantes características em falta;

(iii) Pelo contrário, a verificação simultânea de todas as mencionadas seis características (v. *supra*, n° 10.4.2.), sem embargo da permanente sujeição a uma evolução no sentido de um melhor aperfeiçoamento, permitirá recortar a existência de um efectivo Estado de direitos humanos.

§11º
PRINCÍPIOS ESTRUTURANTES
DO ESTADO DE DIREITOS HUMANOS

11.1. Dignidade da pessoa humana

11.1.1. *Uma questão preliminar: dignidade humana ou dignidade da pessoa humana?*

A interrogação colocada, procurando saber se se mostra preferível o uso da expressão "dignidade humana" ou, pelo contrário, "dignidade da pessoa humana", radica numa postura que associa a primeira destas expressões a uma visão transpersonalista da dignidade, referindo-se esta à humanidade como colectividade que transcende ou ultrapassa os seres concretos que a compõem, enquanto a segunda expressão, sublinhando a ideia de pessoa humana, visaria tratar-se da dignidade do homem concreto e individual[3597].

Sem prejuízo de se concordar que aquilo que deve estar em causa é sempre a dignidade do ser humano concreto e individual e não a projecção de uma ideia abstracta ou colectiva de ser humano, não podemos aceitar que a expressão "dignidade humana" tenha necessariamente uma conotação transpersonalista ou que se refira à humanidade

---

[3597] Neste sentido, cfr. JORGE MIRANDA, *Manual...*, IV, p. 184, nota nº 2; FRANK MODERNE, *La dignité de la personne comme principe constitutionnel dans les constitutions portugaise et française*, in JORGE MIRANDA (org.), *Perspectivas Constitucionais – Nos 20 anos da Constituição de 1976*, I, Coimbra, 1996, p. 203.

como entidade colectiva: "dignidade humana" não é sinónimo de "dignidade da humanidade".

Além disso, o conceito de pessoa humana é ambíguo[3598]: a expressão "dignidade da pessoa humana", desde que interpretada à luz da tripla dimensão do conceito de pessoa, enquanto realidade biológica, espiritual e relacional[3599], ou mesmo de uma concepção jurídico--positiva de pessoa de matriz civilística, mostra-se susceptível de conduzir a uma amputação do campo de protecção e garantia da dignidade do ser humano.

Em primeiro lugar, se a pessoa a que a dignidade humana se refere resulta da conjugação de "corpo-consciência-comunicação"[3600], então encontrar-se-ão excluídos do seu âmbito, desde logo por lhes faltar consciência, as crianças de tenra idade, os doentes em coma e os doentes mentais profundos e, por falta de comunicação, também todos os doentes em coma ou ainda os deficientes que não têm capacidade de transmitir pensamentos ou afectos e, por essa via, se encontrariam privados da capacidade de se relacionarem ou comunicarem: um tal campo subjectivo mínimo de incidência da dignidade, circunscrito às pessoas adultas ditas "normais", passaria a deixar sem qualquer protecção os seres humanos que, atendendo à sua debilidade e especial situação de dependência, mais dela necessitariam. Sucede, todavia, que uma tal concepção restrita de dignidade da pessoa humana se mostra profundamente indigna.

Ao contrário desta possível concepção, entendemos que o ser humano cuja dignidade se encontra em causa, sem deixar de ter sempre a necessidade de um suporte físico ou biológico, é totalmente independente de possuir consciência de si mesmo, dos outros ou do mundo que o cerca, tal como não carece de possuir capacidade de comunicação ou de relacionamento: a simples circunstância de ser um indivíduo humano, enquanto realidade biológica possuidora de um genoma

---

[3598] Cfr. VASCO DUARTE DE ALMEIDA, *Sobre o valor da dignidade da pessoa humana*, in *Revista da Faculdade de Direito da Universidade de Lisboa*, vol. XLVI, nº 1, 2005, pp. 626 ss.

[3599] Cfr. FRANK MODERNE, *La dignité...*, p. 199.

[3600] Cfr. VASCO DUARTE DE ALMEIDA, *Sobre o valor da dignidade...*, p. 628, nota nº 11.

humano, envolve que possua dignidade. Parafraseando Pufendorf[3601], pode dizer-se que a expressão "ser humano" envolve, por si só, a ideia de dignidade.

A tese defensora da expressão "dignidade da pessoa humana" pode mostrar-se ainda desaconselhável, em segundo lugar, pelo tradicional conceito jurídico-civil de personalidade singular que se encontra subjacente na ideia de pessoa humana: em termos tradicionais, a personalidade singular, em vez de ser a causa da titularidade de direitos e de obrigações, é vista ainda pela legislação civil como a consequência do facto de se ser titular de direitos e estar adstrito a obrigações[3602], surgindo como algo construído pelo Direito e não uma realidade inerente à condição humana (v. *supra*, n° 9.1.2.).

Com efeito, se a expressão "dignidade da pessoa humana" visa claramente excluir do âmbito de protecção da dignidade as pessoas colectivas, circunscrevendo a ideia de dignidade às pessoas físicas, a expressão "dignidade humana" mostra-se susceptível, em termos comparativos, de abranger um universo operativo mais vasto: o conceito jurídico-civilístico de pessoa humana ou singular, traçando como início da personalidade o momento do nascimento[3603] e seu termo o momento da morte, recomenda que se substitua pelo conceito de ser humano para efeitos de protecção e garantia da dignidade.

A dignidade humana é a dignidade do ser humano: de todo e qualquer ser humano individual e concreto, em qualquer circunstância e em qualquer fase da sua existência, isto independentemente de ser titular de direitos ou encontrar-se adstrito a obrigações.

3601 Cfr. SAMUEL PUFENDORF, *Of The Law of Nature*..., Liv. III, Cap. II, n° 1 (p. 174); IDEM, *De los Deveres del Hombre*..., Liv. I, Cap. VII, n° 1 (p. 59).

3602 Neste sentido tradicional, cfr. JOÃO DE CASTRO MENDES, *Direito Civil – Teoria Geral*, I, Policop., Lisboa, 1978, pp. 169 ss.; LUÍS CARVALHO FERNANDES, *Teoria Geral do Direito Civil*, I, 1° tomo, 2ª reimp., AAFDL, Lisboa, 1983, pp. 119 ss.; CARLOS ALBERTO DA MOTA PINTO, *Teoria Geral do Direito Civil*, 3ª ed., Coimbra, 1990, pp. 199 ss.

3603 Para uma crítica a este entendimento tradicional e a necessidade de reformulação do momento de início da personalidade jurídica do ser humano, cfr. PAULO OTERO, *Personalidade e Identidade Pessoal e Genética do Ser Humano: Um perfil constitucional da bioética*, Coimbra, 1999, pp. 61 e 62; PEDRO PAIS DE VASCONCELOS, *Teoria*..., pp. 36 ss. e 78 ss.

A operatividade subjectiva da dignidade humana nunca pode estar dependente da existência de personalidade jurídica: os seres humanos vivos que, em termos jurídico-civis, carecem de personalidade não deixam de gozar de dignidade humana[3604]. Ninguém nega que o embrião e o feto humanos possuem vida – e, acrescente-se, trata-se de vida humana –, apesar de o ordenamento jurídico-positivo não lhes reconhecer ainda personalidade jurídica, eles não podem deixar de ser vistos como seres humanos e tratados com dignidade: trata-se de uma forma específica de vida humana.

O conceito de ser humano, sendo certo que também compreende no seu âmbito a noção jurídico-positiva de pessoa singular, tem um sentido jurídico mais amplo, compreendendo toda a individualidade biológica que é possuidora de um genoma humano, e, por essa via, aumenta a esfera subjectiva de incidência da dignidade:

(i) Mesmo antes do nascimento completo e com vida, isto é, do momento jurídico-civilista de aquisição da personalidade jurídica, já existe um ser humano que, apesar de não ser ainda uma pessoa à luz do critério subjacente ao artigo 66°, n° 1, do Código Civil Português[3605], tem já uma dignidade que merece protecção jurídica: o embrião e o feto humanos são

---

[3604] Mostra-se, aliás, de muito duvidosa constitucionalidade um conceito jurídico-positivo de personalidade singular que negue a quem é ser humano a qualidade de ser pessoa: resulta da Constituição que todo o ser humano vivo goza de direitos fundamentais – desde logo, o direito à vida (reconhecendo o direito fundamental à vida do nascituro, cfr. PAULO OTERO, *Personalidade e Identidade Pessoal...*, p. 50; ANTÓNIO MENEZES CORDEIRO, *Tratado...*, I, 3° Tomo, pp. 317 ss.) – e é pessoa (v. *supra*, n° 9.1.2.).

[3605] Criticando a solução do artigo 66°, n° 1, do Código Civil e/ou defendendo que o nascituro goza de personalidade jurídica, cfr. JOSÉ DE OLIVEIRA ASCENSÃO, *Direito Civil – Teoria Geral*, I, pp. 44 ss.; IDEM, *Embrião e personalidade jurídica*, in *Vida e Direito – Reflexões sobre um Referendo*, Cascais, 1998, p. 85; PAULO OTERO, *Personalidade e Identidade Pessoal...*, pp. 31 ss., em especial, pp. 61 e 62; ANTÓNIO MENEZES CORDEIRO, *Tratado...*, I, 3° Tomo, pp. 297 ss.; DIOGO LEITE DE CAMPOS, *Nós*, pp. 75 ss.; IDEM, *O início da pessoa humana e da pessoa jurídica*, in *Revista da Ordem dos Advogados*, Ano 61, 2001, III, pp. 1254 ss.; PEDRO PAIS DE VASCONCELOS, *Teoria...*, pp. 79 ss.; IDEM, *Direito de Personalidade*, pp. 104 ss.

dotados de uma individualidade biológica que, conferindo-lhes uma substancialidade humana única e irrepetível, justifica que lhes seja reconhecida dignidade como seres humanos que são;

(ii) Mais: ainda que o feto humano não venha a nascer com vida, nunca adquirindo personalidade jurídica, e, neste sentido, nunca sendo pessoa em termos jurídico-civis, a verdade é que se trata sempre de um ser humano dotado de uma dignidade que tem de ser respeitada e protegida: a dignidade humana é independente da aquisição da personalidade jurídica, antes é a natureza humana do ser que reclama o respeito e a protecção da sua dignidade;

(iii) Em termos semelhantes, também após a morte das pessoas, e apesar de já ter cessado a personalidade jurídica, o cadáver e os restos cadavéricos – incluindo também os fetos mortos[3606] – não deixam de sentir a projecção da dignidade humana[3607], significando isto que a existência jurídica de uma pessoa não é sempre necessária para a operatividade do princípio da dignidade humana, bastando que nos encontremos perante um ser humano.

Verifica-se, com efeito, que o referencial de tutela de dignidade humana é o ser humano, enquanto indivíduo concreto que comunga das características genéticas do género humano, e não apenas o conceito jurídico-civilístico de pessoa humana ou singular.

Se deixarmos de utilizar, porém, a noção civilística de pessoa singular na raiz do conceito de pessoa humana, poderemos obter uma

---

[3606] Especificamente sobre a situação dos fetos mortos e a lei de Bremen que determinou que fossem objecto do respeito devido aos mortos em geral, proibindo que fossem descartados como meros resíduos hospitalares, antes estipulou que fossem enterrados, anonimamente, em valas comuns de cemitério, cfr. JÜRGEN HABERMAS, *O Futuro da Natureza Humana. A caminho de uma eugenia liberal?*, Coimbra, 2001, p. 79.

[3607] Neste sentido e para mais desenvolvimentos, cfr. MANUEL GOMES DA SILVA, *Esboço...*, em especial, pp. 91 ss. e 182 ss.

síntese feliz: pessoa humana é todo o ser humano[3608], desde a concepção, independentemente de possuir consciência e capacidade de comunicação – a noção de pessoa humana identifica-se agora com o conceito de ser humano (v. *supra*, n° 9.1.2.).

Esse é o conceito constitucional de pessoa humana, compreendendo-se também, em termos ontológicos, essa mesma identificação entre pessoa humana e ser humano. Não se justifica, por conseguinte, atendendo aos pressupostos agora definidos, qualquer diferenciação conceptual entre "dignidade humana" e "dignidade da pessoa humana": as expressões são equivalentes e nesse sentido as temos adoptado (e continuaremos a adoptar) ao longo da exposição.

11.1.2. *Sentido conceptual da dignidade humana*

Sabemos já que a origem história da relevância da dignidade humana no mundo Ocidental conjuga quatro principais vertentes:

1ª) O contributo judaico-cristão, configurando a pessoa humana como um ser criado à imagem e semelhança de Deus (v. *supra*, n° 3.3.1.) e dotado de um valor sagrado (v. *supra*, n° 3.3.2.)[3609];

2ª) A concepção renascentista de Mirandola que, reconhecendo a cada pessoa a capacidade de determinar o seu próprio destino, articula a liberdade e a soberania da vontade (v. *supra*, n° 3.4.2.);

3ª) O pensamento kantiano, sublinhando que a pessoa é sempre um fim em si mesma, não podendo ter preço e nunca sendo válida a sua transformação ou degradação em meio, coisa ou objecto (v. *supra*, n°s 4.2.2. e 4.2.3.);

[3608] Utilizando antes a expressão "todo o ser humano é uma pessoa", cfr. ANTÓNIO MENEZES CORDEIRO, *Tratado...*, I, 3° Tomo, p. 30.

[3609] Note-se que a ideia de dignidade humana se revela comum a todas as tradições religiosas alicerçadas numa relação entre Deus e o Homem, cfr. ANTÓNIO CORTÊS, *O princípio...*, p. 601. Para uma síntese do tema ao nível da doutrina social da Igreja até meados dos anos oitenta do século XX, cfr. JESÚS GONZÁLEZ PÉREZ, *La Dignidad...*, pp. 40 ss.

4ª) O movimento existencialista, deixando claro que não se trata de um conceito abstracto ou transpersonalista de pessoa humana, antes a dignidade humana tem sempre como referencial cada ser humano vivo e concreto (v. *supra*, n° 8.1.1.).

Desta confluência de contributos resulta que o princípio da dignidade humana, apesar de qualificado de "fórmula narrativa abstracta"[3610], se mostra susceptível de uma densificação conceptual mínima de inspiração kantiana: a dignidade humana é lesada quando o ser humano concreto é degradado em mero objecto, instrumento ou simples coisa, sendo descaracterizado como sujeito de direitos[3611] ou desconsiderado como pessoa dotada de inteligência e liberdade[3612].

A configuração conceptual da dignidade humana como categoria axiológica aberta[3613] não exclui que se encontre neste conceito indeterminado, utilizando uma linguagem jurídico-administrativa[3614], além de uma auréola, traduzindo uma zona difusa ou imprecisa do conceito, um núcleo central ou cerne, identificado com uma zona de certeza positiva (abrangendo realidades inequivocamente nele incluídas) e uma zona de certeza negativa (englobando realidades que dele se encontram excluídas).

Centrando a atenção imediata no núcleo central do conceito de dignidade humana, enquanto zona de certezas (positivas e negativas) que conferem estabilidade ao próprio conceito, podemos afirmar que a

---

[3610] Neste sentido, cfr. JOSÉ DE MELO ALEXANDRINO, *A Estruturação do Sistema de Direitos, Liberdades e Garantias na Constituição Portuguesa*, II, Coimbra, 2006, p. 90.

[3611] Cfr. GÜNTHER DÜRIG, *Der Grundrechtssatz von der Menschenwürde*, in *Archiv des öffentlichen Rechts*, 81, 1956, p. 127.

[3612] Neste último sentido, cfr. JESÚS GONZÁLEZ PÉREZ, *La Dignidad...*, p. 112.

[3613] Cfr. INGO WOLFGANG SARLET, *A Eficácia...*, p. 103.

[3614] Neste sentido, cfr. JESCH, *Unbestimmter Rechtsbegriff und Ermessen in rechtstheoretischer und verfassungsrechtlicher Sicht*, in *Archiv des öffentlichen Rechts*, 82, 1957, pp. 163 ss., em especial, pp. 176 ss.

ideia de dignidade humana postula certas exigências de sentido conceptual:

(i) O ser humano, identificado com cada indivíduo em concreto da espécie humana que é dotado de existência física, desde o momento da concepção e mesmo para além do momento da sua morte, seja homem ou mulher[3615], é sempre um fim em si mesmo, titular de posições jurídicas que nunca o podem tratar como coisa, objecto, meio ou instrumento: o ser humano, possuidor de fins intrínsecos[3616], afirma-se em todas as situações como sujeito perante o Direito;

(ii) A dignidade humana envolve uma exigência permanente de respeito e consideração por cada ser humano individualmente entendido, vinculando tudo e todos, em qualquer situação e lugar: o ser humano nunca pode ser tratado com indignidade, tendo mesmo um direito a não sofrer indignidades[3617] ou quaisquer atentados à sua dignidade, existindo uma obrigação universal de respeito, de garantia e de protecção da dignidade humana;

(iii) Reside na própria natureza humana, fazendo de cada um de nós um ser racional, único e irrepetível, o fundamento da dignidade que todos os seres humanos têm e cada um, por si, individualmente, possui como marca inata da sua condição humana[3618]: a dignidade humana não é uma dádiva do poder ou a expressão de um reconhecimento jurídico-positivo, antes decorre da própria natureza do homem como ser

---

[3615] Cfr. JORGE MIRANDA, *Manual...*, IV, pp. 183 ss..
[3616] Cfr. MANUEL GOMES DA SILVA, *Esboço...*, p. 141.
[3617] Cfr. DERYCK BEYLEVELD / ROGER BROWNSWORD, **Human Dignity in Bioethics and Biolaw**, Oxford, 2001, p. 49, nota nº 1..
[3618] Em sentido contrário, considerando que a dignidade humana "não é uma qualidade que se possa «possuir» por natureza, como a inteligência ou olhos azuis", antes o seu significado se encontra no relacionamento intersubjectivo, cfr. JÜRGEN HABERMAS, *O Futuro da Natureza...*, pp. 75-76.

racional[3619], impondo-se como realidade anterior e superior ao Estado e ao Direito;

(iv) Todos os seres humanos têm a mesma dignidade, trate-se do homem mais poderoso da terra ou o mais miserável ou criminoso, desde a formulação de Pufendorf que a natureza humana pressupõe uma regra de igualdade na dignidade de todos os homens (v. *supra*, n° 4.1.3.): o artigo 1° da Declaração Universal dos Direitos do Homem proclama que "todos os seres humanos nascem livre e iguais em dignidade e direitos";

(v) O respeito pela dignidade humana é independente do grau de consciência ou de compreensão de cada ser humano sobre a sua existência ou a sua dignidade, devendo mesmo ser objecto de especial protecção a dignidade de quem não tem ainda, já não tem ou nem teve nunca consciência da sua existência ou da sua dignidade: quem não tem consciência da própria existência ou da dignidade dessa existência nunca pode deixar de ser tratado com dignidade[3620], pois trata-se de um atributo inerente à natureza de todos os seres humanos, podendo até afirmar-se que, num Estado humano, quem não tem essa consciência deve gozar de uma protecção reforçada a ser tratado com dignidade[3621];

(vi) A dignidade humana é irrenunciável[3622] e inalienável[3623], existe por natureza e inerência em todos os seres humanos,

---

[3619] Sublinhando que a dignidade humana não significa superioridade de um homem sobre outro, antes revela a superioridade de todos os homens sobre os seres que carecem de razão, cfr. JESÚS GONZÁLEZ PÉREZ, *La Dignidad...*, p. 25.

[3620] Cfr. INGO WOLFGANG SARLET, *Dignidade da Pessoa Humana e Direitos Fundamentais*, 3ª ed., Porto Alegre, 2004, pp. 49 ss.

[3621] Em termos iguais, quanto mais incertas e problemáticas forem as condições políticas (v.g., guerras civis, conflitos armados, distúrbios sociais), mais firme deve ser a afirmação da dignidade humana e mais claros os deveres de todos os responsáveis pela sua efectivação, cfr. VASCO DUARTE DE ALMEIDA, *Sobre o valor da dignidade...*, p. 632.

[3622] Cfr. PAULO OTERO, *Legalidade e Administração Pública*, p. 254.

[3623] Cfr. INGO WOLFGANG SARLET, *A Eficácia...*, p. 104.

desde a vida pré-natal até após a morte[3624], razão pela qual o Estado a não pode negar, retirar ou violar: a dignidade humana é uma realidade indisponível e limitativa da autonomia ou liberdade de todos que com ela se cruzam, sendo inimaginável num Estado de direitos humanos a existência de seres humanos sem dignidade ou sem qualquer protecção da sua dignidade;

(vii) A dignidade humana exige protecção e respeito pela vida[3625] e pela integridade física[3626] de cada ser humano vivo e concreto, tanto por parte do Estado como pelas restantes pessoas: uma vez que o homem é "alguém que está num corpo"[3627], há aqui uma obrigação geral de respeito que torna inadmissível um modelo constitucional fundado na dignidade humana que permitisse a existência de seres humanos sem qualquer protecção da sua vida ou da respectiva integridade física;

(viii) A dignidade humana pressupõe um princípio geral de liberdade do ser humano na sua relação com o poder (liberdade vertical) e com os demais seres humanos (liberdade horizontal), tal como a liberdade de cada pessoa exige sempre respeito da sua dignidade pelo Estado e pelas demais pessoas: "a dignidade não pode ser compreendida sem liberdade, nem a liberdade sem a dignidade"[3628], verificando-se que a dignidade fundamenta a liberdade e serve, simultaneamente, de seu limite – não há liberdade contra a dignidade humana, nem dignidade humana sem liberdade;

[3624] Cfr. JOSÉ DE MELO ALEXANDRINO, *A Estruturação...*, II, p. 322.

[3625] Cfr. MICHAEL KLOEPFER, **Leben und Würde des Menschen**, in PETER BADURA / HORST DREIER (org.), **Festschrift 50 Jahre Bundesverfassungsgericht**, II, Tübingen, 2001, pp. 77 ss.

[3626] Cfr. INGO WOLFGAG SARLET, *Dignidade da Pessoa...*, pp. 58-59, nota nº 114.

[3627] Cfr. JOSÉ ORTEGA Y GASSET, *El Hombre...*, p. 81.

[3628] Cfr. BÉATRICE MAURER, *Notes sur le respect de la dignité humaine... ou petite fugue inachevée autour d'un thème central*, in ALAIN SÉRIAUX, *Le Droit, Le Médicine et L'être Humain*, Aix-en-Provence, 1996, p. 199.

(ix) A dignidade humana postula um entendimento do ser humano como um "todo aberto"[3629], dotado de um espírito universal e transcendente que "ultrapassa infinitamente o próprio homem"[3630], assumindo-se como protagonista na construção do universo[3631] e gozando de atributos que, na linguagem de Pico della Mirandola, lhe permitem elevar-se até às realidades superiores de natureza divina[3632]: o ser humano é na sua essência mais que simples homem[3633], traduz "uma imitação de Deus"[3634], possuindo uma vida que é possibilidade sempre aberta[3635], sabendo que "por muito que valha um homem, nunca terá valor mais alto que o de ser homem"[3636];

(x) A dignidade humana exclui qualquer admissibilidade de sujeição de um ser humano à servidão ou escravatura, à crueldade ou tortura, a humilhações, estigmatizações, discriminações arbitrárias, perseguições infundadas, tratamentos degradantes ou ofensas à sua honra e integridade: ao contrário de tudo isto, a dignidade humana impõe um pleno e livre desenvolvimento da personalidade de cada indivíduo;

[3629] Cfr. JACQUES MARITAIN, *Les Droits de L'Homme...*, p. 18. Falando também no homem como "ser aberto", cfr. A. BARBOSA DE MELO, **Democracia e Utopia**, p. 30.

[3630] Cfr. PASCAL, *Pensamentos*, n° 434 (p. 177).
Igualmente a Igreja Católica partilha este mesmo entendimento de Pascal, cfr. JOÃO PAULO II, ***Discurso aos Participantes no Congresso sobre Evangelização e Ateísmo***, de 10 de Outubro de 1980, in www.vatican.net

[3631] Cfr. TOMÁS DE AQUINO, **Suma de Teologia**, I-I, q.93, a.6. (I vol., p. 833); EUSTAQUÍO GALÁN Y GUTIÉRREZ, *La Filosofía...*, pp. 49 ss. No mesmo sentido, dizendo que o homem é titular de um "poder de criar", cfr. MANUEL GOMES DA SILVA, *Esboço...*, p. 63.

[3632] Cfr. GIOVANNI PICO DELLA MIRANDOLA, *Discurso...*, pp. 53 ss.

[3633] Cfr. MARTIN HEIDEGGER, *Carta sobre o Humanismo*, p. 66.

[3634] Cfr. MANUEL GOMES DA SILVA, *Esboço...*, p. 78.

[3635] Cfr. JOSÉ ORTEGA Y GASSET, *Qué es Filosofía?*, p. 243.

[3636] Afirmação do poeta António Machado, citado por MIGUEL AYUSO, ***El Ágora...***, p. 100.

(xi) A dignidade humana, preferindo sempre a inclusão ou integração à exclusão ou marginalização social das pessoas, envolve que cada ser humano tenha meios materiais que lhe permitam possuir uma existência humana condigna[3637], impedindo que situações factuais de carência extrema afectem a dignidade da vida em sociedade, razão pela qual o Estado tem o encargo prestativo de facultar meios que permitam a satisfação das necessidades básicas de alimentação, vestuário, habitação, saúde e educação[3638]: há um mínimo existencial de sobrevivência de cada ser humano que, esboçado pela primeira vez em Hobbes (v. *supra*, n° 3.6.2.), sendo essencial e inalienável[3639], o poder nunca pode colocar em risco, antes tem o dever de intervir para o garantir e implementar em termos prestacionais, tal como sucede, por exemplo, com a concessão de um "rendimento mínimo garantido" ou um "rendimento social de inserção"[3640];

(xii) A dignidade humana exige ainda a garantia de um espaço interno e privado do ser humano, inume à intervenção de terceiros e do Estado, funcionando como seu afloramento as liberdades de consciência e pensamento – enquanto expressões de uma "reserva de interioridade" ou "santuário interior"[3641] – ou ainda, numa dimensão diferente, a reserva da intimidade da vida pessoal e familiar, insusceptível de questionamento, conhecimento ou divulgação não

---

[3637] Cfr. JESÚS GONZÁLEZ PÉREZ, *La Dignidad...*, pp. 62 ss.; INGO WOLFGAG SARLET, *Dignidade da Pessoa...*, pp. 92 ss.

[3638] Para um elenco de tópicos integrantes do conceito de "existência condigna", cfr. PAULO OTERO, *Direito da Vida*, pp. 176 ss.

[3639] Configurando esse mínimo existencial como "um direito subjectivo a condições mínimas de existência digna", cfr. ONOFRE ALVES BATISTA JÚNIOR, *Princípio Constitucional da Eficiência Administrativa*, p. 536.

[3640] Sobre o tema em Portugal, cfr. JOSÉ DE MELO ALEXANDRINO, *A Estruturação...*, II, em especial, pp. 567 ss. e 625 ss.

[3641] Neste sentido, apesar de se referir apenas à liberdade de consciência, cfr. AUGUSTO SILVA DIAS, *A Relevância Jurídico-Penal das Decisões de Consciência*, Coimbra, 1986, p. 68.

consentida: a dignidade humana nunca pode deixar de garantir, sem prejuízo de assumir diferentes níveis configurativos, um mundo fechado do "eu" contra intromissões abusivas do "tu" e dos "eles", identificando-se aqui a própria dignidade com esse espaço interno (absoluto ou relativo) do ser humano;

(xiii) A dignidade humana postula também a garantia de segurança da vida em sociedade, envolvendo a existência de mecanismos públicos de protecção de pessoas e bens: a insegurança da vivência em sociedade, colocando em risco ou em perigo a vida, a integridade física e a propriedade, além de questionar a justificação do próprio Estado, cria um grau de precariedade da qualidade de vida em sociedade que, fazendo de cada ser humano um refém em sua própria casa, se mostra lesivo da própria dignidade humana;

(xiv) A dignidade humana determina a existência de um poder público limitado pelo Direito, excluindo qualquer manifestação de arbítrio ou prepotência no exercício do poder: sem um Estado de Direito material ou, também dito, Estado de juridicidade não há verdadeiro respeito pela dignidade da pessoa humana, pressupondo essa mesma dignidade que o poder encontre numa ordem jurídica ao serviço da pessoa humana viva e concreta o fundamento, o critério e o limite do seu agir[3642];

(xv) A dignidade humana envolve sempre um primado do ser sobre o ter[3643], prevalecendo a pessoa sobre as coisas e a liberdade sobre a propriedade, projectando-se, nestes termos axiológicos de relacionamento, sobre o sentido geral

---

[3642] Pode dizer-se, neste contexto, que o princípio da dignidade humana surge como síntese da "antropologia constitucional" do Estado de Direito, funcionando como primeiro elemento da concepção contemporânea ou material do Estado de Direito, cfr. MARIA LÚCA AMARAL, *A Forma da República. Uma introdução ao estudo do Direito Constitucional*, Coimbra, 2005, pp. 162 ss.

[3643] Neste sentido, cfr. JORGE MIRANDA, *Manual...*, IV, p. 183.

da ordem jurídica[3644]: todo o ordenamento jurídico infraconstitucional, desde o Direito Civil até ao Direito Penal, sem esquecer o Direito Administrativo e os Direitos Processuais, deve expressar essa prevalência da pessoa e da liberdade sobre as coisas e a propriedade;

(xvi) A dignidade humana pressupõe também um poder público pautado por um princípio de subsidiariedade nas suas relações com a sociedade civil, a família e os indivíduos[3645]: o Estado não pode substituir-se ou invadir o espaço decisório próprio e natural do ser humano como membro da família e da sociedade civil, em termos individuais ou colectivos, antes essa intervenção pública apenas poderá ser feita à luz dos princípios da competência, da necessidade e da legalidade – a dignidade humana é incompatível com um modelo de "Estado-total" ou mesmo com um hiperintervencionismo gerador de um Estado de mal-estar (v. *supra*, n° 8.5.2.);

(xvii) A dignidade humana envolve o reconhecimento de direitos de participação política, dotando a pessoa humana de capacidade eleitoral activa e passiva, segundo um modelo eleitoral assente no sufrágio universal, igual, secreto e periódico, conferindo à vontade popular centralidade na legitimidade do poder político e do Direito dele resultante: a democracia surge como sistema político ditado pela dignidade da pessoa humana, razão pela qual a democracia encontra na dignidade humana o fundamento, o critério e o limite da sua operatividade jurídica e política – uma vontade democrática contrária à dignidade humana será sempre a expressão de uma democracia desumana (v. *supra*, n° 8.2.6.);

[3644] Sublinhando a preocupação patrimonial ainda dominante ao nível do Direito Civil, cfr. PAULO OTERO, **Direito da Vida**, pp. 81 ss.

[3645] Para uma relação entre dignidade humana e subsidiariedade, cfr. PAULO OTERO, **Vinculação e Liberdade...**, pp. 34 ss.

(xviii) As violações da dignidade humana nunca podem assumir relevância jurídica positiva, constituir fonte de precedentes vinculativos ou servir de fundamento para a tutela da confiança: contra a dignidade do ser humano não há posições jurídicas adquiridas, nem pretensões juridicamente tuteláveis (salvo em situações de concorrência ou conflito de duas ou mais pretensões igualmente fundadas na dignidade humana), antes existe o dever fundamental de criminalizar os atentados mais graves contra essa dignidade, mostrando-se imprescritível o ressarcimento de quaisquer danos contra a dignidade de uma pessoa viva e concreta.

Sem prejuízo de se revelar impossível reduzir a uma fórmula única e fechada o conceito de dignidade humana, desde logo atendendo à natureza vaga e indeterminada do próprio conceito, e também ao facto de se tratar de uma realidade "em permanente processo de construção e desenvolvimento"[3646], envolvendo até qualquer tentativa de definição uma efectiva imposição de limites à própria dignidade[3647], regista-se que a designada auréola do conceito[3648], compreendendo uma vasta área de imprecisão, impossibilitando uma definição abstracta e incontroversa[3649], se, por um lado, confere flexibilidade à realização em concreto do que seja a dignidade humana[3650], remete, por outro, para uma difusa dimensão política, legislativa, administrativa ou judicial de densificação material[3651]: aos tribunais compete sempre, em

---

[3646] Cfr. INGO WOLFGANG SARLET, *Dignidade da Pessoa...*, p. 41

[3647] Cfr. BÉATRICE MAURER, *Notes...*, p. 187.

[3648] Cfr. JESCH, *Unbestimmter Rechtsbegriff...*, pp. 176 e 177.

[3649] Considerando que cada um tem gravada nos seus corações uma lei eterna de Deus que permite dizer o que é a dignidade humana e quando estamos diante de um atentado à mesma, cfr. JESÚS GONZÁLEZ PÉREZ, *La Dignidad...*, p. 111.

[3650] Falando aqui em "pragmatismo do caso concreto", cfr. PETER HÄBERLE, *Die Menschenwürde...*, p. 348.

[3651] Sublinhando a relevância valorativa das circunstâncias concretas, designadamente as situações excepcionais, para a definição do que seja a dignidade humana, cfr. JESÚS GONZÁLEZ PÉREZ, *La Dignidad...*, p. 114.

última instância, a determinação do que seja a dignidade humana perante uma situação concreta.

É nesta auréola do conceito indeterminado "dignidade humana", identificada com a zona de ausência de certezas (positivas ou negativas) que reside a abertura histórica, política e cultural do conceito jurídico de dignidade humana[3652] e, simultaneamente, a via de construção progressiva de novas zonas de certeza do próprio conceito: a ordem jurídica confere aqui um especial papel à jurisprudência constitucional – e, numa dimensão diferente, à própria doutrina jusconstitucionalista[3653] – na revelação, actualização e desenvolvimento da multiplicidade de facetas que encerra a dignidade humana.

11.1.3. *Função constitucional da dignidade humana*

Tomando agora como referencial de análise a função que a dignidade humana desempenha no contexto constitucional, registando-se a consagração jurídico-positiva da cláusula da dignidade humana numa pluralidade de instrumentos internacionais e constitucionais posteriores ao termo da II Guerra Mundial[3654], podemos recortar as seguintes principais manifestações no contexto de um Estado de direitos humanos:

[3652] Trata-se de um conceito dotado de uma multidimensionalidade que, independentemente de um assumir expresso de pré-compreensões, envolve premissas éticas e religiosas, cfr. PHILIPPE MASTRONARDI, *Verrechtlichung der Menschenwürde – Transformationen zwischen Religion, Ethik und Recht*, in KURT SEELMANN (org.), *Menschenwürde als Rechtsbegriff*, Stutgard, 2004, p. 93.

[3653] Especificamente sobre o papel dos juristas na revelação da justiça do Direito, cfr. RUY DE ALBUQUERQUE, *Direito de Juristas – Direito de Estado*, in *Revista da Faculdade de Direito da Universidade de Lisboa*, vol. XLII, n° 2, 2001, pp. 751 ss.; PAULO OTERO, *Legalidade e Administração Pública*, pp. 414 ss.

[3654] Para elenco da cláusula da dignidade da pessoa humana no âmbito do Direito Internacional e de diversas experiências constitucionais, incluindo nas constituições dos Estados federados alemães, cfr. PETER HÄBERLE, *Die Menschenwürde...*, pp. 318 ss. Em termos semelhantes, a nível internacional, cfr. JESÚS GONZÁLEZ PÉREZ, *La Dignidad...*, pp. 32 ss.; DERYCK BEYLEVELD / ROGER BROWNSWORD, *Human Dignity...*, pp. 12 ss.; FRANK MODERNE, *La dignité...*, pp. 201 e 202.

(i) A dignidade humana é o dogma de confluência da consciência jurídica universal, identificando-se com o sentido último de um Direito justo[3655], isto é, ao serviço do valor absoluto, único e inviolável que representa cada ser humano vivo e concreto: a dignidade humana surge como síntese axiológica civilizacional[3656];

(ii) A dignidade humana é princípio e valor cimeiro do ordenamento jurídico[3657], funcionando como "elemento «de base» de toda a ordem constitucional"[3658], traduzindo a premissa e norma estruturante de todo o sistema jurídico[3659]: é na dignidade humana que reside o fundamento, o limite e o critério de validade do Direito[3660], incluindo das normas integrantes da Constituição formal;

(iii) A dignidade humana possui um efeito irradiante ou expansivo sobre todo o ordenamento jurídico[3661], ditando normas permissivas ou proibitivas[3662], impondo soluções interpretativas e integrativas, determinando a invalidade de actos e a responsabilidade de pessoas, conferindo unidade global ao sistema: não há ramo de Direito, sector da ordem jurídica ou acto jurídico (público ou privado) inume à força axio-

---

[3655] Cfr. PAULO OTERO, *Legalidade e Administração Pública*, pp. 24 ss.

[3656] Considerando a dignidade da pessoa humana como um espécie de "princípio geral comum a todas as nações civilizadas", cfr. FRANK MODERNE, *La dignité...*, p. 198.

[3657] Cfr. PAULO OTERO, *Legalidade e Administração Pública*, p. 253.

[3658] Cfr. JOSÉ DE MELO ALEXANDRINO, *A Estruturação...*, II, p. 312.

[3659] Cfr. PAULO OTERO, *Legalidade e Administração Pública*, p. 254; JOSÉ DE MELO ALEXANDRINO, *A Estruturação...*, II, p. 183.

[3660] Cfr. PAULO OTERO, *Lições de Introdução ao Estudo do Direito*, I, 1º tomo, Lisboa, 1998, pp. 54 ss.

[3661] Para uma ilustração desta mesma afirmação, tomando como referencial o Direito Espanhol, cfr. JESÚS GONZÁLEZ PÉREZ, *La Dignidad...*, pp. 119 ss.

[3662] O domínio da bioética é hoje particularmente ilustrativo da força irradiante da dignidade humana, ditando soluções positivas ou proibindo determinados comportamentos, cfr., por todos, DERYCK BEYLEVELD / ROGER BROWNSWORD, *Human Dignity...*, em especial, pp. 145 ss.

lógica e teleológica da dignidade humana que tudo e todos submete à sua imperatividade;

(iv) A dignidade humana constitui também fundamento e limite do Poder político, servindo de princípio e valor subordinante do Estado, critério teleológico último de actuação dos poderes públicos[3663] e padrão de conformidade da validade de todos os actos jurídicos: uma vez que o Estado existe em função da pessoa humana e não esta em função do Estado, "a comunidade política organizada existe para servir e para garantir o valor da pessoa humana"[3664];

(v) A dignidade da pessoa humana surge como princípio constitutivo da base do sistema constitucional de direitos humanos[3665], servindo de critério unificador do seu sentido explicativo[3666]: é no princípio da dignidade da pessoa humana que reside o critério aferidor da materialidade dos direitos fundamentais[3667], servindo de elemento orientador da abertura e desenvolvimento do catálogo constitucional de direitos fundamentais[3668], incluindo a gestação de direitos implícitos[3669];

(vi) Neste último contexto, a dignidade humana pode também ser perspectivada como critério interpretativo e integrativo do sistema constitucional de direitos fundamentais e mesmo de todas as restantes normas do ordenamento jurídico, podendo falar-se na existência de um postulado geral *in*

[3663] Cfr. INGO WOLFGANG SARLET, *A Eficácia...*, p. 101.
[3664] Cfr. JOSÉ DE MELO ALEXANDRINO, *A Estruturação...*, II, pp. 313-314.
[3665] Cfr. BVerfG 261/01, de 13 de Março de 2002, n° 17, in www.bverfg.de
[3666] Neste sentido, cfr. JORGE MIRANDA, *Manual...*, IV, pp. 180 ss.; INGO WOLFGANG SARLET, *A Eficácia...*, p. 97; IDEM, *Dignidade da Pessoa...*, pp. 84 ss.; JORGE REIS NOVAIS, *Os Princípios Estruturantes da República Portuguesa*, Coimbra, 2004, pp. 52-53.
[3667] Cfr. JOSÉ DE MELO ALEXANDRINO, *A Estruturação...*, II, p. 562.
[3668] Cfr. JORGE REIS NOVAIS, *Os Princípios...*, p. 53.
[3669] Cfr. INGO WOLFGANG SARLET, *Dignidade da Pessoa...*, pp. 101 ss.; JOSÉ DE MELO ALEXANDRINO, *A Estruturação...*, II, pp. 624 ss.

dubio pro dignitate[3670]: entre duas (ou mais) interpretações normativas ou soluções integrativas que conduzam a resultados diferentes em matéria de dignidade da pessoa humana deve sempre preferir-se a solução que se mostra conforme ou mais conforme à dignidade humana ou ao reforço garantístico e protector dessa mesma dignidade;

(vii) A dignidade humana assume-se, ela própria, como direito fundamental[3671], tendo cada ser humano direito à dignidade e direito ao respeito da sua dignidade[3672]: em todas as situações, o ser humano, independentemente do desvalor das suas acções, do seu estado de saúde (físico ou psíquico) e das suas condições económicas, sociais ou culturais, tem sempre um direito absoluto e inalienável à dignidade e ao respeito dessa mesma dignidade pelo Estado, pela sociedade e ainda por todas as pessoas;

(viii) O direito ao respeito da dignidade humana pressupõe também um dever (fundamental) de respeito por essa mesma dignidade[3673], envolvendo a reciprocidade de uma tal regra de reconhecimento mútuo, usando uma linguagem hegeliana (v. *supra*, n° 4.3.3.), o surgir de um dever de respeito pela dignidade do outro e ainda deveres de solidariedade (v. *supra*, n° 8.4.4.): a dignidade humana nunca pode deixar de ter presente a referência ao outro, postulando o reconhecimento da "igual dignidade humana dos outros"[3674], segundo a formulação de que "cada um é responsável perante cada um pelo respeito da sua dignidade"[3675];

[3670] Cfr. FRIEDHELM HUFEN, *In dubio pro dignitate. Selbstbestimmung und Grundreschtsschutz am Ende des Lebens*, in *Neue Juristische Wochenschrift*, 2001, pp. 848 ss.

[3671] Em sentido contrário, tomando como referência a Constituição Portuguesa de 1976, cfr. JOSÉ DE MELO ALEXANDRINO, *A Estruturação...*, II, p. 321; IDEM, *Direitos Fundamentais – Introdução Geral*, Estoril, 2007, p. 61.

[3672] Cfr. BÉATRICE MAURER, *Notes...*, pp. 204 ss.

[3673] Cfr. BÉATRICE MAURER, *Notes...*, pp. 207 ss.

[3674] Cfr. PAUL KIRCHHOF, *Der allgemeine Gleichheitssatz*, in JOSEF ISENSEE / KIRCHHOF (org.), *Handbuch des Staatsrechts*, V, 1992, pp. 111 ss.

[3675] Neste sentido, cfr. artigo 7°, I, alínea 2), da Constituição de Brandemburgo.

(ix) A dignidade humana é um valor absoluto[3676], cria uma obrigação universal de respeito entre todos os homens e por parte dos poderes públicos (v. *supra*, n° 4.2.2.), assumindo o papel de fonte de deveres fundamentais (v. *supra*, n° 10.3.2.) e revelando-se insusceptível de derrogação ou limitação por quaisquer outros valores, interesses ou bens constitucionais, salvo na medida em que isso se torne necessário para garantir um espaço de operatividade que salvaguarde a dignidade humana concorrente ou conflitual de outros seres humanos[3677];

(x) A dignidade humana pode servir de fundamento a restrições e a limitações a direitos fundamentais[3678], sem esquecer, todavia, que essa mesma dignidade humana constitui alicerce limitativo de tais restrições e limitações, funcionando como critério material último de densificação do princípio da proporcionalidade[3679]: se é certo que a dignidade humana não se mostra passível de sofrer restrições ou limitações provenientes de diferentes princípios, valores ou bens tutelados pela Constituição, a verdade é que a dignidade humana pode-se sempre assumir como base condicionante, limitativa ou restritiva de quaisquer outros bens, valores ou princípios constitucionais[3680], tendo a particularidade de, simultaneamente, se estiverem em causa direitos fundamentais, ser critério limitativo ou restritivo de tais intervenções;

(xi) A dignidade humana constitui fonte de tarefas fundamentais para o Estado, traduzindo-se a respectiva garantia num

---

[3676] Em sentido contrário, falando na existência de "factores de relativização do seu alcance", cfr. JORGE REIS NOVAIS, *Os Princípios...*, pp. 56 ss.

[3677] Cfr. PAULO OTERO, *Legalidade e Administração Pública*, p. 255. Para mais desenvolvimentos e ilustração no domínio das ciências da vida, cfr. PAULO OTERO, *Personalidade e Identidade Pessoal...*, pp. 45 ss.; IDEM, *Direito da Vida*, p. 126.

[3678] Cfr. JOSÉ DE MELO ALEXANDRINO, *A Estruturação...*, II, p. 570.

[3679] Cfr. INGO WOLFGANG SARLET, *Dignidade da Pessoa...*, pp. 118 ss.

[3680] Cfr. INGO WOLFGANG SARLET, *Dignidade da Pessoa...*, p. 114.

dever fundamental do Estado constitucional[3681] e pressupondo a adopção de uma política da dignidade da pessoa humana e dos direitos fundamentais[3682], podendo extrair-se os seguintes encargos para o Estado:

- O dever de respeitar a dignidade, abstendo-se de quaisquer intervenções lesivas ou que envolvam um elevado risco de lesão na dignidade de cada ser humano vivo e concreto;
- O dever de proteger a dignidade através da adopção de medidas positivas que promovam condições materiais e imateriais mínimas de vida e uma existência humana condigna em sociedade;
- O dever de remover todos os obstáculos (jurídicos e materiais) que impeçam ou dificultem a plenitude da realização da dignidade humana[3683];
- O dever de defesa da dignidade humana do indivíduo contra agressões ou perigos de agressão provenientes da sociedade, dos seus grupos ou ainda de quaisquer pessoas;
- O dever de ressarcir as lesões à dignidade humana protagonizadas pelo próprio Estado, incluindo o ressarcimento das lesões geradas por terceiros na sequência directa da omissão ou deficiente funcionamento do dever de defesa a cargo do Estado contra essas mesmas agressões ou respectivos perigos;

(xii) A dignidade humana comporta sempre consigo uma dimensão relacional e comunicacional, servindo de critério de

---

[3681] Cfr. PETER HÄBERLE, *Grundrechte im Leistungsstaat*, in *Veröffentlichungen der Vereinigung der Deutschen Staats-Rechtslehrer*, 1972, p. 94.

[3682] Cfr. CLÈMERSON MERLIN CLÈVE, *Temas de Direito Constitucional (e de Teoria do Direito)*, São Paulo, 1993, p. 127.

[3683] Neste sentido, cfr., por todos, JESÚS GONZÁLEZ PÉREZ, *La Dignidad...*, pp. 59 e 63.

ordenação das relações humanas[3684], pressupondo um reconhecimento mútuo no relacionamento intersubjectivo das pessoas umas com as outras[3685], ligando os indivíduos entre si e permitindo a comunicação num espaço que desenvolve a racionalidade do ser como pessoa[3686], e, deste modo, torna presente a co-humanidade de cada indivíduo perante os seus semelhantes[3687];

(xiii) A dignidade humana assume-se como propósito ou objectivo pedagógico e educativo[3688], criando a Constituição, por esta via, uma vinculação para as gerações presentes e as gerações futuras: a melhor forma de garantir a dignidade humana é incutir culturalmente o seu significado a todos os seres humanos, tornando presente o imperativo hegeliano de reconhecimento recíproco da dignidade (v. *supra*, n° 4.3.3.) – "sê uma pessoa e respeita os outros como pessoas"[3689].

11.1.4. *Dimensão referencial da dignidade humana: (a) vinculatividade subjectiva*

A caracterização do sentido conceptual e da função constitucional da dignidade da pessoa humana permitiram observar que existem três diferentes dimensões referenciais de vinculatividade subjectiva da dignidade humana[3690]:

(i) Há, em primeiro lugar, uma dimensão *vertical* de incidência da dignidade humana, vinculando o poder público nas suas

---

[3684] Cfr. VASCO DUARTE DE ALMEIDA, *Sobre o valor da dignidade...*, p. 639.
[3685] Cfr. JÜRGEN HABERMAS, *O Futuro da Natureza...*, p. 76.
[3686] Cfr. JÜRGEN HABERMAS, *O Futuro da Natureza...*, p. 78.
[3687] Cfr. HASSO HOFMANN, *Die versprochene Menschenwürde*, in *Archiv des öffentlichen Rechts*, 118, 1993, p. 364.
[3688] Cfr. PETER HÄBERLE, *Verfassungsprinzipien als Erziehungsziele*, in *Festschrift für Hans Huber*, Berne, 1981, pp. 211 ss.
[3689] Cfr. HEGEL, *Princípios...*, §36 (p. 59).
[3690] Cfr. PAULO OTERO, *Direito da Vida*, p. 126.

relações com a sociedade civil e cada ser humano em particular: é aqui que reside o núcleo típico de vinculatividade da dignidade humana perante o poder político, fundamentando-o, limitando-o e, ao mesmo tempo, servindo de critério teleológico de actuação, impondo ao Estado os deveres de respeito, protecção e defesa da dignidade humana;

(ii) Observa-se, em segundo lugar, uma dimensão *horizontal* da dignidade humana que, expressando a intersubjectividade da própria dignidade na relação entre o "eu" e o "tu" ou o "nós" e o "vós", envolve uma obrigação geral e recíproca de respeito e consideração de cada um pelo outro e por todos os demais: o respeito e a garantia da dignidade humana assumem vinculatividade nas relações dos particulares entre si[3691], encontrando-se cada um de nós adstrito, segundo a lógica hegeliana do imperativo de reconhecimento recíproco da dignidade (v. *supra*, n° 4.3.3.), ao dever fundamental de respeitar o direito à dignidade de cada um dos restantes seres humanos, o que determina quatro principais efeitos:

– Um dever de abstenção de quaisquer acções ou omissões lesivas da dignidade humana do outro;
– Um dever de solidariedade perante situações de carência de um mínimo existencial condigno de vida;
– Um dever de defesa da dignidade agredida ou em perigo de agressão;
– Um dever de indemnizar as lesões directa e deliberadamente provocadas à dignidade humana de terceiros;

(iii) Regista-se, em terceiro lugar, uma dimensão *auto-referencial* da dignidade humana, vinculando cada ser humano perante si próprio e, neste sentido, fazendo também ecoar o imperativo de Hegel "sê uma pessoa" (v. *supra*, n° 4.3.3.) dirigido a cada um de nós com o sentido de "sê digno" ou "tem presente que

---

[3691] Sublinhando ser nesse espaço relacional das pessoas umas com as outras que a dignidade humana se torna significativa, cfr. JÜRGEN HABERMAS, *O Futuro da Natureza*..., pp. 76 ss..

és pessoa e, como tal, dotado de dignidade": sendo a dignidade humana um valor irrenunciável e inalienável (v. *supra*, n° 11.1.2.), não podemos dispor da nossa própria dignidade[3692], degradando-nos (por manifestação da nossa própria vontade) em objecto, coisa ou instrumento nas mãos de terceiros, pois não há autonomia válida contra a própria dignidade ou liberdade para dispor da dignidade – a dignidade humana é um direito indisponível e um dever inafastável da condição humana.

11.1.5. *Idem: (b) vinculatividade espacial*

A complexidade axiológica e principiológica que se encontra subjacente à dignidade humana envolve ainda uma questão sobre a dimensão espacial da respectiva vinculatividade: será que a dignidade humana é uma realidade universalmente vinculativa?

A questão da dimensão espacial da dignidade humana começa por revelar, numa primeira aproximação, que o forte cunho ocidental do conceito que lhe está subjacente, proveniente da matriz cultural judaico-cristã e da posterior secularização racionalista feita por Kant e Hegel, se poderia traduzir num obstáculo à universalização da força vinculativa da noção de dignidade humana[3693].

Nada disto pode fazer esquecer, porém, que, na sequência do termo da II Guerra Mundial, por via da Carta das Nações Unidas e da Declaração Universal dos Direitos do Homem, a dignidade humana ganhou uma validade intercultural, tendo ocorrido, nas últimas décadas, uma verdadeira globalização da expressão: a dignidade humana é hoje num valor dotado de universalidade[3694], verificando-se que em torno deste conceito existe uma verdadeira "profissão de fé" à escala mundial[3695].

[3692] Cfr. IMMANUEL KANT, *La Metafísica...*, p. 299.

[3693] Sobre o tema, cfr. INGO WOLFGAG SARLET, *Dignidade da Pessoa...*, pp. 39 e 55 ss.

[3694] Falando em "consenso teórico universal", cfr. BÉATRICE MAURER, *Notes...*, p. 185.

[3695] Cfr. PETER HÄBERLE, *Die Menschenwürde...*, p. 367.

Não obstante a sua origem histórica localizar-se na Europa e no contexto axiológico da civilização judaico-cristã, a dignidade humana é, neste início do século XXI, um assunto de toda a humanidade[3696].

Sem prejuízo do exacto grau de efectividade, convicção ou extensão do nível de vinculatividade, não existe hoje Estado que afirme a sua oposição à dignidade humana ou renegue essa dignidade como valor da respectiva ordem jurídica: todos os Estados, independentemente do exacto sentido de sinceridade ou efectividade, fazem profissão de fé no respeito e garantia da dignidade humana.

A dignidade da pessoa humana assume-se como princípio geral de Direito Internacional integrante do *ius cogens*[3697], ponto de contacto entre diferentes civilizações e Estados com diferentes tradições históricas: contra todos os ventos e marés da História e das tradições culturais anti-humanistas, apesar de todos os gravíssimos atentados a essa mesma dignidade perpetrados já na década de noventa do século XX, e não obstante ainda a vigência ideológica de regimes políticos totalitários (v. *supra*, n° 5.3.4.), a dignidade humana tornou-se no presente uma "ponte" comunicacional entre todos os Estados da sociedade internacional[3698].

Os instrumentos internacionais contendo declarações de direitos foram, ao longo da evolução ocorrida na segunda metade do século XX, comprovando a intercultura e progressiva universalização da temática dos direitos fundamentais, abrindo as fronteiras dos Estados, expropriando-lhes a protecção de tais direitos do âmbito do seu domínio decisório reservado (v. *supra*, n° 7.4.7.), e consolidando, por consequência, a globalização do valor e da própria ideia da dignidade da pessoa humana: o conceito de dignidade deixou de ser expressão de uma cultura ou trabalho jurídico de um Estado, antes os instrumentos internacionais passaram a revelar um conceito de dignidade humana resultante de intercâmbios culturais[3699].

3696 Cfr. PETER HÄBERLE, *Die Menschenwürde...*, p. 367.

3697 Neste sentido, incluindo toda a Declaração Universal dos Direitos Humanos no *ius cogens*, cfr. EDUARDO CORREIA BAPTISTA, *Ius Cogens...*, p. 413.

3698 Falando na dignidade como uma "ponte dogmática" ligando os indivíduos entre si, cfr. PETER HÄBERLE, *Die Menschenwürde...*, pp. 343 ss.

3699 Cfr. PETER HÄBERLE, *Die Menschenwürde...*, p. 347.

Mostra-se aqui particularmente operativa, todavia, a distinção traçada entre o núcleo central do conceito de dignidade humana e a auréola do conceito (v. *supra*, n° 11.1.2.): o cerne da dignidade humana encontra-se claramente acima de quaisquer especificidades culturais ou civilizacionais, constituindo o núcleo duro heterovinculativo de todos os membros da comunidade internacional, podendo falar-se numa "dimensão universal externa da dignidade humana"[3700], admitindo-se, no entanto, que, no âmbito da auréola do conceito, possam existir particularidades históricas, sociais, culturais justificativas de soluções flexíveis e diferenciadas quanto ao conteúdo da dignidade humana.

11.1.6. *Idem: (c) vinculatividade temporal*

Analisada a dimensão espacial da vinculação da dignidade humana, importa agora tomar em consideração a sua projecção no tempo: será a dignidade humana um conceito dotado de uma vinculatividade intemporal?

Naturalmente que todas as realidades humanas estão sujeitas ao decurso do tempo e aos seus inerentes efeitos: a dignidade humana não é um conceito estático ou fechado (v. *supra*, n° 11.1.2.), antes se revela metodológica e estruturalmente aberto ao desenvolvimento de melhores conhecimentos e à evolução interpretativa da realidade constitucional como fenómeno humano e cultural.

A densificação material do conceito de dignidade humana revela-se, neste sentido, susceptível de ser objecto de uma interpretação evolutiva e actualista: assim como o sentido conceptual hoje operativo de dignidade humana é substancialmente diferente do conteúdo desse mesmo conceito antes da II Guerra Mundial ou daquele que existia quando Pufendorf e Kant o formularam, também o conteúdo operativo da dignidade humana que será amanhã vigente tenderá a ser diverso daquele que hoje se tem como assente.

Nada disto permite, porém, subverter a essencialidade do núcleo duro ou cerne do conceito de dignidade humana: a mutabilidade

---

[3700] Cfr. PETER HÄBERLE, *Die Menschenwürde...*, p. 367.

intencional, a evolução material de conteúdos processa-se ao nível das concretizações operativas do conceito, especialmente no âmbito da sua auréola ou zona de incertezas. É aqui que se manifesta a área privilegiada de abertura do conceito.

A evolução histórica inevitável de conteúdos nunca poderá conduzir, todavia, a uma adulteração do sentido conceptual nuclear da dignidade humana, até porque a própria dignidade é no seu núcleo mais essencial indisponível pelo homem, pela sociedade e pelo Estado: o valor absoluto da dignidade humana também se projecta no tempo como realidade intemporal.

A circunstância de antes não existir uma tão perfeita consciência da dignidade humana ou mesmo de se verificar a total ausência histórica de qualquer ideia de dignidade humana nunca pode significar que o ser humano não tivesse então dignidade ou que a dignidade humana não existisse como realidade: desde que o homem existe na terra que a dignidade humana também existe.

Tal como os átomos sempre fizeram parte da constituição da matéria, desde que esta existe, apesar de só em tempos mais recentes terem sido cientificamente descobertos, também a dignidade humana sempre existiu como realidade inerente à natureza do ser humano, apesar de só recentemente ter sido revelada e, ainda em tempos mais recentes, dotada de estatuto universal.

Toda a caminhada da História da humanidade traduz um processo de progressiva consciencialização do homem sobre a sua própria dignidade: a marcha no sentido do reconhecimento e aprofundamento da dignidade do homem é o sentido último da História da humanidade.

São manifestações históricas cimeiras dessa progressiva consciencialização e aprofundamento operativo da dignidade humana, segundo uma ordem tendencialmente cronológica:

(i) No século XIX, a garantia da liberdade religiosa, a abolição da escravatura, a proibição de tortura e de penas cruéis e desumanas, a abolição da pena de morte, a criminalização do aborto;
(ii) Já no século XX, a dignificação das condições laborais, a proibição de discriminações em razão da raça, a garantia da

liberdade política, a igualdade entre homem e mulher, a garantia de um mínimo de condições materiais que possibilitem uma existência condigna e a protecção contra os avanços da biomedicina e da genética.

O processo histórico de aprofundamento da dignidade humana continua, porém, em movimento: ele identifica-se com a própria História da caminhada (sem sempre linear) do homem.

11.1.7. *Núcleo de direitos e deveres essenciais à dignidade*

A circunstância de se encontrar na dignidade da pessoa humana o princípio constitutivo da base do sistema constitucional de direitos humanos e dos correlativos deveres não pode fazer esquecer, no entanto, que existem graus diferentes de conexão material entre os direitos fundamentais e a dignidade humana: nem todos os direitos têm uma igual proximidade com a dignidade humana, registando-se a existência de direitos dotados de uma maior ou menor relevância face à dignidade humana.

É possível, nestes termos, diferenciar entre dois tipos de direitos e deveres no que respeita ao seu relacionamento com a dignidade humana:

– Existem, por um lado, direitos e deveres *essenciais* à dignidade humana, integrando o núcleo duro ou o cerne do conceito de dignidade humana, isto em termos tais que a sua ausência ou deficiência compromete o nível da qualidade ou da própria existência de respeito pela dignidade de cada ser humano em concreto;

– Existem, por outro lado, direitos e deveres *complementares* da dignidade humana, situados no âmbito da auréola do conceito, dotados de um conteúdo variável em função do tempo e do lugar, e assumindo uma posição secundária ou acessória face aos que merecem o qualificativo de essenciais, desempenhando uma função de reforço ou melhoria do nível de garantia e protecção da dignidade humana.

Circunscrevendo a nossa análise ao primeiro grupo, isto é, aos direitos e deveres essenciais à dignidade humana, podemos autonomizar três grupos:

(i) Os direitos e deveres pessoais, envolvendo o estatuto do ser humano como indivíduo ou pessoa, neles se incluindo – sem prejuízo de todos os inerentes deveres do Estado, da sociedade e de todas as restantes pessoas (incluindo nós próprios, perante nós e perante os outros) –, os seguintes direitos:

– Direito à vida, funcionando como pressuposto de todos os demais direitos e deveres, envolve na garantia da sua inviolabilidade os direitos a viver (ou ao nascimento)[3701], a estar vivo e a continuar vivo, e também a proibição da pena de morte, assim como a exclusão de qualquer forma de privação arbitrária da vida humana[3702];
– Direito à integridade pessoal (física e psíquica);
– Direito à liberdade, funcionando como cláusula geral abrangente e habilitante de toda e qualquer manifestação (positiva ou negativa) de liberdade humana (v.g., religiosa, comunicacional, política, económica, cultural);
– Direito à personalidade e ao seu livre desenvolvimento, envolve um processo evolutivo de tutela que começa desde que existe vida e vai até ao momento da morte, num contínuo transformar da permanente condição humana;
– Direito à identidade e à cidadania;
– Direito a constituir e possuir família, compreendendo também no seu âmbito, enquanto forma negativa de exercício, o direito a não constituir ou gerar família;

[3701] Cfr. PAULO OTERO, *Personalidade e Identidade Pessoal...*, p. 50.
[3702] Para mais desenvolvimentos sobre a proibição de privação arbitrária da vida humana, cfr. PAULO OTERO, *A proibição de privação arbitrária da vida*, in JORGE BACELAR GOUVEIA / HENRIQUE MOTA, *Vida e Direito – Reflexões sobre um referendo*, Cascais, 1998, pp. 147 ss.

- Direito à reserva da vida privada e familiar, localizando-se ainda no seu interior o direito à intimidade dessa mesma vida;
- Direito de propriedade privada, envolvendo a faculdade de ser titular, usar e transmitir todo e qualquer direito de conteúdo patrimonial e ainda o seu ressarcimento compensatório contra quaisquer ablações;
- Direito à protecção legal, envolvendo o ressarcimento das lesões sofridas, o acesso à justiça, a presunção de inocência e a autotutela privada;

(ii) Os direitos e deveres sociais, traduzindo a integração do indivíduo na sociedade, pressupõem a existência de condições materiais condignas de vida, exigindo um rendimento mínimo que permita a satisfação das necessidades básicas de alimentação, vestuário e habitação, e ainda estruturas que garantam a saúde, a educação e o acesso à cultura por parte de todo o ser humano[3703];

(iii) Os direitos e deveres políticos que, sendo reveladores do estatuto de participação da pessoa na edificação de uma democracia humana, exigem como essenciais o direito de cada um em tomar parte na direcção dos negócios públicos do seu país e ainda o direito de sufrágio.

Nenhum destes direitos (e correlativos deveres) essenciais dispensa ou exclui, antes a própria dignidade humana como processo aberto em constante desenvolvimento reclama, direitos (e deveres) complementares: num Estado de direitos humanos, a dignidade humana não se basta com o mínimo de garantia ou de protecção, antes exige sempre o máximo jurídico e financeiramente possível.

[3703] Cfr. PAULO OTERO, *Direito da Vida*, pp. 176 ss.

11.2. Garantia e defesa da cultura da vida

11.2.1. *Inviolabilidade da vida humana*

O primeiro corolário de uma cultura da vida é a afirmação da inviolabilidade da vida humana: toda a vida humana, antes ou depois do nascimento, desde o seu primeiro momento e até ao último instante, nunca pode ser arbitrariamente violada[3704].

Trata-se de uma vinculação universal que impende, em primeiro lugar, sobre o Estado, tendo este os deveres de garantia, defesa e protecção da vida, e, em segundo lugar, sobre todos os particulares, encontrando-se cada um de nós vinculado, enquanto guarda do seu irmão (v. *supra*, nº 8.4.4.), ao dever de respeitar e defender a vida dos outros[3705]: a ninguém é lícito violar arbitrariamente a vida humana.

O grau de protecção conferido pela inviolabilidade da vida humana não pode variar em função da idade ou da forma dessa mesma vida: a inviolabilidade da vida humana exige sempre um postulado de não discriminação, enquanto expressão da igual dignidade de todos os seres humanos, inexistindo quaisquer razões racionalmente justificativas de uma menor protecção da vida intra-uterina ou da vida terminal relativamente à "vida normal". Aliás, se o nível de protecção da inviolabilidade da vida variasse em função da idade ou da respectiva forma, certamente que, segundo as premissas de um Estado humano, as manifestações de vida mais débeis ou mais fracas deveriam ter sempre uma maior protecção[3706].

A garantia da inviolabilidade é de toda e qualquer forma de vida humana[3707]: não há formas de vida humana que possam ser mais ou menos violáveis, pois isso significaria a existência de vidas humanas dotadas de diferente nível de dignidade.

[3704] Cfr. PAULO OTERO, *A proibição de privação...*, pp. 147 ss.
[3705] Cfr. PAULO OTERO, *Direito da Vida*, pp. 128 e 129.
[3706] Neste sentido, cfr. JOÃO PAULO II, *Carta Encíclica «Evangelium Vitae»*, nº 101; PAULO OTERO, *Personalidade e Identidade Pessoal...*, p. 39.
[3707] Cfr. PAULO OTERO, *Personalidade e Identidade Pessoal...*, p. 51.

A toda a vida humana se estende o princípio da inviolabilidade: só em situações atentatórias da própria dignidade humana ou em casos de conflito entre duas ou mais vidas humanas se permite flexibilizar, segundo um juízo de proporcionalidade, a tendencial rigidez do princípio da inviolabilidade. Em tais casos, porém, não existirá qualquer arbitrariedade na flexibilização da inviolabilidade da vida humana: a inviolabilidade da vida humana é de todas as vidas humanas e encontra-se teleologicamente vinculada ao postulado da dignidade humana.

A inviolabilidade da vida humana envolve, nestes termos, um conjunto de corolários:

(i) O dever de conservar uma vida já nascida: os atentados contra a vida ou a integridade física susceptíveis de colocar em risco a vida são proibidos, salvo se o propósito for o de salvar a própria vida, a vida de terceiro ou a garantia da dignidade da vida perante a morte;

(ii) O dever de permitir o desenvolvimento de todas as manifestações de vida humana: aqui se incluindo a protecção da vida intra-uterina e de todos os embriões humanos, encontrando-se vedada a utilização de fetos com o propósito de recolha de órgãos e tecidos para transplantes visando o tratamento de certas enfermidades[3708] ou a produção de embriões excedentários com meros propósitos de investigação e comercialização[3709];

(iii) O dever de criar e desenvolver condições que permitam uma vida humana condigna e saudável: desde a satisfação das necessidades básicas da vida de cada ser humano (v.g., alimentação, vestuário, habitação) até ao acesso a meios que lhe proporcionem cuidados de saúde ou um ambiente saudável, a inviolabilidade da vida humana pressupõe a implementação de políticas públicas prestacionais que

---

[3708] Cfr. PAULO OTERO, *Personalidade e Identidade Pessoal...*, p. 52.
[3709] Cfr. PAULO OTERO, *Personalidade e Identidade Pessoal...*, pp. 53 e 54.

garantam uma plenitude de desenvolvimento da vida humana e a maximização do dever de garantir a vida[3710];

(iv) A proibição de pena de morte: um Estado de direitos humanos nunca pode utilizar a pena capital como expressão sancionatória de violação da sua ordem jurídica – nem ao mais abominável dos criminosos pode ser negada a inviolabilidade da sua vida[3711];

(v) A criminalização obrigatória de todas as formas de privação arbitrária da vida humana: o genocídio, o homicídio, a interrupção arbitrária da gravidez[3712], o embrionicídio[3713] são condutas que nunca podem deixar de ser objecto de sancionamento penal, encontrando-se o legislador proibido de proceder à sua descriminalização e vedada a sua prescritibilidade[3714];

(vi) A justificação da legítima defesa em nome da tutela da vida humana própria ou de terceiro, encontrando-se excluída do seu âmbito, todavia, atendendo ao diferente nível hierárquico dos bens em causa – sem embargo da possível desculpabilidade da conduta –, a privação da vida como meio de defesa do património;

(vii) A simples autonomia da vontade de um ser humano, enquanto expressão do arbítrio da sua liberdade, nunca pode ser suficiente para justificar a privação de vida a um outro ser humano: a ninguém pode ser lícito suprimir pela sua exclusiva e arbitrária vontade a vida de um ser humano, razão pela qual a interrupção voluntária da gravidez por

---

[3710] Sobre a amplitude do dever de garantia da vida, cfr. PAULO OTERO, *Direito da Vida*, p. 129.

[3711] Cfr. PAULO OTERO, *A proibição de privação...*, p. 147.

[3712] Cfr. PAULO OTERO, *A proibição de privação...*, p. 149.

[3713] Especificamente sobre a incriminação do embrionicídio, cfr. JOSÉ DE OLIVEIRA ASCENSÃO, *Direito e Bioética*, in *Direito da Saúde e Bioética*, Lex, Lisboa, 1991, pp. 19 e 29-30; PAULO OTERO, *Personalidade e Identidade Pessoal...*, pp. 48 e 53.

[3714] Neste último sentido, falando na imprescritibilidade dos crimes contra a vida, cfr. PAULO OTERO, *Direito da Vida*, p. 129.

simples opção da mãe (com ou sem a colaboração da vontade do pai) traduz sempre a expressão de uma arbitrariedade de privação de uma vida humana;

(viii) A necessidade de salvar a vida de uma pluralidade de seres humanos nunca torna lícito sacrificar a vida de um só ser humano, salvo se este representar a fonte de agressão intencional e deliberada de todos aqueles que têm a sua vida em risco: "a ninguém é lícito sacrificar a vida de outrem para salvação das vidas de uma pluralidade de homens, que não sejam agredidos por aquele"[3715];

(ix) A adopção de um postulado interpretativo de máxima efectividade da inviolabilidade da vida humana fundado no princípio *in dubio pro vita*[3716]: toda e qualquer dúvida sobre o alcance da inviolabilidade da vida humana deverá sempre ser decidida a favor da solução interpretativa que se mostre mais generosa, mais ampliativa ou que melhor reforce a tutela e garantia da vida humana, funcionando também como critério de resolução de conflitos referentes à vida humana e postulado integrativo e argumentativo[3717];

(x) O nível alcançado de protecção legislativa da inviolabilidade da vida humana nunca poderá ser objecto de um retrocesso arbitrário: sem uma razão de necessidade justificativa, encontra-se proibido o retrocesso ou a "marcha a trás" no grau de garantia ou protecção já atingido de inviolabilidade da vida humana[3718].

[3715] Cfr. RABINDRANATH V. A. CAPELO DE SOUSA, *O Direito Geral de Personalidade*, Coimbra, 1995, p. 205.

[3716] Cfr. PAULO OTERO, *A proibição de privação...*, p. 148; IDEM, *Personalidade e Identidade Pessoal...*, pp. 40-41.

[3717] Cfr. PAULO OTERO, *Direito da Vida*, p. 128.

[3718] Cfr. PAULO OTERO, *A proibição de privação...*, pp. 59 ss.

11.2.2. *Livre desenvolvimento da personalidade*

Uma cultura da vida fundada na dignidade da pessoa humana pressupõe sempre um livre desenvolvimento da personalidade[3719]: desde o momento da concepção até ao último instante de vida, o ser humano encontra-se num permanente processo de desenvolvimento da sua personalidade.

A vida humana é, utilizando as palavras de Ortega y Gasset, uma possibilidade sempre aberta[3720]: o livre desenvolvimento da personalidade capta juridicamente essa abertura permanente da vida do ser humano, permitindo confirmar que "viver é constantemente decidir o que vamos ser"[3721].

O livre desenvolvimento da personalidade permite ao ser humano, sabendo que cada instante e cada sítio abrem diversos caminhos[3722], decidir o futuro do seu próprio ser[3723]: o livre desenvolvimento da personalidade revela que o homem, podendo conformar ou modelar livremente a sua própria existência[3724], tem a possibilidade de escolher o seu próprio ser[3725].

O processo de desenvolvimento do ser humano como pessoa só cessa no derradeiro momento da vida: toda a vida humana é, neste sentido, desenvolvimento da personalidade, ou seja, do ser humano como pessoa. E esse desenvolvimento, incidindo sobre a esfera do espírito[3726], não pode deixar de obedecer a uma regra de liberdade.

[3719] Sobre o desenvolvimento da personalidade e a dignidade humana, cfr. PAULO MOTA PINTO, *O direito ao livre desenvolvimento da personalidade*, in **Portugal – Brasil Ano 2000. Tema Direito**, Coimbra, 1999, pp. 151 ss.

[3720] Cfr. JOSÉ ORTEGA Y GASSET, *Qué es Filosofía?*, p. 243.

[3721] Cfr. JOSÉ ORTEGA Y GASSET, *Qué es Filosofía?*, pp. 227 e 244.

[3722] Cfr. JOSÉ ORTEGA Y GASSET, *El Hombre...*, p. 52.

[3723] Neste último sentido, cfr. JOSÉ ORTEGA Y GASSET, *Qué es Filosofía?*, p. 248.

[3724] Neste último sentido, cfr. KARL JASPERS, *Iniciação Filosófica*, p. 68.

[3725] Neste último sentido, cfr. JOSÉ ORTEGA Y GASSET, *El Hombre...*, p. 51.

[3726] Neste sentido, procedendo a uma abordagem filosófica sobre o sentido último do desenvolvimento da personalidade, cfr. L. CABRAL DE MONCADA, **Do Valor e Sentido da Democracia**, pp. 76 ss., em especial, p. 77.

Utilizando a linguagem de Stuart Mill, pode afirmar-se que o desenvolvimento da personalidade traduz a "adequação do plano da nossa vida à nossa personalidade"[3727], expresso na liberdade de gostos e interesses individuais.

A liberdade traduz o sentido unificador dos direitos do ser humano como pessoa, funcionando como pressuposto do desenvolvimento da personalidade, expressão da própria dinâmica da personalidade e critério teleológico de interpretação e aplicação dos direitos da pessoa como pessoa[3728].

O livre desenvolvimento da personalidade de cada ser humano envolve um conjunto de expressões dimensionais:

(i) O reconhecimento da personalidade e da capacidade juscivilísticas e ainda de direitos de personalidade nas relações do ser humano com o Estado e com as restantes pessoas: o desenvolvimento da personalidade, traduzindo uma expressão da qualidade de ser pessoa, determina que não possam existir seres humanos sem personalidade jurídica, destituídos de qualquer capacidade jurídica ou sem a titularidade de direitos de personalidade;

(ii) O respeito pela individualidade de cada pessoa, de todas as pessoas e em todas as circunstâncias[3729]: o livre desenvolvimento da personalidade exige a garantia da autonomia de cada pessoa na formação da sua individualidade, na exploração das potencialidades das suas forças e talentos, na arbitrariedade da escolha de todas as opções e na configuração do seu modo próprio de vida;

(iii) A afirmação de um princípio geral de liberdade da acção humana[3730], sendo apenas proibido aquilo que o Direito tipifica como tal ou que, independentemente de norma expressa, conflitua com a liberdade ou os direitos dos outros;

[3727] Cfr. JOHN STUART MILL, *Sobre a Liberdade*, p. 19.
[3728] Cfr. PAULO OTERO, *Direito da Vida*, p. 130.
[3729] Cfr. PAULO OTERO, *Direito da Vida*, p. 131.
[3730] Cfr. PAULO MOTA PINTO, *O direito ao livre desenvolvimento...*, pp. 163--164 e 198 ss.

(iv) A não tipicidade de todas as manifestações da liberdade pessoal: o livre desenvolvimento da personalidade surge como cláusula residual de "direitos de liberdade inominados"[3731];
(v) O respeito pelo direito à diferença de cada ser humano na sua maneira de ser, pensar e se expressar, individual e socialmente: o livre desenvolvimento da personalidade, valorizando o que diferencia cada ser humano como pessoa, veda a existência de censura ou de qualquer discriminação entre diferenças "politicamente correctas" e diferenças "politicamente incorrectas";
(vi) A incumbência pública fundamental de implementar condições sociais, económicas e culturais que permitam um efectivo e real livre desenvolvimento da personalidade: o livre desenvolvimento da personalidade envolve uma subjectivização materializadora da cláusula de bem-estar (material e imaterial);
(vii) O livre desenvolvimento da personalidade, afirmando um princípio geral de liberdade de cada pessoa, constitui também pressuposto de uma cláusula geral de responsabilidade subjectiva: cada um deve assumir todas as consequências das decisões que em liberdade adoptou e gerou efeitos sobre a pessoa ou a propriedade de terceiros.

11.2.3. *Vinculação teleológica da investigação científica e tecnológica ao serviço do homem*

Num mundo cada vez mais dominado pela ciência e pela tecnologia, a cultura da vida determina que toda a investigação científica e tecnológica tenha sempre de estar ao serviço do ser humano: a preservação da vida humana é o critério teleológico último de conduta e o respeito pela dignidade humana o limite permanente de qualquer acção de investigação teórica ou experimental.

[3731] Cfr. PAULO MOTA PINTO, *O direito ao livre desenvolvimento...*, pp. 205 ss.; PAULO OTERO, *Direito da Vida*, p. 131.

Toda a investigação científica e tecnológica assume sempre uma dimensão ética centrada na prevalência dos interesses do ser humano sobre qualquer concepção utilitarista ou baseada em alegados interesses abstractos da ciência ou da técnica ou ainda em visões transpersonalistas da colectividade[3732]: num Estado de direitos humanos, todos os conflitos entre o interesse da ciência e o respeito pela pessoa humana viva e concreta conduzem sempre à prevalência do respeito desta última.

Esse primado do interesse da pessoa humana viva e concreta sobre a ciência e a técnica permite afirmar encontrar-se no ser humano a razão de ser da ciência e da técnica e não o inverso, motivo pelo qual é a ciência e a técnica que estão ao serviço da pessoa e não a pessoa que se encontra ao serviço da ciência ou da técnica[3733].

Assume hoje a natureza de verdadeiro princípio de *ius cogens* que a investigação e a experimentação científicas, tal como a utilização da tecnologia, nunca possam ser feitas contra a dignidade da pessoa humana ou em termos atentatórios da própria vida humana[3734]: "o interesse e o bem do ser humano devem prevalecer sobre o mero interesse da sociedade e da ciência"[3735].

É neste preciso contexto axiológico que uma cultura da vida traduz uma vinculação teleológica da investigação científica e tecnológica, envolvendo diversas manifestações em domínios das designadas ciências da vida:

(i) A experimentação humana, assuma uma natureza terapêutica ou científica, farmacológica ou clínica (cirúrgica ou não cirúrgica), encontra-se subordinada aos seguintes princípios[3736]:

[3732] Cfr. PAULO OTERO, **Direito da Vida**, p. 132.
[3733] Cfr. PAULO OTERO, **Personalidade e Identidade Pessoal...**, p. 102.
[3734] Cfr. PAULO OTERO, **Personalidade e Identidade Pessoal...**, pp. 47 ss. e 94 ss.
[3735] Cfr. artigo 2º da "Convenção para a Protecção dos Direitos do Homem e da Dignidade do Ser Humano quanto às aplicações da Biologia e da Medicina", também conhecida como "Convenção sobre os Direitos do Homem e a Biomedicina", aprovada pelo Comité de Ministros do Conselho da Europa, em 19 de Novembro de 1996, in NOËLLE LENOIR / BERTRAND MATHIEU, **Le Droit International...**, pp. 34 ss.

(1) Ausência de alternativa de eficácia comparável, configurando-se a experimentação humana como *ultimum remedium*;
(2) Proibição de sofrimento ou dano desnecessário, envolvendo sempre a necessidade de uma ponderação entre sacrifícios e benefícios e, por outro lado, a ponderação da indispensabilidade e do risco;
(3) Interdição da experimentação geradora de morte ou diminuição permanente da integridade física ou psíquica;
(4) Exclusão da experimentação contrária à ordem pública e aos bons costumes;
(5) Necessidade de consentimento livre, informado (ou esclarecido), gratuito e actual;

(ii) A engenharia genética humana, tomando como referência os domínios da manipulação genética, da reprodução assistida, da diagnose genética e da terapia genética, encontra-se vinculada aos seguintes princípios[3737]:

(1) A configuração do ser humano como fim e nunca como simples meio;
(2) Respeito pela identidade genética, significando respeito pela espécie humana, pela integridade humana, pela identidade e irrepetibilidade humanas, pela inalterabilidade e intangibilidade da espécie humana, o que envolve, simultaneamente, a proibição de intercâmbio genético humano (isto é, a proibição de híbridos), a proibição de fecundação inter-espécies ou de transferência de embriões inter-espécies (de animal para ser humano e vice-versa), a proibição de fusão de pré-embriões humanos entre si ou inter-espécies (quimeras), a proibição da clonagem humana, a proibição de selecção de raças ou da criação de seres humanos especializados ou superdotados;

[3736] Cfr. PAULO OTERO, *Direito da Vida*, p. 133.
[3737] Cfr. PAULO OTERO, *Direito da Vida*, pp. 135 ss.

(3) Protecção da sobrevivência da espécie humana, determinando a proibição de utilização não pacífica da genética, a proibição de utilização da genética contra o homem, a proibição de criação de "paraísos genéticos" e o dever de protecção do Estado;
(4) O genoma humano como património da humanidade (v. *supra*, n° 9.6.3.);
(5) Preservação da biodiversidade e integridade do património genético;
(6) Vinculação aos propósitos de investigação, diagnóstico e terapêutico;
(7) Proibição de imposição de testes genéticos, a qual compreende a proibição de obrigatoriedade, a proibição de realização sem conhecimento e a proibição de realização sem consentimento;
(8) A indisponibilidade estatal do estudo genético (de toda ou de parte) da sua população;

(iii) No que especificamente diz respeito à clonagem humana com fins reprodutivos, tenha ela uma natureza multiplicativa ou substitutiva[3738], deve a mesma considerar-se vedada, tendo em consideração a irrepetibilidade de cada pessoa humana, a proibição de instrumentalização do ser humano aos caprichos da ciência e do decisor e ainda o princípio da igualdade entre todos os seres humanos.

Em síntese, contra uma cultura da vida, a ciência e a técnica, deixando de estar ao serviço do ser humano, perdem os critérios teleológicos de actuação: o ser humano converter-se-á de sujeito ou razão de ser em mero objecto ou instrumento da investigação científica e tecnológica.

[3738] Sobre as diferentes configurações da clonagem humana, cfr. PAULO OTERO, **Direito da Vida**, p. 139.

11.2.4. *Solidariedade*

Uma quarta manifestação de uma cultura da vida inerente a um Estado de direitos humanos consubstancia-se no princípio da solidariedade.

A solidariedade, expressando uma decorrência da mútua interdependência que a condição social do ser humano pressupõe, pode ser entendida como "um estado permanente e constitutivo do Homem"[3739], assumindo também o estatuto de valor inerente à dignidade humana: sem solidariedade a vida humana é menos digna e sem dignidade a solidariedade torna-se desumana[3740].

A solidariedade é hoje um valor constitucional, internacional e comunitário que, além de uma vertente temporal envolvendo um vínculo entre as gerações presentes (velhos e novos) e entre as gerações presentes e as gerações futuras, assume uma tripla dimensão material[3741]:

(i) Há, em primeiro lugar, uma dimensão da solidariedade que se expressa na relação entre o Estado e a pessoa humana, materializando-se na cláusula constitucional de bem-estar (v. *supra*, §7º), enquanto garantia de uma existência condigna integrante da própria dignidade humana, e, por outro lado, num propósito público de promoção e incentivo da solidariedade entre os membros da sociedade civil;

(ii) Existe, em segundo lugar, uma dimensão da solidariedade cuja operatividade se faz sentir na relação entre os particulares, recordando o preceituado no artigo 1º da Declaração Universal dos Direitos do Homem que exorta os homens a "agir uns para os outros em espírito de fraternidade", pressupondo sempre a autonomia do sujeito activo, a gratuitidade do gesto de solidariedade, a salvaguarda da vida e da saúde do sujeito activo e ainda o respeito pela dignidade do benefi-

---

[3739] Cfr. JOSÉ ORTEGA Y GASSET, *El Hombre...*, p. 113.
[3740] Cfr. PAULO OTERO, *Direito da Vida*, p. 140.
[3741] Cfr. PAULO OTERO, *Direito da Vida*, pp. 141 ss.

ciário desse mesmo acto de solidariedade. São manifestações desta vertente da ideia de solidariedade:

(1) O altruísmo paternal, conjugal, filial, fraternal, entre amigos ou mesmo entre estranhos;
(2) O caso especial dos actos de heroísmo excepcional ou mesmo de martírio, envolvendo risco ou efectiva perda da própria vida para se salvar outra vida ou outras vidas;
(3) A adopção de crianças e, por via legislativa, a sua configuração como solução preferencial face à procriação assistida através de processos heterólogos;
(4) A doação de órgãos e tecidos inter-vivos ou *post-mortem*;
(5) A doação de sangue;

(iii) Regista-se ainda, em terceiro lugar, uma dimensão da solidariedade nas relações entre Estados que, partindo do relacionamento entre a pessoa e a humanidade nas suas diferentes vertentes (v. *supra*, n° 9.6.), permite hoje falar na formulação de um princípio de solidariedade internacional no sentido da implementação de uma desejada cultura da vida entre os Estados e entre os povos, tornando operativo o postulado preambular da Declaração Universal dos Direitos do Homem que faz de cada um de nós "membro da família humana".

É no preciso contexto que insere cada ser humano no âmbito da grande "família humana" que a solidariedade ganha projecção como concretização de um modelo de Estado de direitos humanos apostado na defesa e garantia da cultura da vida.

11.3. Vinculação à internacionalização da tutela dos direitos humanos

11.3.1. *Heterovinculação à Declaração Universal dos Direitos do Homem*

Um Estado de direitos humanos, pressupondo sempre uma vinculação à internacionalização da tutela dos direitos, enquanto expressão do reconhecimento de que a matéria não integra já o seu domínio reservado (v. *supra*, n° 7.4.7.), envolve como manifestação essencial a subordinação à Declaração Universal dos Direitos do Homem.

Não existe Estado de direitos humanos sem o reconhecimento de uma força jurídica vinculativa à Declaração Universal dos Direitos do Homem: a Declaração representa uma síntese axiológica da consciência jurídica universal em matéria de direitos fundamentais; as suas normas possuem a natureza de regras e princípios de *ius cogens* (v. *supra*, n° 7.4.2.).

Não basta afirmar, no entanto, o reconhecimento de que o Estado se encontra vinculado à Declaração Universal dos Direitos do Homem para se dizer que estamos diante de um Estado de direitos humanos: torna-se imperiosa a consciência de que uma tal vinculação não é produto da vontade do Estado, excluindo qualquer concepção autovinculativa da força jurídica da Declaração, antes há que sublinhar tratar--se de um fenómeno de heterovinculação.

Por outras palavras, o Estado de direitos humanos não se encontra vinculado à Declaração Universal dos Direitos do Homem como manifestação de auto-subordinação ou autolimitação: a Declaração goza de uma imperatividade que é independente de qualquer consentimento do Estado, não podendo dela se desvincular ou formular quaisquer tipo de reservas.

O Estado de direitos humanos revela sempre uma natural heterovinculação à Declaração Universal dos Direitos do Homem: são os direitos fundamentais do ser humano que justificam o Estado e não o Estado que justifica os direitos fundamentais do ser humano[3742].

[3742] Para mais desenvolvimentos, cfr. PAULO OTERO, *Lições de Introdução...*, I, 2° tomo, p. 199.

O reconhecimento de uma imperatividade heterovinculativa à Declaração traduz, independentemente de qualquer fenómeno de recepção constitucional, uma decorrência do valor do ser humano e da sua dignidade como fundamento primeiro ou razão de ser de todo o Direito:

(i) O legislador constituinte não goza de qualquer margem de liberdade conformadora habilitante de uma recusa de reconhecimento dos direitos fundamentais proclamados pela Declaração Universal dos Direitos do Homem: a Declaração impõe-se à Constituição Política de um Estado de direitos humanos, razão pela qual todas as normas internas sobre direitos fundamentais devem ser interpretadas e integradas de harmonia com a Declaração Universal dos Direitos do Homem[3743];

(ii) A heterovinculação do Estado à Declaração Universal dos Direitos do Homem traduz uma das principais manifestações de um constitucionalismo transnacional (v. *supra*, n° 7.4.3.), permitindo já hoje vislumbrar a formação de um *ius commune constitucional* no domínio dos direitos fundamentais inerentes ao ser humano (v. *supra*, n° 7.4.7.): a Constituição formal de um Estado de direitos humanos, "expropriada" de uma liberdade decisória neste sector de matérias, encontra numa dimensão internacional o referencial último de vinculação da tutela dos direitos humanos.

11.3.2. *Reconhecimento da jurisdição internacional*

A vinculação internacional de um Estado à tutela dos direitos humanos não se basta, todavia, com a simples subordinação a normas substantivas de fonte internacional: uma tal vinculação, ainda que tenha como base normas de *ius cogens*, pode gozar de uma efectividade muito débil.

[3743] Esse mesmo é o sentido expresso pelo artigo 16°, n° 2, da Constituição Portuguesa de 1976.

Se a aplicação de tais normas internacionais recair exclusivamente sobre instâncias judiciais desse mesmo Estado, pode dizer-se que a garantia de vinculação aos instrumentos normativos internacionais sobre direitos humanos, apesar de incidir sobre normas reveladoras de uma heterovinculação internacional, é incompleta e frouxa, uma vez que ainda repousa em mecanismos garantísticos autovinculativos: os tribunais do Estado são os "donos" aferidores da efectiva vinculação às normas internacionais sobre direitos humanos.

Num tal cenário, mesmo que se afirme a heterovinculação do Estado às normas internacionais sobre direitos humanos, a efectividade ou a operatividade concreta de tais normas encontra-se "prisioneira" dos tribunais do Estado: o reconhecimento pelo Estado de um monopólio aplicativo de tais normas internacionais a favor dos seus tribunais representa uma possível forma de iludir a heterovinculação do Estado a essas normas, convertendo-a numa verdadeira autovinculação judicial.

Como garantir então uma efectiva heterovinculação às normas internacionais que reconhecem direitos humanos? Como assegurar que os casos de violação pelo Estado das normas internacionais sobre direitos humanos são mesmo sancionados?

Uma única solução se mostra juridicamente possível: o reconhecimento pelo Estado da competência de instâncias judiciais internacionais para julgarem a sua efectiva vinculação aos instrumentos normativos de tutela dos direitos humanos.

Só o reconhecimento de uma jurisdição internacional, podendo julgar o grau de respeito por um Estado das normas internacionais sobre direitos fundamentais do ser humano e, se necessário, proceder à sua condenação, garante uma real heterovinculação do Estado à internacionalização dos direitos fundamentais. Toda e qualquer solução diferente continua a fazer repousar na vontade do Estado o grau, o tipo e o modo de subordinação à normatividade internacional sobre direitos humanos.

Mais do que a Constituição de qualquer Estado ou as instituições nela previstas, é nos tribunais internacionais e na vinculação dos Estados à sua jurisdição que repousa hoje a melhor garantia de respeito por um Estado dos direitos fundamentais do ser humano: os tribunais internacionais surgem como últimos guardiães dos direitos fundamentais (v. *supra*, n° 7.4.6.), motivo pelo qual um Estado de direitos humanos nunca pode recusar o reconhecimento da respectiva jurisdição.

Apesar de todas as proclamações de fidelidade do Estado aos direitos fundamentais, a História ensina que as suas instituições internas (judiciais ou não judiciais) podem não ser suficientes para garantir uma efectiva subordinação às normas que proclamam e garantem os direitos da pessoa humana: o reconhecimento pelo Estado da sua sujeição a uma jurisdição internacional encarregue da tutela dos direitos fundamentais torna-se a melhor garantia de respeito por tais direitos fundamentais.

Um Estado de direitos humanos nunca pode recusar o reconhecimento da jurisdição internacional em matéria de controlo do respeito e eventual sancionamento de violações a direitos fundamentais do ser humano praticadas ou toleradas no seu território.

11.4. Eficácia reforçada das normas constitucionais

11.4.1. *Aplicabilidade directa*

Uma primeira manifestação da eficácia reforçada das normas constitucionais sobre direitos fundamentais que se pode considerar própria de um Estado de direitos humanos consiste na circunstância de tais normas serem dotadas de aplicabilidade directa.

A aplicabilidade directa das normas constitucionais sobre direitos fundamentais, determinando que os direitos fundamentais deixem de ter a sua eficácia concreta "prisioneira" da vontade do legislador, tornando imediatamente operativas as normas jusfundamentais consagradas na Constituição junto de qualquer aplicador (público ou privado) do Direito, envolve duas principais manifestações:

(i) As normas constitucionais dotadas de aplicabilidade directa dispensam a existência de lei para produzirem efeitos reguladores das situações concretas factuais, razão pela qual a ausência de intervenção legislativa nunca paralisa o efeito conformador da realidade material: todo o aplicador do Direito se encontra vinculado a aplicar as normas constitucionais sobre direitos fundamentais, prescindindo-se aqui do princípio da precedência de lei, nunca se mostrando legítimo recusar a aplicação de tais normas jusfundamentais no facto de inexistir lei que estabeleça essa obrigação concreta;

(ii) A aplicação directa das normas constitucionais sobre direitos fundamentais envolve ainda a faculdade de o respectivo aplicador lhes conferir preferência sobre as leis em sentido contrário: a aplicabilidade directa das normas constitucionais confere uma inerente competência de rejeição da aplicação de toda e qualquer norma infraconstitucional que, violando tais normas constitucionais sobre direitos fundamentais, se mostre ser ostensivamente inconstitucional.

Verifica-se, deste modo, que a aplicabilidade directa das normas constitucionais sobre direitos fundamentais lhes confere uma dupla eficácia reforçada: essas normas prevalecem na ausência de lei e mesmo contra lei expressa que as viole, envolvendo, nesta última hipótese, uma competência de rejeição aplicativa das normas consideradas inconstitucionais.

Note-se, porém, que a existência de um Estado de direitos humanos não exige que todas as normas constitucionais sobre direitos fundamentais gozem de aplicabilidade directa, bastando que isso se verifique em relação aos direitos pessoais universais e a uma parcela mínima indispensável dos direitos sociais universais inerentes à condição humana (v. *supra*, n° 9.2.3.).

11.4.2. *Vinculação das entidades públicas e privadas*

Uma segunda manifestação da eficácia reforçada das normas constitucionais sobre direitos fundamentais própria de um Estado de direitos humanos reside na vinculação das entidades públicas e das entidades privadas a essas mesmas normas.

A vinculação das entidades públicas e privadas às normas constitucionais sobre direitos fundamentais inerentes à pessoa humana, sem prejuízo de assumir uma maior intensidade face às primeiras do que relativamente às entidades privadas, envolve uma pluralidade de deveres:

(i) As entidades públicas no exercício de qualquer das funções do Estado, desde a legislativa e da administrativa até à judicial e à política, encontram-se vinculadas a quatro principais obrigações:

(1) Nunca agir em sentido intencionalmente atentatório das normas de direitos fundamentais, encontrando-se proibida, sob pena de nulidade, a prática de quaisquer actos violadores de normas jusfundamentais;
(2) Proceder à implementação ou maximização legislativa e administrativa ou simplesmente interpretativa e aplicativa da eficácia das normas sobre direitos fundamentais;
(3) Não produzir qualquer efeito restritivo infundado do âmbito constitucional de protecção da norma ou de retrocesso arbitrário sobre o nível já alcançado de implementação legislativa ou administrativa da norma jusfundamental;
(4) Nos casos em que as normas constitucionais tenham aplicabilidade directa, aplicar tais normas na ausência de lei e mesmo contra lei expressa desconforme com essas normas constitucionais (v. *supra*, n° 11.4.1.);

(ii) A vinculação das entidades privadas às normas constitucionais sobre direitos fundamentais, revelando que o respeito e garantia dos direitos da pessoa humana são hoje uma questão envolvendo também a sociedade civil, não representado um problema apenas do Estado, determina uma "horizontalização" das obrigações emergentes das normas jusfundamentais:

(1) Cada membro da sociedade é titular de direitos fundamentais em relação aos demais membros da sociedade e encontra-se também sujeito a deveres fundamentais face a estes últimos: a vinculação das entidades privadas aos direitos fundamentais é sempre fonte "horizontalizadora" de deveres fundamentais entre entidades privadas;
(2) A margem de autonomia privada encontra-se limitada, em termos de razoabilidade e proibição do excesso, pelo primado de valores mais essenciais à condição humana: a vinculação das entidades privadas às normas constitucionais sobre direitos fundamentais pressupõe uma limitação ou compressão do âmbito de operatividade da liberdade geral das entidades privadas no seu relacionamento com outras entidades privadas;
(3) As entidades privadas são também chamadas a assumir responsabilidade pela implementação do Estado de direitos humanos e pela efectivação da Constituição, especialmente ao nível das normas constitucionais dotadas de aplicabilidade directa, sem prejuízo do papel de garante e primeiro responsável que se encontra a cargo do próprio Estado.

Esclareça-se, no entanto, que a garantia de um Estado de direitos humanos não exige que, ao invés do que acontece com as entidades públicas, todas as normas constitucionais sobre direitos fundamentais vinculem as entidades privadas: basta que se afirme a vinculação das entidades privadas às normas constitucionais que consagrem direitos pessoais universais e, segundo um postulado de solidariedade especialmente vinculativo de certas pessoas detentoras de uma posição particular (v.g., pais em relação aos filhos, filhos em relação aos pais, ex-cônjuge em relação ao anterior cônjuge), a um mínimo prestacional no âmbito de direitos sociais universais e inerentes à condição humana.

11.4.3. *Máxima efectividade interpretativa*

Uma terceira concretização da eficácia reforçada das normas constitucionais sobre direitos fundamentais encontra-se na circunstância de qualquer aplicador (público ou privado) se encontrar vinculado, verificando-se um cenário de dúvida sobre o exacto sentido interpretativo das normas, a conferir-lhes a máxima efectividade interpretativa.

Mostra-se possível, no contexto de um Estado de direitos humanos, extrair quatro aplicações concretas do princípio da máxima efectividade interpretativa das normas envolvendo direitos fundamentais:

(i) Entre dois sentidos de uma determinada norma jusfundamental, um que conduz a uma solução ampliativa e um outro que gera uma solução mais restritiva do âmbito de operatividade ou de protecção dessa mesma norma, o intérprete está obrigado a optar pela solução interpretativa que se mostre mais generosa com o direito fundamental em causa;

(ii) De igual modo, entre dois sentidos ampliativos do campo de operatividade de uma norma jusfundamental, verificando-se que um se compatibiliza com a eficácia de outros direitos fundamentais, enquanto que um outro sentido envolve a limitação ou amputação (parcial ou total) da eficácia de direitos fundamentais conexos, o intérprete tem sempre de preferir a solução interpretativa que melhor se compatibiliza com a salvaguarda da eficácia do maior número de direitos fundamentais;

(iii) Em termos semelhantes, a interpretação de qualquer norma restritiva de direitos fundamentais que suscite dúvidas sobre o respectivo âmbito da restrição deverá sempre conduzir à preferência pela solução interpretativa que, limitando o âmbito de incidência da restrição, amplie o direito em causa, procedendo-se, por esta via, a uma restrição das restrições;

(iv) Igualmente, perante cenários de suspensão de direitos fundamentais, quaisquer dúvidas interpretativas sobre as respectivas normas definidoras do estado de excepção constitucional se devem esclarecer no sentido de se preferir a solução interpretativa que, limitando o âmbito de operatividade da suspensão, maior alcance de protecção confira às normas constitucionais sobre direitos fundamentais.

Em qualquer uma destas soluções, garantindo-se a máxima efectividade das normas envolvendo direitos fundamentais, se assegura uma eficácia reforçada das normas constitucionais de um Estado de direitos humanos.

11.4.4. *Proibição de retrocesso da protecção jusfundamental: proibição absoluta e proibição de arbitrariedade*

Ainda no contexto da eficácia reforçada das normas sobre direitos fundamentais integrantes de um Estado de direitos humanos surge a temática da margem de liberdade do decisor em matéria de retrocesso do nível ou do grau de protecção ou implementação dos direitos fundamentais.

Pode uma norma que cria ou desenvolve um direito fundamental ser revogada ou modificada no sentido de reduzir o nível de protecção ou o âmbito de operatividade desse direito fundamental? Será que o legislador goza de uma margem de liberdade de retrocesso em matéria de direitos fundamentais?

Entendemos que a resposta a tais interrogações exige que se diferenciem duas situações: (1ª) existem casos de proibição absoluta de retrocesso e, por outro lado, (2ª) casos de mera proibição de arbitrariedade no retrocesso.

Na primeira hipótese, estando em causa direitos fundamentais directamente ligados à inviolabilidade da vida humana e às condições mínimas inerentes à dignidade humana, deve entender-se que vigora uma proibição absoluta de retrocesso: o legislador nunca pode colocar em causa o nível já alcançado de protecção da inviolabilidade da vida humana, nem reduzir os parâmetros mínimos indispensáveis à garantia da dignidade humana. Se o fizer, decididamente que a conduta será sempre inconstitucional.

Na segunda hipótese, estando em causa situações de simples proibição de arbitrariedade no retrocesso, uma vez que não se trata de direitos fundamentais directamente ligados à inviolabilidade da vida humana ou às condições mínimas inerentes à dignidade humana, regista-se que tais normas gozam, no entanto, de uma particular resistência contra alterações que visem diminuir o seu âmbito de protecção ou ainda o respectivo espaço de operatividade que estava a ser efectivamente implementado, exigindo-se que qualquer modificação de conteúdo reducionista, envolvendo uma "marcha-atrás" no nível já alcançado de consagração do direito fundamental, seja justificada por uma razão idónea de necessidade e adequação a produzir esse efeito.

A proibição do retrocesso arbitrário, ao contrário do que sucede com os casos de proibição absoluta, não impede a "marcha-atrás" ou a evolução em sentido retrógrado dos direitos fundamentais, exigindo ao decisor, todavia, um dever de fundamentar a solução modificativa a introduzir e, por esta via, abrindo a subsequente possibilidade de controlo judicial sobre a validade e idoneidade da justificação usada face à alteração introduzida: o que se encontra aqui excluído não é o retrocesso, insista-se; o que está vedado é o arbítrio na decisão do retrocesso em matéria de direitos fundamentais.

As normas jusfundamentais passam a gozar, neste último domínio, de uma garantia de eficácia reforçada: somente se existir uma razão de necessidade que se mostre adequada é possível reduzir, amputar ou baixar o grau de reconhecimento ou de implementação já alcançado de um direito fundamental. Não se regista aqui, porém, qualquer constitucionalização destas normas infraconstitucionais envolvendo a implementação de direitos fundamentais: essas normas podem sempre ser revogadas ou modificadas no sentido de diminuição do nível já alcançado de satisfação ou implementação do direito por outras normas infraconstitucionais, desde que existam razões materiais justificativas que fundamentem essa opção decisória do legislador.

Diferente será o entendimento, note-se, no âmbito das normas legais que criam ou implementam direitos fundamentais directamente ligados à garantia da inviolabilidade da vida humana e às condições mínimas inerentes à dignidade humana: essas normas, dotadas de estão de uma resistência especial que decorre da proibição absoluta de retrocesso, têm força jurídica constitucional.

Tendo presente o exposto, o princípio da proibição do retrocesso em matéria de normas sobre direitos fundamentais mostra-se passível de operar em três diferentes cenários[3744] e envolver graus variáveis de intensidade:

(i) A proibição de retrocesso funciona, em primeiro lugar, como limite material de revisão constitucional no âmbito de direitos fundamentais inerentes à protecção da vida humana e às condições de garantia da dignidade humana:

   (1) O legislador constituinte derivado não pode diminuir a garantia da inviolabilidade da vida humana ou reduzir o nível alcançado de manifestações de tutela constitucional da dignidade humana, antes se encontra vinculado ao dever de garantir a inviolabilidade da vida humana e de reforçar as manifestações garantísticas da dignidade humana;
   (2) Nos domínios atinentes à inviolabilidade da vida humana e às condições mínimas inerentes à dignidade humana, a proibição de retrocesso tem valor absoluto: aqui não há fundamentação racional que justifique qualquer retrocesso, inexistindo margem de liberdade decisória do legislador sobre a matéria, verificando-se que toda a alteração constitucional no sentido de um retrocesso da inviolabilidade da vida humana ou da garantia mínima da dignidade humana padece sempre de inconstitucionalidade;

(ii) A proibição de retrocesso determina, em segundo lugar, uma limitação da liberdade dispositiva do legislador ordinário em matéria de direitos, liberdades e garantias, devendo distinguir-se, também aqui, duas situações:

   (1) Se se tratarem de direitos fundamentais directamente ligados à inviolabilidade da vida humana e às condições

---

[3744] Neste sentido, cfr. PAULO OTERO, *Direito da Vida*, pp. 143 e 144.

mínimas inerentes à dignidade humana, a proibição do retrocesso tem valor absoluto: sob pena de inconstitucionalidade, o legislador ordinário – tal como o legislador constituinte – não pode suprimir ou reduzir o nível já alcançado de garantia da inviolabilidade da vida humana ou das condições mínimas da dignidade humana;

(2) Se, pelo contrário, estiverem em causa direitos, liberdades e garantias que não tenham uma tal conexão íntima com a inviolabilidade da vida humana ou as condições mínimas inerentes à dignidade humana, a proibição do retrocesso apenas exclui a arbitrariedade na decisão legislativa de extinguir ou modificar em sentido regressivo um direito criado por lei ou o próprio nível de protecção objecto de desenvolvimento, regulação ou implementação por via legal, exigindo-se sempre, numa tal hipótese, sob pena de inconstitucionalidade, a existência de uma fundamentação justificativa da necessidade e adequação da medida de retrocesso;

(iii) A proibição de retrocesso pressupõe, em terceiro lugar, que também no domínio dos direitos sociais qualquer intervenção legislativa implementadora de um determinado grau de satisfação não possa ser arbitrariamente objecto de "marcha-atrás", justificando-se, igualmente aqui, a seguinte distinção:

(1) Se estiver em causa o retrocesso num mínimo indispensável a uma existência condigna inerente à própria dignidade humana que tenha sido implementada por via legislativa, o retrocesso encontra-se vedado[3745];

[3745] Não se deve considerar vedado esse retrocesso, todavia, se o mesmo for determinado por via legislativa e a anterior implementação do direito social tenha sido feita através de regulamento directamente fundado na Constituição: trata-se, numa tal hipótese, da manifestação de um princípio de preferência ou prevalência da lei relativamente aos regulamentos. Neste sentido e para mais desenvolvimentos, cfr. PAULO OTERO, *O Poder de Substituição...*, II, pp. 620 ss.

(2) Se, ao invés, não se colocar o problema do mínimo indispensável imposto pelo respeito devido à dignidade humana, o retrocesso não se encontra impedido, desde que exista uma fundamentação justificativa da necessidade e adequação da medida.

Em conclusão, qualquer dos cenários expostos permite registar a eficácia reforçada das normas jusfundamentais.

11.5. Poder político democrático

11.5.1. *Democracia humana*

Um Estado de direitos humanos envolve a existência de um poder político democrático. Não se mostra suficiente, porém, um qualquer modelo democrático e a democracia não pode ser uma opção política adoptada por mera ausência de alternativas[3746]: um Estado de direitos humanos exige sempre, e por convicção, uma democracia humana.

É que, como já tivemos oportunidade de referir (v. *supra* n° 8.2.6.), a essência da democracia humana reside na circunstância de a pessoa humana ser o seu fundamento e o seu limite: todo o poder político se encontra ao serviço da pessoa humana viva e concreta.

Neste sentido, a dimensão democrática do poder político próprio de um Estado de direitos humanos privilegia o conteúdo ou a substância do modo como se exerce o poder relativamente aos seus aspectos formais ou procedimentais de aquisição ou exercício: não basta que o poder tenha sido adquirido de forma legítima, envolvendo o respeito por regras anteriormente estabelecidas de participação dos cidadãos através do sufrágio universal, para se dizer que existe um poder político democrático; a essência da legitimidade democrática do poder político

---

[3746] Em sentido contrário, defendendo que a democracia é a ideologia do nosso tempo "por ausência de alternativas", cfr. GUSTAVO ZAGREBELSKY, *A Crucificação*..., p. 22.

reside no modo como esse poder é exercido e na substância material das suas decisões.

Uma democracia meramente formal ou procedimental pode admitir como válidas decisões que materialmente atentem contra a vida e a dignidade humanas: uma democracia humana, substancialmente fundada no respeito pelo ser humano vivo e concreto, nunca legitima ou valida decisões contrárias à inviolabilidade da vida humana ou atentatórias da dignidade humana. A democracia humana é própria de um Estado de Direito material ou Estado de juridicidade, enquanto que a democracia formal ou procedimental é produto de um Estado de Direito formal, neste último sentido aproximando-se na sua neutralidade axiológica de modelos políticos totalitários.

A legitimidade do poder político resume-se, afinal, a saber se o poder se exerce ao serviço do ser humano, contra o ser humano ou com indiferença face ao ser humano vivo e concreto: só um poder político que se encontre ao serviço do ser humano é legítimo; só assim existirá uma democracia humana.

A democracia humana, envolvendo sempre uma opção axiológica, é a única forma legítima de poder político de um Estado de direitos humanos: a democracia humana nunca pode ser axiologicamente neutra perante a dimensão existencial da vida da pessoa humana em sociedade. Isso explica que se deva considerar contrária à democracia humana e, por essa via, ao Estado de direitos humanos, uma postura do poder político contrária à pessoa humana e, em iguais termos, uma opção de total indiferença sobre a pessoa humana.

O comprometimento axiológico da democracia humana permite formular três regras nucleares de orientação do poder político de um Estado de direitos humanos:

(i) O poder deve sempre proteger o fraco ou débil contra o forte, o que menos pode ou menor capacidade de defesa tem contra a prepotência e o arbítrio do que mais pode;

(ii) O poder nunca pode deixar de fazer prevalecer o ser sobre o ter, a pessoa sobre as coisas, a justiça sobre o arbítrio, a liberdade sobre a opressão, a razão sobre a força, a tolerância sobre a intolerância;

(iii) O exercício do poder traduz um serviço dos governantes a favor do bem comum dos governados e não um privilégio dos governantes sobre os governados: nas sugestivas palavras de Dante, "não são (...) os cidadãos que existem para os cônsules ou o povo para o rei, mas antes, os cônsules para os cidadãos, e o rei para o povo"[3747].

Uma democracia que não seja humana, nunca podendo expressar um Estado de direitos humanos, apesar de se poder alicerçar formalmente no princípio maioritário, converterá sempre a democracia em "palavra vazia"[3748], não garantindo uma protecção material e eficaz aos direitos fundamentais inerentes à pessoa humana.

11.5.2. *Pressupostos constitucionais organizativos e funcionais*

A existência de um poder político democrático se, por um lado, exige um modelo de democracia humana, envolve também a existência de um conjunto de pressupostos constitucionais organizativos e funcionais que permitem identificar normativamente um Estado de direitos humanos.

O Estado de direitos humanos revela ser uma sociedade política axiologicamente comprometida com um modelo de democracia humana (v. *supra*, nº 11.5.1.) e mostra igualmente não ser neutro em termos de organização e funcionamento: as normas organizativas e funcionais próprias de um poder político democrático são diversas das normas de organização e funcionamento de um poder que não seja democrático, tal como divergem na sua aplicabilidade se o Estado não se configurar como sendo de direitos humanos.

Os pressupostos constitucionais nucleares relativos à organização e ao funcionamento do poder político democrático existente

---

[3747] Cfr. DANTE ALIGHIERI, *Monarquia*, Liv. I, XII (p. 32).
[3748] Expressão de João Paulo II, in *Carta Encíclica «Evangelium Vitae»*, nº 70.

num Estado de direitos humanos podem resumir-se nos seguintes termos:

(i) Pluralismo e tolerância política: a democracia determina liberdade de organização e participação política dos cidadãos, em termos individuais ou integrados em partidos políticos ou movimentos cívicos, sem qualquer discriminação ideológica ou reservas de monopólio de apresentação de candidaturas, segundo os princípios de respeito pelo adversário e pela diferença de ideias, igualdade de oportunidades e imparcialidade das entidades públicas;

(ii) Vinculação das autoridades públicas à prossecução do bem comum: o fim do exercício do poder público nunca pode ser reconduzido à prossecução de interesses privados ou de grupos, antes tem sempre de ser o interesse geral da colectividade, identificado este com o bem comum;

(iii) Independência dos tribunais face ao poder político e aos demais poderes (públicos e privados): a exigência da separação de poderes basta-se hoje com a garantia de imparcialidade e independência do poder judicial no exercício de uma reserva decisória de jurisdição fixada pela Constituição[3749];

(iv) Subordinação à juridicidade: todo o exercício do poder público se encontra sujeito ao Direito, tanto ao que é criado pelo próprio poder (autovinculação) quanto ao que, não sendo criado pelo poder, se lhe impõe independentemente da sua vontade (heterovinculação), e qualquer violação da normatividade vinculante, invalidando o respectivo acto jurídico desconforme, deverá sempre ser passível de controlo judicial;

[3749] No sentido de uma defesa clássica do princípio da divisão de poderes, segundo a formulação tradicional do artigo 16º da Declaração de Direitos do Homem e do Cidadão, considerando-o "o princípio estrutural que organiza institucionalmente o pluralismo político", cfr. A. BARBOSA DE MELO, *Democracia e Utopia*, pp. 41 ss., em especial, p. 45. Em sentido semelhante, encontrando também na divisão de poderes um instrumento de garantia e protecção dos direitos dos cidadãos, cfr. JOÃO XXIII, *Carta Encíclica «Pacem in Terris»*, nº 68.

(v) Reversibilidade da autovinculação: apesar de o Direito produzido pelo poder vincular enquanto existir, a verdade é que todas as decisões adoptadas pelo poder político são sempre revogáveis ou modificáveis[3750], segundo uma exigência decorrente do princípio maioritário (ou democrático) e da exclusão das ideias de infalibilidade e omnipotência numa democracia[3751];

(vi) Legitimidade política dos governantes titulares do poder legislativo e executivo fundada na vontade popular: o sufrágio universal, secreto e periódico como mecanismo de designação dos titulares dos principais órgãos de decisão política, envolvendo uma regra permanente (e natural) de alternância política;

(vii) Responsabilidade dos governantes perante os governados ou os seus representantes (responsabilidade política) e perante a lei e os tribunais (responsabilidade civil e criminal): numa democracia não existem titulares de órgãos políticos imunes ou excluídos de um qualquer tipo de responsabilidade pessoal.

11.6. Ordem jurídica axiologicamente justa

11.6.1. *Os valores teleológicos do Direito*

Num Estado de direitos humanos, o Direito não é um simples facto da natureza ou a expressão de uma relação de força. O Direito não

---

[3750] Note-se que mesmo as normas atinentes a direitos fundamentais directamente ligados à inviolabilidade da vida humana e às condições mínimas inerentes à dignidade humana, as quais estão sujeitas a uma proibição absoluta de retrocesso (v. *supra*, nº 11.4.4.), podem sempre ser objecto de revogação substitutiva, desde que essa modificação seja feita num sentido ampliativo: o que essas normas não podem é ser objecto de uma revogação pura e simples ou num sentido de diminuição do grau de satisfação do nível de protecção já alcançado.

[3751] Neste último sentido, cfr. GUSTAVO ZAGREBELSKY, *A Crucificação...*, p. 120.

é Direito pelo simples facto de alguém estar legitimado a emanar uma norma ou a utilizar a força para a impor: o Direito só é Direito se através das suas normas se encontrar orientado para atingir determinadas finalidades relacionadas com a existência humana[3752].

O problema da dimensão teleológica do Direito traduz, deste modo, uma questão essencial na caracterização do Estado de direitos humanos, exigindo-se que todas as suas normas devem estar (directa ou indirectamente) ao serviço de determinadas finalidades, expressando o ordenamento jurídico, por isso, um carácter axiológico ou valorativo.

Pode questionar-se, nestes exactos termos, quais os valores que o Direito deve expressar?

Num Estado de direitos humanos, os fins do Direito não podem deixar de se identificar com a justiça, a segurança e a liberdade (v. *supra*, 1.2.2.), verificando-se que as normas jurídicas servem de instrumentos tendentes a garantir e a efectivar tais fins[3753], tendo presentes os seguintes postulados:

(i) Se o Direito não garantir a justiça, a segurança e a liberdade será o próprio modelo de Estado de direitos humanos que é colocado em causa: a justiça, a segurança e a liberdade são valores indispensáveis em qualquer sociedade que tenha o ser humano vivo e concreto como fundamento, critério e limite das suas instituições políticas;

(ii) A justiça, a segurança e a liberdade não são valores impostos pela Constituição ao ordenamento infraconstitucional através de um acto de soberania constituinte, antes se trata de valores que, possuindo uma força jurídica própria pré-constituinte e supraconstitutinte, se impõem à própria vontade do legislador constituinte formal: se a Constituição escrita contrariar a justiça, não garantir a segurança ou negar a liberdade, suscita-se o problema da (in)validade das respectivas normas "constitucionais";

[3752] Para mais desenvolvimentos, cfr. PAULO OTERO, *Lições de Introdução...*, I, 1º tomo, pp. 146 ss.

[3753] Procedendo a um desenvolvimento das diversas envolventes de cada um destes fins do Direito, cfr. PAULO OTERO, *Lições de Introdução...*, I, 1º tomo, pp. 151 ss.

(iii) A justiça, determinando que se dê a cada um o que lhe pertence e impondo que os casos semelhantes sejam tratados da mesma maneira e os diferentes de maneira diferente[3754], não pode deixar de compreender no seu seio, uma vez que não é um valor meramente formal num Estado de direitos humanos, uma dimensão material, apelando para as ideias de solidariedade e de justiça social: a justiça será sempre menos justa se, reconduzida exclusivamente a um simples valor de índole individual, não envolver uma dimensão de solidariedade social;
(iv) A segurança, permitindo a certeza, a previsibilidade e estabilidade das situações jurídicas, constitui pressuposto de garantia da justiça e da liberdade: sem segurança, a liberdade será sempre ilusória; sem segurança, a justiça será sempre precária;
(v) A liberdade, sendo um valor inerente à condição humana individual e social e à sua própria dignidade ontológica, nunca pode assumir, todavia, uma natureza absoluta, nem suprimir ou abafar a justiça e a segurança: a liberdade pressupõe a justiça e a segurança, tal como estas reclamam convivência com a liberdade, nunca existindo verdadeira liberdade alicerçada na injustiça ou em clima de insegurança;
(vi) A justiça, a segurança e a liberdade, traduzindo os valores teleológicos do ordenamento jurídico, relacionam-se entre si através de um sistema de mútuas interdependências, funcionando cada um relativamente aos restantes como freio, contra-peso ou complemento, segundo um equilíbrio variável, residindo nesta flexibilidade de equilíbrios entre os três valores uma manifestação da própria justiça de uma ordem jurídica aberta e incompleta nos seus compromissos e ponderações normativas.

[3754] Cfr. PAULO OTERO, *Lições de Introdução...*, I, 1º tomo, p. 152.

11.6.2. *Garantias contra a injustiça*

A exigência de que um Estado de direitos humanos postula uma ordem jurídica axiologicamente justa não garante, por si só, a existência de justiça: as normas constitucionais, legais e administrativas podem violar o imperativo de justiça, tal como as decisões judiciais também o podem contrariar.

A existência de uma ordem jurídica axiologicamente justa nunca é uma realidade concluída ou um propósito definitivamente alcançado: a justiça é um processo sempre em curso, um fim todos os dias renovado. O mesmo sucede com a própria edificação de um Estado de direitos humanos (v. *infra*, n° 12.1.1).

Em termos paralelos, a prática de actos injustos é sempre uma possibilidade em cada dia aberta: actos injustos sempre existiram, existem e existirão.

O problema magno de um Estado de direitos humanos reside, por consequência, na definição de um quadro de garantias contra a injustiça, prevenindo-as, reprimindo-as ou reparando-as.

Neste sentido, além da intervenção legislativa e administrativa tendente a corrigir, atenuar ou suprimir injustiças previamente detectadas, por iniciativa própria ou a pedido dos interessados, o certo é que reside nos tribunais o principal mecanismo de correcção, sancionamento ou reparação das injustiças: os tribunais são os últimos guardiães da justiça de um Estado de direitos humanos.

Não se deve esquecer, porém, que a injustiça pode resultar da actuação dos próprios tribunais: as decisões judiciais não estão imunes a violar a justiça ou a própria Constituição. Numa tal hipótese, salvas as situações de caso julgado inconstitucional que permitem uma reapreciação judicial da anterior decisão judicial[3755], contra uma decisão judicial injusta que transitou em julgado nada mais se poderá fazer[3756]. Todos os meios de reacção, designadamente os recursos internos ou, caso seja admissível, o acesso a instâncias jurisdicionais internacionais, pressupõem que a decisão judicial não tenha formado caso julgado.

[3755] Sobre o tema e para mais desenvolvimentos, cfr. PAULO OTERO, *Ensaio Sobre o Caso Julgado Inconstitucional*, Lisboa, 1993, em especial, pp. 63 ss.

[3756] Cfr. PAULO OTERO, *Ensaio...*, pp. 55 e 56.

Pode suceder, no entanto, que a injustiça existente no ordenamento jurídico não se reconduza apenas a certos actos pontuais ou, mesmo que pontuais, se trate de comportamentos (por acção ou omissão) de autoridades públicas que assumam uma especial gravidade pelos atentados que comportam à integridade da vida humana ou à dignidade da pessoa humana. Num tal cenário, encontrando-se já afastada a existência de um Estado de direitos humanos e ultrapassado o quadro de exercício da objecção de consciência ou do direito a não praticar ou colaborar na prática de actos injustos[3757], nunca pode deixar de se reconhecer a licitude de mecanismos colectivos de autotutela privada tendentes a repelir a agressão e a restabelecer a normalidade: o direito de resistência e a desobediência civil será tudo o que resta quando as autoridades públicas já não existem ou se demitiram de estar ao serviço do bem comum ou da garantia dos direitos essenciais da pessoa humana.

Nem se poderá mesmo negar que, verificando-se uma situação de tirania visível, prolongada e gravemente ofensiva dos mais elementares direitos humanos, se tenha como legítima a insurreição revolucionária, desde que dela não resulte um mal maior do que aquele que se procura combater[3758]: a revolução poderá então ser a via de restauração (ou instauração) de um Estado de direitos humanos, originando a edificação de um ordenamento jurídico justo. A lição da História ilustra este propósito em quase todas as insurreições revolucionárias, apesar de também ensinar que raramente as revoluções garantem, simultânea ou imediatamente, os valores da justiça, da segurança e da liberdade na ordem jurídica que delas emerge.

Em síntese, a melhor garantia contra a injustiça reside na criação de uma consciência do dever de respeitar, praticar e implementar uma ordem jurídica axiologicamente justa, o que significa, educar para a construção de um Estado de direitos humanos.

[3757] Cfr. PAULO OTERO, *O direito fundamental a não participar num acto injusto*, in P. BARBAS HOMEM / E. VERA-CRUZ PINTO / G. PORTOCARRERO DE ALMADA / P. TEIXEIRA PINTO (org.), *João Paulo II e o Direito – Estudos por ocasião do 25º aniversário do seu pontificado*, Principia, Cascais, 2003, pp. 129 ss.

[3758] Neste sentido, cfr. PAULO VI, *Carta Encíclica «Populorum Progressio»*, nº 31.

§12º
OS DESAFIOS DA MODERNIDADE AO ESTADO DE DIREITOS HUMANOS

12.1. Sobrevivência e metamorfose do totalitarismo

12.1.1. *Preliminares*

A existência de um Estado de direitos humanos não é uma realidade adquirida ou definitivamente alcançada: a edificação de um Estado de direitos humanos é um processo em permanente movimento.

E a História ensina que nem sempre essa evolução é feita no sentido de um reforço ou aumento da consciencialização sobre os direitos fundamentais: o totalitarismo surgido nas primeiras décadas do século XX ilustra o risco de retrocesso da civilização ou cultura dos direitos humanos (v. *supra*, nº 6.3.4.).

Nenhum Estado de direitos humanos pode descansar no nível de respeito já atingido ou na garantia já alcançada pelos direitos humanos no seu território: há sempre perigos e desafios, renovados ou originais, que espreitam o Estado de direitos humanos, tanto mais que a internacionalização e globalização das matérias sobre direitos fundamentais também comporta um correlativo aumento dos desafios e perigos. Se hoje a tutela dos direitos fundamentais inerentes ao ser humano se deslocou do Estado para a esfera internacional, a verdade é que também as ameaças aos direitos fundamentais se internacionalizam.

Num outro sentido, o progresso técnico dos meios de comunicação e o desenvolvimento de processos de publicidade colectiva, permitindo "fabricar" uma opinião pública favorável ao que por natureza é atentatório da inviolabilidade da vida humana ou da dignidade da pessoa humana, vieram tornar mais subtis ou encapuzados os instrumentos ou mecanismos de violação dos direitos humanos: na mais cândida e consolidada democracia política, a aparência de respeito pelos direitos pode esconder uma efectiva violação, tal como um atentado contra a vida ou a dignidade humanas pode ser "vendido" como se tratando de um direito.

A História ensina que há sempre quem acredite e defenda o que a natureza diz ser indefensável à luz do respeito pela pessoa humana e a sua dignidade: o totalitarismo tem uma capacidade extraordinária de sobrevivência e de assumir as mais variadas metamorfoses.

O Estado de direitos humanos está sempre sujeito, por conseguinte, a permanentes ameaças: nada se encontra definitivamente adquirido.

Neste início do século XXI, o respeito pelos direitos da pessoa humana continua ainda a ser um milagre cada dia renovado: a interiorização de uma cultura do respeito e garantia dos direitos humanos é muito mais recente do que a cultura da prepotência e despotismo contrários aos direitos humanos.

A mensagem totalitária, desprezando o *tu* como sujeito, tem o aparente encanto de colocar sempre em vantagem o *eu*: esquece, no entanto, que no dia em que o *tu* deixa de ter uma dignidade igual à do *eu*, é o próprio *eu* que também perde a sua dignidade, pois a própria existência do *eu* depende tanto do *tu* quanto a do *tu* relativamente ao *eu*.

O Estado de direito humanos encontra-se hoje sujeito a uma tripla ameaça totalitária[3759]:

(i) A sobrevivência de regimes políticos totalitários;
(ii) O surgimento de movimentos políticos herdeiros do totalitarismo;
(iii) A impregnação totalitária da democracia.

[3759] Para mais desenvolvimentos, seguindo-se muito de perto o que antes se escreveu sobre a matéria, cfr. PAULO OTERO, *A Democracia Totalitária*, pp. 147 ss.

Analisemos, muito resumidamente, cada um destes desafios ao Estado de direitos humanos.

12.1.2. *A sobrevivência de regimes políticos totalitários*

A circunstância de todos os principais regimes totalitários se terem desenvolvido durante a primeira metade do século XX e, por outro lado, o fascismo, o nazismo e o sovietismo terem tido o seu epílogo ainda durante o século XX não permite concluir, sem mais, que o totalitarismo seja hoje uma realidade extinta.

Se, por um lado, as décadas de cinquenta, sessenta, setenta e oitenta do século XX mostram a barbárie do desrespeito dos mais elementares direitos da pessoa humana, desde os presos políticos da União Soviética até à política de *apartheid* da Africa do Sul, passando pelos genocídios do Camboja de Pol Pot e do Ruanda (v. *supra*, nº 7.5.1.), a verdade é que, já na década de noventa, o território da ex-Jugoslávia foi palco de diversas manifestações do mais típico espírito de intolerância totalitária e de um radical esmagamento da dignidade da pessoa humana, especialmente expressas na violência institucional desencadeada pelo poder político contra certos grupos étnicos, relembrando o clima de terror provocado pelos extermínios raciais ocorridos na Alemanha nazi e na União Soviética de Estaline.

As limpezas étnicas na ex-Jugoslávia, se mostram a dramática actualidade de práticas de actuação política próprias do mais puro modelo totalitário dos anos trinta em plena Europa do final do século XX, a verdade é que também idênticos fenómenos de perseguição e aniquilamento étnico têm ocorrido nos continentes africano e asiático, tal como a realização de execuções sumárias objecto de sucessivas denúncias pela Amnistia Internacional em diversos países.

Já no século XXI, o actual regime da República Popular da China, sem embargo da sua progressiva abertura económica, continua politicamente baseado numa conciliação entre o marxismo-leninismo e o maoismo, mostrando ainda hoje ser uma poderosa força alimentadora da sobrevivência dos principais traços do totalitarismo.

O facto de a URSS se ter desmembrado, ressurgindo em seu lugar a Rússia e uma pluralidade de novos Estados independentes, apesar de ter provocado o desaparecimento da pátria do sovietismo, o certo é que os elementos caracterizadores deste modelo totalitário de sociedade continuam presentes, ainda no século XXI, em alguns dos Estados resultantes da fragmentação da URSS, comprovando que o totalitarismo goza de uma considerável plasticidade ou adaptabilidade.

Por outro lado, os exemplos de Cuba, da Coreia do Norte e ainda de diversos Estados africanos, sem prejuízo de todos os seus disfarces ou máscaras de cariz democrático, mostram-se ainda hoje ilustrativos da sobrevivência do totalitarismo como regime político efectivamente vigente.

O século XXI revela, segundo os exemplos expostos, que o Estado de direitos humanos é ainda em amplas áreas do mundo uma simples miragem: a negação da dignidade de cada ser humano vivo e concreto, a ausência de pluralismo político e a institucionalização de uma violência organizada pelo próprio poder contra grupos indefesos de pessoas traduzem, em síntese, os elementos nucleares dos actuais regimes políticos de matriz totalitária que, deste modo, se configuram como herdeiros ou sobreviventes do espírito totalitário da primeira metade do século XX.

12.1.3. *O surgimento de movimentos políticos herdeiros do totalitarismo*

Mesmo abstraindo de certas experiências políticas que ainda hoje continuam fiéis a regimes de matriz totalitária, a verdade é que, um pouco por toda a Europa, os anos oitenta e noventa do século XX assistiram a um recrudescimento eleitoral de movimentos políticos extremistas[3760], quase todos eles ideologicamente herdeiros (assumidos ou dissimulados) de modelos totalitários de matriz nazi e fascista.

[3760] Para uma síntese dos antecedentes na Alemanha do recrudescimento de tais movimentos extremistas, designadamente logo após o termo da II Guerra Mundial, cfr. ALEXANDRE BLANK, *Fascismo Alemão – Política e Ideologia*, Moscovo, 1983, pp. 99 ss.

A defesa do totalitarismo encontra-se hoje presente em partidos e movimentos políticos que têm como campo de actuação Estados pluralistas, potencialmente qualificáveis como Estados de direitos humanos, verificando-se que alguns de tais grupos políticos se encontram integralmente enquadrados no sistema democrático, renunciando à conquista do poder por meios violentos, funcionando, assim, como quaisquer outros participantes do respectivo jogo eleitoral.

Observa-se, deste modo, uma radical mudança com a situação anteriormente vivida: se antes os partidos e movimentos políticos defensores de concepções totalitárias não eram aceites pelos restantes intervenientes que se moviam no quadro democrático ou, segundo outra hipótese, esses próprios partidos ou movimentos políticos extremistas não aceitavam participar no jogo democrático, preferindo a luta armada e o terrorismo[3761], a verdade é que hoje quase todos eles, e em quase todos os Estados europeus, se encontram aceites pelo sistema democrático.

Há aqui, neste preciso sentido, um fenómeno de democratização formal de partidos dotados de uma orientação ideológica não-democrática.

Visando alterar o sistema dentro do próprio sistema, isto em vez de combater o sistema fora dele e em termos passíveis de repressão jurídico-criminal, os partidos extremistas, tal como antes sucedeu com os movimentos políticos que estiveram na base da ascensão ao poder do fascismo em Itália e do nacional-socialismo na Alemanha, submetem-se ao sufrágio eleitoral, expressando um sector da opinião pública em quase todos os países da União Europeia, incluindo junto do Parlamento Europeu.

Sem prejuízo também da presença política de movimentos mais ou menos saudosistas de um sovietismo de carácter estalinista ou partidários de um modelo trotskista de revolução permanente, quaisquer deles defensores de um projecto totalitário, os últimos anos têm registado em diversos Estados Europeus, todavia, um progressivo sucesso

---

[3761] Sublinhando a relevância do elemento violência na actuação dos movimentos políticos extremistas até aos meados dos anos setenta, cfr. RAMON PI, *O que é a ultradireita*, Lisboa, 1977, pp. 13 ss.

eleitoral de forças políticas de orientação alegadamente enquadrável no âmbito de concepções fascistas ou nazis[3762], verificando-se que o respectivo programa apresentado ao eleitorado se centra quase sempre em três ideias nucleares:

(i) Defesa de um nacionalismo xenófobo e intolerante: os estrangeiros, em geral, e os membros de certas etnias residentes no país, em particular, são considerados os principais responsáveis pela falta de segurança pública e pelo desemprego;
(ii) Frenético apelo às noções de lei, autoridade e aos valores tradicionais, responsabilizando directamente os partidos políticos governativos – tanto de matriz socialista como conservadora – e, deste modo, os protagonistas do próprio sistema político vigente, pela anarquia, corrupção, tráfico de influências e perda da identidade nacional;
(iii) Revivalismo nostálgico e mitológico da história e da pátria, confrontando a glória do passado com a decadência e a crise do presente, propondo uma reforma radical da sociedade no sentido de devolver a prosperidade material aos cidadãos e o orgulho pela respectiva nação no contexto dos restantes Estados Europeus.

Igualmente por esta via, os partidos políticos extremistas que aceitam as regras do jogo democrático tornam-se hoje os fiéis depositários da sobrevivência, em modelos democráticos, de projectos de poder portadores de uma tendência globalmente totalitária, podendo-se assistir a uma verdadeira "contra-revolução silenciosa"[3763].

Os partidos políticos extremistas, captando os desiludidos de um sistema democrático formal e axiologicamente neutro, especialmente

---

[3762] Para uma análise da extrema-direita europeia dos últimos anos, cfr. B. BAILER GALANDA et al., *Politischer Extremismus (Rechtsextremismus)*, in H. DACHS et al. (org.), *Handbuch des politischen System Österreichs*, Wien, 1992, pp. 286 ss.; PIERO IGNAZI, *L'Estrema Destra in Europa*, Bologna, 1994; JOSÉ LUIS RODRÍGUEZ JIMÉNEZ, *La Extrema Derecha Europea*, Madrid, 2004.

[3763] Expressão de PIERO IGNAZI, *L'Estrema...*, pp. 243 ss.

através da repescagem dos abstencionistas[3764], podem tornar-se amanhã os sucessores governativos da actual oligarquia partidária: a sobrevivência da democracia será então um puro milagre. Não deixa de ser curioso e, simultaneamente, paradoxal, que a democracia tenha gerado em si o seu próprio contrário: esse é o efeito de uma democracia asséptica (v. *supra*, n° 8.6.2.), axiologicamente neutra em termos de defesa da inviolabilidade da vida humana e da dignidade de cada ser humano.

Uma democracia desumana ou neutra na defesa do primado da pessoa humana viva e concreta, apesar de alicerçada no mais puro respeito pelo princípio maioritário, pode bem ser um sistema político em transição para o totalitarismo (v. *supra*, n° 8.6.2.).

Neste domínio reside um desafio directo, senão mesmo uma verdadeira ameaça, que a edificação do Estado de direitos humanos encontra nos movimentos totalitários existentes nas modernas sociedades pluralistas de democracias formais: em vez de rumarem no sentido de uma democracia humana, as sociedades pluralistas correm o risco de cair na tentação totalitária.

A tentação totalitária da democracia formal é ainda, em última análise, um preço imediatamente decorrente de se tratar de uma democracia sem valores. Nesta última reside, afinal, o inimigo principal de um Estado de direitos humanos.

12.1.4. *A impregnação totalitária da democracia: introdução*

Diferentemente de todos os regimes totalitários ainda hoje vigentes em diversos quadrantes do mundo ou de todos os movimentos políticos que num ambiente pluralista se reivindicam herdeiros de um projecto de sociedade totalitária, a verdade é que ainda se pode encontrar uma terceira manifestação da sobrevivência do totalitarismo ou, pelo menos, de certas manifestações de metamorfose do fenómeno

---

[3764] Para um desenvolvimento das razões desse abstencionismo em sistemas políticos de democracia formal e representação política ficcionada, cfr. PAULO OTERO, *A Democracia Totalitária*, pp. 227 ss.

totalitário junto das modernas sociedades pluralistas: ao contrário de tudo quanto se possa imaginar, as democracias dos Estados de matriz ocidental, apesar de fundadas nos princípios do pluralismo e da tolerância, revelam em diversos aspectos da sua vivência social, política e cultural uma surpreendente presença de vestígios típicos de modelos totalitários[3765].

Existirá aqui uma subtil e paulatina impregnação totalitária da democracia que será tanto maior quanto menor for a concretização de uma verdadeira democracia humana: uma democracia axiologicamente neutra, reconduzindo o princípio maioritário a critério de verdade, sem qualquer comprometimento com a defesa da inviolabilidade da vida humana e a promoção da dignidade da pessoa humana viva e concreta, mostra-se um terreno fértil para a propagação de manifestações de raiz totalitária.

Com efeito, uma elevada concentração de vestígios oriundos de uma anterior experiência histórica totalitária ou, segundo outra hipótese, adoptados por importação ou "contágio" de regimes totalitários mostra-se passível de originar formas degeneradas de democracia ou, em boa verdade, uma "democracia pré-totalitária", podendo mesmo falar-se na formação de um modelo de "democracia totalitária" ou de "sociedade totalitária": qualquer destas expressões será sempre sinónima de uma democracia desumana.

Por aqui passará, afinal, a influência ou o legado que o totalitarismo do século XX empresta às sociedades pluralistas do século XXI, sabendo-se que, por efeito desta perniciosa antítese – utilizando uma linguagem hegeliana –, o resultado final ou a síntese determinará, necessariamente, um novo tipo de democracia que, por natureza, será sempre menos democrática: uma democracia que assentará numa conjugação ou cruzamento com alguns elementos de origem ou configuração totalitária.

Também aqui reside uma ameaça à implementação ou aprofundamento de um Estado de direitos humanos: o distanciar progressivo de um modelo de democracia humana, por efeito da paulatina impregna-

---

[3765] Por saber fica, no entanto, se em todas as sociedades não existirá sempre uma inerente tendência totalitária, cfr. SOARES MARTÍNEZ, *Filosofia do Direito*, pp. 79 ss.

ção totalitária das sociedades pluralistas ocidentais, representa sempre um retrocesso do Estado de direitos humanos.

Importa proceder, por conseguinte, a uma identificação e densificação de alguns dos vestígios do legado totalitário que as modernas sociedades ocidentais podem encerrar, ameaçando ou comprometendo, efectivamente, a edificação do Estado de direitos humanos. São sete os principais fenómenos de impregnação totalitária das modernas sociedades pluralistas[3766]:

(i) O desenvolvimento de uma "cultura de morte";
(ii) A divinização do princípio maioritário;
(iii) A degeneração do progresso técnico e científico;
(iv) A sociedade de vigilância total;
(v) A perversão da sociedade de informação;
(vi) A intolerância das modernas sociedades;
(vii) A erosão do postulado democrático.

Observemos, sucintamente, cada um destes desafios da modernidade e, paralelamente, factores de ameaça ao Estado de direitos humanos.

12.2. Desenvolvimento de uma "cultura de morte"

12.2.1. *Eclipse do valor vida: a amputação da garantia do direito à vida*

Um Estado de direitos humanos assenta num projecto de sociedade mais justa e solidária, expresso através de um modelo de "Estado humano" (v. *supra*, n° 9.1.1.) e de um sistema político designado de democracia humana (v. *supra*, n° 11.5.1.). Trata-se de um Estado que, utilizando as palavras de João Paulo II, na "guerra dos poderosos

---

[3766] Para mais desenvolvimentos, adoptando uma perspectiva diferente de análise, cfr. PAULO OTERO, *A Democracia Totalitária*, pp. 152 ss.

contra os débeis"[3767], reconhece "como seu dever primário a defesa dos direitos fundamentais da pessoa humana, especialmente da mais débil"[3768].

Sucede, porém, que, um pouco por toda a parte, as modernas sociedades pluralistas de Estados alegadamente democráticos vão permitindo uma progressiva amputação da garantia constitucional do direito à vida, entendendo que a inviolabilidade da vida humana se circunscreve na sua plenitude apenas à vida extra-uterina, senão mesmo à vida nascida e saudável. Materializando esta orientação, observam-se três principais fenómenos:

(i) A convocação de referendos ou a pura aprovação de leis despenalizando ou legalizando a interrupção voluntária da gravidez, chegando mesmo a defender-se a elevação do aborto à categoria de "direito" ou "liberdade" fundamental da mulher sobre o seu próprio corpo;

(ii) A ausência de normas jurídicas reprimindo criminalmente a utilização indevida de embriões humanos, principalmente através do uso de embriões excedentários ou da sua simples criação com o intuito exclusivo de investigação ou experimentação científicas e posterior destruição – o designado "embrionicídio" (v. *supra*, n° 11.2.1.) –, verificando-se que uma tal omissão legislativa permite deparar aqui com comportamentos *de facto* permitidos ou tolerados pelas diversas ordens jurídicas;

(iii) A aprovação de leis permitindo a eutanásia em pacientes terminais ou em grande sofrimento, enquanto expressão de um alegado direito de cada um a dispor da sua própria vida e, se necessário, a recorrer a terceiros para o auxiliar a morrer, incluindo aos serviços públicos de saúde.

[3767] Neste sentido, cfr. JOÃO PAULO II, *Carta Encíclica «Evangelium Vitae»*, n° 12.

[3768] Cfr. JOÃO PAULO II, *Carta Encíclica «Evangelium Vitae»*, n° 101.

Através de tais amputações da garantia do direito à vida, isto mesmo sem tomar agora em consideração toda a polémica em torno de políticas públicas de planeamento familiar baseadas na utilização de métodos contraceptivos e da existência de incentivos públicos à esterilização, aquilo que aqui existe é um efectivo "eclipse do valor da vida"[3769] ou, segundo outra óptica, o desenvolvimento de uma "cultura de morte"[3770]: a vida nascente e a vida terminal tornam-se violáveis ou disponíveis, expressando uma paradoxal debilitação das formas mais débeis ou frágeis de vida humana, isto, precisamente, quando um modelo de Estado de direitos humanos aponta para um reforço da respectiva protecção jurídica (v. *supra*, n° 11.5.1.).

Num tal cenário, decididamente que a democracia se torna desumana, caminhando em sentido convergente ao totalitarismo: o Estado de direitos humanos torna-se um simples desejo ou uma miragem.

12.2.2. *Totalitarismo encapuzado: o retrocesso histórico*

A contradição instalada entre um Estado pluralista que diz proteger os direitos fundamentais, considerando-se mesmo um Estado "antropologicamente amigo"[3771], e a designada "cultura de morte" que se vai difundindo, fazendo prevalecer o direito à vida dos mais fortes sobre os mais débeis ou, com igual crueldade, excluindo do princípio da inviolabilidade da vida humana a vida intra-uterina e a vida em fase terminal, reúne todas as condições para abrir as portas a um modelo totalitário.

Já hoje, aliás, perante a força reivindicativa dos mais fortes e o peso dos interesses económicos dos mais poderosos que exigem ao Estado que se desinteresse pela garantia da vida daqueles que ainda não podem reivindicar, tornando direito de uns o suprimir da vida de outros ou o utilizar da vida alheia em experiências científicas financiadas por

---

[3769] Cfr. JOÃO PAULO II, *Carta Encíclica «Evangelium Vitae»*, nos 10 e ss.

[3770] Expressão utilizada por JOÃO PAULO II, *Carta Encíclica «Centesimus Annus»*, n° 39; IDEM, *Carta Encíclica «Evangelium Vitae»*, nos 12, 28 e 64.

[3771] Expressão de GOMES CANOTILHO / VITAL MOREIRA, **Fundamentos da Constituição**, p. 83.

grandes multinacionais, se assiste, em boa verdade, a um Estado que caminha pela vereda do totalitarismo.

A eutanásia será aqui o ponto intermédio de uma evolução que, exigindo hoje ao Estado o reconhecimento ao paciente terminal do "direito" de dispor da sua vida, amanhã se prepara para conferir ao Estado o poder de decidir sobre a vida dos idosos, doentes ou deficientes. Tratar-se-á, afinal, de uma decisão motivada por simples critérios utilitaristas de eficiência[3772], partindo do entendimento de que a sociedade não reconhece qualquer valor a quem por idade, acidente ou nascimento se encontra debilitado.

Esse será já, todavia, um modelo de Estado directamente herdeiro do Estado nacional-socialista.

Num certo sentido, a própria legalização do aborto eugénico integra-se já no modelo de um Estado cuja felicidade e bem-estar de uns passa pelo suprir a simples existência de outros: a legitimação do aborto eugénico, expressando o reconhecimento de um direito ou a mera legalização de uma conduta que tem por pressuposto a restrição da tutela da vida humana apenas em situações de perfeição e saúde, será o caminho que levará amanhã a legitimar o próprio infanticídio[3773].

Um tal modelo de completo desprezo pela vida humana, especialmente pela vida dos mais fracos e dos mais débeis que se encontra à mercê da força reivindicativa dos mais fortes junto do Estado, representa, nem mais nem menos, do que o alicerce pragmático de uma nova forma de totalitarismo: tratar-se da construção de um mundo sem espaço para todos aqueles que, à semelhança do nascituro ou do doente terminal, pela sua debilidade se encontram totalmente na dependência de outras pessoas, sem terem ainda (ou já não terem) capacidade de comunicação verbal ou explícita[3774].

Tal como Hitler defendia que o Estado deveria pôr todos os seus recursos ao serviço de uma concepção que proclamasse "como incapaz

---

[3772] Sobre a "cultura de morte" e a designada "mentalidade eficientista" existente na moderna sociedade de bem-estar, cfr., por todos, JOÃO PAULO II, *Carta Encíclica «Evangelium Vitae»*, nº 64.

[3773] Neste sentido, cfr. JOÃO PAULO II, *Carta Encíclica «Evangelium Vitae»*, nº 14.

[3774] Cfr. JOÃO PAULO II, *Carta Encíclica «Evangelium Vitae»*, nº 19.

de procriar quem quer que seja doente ou tenha certas taras hereditárias e levar esse propósito ao terreno prático"³⁷⁷⁵, defendendo mesmo ser uma grande honra impedir "que as pessoas doentes ou com certos defeitos possam procriar"³⁷⁷⁶, a verdade é que os modernos Estados que desenvolvem uma "cultura de morte" acabam por defender que aos presumíveis doentes e deficientes nunca lhes seja sequer reconhecido o direito ao nascimento, tornando lícito o aborto em tais casos, ou permitindo que certos tipos de doença ou deficiência justifique a legitimação do infanticídio ou a criação de um "direito à eutanásia".

Deste modo, se o nazismo pretendia agir em termos proibitivos sobre o direito de os doentes e deficientes procriarem, a verdade é que o progresso científico permite, segundo o recurso a diagnósticos pré-natais, que o moderno Estado pluralista possa hoje agir sobre o próprio nascimento de um eventual ser humano doente ou deficiente, conferindo à respectiva mãe o "direito" de decidir pôr termo à vida de um outro ser humano que no seu seio alberga. Há aqui como que uma "privatização" da decisão de condenar à morte um ser humano.

Numa diferente perspectiva, regista-se que a difusão de uma "cultura de morte" no moderno Estado pluralista mostra surpreendentes contradições ou paradoxos que esvaziam qualquer conteúdo material de uma alegada preocupação com os direitos fundamentais.

Desde logo, perante um modelo de Estado que se reclama de Direito, baseado na proclamação constitucional de direitos humanos que reconhece como fundamentais e diz serem inerentes a cada pessoa, afirmando-se também subordinado a diversas declarações internacionais de direitos fundamentais, sucede que é aqui mesmo que se pretendem ver reconhecidos e protegidos como verdadeiros direitos actos ou comportamentos que envolvem ameaças e atentados efectivos contra a vida humana.

Há aqui, pode dizer-se, uma inversão trágica e uma contradição insanável do processo histórico: "precisamente numa época em que se proclamam solenemente os direitos invioláveis da pessoa e se afirma publicamente o valor da vida, o próprio direito à vida é praticamente

---

³⁷⁷⁵ Cfr. ADOLF HITLER, **Minha Luta**, 7ª ed., Porto Alegre, 1941, p. 337.
³⁷⁷⁶ Cfr. ADOLF HITLER, **Minha Luta**, pp. 336-337.

negado e espezinhado, particularmente nos momentos mais simbólicos da existência, como são o nascer e o morrer"[3777].

Assiste-se, num certo sentido, ao criar de um Estado hipócrita: afirma e proclama valores como a dignidade da pessoa humana e a justiça, enquanto, simultaneamente, aceita ou tolera diversas e variadas formas de desprezo e violação da vida humana, especialmente em situações de maior debilidade e marginalização.

Tais modelos de Estado surgidos na segunda metade do século XX, todos eles assentes numa sociedade pluralista de matriz ocidental, baseados numa democracia formal e descomprometida com a tutela substantiva da inviolabilidade da vida e da dignidade do ser humano vivo e concreto, encontram-se muito longe de uma genuína democracia humana: tratam-se de meras aparências de Estados de direitos humanos, escondendo na democracia procedimental da sua organização política um totalitarismo decisório protagonizado pela força dos direitos dos mais fortes e poderosos sobre a existência dos mais fracos e débeis.

Neste último cenário, a democracia está, decididamente, impregnada de totalitarismo: a força do passado totalitário determinou um retrocesso histórico na marcha do processo de afirmação dos direitos humanos. Esse é, tal como antes se assinalou (v. *supra*, n° 7.5.2.), um dos paradoxos que o século XXI herdou do século XX.

12.2.3. *Inversão hermenêutica e axiológica*

A construção de uma "cultura de morte" em Estados que proclamam a inviolabilidade da vida humana baseia-se numa inversão metodológica de todos os princípios hermenêuticos em matéria de direitos fundamentais: em vez de se conferir a máxima efectividade ou eficácia às normas constitucionais (v. *supra*, n° 11.4.3.), designadamente através da aplicação do princípio da interpretação mais generosa à extensão das normas sobre direitos fundamentais, tende-se a interpretar a inviolabilidade da vida humana no sentido de excluir do seu âmbito a vida intra-uterina ou, pelo menos, certas fases iniciais da vida pré-natal.

[3777] Cfr. JOÃO PAULO II, *Carta Encíclica «Evangelium Vitae»*, n° 18.

Num tal pressuposto, a interrupção voluntária da gravidez torna-se uma temática alheia à inviolabilidade da vida humana do ser já concebido, centrando-se a sua discussão na liberdade da mulher em dispor do seu próprio corpo, tal como a criação de embriões excedentários e a sua destruição ou a realização neles de experiências se mostra também um problema estranho à inviolabilidade da vida humana.

Esquece-se, deste modo, que a garantia constitucional de inviolabilidade da vida humana envolve um direito à existência de todos os seres humanos já concebidos, impondo ao poder público o dever de preservar o direito à vida pré-natal e pós-natal de todos e até, sublinhe-se, de modo mais reforçado quanto mais frágil for essa manifestação de vida humana ou mais débil for o seu titular[3778]: a inviolabilidade da vida humana protege a existência humana desde o momento da concepção até ao momento da sua morte natural[3779].

Todavia, através da mencionada interpretação metodologicamente invertida do âmbito da garantia constitucional da inviolabilidade da vida humana, permitindo dela excluir a vida intra-uterina ou a vida em fase terminal, esvazia-se o próprio conteúdo do direito à vida, sabendo-se que estamos aqui perante o direito fundamental mais fundamental, e amputa-se, por esta via, o elemento nuclear da dignidade humana.

Nestes termos debilitado o primeiro direito fundamental do seu humano, invertidos os princípios interpretativos dos direitos fundamentais no sentido de minimizar a garantia da inviolabilidade da vida humana, outra porta se abre para que o Estado pluralista se transforme num efectivo "Estado contra os direitos fundamentais" ou, pelo menos, se converta num Estado de direitos fundamentais dos mais fortes contra os destinados a morrer.

Num último sentido, o desenvolvimento de uma "cultura de morte" nos modernos Estados pluralistas ocidentais não pode deixar de assumir uma trágica contradição com a progressiva consciencialização da humanidade e dos diversos textos constitucionais para problemas

---

[3778] Para mais desenvolvimentos sobre a inviolabilidade da vida humana no sentido exposto no texto, cfr. PAULO OTERO, **Personalidade e Identidade Pessoal...**, pp. 37 ss.

[3779] Neste sentido, cfr. declaração de voto do juiz-conselheiro Vítor Nunes de Almeida no Acórdão do Tribunal Constitucional nº 288/98, de 18 de Abril de 1998.

como a protecção do ambiente, a defesa do património cultural ou do ordenamento do território.

Com efeito, numa época em que se chega mesmo a falar em "direitos dos animais" ou em "protecção e bem-estar dos animais" (v. *supra*, nº 7.5.2.), o menosprezo pela vida humana pré-natal e pela vida humana terminal, permitindo-se o aborto, o vilipendiar do embrião humano ou mesmo a eutanásia, representa uma total inversão dos valores do sistema jurídico: a inviolabilidade da vida humana terá uma garantia jurídica inferior àquela que é conferida à protecção do ambiente, da cultura ou da qualidade urbanística.

Não estaremos aqui, todavia, perante uma simples contradição axiológico-sistemática[3780], antes se assiste ao instituir de uma verdadeira cultura totalitária: o Estado pluralista assume-se como "Estado desumano", convertendo-se o Estado de Direito num Estado contra-Direito.

Ora, é neste preciso instante que a própria existência do Estado estará colocada em causa: de que serve um Estado se não tutela a vida humana, resolvendo antes conferir primazia à garantia de outros valores?

Essa é a interrogação última que a "cultura de morte" lança sobre as modernas sociedades pluralistas que não acolhem um modelo de democracia humana.

12.3. Divinização do princípio maioritário

12.3.1. *Positivismo legalista e Estado de Direito formal*

O positivismo oitocentista, fundado no culto da lei, originou um Estado de Direito formal: negando que a validade da lei dependa da justiça do respectivo conteúdo[3781], admitindo, por isso, que "todo e qualquer conteúdo pode ser Direito"[3782], encontramos aqui os pressu-

---

[3780] Cfr. PAULO OTERO, *Personalidade e Identidade Pessoal...*, pp. 49-50.

[3781] Neste sentido, cfr. HANS KELSEN, *A Justiça e o Direito Natural*, 2ª ed., Coimbra, 1979, p. 171.

[3782] Cfr. HANS KELSEN, *Teoria Pura do Direito*, 6ª ed., Coimbra, 1984, p. 273.

postos de um modelo de Estado de Direito "com as portas abertas para um Estado de não-direito"[3783].

Na realidade, se tudo pode ser Direito, também os mais clamorosos atentados à vida e à dignidade humanas, desde que provenientes da autoridade legalmente competente e sob a forma prevista em norma anterior, deveriam ser aplicados e obedecidos como normatividade juridicamente vinculante: o positivismo legalista exclui qualquer ideia de um ordenamento axiologicamente justo, permitindo a edificação de um Estado de Direito formal que, assentando exclusivamente numa normatividade autovinculativa sem parâmetro axiológico de justiça que habilite um controlo da validade do seu conteúdo, faz de qualquer vontade do poder um critério absoluto de verdade.

Nestes termos se equaciona o contributo que o positivismo legalista oitocentista deu ao totalitarismo do século XX:

(i) Se a validade do Direito é independente do seu conteúdo, então tudo aquilo que o poder quiser pode sempre ser Direito e deve ser obedecido sem resistência ou objecção de consciência;
(ii) Os direitos fundamentais, sendo verdadeiras dádivas outorgadas pelo Estado, movem-se no âmbito da vontade do poder: a lei torna os direitos seus reféns, sabendo-se que a lei pode sempre ter o conteúdo que o poder entender.

A hipervalorização formal da lei, independentemente do seu conteúdo, enquanto expressão jurídica de um positivismo legalista, traduz, num momento inicial de raiz parlamentar, uma manifestação política do princípio maioritário liberal assente em Rousseau (v. *supra*, n° 4.7.3.) e, num segundo momento já de matriz totalitária, uma manifestação da vontade da colectividade encarnada no *Führer* ou no *Duce*[3784]. Em qualquer das hipóteses, recusando sempre pensar a validade do conteúdo da normatividade face à justiça, o modelo formal descrito de ordenamento reúne todos os ingredientes para fazer da obediência à lei injusta um dogma sagrado: obedecer à lei – qualquer

---

3783 Cfr. ROGÉRIO EHRHARDT SOARES, **Direito Público...**, p. 167.
3784 Cfr. PAULO OTERO, **A Democracia Totalitária**, pp. 39 ss.

que seja o seu conteúdo – será ainda assegurar a prevalência da vontade política da maioria que a aprovou ou do autocrata que a ditou.

Se o conteúdo da lei é irrelevante face à validade das suas normas, então o grau de arbitrariedade da vontade de uma maioria, reflectindo uma democracia totalitária baseada em Rousseau[3785] (v. *supra*, nº 4.7.3.), pode não ser diferente da arbitrariedade da vontade do tirano: a lei corre o risco de ser sempre uma expressão de tirania.

Deste modo, elevada a maioria a critério de verdade, a obediência à lei injusta na democracia torna-se um valor tão absoluto como a obediência à vontade do tirano, também esta identificada com a verdade: o Estado de direito formal encontra-se nas antípodas do Estado de direitos humanos.

12.3.2. *A maioria como critério de verdade: a democracia desumana*

A exacerbação do positivismo, fazendo da vontade popular expressa pelo princípio maioritário o fundamento legitimador da omnipotência de um modelo de sociedade política baseada na centralidade da lei, poderá revelar-se em situações extremas, todavia, atentatória da própria democracia: o totalitarismo surge como verdadeiro "fruto maduro" de um processo que conduziu o Estado de Direito formal a converter-se num Estado de não-direito[3786].

Com efeito, o princípio maioritário nunca se pode transformar de simples critério decisório em efectivo critério de verdade: a maioria ou mesmo a unanimidade de um parlamento, tal como a vontade da maioria dos membros da sociedade expressa por referendo, nunca pode tornar legítimo aquilo que por natureza é ilegítimo, tal como não pode transformar em certo o que é em si mesmo errado.

O princípio maioritário e, deste modo, a própria democracia conhecem limites, isto sob pena de subversão da democracia no mais cruel totalitarismo.

[3785] Cfr. L. CABRAL DE MONCADA, *Filosofia...*, I, p. 248.
[3786] Cfr. ROGÉRIO EHRHARDT SOARES, *Direito Público...*, p. 167.

Dois exemplos ilustram o que se pretende dizer:

(i) Será, pode perguntar-se, que a aprovação por deliberação parlamentar maioritária ou por referendo dos crimes contra a humanidade praticados na Alemanha nazi ou na Rússia estalinista contra os judeus por parte do próprio Estado ou, bem mais recentemente, na ex-Jugoslávia no âmbito dos diversos conflitos étnicos aí existentes, tornaria tais actos menos odiosos ou mais legítimos em termos democráticos[3787]?

(ii) Será, pode ainda questionar-se, que a aprovação por referendo ou por via parlamentar de leis que permitissem a utilização de seres humanos para todo o tipo de experiências médicas justificadas pelo interesse da colectividade ou da ciência ou, por outro lado, que previssem discriminações em função da raça que correspondessem aos sentimentos de parte significativa da população (v.g., permitindo a expulsão municipal de ciganos) ou ainda, por último, que consagrassem a eliminação pelo Estado de todos os velhos e deficientes tornaria tais medidas legislativas legítimas?

Os exemplos apresentados ilustram que uma "divinização" do princípio maioritário, elevado à categoria de fonte de verdade expressa na lei, acaba por fazer sucumbir às suas próprias mãos a democracia, assistindo-se à instauração de um totalitarismo democraticamente legitimado: a democracia converter-se-á então, usando a expressão de João Paulo II (v. *supra* nos 11.5.1. e 8.6.2.), numa "palavra vazia", originando um modelo paradoxal de democracia antidemocrática ou democracia desumana.

Esse será o destino normal de todo o sistema político que, alicerçando-se numa sociedade pluralista, recuse um modelo de democracia humana.

O fenómeno descrito, revelando os limites do princípio maioritário e, em boa verdade, da própria democracia sem coordenadas axio-

---

[3787] Cfr. JOÃO PAULO II, *Carta Encíclica «Evangelium Vitae»*, n° 70; PAULO OTERO, *Lições de Introdução...*, I, 1° tomo, p.82.

lógicas humanistas, além de todas as suas consequências em termos teóricos de fundamentação da improcedência das concepções positivistas que conferem à lei uma suspeita centralidade na teoria das fontes de Direito, envolve um considerável paradoxo histórico: se a democracia surge como "fonte" de um processo histórico de crescente reconhecimento de direitos fundamentais, a verdade é que ela hoje se pode apresentar como "coveira" desses mesmos direitos fundamentais.

O mencionado esvaziamento da democracia por efeito de uma certa "divinização" do princípio maioritário torna-se hoje uma realidade tanto mais preocupante quanto os últimos tempos, seja pela difusão da "cultura de morte" ou de um acentuar da intolerância de certos grupos sociais, têm revelado um "obscurecimento da consciência colectiva" das modernas sociedades pluralistas[3788].

Verifica-se, na realidade, que a sociedade de diversos Estados pluralistas, através das ideias de "consenso popular", "consenso social maioritário" ou "consciência social", procura legitimar comportamentos atentatórios da vida humana, sobretudo no seu início e no seu termo, submetendo a referendo ou fazendo aprovar pelos respectivos parlamentos leis de despenalização do aborto e de reconhecimento da eutanásia. Assiste-se aqui, por esta via, a um total menosprezo pelo mais fundamental dos direitos fundamentais do ser humano e primeira condição de respeito pela sua dignidade: a vida humana.

De que servirá garantirem-se todos os restantes direitos fundamentais se a vida humana, especialmente aquela que assume formas mais débeis e delicadas, se encontra na total disponibilidade da vontade maioritária da sociedade ou do parlamento?

A inviolabilidade da vida de cada ser humano vivo e concreto torna-se aqui, em síntese, dependente da vontade da maioria: se a maioria quiser, o Estado poderá colocar os seus estabelecimentos de saúde ao serviço da morte daqueles que não têm força reivindicativa ou carecem de utilidade para a sociedade.

Estaremos aqui diante de um modelo de Estado que, substituindo a vontade de um lendário tirano sem escrúpulos pela vontade da maioria, mostra o mesmo desprezo pela vida de cada ser humano vivo e

---

[3788] Cfr. JOÃO PAULO II, *Carta Encíclica «Evangelium Vitae»*, n° 70.

concreto. Trata-se de um Estado que, todavia, não será já substantivamente democrático, antes se transfigurou em totalitário.

Em suma, sem uma democracia humana, o Estado corre o risco de se encontrar em transição para o totalitarismo.

12.4. Degeneração do progresso técnico e científico

12.4.1. *O risco de ditadura da ciência e da técnica: a escravização do homem*

Começou a surgir, durante os anos sessenta do século XX, a consciência de que a técnica e a ciência, invadindo todas as esferas da sociedade, se transformavam, elas próprias, em fonte legitimadora das instituições e das opções políticas, havendo mesmo quem as tomasse como uma nova "ideologia": a "técnica é dominação metódica, científica, calculada e calculante (sobre a natureza e sobre o homem)"[3789].

Tendo o método científico começado por dominar a natureza, dominação essa cada vez mais eficaz, o certo é que, posteriormente, se terá assistido a uma evolução no sentido de se ampliar à dominação do próprio homem, limitando-lhe a liberdade, isto a troco da sua sujeição a um aparelho técnico que lhe proporciona comodidade de vida, apesar de, simultaneamente, intensificar a produtividade do trabalho. Verifica-se aqui que a racionalidade tecnológica acaba por proteger essa mesma dominação, observando-se a abertura a um modelo de "sociedade totalitária de base racional"[3790], tanto mais curiosa quanto a manutenção da própria dominação é ocultada pela utilização de argumentos decorrentes de imperativos técnicos.

Partindo de tais postulados assentes na fusão entre técnica e dominação, por um lado, e racionalidade e opressão, por outro[3791], regista-

---

[3789] Cfr. HERBERT MARCUSE, *Industrialisierung und Kapitalismus im Werk Marx Webers*, in *Kultur und Gesellschaft*, II, Francofort, 1965, cit. por JÜRGEN HABERMAS, *Técnica e Ciência como «Ideologia»*, Lisboa, 1997, p. 46.

[3790] Cfr. HERBERT MARCUSE, *Der eindimensionale Mensch*, Neuwied, 1967, p. 172.

[3791] Cfr. JÜRGEN HABERMAS, *Técnica e Ciência...*, p. 50.

-se que o progresso técnico-científico assume uma dupla função nas modernas sociedades: é força produtiva e ideologia[3792].

Neste preciso âmbito se insere o cerne da tese de Marcuse: a técnica e a ciência desenvolvem hoje uma função legitimadora da dominação, dotadas de uma racionalidade política[3793] e assumindo-se como ideologia de uma "sociedade totalitária de base racional"[3794]. Ou, segundo outra perspectiva, o Estado moderno vai mesmo para além do *Leviathan* de Hobbes, falando-se num "*Leviathan* teleguiado"[3795]

A progressiva interdependência entre a ciência e a técnica, apoderando-se de todas as principais esferas da sociedade, desde os sistemas escolares e de saúde até à própria família, impõe ao indivíduo uma determinada forma de vida[3796], substituindo as anteriores formas de legitimação tradicional da dominação[3797].

Observa-se, num tal cenário, a conversão da política num simples processo de resolução de questões técnicas, a recondução da actividade estatal a meras tarefas técnicas de natureza administrativa, isto perante um clima geral de "despolitização da massa da população"[3798], senão mesmo de uma "despolitização do Estado"[3799], verificando-se que a própria formação democrática da vontade popular acaba por se reduzir a "decisões plebiscitárias acerca de equipas alternativas de administradores"[3800].

Trata-se de um modelo de sociedade tecnocrática que, envolvendo uma "autocoisificação dos homens, sob as categorias da acção racional

---

[3792] Cfr. JÜRGEN HABERMAS, *Técnica e Ciência...*, p. 55.

[3793] Sobre esta concepção de Marcuse, cfr. GEORGE BURDEAU, *Traité de Science Politique*, V, 10ª ed., Paris, 1970, p. 232.

[3794] Para uma análise crítica desta concepção, cfr. JÜRGEN HABERMAS, *Técnica e Ciência...*, pp. 45 ss.

[3795] Neste sentido, cfr. GEORGE BURDEAU, *Traité...*, V, pp. 230 ss.

[3796] Cfr. JÜRGEN HABERMAS, *Técnica e Ciência...*, pp. 65-66.

Referindo que a sociedade técnica originou um novo tipo de homem, cfr. GEORGE BURDEAU, *Traité...*, V, p. 235.

[3797] Cfr. JÜRGEN HABERMAS, *Técnica e Ciência...*, pp. 45 e 66 ss.

[3798] Cfr. JÜRGEN HABERMAS, *Técnica e Ciência...*, pp. 70 ss.

[3799] Neste sentido, cfr. ROGÉRIO EHRHARDT SOARES, *Direito Público...*, p. 113.

[3800] Cfr. JÜRGEN HABERMAS, *Técnica e Ciência...*, pp. 73-74.

dirigida a fins e do comportamento adaptativo"[3801], revela, no entanto, uma subtil forma de exercício de coacções manipulatórias: a dominação através de um modelo normativo típico de um Estado autoritário assumido é substituída nas sociedades desenvolvidas por mecanismos de controlo do comportamento por meio de estímulos externos que, deste modo, determinam formas de dominação calculada, desde o consumo até ao comportamento eleitoral[3802].

Poderá mesmo afirmar-se, no limite, que a "consciência tecnocrática" já não é só uma simples ideologia que envolve um fenómeno de despolitização da população, tanto mais importante quanto se observa a existência de uma "opinião pública administrada pelos meios de comunicação social"[3803], antes se trata de uma realidade que visa o controlo do comportamento e a própria modificação da personalidade pelas manipulações psicotécnicas da vontade humana, incluindo até a possibilidade de controlo comportamental mediante intervenções no processo de transmissão genética de informações hereditárias[3804].

Observa-se que o progresso técnico, sendo fonte de liberdade, é também, simultaneamente, fonte de servidão[3805]. Nas palavras de Ortega y Gasset, "não há nenhum progresso seguro, nenhuma evolução, sem a ameaça de involução e retrocesso"[3806].

O progresso técnico-científico, ameaçando os postulados de um Estado de direitos humanos, corre o risco de se tornar instrumento implementador de uma sociedade totalitária: não se trata apenas da manipulação de comportamentos mediante o condicionamento da liberdade por estímulos ou pela "intoxicação" da vontade; aquilo que pode estar em causa é a própria manipulação genética do ser humano, produzindo uma definição de comportamentos admissíveis e a exclu-

---

[3801] Cfr. JÜRGEN HABERMAS, *Técnica e Ciência...*, p. 74.
[3802] Cfr. JÜRGEN HABERMAS, *Técnica e Ciência...*, pp. 75-76.
[3803] Cfr. JÜRGEN HABERMAS, *Técnica e Ciência...*, p. 89.
[3804] Cfr. JÜRGEN HABERMAS, *Técnica e Ciência...*, pp. 86 e 87.
[3805] Cfr. JOSÉ AUGUSTO SACADURA GARCIA MARQUES, *Telecomunicações e Protecção de Dados*, in ANTÓNIO PINTO MONTEIRO (coord.), *As Telecomunicações e o Direito na Sociedade da Informação*, ed. do Instituto Jurídico da Comunicação, Coimbra, 1999, p. 90.
[3806] Cfr. JOSÉ ORTEGA Y GASSET, *A Rebelião...*, p. 88.

são de outros que, segundo o juízo de uma qualquer autoridade, se tenham como reprováveis.

Numa tal hipótese, verificando-se a aliança entre o progresso técnico-científico no campo da genética e a tentativa de redefinição de comportamentos humanos, o totalitarismo estará instalado num cenário de completa desestruturação do ser humano e na mais feroz ditadura até hoje conhecida: a ditadura da técnica e da ciência ou, segundo outro ângulo, a total escravização do homem pelo progresso científico e tecnológico.

O totalitarismo surgirá aqui através da instrumentalização da pessoa humana, transformada, por efeito do progresso tecnológico e científico, de fim em simples meio, subvertendo-se a tradicional distinção entre pessoa e coisa[3807], colocando ao homem uma verdadeira "encruzilhada existencial"[3808].

A biologia e a genética tornam-se hoje, deste modo, a expressão máxima de um sector de fronteira e, simultaneamente, de defesa de um modelo de sociedade em que a técnica e a ciência não se tornem em instrumentos de negação da humanidade ao próprio homem e, por essa via, estradas de totalitarismo.

Neste domínio reside uma das principais ameaças da modernidade ao Estado de direitos humanos.

12.4.2. A "cegueira ética" na biomedicina e na genética: a neutralidade ética do Estado

Se, no final dos anos sessenta do século XX, Habermas alertava já para os perigos do controlo comportamental por efeito de uma possível intervenção genética, a verdade é que o progresso científico e tecnológico nos domínios da biologia, da medicina e da genética, especialmente acelerado nos últimos dez ou vinte anos, trouxe uma

---

[3807] Para os termos dessa mesma distinção, segundo uma óptica personalista, cfr., por todos, MANUEL GOMES DA SILVA, *Esboço...*, pp. 137 ss.

[3808] Cfr. FERNANDO JOSÉ BRONZE, *A Metodonomologia entre a Semelhança e a Diferença (Reflexão problematizante dos pólos da radical matriz analógica do discurso jurídico)*, Coimbra, 1994, p. 197.

verdadeira revolução na teoria do conhecimento e nas problemáticas envolventes das ciências da vida: os anos noventa foram portadores de um progressivo dramatismo pelas possibilidades de concretização técnica de quase tudo aquilo que antes se tinha como imaginário.

Nunca como hoje foram tão grandes as ameaças ao Estado de direitos humanos protagonizadas pela ausência de referências éticas no âmbito das ciências da vida. O que se encontra em causa é, utilizando a epígrafe de um estudo de Habermas, o próprio "futuro da natureza humana"[3809].

No domínio das ciências da vida, os últimos anos operaram a mais importante revolução no processo histórico da humanidade[3810]: o progresso científico e técnico veio mostrar que quase tudo aquilo que se tem como ficção no mundo da genética pode vir a tornar-se realidade, faltando saber, todavia, se tudo aquilo que é possível se deverá ter como permitido.

O progresso científico e tecnológico nos domínios da biomedicina e da genética veio trazer o problema dos limites da própria investigação ou, pelo menos, da aplicação experimental das investigações desenvolvidas, fazendo renascer a importância da dimensão ética da ciência e da técnica.

Fala-se mesmo em necessidade de "moralização da natureza humana"[3811], salientando que tudo aquilo que a ciência e a técnica tornaram possível no domínio das ciências da vida tem de estar sujeito a um controlo moral limitativo das possibilidades tecnicamente abertas ou, em termos complementares, identificando a "moralização da natureza humana" com a afirmação de uma "autocompreensão ética da espécie"[3812].

A ética torna-se o "calcanhar de Aquiles da Medicina"[3813], enquanto a bioética se revela o mais recente ponto de confluência entre

---

[3809] Cfr. JÜRGEN HABERMAS, *O Futuro da Natureza Humana. A caminho de uma eugenia liberal?*, Coimbra, 2001.

[3810] Neste sentido, especificamente sobre a sujeição da procriação humana ao domínio do homem, desvinculado-se da tradicional ligação às leis da natureza, cfr. PAULO OTERO, *Personalidade e Identidade Pessoal...*, pp. 11-12.

[3811] Cfr. JÜRGEN HABERMAS, *O Futuro da Natureza...*, pp. 65 ss.

[3812] Cfr. JÜRGEN HABERMAS, *O Futuro da Natureza...*, p. 67.

[3813] Cfr. FERNANDO JOSÉ BRONZE, *A Metodonomologia...*, p. 118.

o mundo das ciências da vida e o Direito, falando-se mesmo em biodireito ou, mais especificamente, em bioconstituição[3814]. A própria Comunidade Internacional tem vindo a sublinhar que a investigação científica e tecnológica no domínio da genética visa o desenvolvimento de uma ética das ciências da vida baseada no respeito dos direitos do homem e na utilização dos resultados de tais investigações em benefício da humanidade (v. *supra*, n° 11.2.3.)[3815].

Compreende-se, por isso, que a ciência e a técnica assumam uma inevitável dimensão ética: "o respeito pela vida exige que a ciência e a técnica estejam sempre orientadas para o homem e para o seu desenvolvimento integral"[3816].

Um Estado de direitos humanos não pode aqui abdicar de assumir uma concepção ética de defesa do ser humano e da sua dignidade contra qualquer postura degenerativa do progresso científico e tecnológico (v. *supra*, n° 11.2.3.): o simples reivindicar de uma posição de neutralidade perante os atentados contra a pessoa humana será já uma renúncia do Estado a ser Estado de direitos humanos.

Qualquer tentativa de neutralidade do Estado em termos éticos nunca se revela genuinamente neutra pelos respectivos efeitos concretos que proporciona: a neutralidade na tutela da inviolabilidade da vida humana e na garantia da dignidade do ser humano vivo e concreto mostra-se sempre política e axiologicamente comprometida com uma concepção desvalorizadora dessa mesma tutela e garantia.

Em tais casos, um modelo tradicional de Estado totalitário poderá mesmo ser substituído por um totalitarismo sem Estado: a omissão do Estado na garantia da tutela da vida humana e da dignidade de cada ser

---

[3814] Sobre a "bioconstituição", cfr. JOÃO CARLOS GONÇALVES LOUREIRO, *O Direito à Identidade Genética do Ser Humano*, in **Portugal – Brasil Ano 2000. Tema Direito**, Coimbra, 1999, p. 294; PAULO OTERO, **Direito da Vida**, p. 120.

[3815] Neste sentido, cfr. Resolução n° 987/71, de 11 de Abril de 1997, da Comissão dos Direitos do Homem das Nações Unidas, in NOËLLE LENOIR / BERTRAND MATHIEU, *Le Droit International*..., pp. 28 ss. Para mais desenvolvimentos sobre a preocupação da Comunidade Internacional na limitação da liberdade técnica e científica, cfr. PAULO OTERO, **Personalidade e Identidade Pessoal**..., pp. 96 ss.

[3816] Cfr. JOÃO PAULO II, **Carta Encíclica «Evangelium Vitae»**, n° 81.

humano poderá mostrar-se tão atentatória da pessoa humana quanto um modelo de Estado empenhado por acção na destruição do indivíduo.

O totalitarismo surgirá aqui por via da inércia do Estado na defesa da pessoa humana: as ideias de consenso de sobreposição (v. *supra*, n° 8.2.2.) ou de uma democracia puramente processual (v. *supra*, n° 8.2.4.), alicerçando uma democracia asséptica baseada na postura de neutralidade ética do Estado na biomedicina e na genética (v. *supra*, n° 8.6.2.), mostram-se em tais domínios de risco do "futuro da natureza humana" (Habermas) especialmente perniciosas.

Exige-se hoje, tal como ocorreu na passagem do Estado liberal para o Estado social, que o Estado tenha "de substituir a sua tradicional ética negativa por uma ética positiva"[3817], impregnando com uma concepção de justiça baseada na centralidade da pessoa humana e da sua dignidade todos os aspectos respeitantes à biomedicina e à genética: o Estado de direitos humanos encontra-se obrigado, segundo resulta da essencialidade dos valores em causa, não só a proibir como a sancionar criminalmente as condutas transgressoras[3818].

Uma postura de neutralidade ética do Estado, revelando uma concepção de uma democracia asséptica ou sem valores, expressão de uma efectiva absolutização da liberdade aliada à "desideologização" do Estado que, por essa via, perde qualquer critério de conformação social[3819], conduzindo a uma sociedade em que tudo fosse permitido, acabaria por destruir o próprio homem e a razão de ser do Estado: sem a preocupação de defender a vida humana e a dignidade inalienável do Homem, o Estado converter-se-á, como Habermas havia definido, numa mera instância de "solução de tarefas técnicas"[3820].

É precisamente uma tal orientação que, partindo de um "relativismo ético"[3821] que, num momento subsequente, se conjuga com uma

---

[3817] Neste preciso sentido, referindo-se à transição do Estado liberal para o Estado social, cfr. ROGÉRIO EHRHARDT SOARES, *Direito Público...*, p. 85.

[3818] Para mais desenvolvimentos, atendendo à ordem jurídica portuguesa e, em especial, ao texto do artigo 26°, n° 3, da Constituição, introduzido pela revisão constitucional de 1997, cfr. PAULO OTERO, *Personalidade e Identidade Pessoal...*, pp. 95 ss.

[3819] Neste sentido, cfr. ROGÉRIO EHRHARDT SOARES, *Direito Público...*, p. 113.

[3820] Cfr. JÜRGEN HABERMAS, *Técnica e Ciência...*, p. 71.

[3821] Sobre o moderno "relativismo ético", cfr. JOÃO PAULO II, *Carta Encíclica «Evangelium Vitae»*, n° 70.

democracia formal[3822], entende como inerente ao modelo democrático tudo se aceitar como permitido à luz do voto da maioria. Num tal quadro, exclui-se a ponderação de quaisquer reflexos ou avaliações fundadas em princípios éticos: o pragmatismo torna-se a filosofia da ditadura da técnica e da ciência[3823], substituindo a ausência de qualquer ideologia personalista por parte do Estado. Essa é uma ameaça real e presente à edificação de um Estado de direitos humanos.

Traduzindo um cenário de verdadeira "democracia sem valores", a investigação científica e o progresso tecnológico encontram-se aqui completamente afastados de qualquer preocupação moral ou axiológica[3824]: a pessoa humana e a globalidade da sua vida deixam de assumir centralidade, assistindo-se à sua substituição por uma lógica utilitarista ou de uma economia de mercado e ainda pela formação de um mero impulso de domínio absoluto sobre a natureza e o ser humano.

A natureza mostra-se, deste modo, sujeita a todo o tipo de manipulações: ausentes quaisquer valorações ponderativas de carácter ético, a "mentalidade técnico-científica" tudo legítima[3825].

Sem qualquer orientação axiológica e ética, a investigação científica e o progresso tecnológico mostram-se susceptíveis de se tornarem instrumentos contra o homem, a sua vida e a sua dignidade, convertendo-se em alicerces de uma cultura totalitária.

Essa "cegueira ética" da biomedicina e da genética é uma das mais preocupantes ameaças da modernidade ao Estado de direitos humanos.

Torna-se imperativo ter presente que uma democracia humana nunca pode deixar de ser militantemente activa na assunção pelo Estado de uma postura ética de defesa da vida e da dignidade humanas: o Estado de direitos humanos mostra-se contrário ao relativismo ou ao utilitarismo em matéria de defesa e garantia da inviolabilidade da vida humana e da dignidade de cada pessoa viva e concreta.

[3822] Alertando para esse mesmo risco, cfr. JOÃO PAULO II, *Carta Encíclica «Veritatis Splendor»*, n° 101.

[3823] Para uma apreciação negativa do pragmatismo, cfr. JOÃO PAULO II, *Carta Encíclica «Fidelis et Ratio»*, de 14 de Setembro de 1998, n°89.

[3824] Cfr. JOÃO PAULO II, *Carta Encíclica «Fidelis et Ratio»*, n° 46.

[3825] Cfr. JOÃO PAULO II, *Carta Encíclica «Evangelium Vitae»*, n° 22. Para mais desenvolvimentos, cfr. PAULO OTERO, *A Democracia Totalitária*, p. 184.

12.4.3. *Liberdade e disponibilidade do corpo humano: o homem lobo do homem*

O progresso científico e tecnológico das últimas décadas, abrindo os limites de tudo quanto antes se tinha como sendo o possível, permite que hoje se conheçam todo um conjunto de novas formas de disposição e utilização do corpo humano ou de partes autónomas do mesmo, isto tanto em vida quanto após a morte, seja por decisão do próprio, de um terceiro ou do Estado[3826].

Temáticas como a colheita de órgãos ou tecidos em cadáveres ou, por outro lado, os transplantes de órgãos ou tecidos em vida são hoje realidades que, traduzindo o cerne da disponibilidade do corpo humano, colocam o problema de saber se vigora aqui uma regra de liberdade ou uma regra geral de sentido proibitivo: dispor do corpo humano será um direito fundamental decorrente da liberdade de cada um ou, ao invés, a inviolabilidade da integridade física é um direito fundamental limitativo da liberdade dispositiva do corpo humano pelo próprio sujeito?

Será que a autonomia da vontade do sujeito, expressão da respectiva liberdade de autodeterminação, envolve a disponibilidade do seu próprio corpo, transformando-o em objecto de actos de natureza comercial, e fazendo da integridade física um mero direito oponível a terceiro mas totalmente disponível pelo respectivo sujeito?

Numa outra perspectiva: poderá o Estado intervir no processo de disposição do corpo humano ou de partes autónomas do mesmo, designadamente após a morte, transformando o cadáver em verdadeira propriedade pública?

Eis algumas das interrogações que o progresso da ciência e da técnica hoje coloca com redobrada pertinência e acuidade numa socie-

---

[3826] Para algumas pistas bibliográficas sobre a temática em causa, cfr. ROBERTO ROMBOLI, *La Libertà di Disporre del Proprio Corpo*, Bologna/Roma, 1994; VÍCTOR ANGOITIA GOROSTIAGA, *Extracción y Transplante de Órganos y Tejidos Humanos – Problemática Jurídica*, Madrid, 1996; ISABELLE MOINE, *Les Choses Hors Commerce – Une approche de la personne humaine juridique*, Paris, 1997; MADALENA LIMA, *Transplantes – Relevância jurídico-penal*, Coimbra, 1996.

dade em que tudo parece negociável e, neste sentido, vai perdendo um referencial axiológico de actuação ou orientação teleológica.

Começando pelos casos de autodisposição do próprio corpo, a opção por um sentido que confira prevalência à liberdade de autodeterminação do sujeito sobre o seu próprio corpo, afirmando-se um princípio geral de disponibilidade do corpo ou de partes deste pelo respectivo sujeito, significará, em boa verdade, uma dissociação entre o sujeito e o seu corpo: o corpo humano será então uma coisa que se configura como objecto de um direito real titulado pelo respectivo sujeito.

Num tal cenário, a "coisificação" do corpo humano, aliada à relevância absoluta da autonomia da vontade do sujeito sobre o seu próprio corpo, permite fundar uma tese defensora da comercialidade do corpo humano ou de partes autónomas do mesmo:

(i) Numa sociedade em que tudo seja permitido à liberdade do sujeito, negociar o seu corpo, incluindo órgãos ou tecidos que comprometam a vida ou de modo permanente e irreversível uma qualidade de vida mínima, mostrar-se-á uma conduta legítima: a liberdade será a justificação que tudo permitirá, verificando-se que ela acaba, no entanto, por se renegar a si mesma;

(ii) Mais: se o corpo humano for passível de ser objecto de todo o tipo de negócios onerosos, então o dinheiro daqueles que mais têm será sempre suficiente para comprar os órgãos, os tecidos ou o sangue daqueles que social e economicamente são mais necessitados, instalando-se um cenário de completa exploração do homem pelo homem na mais cruel escravatura até hoje verificada: a liberdade será aqui a expressão da tirania dos mais ricos sobre os mais pobres, tornando-se o homem lobo do próprio homem[3827], isto num verdadeiro cenário "hobbesiano" de estado natureza.

Também aqui, resuma-se, o progresso científico e tecnológico aliado a uma ilimitada prevalência da autonomia da vontade, verda-

---

[3827] Cfr. HANNAH ARENDT, *O Sistema Totalitário*, p. 568.

deira absolutização de uma liberdade sem limites ético-jurídicos, conduzindo à possibilidade de comercialização de órgãos e tecidos humanos, desenvolverá, paradoxalmente por efeito da inércia do próprio Estado, um modelo de sociedade totalitária: a liberdade tornar-se-á fonte de opressão do pobre sobre o rico e de prepotência do forte sobre o fraco.

Nestes termos absolutizada a liberdade, o certo é que ela própria "fica esvaziada do seu conteúdo originário e contestada na sua própria vocação e dignidade"[3828]: a liberdade renega-se a si mesma.

A ausência de lei, enquanto expressão abstencionista de um certo modelo Estado, acaba por comportar o maior atentado à própria liberdade e à dignidade de cada homem: recusando intervir, o Estado permite que a liberdade dos mais fortes faça sucumbir a liberdade dos mais fracos ou que a vida e o corpo dos mais ricos tenha um valor superior do que a vida e o corpo dos mais pobres.

A liberdade de cada um sobre o seu próprio corpo acabará, deste modo, por redundar num verdadeiro poder absoluto de vida ou morte de uns sobre outros: a liberdade converter-se-á em fonte de escravidão.

Renunciando o Estado a intervir no sentido de garantir e defender a dignidade do homem perante si próprio, verifica-se que uma liberdade exercida sem limites sobre a disponibilidade do corpo humano, levando à sua própria comercialização, comportará a escravização do homem pelo homem, num modelo de sociedade em tudo paralelo à escravização do homem pelo Estado.

Aliás, a neutralidade do Estado expressa pela sua inércia na defesa de uma ordem ética baseada no respeito pela dignidade da pessoa humana, incluindo para efeitos de limitar a autonomia da vontade, poderá ainda conduzir ao responsabilizar do próprio Estado pelo estado natureza "hobbesiano" que origina: o totalitarismo será então uma realidade na sociedade civil que merece a pacífica contemplação do Estado.

Igualmente por esta via se assiste a uma ameaça da modernidade ao Estado de direitos humanos.

[3828] Cfr. JOÃO PAULO II, *Carta Encíclica «Evangelium Vitae»*, n° 19.

12.5. A sociedade de vigilância total

12.5.1. *O modelo orwelliano de sociedade: a prevalência do valor segurança*

A explosão do progresso tecnológico no campo do audiovisual, permitindo a captação de imagens e de sons, por um lado, e a sua subsequente transmissão e reprodução, possibilitou que se materializassem e conservassem tais imagens e sons, dotando-os de um estatuto de perenidade: o carácter fugaz e efémero da vida mostra-se hoje susceptível de ser eternizado através das novas tecnologias.

A possibilidade de imortalizar a voz e a imagem de alguém, se mostra ser um assinalável triunfo da modernidade, a verdade é que comporta em si a fonte de potenciais conflitos pela susceptibilidade de lesar o direito à imagem daquele que a viu captada sem a sua autorização ou envolver mesmo a lesão do respectivo direito à privacidade, senão mesmo a violação da sua intimidade pelo devassamento que um tal registo pode comportar.

O progresso tecnológico mostra aqui provocar uma restrição do espaço de liberdade de cada um, gerando conflitos entre a garantia de todos contra a invasão da sua privacidade pelo simples captar ou utilizar por terceiros da respectiva imagem ou de informações pessoais sem a sua autorização e, por outro lado, a tutela de outros valores do ordenamento jurídico[3829].

Neste último sentido – independentemente da temática que suscita as designadas "figuras públicas"[3830], "pessoas famosas"[3831] ou "pessoas de vida pública"[3832] –, verifica-se que considerações de segurança e de interesse público justificam, cada vez mais, o recurso indis-

---

[3829] Para uma interessante síntese do problema, cfr. VÂNIA SICILIANO AIETA, *A Garantia da Intimidade como Direito Fundamental*, Rio de Janeiro, 1999, pp. 201 ss.

[3830] Sobre as figuras públicas e um designado "custo de notoriedade" a que corresponderia, por outro lado, um eventual "direito à curiosidade", cfr. JOSÉ AUGUSTO SACADURA GARCIA MARQUES, *Telecomunicações...*, p. 92.

[3831] Cfr. EDSON FERREIRA DA SILVA, *Direito à Intimidade*, São Paulo, 1998, pp. 69 ss.

[3832] Cfr. VÂNIA SICILIANO AIETA, *A Garantia...*, pp. 152 ss.

criminado às novas tecnologias de captação da imagem: a utilização de câmaras de filmar em bancos, escolas, repartições públicas, supermercados, estações de metropolitano ou de comboios, aeroportos, restaurantes, discotecas, condomínios privados, no interior de residências particulares[3833] e mesmo em certas ruas mostra o desenvolvimento e a difusão de uma cultura de vigilância que faz de todos nós suspeitos[3834].

Dissolvida a própria presunção de inocência, firmando-se um princípio geral de suspeição sobre cada membro da sociedade[3835], as novas tecnologias de captação da imagem e do som transformam-se em instrumentos de controlo pleno: cada passo, cada palavra ou mesmo cada expressão passam a ficar registadas, permitindo uma constante vigilância num cenário de omnipresença de um *"big brother"*[3836].

Instaura-se por esta via, em boa verdade, o mais sério limite à liberdade das pessoas, ultrapassando mesmo a concretização do modelo de sociedade delineado por George Orwell no seu livro *"Mil Novecentos e Oitenta e Quatro"*:

(i) Os sistemas de vigilância proporcionados pelas novas tecnologias permitem a implementação de um controlo total sobre todos os membros da sociedade;

(ii) Os direitos à imagem, à privacidade e à intimidade sucumbem pela omnipresença de um "olho electrónico a todos fiscalizando"[3837].

[3833] Tal como sucedeu nos EUA, por exemplo, para efeitos de saber se uma ama usava ou de não violência sobre as crianças ao seu cuidado.

[3834] Sobre o tema, cfr., por todos, o notável estudo de JOÃO BOSCO ARAUJO FONTES JUNIOR, *Liberdades Fundamentais e Segurança Pública. Do Direito à Imagem ao Direito à Intimidade: a garantia constitucional do efectivo estado de inocência*, Rio de Janeiro, 2006.

[3835] Cfr. JOÃO BOSCO ARAUJO FONTES JUNIOR, *Liberdades Fundamentais...*, em especial, pp. 214 ss.

[3836] Para um quadro deste modelo de sociedade, cfr. GEORGE ORWELL, *Mil Novecentos e Oitenta e Quatro*, pp. 7 ss.

[3837] Expressão utilizada por JOÃO BOSCO ARAUJO FONTES JUNIOR, *Direito à Imagem e Segurança Pública à Luz da Dignidade da Pessoa Humana*, relatório da disciplina de Direitos Fundamentais do Curso de Aperfeiçoamento Conducente ao Mestrado, realizado na Faculdade de Direito de Lisboa, sob a nossa própria regência, no ano lectivo de 1998/1999, dact., p. 38.

Esse é já, todavia, o modelo orwelliano de sociedade que comporta uma séria ameaça ao Estado de direitos humanos.

Trata-se de um modelo de sociedade que, baseado numa absolutização do valor da segurança face à liberdade, resulta directamente da degeneração das novas tecnologias de captação da imagem e do som, convertendo-as ao serviço de um sistema de vigilância total.

Assim, eliminando os riscos de insegurança, a vigilância omnipresente e permanente de todos aumenta o preço que cada um tem de pagar para a implementação de um modelo de sociedade alegadamente mais perfeita: limitando ao máximo a liberdade de cada, incluindo pela via da supressão da respectiva privacidade e intimidade, procura-se reduzir ao mínimo a insegurança e a criminalidade sociais.

Uma tal prevalência incondicionada do valor segurança, independentemente dos custos sociais que acarreta[3838], revela, todavia, a institucionalização de um controlo permanente sobre as pessoas que, sem prejuízo de uma certa "anestesia" sobre o alcance político do fenómeno, chega mesmo ao ponto de prescindir de qualquer informação no sentido de avisar ou de dar conhecimento de que se está perante uma zona sujeita a fiscalização electrónica.

Pode encontrar-se já institucionalizada por esta via, reforçada até pelos casos de obrigatoriedade legal de existência de sistemas de vigilância electrónica em certos estabelecimentos – designadamente, em bancos, sociedades financeiras, recintos de diversão, restaurantes, bares e ainda outros espaços de livre acesso de público –, uma verdadeira cultura de sujeição normal de todas as pessoas a um qualquer mecanismo de controlo electrónico[3839].

Depararemos então com a assimilação social de uma cultura totalitária: viver vigiado, sujeito a um controlo permanente e, deste modo,

---

[3838] Discutível mostra-se aqui, todavia, saber se o custo envolvido pelo sacrifício feito se mostra compensado pelas vantagens proporcionadas: será que a segurança da sociedade justifica que se proceda ao aniquilamento da liberdade de cada membro da própria sociedade, comprimindo o espaço de privacidade e intimidade pela captação permanente de imagens através de câmaras de filmagem instaladas em locais públicos ou privados?

[3839] Sublinhando, no final dos anos sessenta do século XX, que o homem médio havia perdido o sentimento da sua privacidade na sociedade de massas, cfr. ROGÉRIO EHRHARDT SOARES, *Direito Público...*, p. 78.

limitado na sua liberdade, privacidade e intimidade torna-se uma rotina objecto de pacífica aceitação e até mesmo de imposição legal. O desejo social de segurança alicerça um modelo de Estado que, sendo naturalmente produtor de segurança[3840], se afirma como Estado de segurança.

A indiferença a um progressivo modelo orwelliano de sociedade, conferindo uma ilimitada prevalência ao valor segurança relativamente à liberdade, à imagem e à intimidade, tanto mais reforçada quanto o receio de atentados terroristas contra a vida e de grupos de bandidos contra a propriedade aumenta a justificação de qualquer sacrifício em nome da segurança, envolve uma séria ameaça ao Estado de direitos humanos: a segurança não pode justificar tudo, nem habilitar a transformação de um Estado de direitos humanos num Estado de segurança policial, alicerçando a substituição de uma cultura de liberdade com riscos de segurança por uma cultura de segurança sem riscos de liberdade.

Essa apatia social ou mesmo esse desejo ilimitado de segurança dominante nas modernas sociedades, esquecendo a dimensão do risco que a liberdade sempre envolve, preferindo-se uma segurança de risco zero a uma liberdade com risco de segurança, traduz uma das mais importantes ameaças latentes ao Estado de direitos humanos[3841].

12.5.2. *Do Estado leviatânico à sociedade leviatânica*

A sedimentação de uma cultura totalitária ao nível da utilização dos sistemas de vigilância electrónica[3842], provocando o surgimento de um modelo orwelliano de sociedade, ganha hoje uma dupla dimensão:

(i) Existe, por um lado, o risco de se desenvolver um totalitarismo em sentido vertical, protagonizado pelo Estado:

[3840] Considerando que "o Estado é, antes de tudo, produtor de segurança", cfr. JOSÉ ORTEGA Y GASSET, *A Rebelião...*, p. 121.

[3841] Falando na necessidade de, em termos individuais, se implementar a "garantia do efectivo estado de inocência", cfr. JOÃO BOSCO ARAUJO FONTES JUNIOR, *Liberdades Fundamentais...*, pp. 222 ss.

[3842] Especificamente sobre a actividade de vigilância e controle, cfr. JOÃO BOSCO ARAUJO FONTES JUNIOR, *Liberdades Fundamentais...*, pp. 167 ss.

recorrendo a toda a panóplia de meios que as novas tecnologias possibilitam em termos de controlo electrónico das pessoas, o Estado encontra-se hoje habilitado a implementar uma política repressiva sem limites e sem paralelo histórico;
(ii) Existe, por outro lado, a possibilidade de se assistir ao surgimento de um totalitarismo horizontal, permitindo a utilização dos novos meios tecnológicos de controlo entre os próprios membros da sociedade civil, determinando a criação ou o reforço de verdadeiras relações especiais de domínio entre particulares[3843], senão mesmo conferindo a cada um de nós a possibilidade de se tornar um *"little big brother"*[3844].

O totalitarismo de um modelo orwelliano de sociedade torna-se, em consequência, uma realidade nova: não se trata apenas de um fenómeno proveniente do interior do Estado, tal como até agora sempre se tinha assistido, antes deparamos com uma realidade que se pulverizou pelos membros da própria sociedade[3845].

Assim, ao Estado leviatânico acrescenta-se hoje uma sociedade potencialmente leviatânica. Ou, se se preferir, a um modelo de Estado totalitário soma-se no presente uma sociedade com todos os ingredientes totalitários: a tradicional verticalidade do fenómeno totalitário é agora completada com a sua horizontalização.

Verificando-se que uma vigilância contínua pelos novos meios electrónicos, apesar de traduzir uma realidade justificada por razões de segurança (pública ou privada), reduz a liberdade dos cidadãos – tanto pela erosão do direito à imagem quanto pela invasão da respectiva pri-

---

[3843] Os particulares passam a ter a susceptibilidade de invadir o espaço de liberdade, de privacidade e o direito à imagem dos outros, comprovando-se que também aqui, adaptando as palavras de Orwell, se poderá dizer que "todos os homens são iguais, mas alguns são mais iguais que os outros", cfr. GEORGE ORWELL, *O Triunfo dos Porcos*, 2ª ed., Publicações Europa-América, Mem Martins, 1999, p. 119.

[3844] Neste último sentido, cfr. JOSÉ DE FARIA COSTA, *As Telecomunicações e a Privacidade: o olhar (in)discreto de um penalista*, in ANTÓNIO PINTO MONTEIRO (coord.), *As Telecomunicações e o Direito na Sociedade da Informação*, ed. do Instituto Jurídico da Comunicação, Coimbra, 1999, p. 66, nota nº 38.

[3845] Cfr. JOSÉ DE FARIA COSTA, *As Telecomunicações...*, p. 66.

vacidade e intimidade – e constitui o alicerce de uma cultura totalitária decorrente da degeneração do progresso tecnológico, pode dizer-se que se assiste aqui ao surgimento de um novo modelo de Estado: o "Estado de vigilância social"[3846] ou, talvez mais propriamente, a "sociedade de vigilância total".

No entanto, uma tal "sociedade de vigilância total" poderá tornar--se tanto mais perigosa quanto os meios electrónicos podem conduzir à massificação de opiniões e condutas, especialmente através da utilização dos audiovisuais – sobretudo da televisão – e da rede informática da *Internet* para a difusão de uma cultura padronizada: os *mass-media* e as novas tecnologias de comunicação numa sociedade globalizada e informatizada são passíveis de se tornar, neste sentido, instrumentos que reforçam a degeneração do progresso tecnológico, contribuindo de forma privilegiada para a formação e difusão de uma cultura totalitária fora dos quadros e dos limites do próprio Estado.

Também aqui, à luz de uma sociedade de tipo leviatânico, o Estado de direitos humanos se encontra ameaçado: um cenário de "sociedade de vigilância total" é incompatível com o Estado de direitos humanos; a segurança nunca pode eliminar a "garantia de um efectivo estado de inocência"[3847], nem abolir um princípio geral de liberdade do ser humano e da sociedade.

12.6. A perversão da sociedade da informação

12.6.1. *Globalização e erosão da privacidade*

Verifica-se, na moderna "sociedade da informação"[3848], que as novas tecnologias no domínio da comunicação envolvem a multiplici-

---

[3846] Neste sentido, cfr. JOÃO BOSCO ARAUJO FONTES JUNIOR, **Direito à Imagem...**, p. 46.

[3847] Cfr. JOÃO BOSCO ARAUJO FONTES JUNIOR, **Liberdades Fundamentais...**, pp. 214 ss. e 222 ss.

[3848] Sobre o conceito de "sociedade de informação", cfr. JOSÉ DE OLIVEIRA ASCENSÃO, *O Direito de Autor no Ciberespaço*, in **Portugal-Brasil Ano 2000. Tema Direito**, Coimbra, 1999, pp. 84 ss.; AMADEU GUERRA, *Telecomunicações e Protecção*

dade de informação e a rapidez de acesso a toda uma diversidade de destinatários que, numa primeira impressão, ampliando a liberdade de expressão do maior número de pessoas compreendidas no circuito comunicativo, traduz um reforço do pluralismo e um considerável desenvolvimento cultural: nunca como hoje, pode bem dizer-se, a comunicação chegou tão longe e a tantos receptores, assim como nunca tantos emissores tiveram a possibilidade de divulgar as respectivas mensagens.

O fenómeno descrito, expressão da verdadeira revolução que o progresso tecnológico produziu ao nível das comunicações em termos mundiais, além de ter gerado um efeito compressor sobre as coordenadas temporais e espaciais[3849] – enquanto manifestação da actual "aldeia global"[3850] ou "sociedade transnacional" que se faz sentir nos mais diversos domínios[3851] –, determinou que a sociedade da informação através de um modelo de "rede aberta"[3852] e a consequente projecção comunicacional que envolve não se possam enquadrar nos estritos limites do Estado: a sociedade de informação é hoje, em grande parte, uma zona desregulamentada, envolvendo elevados interesses privados que, todavia, mostra alguma resistência à intervenção norma-

---

de Dados, in ANTÓNIO PINTO MONTEIRO (coord.), *As Telecomunicações e o Direito na Sociedade da Informação*, ed. do Instituto Jurídico da Comunicação, Coimbra, 1999, p. 107; LOURENÇO MARTINS, *Os Tribunais, a Administração e a Inovação Tecnológica nas Telecomunicações*, in ANTÓNIO PINTO MONTEIRO (coord.), *As Telecomunicações e o Direito na Sociedade da Informação*, ed. do Instituto Jurídico da Comunicação, Coimbra, 1999, pp. 304 ss.

Ainda sobre a sociedade de informação e alguns dos seus problemas, cfr. JOSÉ DE OLIVEIRA ASCENSÃO, *A Sociedade da Informação*, in *Direito da Sociedade da Informação*, I, Coimbra, 1999, pp. 163 ss.

[3849] Para um enquadramento deste último aspecto no contexto da modernidade, cfr. VITTORIO COTESTA, *Sociologia dei Conflitti Etnici – Razzismo, Immigrazione e Società Multiculturale*, Roma, 1999, pp. 28 ss.

[3850] Cfr. VITTORIO COTESTA, *Sociologia dei Conflitti...*, pp. 77 ss.; GIOVANNI SARTORI, *Homo Videns – Televisione e Pos-Pensiero*, 4ª ed., Roma, 2000, pp. 87 ss.

[3851] Sobre a temática da "sociedade transnacional", cfr. MANUEL GARCÍA-PELAYO, *Las Transformaciones del Estado Contemporáneo*, 2ª ed., 6ª reimp., Madrid, 1992, pp. 149 ss.

[3852] Sobre a sociedade da informação em "rede aberta", cfr. JOSÉ DE OLIVEIRA ASCENSÃO, *A Sociedade da Informação*, p. 164.

tiva reguladora[3853]. O exemplo da *Internet* mostra-se paradigmático sobre os limites da efectiva possibilidade de o Estado proceder a uma regulamentação da respectiva rede[3854], exigindo a implementação de políticas transnacionais[3855].

A sociedade da informação, elevando ao expoente máximo a força da informação e da comunicação, incluindo através de mecanismos que escapam por completo ao controlo do Estado, reúne todos requisitos para se tornar a base de um verdadeiro império: o império das redes de comunicação alicerçado no poder da informação, pois, tal como já tem sido sublinhado, "quem domina a informação domina o mundo"[3856].

Mediante o desenvolvimento das novas tecnologias informáticas, designadamente as possibilidades ilimitadas que hoje a *Internet* fornece aos respectivos utilizadores[3857], podemos estar na presença de uma realidade que funciona como base de um modelo de progresso globalizado e, simultaneamente, causa das maiores limitações à liberdade de informação[3858] e à privacidade dos indivíduos[3859], se não mesmo à própria identidade cultural dos povos[3860].

Na realidade, um sistema de comunicação aberta, sem qualquer tipo de fronteiras ou de controlos, permitindo o acesso a todo o género

---

[3853] Cfr. VÂNIA SICILIANO AIETA, *A Garantia...*, p. 213 seg.

[3854] Cfr. PAULO MOTA PINTO, *Sobre Alguns Problemas Jurídicos da Internet*, in ANTÓNIO PINTO MONTEIRO (coord.), *As Telecomunicações e o Direito na Sociedade da Informação*, ed. do Instituto Jurídico da Comunicação, Coimbra, 1999, p. 350.

[3855] Sobre a política transnacional, cfr., por todos, MANUEL GARCÍA-PELAYO, *Las Transformaciones...*, pp. 158 ss.

[3856] Cfr. JOSÉ DE OLIVEIRA ASCENSÃO, *O Direito de Autor...*, p. 84.

[3857] Para um confronto entre a Internet e a televisão, cfr. GIOVANNI SARTORI, *Homo Videns...*, pp. 29 ss.

[3858] Cfr. JOSÉ DE OLIVEIRA ASCENSÃO, *O Direito de Autor...*, p. 103.

[3859] Alertando já no final dos anos sessenta do século XX para os perigos que a privacidade corre através dos meios de comunicação social, cfr. ROGÉRIO EHRHARDT SOARES, *Direito Público...*, pp. 77 ss.

[3860] Neste último sentido, cfr. AVELINO RODRIGUES, *Para uma Axiologia da Comunicação Social*, in ANTÓNIO PINTO MONTEIRO (coord.), *As Telecomunicações e o Direito na Sociedade da Informação*, ed. do Instituto Jurídico da Comunicação, Coimbra, 1999, p. 124.

de informações "lançadas" na rede, se é certo que impossibilita o modelo clássico de um regime totalitário fechado ao exterior[3861] e baseado na "vedetização" do ditador pelos simples mecanismos internos de propaganda[3862], a verdade é que também constitui hoje o mais aliciante campo de conquista por grupos implementadores de projectos de "domínio total" ou de subversão axiológica da sociedade – enquanto expressão da interpenetração das sociedades nacionais por fenómenos transnacionais –, subinformando, desinformando, contaminando mentalidades pela sua manipulação ou alienação, submergindo o essencial no acessório[3863] e podendo ir ao ponto de produzir "a escravização dos povos"[3864].

Não se encontra mesmo excluído que um tal modelo de comunicação global, filtrando e manipulando informações a "certos padrões vigentes"[3865], possua a tentação de fazer passar o falso por verdadeiro ou o errado por certo, canalizando as atenções mundiais para o acessório ou para acontecimentos "fabricados", produzindo assim um efeito deslocador dos potenciais centros de efectiva atenção de uma sociedade globalizada[3866].

Todavia, independentemente de alegados "projectos de domínio total" ou de instrumentalização da informação transmitida, o certo é que, por outro lado, as novas tecnologias da informática permitem o acesso fácil a ficheiros de dados pessoais existentes em instituições públicas, designadamente aqueles que se referem a matérias sobre dados clínicos de saúde ou a declarações de impostos, mostrando a considerável debilitação que a protecção da vida privada passa a

---

[3861] Para uma análise do controlo dos meios de comunicação social por alguns regimes totalitários, cfr. PIERO MELOGRANI, *La Modernità e I Suoi Nemici*, Milano, 2000, pp. 158 e 159.

[3862] Neste último sentido, referindo-se à difusão das emissões de televisão à escala mundial, cfr. MAURICE DUVERGER, *Os Grandes Sistemas Políticos*, Coimbra, 1985, p. 384.

[3863] Cfr. JOSÉ DE OLIVEIRA ASCENSÃO, *O Direito de Autor...*, p. 102.

[3864] Cfr. AVELINO RODRIGUES, *Para uma Axiologia...*, p. 124.

[3865] Cfr. JOSÉ DE OLIVEIRA ASCENSÃO, *O Direito de Autor...*, p. 102.

[3866] Sobre a globalização e a mundialização, cfr. VITTORIO COTESTA, *Sociologia dei Conflitti...*, pp. 27 ss.; OLIVIER MONGIN, *L'Après 1989. Les Nouveaux langages du politique*, Paris, 1998, pp. 58 ss.

merecer e, paralelamente, o significativo poder que o conhecimento de tais informações comporta, tanto por parte das entidades públicas que as possuem armazenadas quanto por aqueles que têm acesso a essa mesma informação e a utilizam[3867].

O fenómeno da erosão da privacidade aqui descrito pode mesmo ganhar contornos mais preocupantes se se tiver em conta que também as entidades privadas possuem hoje consideráveis bases de dados[3868], geralmente utilizadas para efeitos comerciais e publicitários, sem prejuízo de poderem também ser usadas para manipular e restringir ainda mais a área de privacidade de cada um. Dois exemplos ilustram a situação descrita:

(i) O acesso à *Internet*, sabendo-se que noventa e sete por cento dos sites recolhem moradas de correio electrónico ou outro tipo de informações relacionadas com a identificação pessoal[3869], revela-se susceptível de permitir um catálogo completo dos hábitos individuais de cada utilizador dos serviços *on-line*, isto desde aquilo que lêem até ao que consomem;

(ii) A simples utilização de um cartão de crédito e o inerente registo informático mostra-se também passível de mostrar, por outro lado, as preferências gastronómicas, culturais ou consumistas de cada um.

Compreende-se, por isso mesmo, que a ameaça actualmente proveniente da moderna sociedade de informação ao indivíduo e ao seu espaço reservado de liberdade não se reconduza, necessariamente, a um fenómeno estadual: tal como sucede com a designada "sociedade de vigilância total" (v. supra, n° 12.5.), o conhecimento e a utilização por parte de particulares de dados pessoais respeitantes a outros particula-

---

[3867] Em geral, sobre a protecção de dados pessoais e a tutela do direito à privacidade na sociedade da informação, cfr. PEDRO PAIS DE VASCONCELOS, *Protecção de dados Pessoais e Direito à Privacidade*, in *Direito da Sociedade da Informação*, I, Coimbra, 1999, pp. 241 ss.; VÂNIA SICILIANO AIETA, *A Garantia...*, pp. 201 ss.

[3868] Cfr. JOSÉ AUGUSTO SACADURA GARCIA MARQUES, *Telecomunicações...*, pp. 88 ss.

[3869] Isto segundo dados integrantes de um relatório da *Federal Trade Commission*, de Maio de 2000.

res, conferindo aos primeiros informação privilegiada sobre áreas de privacidade dos segundos, cria uma horizontalização do perigo totalitário ou os pressupostos de uma sociedade potencialmente leviatânica[3870].

Nunca como hoje, a ideia orwelliana do *"big brother is watching you"* foi tão dramaticamente real. Também por esta via, sublinhe-se, o Estado de direitos humanos se encontra ameaçado.

12.6.2. *Manipulação informativa e alienação social: a expropriação da razão humana*

Numa perspectiva diferente, as modernas tecnologias no sector das telecomunicações que existem na sociedade da informação, podendo esconder efectivas situações de instrumentalização por grupos políticos, económicos ou religiosos, mostram-se especialmente propícias a fenómenos de manipulação da comunicação, distorcendo ou censurando a informação divulgada, formando mentalidades em termos de corroer a própria identidade moral e cultural dos receptores[3871]. No limite, não está excluído que a *Internet* se possa tornar "um vírus da personalidade individual"[3872].

Ora, um tal processo de comunicação à escala mundial, trazendo a informação para dentro da casa de cada um e, por esta via, formando as mentalidades, pode revelar-se o verdadeiro cavalo de Tróia da democracia do século XXI: sem mecanismos para controlar ou impedir a recepção da informação proveniente das modernas redes de telecomunicações da sociedade de informação, cada Estado pode bem encontrar-se na situação de contemplar a penetração de modelos corrosivos da sua identidade cultural e da mentalidade dos seus homens de amanhã[3873].

[3870] Dando conta desta última perspectiva, cfr. VÂNIA SICILIANO AIETA, *A Garantia...*, p. 202.

[3871] Neste sentido, por todos, cfr. AVELINO RODRIGUES, *Para uma Axiologia...*, pp. 124 ss.

[3872] Cfr. AVELINO RODRIGUES, *Para uma Axiologia...*, p. 127.

[3873] Para uma síntese do pensamento contrário à globalização, cfr. VITTORIO COTESTA, *Sociologia dei Conflitti...*, pp. 46 ss.

A globalização será, neste contexto, o veículo portador de uma cultura de raiz totalitária: um modelo cultural de alienação do homem pelo homem através de sofisticados meios de comunicação que, podendo envolver a própria marginalização do Estado, expressam o triunfo de quem controla esses mesmos meios.

Deste modo, bem mais eficaz do que reprimir, torturar ou executar, assistimos aqui a uma utilização do progresso tecnológico como instrumento de controlo e formação (ou deformação) de mentalidades e de dissolução da privacidade: a nova cultura totalitária como que "expropria" a alma do homem, possibilitando o devassar da vida privada e pretendendo amputar-lhe a individualidade racional que o faz um ser único e irrepetível.

Um tal modelo de controlo das mentalidades, expropriando o homem da essência da sua condição humana, enquanto ser racional e dotado de uma personalidade individual e de um espaço próprio de afirmação, pressupõe que a manipulação da informação se converta em instrumento de propaganda e, tal como Hitler afirmava, por esta via se possa abrir a porta a "impor uma doutrina a todo o povo"[3874].

Identificada a manipulação informativa com o propósito de imposição de uma determinada doutrina, compreende-se que as modernas tecnologias informáticas, permitindo a visualização televisiva ou computadorizada de imagens que encerram as mensagens que se visa propagandear se transformem em sedutores convites: o efeito demonstrativo entre as massas, a pura imitação de comportamentos visualizados no pequeno ecrã não conhece qualquer concorrência em termos difusores da mensagem. O êxito de uma mensagem não está mais na racionalidade argumentativa que a fundamenta, antes se encontra na repetição constante de uma imagem: a ideia de que uma imagem vale mais do que mil palavras nunca foi tão verdadeira.

Numa outra perspectiva, pode-se bem afirmar que tudo aquilo que não é visualizado em imagens não é notícia ou, pelo menos, não tem dignidade televisiva: *non vidi, ergo non est*[3875].

[3874] Cfr. ADOLF HITLER, **Minha Luta**, p. 486.
[3875] Cfr. GIOVANNI SARTORI, **Homo Videns...**, p. 62.

A moderna sociedade assenta numa cultura da imagem: a imagem é o veículo principal de comunicação, de propaganda e de manipulação do pensar e do agir das massas.

Uma vez mais, também aqui, o progresso tecnológico da moderna sociedade da informação permite registar a concretização das teses de Hitler: "a imagem proporciona mais rapidamente, quase de um golpe de vista, a compreensão de um facto a que, por meio de escritos, só chegaria depois de enfadonha leitura"[3876].

Essa actual prevalência de uma cultura da imagem sobre uma cultura escrita tradicional[3877], fruto do progresso técnico dos últimos anos, é, em rigorosa síntese, a filosofia dominante numa sociedade que já não se baseia na razão, nem na argumentação racional, encontrando-se antes radicada na imagem e na irracionalidade: a espectacularidade da informação a transmitir, desvirtuando o tradicional trabalho dos jornalistas, substitui a seriedade da mensagem num modelo informativo baseado na ditadura das audiências.

E, neste sentido, paradoxalmente, a ditadura das audiências faz aumentar a excentricidade e a agressividade das mensagens transmitidas[3878]: a cultura do audiovisual, apelando ao irracional, baseia-se no estímulo às emoções e ao extremismo.

Sem grande exagero, poder-se-á mesmo dizer, que a moderna sociedade da informação contém todos os ingredientes que permitem maximizar a implementação das leis sobre propaganda e instrumentalização política existentes no *Mein Kampf* [3879]: a actual cultura da imagem, privilegiando a paixão sobre a razão, além de fazer retroceder a racionalidade do *Homo sapiens*[3880], envolve a valorização de uma postura televisiva de "emocionação da política"[3881].

Não é sem razão que certos autores, referindo-se especificamente à televisão, a consideram um risco ou um perigo para a democracia,

---

[3876] Cfr. ADOLF HITLER, *Minha Luta*, p. 392.

[3877] Para um recorte destes dois modelos culturais, cfr. GIOVANNI SARTORI, *Homo Videns*..., pp. 9 ss.

[3878] Cfr. GIOVANNI SARTORI, *Homo Videns*..., pp. 64 ss. e 114.

[3879] Sobre o tema, cfr. PAULO OTERO, *A Democracia Totalitária*, p. 30.

[3880] Neste sentido, cfr. GIOVANNI SARTORI, *Homo Videns*..., p. 85.

[3881] Cfr. GIOVANNI SARTORI, *Homo Videns*..., p. 84.

uma vez que se assume como um poder incontrolado e este é sempre, por definição, algo que contradiz os princípios da democracia[3882]: a democracia representativa transformou-se em "videocracia"[3883], podendo afirmar-se que quem controlar a televisão possui a chave de um verdadeiro poder absoluto. Nas sugestivas palavras de Karl Popper, "não pode haver democracia se não submetermos a televisão a um controle"[3884]. Uma tal afirmação encontra-se hoje dramaticamente ampliada a outros meios de comunicação social: os *mass-media*, representando um poder incontrolado, traduzem um perigo para a democracia.

Igualmente aqui reside uma grande e grave ameaça que a modernidade coloca ao Estado de direitos humanos.

Num contexto de progressiva e deliberada alienação social pela instrumentalização dos meios de comunicação compreende-se, por exemplo, a "autocoisificação dos homens" através de um "comportamento adaptativo" por efeito de estímulos externos[3885], a inversão do progresso da sabedoria e da capacidade de saber do homem[3886], procedendo-se a um controlo ou uma manipulação comportamental que envolve a modificação da própria personalidade[3887]: o *Homo sapiens* cedeu lugar ao *Homo videns*[3888].

Ou, em termos sociais mais vastos, verifica-se que os *mass-media* servem de instrumento difusor da designada "cultura de morte" (v. supra, nº 12.2.), revelando como conquistas da liberdade certas concepções atentatórias da dignidade humana[3889] e que, em última análise,

---

[3882] Cfr. KARL POPPER / JOHN CONDRY, *Televisão: um perigo para a democracia*, 3ª ed., Gradiva, Lisboa, 2007, pp. 29-30.

[3883] Para mais desenvolvimentos, cfr. PAULO OTERO, *A Democracia Totalitária*, p. 201; MAURIZIO COTTA / DONATELLA DELLA PORTA / LEONARDO MORLINO, *Scienza Politica*, Bologna, 2001, pp. 261 ss.

[3884] Cfr. KARL POPPER / JOHN CONDRY, *Televisão...*, p. 30.

[3885] Neste sentido, cfr. JÜRGEN HABERMAS, *Técnica e Ciência...*, pp. 74 e 75-76.

[3886] Neste sentido, cfr. GIOVANNI SARTORI, *Homo Videns...*, pp. 21 ss., 36 e 137 ss.

[3887] Cfr. JÜRGEN HABERMAS, *Técnica e Ciência...*, p. 86.

[3888] Cfr. GIOVANNI SARTORI, *Homo Videns...*, p. XV.

[3889] Neste sentido, cfr. JOÃO PAULO II, *Carta Encíclica «Evangelium Vitae»*, nº 17.

procedem ao esvaziamento ou à formação da opinião pública em termos precisamente idênticos àqueles que eram utilizados nos clássicos regimes totalitários.

As redes de comunicação que o progresso tecnológico na área das telecomunicações revelou nos últimos anos mostram-se susceptíveis de ser objecto de instrumentalização ao serviço de um modelo cultural dotado de abundantes vestígios totalitários, traduzindo hoje, segundo decorre de uma utilização degenerada do progresso técnico, a implementação de protótipos de sociedades totalitárias já anteriormente formulados e cuja concretização carecia então do nível de desenvolvimento tecnológico hoje existente.

O império incontrolado das redes de comunicação traduz no presente o poder que o futuro terá de se encarregar de limitar, isto sob pena da tradicional soberania do Estado se transferir para os grupos privados (internos ou internacionais) que controlam esses meios de telecomunicações ou, num gesto de regresso ao passado, o Estado ou um partido dominante se aproprie de tais redes e qualquer um deles seja o difusor suave de uma mentalidade que, à força da respectiva repetição, se converta na opinião pública da sociedade.

Sabendo-se que "quanto mais importante for o objectivo a conseguir-se, tanto mais certa, psicologicamente, deve ser a táctica a empregar"[3890], a sociedade da informação conhece sempre uma utilização dos meios técnicos de comunicação que garanta a formação manipulada ou controlada da opinião pública: a opinião pública passa a querer aquilo que os meios de comunicação social pretendem com a informação que fornecem.

Manipulada a opinião pública e fazendo da pressão uma arma junto das instâncias competentes, observa-se que os *mass-media* conseguem deslocar o centro da decisão dos órgãos do Estado para a própria opinião pública por eles formada[3891]. Os *mass-media* representam, por isso mesmo, a nova soberania na moderna sociedade:

(i) Julgam e condenam antes da intervenção dos tribunais;

[3890] Cfr. ADOLF HITLER, **Minha Luta**, p. 157.

[3891] Para uma indicação de alguns de tais indícios já nos finais dos anos sessenta, cfr. ROGÉRIO EHRHARDT SOARES, **Direito Público...**, em especial, pp. 76-77.

(ii) Aprovam e rejeitam na praça pública iniciativas legislativas e administrativas;
(iii) Glorificam ou crucificam políticos e opções políticas.

Observando-se a natureza ilimitada de uma tal soberania dos *mass-media*, aliada, por outro lado, a uma ausência de qualquer controlo democrático de quem se encontra na sombra de tais redes de comunicação, isto sem tomar em consideração o problema da dificuldade de intervenção das instituições do Estado nos casos em que não é ele (ou os grupos de interesses ligados ao poder) detentor da maioria do capital social das empresas de comunicação, pode bem vislumbrar-se aqui um alicerce edificador de um modelo totalitário de sociedade.

Neste preciso contexto, parafraseando a expressão de Mussolini referindo-se ao Estado, pode dizer-se que a sociedade actual se baseia no seguinte princípio: tudo nos *mass-media*, nada fora dos *mass-media*, nada contra os *mass-media*.

Eis o poder incontrolado a que se referiam Popper e Condry: essa é a contradição que os *mass-media* geram já hoje na moderna democracia que, por essa via, deles está refém.

Neste domínio reside um dos principais desafios colocados ao Estado de direitos humanos.

12.7. A intolerância: um problema da História da humanidade

12.7.1. *A tripla dimensão da intolerância na modernidade*

Se a História do Homem é a história da luta pela liberdade[3892], sem que se possa dizer que "a liberdade avança tranquila seguindo uma

---

[3892] Cfr. KONRAD LORENZ / KARL POPPER, *L'Avenir...*, p. 167. No mesmo sentido, cfr. JOÃO BOSCO ARAUJO FONTES JUNIOR, *Liberdades Fundamentais...*, pp. XV e 3 ss. Note-se que, segundo Hegel, também o sentido último da História Universal se encontra no progresso da consciência da liberdade (cfr. HEGEL, *A Razão na História*, p. 59).

linha de continuidade"[3893], também é verdade que o sentido da História se pode resumir numa permanente luta contra a intolerância: a tolerância do reconhecimento do outro e da integração das suas diferenças sintetizam a evolução do processo histórico.

Pode mesmo afirmar-se que cada época histórica tem o seu combate contra um determinado tipo de intolerância: o progresso histórico resulta de um combate permanente contra a intolerância. É ilusório pensar que só no presente o problema da intolerância ganhou dimensão histórica. Como assinala Ortega y Gasset, "o homem tem recorrido perpetuamente à violência"[3894]: a História do Homem é a História da intolerância e o seu caminho evolutivo aponta para um permanente combate pela tolerância.

Num mundo globalizado, observando-se o relacionamento entre uma pluralidade de culturas e de diferentes formas de vida, naturalmente que os ambientes propícios à intolerância se multiplicaram: a integração do *outro*, num mundo egoísta que pretende sempre conferir primado ao *eu*, tal como o lugar das minorias num modelo político assente no culto decisório da maioria ou ainda o tema dos limites de operatividade do direito à diferença numa sociedade baseada na igualdade e na proibição de discriminações são problemas da modernidade suscitados ainda pela velha questão da intolerância que ameaçam a edificação do Estado de direitos humanos.

Em última análise, uma vez que "se pensa sempre primeiro em nós próprios e só depois no próximo"[3895], a intolerância é uma reacção mais natural ao ser humano do que a tolerância: o respeito pelo *outro*, o reconhecimento de direitos das minorias e o direito à diferença são manifestações educativas de tolerância contra uma natureza egoísta e preconceituosa.

Não será exagero afirmar que a tolerância é um produto cultural, enquanto que a intolerância é um fenómeno natural: o Homem é, por natureza, um ser intolerante e o combate à intolerância é uma questão educacional.

[3893] Em sentido contrário, cfr. SÖREN KIERKEGAARD, *El Concepto de la Angustia*, p. 234.
[3894] Cfr. JOSÉ ORTEGA Y GASSET, *A Rebelião...*, p. 86.
[3895] Cfr. JOHANN GOTTLIEB FICHTE, *Ética*, p. 302.

O Estado de direitos humanos, edificando-se sobre o lema da tolerância (v. *supra*, n° 11.5.2.), sofre também hoje a ameaça da intolerância neste início do século XXI que, independentemente da resposta constitucional ao problema do tratamento a dispensar àqueles que são intolerantes[3896], se mostra visível numa tripla dimensão:

(i) Existe, em primeiro lugar, uma intolerância social de raiz étnica ou racial, conduzindo ao racismo e à xenofobia;
(ii) Há, em segundo lugar, uma intolerância religiosa que se expressa no fundamentalismo;
(iii) Verifica-se, em terceiro lugar, uma intolerância provocada em termos políticos pelo terrorismo (interno e internacional).

Analisemos, muito sucintamente, cada uma destas três expressões da intolerância e a sua directa projecção como ameaças do século XXI ao Estado de direitos humanos.

12.7.2. *Intolerância social: racismo e xenofobia*

Uma das mais frequentes manifestações de intolerância neste início do século XXI resulta da conflitualidade étnica existente nas modernas sociedades: desmistificando a ideia de harmonia social, contrariando o mito da convivência pacífica numa sociedade multiétnica e desmentindo a ausência de relevância do sentimento de identidade nacional, isto por oposição à proclamada ideia de uma tolerante sociedade multicultural[3897], observa-se que as sociedades tendem a rejeitar, marginalizar, segregar ou discriminar os elementos estranhos a essas mesmas sociedades[3898]. É o que sucede com os imigrantes, especial-

---

[3896] Para mais desenvolvimentos sobre a temática da tolerância face aos intolerantes, incluindo a referencia ao pensamento de Locke e de Popper (v. *supra*, n° 8.2.3.), cfr. PAULO OTERO, *A Democracia Totalitária*, pp. 268 ss.

[3897] Cfr. VITTORIO COTESTA, *Sociologia dei Conflitti...*, pp. 94 ss.; MICHEL WIEVIORKA, *Il Razzismo*, Roma, 2000.

[3898] Sobre as diversas formas de expressão do racismo, cfr. MICHEL WIEVIORKA, *Il Razzismo*, pp. 39 ss.

mente aqueles que pertencem a etnias ou raças diferentes, e, em termos mais gerais, com os estrangeiros. No limite, em situações extremas, a intolerância pode mesmo envolver a violência física[3899].

Na Europa, a internacionalização do mercado de trabalho e as vagas sucessivas de imigrantes de países culturalmente diferentes, acompanhadas do aumento do desemprego, do acréscimo da criminalidade e da violência urbanas e ainda da formação de expectativas de risco de perda de benefícios sociais pela saturação financeira dos sistemas de segurança social, provocaram o emergir de sentimentos de racismo e xenofobia: a ideia de tolerância própria de uma sociedade multiétnica e multicultural vai sendo objecto de uma erosão social progressiva.

Uma psicologia social dominante de intolerância, sendo a expressão historicamente sedimentada de um sentimento colectivo, explica a intolerância social aos outros que são diferentes e o esquecimento de uma verdade evidente: no corpo do *outro* habita sempre, usando uma expressão de Ortega y Gasset, um "quase *eu*"[3900], ou, parafraseando David Hume, cada ser humano é um segundo eu de cada outro ser humano[3901].

Um pouco por todo o mundo, desde a Europa até à América, passando pelo Médio Oriente e por África, a ideia de uma coesão social entre pessoas de culturas e modos de vida diferentes ou de etnias tradicionalmente em conflito vai-se tornando um verdadeiro mito desmentido pelos factos: os exemplos de coexistência social pacífica vão ganhando estatuto de excepcionalidade. Se a "Civilização é, antes de mais nada, vontade de convivência"[3902], verifica-se que a intolerância social resulta da ausência de vontade de convivência entre todos os membros de uma mesma sociedade, revelando também a estreita associação existente entre tolerância e civilização.

O preconceito social e o racismo[3903], historicamente enraizados em quase todas as sociedades, alicerçam uma visão real do fenómeno

---

[3899] Cfr. MICHEL WIEVIORKA, *Il Razzismo*, pp. 51 ss.
[3900] Cfr. JOSÉ ORTEGA Y GASSET, *El Hombre...*, p. 104.
[3901] Cfr. DAVID HUME, *Investigación...*, p. 54.
[3902] Cfr. JOSÉ ORTEGA Y GASSET, *A Rebelião...*, p. 87.
[3903] Para uma análise das raízes humanas destes fenómenos, cfr. VITTORIO COTESTA, *Sociologia dei Conflitti...*, pp. 223 ss.

social muito distante dos mais elementares postulados de um Estado de direitos humanos: nega-se, desde logo, qualquer ideia de igual dignidade de todos os seres humanos, retrocedendo-se historicamente a um período civilizacional anterior ao século XVII (v. *supra*, n° 4.1.3.).

A erosão social da tolerância torna-se visível através do avanço eleitoral de partidos políticos defensores de um nacionalismo xenófobo e intolerante, responsabilizando os estrangeiros pela falta de segurança e pelo desemprego (v. *supra*, n° 12.1.3.)[3904], e, simultaneamente, a progressiva definição pelos Estados europeus de uma política restritiva da entrada de imigrantes no seu espaço territorial e a introdução de alterações às respectivas leis da nacionalidade, dificultando a obtenção da cidadania.

Em alguns domínios e em certos sectores sociais, as ideias de universalidade dos direitos fundamentais, de tolerância e de respeito inerentes à dignidade de cada pessoa são expressamente rejeitadas, substituídas que estão pela defesa de postulados exactamente opostos e fundados na intolerância face aos estrangeiros, em geral, e aos membros de certas etnias residentes no país, em particular.

O Estado de direitos humanos depara hoje com a ameaça de deixar de encontrar uma base sociológica consensual de apoio nas modernas sociedades europeias. E o facto é tanto mais grave quanto se observa a existência de uma contraditória conciliação de interesses: se, por um lado, a intolerância social mina os alicerces de uma democracia humana, sendo inconcebível qualquer solução que passe pela negação a quem quer que seja de direitos humanos universais, a verdade é que, por outro lado, o reconhecimento do direito à diferença não pode também deixar de reconhecer ideologias defensoras de uma postura de intolerância social.

O Direito penal político mostra assumir, neste último domínio, um delicado papel delimitativo da fronteira entre o lícito e o ilícito criminal: a tolerância não pode permitir uma intolerância sem limites, nem o respeito pela diferença pode deixar de admitir uma intolerância limitada.

[3904] Especificamente sobre a técnica racista de fazer de um grupo "bode expiatório", cfr. VITTORIO COTESTA, *Sociologia dei Conflitti...*, pp. 215 ss.

Sendo o problema da tolerância uma questão cultural (v. *supra*, n° 12.7.1.), o Estado de direitos humanos deverá promover através do seu sistema educativo os valores mais conformes ao respeito pela dignidade da pessoa humana: a tolerância tem sempre prevalência sobre a intolerância, sem nunca poder conduzir, todavia, ao esmagamento da diferença.

Estamos aqui, urge ter consciência, perante um dos desafios mais delicados da modernidade ao Estado de direitos humanos.

12.7.3. *Intolerância religiosa: o fundamentalismo*

Uma segunda inquietação que hoje suscita a consolidação do Estado de direitos humanos diz respeito à intolerância religiosa, assistindo-se, desde os finais dos anos setenta no século XX, ao desenvolvimento do fundamentalismo religioso[3905].

É certo, importa esclarecer, que o problema da intolerância religiosa não é novo[3906], sendo uma constante da História da humanidade[3907], apesar de assumir agora novas configurações e novas ameaças à luz de uma cultura de respeito pelos direitos fundamentais.

Desvalorizando a vida humana, segundo uma aposta total e absoluta na felicidade após a morte, fazendo da lei religiosa fonte da lei civil, o fundamentalismo religioso – e aqui, em especial, o fundamentalismo islâmico[3908] –, originando mesmo um novo tipo de Estado, diverso do Estado Europeu[3909], provoca uma ruptura nas bases do modelo de Estado de direitos humanos, isto a dois níveis:

[3905] Cfr. T. MEYER, *Fundamentalismus*, Hamburg, 1989; C.E. MARTY / R. SCOTT APPLEBY (org.), *Fundamentalism and Society*, Chicago, 1991; ENZO PACE / RENZO GUOLO, *I Fondamentalismi*, Roma, 1998.

[3906] Cfr. ENZO PACE / RENZO GUOLO, *I Fondamentalismi*, pp. 13 ss.

[3907] Especificamente sobre a história da liberdade religiosa, cfr. PAULO PULIDO ADRAGÃO, *A Liberdade Religiosa e o Estado*, Coimbra, 2002, pp. 31 ss.

[3908] Note-se que o fundamentalismo islâmico não é o único tipo de fundamentalismo religioso. Para uma análise sucinta dos diversos tipos de fundamentalismo religioso hoje existentes, cfr. ENZO PACE / RENZO GUOLO, *I Fondamentalismi*, pp. 35 ss.

[3909] Neste sentido, cfr. JORGE MIRANDA, *Manual...*, I, p. 99.

(i) A pessoa, desde a sua própria vida até à sua liberdade de expressão e de consciência, surge desvalorizada perante a religião e a autoridade religiosa: desaparecido ou relativizado o valor da pessoa humana como alicerce do Estado, o fundamentalismo religioso próprio dos Estados islâmicos rejeita qualquer ideia de Estado de direitos fundamentais ou Estado de direitos humanos, procurando até o seu combate, senão mesmo a sua destruição como expressão do "mal";
(ii) O fundamentalismo islâmico utiliza, visando a concretização dos seus propósitos, todo um conjunto de meios violentos, substituindo a tolerância pela tortura e execução dos opositores internos e recorrendo aos atentados terroristas face aos inimigos externos.

Neste último sentido, o fundamentalismo islâmico tem mesmo suscitado um repensar da defesa do Estado Ocidental, discutindo-se o problema do tratamento a dar àqueles que, aproveitando-se da tolerância das sociedades pluralistas e democráticas, visam destruir essa mesma tolerância própria das democracias. O problema aqui, no entanto, não se mostra substancialmente diverso daquele que, independentemente das respectivas motivações, é gerado pelo terrorismo face ao Estado Ocidental (v. *infra*, n° 12.7.4.).

De qualquer modo, porém, o fundamentalismo religioso islâmico vem desmistificar qualquer ideia de universalidade do modelo de Estado de direitos humanos, sabendo-se a insusceptibilidade de imposição pela força deste modelo, alertando também o poder político de uma democracia humana para a necessidade da sua defesa interna contra aqueles que, recorrendo a processos violentos, pretendem subverter e destruir a ordem axiológica baseada no respeito e garantia da dignidade da pessoa humana viva e concreta.

12.7.4. *Intolerância política: o terrorismo*

Um terceiro factor de inquietação do Estado de direitos humanos em matéria de intolerância é protagonizado a nível político através do terrorismo.

Não sendo um fenómeno totalmente novo nas sociedades pluralistas – lembre-se o caso do Reino Unido, da Espanha, da Itália e de Israel –, o certo é que a sua difusão, na sequência do 11 de Setembro de 2001, veio tornar presente as coordenadas de um modelo de "Estado-Segurança", procurando controlar e prevenir potenciais situações de risco para a vida das pessoas e a sobrevivência do próprio Estado: em amplos sectores, a segurança tornou-se um valor prevalecente sobre a liberdade, invertendo-se, deste modo, um dos postulados subjacentes ao Estado de direitos humanos.

Neste contexto, alguns direitos fundamentais passaram a ser questionados ou objecto de restrições antes inimagináveis, desde a liberdade de deslocação até à privacidade, equacionando-se mesmo, segundo os quadros de uma concepção utilitarista[3910], a legitimidade de recurso à tortura como meio de obter informações sobre atentados terroristas e, por essa via, salvar largo número de vidas de civis inocentes[3911].

Existe hoje uma suspeita geral sobre cada um e todos os cidadãos em abstracto, provocando mesmo uma efectiva presunção de perigosidade (v. *supra*, n° 12.5.): até prova em contrário, todos somos suspeitos de comportar um perigo quando entramos num avião, num edifício público ou mesmo numa grande superfície comercial.

Perante situações extremas, reveladoras de uma verdadeira paranóia de tutela da segurança, a liberdade vai-se debilitando, observando-se em certos sectores um verdadeiro retrocesso que poderá mesmo conduzir, sob o argumento de garantia da segurança do Estado ou da colectividade, a um modelo orwelliano de sociedade (v. *supra*, n° 12.5.1.): a necessidade de edificação de um efectivo estado de inocência de cada pessoa perante o Estado tornar-se-á a primeira exigência de um Estado de direitos humanos.

Entretanto, o Estado de direitos humanos pode estar refém do terrorismo ou, por paradoxal que possa parecer, pode ser refém de

---

[3910] Cfr. PHILIPPE MASTRONARDI, *Verrechtlichung der Menschenwürde...*, p. 114.

[3911] Sobre o tema, cfr. VASCO DUARTE DE ALMEIDA, *Sobre o valor da dignidade...*, p. 640.

certas formas de combate a esse mesmo terrorismo: uma vez mais, uma prevalência absoluta do valor segurança pode ser tão nefasta para os direitos fundamentais como o mais bárbaro e cobarde atentado terrorista. Esse é, aliás, o trunfo dos movimentos terroristas que, independentemente de qualquer atentado, exercem uma psicologia de terror sobre a liberdade, instigando a prevalência absoluta da segurança e, por essa via, desvirtuando o respeito pela própria dignidade humana e forçando a reforma do Estado de direitos humanos em sentido contrário à liberdade.

Há aqui uma ameaça sub-reptícia ao Estado pluralista que, gerando uma irresistível tentação de prevalência da segurança sobre a liberdade, faz os governantes cair na armadilha programada pelos terroristas contra as instituições democráticas: a edificação de um "Estado de Segurança", enquanto resposta da democracia ao perigo do terrorismo, representa uma ameaça mais grave ao Estado de direitos humanos do que aquela que é gerada directamente pelo próprio terrorismo.

A subtileza da ameaça traçada ao Estado de direitos humanos resulta de conjugar uma alegada necessidade de segurança provocada pelo perigo do terrorismo com a tentação natural do poder em afirmar a sua presença limitativa da liberdade, em nome da segurança, gerando uma paradoxal inversão de papéis: os terroristas adquirem um poder reconfigurativo da relação entre a segurança e a liberdade na democracia, enquanto os governantes correm o risco de se tornarem "terroristas" ao fazer prevalecer a segurança sobre a liberdade num modelo quase totalitário de base democrática.

12.8. A erosão do postulado democrático: introdução

12.8.1. *Ainda um "governo do povo, pelo povo e para o povo"?*

Uma outra ameaça que o Estado de direitos humanos enfrenta diz respeito a uma certa erosão do postulado democrático de Lincoln, formulado no célebre discurso de Gettysburg (v. *supra*, n° 4.7.1.): será que a democracia é ainda hoje, efectivamente, "o governo do povo, pelo povo e para o povo"?

Bertrand Russel fala na "falta de sinceridade dos políticos", em traição dos deputados face aos respectivos votantes e mesmo na "sensação generalizada de que ninguém pode permanecer na política sem recorrer ao engano"[3912].

Sem embargo do possível exagero ou da injustiça na generalização que envolve as palavras de Russel, torna-se evidente que, um pouco por todas as sociedades pluralistas, se assiste a uma sensação geral de desencanto social face à democracia representativa: a dinâmica ascendente das taxas de abstenção[3913], a votação expressiva em movimentos políticos marginais ou contrários ao sistema político vigente e uma opinião pública comum muito crítica à representação política são sinais inequívocos de que o governo não é sempre do povo, pelo povo e para o povo.

Nas palavras directas de Miguel Ayuso, "o sistema adoptado pelas democracias ocidentais não é menos oligárquico que o plebiscitário ou do partido único"[3914].

O Estado de direitos humanos depara hoje com um esvaziamento da democracia ou, pelo menos, com um sentimento social de esvaziamento do sentido da democracia como "governo do povo, pelo povo e para o povo". Pensamos, tal como já tivemos oportunidade de escrever[3915], que são três as principais causas da erosão do referido postulado democrático:

(i) O designado "Estado de partidos", expressando a centralidade dos partidos políticos no funcionamento das instituições políticas de um Estado pluralista[3916], foi objecto de uma

---

[3912] Cfr. BERTRAND RUSSELL, *Caminos de Libertad*, p. 113.

[3913] Especificamente sobre os possíveis sentidos da abstenção, cfr. PAULO OTERO, *A Democracia Totalitária*, pp. 229 e 230.

[3914] Cfr. MIGUEL AYUSO, *Depois do Leviatã? – Sobre o Estado e o seu destino*, Lisboa, 1999, p. 83.

[3915] Para mais desenvolvimentos, cfr. PAULO OTERO, *A Democracia Totalitária*, pp. 205 ss.

[3916] Sobre o conceito de "Estado de partidos", cfr. MARCELO REBELO DE SOUSA, *Os Partidos Políticos no Direito Constitucional Português*, Braga, 1983, pp. 43 ss. e 50 ss.

metamorfose degenerativa que levou os partidos políticos a tornarem-se senhores do Estado, gerando uma "partidocracia"[3917]: tal como Luís XIV havia dito de si próprio, "o Estado sou eu", também os partidos políticos podem dizer entre si "o Estado somos nós" – o Estado de direitos humanos encontra-se sujeito a um paradoxo de difícil resolução: se não há democracia sem partidos políticos, a verdade é que também não há democracia com uma "ditadura dos partidos políticos"[3918] ou a edificação de um "Estado do partido governamental"[3919];

(ii) A progressiva identificação entre o Estado e o partido que assume o governo, convertendo o programa eleitoral do partido sufragado maioritariamente pelos eleitores em programa do Estado, gera uma sovietização da democracia através de um modelo de "Estado do partido governamental": o partido governamental apodera-se do Estado, conquistando-o, por via eleitoral, e torna-o um instrumento ao seu serviço – em cenários de maioria absoluta monopartidária, tal como sucedida na antiga URSS com o partido único, o Estado tende a ser o partido do governo;

(iii) A moderna sociedade pluralista e globalizada comporta, simultaneamente, uma diversidade de grupos de interesses concorrentes e conflituantes, procurando, cada um deles, exercer pressão junto do poder político e, por essa via, influenciar e pré-determinar a decisão jurídica, infiltrando-se nos partidos políticos e colonizando o Estado: os grupos de interesses desenvolvem um poder oculto[3920], sendo fonte de

---

[3917] Essa partidocracia "é uma oligarquia em que os partidos monopolizam a representação política", cfr. MIGUEL AYUSO, *Depois do Leviatã?*, pp. 79 ss., em especial, p. 119.

[3918] Cfr. HANS-PETER VIERHAUS, *Die Identifizierung von Staat und Parteien – eine moderne Form der Parteidiktatur?*, in Zeitschrift für Rechtspolitik, 1991, pp. 468 ss.

[3919] Cfr. PAULO OTERO, *A Democracia Totalitária*, pp. 217 ss.

[3920] Cfr. DAYSE DE VASCONCELOS MAYER, *O Mito da Transparência...*, pp. 139 ss.

uma soberania passível de redefinir em seu proveito a concretização do interesse da colectividade ou a prossecução do interesse público, transformando amplas áreas do poder político numa mera democracia de bastidores.

A erosão provocada ao postulado democrático pelos partidos políticos e pelos grupos de interesses, isto por efeito da espessa parede que ergueram entre o povo e os governantes, suscitando a interrogação se a democracia representativa não se terá transformado numa ficção colectiva[3921], corre o sério risco de transformar a democracia como "governo do povo, pelo povo e para o povo" num sistema político baseado no seguinte postulado: "o governo *dos* partidos e grupos, *pelos* partidos e grupos e *para* os partidos e grupos".

12.8.2. *Encruzilhada dilemática do Estado de direitos humanos: remissão*

A degeneração política da democracia representativa, transformada em governo dos partidos políticos e dos grupos de interesses, representa hoje a fonte de uma verdadeira encruzilhada para o Estado de direitos humanos, isto nos seguintes termos:

(i) O Estado de direitos humanos, envolvendo a existência de um poder político democrático (v. *supra*, nº 11.5.), não pode viver sem partidos políticos, nem o seu inerente pluralismo poderá conduzir à supressão da relevância participativa dos grupos de interesses: partidos políticos e grupos de interesses têm sempre de existir em qualquer Estado de direitos humanos;

(ii) Uma democracia humana típica do poder político de um Estado de direitos humanos não se mostra compatível com o assalto ou domínio integral que os partidos políticos e os grupos de interesses procuram fazer às instituições do

---

[3921] Cfr. PAULO OTERO, *A Democracia Totalitária*, pp. 226 ss.

Estado: o Estado encontra-se ao serviço da pessoa humana viva e concreta, segundo um propósito de prossecução do bem comum, nunca se podendo configurar como instrumento ao serviço de partidos políticos e de grupos de interesses.

O Estado de direitos humanos encontra-se, deste modo, perante uma encruzilhada dilemática que ameaça a sua edificação: não pode viver sem os partidos políticos e os grupos de interesses e, simultaneamente, não pode por eles ser colonizado e instrumentalizado,
Como resolver esse dilema?
A resposta pressupõe uma prévia análise sobre o poder político. Esse será, todavia, o propósito do Capítulo II das presentes *Instituições Políticas e Constitucionais*.

ÍNDICE GERAL

NOTA PRÉVIA..	7
PLANO DA OBRA..	11
INTRODUÇÃO	
Metodologia do Direito Constitucional................................	13
§1º – **Essência do fenómeno constitucional**................................	15
1.1. Principais concepções metodológicas	15
1.1.1. A interrogação metodológica nuclear: qual a essência do Direito Constitucional?..	15
1.1.2. Principais respostas à interrogação metodológica.....	16
1.1.3. Idem: (a) Concepções estaduais	17
1.1.4. Idem: (b) Concepções normativistas	20
1.1.5. Idem: (c) Concepções ideológicas...........................	23
1.2. Posição adoptada: concepção personalista........................	25
1.2.1. Síntese das principais concepções...........................	25
1.2.2. Fins do Direito e essência do fenómeno constitucional..	26
1.2.3. Centralidade constitucional da pessoa humana ou do Estado? – o confronto entre Kant e Hegel	27
1.2.4. Idem: personalismo e republicanismo......................	32
§2º – **Ensino do Direito Constitucional**	37
2.1. Orientações metodológicas...	37
2.1.1. Principais orientações de ensino do Direito Constitucional..	37

2.1.2. Idem: vantagens e inconvenientes 39
2.2. Plano sistemático de ensino 41
    2.2.1. As *Instituições Políticas e Constitucionais* no ensino do Direito Constitucional 41
    2.2.2. Idem: (a) a pessoa humana 42
    2.2.3. Idem: (b) o poder político 43
    2.2.4. Idem: (c) a Constituição 44
2.3. Principal bibliografia 45
    2.3.1. Critérios de selecção 45
    2.3.2. Bibliografia nacional: (a) anterior à Constituição de 1976 46
    2.3.3. Idem: (b) posterior à Constituição de 1976 47
    2.3.4. Bibliografia estrangeira 48

CAPÍTULO 1º
A PESSOA HUMANA 53

SECÇÃO I
Evolução filosófica e constitucional da tutela da pessoa humana 55

§3º – A pessoa humana no pensamento político pré-liberal 57
3.1. Os grandes marcos da evolução: o mito da Revolução Francesa 57
    3.1.1. O sentido evolutivo da História 57
    3.1.2. Idem: o contributo britânico 59
    3.1.3. Os momentos da evolução: sequência 61
3.2. Civilização greco-romana: as coordenadas do debate ideológico 62
    3.2.1. Cosmologia e humanismo 62
    3.2.2. Liberdade e autoridade 65
    3.2.3. Idem: obediência ou desobediência à lei injusta? 66
    3.2.4. Heródoto e a "constituição democrática": igualdade de direitos, maioria e responsabilidade dos governantes 69

3.2.5. Tucídides: a democracia, a legalidade e a moderação ... 70
3.2.6. A crítica à democracia e a Constituição de Esparta: o modelo de sociedade de Xenofonte ... 74
3.2.7. Platão e o governo dos homens: a anticonstituição .. 77
3.2.8. Aristóteles e o governo das leis: a ideia material de constituição ... 81
3.2.9. Estoicismo: liberdade interior e igualdade natural.... 87
3.2.10. Cícero: racionalidade divina do homem e lei natural 90
3.3. Revolução judaico-cristã: a ordem axiológica ocidental 94
   3.3.1. Fundamento bíblico: o Antigo Testamento ... 94
   3.3.2. Idem: o Novo Testamento ... 96
   3.3.3. Desenvolvimento doutrinal: o valor da liberdade e da justiça em Santo Agostinho ... 100
   3.3.4. Idem: as *Etimologias* de Santo Isidoro de Sevilha.... 103
   3.3.5. Idem: S. Tomás de Aquino ... 105
   3.3.6. Marsílio de Pádua e a antecipação da modernidade constitucional ... 113
   3.3.7. A questão dos índios das Américas: razão de ordem 121
   3.3.8. Idem: (a) Bartolomeu de Las Casas ... 123
   3.3.9. Idem: (b) Francisco de Vitória ... 126
   3.3.10. Idem: (c) Francisco Suárez ... 127
   3.3.11. Idem: (d) Padre António Vieira ... 129
   3.3.12. A revolução aprisionada: a permanente contradição histórica ... 131
3.4. Contradição da Idade Moderna: liberdade ou absolutismo? 133
   3.4.1. Contradição ideológica continental: colocação do problema ... 133
   3.4.2. Idem: Pico della Mirandola ... 134
   3.4.3. Idem: Maquiavel ... 136
   3.4.4. A contra-doutrina de Maquiavel: Erasmo de Roterdão 139
   3.4.5. A síntese protestante: o contributo de Lutero ... 141
3.5. A impermeabilidade ideológica da tradição jurídica romana 143
   3.5.1. Sentido geral do Direito anterior ao liberalismo ... 143
   3.5.2. Escravatura e desigualdade jurídica ... 148
   3.5.3. Patrimonialização da tutela da pessoa humana ... 152
   3.5.4. Crueldade e desumanidade penais ... 156

3.6. A alvorada da modernidade constitucional 160
    3.6.1. *A Utopia* de More e a génese da modernidade 160
    3.6.2. Hobbes: uma modernidade entre direitos inalienáveis do homem e um poder ao serviço da segurança?...... 164
    3.6.3. A modernidade filosófica: a dimensão racional e livre do "eu" em Descartes... 170
    3.6.4. A contra-corrente do constitucionalismo britânico ... 175

§4° – **A pessoa humana e o contributo liberal**............................ 179
  4.1. Os alicerces históricos do liberalismo: igualdade, liberdade, propriedade e limitação do poder... 179
    4.1.1. Preliminares 179
    4.1.2. Spinoza: a vontade democrática da sociedade 180
    4.1.3. Pufendorf: dignidade e igualdade dos homens......... 182
    4.1.4. Locke: contratualismo e defesa da propriedade; direitos sagrados, limitação do poder e liberdade religiosa.. 186
    4.1.5. Montesquieu: garantia da liberdade e divisão de poderes... 189
    4.1.6. Voltaire: liberdade, tolerância e humanismo............. 191
    4.1.7. Hume: liberdade, legalidade e consentimento........... 195
    4.1.8. Rousseau: o primado da liberdade e da igualdade sobre a propriedade privada...................................... 198
    4.1.9. Humboldt: Estado mínimo e garantia da liberdade... 201
  4.2. A revolução kantiana: liberdade, humanidade e dignidade . 203
    4.2.1. Liberdade, igualdade e o valor da lei em Kant 203
    4.2.2. Kant e o princípio da humanidade 206
    4.2.3. Noção kantiana de dignidade 208
  4.3. O desenvolvimento pós-kantiano da visão do homem: o pensamento germânico oitocentista... 212
    4.3.1. O idealismo subjectivo de Fichte 212
    4.3.2. O idealismo objectivo de Schelling............................. 217
    4.3.3. O sistema hegeliano: a dupla face de Hegel 219
    4.3.4. O anti-hegelianismo de Schopenhauer: o indivíduo e a vontade.. 222

4.4. Os protagonistas da matriz ideológica do constitucionalismo liberal 227
    4.4.1. Thomas Paine e o constitucionalismo norte-americano: os direitos naturais do homem e a vinculação teleológica do poder 227
    4.4.2. Stuart Mill e o constitucionalismo britânico: o valor da liberdade individual e a limitação do poder 229
    4.4.3. Benjamin Constant e o constitucionalismo francês: os direitos individuais como limites à soberania do povo e à autoridade 233
4.5. As declarações constitucionais de direitos do liberalismo ... 237
    4.5.1. Declaração de Direitos de Virgínia 237
    4.5.2. Declaração de Independência dos Estados Unidos ... 239
    4.5.3. Declaração dos Direitos do Homem e do Cidadão de 1789 240
    4.5.4. Aditamentos à Constituição norte-americana: o *Bill of Rights* 242
    4.5.5. Constituição francesa de 1793 243
    4.5.6. Portugal: as Bases da Constituição (1821) e a Constituição de 1822 246
    4.5.7. Constituição francesa de 1848 248
4.6. Os valores constitucionais do liberalismo: os princípios fundamentais 250
    4.6.1. Preliminares 250
    4.6.2. Centralidade da tutela conferida à liberdade, à propriedade e à segurança 250
    4.6.3. Limitação do poder do Estado 252
    4.6.4. Interdependência entre a vontade da colectividade e a vontade legislativa do Estado 253
    4.6.5. Igualdade de todos perante a lei 254
4.7. Os alicerces liberais da democracia: o duplo legado Ocidental 255
    4.7.1. A origem da ideia liberal de democracia 255
    4.7.2. A democracia americana de Tocqueville 257
    4.7.3. A democracia não democrática de Rousseau 262
    4.7.4. O sentido da História: a democracia fala inglês 264

§5º – **Crítica ideológica ao liberalismo: uma visão alternativa da pessoa humana** 267
  5.1. Preliminares 267
  5.2. Pensamento contra-revolucionário: o combate ideológico e jurídico à Revolução Francesa 268
    5.2.1. Burke: os direitos como herança histórica da tradição britânica 268
    5.2.2. Maistre: a Constituição natural como fonte da liberdade e dos direitos dos franceses 272
    5.2.3. Legitimação constitucional do princípio monárquico: a Carta Constitucional francesa de 1814 275
  5.3. Socialismo: a utopia de um novo homem numa nova sociedade 278
    5.3.1. O socialismo cristão de Saint-Simon: o "novo cristianismo" 278
    5.3.2. O socialismo não marxista e o Estado: a oposição entre Proudhon e Lassalle 280
    5.3.3. O socialismo marxista-leninista: a luta de classes e a abolição do Estado 283
    5.3.4. Idem: a génese do constitucionalismo soviético 288
  5.4. Doutrina Social da Igreja: a crítica à sociedade liberal 290
    5.4.1. Razão de ordem 290
    5.4.2. *Quanta Cura* e *Syllabus*: a denúncia dos erros liberais 290
    5.4.3. *Rerum Novarum*: a lei fundamental da "questão social" da modernidade 292
    5.4.4. *Quadragesimo Anno*: a antinomia entre catolicismo, socialismo e liberalismo 296
    5.4.5. Materialização jurídica da doutrina social anterior à II Guerra Mundial: México, Weimar e OIT 298
    5.4.6. Idem: o corporativismo italiano e português 301

§6º – **A reacção constitucional antiliberal e a desvalorização totalitária da pessoa humana** 303
  6.1. Totalitarismo e diluição do indivíduo no Estado 303
    6.1.1. Síntese caracterizadora do totalitarismo 303

6.1.2. Desvalorização da pessoa humana 305
6.1.3. Hipervalorização do Estado....................................... 307
6.1.4. Inversão da tradição Ocidental 308
6.1.5. Significado histórico do totalitarismo 309
6.2. Os antecedentes ideológicos totalitários............................. 311
    6.2.1. Antecedente próximo: Mussolini 311
    6.2.2. Antecedentes remotos: preliminares........................ 312
    6.2.3. Nietzsche: a inversão da ordem de valores judaico-
-cristã 313
    6.2.4. Hegel: transpersonalismo e divinização do Estado... 317
    6.2.5. Hobbes: o Estado como poder ilimitado fundado na força e no medo 319
    6.2.6. Platão: *A República* como modelo totalitário e anti-
-humanista.. 323
6.3. O sentido histórico dos postulados axiológicos totalitários . 326
    6.3.1. Instrumentalização da tecnologia 326
    6.3.2. Antítese do liberalismo... 327
    6.3.3. Inversão dos valores Ocidentais: uma contra-dou-
trina cristã 329
    6.3.4. Reversibilidade do processo histórico...................... 331

§7º – A herança liberal: bem-estar social e dignificação humana .. 333
7.1. Dimensão social da pessoa humana: os direitos sociais 333
    7.1.1. A génese histórica dos direitos sociais..................... 333
    7.1.2. Intervenções constitucionais anteriores à II Guerra Mundial.. 336
7.2. Idem: a cláusula constitucional de bem-estar social 339
    7.2.1. Bem-estar, dignidade humana e responsabilidade do Estado 339
    7.2.2. Vertentes do princípio do bem-estar......................... 341
    7.2.3. A ultrapassagem do modelo liberal 342
    7.2.4. Formas de concretização jurídica do bem-estar 344
    7.2.5. Idem: a Constituição refém da Administração Pública 345
7.3. Centralidade do bem-estar e dos direitos fundamentais nas Constituições do Pós II Guerra Mundial............................. 347

7.3.1. Constituição francesa (1946), Constituição italiana (1947) e Constituição alemã (1949)...................... 347
7.3.2. Constituição portuguesa (1976) e Constituição espanhola (1978).. 350
7.3.3. Constituição brasileira (1988).............................. 351
7.3.4. Constitucionalismo europeu dos anos 90................ 352
7.3.5. Novo constitucionalismo africano e timorense de matriz portuguesa.. 355
7.3.6. O século XXI e a expansão do modelo Ocidental de direitos humanos e bem-estar: Afeganistão (2004) e Iraque (2004).. 358
7.3.7. Fases da evolução dos direitos sociais.................... 359
7.4. Internacionalização dos direitos humanos no século XX.... 361
7.4.1. Internacionalização anterior à II Guerra Mundial..... 361
7.4.2. Intervenção das Nações Unidas: o *ius cogens*......... 362
7.4.3. Idem: o constitucionalismo transnacional................ 365
7.4.4. Regionalização internacional dos direitos fundamentais.. 367
7.4.5. Idem: a União Europeia.. 370
7.4.6. Mecanismos internacionais de tutela....................... 374
7.4.7. Erosão do domínio reservado dos Estados e *ius commune* constitucional... 376
7.5. Século XX: a idade dos direitos?.. 378
7.5.1. O paradoxo do século XX.. 378
7.5.2. Os paradoxos herdados pelo século XXI................. 379

§8º – As coordenadas contemporâneas da tutela da pessoa humana 385
8.1. O homem e a liberdade: o contributo filosófico prevalecente 385
8.1.1. Existencialismo de Kierkegaard: o homem individual e concreto.. 385
8.1.2. Dignidade, humanidade e liberdade em Unamuno: a confluência de Kant e Hegel..................................... 389
8.1.3. Ortega y Gasset e a dimensão filosófica do eu: vida humana e sociedade.. 391
8.1.4. Humanismo, liberdade e subjectividade humanas: Heidegger e Sartre... 397

8.1.5. O existencialismo cristão de Maritain: a natureza sagrada da dignidade humana e a subordinação do Estado 401
8.1.6. Liberdade, relativismo e tolerância: Karl Jaspers 404
8.1.7. Liberdade e universalismo: Bertrand Russell 406
8.2. Liberdade e democracia: um modelo político ao serviço da pessoa humana 407
    8.2.1. Pluralismo, democracia e liberdade: Raymond Aron   407
    8.2.2. Relativismo e pluralismo: o consenso de sobreposição de John Rawls 410
    8.2.3. Pluralismo crítico e tolerância: a sociedade aberta de Popper 413
    8.2.4. Habermas e a concepção processual de democracia   417
    8.2.5. Reversibilidade decisória e temperança: a democracia crítica de Zagrebelsky 421
    8.2.6. Consagração jurídica da democracia: a democracia humana 424
    8.2.7. Idem: o dilema da democracia no Direito Internacional 426
    8.2.8. Idem: a cláusula democrática da União Europeia 428
8.3. A Igreja Católica como guardiã da tutela da pessoa humana   430
    8.3.1. João XXIII: o impulso renovador 430
    8.3.2. Vaticano II e Paulo VI: a resposta aos novos desafios   433
    8.3.3. João Paulo II: a consolidação e ampliação da doutrina social 437
    8.3.4. Bento XVI: a continuidade da herança social da Igreja e o reabilitar do direito natural 444
8.4. O debate ideológico da justiça social: o contributo norte-americano 449
    8.4.1. O dilema da justiça social 449
    8.4.2. John Rawls e o Estado-Providência 451
    8.4.3. Robert Nozick e o Estado mínimo 453
    8.4.4. A raiz axiológica da justiça social 456
8.5. A crise da cláusula constitucional de bem-estar 459
    8.5.1. Os excessos de intervencionismo do modelo de bem-estar 459

8.5.2. Hiperintervencionismo e Estado de mal-estar.......... 461
8.5.3. Os dilemas constitucionais neo-liberais................... 466
8.6. O século XXI e os riscos contemporâneos........................ 468
    8.6.1. Os perigos contra o ser humano: o diálogo Scola / Reale.. 468
    8.6.2. A democracia asséptica e os riscos da "democracia desprotegida".. 472

SECÇÃO II
O Estado de direitos humanos... 477

§9º – Configuração dogmática da pessoa humana no Direito Constitucional 479
9.1. Coordenadas de enquadramento... 479
    9.1.1. Os alicerces político-filosóficos do "Estado humano" 479
    9.1.2. Pluralidade de dimensões jurídicas da pessoa humana.. 480
9.2. Pessoa humana e indivíduo 482
    9.2.1. Individualidade humana: realidade inata e inalienável.. 482
    9.2.2. Os direitos do indivíduo como limite e fundamento do poder... 486
    9.2.3. Direitos humanos universais...................................... 488
9.3. Pessoa humana e colectividade 489
    9.3.1. A essência social do ser humano como problema constitucional... 489
    9.3.2. A ideia de nação e de povo: introdução.................. 491
9.4. Idem: (a) nação.. 492
    9.4.1. Conceito e efeitos jurídicos...................................... 492
    9.4.2. A projecção democrática da ideia de nação............. 496
    9.4.3. A legitimidade constituinte da vontade da nação...... 498
9.5. Idem: (b) povo 499
    9.5.1. Pessoa e Estado: os conceitos básicos..................... 499
    9.5.2. A cidadania como direito fundamental 500
    9.5.3. Cidadania e participação política 501

9.5.4. Vontade popular, democracia e dignidade humana... 503
9.6. Pessoa humana e humanidade 504
    9.6.1. Conceito de humanidade 504
    9.6.2. Manifestações do conceito de humanidade: preliminares 506
    9.6.3. Idem: (a) património da humanidade 507
    9.6.4. Idem: (b) humanização dos conflitos armados.......... 509
    9.6.5. Idem: (c) assistência humanitária............................. 515
    9.6.6. Idem: (d) conflito armado humanitário 518
    9.6.7. Idem: (e) crimes contra a humanidade 520

§10º – Do Estado de direitos fundamentais ao Estado de direitos humanos... 525
  10.1. O Estado de direitos humanos como Estado de direitos fundamentais 525
    10.1.1. Estado de direitos fundamentais 525
    10.1.2. O Estado de direitos humanos: razões da preferência 526
  10.2. Debilitação da "fundamentalidade" dos direitos fundamentais 527
    10.2.1. O alargamento do conceito de "direito fundamental".. 527
    10.2.2. Despersonalização e diluição da "fundamentalidade" 528
    10.2.3. Tentativa de direitos fundamentais contrários à dignidade humana 530
    10.2.4. O formalismo do Estado de direitos fundamentais: o perigo da abertura constitucional............. 533
  10.3. Responsabilidade pelos direitos fundamentais................ 535
    10.3.1. Responsabilidade e tarefas fundamentais 535
    10.3.2. Responsabilidade e deveres fundamentais 536
    10.3.3. Responsabilidade e custos dos direitos................. 539
  10.4. Noção de Estado de direitos humanos............................ 541
    10.4.1. Observações de enquadramento 541
    10.4.2. Definição.. 541
    10.4.3. Observação final: a perfeição do modelo 542

§ 11º – **Princípios estruturantes do Estado de direitos humanos** 545
    11.1. Dignidade da pessoa humana 545
        11.1.1. Uma questão preliminar: dignidade humana ou dignidade da pessoa humana? 545
        11.1.2. Sentido conceptual da dignidade humana 550
        11.1.3. Função constitucional da dignidade humana 560
        11.1.4. Dimensão referencial da dignidade humana: (a) vinculatividade subjectiva 566
        11.1.5. Idem: (b) vinculatividade espacial 568
        11.1.6. Idem: (c) vinculatividade temporal 570
        11.1.7. Núcleo de direitos e deveres essenciais à dignidade 572
    11.2. Garantia e defesa da cultura da vida 575
        11.2.1. Inviolabilidade da vida humana 575
        11.2.2. Livre desenvolvimento da personalidade 579
        11.2.3. Vinculação teleológica da investigação científica e tecnológica ao serviço do homem 581
        11.2.4. Solidariedade 585
    11.3. Vinculação à internacionalização da tutela dos direitos humanos 587
        11.3.1. Heterovinculação à Declaração Universal dos Direitos do Homem 587
        11.3.2. Reconhecimento da jurisdição internacional 588
    11.4. Eficácia reforçada das normas constitucionais 590
        11.4.1. Aplicabilidade directa 590
        11.4.2. Vinculação das entidades públicas e privadas 591
        11.4.3. Máxima efectividade interpretativa 594
        11.4.4. Proibição de retrocesso da protecção jusfundamental: proibição absoluta e proibição de arbitrariedade 595
    11.5. Poder político democrático 599
        11.5.1. Democracia humana 599
        11.5.2. Pressupostos constitucionais organizativos e funcionais 601
    11.6. Ordem jurídica axiologicamente justa 603
        11.6.1. Os valores teleológicos do Direito 603
        11.6.2. Garantias contra a injustiça 606

§12º – Os desafios da modernidade ao Estado de direitos humanos	609
12.1. Sobrevivência e metamorfose do totalitarismo	609
12.1.1. Preliminares	609
12.1.2. A sobrevivência de regimes políticos totalitários	611
12.1.3. O surgimento de movimentos políticos herdeiros do totalitarismo	612
12.1.4. A impregnação totalitária da democracia: introdução	615
12.2. Desenvolvimento de uma "cultura de morte"	617
12.2.1. Eclipse do valor vida: a amputação da garantia do direito à vida	617
12.2.2. Totalitarismo encapuzado: o retrocesso histórico	619
12.2.3. Inversão hermenêutica e axiológica	622
12.3. Divinização do princípio maioritário.............................	624
12.3.1. Positivismo legalista e Estado de Direito formal	624
12.3.2. A maioria como critério de verdade: a democracia desumana..	626
12.4. Degeneração do progresso técnico e científico...............	629
12.4.1. O risco da ditadura da ciência e da técnica: a escravização do homem...	629
12.4.2. A "cegueira ética" na biomedicina e na genética: a neutralidade ética do Estado	632
12.4.3. Liberdade e disponibilidade do corpo humano: o homem lobo do homem......................................	637
12.5. A sociedade de vigilância total..	640
12.5.1. O modelo orwelliano de sociedade: a prevalência do valor segurança...	640
12.5.2. Do Estado leviatânico à sociedade leviatânica....	643
12.6. A perversão da sociedade de informação........................	645
12.6.1. Globalização e erosão da privacidade	645
12.6.2. Manipulação informativa e alienação social: a expropriação da razão humana	650
12.7. A intolerância: um problema da História da humanidade	655
12.7.1. A tripla dimensão da intolerância na modernidade...	655
12.7.2. Intolerância social: racismo e xenofobia.............	657

12.7.3. Intolerância religiosa: o fundamentalismo 660
12.7.4. Intolerância política: o terrorismo 661
12.8. A erosão do postulado democrático: introdução 663
    12.8.1. Ainda um "governo do povo, pelo povo e para o povo"? 663
    12.8.2. Encruzilhada dilemática do Estado de direitos humanos: remissão.. 666

ÍNDICE GERAL DO I VOLUME 669